情報戦のロシア革命

Spies & Commissars
Robert Service

ロバート・サーヴィス
三浦元博◆訳

白水社

ブレスト＝リトフスク講和交渉代表団の居住区

トロツキーが参加する前のブレスト＝リトフスク講和交渉。ヨッフェ（右側2人目の座っている人物）とカーメネフ（その手前）に率いられるロシア代表団。右側2人目の立っている人物はカラハン

デイヴィッド・フランシス

サー・ジョージ・ブキャナン

ジョセフ・ヌーランス

チェカー指導者フェリクス・ジェルジンスキー(右)とヤーコフ・ペテルス

ベルリンでの外務人民委員部指導者ら(1922年)。
山高帽をかぶり、傘を手にするチチェーリンにホンブルク帽姿のラデック、明るい色の帽子のリトヴィノフ

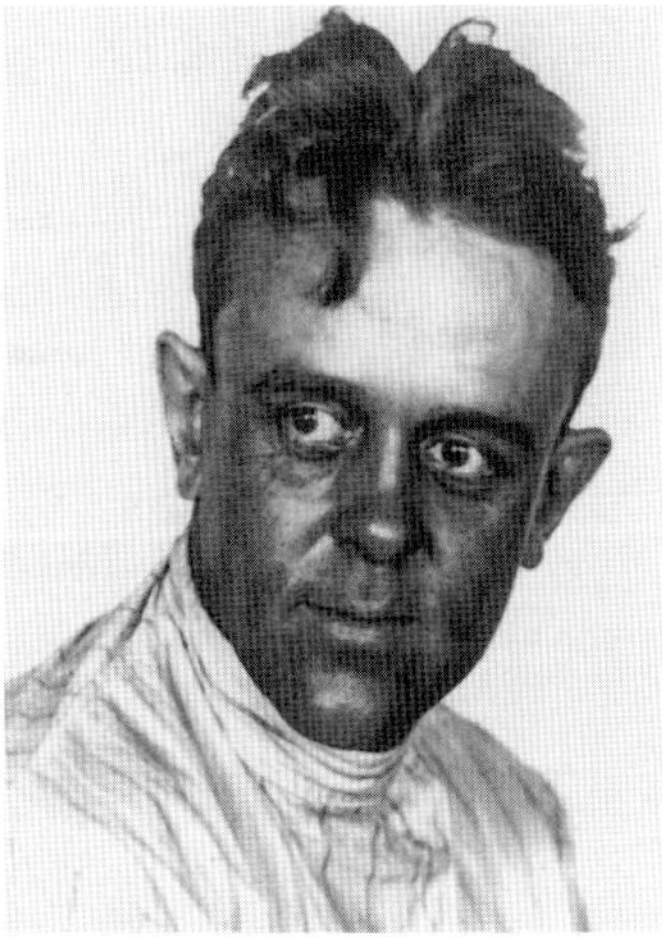

ジョン・リード。
戦時に共産主義者の間で流行した
襟なしのチュニックが目を引く

ブハーリン

シルヴィア・パンクハースト

ロシアの毛皮帽と米カウボーイブーツで
ポーズを取るルイーズ・ブライアント

一家を皆殺しにするスパルタクス団員を描いた
ドイツの反スパルタクス・反ボリシェヴィキのポスター
（1919年）

1919年1月、ベルリンで姿を隠した
カール・ラデックの逮捕に
1万マルクの賞金を提示するポスター

1919年1月、蜂起するスパルタクス団

1919年のオデッサにおける
フランス海軍抗命事件を指導した
共産主義者アンドレ・マルティ

カーメネフ

ベラ・クーン

モウラ・ベンケンドルフ

ロバート・ブルース・ロックハート

クレア・シェリダンと息子

シドニー・ライリー

ウクライナの赤軍騎兵募集ポスター

1920年初め、シベリアで活動する白軍連隊

内戦期の反ボリシェヴィキ・コサック部隊

アントン・デニーキン将軍

ロシアでの諜報活動後に描かれた
サー・ポール・デュークスの肖像

作戦行動のために変装した工作員ST25
（ポール・デュークス）

1919年の内戦期、配給のために運ばれる食料樽

1920年の反資本主義蜂起のトリノ労働者

1920年代初めの大ブリテン共産党指導者と活動家

1920年7月のコミンテルン第2回大会のイタリア代表団。
この時の旅行ガイドはジノヴィエフだった（中央のネクタイをした縮れ毛の人物）

アーサー・ランサム

エヴゲニア・シェレーピナ

ウィリー・ギャラハー

1919年初めのストライキ時、グラスゴー街頭に展開した戦車

フィンランドに囚われた赤軍捕虜

1920年9月、バクーで開催された東方諸民族大会の会合。ベル前のジノヴェノフが議長

マルクス・エンゲルス像の下に集合するコミンテルン第3回大会(1921年6—7月)の指導的代議員ら

1922年4月のジェノヴァとラッパロにおける協議の
ソヴィエト代表団。
左から3人目の笑っている人物はチチェーリン。
右から2人目は補佐のリトヴィノフ。
その左隣はクラーシン

1924年1月、レーニンの追悼演説をするスターリン

情報戦のロシア革命

アデルへ　愛と感謝をこめて

情報戦のロシア革命——目次

序章——9

第1部 革命——19

第1章◆困難な旅路——21
第2章◆崩壊するロシア——36
第3章◆連合国の政策目標——48
第4章◆ソヴィエト応援団——60
第5章◆革命と世界——71
第6章◆炎に照らして——84
第7章◆行き詰る外交——97
第8章◆非公式パイプ——110

第2部 生き残り——125

第9章◆ブレスト=リトフスク交渉——127
第10章◆危険な息継ぎ——142

第11章◆反乱そして殺戮——158
第12章◆打倒連合国——171
第13章◆ドイツ頼み——183
第14章◆ロシア転覆陰謀——194
第15章◆英国主導の陰謀——206
第16章◆ドイツ降伏——221

第3部 探査——233

第17章◆ロシア問題再考——235
第18章◆パリ講和会議——249
第19章◆ヨーロッパ革命——262
第20章◆連合国と白系勢力——275
第21章◆西側工作員——287
第22章◆米国共産主義——300
第23章◆ソヴィエト工作員——312
第24章◆連合軍の撤収——324

第4部 膠着——335

第25章◆ボリシェヴィズムに賛否——337
第26章◆左派の優待——348
第27章◆拡散するコミンテルン——365
第28章◆ポーランドとその先へ——376
第29章◆国外での通商協議——390
第30章◆生き残りの経済学——401
第31章◆第二の息継ぎ期——412
第32章◆消えざる炎——425

後記——439
謝辞——453
訳者あとがき——457

主要登場人物——92
図版クレジット——90
主要参考文献——73
原注——11
人名索引——1

戦時および講和時のロシア[1917-18]

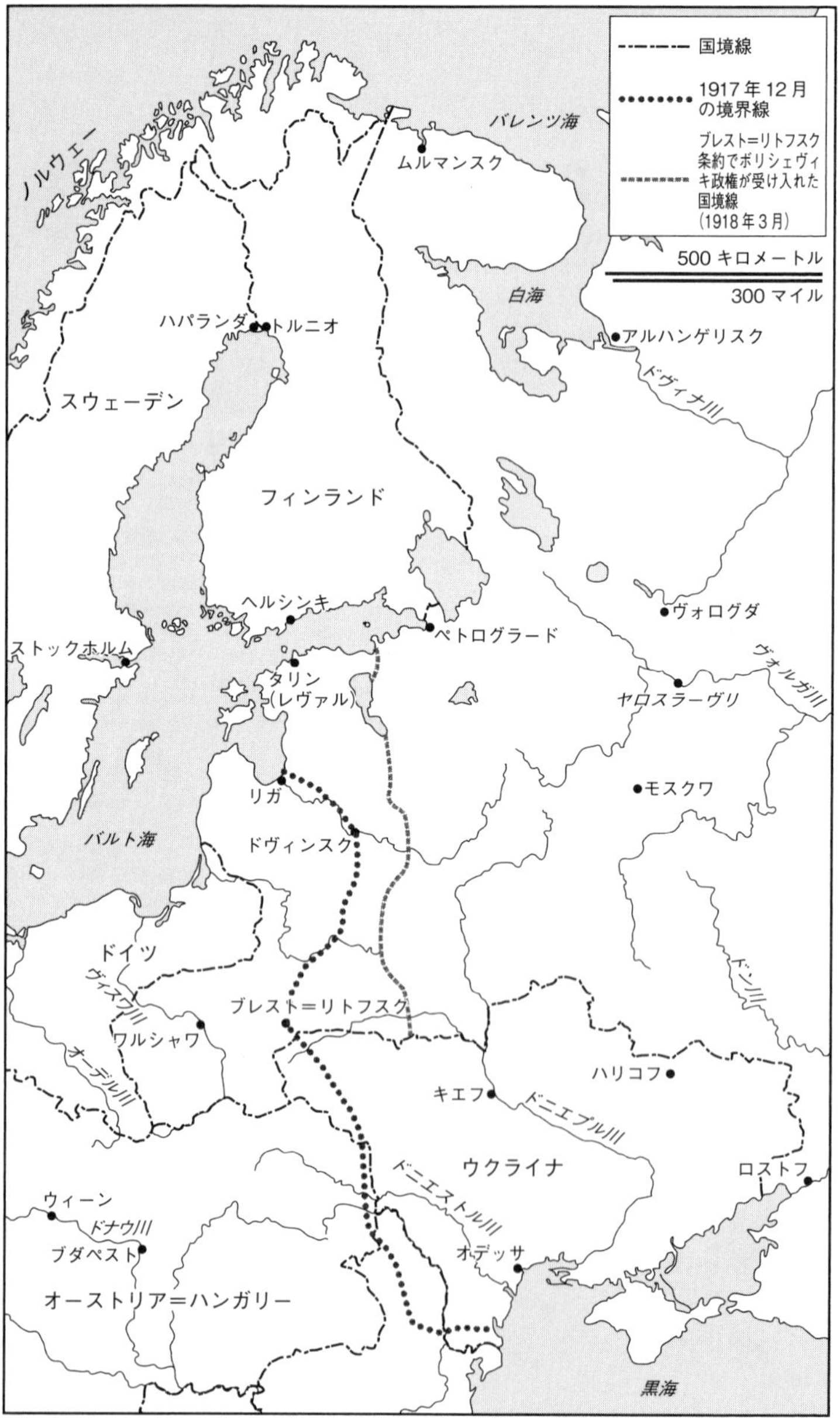

内戦・外国軍事干渉期のソヴィエト・ロシアとその周辺[1918-19]

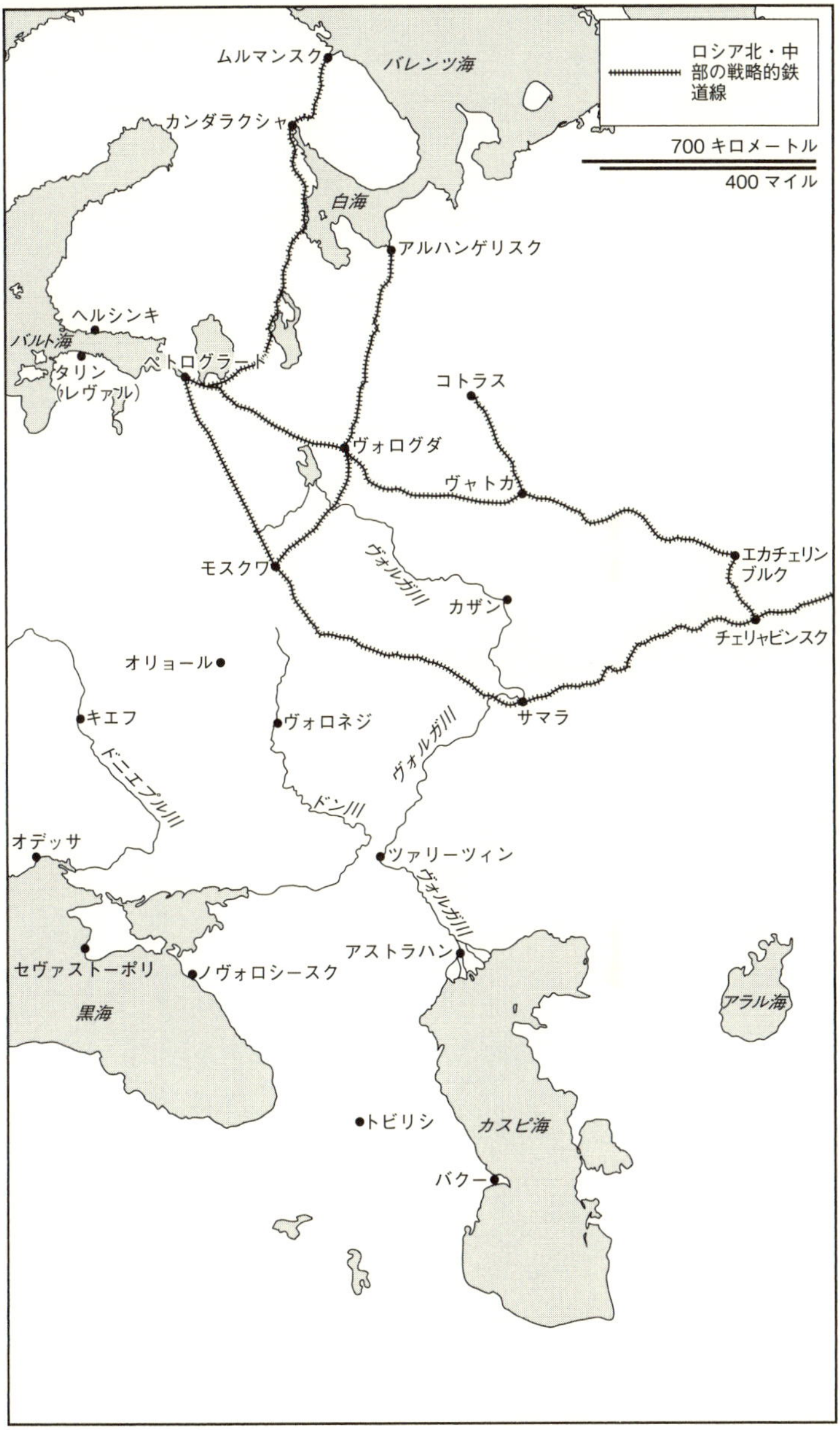

序章

一九一七年十月のボリシェヴィキ革命の物語はこれまで繰り返し語られているが、その焦点はグローバルな状況を抜きに、ロシア国内の諸事件に絞られているのが常である。「十月」とその帰結をそうした方法で検討することは、何も間違ってはいない。だが本書は、物事に別の光を当てて眺めようとする試みである。ボリシェヴィキ支配の初期の歳月は、ロシアと西側の間のダイナミックな相関関係を特徴としている。それはロシアの内戦期であり、西側が一方では新しい共産体制の弱体化を図りながら、他方ではそれを懸命に理解しようとした歳月であった。しかも、その全期間を通じて、ボリシェヴィキはヨーロッパに革命を広めようと努めながら、破綻しつつある自国経済の再生をかけた通商協定の追求をやめなかった。この相関関係を子細に検討すると、革命ロシア——およびその対外関係——はレーニンとトロツキーだけでなく、まことに多彩な人びとによって形づくられていたことが分かる。それはスパイや人民委員《コミッサール》はもちろん、外交官、記者、非公式な仲介者、そして知識人や御都合主義の実業家、一般の旅行者たちである。本書は「十月」の物語であるとともに、彼らをめぐる物語なのである。

一国だけに閉じ込められれば革命の命脈は尽きる。共産党指導者らはそう確信していた。彼らはヨーロッパ中の国々が間もなく、ロシアがペトログラードでしるした道に従うという希望に賭けていた。十月革命は、連合国と中央同盟国間の大戦がヨーロッパで猛威を振っている間にペトログラード——ロシアの首都サンクトペテルブルクはドイツ語の響きを拭い去るため改名されていた——で起き、世界列強はロシア情勢をいかに連合国側に利用できるか検討する場合を除いて、一九一八年十一月までは革命ロシアにほとんど考慮を払わなかった。ドイツは同年三月、東部戦線の陸軍諸師団を英米仏に対する西部戦線に転戦させるため、ブレスト＝リトフスクでレーニンの政府と単独講和を結んでいた。一方、フランスと英国はたとえそれが共産政府を倒すことになっても、ロシアを対独戦争に引き戻そうとする努力を強化した。ドイツの降伏後ヨーロッパに平和が戻ると、西側政治家は共産主義の病原菌がロシア国境を超えてヨーロッパの只中に広がるのを防止することをようやく優先し、「ロシア」問題の中身は変容する。革命はドイツ、ハンガリー、イタリアで間歇的に勃発したが、ロシアの共産党指導部にとっては残念なことに、失敗のうちにしぼんでいく。一方、西側連合国はロシアへの直接軍事干渉と、反共ロシア人部隊への援助を行う。だが、一九一九年末にはこうした企ては困難に陥り、連合国は派遣軍を撤収。共産主義ロシアは国際舞台での最初の強度試験を生き延びた。

ロシア共産主義者は同時に、革命の輸出に傾倒していた。一九一八年、ドイツ転覆のため、非常に著名な指導者の幾人かを含む密使を送る。その翌年には、国外での共産党創立と世界資本主義打倒を目的とする共産主義インターナショナル（コミンテルン）をモスクワに設立。一九二〇年にはポーランドへ赤軍そのものを送り込んだ。そして、期待したような「ヨーロッパ革命」が起きないと、レーニンとトロツキーは失望したけれども、自分たちの当初の賭けが勝ちに終わるという確信は変えなかった。

私は英国情報部員ポール・デュークスの個人文書を探していて、本書の構想を思いついた。彼の回想録は初期の共産支配下の状況についての優れた目撃証言である。デュークスはある諜報任務で赤軍に入隊し、局外者の精神で見たことを報告している。このことがきっかけで、私は新聞記者ジョン・リードやアーサー・ランサムら活発な親ソ派応援団《チアリーダー》から、一九二〇年のバートランド・ラッセルによる辛らつな共産主義攻撃に至るまで、外国人による他のルポルタージュ例を調査することになった。そこで私は、外交官もまた電報や自伝に多くの重要な事柄を記録していることに気づいた。率直に認めるが、私は彼らがどちらかと言えば回転の遅い無能な集団だという、人口に膾炙された考えを共有していたため、これはちょっとした驚きであった。ここから一九二〇－二一年にロシア貿易再開のために列を成した企業家を調査するところまでは、ほんの一っ跳びであった。こうした情報源は共産主義ロシアに対する新たな洞察の機会を提供し、近年モスクワで入手可能になった豊富な文書記録を補足してくれている。ロシア史はロシアの公文書だけでは満足に書き得ないのである。

　この材料を精査していくうちに、他の発見があった。私は赤系と白系のロシア人――ついでに言えば連合国も――が互いをほとんど知らないのは自明だと考えていた。エセル・スノーデン〔英国の女性政治家。一八八一～一九五一〕が一九二〇年にペトログラードとモスクワへの旅で最初に書いたとおり、「鉄のカーテン」がロシア国境沿いに構築されたように思われたのである。ところが実際は、それぞれの側の電信技士や暗号解読者そして工作員《エージェント》が、主人のために効果的な仕事をしているのである。一九一七年以降、通常外交が不在になる中、彼らの活動は時宜にかなった正確な報告を提供することで、情報の巨大な溝を埋めた。赤軍は白軍に関する豊富な情報を持っていたし、その逆も然りであった。また、白軍諸部隊は互いに遠大な距離に隔てられてはいたけれども、通常は無線メッセージによって連絡を取ることができた。白軍はまた、英米仏が傍受したソヴィエトの電報交信の入手によっても助けられている。赤系陣営は十月革命後、逃散したり国外逃亡したりで通信と暗号解読のロシアの専門家多数を失ったが、徐々にこの欠損を埋めていった。したがってこの時期は、それぞれの側が相手に関する十分な情報を見出し、真の知見に基づいて計画と政策を立案できた時期である。そしてこのプロセスにおいて、工作員と電信技士、暗号解読者は外交官と同じく重要な存在だったのである。

ヨーロッパの軍事力を現実的にどう計算しても、十月革命後のボリシェヴィキには分がなかった。もしドイツが一九一八年にロシアに侵攻していたなら、弱体で装備不足の赤軍はとうてい太刀打ちできなかっただろう。その直後の年月、もし西側連合国が全面侵攻で歩調を合わせていれば、やはりロシアは持ちこたえられなかっただろう。外的諸要因が、列強による中央ヨーロッパ東部への進出と革命国家の転覆を妨げたのは、共産主義者には僥倖であった。ロシアの経済的孤立を終わらせることが有益だと諸外国が次第に気づくようになった点でも、彼らはついていた。通商条約は一九二〇年、まずエストニアおよびスカンジナヴィアと、次いでその翌年、英国との間で締結される。

レーニンとトロツキーに率いられた共産主義者がペトログラードで権力を握ったとき、彼らは自らの政府が数日以上持ちこたえられるかどうか確信が持てないでいた。だが、このことが彼らの楽観主義をへこませることはなかった。ロシア人がこれほど容易に資本主義を打倒できるなら、他の諸国民が同じことをやってのけるのに時間はかからないに違いない。帝国主義と民族主義および軍国主義はいたる所で一掃されようとしている、そう共産主義者は高言した。ボリシェヴィキはグローバルな用語で自らのプロジェクトのあらましを描いて見せた。世界の労働者はあらゆる種類の抑圧からの解放を達成せんとしている。工業社会は幾世代にもわたり呻吟してきた人びとに対し、適正に支払い、養い、衣服を与え、そして教育を与えはじめるだろう。諸国政府は崩壊するだろう。市場経済は廃絶されよう。戦争に終止符が打たれ、人民は国王や司令官、僧侶や警官に妨害されることなく自らの諸問題を処理することになる。共産主義はまさに世界的に広がろうとしている。間もなく政府も軍隊も官僚機構も地上から消滅するであろう、と。

しかし、世界革命を志向している間も、共産指導者らはその賭けのリスクヘッジに意義があると考えた。強大列強がその気になればロシアをさほど難なく征服できることを、彼らは知っていた。クレムリンは自らに向けて国際十字軍が組織されるという恐れから、外国の敵たちと対話を続けた。その恐れは見当外れではなかった。一九一八年時点で、共産主義者は大戦の西側連合諸国――フランス、英国、米国――が反共ロシア勢力に資金と助言を与えていることを熟知していた。その年の八月、彼らは英国が仕掛けた(後にロックハート謀略として知られる)露骨な陰謀を暴いた。モスクワのソヴィエト支配を妨害し、できれば覆そうとする陰謀である。だが、クレムリンは西側との交渉の試みを決して中断しなかった。十月革命から満一年になる前に、連合国外交官は全員ロシアを去っており、共産指導部は英国とフランス、米国の官員を裁判にかけた(陰謀立案者ロバート・ブルース・ロックハートはその時までにロンドンにいて、レーニンの手は届かなかった)。しかし、ロシア経済は戦争と革命で破壊されており、ボリシェヴィキ政府は生き残りのために外国との通商を必要とした。そして、共産主義者の密使たちは先進工業諸国との通商・外交関係の再開を提案し続け、それは一九二一年三月の英ロ通商条約として結実する。

一九一八年秋のソヴィエト・ロシアと「西側」の政治的断絶により、共産主義者と連合国の双方ともに、情報を収集して己の目的を説明することが難しくなった。十月革命後、西側諸国大使は初め、レーニン政権に対する公式承認は拒否する一方で、非公式な仲介者を使った。こうして、連合国はペトログラードとモスクワで共産主義者と交渉し続け、米英両政府は、ソヴィエト当局が任命した代表と密かに連絡もつけた。

しかしながら、共産ロシアが外交と革命の二重ゲームをもてあそんだように、西側連合諸国も執拗にレーニン・トロツキー打倒計画を続行している。計画の多くはこれまでほぼ一世紀の間、機密扱いにされてきた。西側外交官は転覆活動に深くかかわっていたのだが、すべてが明らかになっていれば、西側のその後の歴代政府を困惑させたことだろう。歴代政府はソ連との政治的・軍事的対峙の途上にあって、自らは雪の如く清純に見られたかったのだから。彼らは、不正行為はすべてソ連側で起きたと示唆することを好んだ。だが、一九一八年の英国による陰謀は、それが挫折したとはいえ、共産主義支配を弱体化させようとする真剣な計画だったのであり、関連史料のかくも多くを未だ公式に「機密」にしなければならない理由は理解しがたいところである。いずれにせよ、連合国側の諜報と破壊活動は、この陰謀の暴露と外交団の脱出でもって終わることはなかった。反ボリシェヴィキ白系ロシア人勢力への資金援助と情報収集のために、諜報活動がすぐさま再開された。そして、共産政府を除去しそこねたとはいえ、こうした活動が西側政府に価値あるデータをもたらしたことは間違いないのである。

英仏、日本、そして米国は一九一八年三月のブレスト＝リトフスク条約の後、遠征軍を派遣したが、軍は旧帝国周縁部からは決して進出しなかったし、どっちみちレーニンとトロツキーを倒すには小規模すぎた。西部戦線での戦闘に縛られて、同年十一月の終戦時点まで、できることには限りがあった。したがって、ロシア侵攻を実行する構えのある連合国は皆無であった。経済および政治上の考慮が連合国を自制させた。白系ロシアの大義の主要な擁護者であるウィンストン・チャーチルでさえ、連合国がロシアで実際に行った以上の行動は思いつかなかった。とはいえ、ロシアは注意を引き続けた。ソヴィエト支配地域外で国際通商関係を復活する試みがなされた。フランスにはウクライナ南部向けの計画があった。米国の企業家、とりわけ西海岸の企業家はシベリアでのビジネス展開に熱心であった。英国工作員シドニー・ライリーは、ポスト共産主義のロシアで大型通商取決めを結ぶという彼らしい計画を立て、英国の他の人びとも同じ希望を抱いていた。食料供給は、米国政府が共産主義者に対抗して使うことを考えたもう一つの手段である。一九一九年、政治的条件付きでレーニンに穀物を提供する構想と、ロシアの白系勢力掌握地域に穀物を送る構想の両方が打ち出された。

レーニンとトロツキーはロシア内戦の後、数カ国を誘って首尾よくロシアとの通商に引き込んだ。しかし、これが当面の間ソヴィエトの拡張主義的計画に終止符を打ったとする通説は完全に誤っている。一九二一年三月、コミンテルンはモスクワからの指令に基づき、ドイツ政府の転覆を試みている。ドイツにおける共産主義者の行動は、そうなれば大陸における覇権を回復するため英仏軍がドイツの地へ進駐すると認識していながら、企てられた。政治局《ポリトビューロー》は「ヨーロッパに平和を」というレトリックを語りながら、そのメンバーらは、心中では今一度のヨーロッパ戦争の構えをしていたのである。

しかしながら、コミンテルンの懸命の努力もむなしく、両大戦期間にドイツ共産革命が起きることはなかった。ソヴィエト指導部は反共グループの反発力とドイツ全土の国民感情を過小評価していた。それはちょうど、一九二〇年のワルシャワ進攻の際、ポーランド民族主義を見落としていたのと同様である。政治家指導者が入手できる情報がいかに良質であろうと、彼らがそれを有益たらしめる範囲でしか有益ではない。レーニンとトロツキーはすでに、世界とその未来に関する持論を固めてしまっていた。彼らはヨーロッパが共産主義革命の瀬戸際にあり、これを起こすには自分たちがほんの一押しすればいいのだ、と確信していた。共産主義が想像するところの「大衆」が自らの鉄鎖を断ち切り、反抗に立ち上がるだろう、と。ボリシェヴィキ指導者は西側から受け取る情報の内容にフィルターをかけた。彼らの情報提供者自身も共産主義者であり、材料をロシアに送る前に、その多くに事前にフィルターをかけている。政治イデオロギーが含まれていたわけだが、どのみちレーニンとトロツキーには根本的に省察する時間はなかった。そして、彼らは状況変化に合わせて政策を調整したけれども、なおかつこれを一般的先入観の枠組みの中で行ったのである。彼らは定着した教義の放棄には常に反対するような党を率いていた。彼ら自身、共産主義の理念の熱烈な信奉者である。理念に自らの命をささげており、政治的作戦行動での機敏さとは裏腹に、彼らはいかなる現実的妥協も最小限にとどめていた。

連合国指導者にも先験的な前提があった。ウィルソンとクレマンソー、ロイド＝ジョージは外交官と記者、工作員から豊富な情報を得る立場にあった——ソヴィエト指導者が西側に展開できたよりはるかに多数の情報提供者が、ロシア国内で彼らのために活動していた。だが、政府が報告を入手することと、次にどうするかはまったく別物である。どの西側指導者も、材料の迅速な流入は重宝しつつ、目撃証言の相互矛盾と格闘しなければならなかった。理解できることだが、既に自国内とヨーロッパ全域の途方もない難題を扱っていた指導者らは、デスク上にもたらされる報告の着実な分析もさることながら、直観と先入観によって行動していた。なかんずく、ロイド＝ジョージは英国の戦後経済復興を独自に追求し、一九二一年のソヴィエト・ロシアとの通商協定を承認して、フランスと米国を出し抜く。彼はロシアで共産主義が衰退するという過剰な確信を抱いていた。結果として、彼はレーニンに新経済政策《ネップ》のための息継ぎ時間を与え、ソヴィエト国家が経済を回復させ、社会に対する支配を安定化させることを決定的に可能ならしめたのである。

本書はソヴィエト・ロシアと西側を見渡す有利な地点に立っている。一九一七-二一年の間、ロシアを報道したり、非難や賞賛をしたり、はたまたスパイしたり、破壊や攻撃をした外国人は墓場で永眠している。内戦でロシアの未来のために戦ったロシア人は、赤系も白系も含め、はるか以前にこの世を去っている。レーニン廟はまだ赤の広場に立っている——国際政治を土台まで揺るがした十月革命の記念碑として。彼の遺体は、ロシアの世論に撤去の用意がないため、そこにとどまったままである。一九一七年末にペトログラードで起きた出来事は、両大戦期間の国際政治を一変させた。革命ロシアの混乱を脱して、一つの強力な国家「ソ連」が誕生し、その国家は第二次世界大戦でナチス・ドイツを破り、一九四五年の後の数十年間、米国とその同盟国に対峙する「冷戦」という争いに閉じ込められた。十月革命は、今日なお重要な諸問題を生み出した。それは民主主義と独裁、正義とテロル、社会的公正と階級闘争、イデオロギー的絶対主義と文化的多元主義、国家主権と国際的武力介入という、両極の概念で表現される諸問題である。ソヴィエト・ロシアと西側の関係史が注目を集め続ける主たる理由はこれである。

第1部

革命

第1章 困難な旅路

ヨーロッパが大戦に揺れていた一九一七年三月、ロシアで革命が起きたというニュースが国外に伝播しはじめた。革命は労働争議の勃発をきっかけに首都ペトログラードで始まった。それに先立つ二冬続きでストライキが起きており、軍隊と政治警察が有効に対処していた。帝政打倒を決意した労働者は工場を放棄し、デモに合流した。皇帝ニコライ二世は五百マイル離れたモギリョフの総司令部にいて、懸念を抱く理由は感じなかった。ところがこの度は、スト労働者らは頑として帰宅せず、街頭に集結し、地下革命諸党の闘士らに合流するよう迫った。軍守備隊が秩序回復に動員されると、部隊は労働者側に寝返った。大衆の気分は恐ろしく先鋭化していた。労働者と兵士たちは自らの主張を押し通すため、ペトログラード・ソヴィエト（評議会）を選出。ロシアの首都は突如、統治不能に陥る。皇帝はついに事態の重大さに気づき、血友病の若き息子アレクセイに帝位を譲ろうとした。それはできないと諫言されると、皇帝は弟ミハイルの皇位継承を提案するが、この妥協は街頭のデモ隊に怒りをもって拒否される。彼らはロマノフ王朝の廃絶によってしか満足するつもりはなく、しかもペトログラードの命運を手中にしていた。

ロマノフ家の最後は、いったん起きると急激であった。それはまた、思いのほか平和的でもあった。

三月十五日、ニコライ二世は突然気がおかしくなって退位し、臨時政府の権力掌握を認めた。臨時政府は自由主義者のゲオルギー・リヴォフに率いられ、パーヴェル・ミリュコーフが外相、アレクサンドル・グチコーフが陸相であった。閣僚の大半は自由主義者で、グチコーフだけが穏健保守の立場を代表していた。政治的左派の閣僚がただ一人いた。社会革命党のアレクサンドル・ケレンスキー、法相に就任した若き法律家である。

メンシェヴィキと社会革命党に率いられるペトログラード・ソヴィエトは、この布陣に同意した。メンシェヴィキは社会主義革命という究極の目標を掲げるマルクス主義の一派である。しかし、ロシアはまだ社会主義に不可欠な近代化レベルに達していないと信じており、戦時に統治責任を負うと考えただけで身震いした。社会革命党は労働者よりも農民に支持を求めていた。しかし彼らもマルクス主義の影響を受けており、メンシェヴィキの判断を共有していた。これら二つの社会主義組織を合わせれば、容易にロシアの首都における権力を握れたはずである。ところが彼らは、リヴォフ内閣がニコライ二世の拡張主義的目標を放棄し、防衛戦争をのみ戦うことを了承するという条件で、同内閣を承認してしまった。彼らはまた広範な市政改革の実現を要求。リヴォフはこれを了承した。ペトログラード・ソヴィエトの同意がなければ臨時政府は最初から失敗することを、リヴォフは理解していたのである。こうして二重権力として知られる不安定な統治システムが始まる。

パリとロンドンの新聞は当初、事態の推移について報道を控えた。中央同盟諸国（ドイツ、オーストリア＝ハンガリー、オスマン・トルコ帝国、ブルガリア）との戦争は剣が峰にさしかかっており、フランスと英国はロシアの戦闘能力をそぎかねないことをしたくなかったのである。一九一四年半ばのセルビア対オーストリア＝ハンガリーの紛争で、ロシアはセルビア側に立つフランスおよび英国との三国協商に参加していた。一般に連合国として知られる協商諸国には日本、イタリアなどが加わった。東西の巨大な軍事戦線がヨーロッパ全域に広がった。ドイツ軍は北部フランスとロシア支配下のポーランドに進出し、初期の成功はドイツが収めた。だが大戦は塹壕戦となり、戦線が膠着すると、中央同盟も連合国もアレクセイ・ブルシーロフ将軍の柔軟攻撃によってロシア軍が進撃する一九一六年十二月まで、行き詰まりを打開する手を見出せないかに見えた。西部戦線で消耗していた英仏は当時、ロシアの軍事的成果に喝采を送った。そしてペトログラードの政治的動乱を伝える電報が届いたとき、英仏両政府はいかなる介入のそぶりも見せないようにした。新聞がニコライ二世の退位を報じたのは、臨時政府が既に発足していた一九一七年三月十九日のことである[1]。

ロシアの事件は長年予想されていたことではあったが、亡命革命家たちは最後の時がこれほど整然としたものになるとは予期していなかった。ロンドン在住の左派メンシェヴィキ、イワン・マイスキーは亡命者仲間を訪問したり、驚いた道行く英国人に「おめでとうを言ったりして」、駈けずり回った。同志の間で叫び声が上がった――「ロシアへ！」[2]。もう一人の亡命者マクシム・リトヴィノフは息子ミーシャの誕生後、ゴールダーズグリーン〔ロンドン北部の住宅地〕の産院にいる妻アイヴィに電話をかけた。リトヴィノフはロシア・マルクス主義者のうち、メンシェヴィキを恥ずべき中間主義者と見なすレーニン率いるボリシェヴィキ派に属している。その上彼は、大騒ぎとなった一九〇七年のチフリス銀行強盗事件で、ボリシェヴィキが盗んだ金の洗浄に手を貸しており、理論だけの革命家ではない。アイヴィはマクシムと喜びを共有した。「あなた、それじゃ私たちはもう亡命者じゃないのね」[3]。リトヴィノフはうれしさのあまり歯磨きペーストで髭をそろうとしたり、水道栓をひねらずに風呂に入ろうとしたりする始末。彼は大人になってからずっと革命を待ち望んでいた。今やそれが起きたのであり、新聞を読みながら彼の手は震えた[4]。ロシア・マルクス主義者の「居留民団《コロニー》」は情勢を協議するため集合した。「「彼らは」連日、互いの部屋に集まる衝動にかられ、語ったり叫んだり、揣摩臆測したり表情を見合ったりしました。そして妻たちはひと言も聞き漏らすまいとして、皿を火のないオーブンに突っ込んだ。流し台に運んで行けないほどじれていたのです」。ロシア人政治難民の小世界は興奮で沸き立っていた。

リトヴィノフは革命の大義のために、ロシアでおよそ何でもいい何かをしなければならないと感じた。彼の心は欲求不満で張り裂けそうであった。ペトログラードは政治動乱の渦中にあるというのに、自分は数百マイルも離れたロンドンに閉じ込められているのだ。ボリシェヴィキの一員として、彼はこの戦争を貪欲な資本主義者の二陣営間の「帝国主義」戦争だととらえていた。大方のボリシェヴィキと社会革命党員は同じ考えであった。だが、ロシアのいかなる社会主義組織、ボリシェヴィキでさえも、戦争をどう終結させるかについての政策を固めてはいなかった――この問題がある程度明確になってくるには、数カ月かかることになる。

熱情にかられ、リトヴィノフは連合国の戦争に反対する英国社会主義者に会った。労働党の反戦議員ラムゼイ・マクドナルドは、彼らを英下院に迎えた。マクドナルドは、ロマノフ家の倒壊が東部戦線におけるロシアの戦闘能力を高めるという英国政府の希望を、当然ながら共有していなかった。実際、彼は逆の予測をしつつあった。(6) だが、慇懃なもの言いながらも、彼は「革命に関して何をするつもりか」(7)について考えをひと言も述べず、リトヴィノフをがっかりさせている。翌日、リトヴィノフはチェシャム・ハウスのロシア大使館を訪れ、代理大使コンスタンティン・ナボコフに迎えられた。リトヴィノフは、なぜ大使館員がまだ皇帝一家の肖像を取り外していないのかと尋ねた。(8) 旧体制官僚の神経を逆なでして楽しんでいたのだ。ナボコフは動揺することなく、品位をもって振る舞った。彼はこれまでロシア自由主義者への共感をまったく隠してきておらず、リヴォフとその内閣の信任を得ることを期待していた。(9) ところが、臨時政府はロンドン大使館を元外相セルゲイ・サゾーノフに委ねた。しかしサゾーノフは着任せず、ナボコフが引き続き大使館トップの地位にいたのである。

三月三十一日、英労働党はアルバートホールで革命的諸事件の祝賀会を催す。一万人が出席し、ラムゼイ・マクドナルドが基調講演をした。講演者の顔ぶれにはイスラエル・サングウィル〔ユダヤ系英作家、一八六四―一九二六〕が含まれ、彼はロンドン・イーストエンド地区のロシア系ユダヤ人難民を代表して話した。聴衆はロシア式に脱帽し、「ロシア人民が自由を勝ち取るために払ったおびただしい犠牲[10]」のために黙とうした。それは出席者の誰もがその後忘れることのない催しになった。ロマノフ家は去り、ロシアに自由が到来したのである。ロシア人と英国人の兄弟愛はもはや、ツァーリの専制の存在によって毒されることはない、などと語られた。

中欧と西欧にいた亡命革命家らの大方は、ロシアに帰国したくてじりじりしていた。彼らが使える唯一のルートは北海を渡るもので、真っ直ぐアルハンゲリスクへ向かい、そこからさらに列車でロシアの諸都市を経由するか、あるいはスカンジナヴィアへ向かい、そこから弧を描いてスウェーデン北部―フィンランド経由ペトログラードへと南下する長い列車の旅をするかである[11]。英国海軍は大戦期間中、ドイツの大艦隊をキールとウィルヘルムスハーフェンに封じ込めていた。その結果、ヨーロッパ各地からスウェーデンまたはノルウェーへの輸送は英国の特権になっており、フランス政府さえも船舶を東方へ派遣するには公式許可を求めなければならない。パリとジュネーブ、チューリッヒにいるロシア人革命家の居留民団はしたがって、帰国しようとすればイギリス海峡を渡らなければならない。ロンドンは初めて、ロシア人政治亡命者の最大拠点に変わった[12]。スカンジナヴィアへの旅のチャンスに興奮が高まり、フランス諸港からドーヴァーへの乗客フェリーは、スラブ人乗船客でいつもにぎわった。パリで発行されているロシア・マルクス主義の反戦新聞『ナーシェ・スローヴォ』〔われらの言葉〕の編集局は大脱出によって空っぽになってしまった。同じことはスイス亡命者の革命新聞でも起きた。

見解を形づくる場はペトログラードなのだ。ほかの場所はどこも問題にならず、亡命者らの心の衝動はまず抗いがたいものであった。

彼らは、身の危険はわきまえていた。英国海軍がドイツ戦艦を囲い、活動を封じてはいるが、潜水艦Uボートは常に脅威であった。潜水艦は母港をひそかに出航し、連合国の全艦船と民間船舶を撃沈する許可を得ている。一九一六年には一隻の潜水艦が機雷を敷設し、ロシアへの途上にあった陸軍大臣キッチナー卿の乗った船を沈めた。その年の間中、船舶と物資に重大な損失が出た。

だが、急ぎ考案された船団方式が大西洋をまたぐ商業交通を守った。米国は参戦しないまま、連合国に政治的・財政的支援を供与していた。ドイツ軍最高司令部は米国船舶への攻撃を認めるという政策転換をまんまと押し通す。理由づけは簡単だった。ドイツ経済は英国による海上封鎖のために窒息しつつある。都市消費者はコーヒーと砂糖、さらにはジャガイモまで底をつく「ひどい冬」に耐えてきていた。軍需生産用原材料はもはや潤沢ではない。一方で、英仏両国は友邦米国から必要物資を得ているのだ。ドイツは一九一七年二月一日をもって無制限潜水艦戦に入ると予告し、米国商船は三月に撃沈され始めた。メキシコ政府が対米開戦に同意するなら、テキサスとニューメキシコおよびアリゾナをメキシコに取り戻させるとドイツが約束したことを、英国情報筋がつかんだ。ワシントンは憤激に包まれた。その時点まで、大統領ウッドロウ・ウィルソンが議会から参戦同意を取り付けることは不可能だった。Uボートによる戦闘行動が新聞で報じられると、この孤立主義の障害は吹っ飛んでしまった。四月六日、米国は帝国ドイツとの戦いに、同盟国として連合側に加わると発表した。ウィルソンはそれを「戦争を終わらせるための戦争」にするつもりであった。

ニューヨークでは、ロマノフ家の倒壊は荒々しい熱狂をもって迎えられた。米国の新聞は戦時検閲による英仏紙のような自制がなく、革命について迅速かつ大々的に報じてきていた。[13] 皇帝退位のニュースは、ロンドンとパリよりも二日早く新聞に出た。ロシア帝国出身のユダヤ人亡命者は歓喜した。[14] 専制君主は打倒された。宗教と民族の平等が布告されつつあるのだ。そこへ米国の参戦という複雑な事情が絡んできた。ユダヤ人新聞『フォワード』〔進前〕はウィルソン大統領の決定を承認したが、反戦の左派は彼に激怒した。レフ・トロツキーとニコライ・ブハーリンが、米国の「軍国主義」に対する代表的な批判派である。トロツキーは反戦扇動活動のためにフランスから追放されていた。当時の彼はボリシェヴィキでもメンシェヴィキでもない急進左派マルクス主義者だったが、「労働者政府」の樹立を要求していた。ブハーリンは、マルクス主義の教義に関するレーニンの著作に異を唱えることをためらわない若きボリシェヴィキの一員である。トロツキーとブハーリンは米国の軍事的関与に反対するよう米国内の社会主義者に呼びかけた。東海岸の諸都市でかまびすしい公開討論会が開かれ、そこでは反戦と戦争支持の活動家が、ワシントンの古くさい政府とペトログラードの新政府の、いずれが支持に値するかをめぐって対立した。

この論争にもかかわらず、米国在住のロシア人政治亡命者のほぼ全員がヨーロッパの同志たちと同様、即刻帰国したがった。英国の場合、北海を渡って旅する最終許可は内閣の判断にかかっていた。首相デイヴィッド・ロイド＝ジョージは数週間逡巡した後、無政府主義者ピョートル・クロポトキンとマルクス主義者のゲオルギー・プレハーノフ、グリゴリー・アレクシンスキーにその旅を許した。クロポトキンとプレハーノフ、アレクシンスキーは連合国の立場を支持したことが理由で選ばれたのである。[15] 反戦活動家たちはこれを依怙贔屓だとして非難し、メンシェヴィキのイワン・マイスキーとゲオルギー・チチェーリンは自らを委員長および書記として、帰還委員会を結成する。二人は外務省と陸軍省、それに内務省を訪れ、ロシアへの航海の理由を弁じたてた。失意の一カ月が過ぎた後、彼らはチェシャム・ハウスにナボコフを訪問し、彼が亡命者たちのすべての離英要請を支援すべしとの訓令をペトログラードから受けていると知って喜んだ。ナボコフは期日通りにビザを発給したが、ドイツのUボートによる攻撃のリスクがあるため、男だけに限った。ホワイトチャペル地区に住む女性革命家たちから声高の抗議が起きた。（ナボコフはのち、それを思い出して身震いしている。「彼女らがまったくうるさいことといったらなかった」）代理大使の仕事は、政治亡命者が偽造パスポートを使う習慣があるために、いかばかりも容易になりはしなかった。ナボコフはリトヴィノフだけでも四つか五つの偽名を持っていると嘆いている。[16]したがって、たとえ大使館が力になろうにも、ビザを発給するのは容易な手続きではなかったのである。

　申請者の最初の大グループが、英国軍艦ジュピターでアバディーンからベルゲンへ航海する切符を手にした。[17]キングズクロス駅から意気軒昂に列車に乗ったあと、彼らはアバディーンで四日の間、無為に過ごさなければならなかった。同艦の艦長は、これは通常の手順だと告げた。艦長は嵐が起きてドイツ潜水艦の哨戒活動が減るのを待っているのだ。彼も少々甘すぎた。北海を渡る航路半ばで、ジュピターはドイツ潜水艦を避けるため、ここぞと港に入らなければならなかった。[18]後のいくつかの船団はもっとつきがなく、一隻は全員を乗せたまま沈んでしまった。それはリトヴィノフが乗船を期待したまさにその船であった。最近、息子が誕生したことから、彼はかろうじて切符の購入を思いとどまったのであった。[19]

　反戦活動家らは英国の支援に感謝しなかった。その一人ゲオルギー・チチェーリンは、ロイド＝ジョージが旅行証明書の発行で自分たちを差別している、とふれ歩いた。[20]これは、少なくとも英国から出航した人びとにとっては、真実ではなかった。チチェーリンの言論活動からは誰も分からなかっただろうが、ナボコフは代理大使として彼と真に協力したのである。そして連合国に対するチチェーリンの攻撃は、ペトログラードにおける英外交の困難を悪化させかねないだけであった。その上、チチェーリンはロシアへの出発をまるで急いでいない点で、ほかの人びととは違っていた。ロンドンにおける彼の存在は目の上のたんこぶになり、彼が連合国の戦争遂行を激しく非難する記事を『プラウダ』に書いたことを知るや、英内閣は八月、彼に対する堪忍袋の緒を切らした――彼はまたドイツ側に好意を示していると疑われてもいた。チチェーリンは国土防衛令に基づき、またたくまにブリクストン刑務所にぶち込まれてしまった。[21] ピョートル・ペトローフは労働者に反戦をアジったことを理由に、すでに拘禁されていた。[22] チチェーリンとペトロフはやっかいな囚人であった。彼らは自分たちに対する扱いを、連合国が「帝国主義」戦争を戦うためには何事もいとわないことをますます証明するものだと解釈した。彼らはロイド＝ジョージ内閣に対し、釈放の特別請願をすることを拒んだ。

英国とフランス、およびスイスの革命家居留民団にいる他の男性政治亡命者はほぼ全員、その旅をしたいと望むかぎりロシアへ戻った。その上、旅客の多くは臨時政府を放逐してやろうと心に秘めていた。さらに一部は、ロシアの戦争継続をやめさせようと腹を決めていた。

フランスもしくはスイスからロシアへの最短ルートは、言うまでもなく列車によるヨーロッパ横断である。だが、数百万の軍と大砲を伴った二つの戦線が大陸の真ん中を南北に伸びているときにあって、これは不可能である。スイス諸都市を拠点にする革命家らには、ドイツを通過してスカンジナヴィアに至り、フィンランド経由でロシアに入る選択肢が理論的にはあった。障害は、ドイツ領内のロシア国民は戦時にあっては敵性外国人だということ。大方のロシア人は戦争の勃発時、警察に逮捕されたり路上で殴打されたりする目に合う前に、ドイツとオーストリアから逃げ出していた。だがドイツ政府は常に、ロマノフ王朝打倒を狙うロシア人とウクライナ人の革命家グループを支援することの利点を見ていた。そしてニコライ二世が退位すると、ドイツ外務省はロシアに帰還する反戦革命家の間に浸透する計画に関心を示す。スイス駐在外交官たちは、ロシア人革命家らがドイツからバルト海岸まで列車で通過する問題について、交渉を始めた。レーニンとボリシェヴィキの仲間に仲介者を通じて誘いがかかった。レーニンはロシアの参戦の終了を望むばかりか、ロシアの敗北を積極的に支持しているため、ドイツ最高司令部としてはこれ以上の協力者を望むことはできなかった。

レーニンはメンシェヴィキ指導者ユーリー・マルトフとともに、この機会について検討したが、マルトフは臨時政府からの承認がないことを懸念した。彼は自由主義者を憎悪し、彼らを主戦論者で帝国主義者だと考えていた。だが、彼は当局の許可なく帰還するリクスは冒したがらなかった。レーニンはもっと根性がすわっていた。一九〇五年の革命的危機の際、レーニンはスイスからの帰国に時間をかけすぎ、政治的影響力の低下というツケを払っている。一九一七年にこの誤りを繰り返すつもりはなかった。

とはいえ、レーニンは用心しなければならなかった。仮に臨時政府が何らかの点で彼を対独協力の罪で咎めれば、到着と同時に危険にさらされる。国家反逆罪で銃殺さえされかねない。そこでレーニンは、ドイツ大使ギズベルト・フォン・ロムベルクとの間で、自分と支持者がドイツ人と接触することなくドイツ領内を旅するという取決めを結んだ。機関士あるいは警護といえども、自分たちに近づいてはならない。これには「封印」列車が必要になる。ドイツ政府はレーニンの条件を直ちに了承した。[23]レーニンとしては、カール・ラデックのような他の反戦亡命者に、その旅に名前を登録するよう誘おうとした。ラデックは聡明で機知に富んだポーランド系ユダヤ人で、過去にレーニンを批判したこともあったが、彼はドイツ社会民主党とポーランドの急進左派マルクス主義組織に同時に加盟していた。彼とマルトフが旅に加われば、この計画はさほど純ボリシェヴィキ的策動には見えなくなる。ラデックは了解したものの、マルトフは拒否し続けた。マルトフはメンシェヴィキ最左派の位置にあり、ロシアの戦争遂行を非難していたが、帝国ドイツと組んで身を汚されることを懸念し続けていたのである。レーニンが何と言っても翻意させることはできなかった。それでも四月九日には寒気の中、選ばれた主としてボリシェヴィキの三十二人がチューリッヒ駅に現れる。レーニンには妻ナジェージダと右腕のグリゴリー・ジノヴィエフが付き従っていた。一行の中にはレーニンの元愛人イネッサ・アルマンドの姿も。そして、きわどいウィットで知られるラデックは、列車が発車した瞬間からもうジョークを飛ばしていた(24)。

ほぼ全員が愉快な気分だったがレーニンだけは例外で、隣の車室から来る騒音に腹を立てていた。そこではラデックとイネッサ、オリガ・ラヴィッチ、ヴァルヴァラ・サファロワが始終ふざけ回っていた。オリガ・ラヴィッチの笑い声は甲高く、レーニンが彼女を手荒く通路に引っ張り出すと、しまいに仲間たちが彼女を救出した。ところがまた、レーニンは彼らに騒音を抑えるよう言いつけるのである。旅の間中、レーニンは座を白けさせた。列車がサスニッツのフェリー港に向け、蒸気音を立ててシュツットガルト－フランクフルト－ベルリンと進んでいく間、レーニンは自分の著述を進めようと決めていた。彼は誰がたばこをふかしてもなじった。トイレに行列ができているのを見ると、チケット制の順番待ちシステムを導入した。これで彼の気分は落ち着いたが、それもラデックがパイプをふかすために、トイレの持ち時間を使っているのを発見するまでのことであった。また小言が続いた。

いったんデンマークに到着すると、レーニンと随行者一行は一路スウェーデンを目指した。そこでは歓迎委員会がストックホルムで一行を待っていた。レーニン自身はさらに別の偽名〔レーニンも本名ではない〕を使っていた。これで彼の道案内をしたがるシンパの目をしばらくはごまかせた。アレクサンドル・パルヴス＝ヘルファンドからの申し出も届いた。オデッサ出身のマルクス主義者で、ドイツ政府のために政治連絡要員役を務める裕福な商人である。それで、彼はロシアにおけるボリシェヴィキの活動をドイツが資金援助できるような取決めをまとめたがっていた。レーニンは、金は欲しかったけれども、パルヴスとの会見を新聞に書かれる危険を冒すわけにはいかない。代わりに、彼は部下を代理として交渉に当たらせた。万事が望み通り、とは行かなかった。レーニンはファッションに関するラデックの忠告に抗する気力を欠いていた。鋲打ちの登山靴で歩き回るのはまるで革命家指導者らしからない、とラデックは説いた。ラデックが封印列車での小言のお返しをすると、レーニンは新品の靴とズボンを買うことにしぶしぶ同意した。だが、譲歩はそこまでである。レーニンは口うるさい男に、自分は洋服ビジネスで身を立てるためにロシアに帰るのではないからな、とくぎを刺した。ラデックのような奇抜な服装の人間に服装を指図されるいわれはないよ、と付け加えてもいいところであった。[25]

この間ずっと、レーニンは臨時政府打倒と社会主義的独裁の導入に関する思想を明確化させつつあった。ロシアへの途上で、その思想を『四月テーゼ』としてまとめる。スウェーデン社会主義者によるにぎやかなもてなしが終わると、フィンランドとの国境ハパランダである。これは小ざっぱりした河岸の小さな町で、スウェーデンの憲兵隊が秩序維持にあたる中、荷物が降ろされる。橋の向こう側はトルニオ村で、既に最近の革命の兆候を帯びていた。ロシア兵はだらしなく、役立たなかった。憲兵隊は姿を消しており、列車の時刻表はいかなる現実の装いも失っていた。[26] 本物の革命の兆候や匂いを味わいはじめるにつけ、スイスから来た旅の一行にとって、それは感動の時であった。四月十三日、一行はトルニオで列車に乗った。ボリシェヴィキの新聞『プラウダ』を客室に持ち込んだ。一行はベロオストロフでロシア＝フィンランド国境を越え、そこでボリシェヴィキ中央委員のレフ・カーメネフに出迎えられる。四月十六日の真夜中直前、一行はペトログラードのフィンランド駅に到着、そこでは帰還する革命の英雄を歓迎しようと大群衆が待っていた。レーニンはそこに居合わせたメンシェヴィキと社会革命党員には愛想がなかった。社会主義者の団結と言う彼らの考えを鼻であしらい、「世界社会主義革命」をぶっきらぼうに呼びかけたのである。[27]

マルトフは躊躇した高いツケを払うことになった。レーニンと同じことをする公式許可をロシア外務省から受け取るまでスイスで時を浪費し、ようやくペトログラードに着いたのは五月二十二日。[28]その時までに彼のメンシェヴィキは、ペトログラード・ソヴィエトに臨時政府支持を説得したイラクリ・ツェレテリ、ニコライ・チハイゼといった同志の指導下に決定的に移っていた。ロシア新外相パーヴェル・ミリュコーフは旅行許可をめぐる交渉の板挟みになった。彼はレーニンの旅行を認可したことはなく、マルトフの帰還に同意したのは、すべての亡命革命家はビザ取得の権利を持つべきだとペトログラード・ソヴィエトが要求したという、ただその一事のためだった。臨時政府はソヴィエトの意思に軽々しくは逆らえなかったのである。

マルトフは大幅に遅れたが、トロツキーはさらに遅れた。革命戦略をめぐる問題の古い論敵であるレーニンが自分の考えに近づいていることも、彼にはほとんど慰めにならなかった。『四月テーゼ』はこのことを証明していたが、両者が積極的に協力できるためには、長年の論争を乗り越える必要があった。それに、いずれにせよトロツキーはニューヨークに閉じ込められていたのだ。ロシア領事館がビザを発給すると、彼は直ちに自分と家族のために汽船クリスチャニアフィヨルド号での航海を予約した。トロツキー一家がニューヨークを離れるのは三月二十七日である。大西洋横断は北海航路と同じく危険であり、現にその夏にはドイツ潜水艦Uボートが大西洋横断途上のクリスチャニアフィヨルド号を沈めている。危険はトロツキーの眼中になかった。革命のペトログラードが目的地であってみれば、どんな危険も冒す価値があった。実際、汽船がノヴァスコシア州ハリファックスに入港するまでは、万事順調だった。カナダは大英帝国領であり、当局はカナダ－ヨーロッパ間の大西洋横断フェリーの乗客名簿を子細に点検していた。ハリファックスにいる英国の出入国管理官はトロツキーの乗船に警告を受けており、有名な反戦闘士にスカンジナヴィア－ロシアへの旅の便宜を図ってやることには不満であった。トロツキーは逮捕され、蹴られたり怒鳴られたりした挙げ句、船を追い出されて拘留キャンプに放り込まれてしまう。彼は日ごと家族との再会を要求しながら、ドイツ人戦争捕虜の間で宣伝活動を行った。

トロツキーの身に起きた事件の知らせはたちまちロシアに届き、ペトログラード・ソヴィエトのメンシェヴィキとボリシェヴィキは声をそろえ、彼を憎き帝政に対する誉《ほまれ》ある闘士として釈放するよう要求した。当初、ミリュコーフはこの措置に賛成していた。しかしその後、ペトログラード駐在英国大使サー・ジョージ・ブキャナンに対し、英当局にトロツキーの拘留を続けさせておくよう強く求めた。英当局はこれをしかるべく実行した。ところが、ペトログラードの左派がトロツキーの釈放を求めて新聞キャンペーンを始めると、ブキャナンはロシア在住の多数の英国ビジネスマンの身体の安全への脅威を感じた。彼はミリュコーフに圧力をかけ、英国はハリファックスの状況に責任はない、と強調した。四月二十一日、臨時政府はトロツキーの釈放に反対しないと表明。彼は家族と再会し、一行は大西洋横断の次の船便（ヘリグ・オラフ号）への乗船を許された。(29) 一行は無事クリスティアニア（オスロの旧称）に到着、さらにフィンランド経由ペトログラードへ至る最終段階に向け、ハパランダを目指した。レーニンの到着から一カ月後、トロツキーは彼に先立つ他の人びとと同じく、フィンランド駅で温かい出迎えを受ける。トロツキーに付き添い、ロシアの革命政治状況への順応を助けようと、近しい同志モイセイ・ウリツキーとボリシェヴィキ中央委員G・F・フョードロフが出てきていた。

トロツキーはハリファックスでの経験ゆえに、英国を決して許せなかった。主要資本主義国はどこも大差なく、似たような状況であればフランスも同じことをしただろう、トロツキーのマルクス主義教義と分析がそう彼に教えるべきであった。事実、米当局がトロツキーに対し真っ先にニューヨーク市の港からの出航を許可したことは、彼の教義的観点からは、ほとんど信じられないことであった。

だが、トロツキーは自分を丸裸にした英当局の横柄さを恨んだのだ。帝政ロシア政府でもこんな屈辱的な扱いはしなかった、と彼は書き留めている。医者による検査のために脱衣を強制することが、究極の野蛮行為だとでも言わんばかりだ。苛烈な独裁を導入しようとしている男にしては、度外れた意識過剰である。

トロツキーのペトログラード到着によって、臨時政府は一人でなく二人の厄介者に向き合うことになった。彼とレーニンは政治状況に付け込みはじめる。両者はすでに帰還前から、現内閣は軍国主義的・帝国主義的だと非難していた。そして二人は、ペトログラード・ソヴィエト内のメンシェヴィキと社会革命党の指導者がゲオルギー・リヴォフとその閣僚らを支持し社会主義革命の名における政権掌握の機会を逃したとして、馬鹿にしていた。ロマノフ家倒壊後のロシアは、世界のどの大国とも似ていなかった。自由に対する制限はなくなっている。帝政政府とその抑圧性に対する終生の敵であったレーニンは、臨時政府によって実行された諸改革に感銘を受けている。帰国前、彼がロシアはその当時の世界で最も自由な国であると言い放ったのは有名な話である。レーニンとトロツキーは筆が立ち、さっそく自分の著述を発表させた。レーニンは既成の支持者の一派を持っており、これを大衆党に転換することができる。彼はまだ演説では固くなったが、トロツキーは――ケレンスキーと並んで――どこに登場しても巨大な聴衆を奮い立たせる雄弁の才があった。そして、トロツキーはすぐにはボリシェヴィキに参加しなかったものの、彼もレーニンも過去の論争は忘れなければならないことを承知していた。彼らが欲するものは同じ、革命ロシアにおける最高権力なのである。

第2章
崩壊するロシア

帰国亡命者たちはペトログラードで、方向感覚をまひさせるような新旧事物の混交に出遭った。エカチェリーナ女帝像が杖の先端に赤旗を翻《ひるがえ》らせている。毎日正午には、ペトロパヴロフスク要塞の鐘がグリンカの『神はツァーリを救い給う』を違わず奏でる。モスクワでも多くが元のまま変わらず、赤の広場のスパスキー門近くでは若い大公たちが夜出かけていく光景をとらえることができた。華麗なバレリーナ、タマーラ・カルサーヴィナは両都市で公演。世界に名を知られるバリトン歌手フョードル・シャリャーピンは、ペトログラードのボリショイ・オペラ劇場でヴェルディの『ドン・カルロス』を歌っていた。彼は旧体制の支持者であったためしはなく、今は人民の英雄として喝采を浴びているのだ。エルミタージュ美術館の美術コレクションは、ペトログラードからモスクワへ戦時疎開していたものの、首都では毎週、絵画展や絵画・文学に関する公開講演が行われていた。長らく禁止されていた演劇が上演されていた。アレクサンドリンスキー劇場では、アレクセイ・トルストイの『イワン雷帝の死』が再演されていた。検閲局は機能停止。ニコライ二世の政府によって帝国領内では禁じられていた救世軍が、福音集会の案内を壁に貼っていた。ベジタリアンのレストランは、作家でキリスト教無政府主義者レフ・トルストイの巨大なポスターと「私は誰も食べない」の標語で客を誘い、商売繁盛である。[1]

社会の習慣が逆転しつつあった。家の召使は主人や女主人が命じても、以前ほど従わなくなった。多くの給仕が、そんな習慣は尊厳を傷つけるとして、チップの受け取りを拒否した。「テーブルの給仕で生計を立てなければならないからといって、チップのお恵みで侮辱されるいわれはない！」社会的差異は消滅しつつあった。路面電車の運転士は、社会的地位に関係なく客に「同志」と呼びかける。中流階級の乗客をしばしば狼狽させる新語である。[2]

最も目につく現象は、組織労働者が振るう影響力であった。労働者は工場で独自のソヴィエトを選出した。憲兵の逃亡によって開いた穴を埋めるため、多くの都市が独自の赤衛隊を創設した。労組ネットワークを広げ工場労組委員会を設立するにつれ、労働運動の総体が労働者のために秩序と労働条件改善の両方を求めた。そして一つの組織が彼らの要求を満たしそこねると、彼らはその指導部を取り換えるか、他の組織に行って自分たちのための活動を要請する。[3] 工場労働者がこの道を主導していたが、参加への熱意は社会の隅々に広がっていた。帝政崩壊の後、身を低くしている貴族と地主紳士階級は例外として、大方のロシア地域の農民はすでに自治・自営のための独自の組織体、村落コンミューンを持っている。コンミューンは伝統的に農村部の自警活動に従事してきており、今やその権威を農村地域の生活のすべての面に拡大したのである。人民管理が当世のスローガンだ。シベリア横断鉄道までも影響を受けた。ロシアを脱出しようとする外国人乗客は、自分たちが乗る客車の評議会を選出するよう求められる。列車は行程途中で食料と水を調達する必要があって、主要駅ごとに効率的な交渉をしなければならないため、その動機は政治的というより現実的なものではあった。一九一七年に市民であることは、すべての人々に幾分か政治家になることを要求したのである。

労働者は賃上げと生活状態の改善、そして安定した雇用を望んでいた。臨時政府が東部戦線で活発な作戦を再開しようとすると、彼らはますます徴兵を恐れるようになった。いつ何どき塹壕に派遣されるか分からないし、ロシア軍の対独戦績がいかに乏しくなり始めているかは、誰もが知っていた。農民家庭もまた落ち着けない。彼らは借地料を払わなければならないことを恨み、不在地主貴族の森林と牧草地を妬ましい目で眺めた。村落が統治不能になるのはただ時間の問題であった。

行政の解体はペースを速め、治安機関はほぼ完全に崩壊していた。ロシア帝国の警察は、社会の承認のもとに機能したことは一度もない。帝政が倒壊するやいなや、警察官は制服を脱ぎ捨て、怒った民衆から身を隠した。旧政治警察（オフラーナ）は解散。陸海軍の指揮官はもはや軍規を強制することができない。ペトログラード・ソヴィエトは三月十四日、軍将校が発する命令をソヴィエトが破棄する権限を定めた指令第一号を発令した。これにより、臨時政府の手には、その意思を強制する手段がほとんどなくなった。閣僚たちは都市労働者と兵士によって選出される各種ソヴィエトの大ネットワークの中で、メンシェヴィキと社会革命党から施される好意に依存していた。リヴォフ公は許可が出ているかどうかを確かめずには、ほとんど一杯のコーヒーを飲むこともできないのである。内閣はいつも忙しく立ち回り、各省を通して政策を下達した。旧官僚はそのまま残っていた。官僚の多くは新しい主人に仕え、指示の履行に熱心だった。だが、首都で作成される命令は、地方に行くとなかなか守られないことが頻繁にあった。臨時政府は統治のしょっぱなから困難に直面していた。

リヴォフの持ち札には、五月初めに起きたロマノフ朝後最初の危機の前でさえ、もう切り札がなかった。外相のパーヴェル・ミリュコーフは廃位された皇帝の戦争目的を共有し、中央同盟が敗北したあかつきにはダーダネルス海峡を獲得せんと期待していた。これは彼がパリとロンドン宛の電報で非常にはっきりさせていたことである。不幸なことにこれは、ロシアは防衛戦争のみ戦うというペトログラード・ソヴィエトと臨時政府の申し合わせに背馳していた。電報局の労働者がメンシェヴィキと社会革命党の指導部に、ミリュコーフ電のことを密告した。抗議デモが組織された。リヴォフ内閣は動転して閣議を開き、ミリュコーフは陸相アレクサンドル・グチコーフとともに辞任せざるを得ないと感じた。リヴォフはメンシェヴィキと社会革命党を改造内閣に入閣させることもした。自由主義者と社会主義者の連立が国家を一つに統合できると期待してのことである。ペトログラード駐在の連合国外交官らは胸をなでおろした。新政府にはロシアに秩序を回復し、東部戦線における軍の士気を維持する現実的なチャンスがある、そう彼らには思えたのである。

ボリシェヴィキもその抗議に合流していたが、彼らは臨時政府打倒と社会主義体制の導入を呼びかけてもいた。レーニンがロシアに帰還するまで、ボリシェヴィキの間には混乱があった。前の冬の逮捕を生き延びた首都のボリシェヴィキ指導者らは、レーニンがはるかスイスから指示したような急進的過激行動を好んだ。ボリシェヴィキのロシア・ビューローは社会主義独裁が望ましいという古い党派的教義を真面目に受け取っていた。ビューローは当時、弱冠二十七歳のヴャチェスラフ・モロトフに率いられていた。モロトフは臨時政府に対する無条件闘争を呼びかけた。ボリシェヴィキが自由主義者の権力掌握を妨げる時機は、すでに過ぎ去っていたが、自分や同志が結果の逆転を試みることがボリシェヴィズムの要請だ、とモロトフは信じた。これがロシア・ビューローの公式政策であったのは、レフ・カーメネフやヨシフ・スターリンら上位の人物がシベリア流刑から戻るまでのこと。彼らは臨時政府に対する条件付き支持の政策を主張し、ボリシェヴィキ中央委員会を握る。しかし、モロトフの考えを支持する多数のボリシェヴィキがペトログラードと地方にいて、レーニンが『四月テーゼ』で自ら提案した革命路線の承認をこの一派に説得するのは難しくなかった。(4)

ボリシェヴィキ活動家らは各級ソヴィエト、労組、工場委員会の選挙で、レーニンが「社会的裏切り者」と非難するメンシェヴィキと社会革命党員の対立候補として立った。ボリシェヴィキの機関誌

『プラウダ』は、社会主義革命が起きるまで労働条件は改善しないと予言した。彼らは「平和とパンと土地を」のスローガンを採用し、非ロシア人に対しては民族自決を約束。ソヴィエトに基礎を置いた政府の樹立を要求し、全ヨーロッパで社会主義の時代が間近に迫っていると力説した。レーニンと彼の同志たちは、リヴォフ内閣は軍事的・帝国主義的目的を動機とする資本主義者の政府であると主張した。今のところ労働者・兵士の少数派しかこれを受け入れていず、農民に至ってはボリシェヴィズムのことを聞いた者はほとんどいなかった。だが、ボリシェヴィキの宣伝が徐々に浸透する効果は見られた。ロシアに戦争から手を引かせる組織なら、何でも喜んで援助するドイツ政府からの資金に密かに助けられ、ボリシェヴィキは印刷設備を拡充、数万人が党員登録をして党勢を拡大した。レーニン自身は反政府の立場を代表する英雄として絶大な注目を浴び、トロツキーその他の左派マルクス主義者は、ロシアにおける革命的社会主義の最も有望な手段として、ボリシェヴィキに合流した。臨時政府は、確かなことは何もないと思い知らされた。

リヴォフは今や分裂内閣を主宰することになった。社会主義者の閣僚は労使関係の改革を実行。農民が耕作放棄された地主貴族の農地を耕すことも許可した。立憲民主党（通称カデット）に率いられる閣内の自由主義者は、社会主義が密かに植え付けられつつあると懸念した。彼らは東部戦線で軍事作戦を再開したいと考えており、実際、それは新陸相に就任したアレクサンドル・ケレンスキーが了承した。しかし閣内では議論が続く。メンシェヴィキと社会革命党員は一段と積極的に講和を探るよう主張、閣僚らはこれが中心議題になるストックホルムの国際社会主義者会議へのロシアの参加を正式承認した。だが同時に、ケレンスキーは東部戦線南部でのオーストリア＝ハンガリーに対する攻勢計画を練りつつあった。

この戦争関与の意思表示は連合国を喜ばせた。レーニンとトロツキーを不快にさせることもなかった。自分たちが日ごろ主張してきたとおり、それは連立政権の好戦性を証明するものだと彼らは言うのであった。ボリシェヴィキは大衆の不安に乗じ、ペトログラードで政府の政策に反対する武装デモを呼びかける。これは六月中旬の全露ソヴィエト大会に合わせて設定されていた。メンシェヴィキと社会革命党はボリシェヴィキがリヴォフ内閣の転覆を企んでいると疑い、市中心部で独自の非武装デモを組織することを決めた。彼らはソヴィエト大会で優位にあった。だが、どの単独政党もロシアで権力を握る意思はないと彼らが主張すると、レーニンが「そういう政党はあるぞ!」と席から叫んだ。ボリシェヴィキ中央委員会は運が向いてきたと確信し、さらに別のデモを組織する。クロンシュタットの海軍守備隊――反政府感情の温床――は首都へ艦船を向け、銃を搬入すると約束した。レーニンはこの時を選んで田舎で数日間の休暇を取った。わざと無関心を装ったのである。トロツキーの同調者で、間もなくボリシェヴィキに加わるアナトリー・ルナチャルスキーは後に、そのデモは社会主義の反乱の規模を「探る」狙いがあった、と認めている。

臨時政府は内部論争のために麻痺した。メンシェヴィキと社会革命党出身の閣僚は、ウクライナへの地方自治権付与を主張していた。すなわち、中央評議会《ラーダ》――選挙で選ばれ、ウクライナの広範な諸組織を結びつけた今のところ非公式な機関――を、合法的なキエフの行政主体と認めることを望んでいたのである。立憲民主党員は、これは多民族国家解体への一歩だとして反対。リヴォフが社会主義者側に立つと、彼らは閣僚を辞任した。だが、内閣の残りは姿勢を崩さなかった。ペトログラードの忠誠部隊が、ボリシェヴィキ指導下のデモを解散させるべく派遣された。市民に数十人の犠牲が出た。内務省はこの機に乗じて、ドイツによる秘密の資金援助を示す文書を公表し、首都でボリシェヴィキ党を抑え、世論を操作した。レーニンに逮捕状が出た。レーニンはフィンランドの安全地帯へ逃亡。トロツキーはボリシェヴィキに対する連帯を表明し、身柄を拘束された。ペトログラードのボリシェヴィキ指導部の残りは地下に潜り、嵐の過ぎ去るのを待った。

リヴォフは緊急事態にあって、精魂尽きていた。首相ポストにもはや展望を見いだせず、ケレンスキーに権力を禅譲。ケレンスキーは新内閣の組閣に数週間費やす。六月軍事攻勢は大失敗に終わり、中央同盟軍はウクライナの奥深く侵攻した。厭戦気分が駐屯地と塹壕に広がった。ロシア諸都市への食料供給量は減少した。工場や炭鉱で経営者が賃上げ要求を却下すると、労働争議が激化した。インフレが金融システムを揺さぶった。法執行機関が破綻する一方、駐屯地の軍隊はもっぱら近隣のソヴィエトに忠誠を示した。農民は地代を払わずに地主貴族の牧場や森林を使用しはじめ、土地の大強奪が近いことは目に見えていた。旧ロシア帝国の外縁地域は騒がしくなっていく。しかも経済危機の先鋭化につれ、地方行政機関はペトログラードを無視し、自治を行うようになった。社会主義者の閣僚はペトログラード・ソヴィエトでメンシェヴィキと社会革命党のテコ入れに身を投じるため、リヴォフ内閣を辞した。ケレンスキーが最高権力を握ったが、彼は政治的に孤立していた。その雄弁術はインパクトを失いはじめている。臨時政府の指令を強制する彼の能力は失われようとしていた。

支持基盤を広げようにも、選択肢はほとんどなかった。八月二十五日、ケレンスキーはカデットからメンシェヴィキ、社会革命党まですべての反ボリシェヴィキを糾合した「国家会議」を開催する。ロシアの政治家が今も戦時の必要に応える能力を備えていることを示威しようという考えであった。彼は往時をしのばせる堂々たる態度で演説し、議場を去るときには女性の取り巻きらから称賛を浴びた。

だが、最高司令官ラーヴル・コルニーロフが自由主義中道右派グループの熱狂的歓迎を受けたことを、誰も見のがさなかった。ケレンスキーはコルニーロフに、東部戦線を強化し、都市ソヴィエトを屈服させたい気持ちは変わらないと請け合った。コルニーロフはペトログラードの混乱を鎮めるため、前線の信頼できる部隊を送ることを了承した。部隊を首都に運ぶ列車が発車すると、ケレンスキーはコルニーロフが自分に謀反を企てている可能性があると恐れ、気持ちをひるがえす。彼はコルニーロフに派遣部隊の撤収を命じた。コルニーロフはこれに激怒し、ケレンスキーはもはや国家のために行動する気概を欠いていると決めつけた。ケレンスキーの軍事顧問ボリス・サヴィンコフからケレンスキーに届く錯綜した報告は、こうした状況を改善するものではなかった。ペトログラードへの進軍は続き、公然たる反乱へと発展している。パニックに陥ったケレンスキーはメンシェヴィキと社会革命党に頼り、コルニーロフの命令に従わないようコルニーロフ軍を説得する労を取ってほしいと頼んだ。ボリシェヴィキがこの取り組みに加わり、反乱は失敗。コルニーロフは拘束された。ケレンスキーは重い教訓を得た。彼は立憲民主党員《カデット》がロシアの希望としてコルニーロフに喝さいしたことに留意し、臨時政府を支持しない自由主義者すべてを除いた「民主会議」を九月末に招集する。これが広範な大衆的承認を獲得する唯一の道だと見ていたのである。

　ロマノフ家に対する憎悪は、労働者の間で依然として根強く、ケレンスキーは事態が制御不能に陥るかもしれないと懸念した。まず考えたのは、元皇帝を正式な裁判の場に召喚し、無罪判決が出たら英国の従兄ジョージ五世のもとに送ることだった。だが臨時政府は喫緊の難事を抱え、明確な政策を策定しなかった。ニコライと妻アレクサンドラ、その他一族を調べる委員会が任命された。ロマノフ家に対する大衆の激高のため、臨時政府は英国がロマノフ一家の亡命を受け入れるかどうかを探った。ケレンスキーは第一次内閣の法相だったとき、ツァールスコエ・セローにニコライ元皇帝を訪ね、ウィンザー家の従兄からの挨拶を伝えたことがあったが、一家は保護を求める自由を奪われていた。ところが今度は、ロイド＝ジョージは反対していないのに、ジョージ五世は元皇帝が英国に来てウィンザー家が不人気になるのを恐れていた。[5] 英当局からは拒否の返答が来た。臨時政府は完全非公開の討議を開き、皇帝一家をシベリアのトボリスクに一時置くことに決めた。中央からの距離が主たる利点であり、旧知事公舎が一家のために選ばれた。ニコライはケレンスキーに「余は恐れていない。余らは貴公を信頼している」と語った。計画された行き先は秘密にされた。過激君主主義者がトボリスクで元皇帝を捜し出そうとしたものの、真剣な救出の試みはなかった。[6]

臨時政府のそのほかの施策は、さほど効果がなかった。製造業者らは工場に秩序が戻る望みはないとあきらめた。つまり、多くは事業をたたみ口座を国外に移してしまったのである。自分の地所にあえてとどまる地主はほとんどいなかった。銀行家は財産保全と企業への融資引きはがしに血眼になった。都市経済は灰燼に帰しつつあり、すべての社会階層にとって生活条件が悪化していた。商店主はシャッターを降ろしつつある。都市では大量失業が着実に拡大している。かつて工場労働者が賃上げと労働条件の改善を要求してストライキを打ったところでは、操業の継続と雇用確保が優先課題になった。ケレンスキーは、農民が農産物を政府調達員に売り渡すようにするため、農産物価格を引き上げる。結果は期待外れだった。農民は、いくらルーブルを手にしても農具が手に入らないため、使いようがないと訴えた。都市と前線への食料を調達するため、武装部隊に農村部への進軍準備をさせなければならなくなった。同時に塹壕からは、脱走部隊の数は膨らむ一方だとする不穏な報告が届いていた。ロシア軍の規律は崩潰しつつあった。国家全体が存在を停止しつつあり、ロシアは崩壊寸前であった。

ボリシェヴィキ党はこの崩落から利を得た。同党の急進派は再び公然活動をしていた。実のところ、彼らはペトログラードとモスクワの外では視界から消えたことはなかったのである。トロツキーは刑務所から釈放され、公衆の場に戻ると、ロシアの不幸は臨時政府の責任だと口を極めてなじった。レーニンは逃亡先のヘルシンキで、コルニーロフ事件は二つの選択肢、すなわち軍事独裁か社会主義革命しかないことを証明した、と言い放った。ボリシェヴィキは民主会議に出席し、反ケレンスキーの立場を述べるだけで退席した。

レーニンはこれに喜ぶどころか、ボリシェヴィキは反乱の実行をなおざりにしていると考えた。彼は潜伏場所からペトログラードへ論文を運ばせた。内閣を打倒することが緊急に必要である、と同志たちをせっついた。そして、自分の戦略に対して、新たにボリシェヴィキに加わったトロツキーの支持を当てにできることが、明らかになってきた。中央委員会は常にレーニンの考えに同意するとは限らなかったが、完全に無視することもなかった。反ボリシェヴィキ派の新聞は、ボリシェヴィキを籠絡する力を持った悪魔的人物としてレーニンの重要性をますます強調するようになり、トロツキーはレーニンの政治的双生児として描かれた。ペトログラードでは、トロツキーが現れるといつもメンシェヴィキと社会革命党員の間に不安が生じた。トロツキーは革命の偉大な雄弁家としてケレンスキーのお株を奪ってしまった。彼は九月初めからペトログラード・ソヴィエト議長になり、ロシア全土のほかの都市ソヴィエトも、たちまちボリシェヴィキの掌握するところとなる。いずれ、その気のあるメンシェヴィキおよび社会革命党指導者との何らかの新たな連立政権が樹立されるという確信が、党内の雰囲気として強まった。ケレンスキーとその内閣は今にも忘れ去られようとしているように思われ、労働者と兵士の間では、献身的社会主義者のみで構成される政府の樹立を支持する意見が強まった。

レーニンの思考は蜂起の一点に集中している。彼は「ケレンスキー一味」を暴力なしに排除できるとする考えを退けていた。レーニンは中央委員会で自分の主張を述べるため、お忍びでペトログラードへ戻った。徹夜会議が十月二十三―二十四日に開かれ、レーニンは仲間の指導者たちに、彼ならではの熱弁をふるう。レフ・カーメネフとグリゴリー・ジノヴィエフが彼に反対した。二人は労働者階級が蜂起を断固支持しているかどうか疑っていた。ヨーロッパが社会主義革命を経験する寸前にあるのかどうか疑問であった。彼らはボリシェヴィキによる時期尚早の行動の結果、抗いがたい反対ストにさらされることを懸念していたのである。だがレーニンは反論し、投票は十対四で彼を支持した。六日後、ロシアの他地域のボリシェヴィキ指導者を加え、再び中央委員会が開かれた。激論の末、レーニンは再び論敵を屈服させた。ボリシェヴィキの公式路線は、権力掌握の方向に決定的に定められた(7)。

蜂起の原則だけで、具体論は討議されなかった。レーニンが首都郊外の隠れ家に戻ると、戦術と戦略を考案したのはトロツキーであった。ペトログラード・ソヴィエトは最近、軍駐屯地を管轄する軍事革命委員会を設立していた。軍内の支持を結集し、臨時政府に対する武装行動を統制するためにこの組織が使える、とトロツキーは考えた。こうすれば、蜂起をボリシェヴィキ党のクーデターであるより、ソヴィエト支配の樹立へ向けた一歩に見せかける利点がある。ペトログラードの出来事は、次に他の都市でも模倣されるだろう。そして、いったんケレンスキーが逮捕されるか、冬宮から追い出されれば、権力は数日後に招集予定の第二回ソヴィエト大会に移譲できるというのだ。レーニンは面白くなかった。彼は即時行動を望んでいた。カーメネフとジノヴィエフは中央委決定に関する不安を公にし、結束を乱した。ボリシェヴィキがまさに過激な手段に出ようとしていることは、今やペトログラードの誰もが知ってしまった。ケレンスキーと彼の閣僚らは、戦わずして退陣するつもりはない。武力衝突の時が近づくにつれ、彼らは駐屯地司令官らの支持集めに努めた。ボリシェヴィキ支配下に入れば、ロシアの苦難は確実に千倍も増す、と彼らは感じていた。

臨時政府にとって、状況はひどく展望を欠いていた。ドイツ軍は九月三日にリガに進攻、ロシア軍は纂を乱して敗走した。故郷方面に向かうどの列車も軍部隊ですし詰めになり、鉄道網は乱れた。経済は崩壊しつつあった。都市では富裕層を除くすべての住民に失業と食料欠乏の冬が迫っている。ロシアとウクライナの村落では、すべての耕作可能な土地を農民に渡すよう要求する扇動活動が高まっている。全地域が政府の指令を無視した。ロシア人の愛国的熱情を鼓舞すべく、新式の砲と航空機のフランス製宣伝映画がペトログラードで上映された。ロシアの戦争は終わったも同然であり、これには人気が出ようもなかった。[8]

十月にもなると、ペトログラードの街頭の気分は沈滞していた。外見上は正常だった。路面電車は走っている。郵便・電信局システムは機能している。だが人びとは、ドイツは次にどう出るだろうかと話し合っていた。ツェッペリンと飛行機が首都爆撃に投入されるかもしれない、と疑っていたのである。当局は必要な警戒措置を取った。空襲警報サイレンが頻繁にテストされた。攻撃の際に取られる措置の予行訓練があり、消防士は訓練回数を倍にした。街頭ガス燈が禁じられた。憲兵隊が逃亡した三月以来、犯罪と無秩序はとてもひどくなっていた。それが今やさらにひどくなっている。[9]戦争が中央同盟側の優位に進み、暗いニュースの週が続いた。月半ば、ドイツ軍はリガ湾北端の二島を占領。ロシア軍は東方へ押しやられた。ロシア軍はエストニア領は死守していたが、戦略防衛ラインを初めてフィンランド湾まで下げなければならなかった。[10]首都の商店は品薄になった。たばこはもう売られていず、チョコレートが欲しければ配給帳を手に並ばなければならない。[11]

ケレンスキーはめったに冬宮を離れなかった。彼の勇気と意気は依然軒昂だったが、気持ちが落ち込む日々もあった。ボリシェヴィキは、敢えて他の社会主義者と論議する必要はもうなくなった。彼らは決定的な武力衝突の準備に、ペトログラード中を駈けずり回っていた。ケレンスキーはもう群衆に手を振ることはなかった。彼は溺死寸前であった。

第3章 連合国の政策目標

ロシア軍が東部戦線で潰走するにつれ、西欧連合国はアレクサンドル・ケレンスキーの見解に重きをおかなくなる。連合国は不承不承、この立場に到達した。連合国はロマノフ帝政への嫌悪を共有し、民主的ロシアとの協力を望んできた。臨時政府を慌てて見捨てる気はなかった。だが、ペトログラードからのニュースはいつも憂鬱なもので、パリとロンドン、そしてワシントンの指導者らはロシア軍への資金援助と武器供給は、もはや無意味だと結論したのである。

フランス大統領レイモン・ポアンカレは、連合列強の政策目標を見直す少数政治家グループの中で目立った存在であった。かつて作家ジュール・ヴェルヌの弁護をしたことのある極めて野心的な法律家で、一九一三年に大統領に選出され一九二〇年までその地位にあった。ポアンカレは政治的には保守派で、第一次大戦前には歴代内閣に常に入閣し、一貫してフランスの国益を断固追求してきた。閣僚ポストの歴任によって、彼の影響力増大が可能になった。一九一七年だけでアリスティード・ブリアン、アレクサンドル・リボ、ポール・パンルヴェ、ジョルジュ・クレマンソーと四人の首相が続いた。ドレフュス事件で反ユダヤ主義に反対する言論で名を上げた強烈な急進派、クレマンソーがその年の十一月に首相になるまで、ポアンカレの権勢に挑戦し、大統領を脇へ追いやることになる人物はいなかった。この両者はともあれ、国家の軍事・外交政策では一致していた。ドイツ軍はフランス北部県を占領。わずかばかりでも中央同盟国の宥和を提案する有力政治家は、フランスにはいない。この戦争は最後の勝利まで戦わなければならない。ドイツには自らが引き起こした荒廃に対する代償を支払わせ、そして、フランスに再び脅威を与えることを不可能ならしめるような講和に従わせなければならないのである。

英国首相デイヴィッド・ロイド＝ジョージは日ごろ、言い回しはそれほど高飛車ではないものの、ドイツを完敗させるべしとする点では一致していた。彼は一九一六年十二月に首相の座に就き、保守党と自由党による連立政権を率いており、したがって政治的右派と中道左派にまたがっていた。言葉に少し訛りを残したウェールズ人で、非国教徒である。カーナーヴォン選出の下院議員になると、社会改革を堂々と支持し、下院の内外で注目を集めた。私生活はひどいものだった。秘書のフランシス・スティーヴンソンを愛人にしていた。政治的支援と引き換えに、貴族爵位を臆面もなく売った。しかし戦時指導者としての能力を発揮し、英国海軍に船団システムを取らせることで、Uボートの脅威の低減に寄与した。ホームパーティーで貴顕紳士に話すときと同じ威厳をもって、演説台で工場労働者や女性店員に語りかけた。自信旺盛な人物であり、下院ではウィンストン・チャーチルと並び、大雄弁家の一人と認められていた。

戦争が長引くにつれ、ロイド＝ジョージは戦後処理計画を脇に置き、軍事問題に集中する。ところがウッドロウ・ウィルソンは、連合国の政策目標からこのテーマを取り下げるつもりがなかった。彼は中央同盟国に対する勝利に続き、世界の諸国民により良き未来をもたらす和平を実現させようと決意していた。ウィルソンは一九一三年からホワイトハウスにあった。風貌は貴族的で厳格なインテリであり、ニュージャージー州知事になる前はプリンストン大学学長を務め、世界列強指導者の中で最も学究肌であった。博士論文は議会政治がテーマ。ウィルソンは軍国主義を嫌悪した。ほかの米国政治家と同様、帝国主義も憎んだ。大戦に関与しない公約を掲げ、一九一六年に二期目の大統領選に勝利。自らの原則の点では断固としていたが、検証された現実に合わせその原則を修正する柔軟さがあった。外国を長期間旅することができない憲法上の制約があるため、ヨーロッパ政治の潮流を直接調査することはできない。この目的のために、ウィルソンは親友のエドワード・ハウスを登用する。軍経験がないにもかかわらず、常にハウス大佐として知られた人物である。連合国および中央同盟国のこれほど多数の有力政治家と直接会談した人物はいず、ウィルソン大統領はヨーロッパの戦争と政治に関する最上級かつ最新の情報を入手していた。

ドイツとオーストリアの大都市での不満の高まりを、連合国指導者は知っていた。連合国の情報機関と大使館は、ドイツ情勢について定期的に報告していた。スウェーデン駐在の英仏外交官は、ハンブルクから到着するフェリーの乗客と話すだけで情報収集できる地の利に恵まれている。いずれにせよスウェーデン各紙も同じ材料を論評しているのである。[1] ベルリン政府はこれに勘づき、時々、虚報を含んだドイツ紙の偽造版を作った。だが、ストックホルムには甲論乙駁の霧が渦巻いていたにもかかわらず、ドイツがますます困難を抱えつつあることは否定しようもなかった。[2]

ドイツ政治は不安定な時期に入りはじめている。一九一六年半ばには、カール・リープクネヒトとローザ・ルクセンブルクを含む急進左派が一斉検束、投獄された。紀元前七一―七三年、ローマに対する奴隷の反乱を指導した剣闘士の名にちなんだ彼らの「スパルタクス団《ブント》」は、秘密活動を継続した。リープクネヒトとルクセンブルクは、この戦争は富める者と権力者の目的のためだけに行われていると主張する論文を、獄中からひそかに送り出す。彼らのメッセージに引き寄せられるドイツの社会主義者は一段と増えていた。ドイツ社会民主党は、帝国議会のフーゴ・ハーゼ率いる急進派が党路線に従うことを拒み、一九一七年ごろには分裂しつつあった。そのころにはすでに、パウル・フォン・ヒンデンブルクとエーリッヒ・ルーデンドルフの参謀本部が皇帝と政府より優位にあるばかりか、むき出しの領土拡張政策を推し進めていることが明白になっていた。ハーゼと同志たちは、政府と最高司令部に対する党の批判の生ぬるさをこれ以上我慢するつもりはなかった。その結果、彼らは独立ドイツ社会民主党を創設。さらに、古参の偉大な党理論家カール・カウツキーを仲間につけ、獄中のスパルタクス団メンバーと連絡を取った。

ルーデンドルフとヒンデンブルクは、西部戦線で乾坤一擲の勝負に出る腹だった。実際、無制限潜水艦戦が開始された理由はこれであった。最後の資源の一滴まで攻勢戦略に投入しなければならない。彼らは皇帝に対し、一九〇九年以来宰相の座にあった優柔不断なテオバルト・ベートマン＝ホルヴェークを、自分たちの子分ゲオルク・ミカエリスと交替させるべきだと迫った。西部戦線で連合国を破ろうというなら、米軍がフランスに到達し必要な訓練を受ける前に、戦闘に決定的に勝利することが重要である。ドイツの工業力は限界に達している。米国が連合国の目標に与すれば、経済問題を悪化させることは必定である。時の利はドイツ側にない。さらに、オーストリア＝ハンガリーが戦争からの名誉ある撤退を探っているとされる事実が、問題を一段と錯綜させていた。だが、フランス軍の士気が低下しつつあり、ペタン元帥は最も厳しい手段をもって反乱に対処しなければならなくなっていることも、ルーデンドルフとヒンデンブルクは知っていた。ドイツが英仏軍の防衛線に殺到し、西部での戦争を終わらせるにはまたとない好機なのだ。

西欧連合国の指導者は、この可能性にぴりぴりしていた。フランス北部における部隊と装備を強化する一方で、彼らはロシアが東部戦線で貢献してくれることを期待し続けていた。借款が提供され続けた。軍事物資が太平洋と北海経由で供給された。一九一六－一七年の冬、ロシア軍はアレクセイ・

ブルシーロフ将軍の作戦による攻勢で成功を収めていた。英仏そして米国の政府は、ドイツを敗北させるべき場所については幻想を抱いていない。西部戦線が彼らの優先事項であった。だが、ことがそのように運ぶためには、ロシアが東部の脅威であり続けることが肝要だ。制服を着た数百万の農民が東部戦線にとどまり、数百のドイツ師団をくぎ付けにしておかなければならないのである。

この戦争の間中、西欧連合国は情報を収集し戦争遂行への支持を固めようと、しばしば公式訪問団をロシアに派遣している。一九一七年四月十四日、英仏の社会主義国会議員グループがフィンランド駅に到着した。グループにはマルセル・カシャン、エルネスト・ラフォン、マリウス・ムーテ、すなわち二人の哲学教授と一人の法律家が含まれていた。英国は木製家具職人ジェームズ・オグレイディと鉛管工ウィル・ソーンを送った。(3) 一行は臨時政府とペトログラード・ソヴィエトから温かい歓迎を受けたものの、世論への彼らの影響は取るに足りないものであった。フランスは盛夏、軍需相アルベール・トマほどの人物を送ることによって、これを改善しようと決めた。彼も社会主義者であり、ロシア労働運動の指導者と語るのは容易だろうとの思惑だ。ところが、トマは人民の男としてのパフォーマンスをやりすぎてしまう。自分のために開かれた晩餐会で、彼はナイフの先に突き刺した肉を食べたのだ。ロシア側は幾分か見下した態度を嗅ぎ取った。(4) ほぼ同じ時期、英国の婦人参政権論者エメリン・パンクハーストが到着している。彼女は着く間もなく、連合国の戦争遂行の敵を批判した。安っぽい人気を得るためにロイド＝ジョージがボーア戦争でやったことを単にまねているだけだとして、反戦議員ラムゼイ・マクドナルドをこきおろしたのだ。(5) マクドナルドはできればロシアを訪問したかったのだが、出発直前に愛国主義の海員組合がこれを不可能にしたのであった。(6) いずれにせよ、臨時政府は彼のような人物の入国を望んでいない。パンクハーストはと言えば、ケレンスキーおよび彼の妻と馬が合ったものの、それ以上の注目を浴びることはほとんどなかった。政治状況がよそ者の考えに左右されることはもはやなかったのである。

ウィルソン大統領の特使エリヒュー・ルートは同じ週に到着し、冬宮に逗留している。[7] 米国企業からの製品・供給の買い付けに使うことを条件に、米国は臨時政府に対し、一億ドルの借款供与を申し出ていた。[8] それは五月のことであった。もう一つの要件は、ロシアがそうした支援を有効に活用する軍事的能力を証明することであった。元国務長官ルートのやり方は単刀直入である。彼の使命は「万国の敵を撃破せんとするロシアの努力を支援する効果的手段を、ロシア政府とともに考案すること」にあった。[9] 米国の支援はロシアの東部戦線での戦闘継続にかかっている、と彼は閣僚らに注意を促した。[10] 米国に帰国すると、ルートはケレンスキーを最大限持ち上げ、米国の反戦派を非難した。「ここには日の出とともに射殺されるべき連中がいる」。彼はドイツのスパイがいたる所で活動していると主張。ロシアに帰国して、今やかつて彼らの亡命を受け入れた国を中傷しているトロツキーら政治亡命者を攻撃した。[11] ウィルソンに対する彼の勧告は、臨時政府に資金を供与すべしというものであった。米国の支援があれば、ロシアはまだ対独勝利に重要な貢献をすることができる、と彼は強調した。[12]

ロンドンとパリに届く情報は、戦争期間を通じて質が高かった。そして、米外交官たちもたちまち、この努力と肩を並べた。米国が参戦する直前の一九一七年三月、ペトログラード駐在米国総領事ノース・ウィンシップは、シンガー・ビルにあるオフィスへの入り口で、彼を親独派と疑う群衆に取り囲まれてしまった。「シンガー」はドイツ的な名称に見える。さらに、米国のハゲワシはと言えば、たぶんドイツのシンボルそのものなのである。ウィンシップは勇敢にも気概を持ち続け、ペトログラードの政治に関して日ごとの詳細な概要報告をワシントンに送り始めた。彼はペトログラード・ソヴィエトの議事を追った。レーニン指導下の「最大限綱領派《マキシマリスト》」の教義と政策を解説した。彼はウィルソン大統領の宣戦布告に対するあらゆる主要紙の反応を報告。ロシア軍のお粗末さと戦争支持率の低下について説明している。[13] 一九一六年三月に六十五歳で米大使に任命されたデイヴィッド・R・フランシスにとって、ウィンシップの識見は貴重であった。

ペトログラード駐在外交団の首席は英国のサー・ジョージ・ブキャナンだった。長身で常に完璧な装いのブキャナンは、一九一〇年から大使を務めているのに、敢えてロシア語を学ぼうとはしなかった。モスクワ市の自由表彰を受ける段になり、「スパシーボ（ありがとう）」という単語を覚えるのに、一時間を費やさなければならなかった。ところが、市長がブキャナンの首に金の鎖をかけると、彼は「ピーヴォ」と言ってしまった。ロシア語でビールを指す言葉である。[14] モスクワの要人らは、アルコール飲料の所望を聞かなかったふりをして度量の大きさを見せ、ブキャナンの方は知らぬが仏で、この非礼をやり過ごした。ロシア駐在の残りの期間、フランス語を話す時を除いては、悪びれもせず英語だけで通した（フランス語は流暢に話したが、英国人特有の熱意のなさがあった）。ブキャナンは、在外英国支配階級の落ち着いた物腰を身につけていた。実はコットランド人なのだが、生粋のイングランド人と思われていた。彼は尊敬されてはいたが、好かれてはいなかった。フランス大使ジョセフ・ヌーランスは、彼のことを「情味がなくて冷たく、尊大」と評している。ロシアの首都の上流社交界は、いにしえの活気を保っていたが、ブキャナン宅の夕べは心弾む機会ではなさそうであった。[15]

ブキャナンは米国大使と親しく交わろうとは決してしなかった。ヌーランスと一緒に米大使公邸を訪問すると、彼が見るところの米国人の下品さについて、コメントを慎むことはめったになかった。彼はフランシスが応接間の外に掛けた自分の大きな肖像写真を軽蔑した。「悪趣味とは思わないかね？」食事していくよう促されると、彼はヌーランスの方を向き、「ああ、黒人が調理したひどい夕食を食べることになる」などと言うのが常だった。[16]

米大使フランシスの方はこうした蔑視を感じ取っていたが、ブキャナンのことを好意的に考え続けた[17]。明らかに彼は本性、寛大な面を備えていた。親切な南部流儀を身につけ、めったに激高することがない。自分がロシアへの配属に適任ではないという気持ちを隠すこともなかった。実際、彼の資質は乏しかった。ブキャナン同様、ロシア語を話さなかった。ほとんど彼の瑕疵ではない。ところが、当時の外交官としては珍しく、フランシスはフランス語も稚拙であった。彼はグローヴァー・クリーヴランド大統領の下で一八九六–九七年、内務長官を務めたのだが、名を上げたのは国際問題分野ではなく、セントルイスの銀行家としてであった[18]。大使館スタッフがロシア人との接触に余念がない中、彼は体調の万全を維持した。フランシスは巨漢で、しょっちゅうゴルフを楽しんだ。ペトログラードの舞踏会でも熱心に踊った。毎朝、一セットの体操を欠かさず、慰みに数時間費やさない日とてなかった。慰みの中には、魅力的な若い秘書たちへの執心とウイスキーの嗜好――医者を喜ばせるために飲んでいるだけだと言い張っていた――があった[19]。

　そのほか連合国の指導的外交官としては、ジョセフ・ヌーランスとデラ・トレッタ侯爵がいる。ヌーランス大使は一九一七年七月にペトログラードに着任。フランシスより若かったが、ブキャナンの頑迷な性格を批判するくせに、本人も気質的には頑迷固陋であった。フランスの元陸相として、臨時政府下のロシアの革命的動乱を嫌悪していた[20]。イタリアの代理大使デラ・トレッタは、一段と自分流儀に固まっていた。まだ権力の座にあったロマノフ家の人びとと、寝食を共にしたがっていると言われていた。二月革命後のロシアのトラウマにより、彼は理解力のない呆け状態になってしまった。

　英仏大使館は戦時の国益追求のために、軍事使節団と情報機関を創設していた。遅れて参戦した米国は、同じことをするのに出遅れた。だが、いったん参戦すると、米国の勝利への決意は固かった。初秋ごろには、米国はワシントンが注目する材料を密かに収集する「広報部《インフォメーション・サーヴィス》」を創設しつつあった。しかし、ロシアへの内政干渉に対する嫌気は残っていて、ウッドロウ・ウィルソンはそれを鋭く感じている。彼はロシアにおける宣伝工作に五百万ドル拠出すべしとするルート上院議員の進言を却下している。[21] いずれにせよウィルソンは、見かけほど行動の自由がなかったのである。英秘密情報部ニューヨーク支局長、サー・ウィリアム・ワイズマンは、ロシアとその軍事的関与を支えるため、米英共同の情報活動を提案する。彼はすでにハウス大佐に好感を抱いていた。[22] 米国は今のところ本格的な工作員《エージェント》網を持っていないため、ワイズマンがハウスおよび国務長官ロバート・ランシングに英国主導を説得するのはたやすかった。かくして、大統領は一九一七年六月十五日、七万五〇〇〇ドル相当の基金を承認する。英外務省が同額を支出する段取りであった。[23] 西欧連合国はロシアの戦争継続能力に一段と懸念を深めていた。連合国は臨時政府抜きの代替措置が可能かどうかを探るため、その使節団と情報機関を使った。

ペトログラードにおける主たる隠密工作員として、英国は著名な作家W・サマセット・モームを抜擢する。[24] これは諜報活動の基本ルールを外れていた。モームの知名度は、彼がロシアの首都で目立たないわけにはいかないことを意味する。彼の戯曲作品の一つが目下、上演中だ。おまけに、モームはロシア政治に知識がなく、ロシアの公人に知り合いもいない。ロシア語をまったく知らず、キリル文字のアルファベットさえ習得していなかった。もっとも、他の点では彼は絶妙な人選であった。モームは英秘密情報部のマンスフィールド・カミングのために、機関員として働いた戦時経験があった。彼はフランスおよびスイスへの任務で鋼のごとき資質を示していた。人物と状況を把握し、頭脳を冷静に保ち続けることができたのである。当局が自分をロシア向けの適任者と判断したことをひそかに喜び、正規雇用関係を結ぶチャンスをつかんだ。それまでは一愛国者として働き、無給で必要経費しか受け取っていなかったのである。この度は、モームはプロフェッショナルとしての報酬払いを求めた。彼はロシアの首都で偽装は採用せず公然生活を送り、上流階級に食い込むために、かつての愛人サーシャ・クロポトキナに接触した。彼女を通してアレクサンドル・ケレンスキーに会い、洒落たレストラン「熊」での食事に連れ出している。

モームは自分が珠玉の情報を仕込んでいると思っていたが、実のところ、彼はサー・ジョージ・ブキャナンが知らないような情報は何も発掘していない。モームの主たる功績はケレンスキーを鼓舞したことにある。だが、彼はボリス・サヴィンコフとの交友の方を好んだ。サヴィンコフはコルニーロフ事件の後、もはやケレンスキーとは良好な関係になかった。サヴィンコフは戦前、帝国高官らを暗殺した社会革命党戦闘団の元副団長。骨の髄まで熱烈な武闘派で、今は前線での反戦アジテーションの粉砕と、ケレンスキーの憲法制定会議選挙プランの棚上げを提案していた。戦争勝利を至上目標としなければならない、と。立憲民主党《カデット》とボリシェヴィキを排し、メンシェビキと社会革命党による強力な中道政党を創設するというサヴィンコフの構想が、モームは気に入った。サヴィンコフは連合国の戦争遂行を強化するため、チェコ軍団の募集を提案した[25]。モームはチェコ人の間に懸命に知己を広げる。彼らの多くは戦争の初期にロシアに捕えられた元戦争捕虜である。彼らは中央同盟国の敗北後、チェコ人とスロヴァキア人による独立国家の創設を期待し、連合国側への従軍を申し出ていた。モームは資金と物資の供与を思い付いた。そうしたのは彼が初めてではなかった。英仏の軍事使節団はチェコ人とスロヴァキア人の捕虜収容所を巡り、連合諸国の共同指揮下、独自の民族部隊を編成してフランス北部ないしバルカン地域で戦う義勇兵の募集に努めていたのである[26]。

連合国官員は進行中の事態を察知するため、あらゆる公的催しにせっせと足を運んだ。米国赤十字のウィリアム・B・トムソン、レイモンド・ロビンズ両大佐は「民主会議」に出向いた[27]。トムソンはしばしば自腹を切って、ペトログラードの戦争支持派の新聞に気前よく資金援助している。彼は戦前、実業家として財を成していた[28]。そして、赤十字は慈善目的の非戦闘的・非政治的組織とされているものの、ロビンズはペトログラード守備隊の中にひそかに複数の情報提供者を雇っていた。彼らがロビンズに伝えた情報は、薬品や負傷用包帯の補給状況に限られなかった。[29] ロビンズは、「ロシア兵の心の中では」戦争は終わっている、と結論した。[30]

サー・ジョージ・ブキャナンは、臨時政府にとって情勢がいかにまずくなっているかを見てとることができた。彼自身の健康は衰えていたが、骸骨のようにやせ細りながらも、かつてニコライ二世に緊急改革の必要性を進言させた率直さを失っていなかった。[31] 十月九日、ヌーランスとデラ・トレッタを伴い、ケレンスキーが西欧連合国の信頼を失いつつあることを、本人に告げに行く役目を引き受けた。われわれは苦境に陥った友好国の問題に干渉したくはないが、臨時政府にはわれわれの懸念を理解してもらわなければならない、と。ロシア軍は総崩れになっている。もはやドイツ軍にとって、いやオーストリア軍にとってさえ、いかなる深刻な脅威にもなっていない。連合国軍が北フランスで激闘を演じているとき、連合国は貴重な資源をロシアに振り向けることに及び腰だ。ブキャナンはこのメッセージを極めて厳粛に伝えた。ケレンスキーは自らの統治が抱える途方もない苦悩に困憊しており、これを聞いてむっとなった。彼はロシア語で回答し、外相テレシチェンコが通訳した。今回ばかりは彼は簡潔明瞭に、援助の流れを回復すべきであると要求した。これは、東部戦線の勝ち目がなくなってはいないことを連合国に説得しようとするケレンスキーの最後の試みであった。[32]

トムソン大佐は一九一七年十一月三日、連合国の軍事代表者会議をホテル「ヨーロッパ」の自分の部屋に招集した。出席者はアルフレッド・ノックス英大佐、アンリ・ニーセル仏将軍、ウィリアム・V・ジャドソン米将軍、それにケレンスキーのオフィスからネスルホフスキー将軍とダヴィド・ソスキツェ。トムソンは赤十字の同僚レイモンド・ロビンズも呼んだ。それは愉快な会合ではなかった。ノックスとニーセルは臨時政府の不手際をなじった。ニーセルがロシア兵を「黄色い臆病な犬」と呼ぶと、一座はたしなみを忘れ、ロシア側は退出してしまった。[33] ノックスは常にニーセルと同様、率直だった。彼はロビンズが軍事独裁を目指すコルニーロフの軍事行動を支持すべきだったと考えていた。彼はレーニンとトロツキーから来る危険を強調した。「あんな連中をどうするか教えてやろう。われわれはやつらを射殺するんだ[34]」。ロビンズが反論する。「彼らを捕まえたら、そうするがいい。しかし捕まえなきゃならないぞ。だが、あなた方は数百万人を敵に回すことになる。将軍、私は軍人じゃない。しかし、あなた方は軍事状況に向き合っているのではない。民衆の状況に向かい合っているんですぞ[35]」。これをマルクス主義の用語に適当に翻訳し、口語表現を削れば、レーニンの発言であってもおかしくなかった。ノックスとロビンズのこの険悪なやり取りは、西欧諸国政府が対ロ政策を討議するとき、各国首都でも再現されようとしていた。ロシア人が自らの将来を決めるに任せるべきか、それとも東部戦線の戦争を継続するよう連合国が圧力をかけることは可能なのだろうか？

第4章 ソヴィエト応援団

連合国の大方の新聞は、ロシアを戦争にとどめる努力を支持した。だが反対者は、とりわけペトログラード駐在記者たちの中に、常にいた。彼らには世間一般の見解に反対する諸々の理由があった。しかし、一つの事柄が彼らを結びつけている。すなわち、臨時政府が軍事的努力を持続する見込みはないという評価である。ケレンスキーは政治的には歩く屍だ、と彼らは考えていた。作戦が成功する希望もないままに、ドイツ軍との対峙を強いられるロシア兵の苦しみに対し、彼らは道徳的怒りの気持ちを共有していた。そして、ロシアを戦争から離脱させるために断固たる行動を取ると約束している唯一の大政党――ボリシェヴィキ――に共感を寄せた。これら西側の反対派は、ボリシェヴィズムの応援団《チアリーダー》になった。

アーサー・ランサムほど熱烈な人物はいなかった。ロンドンでの彼の初期の職業経験は書籍販売であり、一九一三年にフリーの物書きとしてロシアに向かう前は、社会主義に関する学識をのぞかせたことはなかった。出版社の事務所で働いていたころから、彼は自分の著書を書きはじめた。『ロンドンのボヘミアン』はなかなかの成功を収めたが、次いでオスカー・ワイルドの伝記に絡み、ワイルドの元愛人アルフレッド・ダグラス卿が彼を名誉棄損で訴え、裁判沙汰に巻き込まれる。ランサムは勝訴したものの、裁判は身をすり減らすような経験だった。アイヴィ・ウォーカーと結婚し、娘のタビサが生まれる前は、ほどほどの成功を成し遂げていたにすぎない。アイヴィとは最初からうまく行かず、ロシアへの旅は彼女の夜の逆上から逃れる機会を提供した。彼は勤勉にその言語を習得し、一冊のロングセラー本を書く。これは『ピーターおじいさんの昔話』で、子ども向けの民話の改作だが、大人にも同じく喜んで読まれた。戦争の開始とともに、ランサムのロシア語能力と冒険への熱意が進路変更を可能にし、彼は『デイリー・ニュース』紙と『マンチェスター・ガーディアン』紙の特派員になる。英露両国の社会主義運動への彼の関心は、着実に高まった。ランサムはインタビュー相手に注意深く耳を傾け、その考えを明晰な散文で伝える非凡な才能を示した。(1)

ランサムはロマノフ家の倒壊後、メンシェヴィキと社会革命党の指導者たちを追った。ランサムの社会主義への共感が指導者たちの口を軽くし、彼らは公開の場では敢えてしないようなやり方でランサムに話した。一九一七年の晩夏ごろには、ロシア軍がこれ以上塹壕にはとどまらないことを彼らは知っていた。憲法制定会議が開催されたあかつきには、中央同盟国とのなんらかの交渉がまだ始まっていないとしても、単独講和への巨大な圧力が生じるだろう。(2)ランサムはこのことを何度も反芻した。彼は連合国がドイツを打ち破ることが緊急に必要であることについては、疑問を差し挟まなかった。彼は英国の愛国者であり、兄弟も戦死している。だが、ロシア軍は既に疲弊し敗走しており、東部戦線の維持をロシアに強いることが正しいとは思えない。彼の結論は、ロンドンの要路の人びとには受け入れがたいものであった。実際、英国情報機関はランサムを危険な自由思想の持ち主として監視し、彼が英国にいる妻アイヴィに書いた手紙を開封している。(3)しかし、当局の頭痛の種になりはじめたちょうどそのころ、ランサムは英国での休暇を願い出る。急進展するペトログラードの政治ドラマを日々追っかける仕事で、彼は疲労困憊していた。休暇が認められると、北海を渡る危険なフェリーの旅をして、十月十七日にアバディーンに着いた[4]。

ランサムはロンドンで聞く耳を持つ人には誰にでも、ケレンスキーの命脈は尽きていると話した。何日も経たないうちに、彼の予言は実現していた。ランサムは一世一代のスクープをのがして地団太を踏み、もう一度ロシアへ派遣してほしいと編集長にせがむ。その熱意は報われた。ロシア問題に関する報道で、彼の資質を上回るジャーナリストはまずいなかったのである。

臨時政府をそこまで声高に突き放さなかったのは、モスクワ駐在の英国総領事。ロバート・ブルース・ロックハートはロシア政界の鋭い観察者として定評があり、ランサムと同様、モスクワに溶け込んでいた。ロシアの知人らは彼にロシアのクリスチャンネームと父称を進呈し、彼を「ロマン・ロマノヴィッチ・ロッカルト」と呼んでいた[5]。恐らく英語のフルネーム「ロバート・ハミルトン・ブルース・ロックハート」は、彼らには少々長すぎたのだろう。ロックハートは一九一二年にロシアに着任している。「私の血管にはイングランドの血は一滴も交じっていない」。彼はしょっちゅうこう言っていたが、その時の彼ほど誇りに満ちたスコットランド人はいなかった。ロックハートは貴族の家系であるブルース家とハミルトン家、ウォラス家、ダグラス家の末裔に当たると申し立てていた。そして、オーキンレック領主ボズウェル〔スコットランド作家ジェイムズ・ボズウェル、一七四〇―九五年〕との家系上のつながりを自慢していた。彼はランサムと同様、倦むことを知らず、マラヤでゴム農園経営者として身を立てようとするが、そこで地元の王女との艶聞で苦境に陥る。詩や物語を書くことが好きで、ジャーナリストになろうと思えばたやすかったが、外務省に応募し、入省試験にパスした。彼はジーン・ターナーと結婚、ロシア赴任に彼女を同行する。ロックハートの政治的立場は英国では中道左派に位置するが、ブキャナン大使は聡明で将来有望な外交官として彼をかわいがった[6]。

ジーンは夫の女遊びに動転し、英国へ帰ってしまう。ロックハートは彼女の出立を、放蕩三昧の免状と受け取った。ストレルナヤ郊外のジプシーの野営地で酒盛りをして騒いだあと、幾晩も遊び回った。友人のアレスター・クローリーとともにオカルトにも手を出している。(7)だが、全くの無気力であったわけではない。トルストイの『戦争と平和』を原書で読んだ。ロシア詩に熱中し、劇場の常連であった。若くて壮健。最初にモスクワに着任するや、モスクワのあるチームのためにサッカーの腕を披露している。自信と決意に満ちていた。そして、この期間中、戦時ロシアにおけるさまざまな世論に通暁していた。

一九一七年秋ごろにもなると、ブキャナンもロックハートも臨時政府の延命や、ロシア軍の戦争継続を信じてはいなかっただろう。ところが、ボリシェヴィキが権力を掌握したとき、ロックハートはもはやモスクワにいなかった。不在の理由はランサムの場合より怪しげである。ロックハートは生涯、慣習を打ち捨てたがる神経症の上流階級女性に惹かれた。ロシアの上流社会はそのような例に事欠かず、この若いスコットランド人がモスクワの名門家族の一つに属する女性と不倫をするまでに、さして時間はかからなかった。ブキャナン大使はこのことを知らされるや、大使館としては戦時の同盟国でのそんなスキャンダルは容認できない、とロックハートに告げた。内々の解決方法は、健康上の理由で彼をロンドンに戻すことであった。ロックハートは医者に行き、その医者は彼が貧血性疲労にかかっているとする診断証明書に署名した。(8)言っておかなければならないが、ブキャナンは偽装のエキスパートではなかった。ブキャナンは、申し合わせた筋書きを逸脱し、ロックハートは自分の助言を聞かずに帰ってしまったのだと、奇妙なことに大使仲間のジョセフ・ヌーランスに語ってしまっている。(9)

ケレンスキーに代わる中道左派を歓迎するつもりの英国人が一人、ロシアに残っていた。『マンチェスター・ガーディアン』紙のモーガン・フィリップス・プライスである。戦争期間を通じ、彼は自分の公的評価を危険にさらしてまでも、全交戦国の動機を批判していた。フィリップス・プライスは西部地方出身の裕福な人物だった。ハロー校とケンブリッジのトリニティーカレッジで教育を受け、グロスター近郊に二千エーカーの地所を相続し、政治家家系の出であった。父親は自由党国会議員で、彼自身も同党の有力候補として公認されたが、根っからの反戦姿勢が理由で候補を外された。フィリップス・プライスは次いで、民主的統制同盟〔第一次大戦を契機に創設された外交民主化などを求める団体〕に参加。また、猛スピードで『戦争の外交史』を書き、戦争勃発の数週間後に出版にこぎ着ける。彼は外交的失敗の悲劇を嘆く。「戦争の勃発がなければ、オーストリアとロシアのリベラルな政治勢力が勝利したであろう合理的期待があったのだ[10]」。彼は間もなく『マンチェスター・ガーディアン』の編集長C・P・スコットの目にとまり、同紙記者としてロシアに派遣される。ケレンスキーの軍隊の惨状に警鐘を鳴らし、連合国はロシアの他の政治勢力に考慮を払うべきだと主張した最初の一人であった。

フィリップス・プライスは、同じ考えを持つ米国人ジャーナリストらとすぐ友人になった。ジョン・リード、ルイーズ・ブライアント、ベッシー・ベイティ、アルバート・リース・ウィリアムズら実に多数がペトログラードに集まっていた。フィリップス・プライスやランサムと違って、彼らは主に地方新聞のために働いており、戦争に関する米国内の国民的論議にはまだ影響を与えるに至っていなかった。ワシントンやニューヨークの新聞に書いている者は誰もいないのである。だが、彼らはエネルギーと独創性で、このことを埋め合わせた。彼らはウィルソン政権と臨時政府のつながりに異議を唱えようと腹を決めていた。

ジョン・リードとルイーズ・ブライアントは一九一六年に結婚したが、二人は米国の急進派サークルではよく知られていた。リードは体調万全であったことはなく、幼少時に貧困を体験していた。気概と機転で生きていた。父親はリンカン・ステフェンズ〔米ジャーナリスト・作家、一八六六―一九三六〕とともにオレゴン州土地詐欺団〔同州選出議員を含んだ連邦所有地払下げに絡む詐取事件〕を潰した進歩党の活動家であった。一家の財産状態が良くなると、リードは寄宿学校へ、さらにはハーバード大学へ進む。大学を終えるとジャーナリストになり、米国参戦前のヨーロッパの戦争を取材した[11]。彼はウィルソン大統領の参戦決定に激しく反発し、父の友人ステフェンズとともに七月、ニューヨークの裁判で、ロシア系ユダヤ人移民のアナキスト反戦活動家エマ・ゴールドマンとその夫アレクサンダー・バークマンの弁護側証人として立った[12]。リードは米軍内に不満をあおる言論や著述を重罪とする法案が米議会を通過するのを批判した[13]。ロシアで働こうというリードの決意に、むべなるかな、米国務省は神経質になった。国務省と現地のケレンスキー政権にもめ事を起こしかねないからである。リード夫妻は旅行証明書を受け取る前に、ロシアで政治宣伝活動はしない旨、誓約しなければならなかった[14]。

大英帝国当局の不安を静めるには、これだけでは不十分であった。八月、リードとブライアントが乗った船はトロツキーの船と同じように、ノヴァスコシアのハリファックスで足止めを食らう。航海再開の許可が下りるまでに一週間かかった。同じような遅延は「ロシア領」フィンランドとの国境ハパランダでも経験した。リードとブライアントは自分たちに対する扱いに激怒した。ニューヨークから来た仲間の乗船客の一人が、ロシア到着に五カ月余計にかかったことを思い、ブライアントが自分を慰めたのは後のことである[15]。

夫妻は一九一七年九月に目的地に着き、ロシアの革命的政治状況を初めて経験する。コルニーロフ反乱の時期に当たっていた[16]。リードはロシアの地を踏んだことはなかったが、ブライアントには二度目の訪問である[17]。彼女もまた、米国の政治的現状を激しく批判していた。彼女の父親は職を求めて西方へ移住したペンシルヴェニアの炭鉱労働者だった。彼女はオレゴン大学へ進み、ジャーナリズムの仕事に就いたが、財政事情のためカリフォルニア州サリナスでヒスパニックの子どもたちの教師として働かざるを得なかった。学部卒論テーマはオレゴン州におけるインディアン諸部族との戦争についてで、カリフォルニアでは先住民問題を研究した。アナキスト活動家と交わる婦人参政権論者でもあった。最初の結婚はすぐに破綻し、オレゴン州でリードと出会ったあと、彼について東海岸へ行く。一九一七年には同時に『メトロポリタン・マガジン』と『フィラデルフィア・パブリック・レッジャー』で働いていた[18]。ブライアントは戦争と国際関係に関しては、夫ほど知識がなかったけれども、ウッドロウ・ウィルソン批判にかけては負けてはいず、米国の政策を大戦不介入へと変えるために、自分なりに役割を果たしたいと思っていた。夫と同じく彼女は力強い文章を書き、注目を浴びた。

米国人グループにはこのほか、アルバート・リース・ウィリアムズとベッシー・ベイティがいる。リース・ウィリアムズは社会党員で、ロシアでは『ニューヨーク・イヴニング・ポスト』のために働いていた。オハイオ州で生まれ、会衆派の牧師でもあったが、仕事を離れてヨーロッパの戦争について報道するため休暇をもらっていた[19]。ウェールズ系の家系のため、ベルギーでは英国のスパイと疑われ、ドイツ占領軍にしばらく拘束されている。この体験から一九一七年出版の『ドイツの鷲の爪』(*The Claws of the German Eagle*)が生まれた。そのころにはペトログラードで働いていて、ケレンスキー打倒を狙うロシアの急進左派社会主義者にたちまち惹かれた。ベッシー・ベイティは、すぐに彼が好きになった。「彼は断然アメリカ的タイプで、背が高く、陽気で率直な表情と楽しく包み込むような笑みを浮かべていた[20]」。ベイティ自身は向こう見ずで急進的。ロサンゼルスのオクシデンタル大学へ入ったが、学位を修得せずに退学。そしてジャーナリズムの仕事に就くと、一九一二年のネヴァダ炭鉱ストを取材し、売春についての力の入った記事を書く。帝政崩壊後のロシアの諸事件は彼女を興奮させた。『マッコールズ・マガジン』の編集長としての仕事を放棄し、四月にサンフランシスコを発ち、太平洋ルートでペトログラードへ向かう。到着したのは六月初めである[21]。

ロシアにいた西欧の反戦派のしんがりは、フランス人駐在武官ジャック・サドゥールで、一九一七年十月一日にロシアの首都に着任している。彼は軍需相アルベール・トマの推挙でやってきており、任務は政治オブザーバーとして活動することであった。サドゥールを三年後に見たある人は、彼が『チャップリン風の』口髭、ノルマン人の頭、警戒の中にも落ち着きをたたえた目、とても礼儀正しい店員のような着こなし」だったと描写している。[22] しかし、一九一七年には軍服を身に着けていた。大半のロシア人はこれ以上戦争への関与を避ける覚悟であり、ロシアは遅かれ早かれ中央同盟国との単独講和に調印するだろう、彼は即座にこう結論した。彼はヌーランス大使に自分の急進的な社会主義的見解を知らせ、ほかの大方の外交官の中で場違いに目立った。[23] サドゥールはいくらか風変わりなところのある男だった。法律家になる勉強をしたあと、税法に関する博士論文を書いていた。[24] モンタナの牧場とワイオミングの金鉱を所有する米実業家のところで働いたこともある。自由時間にはロッキー山脈をドライブした。その後、控訴裁判所弁護士としてパリに戻った。向こう見ずで野心があり、大統領セオドア・ルーズベルトとの長いインタビューをものして名声を得た。[25] 戦争が彼をフランスの権力層から引き離す。西部戦線では軍事対決に終わりが見えない、と彼は確信していた。サドゥールは安らぎ場所を求める人間であり、それをロシアとボリシェヴィズムに見出しはじめた。

このロシア臨時駐在者グループを周囲から際立たせていたのは、臨時政府およびその支持者から距離を置いた情報源を求めようとする決意である。彼らは直ちにボリシェヴィキと連絡を取った。トロツキーは一九一七年十月十七日、計画しているプロレタリア独裁についてジョン・リードとの一時間に及ぶインタビューに応じている。インタビューは主にロシア・ブルジョアジーの悪行の描写に終始した。トロツキーによれば、臨時政府は無力であり、カデットは「攻撃的な反革命」の先頭に立っている。一方、メンシェヴィキと社会革命党は中産階級とのなんらかの「連合」を考えるほど愚かである。トロツキーは「ヨーロッパ連邦共和国」樹立を呼びかけた。プロレタリア独裁とはどんな姿をしているのかについては言及を避けた。もっとも、彼の支持者の一人でV・ヴォロダルスキーという人物が、その独裁は「人民の意思に敏感で、地方の勢力に存分に腕を振るわせる緩やかな政府」だと指摘している。(26)

米国特派員らは記事を仕込むために、ペトログラードを（しばしば互いの交友仲間の間を）駆け回った。リードとブライアントはベッシー・ベイティと協力し、生起している刺激的な諸事件を理解しようと努めた。彼らの誰ひとり、ロシア語はひと言も話せない。アレクサンドル・グンベルグをどこへでも連れて行くことで、これを埋め合わせた。グンベルグは帝政君主制の崩壊後にロシアに戻った「ニューヨーク・イーストサイドのロシア産品」である。(27) ベイティは、キリル文字アルファベットは相変わらず難しいと認めている。そして翌年、彼女が記事「ロシアの赤い心」を発表すると、スペルの間違いだらけであった。(28) リードは「ポドゥポルーチク」（陸軍少尉）を「ドドゥパロウチク」と書いていった具合である。(29) ブライアントはもっと几帳面ではあったが、彼女でも共産主義者の情報提供者が選別して彼女に話した情報に、どっぷり寄りかかっていた。一九一八年一月にロシアを去るころ、ロシア語は「ゆっくり」読めると申し立てることになる。(30) ベイティは、自分の言葉の進歩については控え目である。(31) だが彼女も、自分を助けてくれるボリシェヴィキを見つけた。その中にはゲオルギー・メルニチャンスキーがいる。ニュージャージーではジョージ・メルチャーとして知られていた人物だが、今やモスクワの金属労働者組合を指導していた（リードは一九一五年にスタンダード石油のストを取材した際、彼に出会っている）。(32) ラトビアのボリシェヴィキ、ヤーコフ・ペテルスも助勢してくれた。ロンドンのロシア・マルクス主義者グループの一員として、彼は英語の実用的知識があった。そして、ベッシー・

ベイティはアルバート・リース・ウィリアムズを介して、彼と知り合う。リース・ウィリアムズは自らメンバーになろうとしているかと思われるほど、ボリシェヴィキに近かった[33]。

提灯持ちとしてのリース・ウィリアムズの問題点は、乏しいロシア語能力にあった。リース・ウィリアムズが回想録で回顧しているように、レーニン本人がこのことに気づいていた。「『ああ！』と彼はいきなり元気に言った……『ロシア語の方はどうかね？　もうこれらの演説を全部理解できる？』『ロシア語の単語はとても多いからね』。私は言葉を濁した。『それだよ』と彼は言いかえした。『系統的に取りかからなければいけない。最初に言語の骨格構造を解読しなければいけない。私のやり方を教えよう[34]』」。ウィリアムズは特別な秘密を教えてもらえるのかと思った。だが、レーニンはただ――順番に――名詞、動詞、形容詞、それから文法、統語法と、学び方をアドバイスしただけだった。レーニンは彼に「所かまわず、誰とでも」練習しなさい、と言い渡す[35]。一番よくないのは米国人とばかり話し続けることだよ、とレーニンは言った。ロシア語のネイティヴ話者と交換レッスンをするために、新聞広告を出したらどうかと助言した。レーニンは即座の上達を期待していた――「この次君に会ったとき、試験をしてあげよう[36]」。リース・ウィリアムズはこの手の指導に愕然とした。彼はレーニンの「ブルジョアジー征服の手順が、言語の征服に応用（仕事への無慈悲な応用）されるのを聞く思いがしたのであった[37]。

二、三年もするとロシア滞在の外国人反戦記者たちは「シンパ」の名前を頂戴する。彼らはまだ、ボリシェヴィキではない。実際、大方はボリシェヴィキにならなかった。レーニンの教義を多少なりともしっかり研究した者は誰もいない。マルクスも読んでいない。だが、彼らは程度の差こそあれ、ますますレーニンとトロツキー、および彼らの目的に共鳴していった。彼らは連合国政府がロシアで実行していることに強く反対した。彼らは革命の渦に巻き込まれていく。異国ロシアの古いロマンが彼らの心をとらえ、彼らの生に新たな意味を与えたのである。ロシアがどこにあるのかもろくに知らない読者のために、彼らはロシア問題の複雑さと心理的衝撃を説明する人間になりたいと考えた。高揚感に包まれながら、可能なあらゆる方法を使って自分たちの印象を伝えようとした。これが血生臭い革命的独裁に拍手喝采する道へとつながっていることを、彼らはまだ知らない。

第5章 革命と世界

レーニンは十月のボリシェヴィキ中央委員会で蜂起の承認を取り付けたが、不安を静めることができないでいた。ペトログラード郊外の安全なアパートに寝泊まりしながら、指導的同志らに必死の覚書を書いた。レーニンの疑念は、彼らが怖気づいているのではないかということであった。ケレンスキーを排除するこの機会を逃したら、次の機会はすぐにはやってこないかもしれない。内務省にドイツのスパイとしていまだ追われる身ながら、即時蜂起についてボリシェヴィキ指導部を言いくるめるため、ペトログラード・ソヴィエトのほかすべての主要社会主義政党が本拠を置くスモールヌイ学院まで路面電車で行くリスクを冒す覚悟を決めた。察知されるのを防ぐため、レーニンが取ったただ一つの警戒措置は、顔を包帯で巻くことであった。革命実行にはやる荒々しい焦燥がレーニンから逮捕の不安を奪い、彼は苛立った気分で都心に向かった。

一九一七年十一月六日―七日の夜までに、いかに多くのことがなされたかをレーニンは過小評価していた。邪魔の入らない環境下で、トロツキーは蜂起が第二回ソヴィエト大会の開幕に重なるよう計画を練り上げていた。中央委の決定を漏洩したためレーニンから「スト破り屋」のレッテルを張られていたカーメネフとジノヴィエフは、指導部を支援するために戻った。地方の代議員が到着すると、ボリシェヴィキは単独では大会で絶対過半数を獲得できないことが明らかになった。しかし、ボリシェヴィキは間違いなく最大の大議員団を擁しており、ほかの多くの代議員の支持を当てにすることができる。トロツキーはペトログラード・ソヴィエト軍事革命委員会を通して、さっそうと行動した。予定行動の時間・日時・場所だけは発表しなかった。ケレンスキーは事態を察し、ネヴァ川に架かる橋の閉鎖と首都のボリシェヴィキ新聞の発禁を命じる。これでトロツキーは、自分の行動を自衛的性格のものであると説明できることになった。大会開催予定のスモールヌイ学院では、メンシェヴィキと社会革命党の指導者連が席に着いていた。彼らは遅ればせながら、ついにケレンスキーの解任方法を検討していた。トロツキーと違い、彼らはこれをどう達成するか見当がつかなかった。十一月七日朝、怒濤の行動があった。暴徒は軍事革命委の指令で、市中の戦略拠点を占拠。鉄道駅と電信局が占領された。軍駐屯地は管理下に置かれた。

ペトログラード・ソヴィエトはその日午後、スモールヌイ学院で緊急会議を開いた。トロツキーがボリシェヴィキを代表して口火を切り、臨時政府の倒壊を宣言した。次いで彼は、それまでボリシェヴィキの通廊に身を潜めていたレーニンを紹介。レーニンはあごひげを剃っていても本人と分かり、割れるような拍手を受けると、あたかも蜂起が完了したかのような口ぶりで演説した。実際は、戦闘は続いている。が、ケレンスキーは過去の人物であった。その夜、ソヴィエト大会が始まったとき、他の諸党が権力掌握にまったく抵抗できないことははっきりしていた。ボリシェヴィキはフロアから支持を獲得し、その中には多くのメンシェヴィキと社会革命党員が交じっていた。トロツキーがもう一つ挑戦的な発言をした後、マルトフが立ち上がり、すべての社会主義政党による交渉を要求した。街頭での暴力に対するボリシェヴィキの責任が批判されると、大会は怒号に包まれた。メンシェヴィキと社会革命党の指導者たちは、随伴者数十人を連れて退席。社会革命党左派だけがその場に残ったが、彼らもボリシェヴィキとの連立に加わることは拒否した。

レーニンとトロツキーがこれに動揺することはなかった。その代わり彼らは、臨時政府が打倒され、人民委員会議《ソヴナルコム》が権力を掌握したとのニュースを広めることに力をそそぐ。ボリシェヴィキ指導部はポストの人選について、そそくさと非公式討議を行った。レーニンが人民委員会議議長になる手はずである。彼は党の古参指導者であり、この最高ポストにほかの誰かを予想する者は皆無であった。ところが、レーニンはトロツキーの才能をほめて自らを潔く見せる必要を察し、このポストを彼に勧める仕草をする。トロツキーが固辞したとき、レーニンはほっとしたに違いない。実のところ、唯一の問題は、トロツキーが最初、いかなる重要な政治的職責も引き受ける気がないと表明したことであった。外務人民委員《コミッサール》就任を応諾するまでには、いくらかの説得が必要であった。彼とレーニンは二人三脚で緊密に働いた。人民委員会議は、ケレンスキー排除の後、新しい政策路線が取られつつあるというシグナルを送る革命布告を発した。

「土地に関する布告」は帝室と地主貴族、教会の所領の耕作を農民に移管。「新聞に関する布告」は人民委員会議に反対する新聞の閉鎖を承認。「平和に関する布告」は大戦終結を呼びかけていた。交戦諸国の「人民」はこの目標に直接的関心を持っている、とレーニンは力説した。人民委員会議名のアピールを出すに当たり、彼はマルクス主義の特殊用語は避けた。目標を達成するためには、今のところマルクス主義とは無関係な組織や団体を味方に引き入れなければならないのだ。レーニンは連合国の外交には詳しくなかったが、米国民はフランス国民や英国民よりも自分の布告に一段と反応するかもしれない、と察していた。そこで、平和の望ましいあり方に関するウィルソン大統領の公式発言の一部を反映した言葉を使う。ソヴィエト議長としてレーニンは、共産主義者が指導するロシアはヨーロッパ諸国民による自由の獲得を希求している、と米国世論に確信させようと狙った。ウィルソン大統領と英仏の連合国首脳の離間を期待していたのである。彼はまた、ソヴィエト政府が平和を至上優先課題にしていると労働者・兵士に感じさせたかった。彼らの大半はマルクス主義者ではない。共産主義者の話法は、彼らの思考法も考慮に入れなければならないのである。[1]

ボリシェヴィキとメンシェヴィキ、社会革命党の間で交渉が始まると、数日の間、人民委員会議の先行きは不確かであった。レーニンとトロツキーは彼らの目算をはっきりとは説明しなかったが、それはひどく歪んだものであったことが判明する。ソヴィエト選挙でボリシェヴィキに投票した労働者・兵士は、これが社会主義連立政権の樹立につながると想定していた。大方のボリシェヴィキ党員も同じ考えで、しかもそれは十月の諸会議でレーニンの側に立った数人のボリシェヴィキ中央委員の基本的要請でもあった。[2]

カーメネフはそのような連立をなんとしても誕生させたかった。中央委はメンシェヴィキおよび社会革命党指導者との協議に彼を派遣し、その際、レーニンとトロツキーにはこれを防ぐ力はなかった。メンシェヴィキが率いる鉄道労働者組合は、ボリシェヴィキ単独支配のいかなる可能性も潰すため、ストライキを続行した。メンシェヴィキと社会革命党の指導者は、レーニンとトロツキーを排除する条件でのみ連立に参加すると要求し得る強い立場にあると感じていた。ケレンスキーがコサック騎兵部隊を伴って不意にペトログラード郊外に戻ると、政治は大混乱に包まれる。彼らと対峙するため、軍守備隊と赤衛隊が派遣された。短期間の戦闘の後、コサックは敗走、ケレンスキーは逃亡した。これはレーニンと中央委内の彼の支持者が、自分たちに突きつけられた要求を断固はねつける姿勢を強める結果になった。鉄道ストが下火になると、彼らの自信は膨らんだ。中央委員会はメンシェヴィキおよび社会革命党との交渉中止を決定する。左翼社会革命党への提案は続けられたものの、ボリシェヴィキは暫定的に単独統治する用意があった。カーメネフとそのシンパまでもが、臨時政府と協力した社会主義者を排除する戦略に同調した。

ボリシェヴィキはこのニュースをロシア全土に広めようとやっきになった。党はすべての主要都市で新聞を発行しており、地方党委員会は宣言類を刊行し、ビラを貼ることができる。人民委員会議は電信局を押さえたことで、布告の正確なテキストを伝達することができた。

ロシア中の都市で次々に、ソヴィエトへの権力移譲が宣言された。労働者は工場や炭鉱を掌握。農民は「土地に関する布告」によって、獲得した土地を占有するよう促された。人民委員会議と中央委は、「地方」が自らの革命を起こすかどうかは彼ら次第であると説明するメッセージを送った。旧帝国の人口の半数を占める非ロシア民族は、民族自決を約束された。中央権力はなお脆弱でつぎはぎだらけであり、多数の活動家を地方に回すためには、ペトログラードとモスクワでは経験のある人員が深刻に不足していた。レーニンと彼の指導的同志たちは、歴史が自分たちの側にあると感じていた。革命は上からと同じく下からも進行する、とボリシェヴィキは期待していた。諸々の困難は避けがたかった。ボリシェヴィキの右に位置する諸党は、政治の紙屑箱に投げ込まれることに甘んじてはいない。中・上流階級はボリシェヴィキの権力掌握を憎悪。正教会は衝撃をうけている。ケレンスキーによる武力反攻は、反革命の最後の試みということにはならないだろう。だが、レーニンとトロツキーは、諸事件が自分たちの戦略の正しさを証明していると信じていた。ロシアは社会主義的変容を経験し、間もなくヨーロッパ中で急進左派社会主義者による権力掌握が起きるだろう。まったく新しい時代が生まれつつあるのだ、と。

連合国も中央同盟国も、自分たちの打倒と即時終戦を呼びかけている政権への支援には、微塵の関心も持たなかった。ボリシェヴィズムの勃興を熱狂的に歓迎する外国の新聞はほとんどなかった。そのうえ、人民委員会議は外交部を持っておらず、臨時政府側の大使らはボリシェヴィキの承認を拒むよう、連合国に根回ししていた。

この転換点において、ペトログラードにいた西側の応援団員《チアリーダー》たちが本領を発揮する。ジョン・リード、ルイーズ・ブライアント、ベッシー・ベイティ、そしてアルバート・リース・ウィリアムズは市中をうろつき回っているうちに、歴史的重大事件が起きつつあることを理解した。彼らは現場に居合わせる幸運に恵まれた。冬宮の陥落からわずか数分後、彼らはその現場を視察するため建物内に入っている。(3) ボリシェヴィキは、米国人のこの小グループがニュースを好意的に諸外国に宣伝し、支援してくれるのを歓迎した。リードとその友人らは事実上、どの建物でも望み通りに入る通行証を交付された。(4) 国際電信システムの特権的使用も認められ、これにより十一月十五日、軍事革命委員会はリードがペトログラードからの国際電信第一報を送ることを許可した。彼はまた、鉄道網を使って運賃無料で旅行することができた。(5) 米国人記者たちは、見たままのストーリーを伝える至急報をせっせと書いた。彼らはボリシェヴィキが不真面目だとか、血に飢えているとか、無能だといった西側の大方の新聞が与えている印象を一掃しようとした。権力の掌握はいとも容易に行われたと報じた。布告を反復し、平和とパンと土地という目標を支持した。彼らは世界に向けた人民委員会議の窓として、活動したのである。

トロツキーは彼らを魅了した。特にブライアントとベイティがそうである。トロツキーは、立ち居振る舞いは几帳面、見映えに細心の気を配るエレガントな人物である。トロツキーは、レーニンが不和を持ち込む傾向があるとして長年、非難していた。彼は大戦前、ボリシェヴィキとメンシェヴィキを再統合させようとしたことで知られていた。一九〇五年の革命的危機の際は、比類ない資質を示している。彼ほど生き生きと語る人物はいず、演壇に立つ際、一連の短いメモ以上の準備は必要としない。トロツキーはロシア語文章の名手であった。一九一二―一三年、キエフの新聞特派員としてバルカン戦争に行っている。彼の自伝的断章はよく売れた。だが、それを書くと虚栄をさらけだした。大戦の前、ボリシェヴィキとメンシェヴィキをロシア社会民主労働党に再統合しようと努力したものの、多くの批評家は、彼がレーニンと同じく自己中心的だという疑念を抱いていた。だが、一九一七年に誰もが驚いたのは、彼が無慈悲なプロレタリア独裁の必要を文字通り信じていたことである。多くのロシア・マルクス主義者は革命的暴力について語りながらも、それは本心ではなかった。トロツキーは本気だった――そして、レーニンの中に志を同じくする同志を見ていたのである。

ベイティは十一月七日にスモールヌイ学院でトロツキーに会った際、「彼の細い手が力強く独特の握手で私の手を握る」感覚を楽しんでいる。[6] ルイーズ・ブライアントも同じようにほめたたえる描写を残している。

> ボリシェヴィキ蜂起の最初の日々、私は最新のニュースを得るため、よくスモールヌイへ行った。トロツキーと彼のかわいい小柄な妻――彼女はフランス語以外ほとんど話さなかった――は、最上階の一室に住んでいた。その部屋は貧しい芸術家の屋根裏のアトリエのように仕切られていた。一方の隅には二つの折りたたみ式寝台と安っぽい小さな食器棚、もう片方の隅には机と二、三脚の木の椅子があった。絵や調度品はどこにもなかった。外務人民委員を務めている間中、トロツキーはこのオフィスにおり、多くの要人がここに彼を訪ねることが必要だと知ったのである。[7]

二人の赤衛隊員が四六時中、任務に就いていたが、ブライアント[8]はトロツキーが仕事の習慣と、気安くインタビューに応じる姿勢をほとんど変えないことに気づいた。革命の福音を世界に伝えてくれる外国人に話すことの大切さを、トロツキーほど理解していたボリシェヴィキはいなかった。ブライアントはこう記している。「彼はロシアで最もインタビューしやすく、かつまったく満足ができる高官である」[9]。

フランス人駐在武官ジャック・サドゥールも、この評価に同意している[10]。十一月七−八日、彼はスモールヌイで何時間も過ごし、パリにいる自分の庇護者アルベール・トマに、レーニンとトロツキーをほめる手紙を書いている[11]。ボリシェヴィキは間もなく彼を「同志」として扱うようになる。サドゥールはフランスに届く情報の欠如を嘆いた。彼は、ヌーランス大使が情勢についていけていないと批判した。また、フランスの新聞は国民に状況を知らせ続ける義務を果たしていない、とも断言。スモールヌイでパリの特派員に一人しか出会わなかったのは恥ずべきことだ、と彼は思った。新聞社で働いているわけではないため、サドゥールはアルベール・トマを通じて影響力を振るおうとする。彼は「平和に関する布告」がヨーロッパに深い政治的動揺を誘発する、というトロツキーの信念について報告した。たとえ諸国の革命が即座に起きなくても、戦争終結への人民の圧力は増大するだろう、と。彼は、ボリシェヴィキが提案している東部戦線の停戦にドイツが応じるとは期待していなかったけれども、レーニンとトロツキーに対する賞賛は誠心から出ていた。「今日、ボリシェヴィズムは生活の事実である。これが私の論点であります。ボリシェヴィズムは、私の見解では、ロシアの他のどんな勢力によっても害することができない勢力なのであります[12]」。

十一月十五日に説明しているとおり、これまでのところ、彼はボリシェヴィキの単独支配を承認してはいなかった。「私の心を占めているのは、連合国とロシアと革命のために、権力においてメンシェヴィキとボリシェヴィキが統合することであります。すなわち私は、トロツキーおよび接触を持ってきたすべてのボリシェヴィキに対し、日々、これを繰り返しているところなのであります」。サドゥールは物事をボリシェヴィキに好意的に解釈し、彼らの提案を拒んでいるとして、メンシェヴィキを責めている。[13]

トロツキーとレーニンは情勢に等しい影響力を及ぼしているように思われた。しかし、レーニンは人民委員会議と中央委員会の仕事にかかりきりで、外国人特派員とは話さなかった。あごひげが元どおり伸びるまで、彼は後のおびただしいポスターからわれわれが知っているあのレーニンには見えなかった。そのうえ、ロシアの新聞は彼の写真を掲載しなかったので、ペトログラード中心部を外れると、彼がどんな顔をしているか知っている者はほとんどいなかった。[14] とはいえ、党の同志にはじかに知られている。レーニンは一九〇三年、ロシア社会民主労働党のボリシェヴィキ派を創設していた。時にメンシェヴィキ派と協力することはあっても、ただ戦術的理由でそうしたにすぎない。彼はマルクス主義理論のあらゆる大問題——産業資本主義、土地、帝国主義、認識論——について書いた。党派仲間は彼に従って急進主義へ向かい、彼ら自身、レーニンが主張する一時的な妥協に反対することが時々あった。彼は行く手をふさがれると、いつも自らの派内分派をつくった。大戦前のヨーロッパ社会主義運動においては、最も悪評をとった分派主義者であった。一九一七年初めの時点では、緊密な支持者集団は小規模であった。ロシアの政治的・経済的分解と軍事的敗北が、レーニン自身が細工したわけではない機会を彼に与えた。今、彼はこの状況を最大限利用する腹なのである。

レーニンは、身長は低めで細事にこだわり、せっかち。両手親指をチョッキに突っ込むと、時として怒れる日曜説教師の風体である。どんな複雑な問題に対しても、ただ一つの解答——すなわち自分の解答——しかないという印象を与える。己の直観を信じるギャンブラーであった。自己の信念のために生きた。自らの考えが公式政策になっている時は党規律に拘泥するのだが、自分が少数派になるや、あらゆるルールを破った。レーニンには己とボリシェヴィキの権力が重要であったが、彼の思考にとってさらに大事なのは、世界的に資本主義と帝国主義を打倒するため、革命的独裁を達成することであった。レーニンとトロツキーは、ソヴィエト支配の最初の数週に信頼のきずなを結ぶ。

トロツキーは外務人民委員部を遠隔から組織し、めったにその敷地に足を踏み入れなかった。彼とレーニンの優先目標はペトログラードの全権を掌握することである。トロツキーは連合国の戦時秘密諸協定を公表したら「店じまいする」ことしか考えていないのだといった、自分に関する秘話を好んだ。[15] これを実現しようとした最初の機会は、失敗に終わる。臨時政府のために働いてきた官僚たちは、彼に旧外務省の門戸を閉ざした。彼の取り巻きが施錠を破るや、職員の大脱走が起き、トロツキーは元外務次官ネラートフが諸条約を持って逐電してしまったことを知る。[16] これで人民委員会議が腰を折られたのは、ほんの束の間であった。諸条約のテキストが発見され、本物と確認されて、トロツキーは一九一七年十一月二十一日、公表のため直ちに解禁した。[17] それらのテキストは、ボリシェヴィキが始終言ってきたことを裏付けていた。それに、実際、メンシェヴィキと社会革命党も同じことを言ってきたのである。今や反論の余地なく明らかになった。連合諸国は領土拡張の野心をもって参戦していたのであった。

すべての連合国が中央同盟の敗北のあかつきには、利益を確約されていた。一九一五年三月、ロシアはコンスタンティノープルと北部ペルシャを併合すること、英仏両国は後にイラク、ヨルダン、シリアとなる地域に影響圏を獲得することが合意されていた。翌月、イタリアは連合国側への参加と引き換えに、トレンティノとアナトリアにおける領土を約束されている。一九一六年五月、英仏は中東の分割方法で合意していた。同年八月、英仏露三国はルーマニアを連合国側に引きつけておくため、同国にトランシルヴァニアとドブルジャを差し出している。一九一七年には、戦後処理に関する日本、英仏、ロシアの要求を満たす取決めが行われていた。ソヴィエト各紙が最初にこれら諸協定を掲載した。その内容はあまりにもセンセーショナルであるため、西側の新聞もこれに続いた。そこで、ヨーロッパ中の労働者・兵士が即時停戦すべしと結論するだろう、これがトロツキーの期待であった。それに、一九一四年時点では英仏の国民世論を戦争支持にかき立てることはやさしかったが、米国では参戦に常に賛否両論があり、ウィルソン大統領は領土拡張主義的な狙いを拒絶している。レーニンとトロツキーは、米国を英仏による囲い込みから引き離すことを期待していた。ウィルソンはかねて、連合国の諸条約について情報を要求していた。英仏に対する彼の嫌悪感はたちどころにつのった。その結果、英外相A・J・バルフォアはワシントン訪問の際、ヨーロッパ諸国が戦利品として諸国領土の分配にやっきになっているさまについて、遺憾の意を表明せざるを得なかった。ウィルソンは米国の参戦以前に他国が締結した諸条約について、義務を負うことを拒否した(18)。

とかくするうちに、ロシア情勢に関する疑問が生じてくる。人民委員会議からは布告が次々に発せられた。産業に対する労働者管理が承認された。子どものために無料普通教育が導入された。教会と国家は分離された。公式の暦がユリウス暦からグレゴリウス暦に変わった——そして多くの正教信者は、これはレーニンとトロツキーがアンチキリストである証拠だと信じた。宗教行列は禁止されるか、やめるよう勧告された。経済国有化が宣言された。銀行は接収。巨大産業コンツェルンは革命国家の手に握られ、さらに、一段の接収計画が練られていた。輸出入貿易はそっくり国家独占になった。地方ソヴィエトは農民が穀物販売を手控えているのを見つけると、強制徴発のため武装労働者部隊を派遣した。各種人民委員部《コミッサリアート》が旧省に取って代わった。破壊活動および反革命活動と闘うため、まったく新しい治安機関、非常委員会（ロシア語略称チェカー）がフェリクス・ジェルジンスキー指揮下に創設された。レーニンはチェカーの活動を人民委員会議の管轄外に置くよう慎重に仕組む。人民委員会議への反抗を根絶することが主目的である。ボリシェヴィキは自らの権力を固めるとともに、左翼社会革命党との権力分割の提案を繰り返し、一九一七年十二月二十日に協約が合意された。

これらすべては戦争の暗い影の下で起きた。人民委員会議は十一月二十二日、講和を申し入れており、この要請をドイツに取り次ぐことを拒否したとの理由で、ドゥホーニン将軍を解任した。ボリシェヴィキの旗手ニコライ・クリレンコが暫定的に指揮を引き継いだ。ルーデンドルフは東部戦線ドイツ軍司令部のホフマン将軍に「この連中」との交渉は可能かどうか尋ねた。ホフマンは然り、と答えた。もしルーデンドルフが北部フランスでの部隊増強を必要とするなら、これがその部隊を確保する道である、と。(19) 十二月十五日、バルト海から黒海まで東部戦線の全域にわたって停戦が合意された。双方は一週間後に行われる交渉に備えた。

ボリシェヴィキは同時に、ロシア前線部隊にドイツ人と友誼を深めるよう督励した。人民委員会議は、ドイツによる攻勢再開の可能性を低減させる方途を急いで探りながらも、革命活動の拡大に熱心であった。ドイツ・オーストリア兵に塹壕越しに宣伝活動が展開され、兵士らは戦闘をやめ、自国政府を打倒せよと呼びかけられた。人民委員会議はまた、キエフの中央評議会に兵力を差し向け、ウクライナの支配権獲得を試みる。中央評議会はケレンスキー政権の倒壊後、独立国の政府の如く振る舞い始めていたのである。その冬の間中、ボリシェヴィキとウクライナ当局との間で紛争が吹き荒れた。ボリシェヴィキは内政と外交の間に絶対的な区別をつけていない。一九一七年十二月、フィンランドの閣僚らをペトログラードに呼びつけ、彼らの国に独立を認めた。フィンランド閣僚らは人民委員会議とのどんな結託も、西側連合国からは不利に解釈されると懸念したため、とても浮かれた気分にはなれなかった。だが、彼らはソヴィエト側の提案に譲歩し、祝賀のためにヘルシンキに戻った。独立すればフィンランド人はロシア不信をやめるだろう、とボリシェヴィキは計算している。そして究極的には、人民委員会議と同盟する急進左派政府を持つことになる。フィンランドはロシアの元に戻ってくるのだ、と。

ソヴィエト指導部は、自らが抱える諸困難を軽く見るよう努めた。十一月末、憲法制定会議選挙が行われ、ボリシェヴィキ敗北の結果に終わる。二五パーセントに満たない得票率であった。レーニンはこんな結果になる危険を冒すより、選挙の中止を望んだが、彼と同志たちは同会議を招集する唯一の政党であることを強調してきたがゆえに、彼の勧告は拒否された。左翼社会革命党が党本体から組織的に分離し、人民委員会議に加わった後で選挙リストを作成していれば、ボリシェヴィキの得票率はもっとよかっただろう。実際、絶対多数を占める単独政党はなかった。だが、社会革命党の本体はやすやすと最大議席をもって登場する。一九一八年一月十八日、憲法制定会議が開かれると、社会革命党が主導権を握った。人民委員会議は一日後、議事の中止命令をもって応え、赤衛隊がレーニンの命令を強制執行する。社会革命党指導部は、ヴォルガ地域の彼らの政治的橋頭堡へ立ち去った。彼らはペトログラードでの創建を望んでいた政府を、州都サマラに樹立した。その名は「憲法制定会議代議員委員会」、すなわちロシア語の省略形で「コムチ」。コムチは武力によって、人民委員会議から権力を奪還する覚悟であった。

たとえそれが間違いなく内戦につながるとしても、ボリシェヴィキはこうした状況について平静を保っていた。革命を実行したのである。いつまで権力にとどまるかは知りようがない。ペトログラードで危険が待ち受けていることは、彼らも家族も分かっていた。突然逃げ出さざるを得なくなるのが心配だから、スーツケースに荷物を詰めたままにしているよ、ボリシェヴィキ指導者らはそんな冗談を言い合った。とはいえ、彼らは自ら樹立した革命権力のために、最後まで戦う決意であった。

第6章 炎に照らして

ボリシェヴィキ指導者らはむしろ、自らをマルクス主義科学と革命的進歩の前衛であるとみなしていた。単なる政治屋と思われることを嫌うのである。ボリシェヴィキの宣伝が外国の急進左派社会主義者に到達するまでの数カ月間、国外では彼らはちょっとした謎になっていた。すなわち、共感を寄せない新聞――西側の大半がそうであったが――は彼らのことを、ロシアの戦時苦境という特殊環境を食い物にするならず者集団として描いた。ロシア国内のボリシェヴィキの敵も、総じて同じ分析を提示した。レーニンとトロツキーが聡明で知的であると認めた人びとでも、その一部は、二人は頭がいかれてしまったのだと主張した。ボリシェヴィキ支配は束の間にすぎないとするのが、一般的予測であった。権力を維持し続ける十分なチャンスがあると考える者は皆無である。ボリシェヴィキ自身も、自らの支配は余命いくばくもないかもしれないとする疑念を共有していたのだが、たとえボリシェヴィキが一敗地にまみれることがあっても、世界各国がその先例にならうだろうとする信念は変わらなかった。歴史はわれわれの側にある、そう確信して、彼らは革命の理念のために己の命を投げ出す用意があった。そして、そうした共産主義の精神世界を考慮に入れる観察者だけが、それに対抗する方法を的確に構想できることが、やがて明らかになる。

ボリシェヴィキ中央委員で若き共産主義哲学者ニコライ・ブハーリンは、輝かしき共産主義の未来に恍惚とした讃歌をささげている。

> 人類は戦争する陣営に分断されていない。すなわち、人類はここでは共同の労働と、自然の外的諸力との共同の戦いによって統合されているのだ。国境検問所は撤去されている。個々の祖国は廃絶されている。民族の違いを持たない全人類が、そのすべての部分において結びつけられ、一つの全体に組織されている。ここではすべての諸民族が一つの偉大で友好的な労働家族なのである。[1]

子ヒツジと共生するオオカミ、子ヤギとともに寝そべるヒョウのことを熱心に語った旧約聖書の預言者イザヤのように、ブハーリンは人類にとって偉大で、完全な時代が目前にある、とはっきり感じていた。

共産主義思想家は自らの観念をグローバルな装いで包み込んだ。大戦は王家間の敵対と個人的判断ミスによる偶然ではない、と彼らは信じた。一九一四年の凄惨な戦場は、経済発展が新たな国外市場の征服なしには利潤を確保できないレベルに達した結果だ。ヨーロッパ諸国は十九世紀末、アフリカ・アジアの植民地化に殺到した。ドイツのような新興大国は、当然得る資格があると考える獲物の獲得に来遅れ、政府は既存の帝国に対して好戦的政策を採用するよう、銀行と産業界から圧力を受けている。資本主義的経済発展の下では、資産を賭けに投じ、競争相手を排除することが必要になる。政府は自国の非常に強力な実業家を満足させなければならない。「金融資本主義」が世界経済の支配者となっている――これはオーストリアのマルクス主義者ルドルフ・ヒルファーディングが、一九一〇年の著書『金融資本論』で強力に打ち出した主張であった。資本主義がその最高の発展段階に達したことの科学的証左として、ボリシェヴィキは同書を歓迎していた。社会主義が主導権を握るまでは、経済危機と世界戦争が起きるだろう、と。ヒルファーディングが暴力革命と独裁に関する考えを共有していない点は、ロシア共産主義者にはどうでもよかった。彼らはヒルファーディングの経済学を賞賛しながら、彼の政治学は拒否したのである。

ロシア共産主義者は、現代のヨーロッパ社会主義に唾棄した。カール・マルクスとフリードリヒ・エンゲルスを尊敬し、ゲオルギー・プレハーノフとカール・カウツキーの初期の著作は有効であると認めていた。しかし、プレハーノフとカウツキーは一九一四年以来の行動によって、ヨーロッパ労働運動に対する裏切り者に変貌してしまった。プレハーノフはロシアの戦争遂行を支持し、カウツキーはドイツの敗北を呼びかけることをしなかった、というわけである。戦争への無条件の反対は、ボリシェヴィキ指導部全体が共有するところであった。

ボリシェヴィキは自らを共産主義者と呼び、ほかの大方の社会主義者を「社会的裏切り者」と非難することによって自らの立場を区別しながら、一方で、自分たちこそ唯一の真の社会主義者であると主張した。どちらなのか？　共産主義者なのか、社会主義者なのか？　レーニンはこの混乱を、一九一七年（出版は翌年）の『国家と革命』の中で解決しようとする。彼はマルクス主義以外のいかなる社会主義も相手にしない。彼はまた、マルクス主義者は何十年にもわたり、カール・マルクスとフリードリヒ・エンゲルスを誤解し、二人の核心的な思想が無効化するに任せてきたと主張する。レーニンによれば、真のマルクス主義は資本主義廃絶のために、暴力革命と「プロレタリアート独裁」の必要性に立脚する。この独裁的構造は一時的なものにすぎない。独裁は「等しい量の労働に対しては等しい量の生産物を」の原則を理念とする社会主義秩序を打ち立てる。社会全体に支持が広がるにつれ、暴力への依存度は低下する。そうすると、人類史の最終段階となる第二段階、すなわち共産主義が始まる。共産主義社会ではいかなる強制も必要でなくなる。軍隊も官僚機構も、さらには国家もなくなる。社会階級は消滅する。生活は、共益を念頭に置いた全世界の人民によって規定される路線に沿って前進する。レーニンは詩的一面を頻繁にはのぞかせない人物だが、「各自の能力に応じて働き、必要に応じて取る」が普遍的原理となる時代の到来を切望していた。

レーニンは自らの議論に、マルクス・エンゲルスの権威を借りていた。自分がマルクス主義教義の正しい解釈者である、と証明して満足できれば、それで十分なのである。トロツキーとブハーリンは、これでは落ち着かない。ブハーリンは現代資本主義における最新の技術・社会の変化を綿密に検討することが大事だと感じていた。最新のおびただしい発明を目撃し、幸福と安定は大多数の人びとにとって社会主義革命の後まで達成されないだろう、とブハーリンは論じた。トロツキーも、いつまでもマルクス主義の創始者に言及するのを嫌う。彼が力を入れたのは、戦争によってもたらされた際限ない不当利得と人びとの底なしの悲惨を強調することであった。

ボリシェヴィキは、世界の抑圧された人びとがその支配者になる時代が来たという認識で一致していた。外務人民委員部でトロツキーの副官を務めたイワン・ザールキンドは、そのことをこう表現している。

> われわれの革命は完全に労働者に帰属する革命である。ペトログラードへ行って地区ソヴィエトを見よ、行って赤衛隊を見よ、さすればそれが何よりも労働者の革命であることが分かるだろう。農民と兵士はただ二番手に来るにすぎない。この第二革命ではブルジョアジーは存在しない。一九〇五年に本源的役割を演じた知識人は、今日ではわき役にすぎない。レーニンとトロツキー

は単に労働者のスポークスマンだ。われわれは目下、プロレタリアート独裁の偉大な実験をしつつあるのだ。それはもはや（フランス革命時のような）サンキュロットではなく、無銭者の革命なのだ。(2)

ブハーリンも、共産主義者は世界をひざまづかせていると確信している。

［その］共産主義体制下の人民は互いに虐げ合うことがない。ここには富裕者も成り金もいないし、親分と子分もいない。すなわちここでは社会は、一方が他方に君臨するような階級に分裂していないのだ。だが、いったん階級がなくなると、これは一方が他方に――すなわち抑圧者が非抑圧者に、あるいは非抑圧者が抑圧者に――牙をむくといった、異なる種類の人びと（富者と貧者）が存在しないことを意味するのである。(3)

ロシアの工場労働者が社会のほんの一部分にすぎないことを、レーニンは認めていた。これは自らの「プロレタリアート独裁」理論に抵触することを察し、レーニンは時々「労働者と最貧の農民」の手に権力を、といったスローガンを振りかざした。いずれにせよ、ボリシェヴィキの著述家らは、都市「プロレタリアート」は工場労働者だけから成るものではないと説明した。革命運動に引き入れるべき家事使用人に関する小冊子が発行された。失業者についても同様である。特権を持つ少数者が貧者の奉仕を享受する日は終わりに近づいている、と共産主義者は強調した。(4)

トロツキーは、一九〇五年から自分が主唱してきた革命戦略の正しさは、情勢が証明したと考えていた。小冊子『次は何か』の中で、こう言明している。

資本主義権力の束縛を打ち破り、革命は永続的、すなわち不断になる。革命は資本主義的搾取の体制を物質的に強固にするためではなく、逆にそれを乗り越えるために国家権力を利用するのだ。この路線に沿った革命の決定的成功は、ヨーロッパにおけるプロレタリア革命の成功にかかっている。他方、ロシア革命は、それが自国ブルジョアジーの抵抗を決定的に、勇敢に打ち破るに比例して、西欧の革命運動にそれだけ一段と強力な推進力を与えることができている。革命のさらなる発展の、唯一の現実の展望はそうであったし、今後もそうであり続けるのだ。(5)

これはユートピア的だろうか？　トロツキーはノーと答える。彼の目から見て、真に愚かなのは「資本主義者の大臣たち」との連立に加わったメンシェヴィキや社会革命党といった敵の教養なのだ。彼らは気概と先見性を欠いている。つまり彼らは二心のある連中なのだ。ボリシェヴィキは「国民」革命あるいは「ブルジョア」革命を実行しているのではなく、国際社会主義革命に着手したのだ、と言う。「そして二十世紀は『時代としてのわれらの祖国』である」とトロツキーは強調した。(6) トロツキーは「永続大殺戮に対する永続革命を！」のスローガンを打ち出す。(7)

共産主義は間もなくすべてを変えるだろう、そして、ヨーロッパには政治的前進の最大のチャンスがある、と共産主義者は考えた。ヨーロッパ大陸は世界戦争の主戦場である。一九一四年以来の死者と物質的欠乏が、マルクス主義の主張が大衆的支持を引きつける条件を成熟させているのは間違いない。「ヨーロッパ革命」は、ボリシェヴィキには語呂がよかったのである。

党内でのロシア共産主義のヨーロッパ概念は、通常の地理的概念とは違っていた。教科書では、ヨーロッパはポルトガルからウラルまで広がっている。ロシアが広大なヨーロッパ地域を抱えているという事実があるにもかかわらず、これはボリシェヴィキがヨーロッパへ「行く」と言うときに想定している意味内容とは異なっている。ボリシェヴィキ指導者I・I・クッーゾフは後年の一九二〇年代初め、モスクワから西方への列車の旅について報告を書いている。最初の行程でラトヴィアへ。国境を越えると、人びとは彼を「同志」ではなく「ミスター」と呼びはじめた、とクッーゾフは書く。彼はロシア諸都市を経験した後では、リガがいかに清潔に見えるかに気づく。そのラトヴィアは大変印象的であったけれども、アイトクーネンでとうとうドイツ領に達したとき、クッーゾフは塵埃がほぼ完ぺきにないことに瞠目する。ドイツの田舎でさえ彼の眼には並外れていた――しかも、これはベルリンに行くまでのこと。そこは近代性において彼のあらゆる予想を超えていたのだ。クッーゾフには自明であった。「ここがヨーロッパの始まりだった」[8]。そしてボリシェヴィキの想像の中では、ヨーロッパは「西」のうちの半分、もう半分は大西洋を越えた北米にあったのである。

ボリシェヴィキはドイツにおける社会主義革命が、ロシアでの自らの生き残りと成功のカギになると信じて疑わなかった。レーニン、トロツキー、ブハーリンら元亡命者はドイツ労働運動の文化的・組織的成果にほれぼれしていた。マルクス主義の創始者たるマルクスとエンゲルスはドイツ人である。ドイツ社会民主党左派は党を割ってスパルタクス団を結成し、レーニンの言によれば、ドイツ労働運動が一定の権力掌握と革命的変革を達成する能力を持ち続けていることを証明した。ドイツ労働者はヨーロッパ社会主義運動の模範。その労働規律は伝説的であった。自宅にいる時や余暇時の自己研鑽への専念には、目を瞠らせるものがある。彼らの大方は社会民主党に投票し、同党は一九〇九年には六十三万三千人の党員を抱えていた。ドイツ社会民主党議員団が一九一四年半ば、帝国議会で戦争遂行のための借款に賛成票を投じると、ボリシェヴィキは激怒した。しかし、レーニンと友人たちはこの「裏切り」の罪を党指導部に押し付けた。ドイツ労働者がこの状況を永久に我慢するとは信じられなかったのだ。スパルタクス団員が機会をとらえ、彼らを革命の路線へ引き戻す力があることを必ずや証明するだろう、そしてドイツ・プロレタリアートの偉大な能力が実現されるだろう、と。

それに加え、ボリシェヴィキは、ドイツで中央集権的国家規制に向けて取られた措置に感銘を受けていた。資本家が計画メカニズムにこれほどしっかりと組み込まれた例はない。とりわけトロツキーは、経済に公的秩序と目的を導入する政府の措置に関心をもっていた。彼は自分の革命目標を推し進めるために、この手法を使うことを提案する。「生産および分配の管理の導入については、プロレタリアートは西側において、とりわけドイツのいわゆる『戦時社会主義』の形で、極めて貴重なモデルを有している」ロシアでは、これは「農業革命」の遂行を必要としよう。国家による経済調整を導入しようとするなら、確固たるやりかたでそうしなければならないのだ、と。[9]

一九一七年にボリシェヴィキに加わった左派マルクス主義者ユーリー・ラーリンも同様に、ドイツの状況について読み、そこから着想を得ていた。国家がいかにして食料供給を一手に握り、農作物生産者を管理しやすくするために強制的に組合をつくらせたかに、彼は留意していた。ドイツ各州と地区は厳格に監督されている。州境を越える物資移動は、当局の許可のある場合を除き禁止されている。基本物資の価格は固定。経済全体が中央計画に従って運営されている。ラーリンによれば、ドイツ政府は都市・地方労働者の要求に譲歩することを避け得なかったというのだ。[10] さりながら、戦争は生産を妨げ、生産高を減少させている。大方のドイツ国民は戦前よりも困窮しており、この結果は都市の消費のために農地を強制収用すべしという社会主義指導者の要求に表れている。間もなく、ロシアでも都市住民の需要重視への思潮変化が見られるだろう、というのがラーリンの信念であった。[11] 彼が指摘するように、ドイツ労働者は戦争の初期、全面的な強制的食料配給制度を要求した。有産階級が平均より多い供給を確保するに及んで、公正さは中途半端に終わっていた。ドイツの場合と同じく、ロシアでの前進の道は全人民の要求に対応した制度を導入することなのであった。[12]

労働者と万人にとって最善の帰結は、農業の「都市化」であるとラーリンは論じる。農場は都市郊外に開かなければならない。「農業企業は穀物消費者による直接の管理・監督下に置かれるべし」という原則が採用されなければならない。工業プロレタリアートが支配的な影響力を持つべきである。[13]ラーリンは、経済問題を抱えていない参戦国はないと指摘。戦後も長く穀物価格の高値が続く、と予測した。農業生産の速やかな拡大を保証するために労働者が権力を行使する以外、ヨーロッパがこの諸問題に取り組む方法はない、とラーリンは考えた。[14]ニコライ・ブハーリンがその実行方法を説明した。獲得した地所をひっつかんで細分化するのではなく、巨大な集団農場を設立するよう提案したのである。[15]耕作と播種、収穫の仕方を農民の決定に委ねてはならない。そして、この同じ処方はヨーロッパのすべての国に適用されなければならない。ロシアでは所有関係の総体が壊されようとしており、ボリシェヴィキは各国がこの先例にならうようにしたいと考えた。物質的財は最も不正な形で常に貧困層から遠ざけられてきた事実を、万人に納得させることが目標である。私的所有という神秘は文字通りの詐欺であることを暴露しなければならない、とキイという名のボリシェヴィキ党員は論じている。革命は「ブルジョアの」社会科学が主張するほど難しくはないのだ、と。[16]

ボリシェヴィキの根本思想は実に気宇壮大であった。彼らは都市、工業、プロレタリアート、そして国家計画を好んだ。彼らは専門知識の押し付けが可能と信じていた。秩序と管理を賞賛した。彼らの優先課題は、文明の基本的要求と彼らが考えるもの、すなわち労働と医療、社会保障、食料、住宅、そして教育を提供することである。彼らは自分たちが奉仕しようとしている人民より知識がある、と考えていた。終局的には――その終局は近いと彼らは考えているのだが――人民はボリシェヴィキの知恵を理解し、受容するだろう、と。

ボリシェヴィキはすべての反対思想を、反動的で有害なたわごととして切り捨てた。彼らは農業、手工業、市場の「混沌状態」、宗教、個人所得、個人の自由を嫌った。銀行を嫌悪した――アイヴィ・リトヴィノフが小切手を現金化しようとロイズ銀行のハムステッド支店に行ったところ、彼女は夫マクシムの同志たちからまるで不道徳的なことでもしたかのような扱いを受けている。彼女は裕福ではない。自らはブルジョア的生活スタイルにあこがれているくせに、革命闘士たちはなぜ自分にこうも手厳しいのか、彼女は理解に苦しんだ(17)。だが、ボリシェヴィキは中産階級の偏見の欺瞞を見透かしていると考えたがった。結婚はその一つだと考えた。レーニンがナジェージダ・クループスカヤと結婚したのは、そうすれば警察がシベリア流刑地での同居を許すだろうという理由だけからである。トロツキーとアレクサンドラ・ソコロフスカヤも、同じ理由で結婚式を済ませた。ボリシェヴィキがパートナーと離れたりくっついたりする頻度は、当時の平均より多かった。彼らの忠誠は革命のためにあった。闘士の生活にあって、家族は革命の二の次。信念がすべてだったのである。

ロシア史を研究し、この先にある諸困難を正しく認識するのはけっこうなことだ。しかし「科学」が解放運動を扱えるのは、ある程度までにすぎない（もっとも、ロシアの過去について幅広く書いたボリシェヴィキも何人かいたのだが）。党は大胆さを示し、リスクを引き受けなければならないのだ。ペトログラードの政治的左派には、願ってもない好機が与えられつつある。知識人のような疑念を抱いている暇はない、というわけであった。

ボリシェヴィキ指導部の一大特徴は、目的達成のために大がかりな暴力を用いる用意がある点にある。イワン・マイスキーがレーニンについて鋭い評価を下している。彼の指導者は、彼にヨハネ黙示録中の一文を思い出させた。「熱《あつ》くも冷《つめ》たくもなく、なまぬるいので、わたしはあなたを口《くち》から吐《は》き出《だ》そうとしている(18)」〔新共同訳〕。レーニンは独裁とテロへの嗜好で常に悪名をとどろかせていた。トロツキーはどちらかと言えば謎めいていた。「労働者政府」といった過激な計画を提案する一方で、メンシェヴィキと同志的関係を保ち、ボリシェヴィキを批判した。一九一七年には、労働者政府がたしかに苛酷な手法を用いる必要があることは認める、と彼は表明している。この時ばかりは、トロツキーは権威としてマルクスに依拠した。フランス革命でしばしばギロチンを使ったジャコバン派テロを称賛し、それを、反抗を粉砕する「庶民的手法」と呼んだのはマルクスである。トロツキーは「鉄の抑圧」ゆえに、ジャコバン派を評価した。[19] まだすべてのボリシェヴィキ指導者が、同じような凶暴性を持っていたわけではない。カーメネフとブハーリンは厳しい抑圧措置の必要を疑問視し、時々それを緩和する手を打った。だが彼らも、そうした手法を原則として否認したわけでは決してなかった。時が経つにつれ指導部全体が、苛烈な独裁と広範な国家テロ抜きには革命の強化はあり得ないという考えに移っていった。

共産主義者はきめ細かな予測には気を遣わなかった。彼らはビジョンとスローガン、見込みと脅しと約束を売った。「階級闘争」や「階級戦争」そして「内戦」についてまで語った。彼らは統治の具体的問題には拘泥しない。トロツキーの親しい仲間の一人、アドリフ・ヨッフェが地方行政に関する小冊子を著したのは異例のことである。[20] 事前の考慮より行動が優先した。レーニンは、理論は灰色だが命の木は緑だという趣旨のゲーテの言葉をよく引用した。(このことでレーニンが、自分の理論的ビジョンを説明する際、教条的かつ空論的になるのを思いとどまったということではないが。)彼やその他の人びとは「下からの革命」について際限なく語った。彼らは自らを労働者階級の解放者と見ていた。間もなくプロレタリアートの自主管理が実現する。しかし、これが高度中央集権国家という党の目標とどう結びつくのかが詳しく説明されることはなかった——これを問題にしようとする真剣な試みはなかった。ボリシェヴィキは不変の要件として、内部の組織規律を強調すると同時に、諸機関を嬉々として粉々に潰した。自らが引き起こすことになる混乱のことは懸念していない。革命とは混乱したものだというのが彼らの口癖である。彼らは、言うところの政治駆け引きを嫌う。妥協に嫌悪感を抱く。すなわち、ごまかしと腐敗の公共生活より、公開の決定を好んだのである。

ボリシェヴィキは、自分たちこそ革命ロシアの真の「赤」だと感じていた。保守派と自由主義者は、メンシェヴィキと社会革命党員をすべて「赤」と呼んでいる。だがボリシェヴィキはライバルより否定しようもなく急進的であり、そこで彼らはこの色の政治的所有権を独り占めしたのである。ところが、彼らが過大な自信を見せたにもかかわらず、その教義は包括的というにはほど遠い。これらの教義には小さな隙間だけでなく、巨大で危険な陥穽があった。先立つ何世紀かのユートピア主義者と同様、この点を指摘されるとボリシェヴィキはあざ笑った。彼らは確信と自信を示すよう支持者に呼びかけた。彼らは実験への意欲に誇りを持っていた。開かれた精神の科学者、人道主義者を自負している。他者が大失敗を予測すると、彼らは肩をすくめ、先進資本主義が既に世界を破滅へ導いてしまったではないか、と言い張った。まったく異なったことが試されようとしているのだ。それは新しい時代の夜明けなのだ、と。

自分たちは一九一七年のロシアで特異な存在なのだ、とボリシェヴィキは考えようとした。これはまったくの真実というわけではない。近代のあらゆる思想表明には、ボリシェヴィキの理想のすべて、ないし一部を含み、同じ有害な先入観を持つ多くの実践者が存在する。他の革命諸党の中にも、その精神世界がボリシェヴィズムと重なる指導者や闘士がいる。実のところ、共産主義者は思想の多くを他者から借用していた。それらの思想表明には、公共生活の当該分野を牛耳って、急激な変革の方向に政策を定めたいと考える多くの同好人士がいた。中道左派の経済専門家は、産業と金融に対する政府規制の強化を支持。[21] 教師、科学者、芸術家、そして軍指揮官らは新技術の導入によって自らの職業を変革する機会を熱望していた。そして彼らは、近代化達成のためには強力な中央政府が必要であることに気づいていた。自分たちの活動を助成してくれると思われる政府なら、何でも歓迎する気持ちがあった。かてて加えて、ライバル諸党の思想のいくつかの特徴は、ボリシェヴィキの意図するところと通底するものがある。経済運営で国家が大きな役割を果たす必要があることは、すべての社会主義者ばかりか自由主義者にまで広く認識されていた。メンシェヴィキと社会革命党員は、大方のボリシェヴィキを同志とみなし続けていた。ロシアの天地をひっくり返そうという共産主義者の決意は、党の垣根を越えて共有されていたのである。

ボリシェヴィキの教義はあくまで科学的立場を装っているものの、実は盲目的信念とロシアの革命伝統に根ざしていた。レーニンとトロツキーは彼らの事業がもたらしそうな結果についての不吉な警告を、真面目に考慮することはなかった。メンシェヴィキと社会革命党は、ボリシェヴィキの社会的・経済的前提の多くを共有していたにせよ、ボリシェヴィキがどうにかして権力にしがみついてしまえば、内戦の恐怖は不可避だろうという明確な予測を表明してもいた。彼らはヨーロッパが革命の瀬戸際にあるか疑問に思っていた。ロシア経済を速やかに、あるいはそもそも活性化するというレーニンの公約をあざ笑っていた。彼らは馬の耳に念仏を唱えていたのである。ボリシェヴィキは選択を完了してしまっていた。内戦があったとしても、それは短期間であろうし容易に勝利できる、と。ボリシェヴィキ指導者らがペトログラードで権力を握ったのは、こうした精神構造においてのことであった。外国人はロシアに混乱と脆弱さしか見ていない。ボリシェヴィキは彼らに、異なった眼鏡で眺め、すばらしき新世界秩序のための炎が点じられつつあるのをよく見てほしいと要請した。

第7章 行き詰る外交

レーニンの「平和に関する布告」は、彼が望むような世界平和に向けた新たな基本原則を提示した。連合国も中央同盟国もレーニンを無視しようとした。例外はウッドロウ・ウィルソンで、彼は恒久平和を達成する衝動にかられ、中央同盟国の敗北を前提条件の一つと見なした。一九一八年一月八日、ウィルソンは上下両院合同会議の場で、連合国は民主主義と自由貿易、秘密外交の廃止、および民族自決を含む世界平和を確立すべきであると宣言する。彼は、ヨーロッパ諸国の首都歴訪から戻った腹心のエドワード・ハウス大佐、および「大調査（The Inquiry）」として知られる主要顧問グループの助言と支援に頼った。だが、その推進力はウィルソン自身のものであった。ウィルソンは戦後世界秩序の形を処方しようとしていた。議会演説は威風堂々と行われ、たちまち「十四カ条」として有名になる。米国の新聞は、ヨーロッパ旧諸国の敵対がもたらした大殺戮の終焉に向け、最初の偉大な貢献をするものとして、ウィルソンの言葉を支持した。ウィルソンは米国が諸国の間にそびえ立つことを可能にしつつあった。多くの米国人は彼の対独参戦決定に反発したが、平和と自由のための彼のグローバルな枠組みのビジョンは、多くの人が誇りに思った。

ウィルソンが民族自決を擁護したことは、西欧の連合諸国を動揺させた。ロイド＝ジョージは、一九一六年のダブリンの反英イースター蜂起の影響に両手を縛られていた。インド人など、大英帝国内の諸民族間に高まる独立要求は言うまでもない。クレマンソーとイタリア首相ヴィットーリオ・オルランドも不安を感じた。だが彼らは、大西洋を越えて貴重な資金と弾薬、軍隊を送ってくれる米国大統領を苛立たせるのが怖かった。彼らは常々、ドイツとオーストリア＝ハンガリーに対する戦争は、公正かつ道徳的な戦争だと強調してきている。民主主義と自由貿易に反対するのはまず不可能であり、諸民族が自らの未来を決定する権利を否定することは困難だった。欧米メディアはウィルソンの「十四カ条」を詳細に報じ、米国大使館はペトログラードの街頭で無料の翻訳数千部を配った——旧ロシア帝国領内での頒布のために計五百五十万部が刷られた。[1] これはレーニンの「平和に関する布告」がペトログラードで翻訳された後、国外でその全文を掲載したのは極左の小冊子だけ、という連合国での扱いとは対照的だ。連合国は同布告の頒布には冷淡であった。

ボリシェヴィキは広報活動を即興で工夫しなければならなかった。宣伝工作の直感力を備えたトロツキーは、外国の新聞に寄稿したり自分の演説をニュース映画で伝えたりできないことに苛立った。彼は切羽詰まった気持ちで、外務人民委員部に対し『プティパリジャン』紙のクロード・アネを呼び、特ダネを提供するよう指示する。[2] まるで成果はなかった。トロツキーは手近なところで、今いる応援団グループに依存し、本国編集者に向け何でも思い通りのことを書かせるしかなかった。

トロツキーが若きボリシェヴィキ党員エヴゲニア・シェレーピナを秘書として採用したあと、仕事の仕方は円滑になった。彼女は一八九四年生まれ。グラマースクールで教育を受け、通商産業省で働いており、十月革命に反対してストライキをした公務員を支持していなかった。スモールヌイ学院67号室でのトロツキーとの仕事に採用される前は、労働人民委員部に配置換えになっていた。

私はいつも彼に会うことになるあの同じ部屋で［彼を］見つけた。三階の廊下の端っこである。当時、その部屋の家具揃えは違っていた。二つの窓のそばの隅にたった一つのテーブルがあった。間仕切りされた部屋にはいくつかの粗末な家具があり、極め付きはとても不潔な枕が乗った緑の長椅子だ。まだ女学院だった当時、学院のその階にある住み込み女性教師の部屋だったわけだ。トロツキーはテーブルの片側に、私は反対側に座った。私は自分がその仕事にまったく向いていないこと、でも何かできることがしたいということを彼に隠さなかった。[3]

シェレーピナは最初、彼を「同志トロツキー」と呼んだが、これは彼を笑わせただけ。そこで二人は伝統的な敬語「エヴゲニア・ペトローヴナ」「レフ・ダヴィドヴィッチ」と呼びかけ合った。彼女はトロツキーの部屋を整頓し、彼の卓上の骨董的な代物の代わりに、機能的なタイプライターを調達した。[4]

トロツキーはまだ、すべての手紙を通常の手書きにする習慣があり、[5] シェレーピナは彼をこの作業から解放してやりたいと思った。彼女は速記訓練を受けていなかったため、トロツキーは蓄音機に口述する段取りを整える。ところが、彼はこの奇妙な装置になじめず、二人は素人っぽいやり方に戻ってしまった。シェレーピナはこの仕事に関われることに感激していた。[6]

トロツキーは在ペトログラードの各国大使館あてに頻繁に書簡を送り、人民委員会議《ソヴナルコム》はロシアにおける現実の権力であり、公式承認を受けるに値すると力説した。ボリシェヴィキが国際社会との連絡への障害を除去しようとすれば、これは死活的に重要であった。ボリシェヴィキは依然、世界のすべての国にとって公然たる敵であったため、いかなる外交関係を結んでも特異なものになることを、トロツキーは認めざるを得なかった。彼はそうした関係を、各国政府ばかりか「現存する政府の打倒にトロツキーは、連合国外交官によるロシア内政への干渉は妨げようと決意していた。英国大使館がボリス・サヴィンコフの反ソ活動を支援していると判断したとき、トロツキーはサドゥールとの会話の中でのこととはいえ、サー・ジョージ・ブキャナンを逮捕すると脅している。(8) 彼は公式承認を要求することと、世界的に政府転覆を働きかけることとの間に矛盾はない、という考えを譲らなかった。(9) スペイン大使館だけがトロツキーと交渉する意思があり、ガッリド・キスネロスはソヴィエトの休戦・講和交渉提案を歓迎。他の外交団は怒りを表明した。しかし、スペインは参戦国ではなく、キスネロスが連合国の間で評判を落としただけで、現実的な成果は何も生まれなかった。(10)

旧外務省ビル内にある外務人民委員部の日常業務は、トロツキーの副官イワン・ザールキンドが処理していた。ザールキンドの職業上の資質はトロツキーのそれを凌ぐものではないが、アルジェ大学の科学博士号は、彼のフランス語が流暢だったことを意味している。(11) 彼は平均的ボリシェヴィキ党員よりも無愛想であった。フランス人外交官らはザールキンドが特に自分たちを嫌っていると考えていたが、(12) 彼は他のどの国籍の人にも同じように攻撃的だっただけであり、トラブルを起こすことを自己目的化しているようであった。やせ細って、近視で長い銀髪、見かけはひ弱な小男だ。英国工作員《エージェント》ジョージ・ヒルは公平さをかなぐり捨て、彼のことを「ネズミの意地悪さを備えたとても不快なせむし」と形容している。(13) ザールキンドは軍服風の制服を身に着け、大胆かつ戦闘的に見せようとすることで釣り合いをとった。(14)（軍服をひけらかすことはボリシェヴィキの間で流行になりつつあった。党中央委書記ヤーコフ・スヴェルドロフは黒革のジャケットとズボンを特別にあつらえさせ、黒の革長靴と黒の革帽子を買っている。）

トロツキーとザールキンドは人民委員部に、ボリス・レインスティン指導下の国際革命宣伝局を設立する。レインスティンは米国から帰った革命家の一人。そこへ、中央同盟軍向け印刷物に「米国の広告心理学」を持ち込むために、ジョン・リードとアルバート・リース・ウィリアムズがスタッフに加えられた。ラデックが率いる戦争捕虜部と新聞部もあった。これらの機関はドイツ語、ハンガリー語、ルーマニア語で資料を作った。[15] リードとリース・ウィリアムズらは月額五十－六十ドルの報酬を受けている。[16] 宣伝局は東部戦線の塹壕に送るために何トンもの資料を印刷した。ドイツ語日刊紙『ファッケル』（のちに『フェルクフリート』と呼ばれる）は五十万部刷られた。ハンガリー語の部数も同じで、チェコ語版、ルーマニア語版、トルコ語版が各二十五万部ずつあった。[17] リース・ウィリアムズまでもが、ドイツ語の初歩的理解しかないのに『ファッケル』を手伝った。彼とリードはロシア語をほとんど知らなかったが、ソヴィエトの発表物の英訳の整理に必要なスキルは十分持っていた。[18]「平和に関する布告」はドイツ語、フランス語、英語に急ぎ翻訳された。その作業を監督したラトヴィア人、ヤーコフ・ペテルスは自分の英語、さらにはロシア語の流暢さでも不十分だったと認めている。そこで、レインスティンとリード、それにリース・ウィリアムズは、ボリシェヴィキ党に入党しないままボリシェヴィキの理念のために、可能な限りの活動をするようになったのである。[19]

連合国外交官は本国政府のために、これらすべての意味を読み解こうと努めた。一九一七年十一月十九日、米大使デイヴィッド・フランシスは「ロシア国民」へのアピールを発表。「私が連絡を取れる公式の外務省が存在せず、私が公式の関係を持っていた政府・省のメンバー全員が、確かな情報によれば逃亡中か刑務所にあって連絡がつかないため、あなた方に呼びかける」。[20] 彼は米国がいかなる秘密条約も結んでいないことを強調、ロシアとの良好関係を維持したいというウィルソン大統領の希望を繰り返した。[21] 十一月二十七日、サー・ジョージ・ブキャナンは、疲労消耗したロシアの戦争継続を期待するのは非現実的であるとする電報を発している。彼は政策変更を提案した。ロシアは東部戦線で戦闘を継続する協定上の義務から解放されるべきである、と。こうすれば独露の和解はいっそう可能性が減り、ロシアはドイツに対する別の形の抵抗を継続する気になりさえするかもしれない、とブキャナンは弁じた。[22]彼は人民委員会議の承認は建議していない。その政策が変わるまで、ボリシェヴィキに特権を認めるべきではない。しかし、彼らとの協議は持たなければならない、と。この目的のためにブキャナンは非公式の仲介者を使うことを推奨、A・J・バルフォア外相は了承した。[23]

ペトログラード駐在の各国大使は、ソヴィエト共産主義を理解する知的・文化的素養を欠く、愚かな時代遅れの連中だと評判になっていた。何人かは確かに時代に遅れ気味であり、二人は高齢者だが、知的でない人物はいなかった。彼らは目撃したままのボリシェヴィズムについて真剣に考えていた。イタリアのデル・トレッタ侯爵は深夜にホテル「ヨーロッパ」に帰る途中、強盗被害に遭った直《じか》の経験から、秩序の崩壊を知っていた。[24]連合国、中立国を問わず、主だった外交官らは、ロシアにあるのが当たり前と考えてきた礼節が失われたことに嫌悪感を表明している。彼らはレーニンとトロツキーが世界で何をしたがっているかを理解していた。宗教、民族、国内平和、合法性と市民的自由が脅威にさらされていることを、最初から見抜いていた。「プロレタリア独裁」が国家テロをもたらすところを自分の目で見ていた。彼らは異なった世界から来ており、長所も短所も含めて、自分たちの世界の方を好んでいた。

とはいえ、人民委員会議はいくつかの交渉の切り札を保持し続けていた。十一月二十八日、トロツキーはブキャナンに対し、英国がチチェーリンとペトローフを拘置し続けるのであれば、ロシアで反革命宣伝を行っている英国人に罰を免れさせずにはおかないとする覚書を送る。チチェーリンは獄中でメンシェヴィキとの関係を絶ち、ボリシェヴィキ党員になっていた。ロシアへは「自由な人間として」しか帰国しない、とチチェーリンは宣言した。彼は弁護士を雇った。国会議員ジョセフ・キングとの面会を認めるよう要求。ロシア大使館のオノウ総領事を含む個人的な親友がいるとほのめかした。彼は自分が過去に貸した金を返済するよう、メンシェヴィキに要求を送りつけた。そのうえ、刑務所の貧弱な食事を補うため、仲間がマーマレードと糖蜜を差し入れることを希望すると表明した。[25] オノウ総領事は援護をピシャリと断った。彼は「ロシアには危険な狂人が既に十分」いると考えており、その数をさらに増やしたくはなかったのである。[26] チチェーリンは早朝に起床しなければならないことが嫌でたまらない。自分の身に加えられる不正について、頻繁に苦情を申し立てた。だが数週が経過するにつれ、もしその計画が自分を厄介払いしようということであるなら、釈放には断然反対すると繰り返すようになった。ブリクストン刑務所を出る際、彼はロシアへ向かう前に身辺を整理するつもりであった。[27]

チチェーリンを拘留し続けたり、裁判にかけたりすることには何の国益もなさそうだったけれども、英内閣は当初、トロツキーの脅しに屈するのを拒んだ。[28] ブキャナンがトロツキーに返答しないでいると、この人民委員は、外交官を含む英国臣民には今後ロシアからの出国ビザを発給しないとほのめかした。トロツキーはまた、英国から来た「反革命家たち」を拘束すると脅した。[29] トロツキーは十二月半ばにヌーランスとの面談を要求した際、応じなければ軍事使節団を追放すると脅したため、これを拒絶するのは困難であった。[30] トロツキーは、フランスがキエフの中央評議会と協議するためスパイを送ったと苦情を述べた。ヌーランスは、フランスの自発的行動はウクライナ民族独立への対処にすぎず、ボリシェヴィキ自らが非ロシア人の旧多民族国家からの離脱権を布告したではないかと返答した。ペトログラードとキエフの現政府が敵対関係にあることは、フランスのせいではない、と。軍事使節団はウクライナ政治に首を突っ込まず、ロシア・ウクライナ紛争から距離をおくよう訓令を受けている、とヌーランスは付け加えた。[31]

ロイド＝ジョージとバルフォアは間もなく、チチェーリンとペトローフの扱いについて譲歩し、ブキャナンはこのニュースをソヴィエト当局に伝達する。トロツキーは欣喜した。「サー《ママ》・ブキャナン〔英国の爵位を表すサーは姓だけとの組み合わせでは使用されない〕は、ともに理解に達することのできる現実的な人物だ[32]」。同月末までに、ブキャナンは人民委員会議が外交特使を支障なくロンドンに送る自由も認めている[33]。英国政府は英露関係の再構築に向け、じりじりと進んでいったのである。

十二月二十一日、英戦時内閣はロシア問題をフランスと協議するとの覚書を了承した。目まいを理由としたブキャナンの病気休暇申請が認められ、サー・フランシス・リンドリーがペトログラード駐在代理大使を務めることになった[34]。大使の離任は医学的と同時に、政治的理由でも望ましかった。人民委員会議と連絡をつける上で彼は、ボリシェヴィキからすると、立憲民主党との結びつきがありすぎた。関係をつけるためにこの先「非公式の代理人」が使われることになる。英外交は、英国がロシア内政への干渉も反革命への援助もしないことを強調する必要がある。ロシアが中央同盟との交渉を開始することについて、外務省は不快感を目立たせてはならない。しかし英国は、ウクライナおよびボリシェヴィキの支配下にない旧帝国のその他地域と連絡を持ち続ける権利は留保する。バルフォアの考えは、フランスがウクライナの面倒を見、英国はその他の辺境地域に専念するというものであった。彼はウクライナの物資をルーマニアへ円滑に輸送する必要性を優先すべきだと強調し、ロシア領から食料・弾薬がドイツに入るのを防ぐ必要があることをボリシェヴィキに納得させたい考えであった[35]。フランスは二日後、この覚書を歓迎した[36]。

どの連合国大使館も、非公式の工作員《エージェント》を利用した。デイヴィッド・フランシスはソヴィエト指導部との仲介者として、赤十字のレイモンド・ロビンズに頼る。ロビンズはスモールヌイ学院と友好的な関係を保っていた。彼はレーニンおよびトロツキーと何がしかの和解に達することが米国の利益になると考えていて、フランシスの報告内容に影響を及ぼすことによって、ワシントンを感化しようと期待した[37]。トロツキーはロビンズを利用できると思い、彼に米国鉄道訪露使節団に加えてもらうよう勧めた。鉄道網の正常化復旧は、ボリシェヴィキにとって優先課題の一つ。米国がここで支援してくれるなら、目下ロシアの倉庫に保管されている連合国の軍事物資の移送を許可する、とトロツキーは約束した。彼はロビンズをロシア鉄道・運輸本部の副本部長にすると告げた[38]。確かにこの人民委員は、望み通りの結果を得るために必要なことは何でもやってのけようとした。赤十字の列車が東部戦線のルーマニア部にあるヤーシまで運行するのを許可した。また、フィンランド経由で増加していたロシアの銅その他物資のドイツへの輸出に、禁止令を出している[39]。

人民委員会議は右顧左眄していた。連合国のご機嫌取りに努める一方、ドイツとのいかなるもめ事も回避しようと懸命であった。十二月二十八から二十九日にかけての夜、尋常ならざることが起きた。数週間前にはほとんどあり得ないと思われたことだ。ドイツ・オーストリアの外交代表団がペトログラードに到着したのである。

二組の代表団があった——一組はモイカ運河沿いのホテル・ブリストルに投宿し、海軍少将カイザーリング伯爵とフォン・ミルバッハ伯爵に率いられていた。……この委員会は海軍代表団として知られ、彼らの任務は休戦協定に従って海戦を停止する手段を協議することであった。二つ目の代表団はドイツ赤十字代表のベルヒトルト伯爵に率いられており、戦争捕虜交換について検討するために会合を持った。彼らはグランドとアングレテールに落ち着いた[40]。これら両ホテルは英仏の当局者が立ち寄るところであり、どう見ても気づまりなことであった。

いた。[41] 代表団は総勢六十人の陣容。それだけ中央同盟諸国はペトログラードで真剣な仕事をしようとしていた。

この転換は最近の軍事休戦と、東部戦線に近いブレスト＝リトフスクでの講話交渉開始の産物であった。ソヴィエト当局はそれを事前に知っていたが、ペトログラードのその他の面々は度肝を抜かれた。そこで、ボリシェヴィキは衝撃を静めようと手を尽くしたが、効き目はなかった。宿舎にとどまるようにとの要請をドイツ人は無視した。彼らは狼狽を引き起こすことを楽しんでおり、首都の街路を闊歩し、金融・産業界上層部との旧交を温めた。[42]

ミルバッハの以前のポストはローマ駐在ドイツ大使。ハイデルベルクで学位を取得した後、オックスフォードの教育コースへ進んだ。彼の家系は数世代にわたりホーエンツォレルン家に仕えてきていた。[43] ミルバッハは外務人民委員部に現れたとき、正装していた。

「やあ」と「ザールキンドが」言った。「ここで何をしていらっしゃる?」伯爵は顔を赤らめた。「なんですと、私は返礼訪問をしているのです」と、彼は体をこわばらせて言った。ザールキンドは愉快がった。「すみませんが、伯爵」と彼は言った。「われわれは革命家でして、儀式は認めません。自分が新生ロシアにいることを思い起こされていれば、ご足労は避けられましたものを」。彼はしばし考えた。「しかし、どうぞお入りを」と付け加えた。「そしてお茶を一杯どうぞ」。フォン・ミルバッハはこの招待を受けなかった。彼はザールキンドのぼろ服としわくちゃの白髪、生気のある顔を見おろした。彼はとても居心地悪そうに「人民委員部の」異質な雰囲気から退散した。[44]

ドイツ代表団は伝統的外交手法に頑なにこだわった。それだから、カール・ラデックがドイツにおける急進左派社会主義者の扱いに苦情を申し立てると、ミルバッハは話をさえぎった。ドイツ政治はラデックの関知するところではない、と。[45]

連合国外交官は、ドイツ外交官と関係を持つことを一切拒否した。ブキャナンが一九一八年一月七日に出立すると、フランシス大使が外交団の首席になった。[46] その月の初め、無政府主義者グループが彼と話すためにヘルシンキからやってきた。彼らは米国人の同志アレクサンダー・バークマンおよびエマ・ゴールドマンの投獄と、予定されているサンフランシスコの爆弾犯の処刑について抗議した。もしこれらの同志に少しでも危害が加えられれば、フランシスに個人的責任があるとみなす、と無政府主義者たちは脅した。フランシスは米政府に、無視するよう進言した[47]（彼はジョン・リードがバークマンとゴールドマンに関する情報を提供したのではないかと疑っていた）。[48] 数日後、ザールキンドはペトログラードの無政府主義者に代わって同様の脅しを伝える一方、大使館警護の提供を断った。フランシスはロビンズに、レーニンに取り成してくれるよう依頼した。ザールキンドは謝罪を拒否したが、このトラブルは彼が英国から到着したばかりのチチェーリンと交替することで収束する。[49]

人民委員会議はなお、西欧連合国に無用の怒りを引き起こすことは避けながら、ドイツによる侵略の脅威を中和する必要があった。だが、共産指導者は革命を起こすことも目標にしている。このことへの取り組み方になると、彼らは必ずしも用意周到というわけではなかった。ロシアはいまだルーマニア領内に大規模な軍を駐留させており、レーニンとトロツキーは扇動を通じて、ロシアの反戦精神をルーマニア軍に広めるチャンスがあると見ていた。彼らはこれが革命騒乱につながる可能性があると期待していた。ルーマニア首相イオネル・ブラティアヌは、ボリシェヴィキにルーマニア軍を内側から解体させるつもりはない。ドイツの引き続く軍事作戦に押され、彼はヤーシ周辺に残る独立地域で、政府にかろうじて残った権力を保持する決意であった。レーニンとトロツキーは事態を反対側から眺めていた。彼らはブラティアヌのルーマニア軍が、新モルダヴィア国家を創設すべくロシア支配下のルーマニア人居住地域、ベッサラビアに侵入していることに怒っていた。[50] ロシア部隊とルーマニア部隊の間で間歇的な衝突が起き、追い詰められたルーマニア当局はボトサニ近郊に展開していたロシア兵五千人を拘束する挙に出た。

ソヴィエト政府は慎重に事を進めるような気分ではなかった。国境地帯でのどんな厄介ごとも、侵略の始まりになり得る。人民委員会議は常に最悪を想定しており、近年、それはしばしば正解だったことが証明されていた。このケースでのソヴィエトの報復は、近代外交に前例を見ない行動であった。一月十三日、赤軍は、ペトログラードのルーマニア大使館に踏み込んで大使のコンスタンティン・ディアマンディと館員を逮捕せよ、との命令を受けたのである。[51]

ディアマンディの拘束に、ペトログラードの外交団は憤激した。戦争勃発時、ロシア人の群集がドイツ大使館を略奪した際、ニコライ二世は秩序を回復し、大使が危害を加えられないよう保護したことがある。[52] ルーマニア問題の紛糾は桁が違っていた。信任を受けた外交官が投獄されるのであれば、ボリシェヴィキ下のロシアで安全な外国人はいるのだろうか？　ロシア駐在外交官らは何世紀もの歴史を持つ国際慣例と、法の重要性を彼らに尊重させようとし、一方、人民委員会議は次の出方を討議する会合を持った。[53] フランシスが電話で段取りをつけ、外交団が大挙してレーニンに会いに行ったところ、彼はザールキンドと一緒にいた。レーニンとザールキンドはボトサニ事件の是非ばかり話題にした。[54] フランシスは「この問題についての議論はしない」と激しく反対。すべての外交官は不可侵である、と指摘した。ヌーランスが加勢し、討議を長引かせた。討議は一時間半続いた。というより、とにかくもこれが事件に関するフランシスの記憶である。ヌーランスの記憶は違っていて、彼自身の優れた法律理解とネイティヴとしての流暢なフランス語のために、もしボリシェヴィキが譲らないなら彼らの頭上に降りかかるスキャンダルについて彼が長々と解説するのがよろしかろう、ということで事前了解があったのだという。

ベルギー代表のデジレが割り込もうとすると、ザールキンドは静かにするように言った。レーニンはこの問題を人民委員会議にかけることを了承したが、セルビア大使スパライコヴィッチはこれでは収まらず、レーニンの顔から一ヤード離れたところを指さして叫んだ。「君たちはならず者だ。スラヴ人種の名誉を汚している、君たちの顔に唾を吐きかけてやる!」[55] 事態の鎮静化を図るためヌーランスがぱっと立ち上がったが、ザールキンドはこう言った。「かまいません、かまいません、大使。われわれは外交用語よりこの表現の粗っぽさが好きなのです!」交渉はその夜に再開され、翌日、ヌーランスはペトロパヴロフスク要塞の地下房にディアマンディを訪ねた。食物は不潔で、ディアマンディはそれを切るナイフの使用を認められていない。しかし、結末は前向きなもので、ディアマンディは速やかに国を離れることを条件に釈放されたのであった。[56] ザールキンドは、フランシスがディアマンディの監禁に同意していたのだと公然とほのめかし、混乱させた。[57] ボリシェヴィキと西側連合国の関係のもろさが、白日の下にさらされた。双方が、相手方が譲る用意のあること以上を望んだのである。そして、共産当局は連合国との関係を決裂させるリスクを冒す用意があった。彼らは図に乗る一方、同時に、大戦参戦国のいずれかの側が何らかの侵略をたくらんでいる可能性があるという見立てにおののいていた。その歯は歯茎まですり減っていたものの、人民委員会議は噛まれる前に噛む気であった。

第8章
非公式パイプ

世界中のロシア大使館では、臨時政府に任命された外交官が十月革命を非難していた。ペトログラードからパリに赴任したばかりの大使ワシーリー・マクラコーフがその先頭に立ち、ワシントン駐在の同僚ボリス・バフメーチェフに、ペトログラードの支配から離脱する領土を米国が独立承認しかねない危険があると注意喚起している。マクラコーフは有力な立憲民主党員。バフメーチェフは若いころはマルクス主義者だったのだが、その後政党政治からは身を引いていた。両大使の共通の悪夢は、「ロシア」そのものの解体である。マクラコーフはウクライナの離脱に反対した。バルト沿海地帯はロシアの軍事的安全保障にとって、変わらず重要であると主張し、ヘルシンキとタリンの海軍基地の維持を求めた。(1)

西欧連合国はソヴィエト政権が東部戦線の戦闘から撤退したことに怒り、対露金融支援を引き揚げる一方で、臨時政府の認証を受けた外交官が大使館を占有し、外交特権を享受することを認めた。(2) しかしながら、彼らはもはや機能する政府を代表しておらず、英内閣は人民委員会議《ソヴナルコム》となんとか連絡をつける必要から、英国に残留しているボリシェヴィキのうちマクシム・リトヴィノフおよびセオドア・ロススタインと対話することを決めた。(3) ボリシェヴィキの小居留民グループがスイスに残っていたし、ヴァーツラフ・ヴォロフスキーがストックホルムで人民委員会議の非公式な利益代表になってはいた。[4] だが、ロンドンはリトヴィノフのような有力ボリシェヴィキ党員を滞在させている唯一の西欧首都であり、彼は今やロシア国外における人民委員会議の第一級スポークスマンとなった。[5] 彼は十月革命の直前に注目を浴びはじめており、ロンドンで妻アイヴィを劇場へ連れ出したとき、重要人物としてもてはやされた。リベラル派ジャーナリストで知人のサルヴァドール・デ・マダリアガが、数列離れた先に彼を見つけ、そばに来て座った。幕間に彼が叫んだ。「リトヴィノフ、まさに私が会いたかった人物だ！　ロシア情勢はどうですか？」ほかの人びとも会話に加わり、リトヴィノフは彼らに、レーニンという名前に注意するように言った。その翌日、ボリシェヴィキがペトログラードで権力を握ると、ロシア政治の預言者として、リトヴィノフの評判はロンドン中に広まる。[6]

一九一八年一月、トロツキーはリトヴィノフに対し、外国における人民委員会議の「全権代表」第一号に任命されたと発表するよう電報を打った。共産主義者は「大臣」という単語を好まなかったように、リトヴィノフを大使と呼ぶことは控えた。革命の時代には斬新な用語法が必要なのである。リトヴィノフは真に党の理念を支える仕事に、喜んで就いた。しかしながら、この仕事の正確な内容ははっきりしなかった。トロツキーは平文電報に書く内容に用心しなければならず、それでなくても彼は英国の中央政界についてほとんど何も知らなかったからである。そこで、想像力豊かなリトヴィノフは、主導権を取る心づもりがあった。出番の時がついにやってきたのである。

英国戦時内閣は一九一八年一月十七日、ロシア問題を討議、外相バルフォアが下院で説明してきた内容を承認した。ボリシェヴィキは連合の諸条約が課す義務を拒否している。彼らは東部戦線を閉じることによって、英国およびフランスの危機を悪化させた。西側で革命をあおっている。イタリアは西側連合国に、ボリシェヴィキとの関係を断絶するよう迫ってきている。しかし、ロイド＝ジョージとバルフォアは英国在住のリトヴィノフ、およびロシア在住の英国側仲介者を通じて、非公式外交関係を維持したいと考えていた。[7] バルフォアはボリシェヴィキが今一度、ドイツの足を引っ張ってくれるかもしれないとの期待を表明していた。[8] これはあながち空想的な考えではなかった。ソヴィエトの公式政策は今のところ、ドイツとの単独講和調印を排除しており、独露交渉が頓挫すれば、ロシアはドイツとの戦争を再開することが想定される。さまざまな噂が世界を駆け巡っていた。英国がリトヴィノフと対話しているのであれば、トロツキーがもう一人の全権代表任命を計画しているといわれるフランスでも、同様のお膳立てが行われるかもしれない。[9] 英国は、人民委員会議を事実上承認しようとしているとの見方を否定し、バルフォアはリトヴィノフと直接話すことも、彼を外務省の敷地に入れることも決してしない、と強調した。[10] リトヴィノフは緊急協議のための便利なパイプとして使うだけである、と。[11]

とはいえ、これは人民委員会議にとっては前進であった。同じことは、チチェーリンの釈放とロシアへの帰国許可についても言えた。[12] リトヴィノフはこの状況を最大限利用した。コンスタンティン・ナボコフに書簡を送り、チェシャム・ハウスの明け渡しと公用暗号コードの引き渡しを要求した。ナボコフは、公式に信任を受けているのは自分であってリトヴィノフではない、と回答した。[13] レックス・リーパーという当局者を通じて英外務省との接触を開始すると、リトヴィノフは自力で物事をうまく切り回すようになる。リーパーは政治と戦争の諸問題について、彼と定期的に協議した。そうこうする間に、リトヴィノフは作業事務所をしつらえた。事実、彼は住居となっている借部屋を除けば事務所も、指定の外交連絡員も暗号書も持っていない。[14] だが、彼は人民委員会議名のレターヘッド入りの用箋を作り、ロンドン外交団の一員としての地位があると主張して、自ら気持ちを引き立てた。[15]
一九一八年二月には一連の公開集会を開き、英国政府が民主的に選ばれた政府より、ニコライ二世の反動的政府の権力残留を望むことがどうして公正であり得ようか、と問うている。[16] 憲法制定会議を暴力で弾圧したことについては口をつぐんでいた。彼は英国人聴衆の間にある無知、ないし口うるさく言わない同情心を当て込み、自分の任務はシンパを熱狂的ファンに変えることだとみていた。

リトヴィノフは英労働党年次大会でも演説し、英国に「あなた方の和平を加速化する」よう呼びかけた。[17] 彼はチチェーリンの指示で反戦社会主義者ジョン・マクリーンに、グラスゴー駐在ソヴィエト領事に任命する手紙を書いた。

親愛なる同志マクリーン

私はグラスゴー駐在ロシア領事――そのような人物が存在するか定かではないが――宛てに、貴兄を任命したことを通知するとともに領事館を貴兄に引き渡すよう命じる書簡をしたためます。彼はそれを拒否する可能性があり、その場合、貴兄は新たな領事館を開設し、新聞を通じてそれを公表していただきたい。貴兄の職責はなにぶん困難かもしれないが、貴兄には私の全面的支援があります。非常に重要なことは、N・B［北ブリテン］における労働運動について、私（および私経由でロシアの各ソヴィエト）に情報提供を続けていただくことであります。[18]

自分がロシアで経験し損ねた革命が英国に迫っている、とリトヴィノフは考えた。ロンドン警視庁公安課の報告によれば、彼は住民や来訪するロシア人の間で盛んに反戦感情をあおっている。この中には、英国の港にいる船員との接触も含まれていた。[19]

保守党議員が彼の活動について、下院で質問し始めた。

メージャー・ハントは、リトヴィノフ氏がこの国で革命運動を支持している点に鑑み、彼が訴追ないし尋問を受けるか否かを今、言明できるかと首相に質した。

R・セシル卿［外務次官］　信用のおける尊敬すべき友がこの質問をお尋ねであります。本月十四日、内相から尊敬すべきハートフォード区選出議員になされました回答、および議員に昨日なされました回答に付け加えることはございません。

メージャー・ハント　リトヴィノフ氏が自ら署名した文書を労働組合に回覧したというのは事実でありましょうか。革命を支持したり、恒久平和のためには社会革命が不可欠だなどと述べている文書であります。さらに、そのようなことはわが国民の場合、何ぴとたりとも許されないのに、外国人の場合は許されるのでありましょうか。

R・セシル卿　申し上げたお答えを繰り返すほかないと思料いたします。この問題につきましては、既に申し上げたことに付け加えることは本当にございません。この問題は検討中ということであります。[20]

この先数カ月、政府の姿勢はこのまま変わらなかった。マクシムとアイヴィのリトヴィノフ夫妻は生活を楽しんでいた。一九一八年の新年、今度は彼らが居留者のために恒例のパーティーを開く番だった。十五人がお祝いの席に着いた。典型的なロシア流で、客は祝宴に向けた飲食物を持ち寄った。アイヴィが書いている。

彼らはウイスキー（ウォッカがないのを嘆いて）とソーホーのユダヤ人商店で仕入れた前菜を持参しました——小さく丸い塩漬けキュウリ、スモークサーモンにヴォブリャ、これは板のように固く保存乾燥した奇妙な魚で、私は細切りにするのに骨が折れ、人間が食するよりも道化が相手の顔をピシャリと叩くのに適していると思いました。[21]

喧騒が大きくなった。「キャビアがないぞ！　キャビアがないぞ！」外国での戦時とはいえ、居留者たちは慣れ親しんだ流儀で食事することを期待していた。マクシムの助言と赤ら顔をした家政婦ブリストウ夫人の働きによって、アイヴィは申し分ないボルシチ（ビートの根のスープ）をこしらえ、続いてローストビーフと巨大なアップルパイが出た。[22] ふだんならロシア人たちは、使用人にも席について一緒に食事するように言ったところだが、彼らはブリストウ夫人が言葉をひと言も理解できないだろうと判断した。彼女は新年と革命のための乾杯にだけ呼ばれた。「初の社会主義共和国の、初の人民大使」マクシムへの乾杯を含め、さらに乾杯が続いた。[23]

間もなく、マクシムはアイヴィを伴ってウェストミンスターとメイフェア〔いずれもロンドン中心部の高級住宅地〕の昼食会やディナーパーティーに出席するようになる。ある時はダウニング街に招かれた。残念ながら、それが10番地〔首相官邸〕だったか11番地〔蔵相官邸〕だったかの記録はないが、ゲスト名簿にはラムゼイ・マクドナルド〔当時労働党下院議員、のち首相〕とバートランド・ラッセルの名がある。同じ客の一人が思い切って質問した。「青天の霹靂じゃありませんか、リトヴィノフ夫人？　ウェストハムステッドでご主人、赤ちゃんと静かにお暮らしになっていて突然、公的な出来事の渦の中に投げ込まれるのは。あなたが朝食のとき、ご主人にお茶のカップをお渡しになり、ご主人が『タイムズ』からちらっと顔を上げ、また新聞に目を通されるご様子が、すぐさま目に浮かびましたよ」。アイヴィは親しげにされるのが嫌だった。「それは」と彼女は断固としながらも、信じがたい言い方をした。「私たちが予想していたことですわ[24]」。

政治的左派の知識人はリトヴィノフ夫妻にすり寄った。アイヴィの回想によると、シドニーとベアトリスのウェッブ夫妻、チャールズ・ローデン・バクストン、それにバートランド・ラッセルがマクシムに社交を申し入れている。

彼らが私も招かなければならないと思ったのは気の毒なことだったわ。私はとてもおしゃべりだけれど、マクシムは本性無口で、ほかの人に話をさせて嬉しがっていた。討論のテーマが何であれ、私はほとんどの場合、心理分析に話しを持っていくのでした。そして、ソヴィエトの仕組みを知りたいと真剣に願っている人びとが、フロイトに関するとげとげしい口論に引き込まれてしまい、私の幼少期コンプレクスの物語に耳を傾けざるを得ないとさえ思ってしまうのでした。[25]

アイヴィがラッセルと口論している間、彼女の夫は「静かに昼食を楽しめて喜んでいた[26]」。（彼の沈着な気質は一九三〇年代にスターリン体制下で外務人民委員を務めたとき、一つの資産であることを証明する。）いずれにせよマクシムは、ペンを手にすると一段と自信に満ちていた。彼の冊子『ボリシェヴィキ革命――その興隆と意味』は、メンシェヴィキと立憲民主党を非難し、「大衆」の支持を得た唯一の党としてボリシェヴィキをたたえている。人民委員会議のみが「ブルジョア諸政党」が権力に復帰しないことを保証できる、との理由で、彼は憲法制定会議の解散を擁護した。[27]

一月二十三日、『マンチェスター・ガーディアン』紙は、共産主義が「階級戦争《クラス・ウォー》」を支持していることを否定する匿名記者――セオドア・ロススタインかもしれない――による記事を掲載した。記事が言うところのこの錯誤は、ドイツ語のクラッセンカンプの誤訳の結果であり、この単語は「階級《クラス》・闘争《ストラグル》」の方が適訳であって、[28]ボリシェヴィズムとは無関係にヨーロッパ社会主義者によって広く使われているという。これはレーニン思想の不正確な解釈である。レーニンは一九一四年以来、「帝国戦争であって、単なる闘争ではなかった。
主義戦争」を「ヨーロッパの内乱」へ転化せよと呼びかけており、彼が「戦争」で意味しているのは戦争であって、単なる闘争ではなかった。

米国に居住するロシア人急進左派の大方はペトログラードへ発っていたため、米国にはリトヴィノフのような名声を持つボリシェヴィキはいない。米国でボリシェヴィズムの最も活発な擁護者は、ロシア人ではなくフィンランド人のサンテリ・ヌオルテヴァで、ニューヨークのフィンランド広報事務所を率いていた。同事務所は、フィンランドで赤系と白系の内戦が勃発した際、一九一八年一月に赤系フィンランド人によって樹立された臨時革命政府の一機関である。ボリシェヴィキは同事務所と緊密な関係を保っており、同事務所は、フィンランドと同時に赤系ロシアの非公式大使館として活動していた。米国務長官ロバート・ランシングはヌオルテヴァといかなる関係も持とうとしなかったが、ヌオルテヴァは当時、ウィリアム・ブリット、ウィリアム・アーウィン、フェリクス・フランクファーターら国務省内のシンパ当局者に手を伸ばしていた（ランシング下の政治的規律は、バルフォアの英外務省よりはるかに緩かった）。ヌオルテヴァはまた『ニューヨーク・タイムズ』のウォルター・デュランティといった好ましいジャーナリストにも接近している。デュランティは後年、スターリンの応援団として活動することになるのだが、この当時はまだ、ロシア共産主義の主張に賛同することには慎重であった。フィンランド広報事務所のハロルド・ケロックは、フランクファーターへの手紙で彼を嘲笑している。「ウォルターーは、常に天界の女王であることを強く意識する正統派処女マリアみたいなものをちょっぴり思い出させるね。ひょっとすると彼は直系の『ユダヤ人革命の申し子』だよ」。[29]

米国内でのソヴィエトの宣伝工作努力の不足を見て、ジョン・リードとルイーズ・ブライアントは人民委員会議のために、自らの意思で米国に帰る気になった。これは疑いなく一定のリスクを伴う。連邦大陪審はリードが『マッセズ』誌に書いた記事「君の兵士に拘束衣を編め」を理由に一九一七年十一月、彼をスパイ法違反で起訴していた。だがリードはひるまず、外務人民委員部は一九一八年一月に彼をニューヨーク領事に任命した。[30] 国務省は、レーニン政権は非公式の承認さえ欠いていると反対した。[31] この時点でトロツキーは、自分がむやみにワシントンを苛立たせていることに気づき、任官名簿からリードの名を外す。最も肝要なことは、リードの米国入りの便宜を図ることなのである。[32] リードとブライアントは四月二十八日に下船した。[33] 起訴のことはこっそり忘れたふりをされていたが、リードは五月末、暴動を扇動したとしてフィラデルフィアで逮捕されてしまう。[34] しかし今度も、当局は彼に裁判という宣伝機会を提供するのを控えた。釈放されるや、彼はヌオルテヴァおよび『マッセズ』誌編集長マックス・イーストマンと演壇に並び、反戦演説を行った。[35] リードの記事とパンフレットは米国労働運動界に広くばらまかれた。彼はロシアで世界の未来を見てきたと考えており、そこでそれを推奨したのである。

ペトログラードの外国人シンパ社会は、ソヴィエトの主張を宣伝し続けた。もっとも風変わりな人物は『デイリー・ニューズ』と『マンチェスター・ガーディアン』の特派員アーサー・ランサムである。十月革命の時は英国内で足止めを食ったが、一九一七年のクリスマスにロシアに戻っていた。[36] ランサムは相手に大きな親愛感情を呼び起こすところがあった。彼の知人の誰もが――ボリシェヴィズムを嫌悪する人でも――彼を気に入っていた。ロックハートの愛人、モウラ・ベンケンドルフは「彼のボリシェヴィキ的風貌」に気づき、それでもなお彼を気の毒に思っている。ろくな食事をしていないと考え、彼女は「彼の口に子牛の肉を……そして大根数本をポケットに突っ込んだ」。[37] ランサムとしては砂糖入りのものの方がよかったのではなかろうか。「甘いもの」に目がなかったのだから。[38]

英国情報部員ジョージ・ヒルもランサムに心ひかれた一人である。「彼は長身でやせ気味、骨張った男で、普段は梳《と》かしていない薄茶色のもじゃもじゃ頭、詮索好きでむしろいたずら好きと言ったほうがいい小さな少年のような目をしていた。彼を知るようになると、愛すべき人物だった」[39]。ヒルとランサムはホテルの同じ廊下に面する部屋に住んでいた。ヒルだけが浴室を持っていて、ランサムに毎朝使わせていた。

二人の非常に突っ込んだ討論ととても熱い議論は、ランサムが浴槽につかり、私が身支度しながら部屋をうろつき回っているときに行われた。時として私が議論で優勢になり、彼の感情がいつになく高ぶっていると、彼は湯船から飛び出し、怒ったゴリラのように自分の体を叩いて乾かすのだった。その後二、三日は風呂を使いにやってこないのだが、顔を会わせて互いににやっと笑い、私が彼の部屋の大きな葉巻の箱に住んでいるペットのヘビの様子を尋ねると、翌日、彼はいつものようにやってきて、私たちは再び議論を始めるのだった。最高の親友だった[40]。

そのヘビの種類と出所は分かっていない。

幸福な結婚をしていなかったランサムは、ボリシェヴィキ党員の一人と恋に落ちていた。英情報当局は彼もボリシェヴィキになったのかといぶかった[41]。彼の恋愛の対象はほかでもない、トロツキーの秘書のエヴゲニア・シェレーピナだった。ヒルは彼女を夕食に誘ったが、彼女は遅くまで事務仕事があるから、と断っている[42]。本当の理由はおそらく、ランサムに対する恋愛感情が高まっていたからだろう、二人は間もなく肉体関係を持つようになる。政治の要素も少々交じっていた。ランサムはボリシェヴィキに共感を抱くとともに、愛国的な観点から、こう信じていた。彼らと良好な関係を保ち、人民委員会議をいじめたり転覆したりしないことが英国の利益になる、と。それにシェレーピナはいずれにせよ、彼が本国へ送る特電の有益なネタ元になるのだ。トロツキーの計画と活動に関する彼女の細かな知識は、千金に値する資産であった。

マンチェスターにいるランサムの編集長C・P・スコットはソヴィエトの革命実験を評価していなかった。配下記者がボリシェヴィキ・エリートと比類ない接触をもっている点を評価しながらも、注意深く編集加工したり、時には記事をボツにしたりするという、記者の熱狂に水を差すあの古い手法を使ったのである。ランサムは少なくとも仕事は持ち続けている。ルイーズ・ブライアントは『フィラデルフィア・パブリック・レッジャー』との雇用契約を切られ、その理由については何の疑問も抱いていなかった。記者が誠実にニュースを伝えようとすると、たちまち国内の編集者は彼や彼女を切るのだ、と彼女は揚言している。[43] モーガン・フィリップス・プライスは自分の電文が抑えられたり、骨抜きにされたりしていると不平を並べている。[44] だが、応援団員たちは仕事を続けた。思いどおりに書こうと決意し、ブライアントとランサムは十月革命後、ロシアに関する小冊子を発行した。ランサムの『アメリカへの手紙』は外務人民委員部のカール・ラデックをことのほか喜ばせ、ラデックは米国での出版を援助し、自分で序文を書いた。連合国は望みどおりの行動をロシアに強いる寸分の権利もない、とランサムは否定する。革命は失敗する可能性があることを認めながら、彼はソヴィエト体制とロシアに対するその妥当性を高く評価した。憲法制定会議の反ボリシェヴィキ多数派については、ボリシェヴィキの如き断固たる姿勢と人気を獲得する能力がない「無関心な大衆」だとして切り捨てた。[45]

ジャック・サドゥールとレイモンド・ロビンズは、自国政府が人民委員会議を丁重に扱うべきだという立場を主張し続ける。一九一八年初め、彼らの合唱にロバート・ブルース・ロックハートが加わって声高になった。そのロックハートはボリシェヴィキについて偏見のない人物として、すでにロイド＝ジョージの目にとまっていた。首相は彼を「代理人《エージェント》」か「英国派遣団の長」としてロシアに送り返そうと決める。[46] 出立に先立ち、ロックハートはミルナー子爵（陸軍次官）、サー・エドワード・カーソン（海軍大臣）、カーゾン伯（枢密院議長、間もなく外相に就任）、ハーディング卿（外務次官）そしてサー・ジョージ・クラーク（外相代理個人秘書）と話した。ロックハートは英国の戦争遂行の一般的諸問題に通暁していた。ロイド＝ジョージがA・J・バルフォアと外務省を買っていないことも知っており、このことがロックハートに腹蔵なくレポートを書く機会を与えた。[47] ロックハートの言語能力と政治的人脈、そして自信は非の打ちどころがない。ロイド＝ジョージはロックハートの無謀さに気づいていなかった。おそらくは、彼自身の個性と因習にとらわれない生活スタイル――彼は愛人のフランシス・スティーヴンソンをほとんどどこへでも連れて行った――のために、彼はブキャナンのような見張り役の高級外交官を欠いたまま、このスコットランド人を政治的責任のある地位に送り返すリスクが見えなくなったのである。ロックハートは移り気で、冒険のスリルを愛する男であった。

彼は一九一八年一月、ほかでもないマクシム・リトヴィノフの推薦状を携え、ロシアへ向けて出立する。[48] 彼の任務に冷水を浴びせた人物が一人だけいる。サー・ネヴィル・マクレディ将軍で、彼はロックハートの役割がロシアを東部戦線に復帰させることだと知って、こう言った。「外務省の諸君は歴史を読んでいないのか？　七百万の軍が潰走すれば、再び戦えるまでに一世代かかることを知らないのか？」[49] だが、ロイド＝ジョージはレイモンド・ロビンズが米国に有益な仕事をしていると信じ、ロックハートが英国のために同様の仕事をしてくれると期待していた。彼はロックハートにひと言「頑張れ」と言った。[50] ロックハートとともに、彼が個人的に選抜したウィリアム・ヒックス大尉、エドワード・フェラン、エドワード・ビアスのチームが随行した。ヒックスは最近、毒ガス専門家としてロシアで働いたことがあった。フェランは労働省からスカウトされた。おそらく、急進左派社会主義者との話し方を心得ているだろうとの理由である。ビアスはモスクワを本拠とする実業家であった。[51] 彼らは北海を渡る戦時の通常ルートを取り、フィンランドへ向かったが、ペトログラードへの直通鉄道路線は不通になっていることが判明する。代替策としてヘルシンキに向かったところ、そこで赤系フィンランド人と白系フィンランド人の市街戦に遭遇する。一行は直ちにロシアへ向けて出発、首都到着は一月三十日である。[52]ロックハートは日記に書いている。「街路はひどい状態、何週間も除雪されていない。誰もが暗く沈み、悲しそうだ」。

彼が最初に手掛けたことの一つは、トロツキーとの会見の段取りをつけることであった。彼は前もってレイモンド・ロビンズと昼食を共にし、そこでレイモンドが言った。「トロツキーはひどいろくでなし野郎だが、キリスト以来もっとも大物のユダヤ人だよ」。トロツキーは、もしドイツが侵攻を開始したらボリシェヴィキはパルチザン戦争で応戦する、とロックハートを説得しようと努めた。ロックハートは日記に記録している。「声高にフランスを非難し、連合国はロシアで策謀をめぐらすことでドイツを手助けしてきただけではないかと言明」[53]。ロビンズはロックハートが気に入り、ある取引をもちかける。

私がウォールストリートと米国実業家らのためにロシアを捕まえようとして、ここにいるとしよう。君が英国のオオカミで、私が米国のオオカミだ。そしてこの戦争が終わったら、われわれはロシア市場をめぐって互いを食いつくそうとしているとしよう。正々堂々と、男らしく、そうしようじゃないか。しかし、われわれがかなり知的なオオカミだとしよう。そしてもし今ここで協力して狩りをしなければ、ドイツのオオカミがわれわれ両方を平らげてしまうことを知っているとしたら。それじゃ仕事にかかろうじゃないか[54]。

その日から二人は朝食を共にするようになる。[55]

英国が人民委員会議の承認を手控えてはいても、ロックハートは外務人民委員部から「ロマン・ロマノヴィッチ・ロッカルト」として公式の身分認定を受け、以前の日常業務に復帰する。[56] 彼は楽しくやっていた。定期的にトロツキーに会い、ロシアと連合国との軍事協力が必要だと説明した。サドゥールもトロツキーと友好的な関係を保っていた。大使ヌーランスは後日、サドゥールはフランスより共産主義ロシアをひいきにしている、と断言するようになる。大使フランシスもロビンズについて同じ結論に至りつつある、とヌーランスは考えていた。そして間もなく、ロックハートの奇矯な点が指摘される。[57] アルフレッド・ノックス大佐は単刀直入に説明する。「[ロビンズは] 英雄崇拝の女生徒のような気質を持つ狂信者であり、政策への助言能力をつけさせる精神的準備ないし経験がないままでは、ロックハートのような感化されやすい者にとっては危険な同伴者である」。[58] 大英帝国参謀本部を代表してヘンリー・ウィルソン将軍は、ロックハートに軍事問題に口出しさせないか、それができないなら彼をモスクワから召還するよう戦時内閣をせっついた。[59] だが、ロックハートとロビンズ、それにサドゥールはソヴィエト指導部との接触のためには優れたパイプであり、解任するにはまだ役立ちすぎた。[60] 西側連合国としては苦しい状況からせいいっぱい利益を見出す必要がある。勝たねばならない戦争があり、戦争を継続するようロシアをなだめすかし続けることが重要であったのである。

第2部

生き残り

第9章 ブレスト＝リトフスク交渉

ボリシェヴィキ指導者らは楽観主義者であった。ロシアの革命例が外国で模倣されるのにさして時間はかからないと信じ、一九一七年十二月十五日、東部戦線の停戦に同意していた。人民委員会議《ソヴナルコム》はロシア軍を動員解除した。十二月七日に公式命令が無線で発出されたとき、ドイツを撃退する兵力を保持するわずかなチャンスも潰えた(1)。ライフルをかついだ農民兵が列車に飛び乗り、村々へ帰還するとともに、ロシアは防衛不能になった。レーニンとトロツキーは「ヨーロッパ社会主義革命」をあてにし続け、十月革命はその賭けにかかっていると考えていた。連合国は不安をもって眺めている。独露間に協定が成立すれば、西部戦線の連合国軍にとってその結果は極めて有害だ。ドイツは北フランスで兵力が不足する中、東部戦線からの軍師団の移動が可能になることで利益を得る立場に立つ。ロシア軍が潰走する一方、ドイツは既に練度の高い部隊を西部戦線へ送っていた。経済的利益も見込める。ドイツは英国海軍による港湾封鎖を出し抜くため、ロシアとウクライナ、および南カフカスの物資と市場への参入を必要としていたからである。

独露両国は東部戦線に近いドイツ占領下の小さな町ブレスト＝リトフスクで交渉を続けた。ドイツ最高司令部は苛立ちはじめていた。米軍が完全展開する前に、連合国を粉砕するだけの軍がどうしても必要なのだ。[2] ブレスト＝リトフスク交渉の双方が、相手方に貧乏くじを引かせて己の目的を達成しようと目論んでいた。ドイツはロシアとの単独講和を、ロシアはドイツの共産主義革命を望んでいるのである。共産主義者の塹壕は空っぽで兵士がいないため、ドイツ政府は交渉が短期間で終わると確信していた。ドイツ軍司令部と外交当局は、雪におおわれた町に両国代表団を収容する一そろいの二階建て住居を割り振る以上の準備は必要ない、と思っていた。[3]

十二月二十二日、ドイツは同盟諸国（オーストリア、ハンガリー、ブルガリア、トルコ）とともに「将校ビル」でロシア側と席に着いた。トロツキーはペトログラードの仕事でふさがっており、ヴィリニュス―ビャーウィストック経由、列車で出発したソヴィエト代表団を率いているのは彼の友人、アドリフ・ヨッフェである。ヨッフェはクリミアのシンフェローポリ出身の裕福なユダヤ人家族の出だ。父親は一八九〇年代、セルゲイ・ウィッテ蔵相の「お気に入りユダヤ人」として知られており、アドリフが革命家の道を選択したことは両親を狼狽させた。アドリフはまた、若くして結婚したが、相手の女性がユダヤ人であるというただそのことによって家族の了解を取り付けた。つまり父ヨッフェは、無神論者の息子が先祖代々の信仰を外れた結婚をするのではないかと心配していたのだ。アドリフはベルリン大学医学部に学生として在籍するに足る定期的な仕送りを受けた。彼は勉学にいそしんだものの、警察当局はロシア社会民主党のための彼の活動を問題視し、ドイツから追放する。彼は人知れずウィーンに向けて発ち、同地で心理学者アルフレート・アドラーの教え子になり、トロツキーとも知り合う。一九一七年には文書類を大量に書き、軍事革命委員会で働いた。国際問題での専門知識はないものの、ドイツ語能力と中部ヨーロッパへの精通が、ドイツおよびオーストリア＝ハンガリーとの交渉では一つの資産になる、と考えられていた。[4]

代表団にはヨッフェとともにレフ・カーメネフと一握りの下級ボリシェヴィキが加わっており、中には外務人民委員部で頭角を現しつつあるレフ・カラハンの顔もあった。ラデックはのちに合流している。特別顧問として何人かの軍将校も出席した。彼らの士気はひどく低く、彼らはボリシェヴィキが国家への反逆に等しい条件に署名するつもりなのだと信じ、「屠畜場へ向かう子羊のように」赴いていくと揶揄された。アリトファーテル提督は明らかに例外だった。彼は「典賀な雰囲気に感激し、この講和問題ではボリシェヴィキ以上にボリシェヴィキ的になってブレスト＝リトフスクから戻ったよ」と、トロツキーは皮肉を込めて報告している。[5]

ヨッフェはオーストリア外相オットカル・フォン・チェルニン伯爵と予備会談をもち、伯爵の世界観全体を丁重に拒絶した。チェルニンがソヴィエト側の政治的期待を疑問視する発言をすると、ヨッフェは身を乗り出して言った。「われわれはあなたの国で革命を呼び起こすのに成功する、私は依然そう期待していますよ」。[6] そんな雰囲気の中、バイエルン皇太子レオポルトがドイツとオーストリア＝ハンガリー、ブルガリア、そしてトルコを代表して公式協議の口火を切る。ヨッフェはロシア側を代表して発言し、トルコが反対する中、ロシアと中央同盟諸国で議事進行を全面的に公表するよう主張した。彼はこの機会を利用して、レーニンの「平和に関する布告」の背景にある目的を説明した。その後数日間、ヨッフェとカーメネフは誰もの関心の中心にある大問題、すなわち東部戦線で包括和平に署名せよというドイツの対露要求は完全に無視した。ボリシェヴィキはドイツとの個別取決めより「革命戦争」を始めようと腹を決めており、したがって中央同盟国に延々しゃべり続けさせる必要があったのである。ヨッフェは今後発表される予定のソヴィエト経済国営化から生じそうな複雑な諸問題について、長々と話した。彼はまた、ウクライナ中央評議会の代表団分離派遣から生じる問題にも注意を向けた。同評議会は一月にウクライナの独立を宣言したが、人民委員会議はまだ承認していない。ヨッフェはあらゆる委細を簡潔明瞭かつ慇懃に説明した。[7]

ドイツ側は協議を急ごうとしたが、外交作法は順守するよう指示を受けていた。彼らは間もなく、ヨッフェがトロツキーと定期的に連絡を取っていて、ベルリンとウィーンで革命動乱が起きるまでの時間稼ぎをしていることを察した。ドイツ側は自分たちの忍耐は無尽ではないと指摘し、ソヴィエト指導部が速やかに条件をのまなければ、わが兵力の威力に直面することになろう、と脅した。

トロツキーは自らブレスト＝リトフスクに乗り込むことが不可欠になったと判断し、一九一七年十二月二十七日に交渉に加わっている。いつものように粋ないでたちで、明るい色のマフラーを黒の毛皮コートにたくし込んで列車を降りた。靴は夜の舞踏会にでも行くように磨きあげられていた。彼は千両役者であった。ドイツ語しか解さない軍人に手っ取り早く意味を分からせたいときは、いつでも流暢なドイツ語を話す。ドイツ側が作成した文書草案に難癖をつける。翻訳者はいったいどうして「国民」「人民」「国家」といった言葉の違いが分からないのですかな？(8) テーブルの反対側には、ヨッフェに対し傲慢な態度を取る人びとが座っていた。トロツキーは彼らに向かっては別の人格を見せた。彼は彼らの威嚇には無関心な風を装う。そして、態度は変わらず丁重であったものの、彼らを見下しているのではないかという、この上ない疑惑を後に残すのであった。彼らは、トロツキーが自分と同じ日に現れたウクライナ代表団の参加に当惑するだろう、と思い込んでいた。それはまったくなかった。彼は、黒海地方の帰属は住民投票で決めることになると思うと述べただけで、ウクライナ代表団の参加を受け入れた(9)。トロツキーは役者のように静かな自信を見せつけた。彼がドイツのいかなる侵攻も撃退する力がない国を代表して語っているとは、信じがたいことであった。

トロツキーのブレスト＝リトフスク滞在は、ペトログラードを離れてフィンランドで数日の休暇を取るというレーニンの決定と時期が偶然重なっている。レーニンの決定はジャック・サドゥールの皮肉を込めたコメントを生んだ。「これで、ここには独裁者がいなくなるわけだ(10)」。ゲオルギー・チチェーリンは英国から到着すると、直ちに外務人民委員部でトロツキーの代理を務めた。したがってソヴィエト外交は、ザールキンドのときより安定した手に委ねられることになった。エヴゲニア・シェレーピナはトロツキーの「特別外交連絡員」になった。彼女はトロツキーが去ると退屈し、レーニンとスターリンに何かわくわくする仕事が欲しいと頼んだのである。シェレーピナはブレスト゠リトフスクで目にした光景に打ちひしがれている。

その町は死の町だった。ある家は屋根を吹き飛ばされ、別の家は壁が崩落し、家屋という家屋がどこか壊れていた。修復の手はまったくつけられていないが、道路は片づけられているため、破壊された町の無秩序の中にも人を圧するような秩序性があった。たった二、三軒の小さな店が開き、必需品、たばこ、糸といったような物を売っていた。それから一軒の書店があり、もちろんラデックが他の誰よりここで時間をつぶした。彼がたばこを買うとき、私にも少し買ってくれるように頼んだ。彼は、司令官から与えられている許可証ではこれ以上買えないと言うのだった。(11)

前線付近の疲弊の兆候に彼女は動転した。ぼさぼさ頭のロシア人捕虜が捕獲側によって行進させられている光景を繰り返し目撃する。シェレーピナはドイツ人に銃をぶっぱなしてやりたいと思った。たばこを切らし、血液中のニコチン欠乏のためにいらついていたのだ。対照的にラデックは、たっぷり入ったたばこ入れを切らしたことはなく、その同じ捕虜に呼びかけていた。革命的社会主義のメッセージを流布する機会を逃さなかったのである。(12)

トロツキーはソヴィエト代表団に規律をもたらし、その士気を高めた。彼は中央同盟の交渉当事者と一緒に食事をするという、高じていた慣わしに終止符を打った。堅固な交渉の立場を維持しようとするなら、彼の交渉チームがドイツ側と親しくなりすぎるのは得策ではない、と考えたのである。彼は同志たちに、身なりにもっと気を遣うように言った。ボリシェヴィキは単なる路傍の石ころ以上だ、とドイツ側に感じさせなければいけないのだ。

トロツキーはロシア軍の立て直しがいかに難しいかを知るに十分な状況を、ブレスト＝リトフスク近郊で嫌と言うほど見ていた。レーニンも同意見だった。彼は東部戦線近くへはどこへも行っていないが、軍内部のある調査から同じ結論を引き出していたのである。[13]唯一の希望は、交渉を引き延ばし、それを外国での宣伝の道具として使うことである。ボリシェヴィキ委員会向けのトロツキーのスローガンは「戦争でも平和でもなく」だった。ドイツ最高司令部は軍事・外交慣例に対するこの無礼を受け入れるのを拒否した。中央同盟はソヴィエトの戦術に苛立ち、二月六日、ウクライナの中央評議会との単独講和に署名する。トロツキーが好むと好むまいと、ウクライナはもはやソヴィエト統治下に置くことはできない。次いで、ドイツは最後通牒を発した。共産指導部は提示された条件をのむか、それとも即時のロシア侵攻に直面するかである、と。トロツキーを屈服させる狙いであったが、彼は相手方への隠し玉を出した。二月十日に交渉が再開されると、最後通牒には応答せずに、ロシアと中央同盟の戦争状態は「終結した」と宣言したのだ。東部戦線はもう存在しない。ドイツによる威嚇とは無関係に、ロシアは武力紛争から手を引きつつある、と。[14]

トロツキーの声明はドイツ外務次官リヒャルト・フォン・キュールマンの我慢の限度を超えていた。侵攻に直面した政府が全権代表を送って寄こしておきながら、その代表が軍事攻撃の威嚇への態度表明を拒んだのである。当時はまだ、帝国と諸国家は戦争遂行の前に、互いに宣戦布告した時代である。電撃戦はヒトラーの発明だ。一九一八年の時点では、相互の意思疎通という形式を尽くさずしてヨーロッパで武力紛争の火ぶたを切ることに居心地よさを感じる外交官はいない。世界の他地域は別問題であって、ヨーロッパ列強は十九世紀、植民地征服を追求してアフリカとアジアに殺到した。したがって、キュールマンが考えをまとめ、戦争は国境と通商、その他一連の実際的問題に関する合意を抜きには終結しないと指摘するまでに数分の時間を要した。トロツキー氏のレトリックは議題についての現下の疑問を解消できるものではない。戦争なのか、講和なのか？　だがトロツキーは折れず、わが代表団はつぎ込んだ精力を使い果たしてしまった、と素っ気なく表明。続いて、彼と同志たちは書類をまとめ部屋を離れてしまった[15]。

トロツキーの対応は党中央委員会とも人民委員会議とも事前了解がなかったので、彼は自分の考えを論じるために急ぎペトログラードへ戻らねばならなかった。中央委ではレーニンの重大な批判が予想されることは分かっていた。戦争か講和か明確に選択する必要については、レーニンはキュールマンに劣らず気持ちがせいている。人民委員会議は十二月に旧ロシア軍を解体した後、二カ月後に労働者・農民による赤軍の編成に着手していた。だが、最初の訓練不足の小部隊は、どう見てもドイツ軍諸師団による攻撃に耐えられる状態にはない。レーニンの見解では、トロツキーは十月革命を危機にさらしている。二月十四日ごろには、ソヴィエト指導部はペトログラード駐在ドイツ外交使節が町を離れる用意をしていることを察知した。これは侵攻が差し迫っていることを示す兆候だと解釈された。すべてが失われる前に講和条約に署名しなければならない、とレーニンは怒鳴った。

ボリシェヴィキ中央委員会は二月十七日に会合し、込み入った一連の票決を行った。レーニンは着実ながら、極端にゆっくりと歩を進めた。誰もが原則として、一定の条件下でならばドイツとの講和に調印できると認めた。その条件は明示されなかった。だが、ブハーリンでさえ、中央同盟との単独講和は受け入れ可能な機略として、原則として頭から否定すべきではないと認めたことが記録されている。革命戦争政策を要求する者は、もはや誰もいなかった。実際、十一人の中央委員のうち三人（ブハーリン、ヨッフェ、ゲオルギー・ローモフ）が、レーニンは問題を間違ったやり方で提起したとの理由で、意見表明を保留した。[16] だが、もし彼らがレーニンの単刀直入の言い回しに反対したとしても、彼がほかにどんな言い方ができたか想像するのは難しい。ドイツは、ボリシェヴィキが単独講和に応じるか、さもなければ軍事攻勢を覚悟すべきことを明確にしているのだ。ドイツが攻撃してきたら、ブハーリンと彼の同調者はどうするつもりなのか？　彼らは沈黙をもって答えた。こうして、ヨーロッパ全土での革命戦争という構想が実現不可能であることを、彼らがついに理解したことは明らかであった。

ロシアはもはや外部からの支えなしに自己防衛できないため、西欧連合国からなんとか有効な支援を引き出せるかも知れない、とトロツキーは期待していた。彼は英外交官ロバート・ブルース・ロックハートと頻繁に会い、人民委員会議の敵に対する英国の支援計画に抗議した。ロックハートにはトロツキーの熱意は真摯に思われ、彼はロンドン政府に対しボリシェヴィキの粗暴さには目をつむり、ソヴィエトの軍事的努力に対する支援を検討するよう要請した。トロツキーは彼に、対独戦再開について間断なく話した。こうしてロックハートは、遅かれ早かれそれは実現すると説得されるに至る。[17] トロツキーがフランスに支援をあおいだとき、これは東部戦線における彼の善意の「十分な証明」であるとロックハートは見なした。ロックハートはまた、ベルリンで革命を扇動することで連合国に加勢するというトロツキーの約束を本国に取り次いでいる。[18]

この月の初め、西側連合国間の好意を取り付けるという外交使命を帯びて、カーメネフがフランスに派遣されている。十月革命以来、ロシアを離れた最初のボリシェヴィキ指導者である。あるフランス人記者は彼の風貌をこう描いている。

細長の楕円形の頭、鼻眼鏡の下ではおおむね柔和に見え、討議が熱を帯びてくると強情で射抜くようになる近視の青い目。小さなヤギ髭、口を半分覆う燃えるようなブロンドの濃い口髭、淡黄色の長く太い眉毛、明るい茶色の髪。遠目には無愛想だが、近くから見ると、常に愛想がよく微笑んでいる男だ。[19]

カーメネフはスイス駐在ソヴィエト全権代表に任命されたザールキンドを伴って、ペトログラードを発った。英国外相バルフォアは下院で、彼らがパリへの途次、ロンドンに来る可能性があることを確認した。[20] だが英国に足を踏み入れるやいなや、外務省が会見をきっぱり拒否したため、カーメネフはたちまち障害に出くわすことになり、さらに彼に宣伝の場を与えまいとする『タイムズ』紙には無視されている。とはいえ『マンチェスター・ガーディアン』紙がカーメネフにインタビューし、彼はもしドイツがロシアに進攻してきたら、労働者はペトログラードの街頭で戦うと述べ、熱意を見せつけた。仮に単独講和が結ばれても、戦争捕虜をドイツへ送還するには何カ月もかかるため、西欧連合国の目標が損なわれることはない、と彼は力説した。約束された工業製品の見返り供給がなければ、ウクライナがドイツに穀物を供給することはない、とも予測して見せた。[21]

カーメネフはたわごとを話していたのだが、反戦派議員ラムゼイ・マクドナルドの支持を受けた。マクドナルドはカーメネフに対するアバディーンの税関当局の扱い方に抗議した。カーメネフは英国海岸を離れるまでの間、所持品から五千ポンドを取り上げられ、さらに、ロシア正教聖書とマッチ一箱も取り上げられたという噂があった。一般には彼がリトヴィノフのための聖書を運んでいたとされている[22]（カーメネフとリトヴィノフは教養としては無神論者であり、生まれはユダヤ人なので、これはありそうもないことである。もっとも、その聖書はロシア本国との間でやりとりするメッセージを暗号化する目的で使われようとしていた可能性はある)。マクドナルドは下院で人民委員会議の民主的性格を擁護し、ソヴィエトの統治形態がロシアで生き残りのチャンスのある唯一の権威ある形態である、と力説した。外務次官ロバート・セシル卿は、現下の情勢では人民委員会議の特使に対する荷物検査はまったく当を得ていると答弁した。マクドナルドは一連の質問を続けた。なぜ警察の刑事がロンドンでカーメネフの周りをうろついているのか? リトヴィノフが一九〇七年のティフリス銀行強盗に絡んでいたという申し立てがまかり通るのを、当局はなぜ許しているのか? まったくの無知から、マクドナルドはこれを「恥ずべき中傷」と呼んだ。カーメネフは『マンチェスター・ガーディアン』に手紙を書き、ボリシェヴィキはウクライナを失うことに無関心なわけがない、と否定した。やがて時期が来れば、旧多民族国家とその諸民族は再び一つにまとまるだろう、と彼は主張した。

フランスは、カーメネフとザールキンドのイギリス海峡渡海の申請をそっけなく断っている。二人のボリシェヴィキには、ロシアへ戻る以外の選択肢はなかった。だが、彼らを滅入らせるものは何もなかった。『リリュストラシオン』誌の記者ポール・ヴォシェは一緒に船旅をし、ドイツ労働者がじきに支配者を打倒するという彼らの強い確信を見て取っている。[23]

レーニンは依然、中央委で勝利には幾分遠い位置にいた。そのうえ、カーメネフはスターリン、ジノヴィエフ、スヴェルドロフとともに単独講和の不屈の支持者であるだけに、彼の不在は不利である。トロツキーとブハーリンが主導する抵抗は依然として根強い。二月十八日、七対六の僅差とはいえ、中央委はドイツとの交渉再開に反対を票決した。[24] ドイツが最後通牒を実行し、ドヴィンスクを占領するべく前進したというニュースが、夜までには届きはじめていた。トロツキーはベルリンとウィーンに電報を打ち、中央同盟のさらなる意図を問い合わせることを望んだ。スヴェルドロフとスターリンは、ボリシェヴィキには回答を待つだけの時間はなく、ブレスト＝リトフスク交渉を直ちに再開すべきだと述べて反対した[25]。中央委は今一度討議した後、それまでの政策をそっくりひるがえし、七対五で対独講和の即時署名を票決する。決定は遅滞なく敵側に打電することになった。レーニンとトロツキーが電文作成を指示された[26]。そうしている間にも、ドイツ軍は抵抗も受けずに前進し、ペトログラードへの脅威は高まりつつあった。二月十九日に受信された電報は陰鬱だった。ミンスク、ポロツク、ルツク、ドゥブノ、そしてロヴノが抵抗することなくドイツ側に落ちた。プスコフでは住民避難をしなければならない。オーストリア軍は攻勢をかけ、カメネツ＝ポドルスクを占領。さらにルーマニア軍はドニエストル川を渡り、ウクライナに侵入。トルコ部隊は、一九一六年以来ロシアが占領してきたトレビゾンドに向け進軍中だ。レーニンの暗い予測が現実になろうとしているようであった。ドイツはロシアが一九一七年以来最高司令部を置いてきたモギリョフをついに占領し、ペトログラードを包囲する形勢にあった。

にもかかわらず西欧連合国は、ロシアを戦争にとどめる望みを捨てなかった。連合国はボリシェヴィキ指導部の内部討議を綿密に観測していて、対独単独講和の主要な支持者が誰なのかを知っていた。スターリンは西欧に革命が差し迫っているとする見通しについては、一貫して懐疑的だった。だからレーニンが条約署名支持論をぶち始めると、スターリンはレーニンが居心地悪く思うほど無条件にその立場を支持した。ジノヴィエフ、スヴェルドロフ、カーメネフも単独講和署名に与した。だが、最も強硬に押したのはスターリンであり、英国秘密情報部の当局者が彼を取り除く手を打たなければならないと決定した証拠がいくつか存在する。情報部員の一人スティーヴン・アレーは後に、スターリンとの面会の口実を見つけるよう指示されたと言っている。スターリンの執務室に入ったら、彼を暗殺することになっていたという。アレーは勇敢な愛国者だが、たとえスターリン殺害に成功したとしても、そうした行為は何であれ自分の死に終わると思った。そこでこの提案を拒否したのだという[27]（二十世紀最大の大量殺戮者の一人の命を消しておけば、どれほど世界のためになったかを彼が理解できたのは、後になってのことである）。

ボリシェヴィキ指導部の中で、多少なりとも西欧連合国を元気づけたのはトロツキーだけであり、フランス大使は彼に電話し「対独抗戦では、あなたがたはフランスの軍事的・財政的支援をあてにされてもよい」と伝えている[28]。ヌーランスはサドゥールの情報に基づいて行動していた。だがしかし、トロツキーはフランスから多くを期待するほど愚かではなかった。ロシアがドイツに蹂躙されるのを防ぐために、フランスがヨーロッパの反対側からできることはないに等しいと分かっていた。フランスはどんな規模の支援を想定しているのか、と彼はヌーランスにずばりと尋ねている[29]。

ロイド＝ジョージは相変わらず機略に富んでいて、アルハンゲリスクへジャガイモを輸送するという提案で人民委員会議の歓心を買うことに努め、英国の構想を試してみた。レーニンは同意するつもりだったが、彼なりの理由からである。レーニンは一貫して「帝国主義」連合同士を戦わせたいと考えていた。連合国とのわずかの関係改善でも、実現すればブレスト＝リトフスクにおけるソヴィエト側の交渉の持ち札を強化する可能性があるのだ。中央委員会の「左翼共産主義者」は愕然とした。彼らはレーニンが権力掌握以降に支持したさまざまな妥協に反対することで、その名が付いていた。そしてレーニンの右翼的政策と見なしたものを批判していた。彼らにはレーニンが単独講和署名を望むだけでも十分けしからぬことなのに、それが今や英国と駆け引きしたがっていることも明らかにしたのである。レーニンの反対派にとっては、これは彼がもはや信用できないことの証左だった。彼らは中央委員会の招集を要求した。レーニンは、そうした会議を招集できるのは中央委書記のヤーコフ・スヴェルドロフだけだという口実を使い、その当人は行方が知れなかった。スヴェルドロフの所在不明はおそらく計画的なものであった。レーニン自身も人に会わなくなってしまった。これは、左派が集まっても、何ら権限のある会議とは呼べないことを意味していた。[30] それは、もし誰かがレーニンに仕掛けようとしたら、彼を激怒させていたような類の行動であった。

ドイツの軍事力と攻撃性について今や誰も幻想は抱いていなかったが、トロツキーは二月二十二日、中央委員会に英国とフランスが軍事支援を申し入れてきていると報告した。ヌーランスへのかねての嘲りから考えると、彼は自分の立場を強く主張することはほとんどしなかった可能性がある。レーニンは出席していなかったが、「英仏帝国主義の強盗からジャガイモと武器」を受け取ることを支持する覚書を送ってきた。中央委は討論なしにフランス軍事使節の覚書を拒否しているので、レーニンの言葉は無視されたようである。ブハーリンは、フランスの行動は単に、ロシアを植民地に変えようという西欧連合国の期待を示しているだけである、と指摘した。討論は主としてトロツキーとブハーリンの間で交わされている。トロツキーは、ロシアはまともな新軍隊を創設するまで革命戦争を戦うべきではないと提案し、投票に勝った。[31] ロイド＝ジョージのジャガイモがどうなったのかは歴史に埋もれている。だがレーニンとその支持者はすでに、ブハーリンの反対を粉砕・破壊するために必要なことはし終えていた。そして二月二十三日、レーニンは帰還し、ドイツの条件による講和条約に署名するという中央委方針を再確認させた。[32]

ボリシェヴィキ党内の混乱はとてつもなかった。ブハーリンは『プラウダ』編集長を辞任。トロツキーは外務人民委員を辞した。左翼社会革命党は人民委員会議での連立を解消、各級ソヴィエトでボリシェヴィキへの主たる反対派になった。ロシアのどの政党もレーニンを売国奴と非難した。さらに、進んでブレスト＝リトフスクに赴き、政府を代表して条約に署名することには、ボリシェヴィキ指導者の間にも当然ながら尻込みがある。対独降伏の陰の立役者であったレーニンは、行くことを拒んだ。

代わりに中央委メンバーのグリゴリー・ソコーリニコフがその任務遂行を了承した。

署名式は一九一八年三月三日に予定されていた。二月二十八日、米国大使館は館員を列車でヴォログダ――シベリア横断鉄道で東方ヴャトカ方向へ三百七十マイル――へ送る予防措置を取り、日本もこれにならった。ロビンズとランサムは一行に従った。大使フランシスは「罠にかかったネズミのように」捕まるつもりはない、とみんなに言いふらしていた。状況が一段と悪化したら、さらに東へ移動する計画であった。ヴォログダはめぼしい産業はなく、やせた農業後背地だが、主として宗教巡礼の地として知られている。人口集中地域からは十分離れているため、帝政当局は有罪の革命家たちの流刑地として使ってきた。ヨーロッパの外交官はかの地でフランシスに合流するのを断った。代わりに彼らは北方フィンランド行きの列車に乗り、三日後ヘルシンキに到着した。連合国の大使館はすべて人員を最小限に減らしており、大方は帰国させた。[33] それでもトロツキーはまだ完全にしおれてはいなかった。三月一日、ドイツ最高司令部が軍の東進を命じ続けているとき、彼はムルマンスクのソヴィエトにその前進を食い止めるため連合国のいかなる支援でも受け入れる用意をするよう指示した。[34] ところが、次いでドイツ軍は突然、進撃を停止。条約は指定の期日に署名された。ボリシェヴィキは三月六日から党大会を開き、起きた事態について討議した。討議は荒れた。それでも、レーニンには自分が党内勝利を手にしていることが分かっていた。

ロシア国民には「汚らわしい講和」として知られているのだが、これはボリシェヴィキがウクライナと大部分のバルト地域への権利を放棄することを意味しているため、手ひどい敗北であった。石炭と鉄、小麦の豊富な資源が平和と引き換えにドイツに渡され、帝政ロシアの人口の四分の一がドイツの支配下に入る。ロシア人にとっては十三世紀のモンゴル人の来襲以来、もっとも屈辱的な終戦である。ボリシェヴィキはヨーロッパへの拡張の期待とともに十月革命を実行した。四カ月後、彼らは旧モスクワ大公国とさして変わらない領域に閉じ込められていた。

第10章 危険な息継ぎ

一九一八年三月二十一日、ドイツは数週間にわたる東部からの部隊移動のあと、西部戦線で大軍事攻勢を開始する。英仏軍はパリから四十マイルを切るところまで押し戻された。ルーデンドルフとヒンデンブルクは決定的な勝利を収め、戦争を終わらせるかに思われた[1]。レーニンはブレスト＝リトフスクで自分の政策により達成された「息継ぎの余裕」を自賛したが、ドイツ最高司令部が信用ならないことは分かっていた。ソヴィエト指導者らは、もしパリがドイツの手に落ちれば、ロシア侵略は時間の問題であることを理解していた。そして、ドイツが条約を破棄しペトログラードに向け進軍すれば、新設の赤軍はそれを押しとどめることができないのだ。人民委員会議《ソヴナルコム》はウラルへ疎開し、西欧連合国に支援を求めなければならなくなる。したがって、ボリシェヴィキはロシア駐在の連合国代表らとの関係を切るわけにはいかなかった。これは、レーニンとトロツキーが当時、大方の人びとが思っていたほど互いに敵対していなかったことを意味する。ヨッフェはトロツキーを軍事人民委員にするという自分の提案について、ほかの党指導者たちの支持を得[2]、これを受けてレーニンはトロツキーに個人的に懇請。トロツキーはしばらく辞退の様子を見せたあと、指名を受諾した。そしてチチェーリンが、当初は暫定的に、外務人民委員部のポストを引き継いだ[3]。

レーニンとトロツキーは今や単独政党政府を率いている。左翼社会革命党はブレスト＝リトフスク条約に抗議して人民委員会議を離脱していた。同党は各級ソヴィエトの議席は保持し、多くの党員は非常委員会まで含め、公的立場で働き続けていた。だが両党間の緊張は鋭い。

講和条約のインクが乾いて二日後の三月五日、レイモンド・ロビンズはロシアにとっての内政・外交面での影響をトロツキーに尋ねた。ポストをチチェーリンに渡したにもかかわらず、トロツキーは喜んで答えた。自分としては赤軍に対する米国の支援を期待している、と。だがロビンズは、共産指導者は戦闘を停止するつもりがないのなら、なぜ条約に署名したのかと問うた。トロツキーは、どんな条約も永久の公約を含むことはあり得ないと説明、連合国との積極的な軍事協力に動く可能性を度外視しなかった。ロビンズは彼を信じたが、レーニンもこの考えを共有しているという点を受け入れる気にはなれなかった。トロツキーはロビンズが自分でレーニンに聞けるように、彼を人民委員会議の会合へ案内した。アレクサンドル・グンベルグが通訳として付き添った。レーニンはトロツキーの言葉を確認した。すなわち、自分は中央同盟と連合国のいずれにも基本的な選り好みはないので、「帝国主義連合の他方に対抗して、もう一方との軍事的合意」に入ることについては、柔軟な考えを持っていると語ったのである。彼にとって主要な判断基準は、何がロシアの革命を益するかであった。[4] レーニンの方でも米当局向けの質問があった。もしボリシェヴィキが講和条約を破棄したら、西欧連合国はどうするだろうか？ 米国は軍事援助を供与してくれるだろうか？ 日本がシベリアを侵略したら、ワシントンはロシアを支援してくれるだろうか？ ロシアがドイツと面倒なことになったら、英国はムルマンスクとアルハンゲリスクに支援を送ってくれるだろうか？[5]

ロビンズは、レーニンとトロツキーが対独戦争行為の再開について本心から柔軟であることを認めるよう、フランシス大使に要請した。彼はこの問題をロックハートと協議し、ロックハートはロンドンへ熱心に打電している。

日本の干渉問題は棚上げされた件、われわれが中国に食料禁輸の撤廃を説得するであろう件、ボリシェヴィキがドイツに抵抗する限り、われわれは支援の用意があるとの件、さらにわれわれがこの援助の供与方法に関する（レーニンの）提案を歓迎する件を、レーニンに通知する権限を私に与えられたし。その見返りに、ボリシェヴィキとドイツの間に宣戦が布告される十分な見込あり。(6)

ペトログラード駐在英国総領事オリヴァー・ウォードドロップは同様の見解を持っており、ボリシェヴィキはロシアの対独戦復帰への唯一の希望である、とロンドン政府に進言している。(7) フランシス大使も柔軟性を示し、ハルビンの米国鉄道視察団に対し、鉄道網復旧を視野に百人の専門家をロシアに派遣する用意をされたし、と中露辺境越しに電報を打っている——そして、自分の行動についてワシントン政府に情報を送り続けている。ボリシェヴィズムを痛烈に批判していた『タイムズ』紙特派員ハロルド・ウィリアムズでさえ、ロシアとボリシェヴィキに対する外交主導権を握る機会だとして、ロイド＝ジョージに急ぎ注意喚起している。(8)

ボリシェヴィキはドイツに対する当然の不信感を抱き続け、ロシアの首都を内陸部モスクワへ移転することを決めた。レーニンと大方の人民委員は三月十日にペトログラードを離れた。到着するや彼らは赤の広場を見渡すスパスキー門の大時計が今も毎正時に「神はツァーリを救い給う」を奏でていることを知った。(9) これでは、もしドイツが侵略してきたら、君主制の復活はあながちあり得ない話ではなくなる。

講和条約を批准ないし拒否する権限は第四回ソヴィエト大会にあり、同大会は三月十五日、モスクワで開幕した。ワシントンおよびロンドンからのメッセージを待つことは、もはやできない。レーニンは険しい表情でロビンズに言った。「私はこの際、講和支持の演説をしなければならない。それは批准されるだろう」(10)。レーニンは外国使節団が出席し、彼の演説を聞けるよう取り計らっておいた。演説では、党の覇気を保とうとして最近の西欧連合国との接触にはまったく触れず、こう強調した。「(ドイツ革命家)リープクネヒトが何とか勝利するであろうことは分かっている。すなわち、これは労働者運動の発展において不可避なのである」(11)。だが四月二十九日、彼はこう認めざるを得なかった。「確かに、われわれが到達した講和は極めて不安定である。すなわち、われわれが手にした息継ぎの余裕は、東西の双方から、いつなんどきでも打ち切られる可能性があるのである」(12)。レーニンは依然として、彼が条約の条件に角突くつもりだとドイツに判断させるわけにはいかなかったが、ロシア国内の批判に挑発されて中央委員会に登場。ソヴィエト外交の優先課題は「巧妙に立ち回り、退却し、待つこと」でなければならない、と呼びかけた(13)。これがベルリンの警戒を招かずに踏み込めるぎりぎりの線であった。レーニンは革命を西に広げるより自分と党の権力に関心があるのだ、と多くのロシア人は考えた。しかし、レーニンの本意は言葉どおりであった。その機会が到来すればなんどきでも、革命を拡大する意志を持ち続けていたのである。

外務人民委員部は以前の影響力の多くを失っている。チチェーリンが政策にまるで影響を及ぼしていないことは明らかであった。レーニンとトロツキーはチチェーリンが自分たちの意思の執行専門官として動くことを望んでおり、通常、彼は喜んでこれに応じた。いずれにせよチチェーリンは自分に恭順を示さない「部下たち」との格闘で手いっぱいの状態だった。同人民委員部は部内論争に沸き立っていた。ラデックは「革命戦争」の頑強な支持者。一方、カラハンは連合国との妥協を支持している。ラデックはカラハン(「古典美のようなロバ」)がこの仕事に不向きであると言いふらした。カラハンはラデックが舌鋒鋭すぎるせっかち屋だと考えていた。このライバル関係はレーニンには都合がよく、彼は二人を互いに争わせることができた——あるいは、少なくともロックハートはこのように状況評価していた。(14)

いずれにせよトロツキーは再びレーニンと歩調が合っていた。それで、この新軍事人民委員は三月十六日にとうとうモスクワを去る際、ロックハートを列車に同乗させている。(15)サドゥールはこのスコットランド人を「良きブルジョア」(16)と切り捨て、連合諸国が外交官の間に本物の社会主義者を送って寄こさなかったことを残念がっている。しかし、ボリシェヴィキからすれば、ロックハートは少なくともロビンズより価値がある。トロツキーはロビンズが十月革命に対する情熱を欠いていることや、セオドア・ルーズベルト大統領のような「帝国主義者」との過去のつながりが気に入らなかった。(17)レーニンも同じ感情を抱いており、アルバート・リース・ウィリアムズがロビンズを褒めると、こう叫んだ。「確かにそうだが、ロビンズは米国の自由主義ブルジョアジーの代表だからね。彼らが米国の政策を決めているんじゃない。決めているのは金融資本だ。そして金融資本は米国を支配しようと欲している。金融資本は米兵を派遣するだろう(18)」。

レーニンとトロツキーはロックハートを疑ってもいたが、ボリシェヴィキが連合国とドイツを相戦わせる機会を探っているとき、彼は役立つことがあるかもしれないと考えていた。トロツキーは赤軍の強化にあたって、支援獲得を期待していた。ロックハートはロンドン政府に、ボリシェヴィキは「すばらしく忍耐強い」と請け合ってくれており、熱心な協力者である。(19)ロシアはやがていつかドイツと断絶する可能性がある、と連合国が判断するなら、ひょっとすると支援の手を差し伸べるよう彼らを説得できるかもしれないのだ。だが、ロックハートの言葉には、ますます誰も耳を傾けなくなっていた。

外相バルフォアは、報告の際は率直であれと督励しながら、ロックハートがボリシェヴィキ指導者らの反独目標が真正である証拠を何ら提出していないとこぼしていた。(20) シベリアの英軍連絡将校アルフレッド・ノックス将軍は、クレムリンとの和解を主張し続けるような連合諸国代表らについて、歯に衣着せぬ批判をした。ロンドンへのある報告で彼は、ソヴィエトの政策に関するロックハートの温和な解説は「犯罪的なまでに誤解を招く」ものである、と書いている。(21)

反ボリシェヴィキ派ロシア人は連合国と赤系の連絡に怒っていた。E・D・トルベツコイと仲間の君主主義者は、モスクワ駐在フランス総領事フェルナン・グレナールに対し、連合国の政策は一事が万事間違っている、と警告した。レーニンはドイツと闘う意志などみじんもないのだ、と彼らは強調した。もし英国とフランスが人民委員会議を甘やかし続けるなら、ロシア愛国者はドイツの支援を求める結果になるかもしれない、と。トルベツコイの言葉は無視され、連合国はソヴィエト指導部との協力の可能性を探り続けた。(22)

レーニンの陽動作戦はドイツ最高司令部を悩ませた。ロシアにおけるドイツ軍事情報部門の長、ルドルフ・バウアーは、人民委員会議が条約完全履行の姿勢を示さないならドイツはペトログラード占領も辞さないと威嚇する。(23) しかし、ドイツ側は東部戦線の閉鎖におおむね満足していた。三月七日、ドイツは白系フィンランド政府との条約に調印し、マンネルヘイム将軍がフィンランドの赤系残存勢力を粉砕し、ヘルシンキにおける社会主義革命の可能性を潰すのを支援した。四月、ドイツはキエフの中央評議会との条約を破棄し、傀儡支配者としてパウロー・スコロパードシクィイを据える。ウクライナは名目だけを残し、完全に植民地化した。ドイツの軍事行動はバルト海から黒海にまで伸び、容易に完了した結果、最高司令部は兵員と装備を西部戦線に振り向けることが可能になった。連合国もボリシェヴィキも、ドイツの北フランス攻撃の成果が上がらないことを期待した。十月革命の運命は、寒くてじめじめした塹壕での英仏軍の粘りにかかっている。ドイツは連合国を圧倒したあかつきにはブレスト＝リトフスク条約を破棄し、戦力を人民委員会議に向けてくるのだ。

西欧連合国は、北フランスにおけるドイツ兵力の対連合国への集中を可能にした条約に憤慨していた。だが、ソヴィエト指導部は英米仏がロシアに外交官を残留させたことに、まずは満足していた。ウィルソン大統領はそれ以上のソヴィエト支援を拒んだ。レーニンとトロツキーの提案に、丁重ながら素っ気なく返答している。(24)ただの外交辞令である。ホワイトハウスからの侮辱的な電報で、事態を一段と悪化させる必要はない。ウィルソンは、日本がシベリアからロシアに干渉するという英仏の提案を嫌悪していた。米軍による同様の遠征を検討することも拒んだ。それに、いずれにせよ大戦の結果は西部戦線で決されようとしている、と彼は主張した。(25)

ヨーロッパ各国の大使館スタッフはフィンランドからロシアに戻り、ヴォログダで日米大使館員に合流した。彼らはモスクワに領事ないし代表を残していたものの、そこへ移動するのはそろって拒絶した。ブルース・ロックハートは、そのすべてを遠方から観察している。「それはまるで三人の外国大使が、ヘブリディーズ諸島の村から英国内閣の危機について自国政府に進言しようとしているかのようだった」。(26)どの連合国大使もその任にかなっていないと彼は考えた。フランシスは、ロックハートの眼には「八十歳近い魅力的な老紳士」で、ヌーランスにはトロツキーが「ヴォログダの隠遁者」のあだ名を奉ったとロックハートは書き留めている。ヌーランスは多分、「フランス議会における彼自身の政党の支配的政策」に従って自らの姿勢を形成したのだが、それに対しデラ・トレッタは、ロシア語を話せるのにヌーランスのいじめに甘んじていた。ヴォログダの臭気漂う外交界の雰囲気の中で、さまざまな噂が広がった。そして、ヌーランスがドイツはニコライ二世の大臣の一人をペトログラードで権力の座に据えたと聞き及び、その話は本当かと苛立って尋ねると、ロックハートは忍び笑いを禁じ得なかった[27]。連合国の権益を守るため遠征軍を派遣する動きが、舞台裏で進行していた。英国はロシア北部ムルマンスクに上陸させるための部隊を集結させつつあり、日本は同じことを東シベリアで計画していた。人民委員会議に事前通知するつもりはないのである。誰かに察知される前に事を起こす考えだったが、ボリシェヴィキは日本の意図を嗅ぎ取り、他の連合諸国に訴えることで機先を制しようとした。

四月、英国は二千五百人の兵員をムルマンスクに上陸させる。主として英国兵だが、一部にフランス兵とセルビア兵が含まれていた[28]。公表された目的は、連合国側の軍事物資がドイツの手に落ちるのを防ぐことである。トロツキーは反駁した。「これは、その足にかみついたオオカミが野ウサギに向かって言ったことだ[29]」。だが、彼には英軍を排除する手立てはないし、それにソヴィエトの安全を高めるために彼は英軍の支援を必要としていた。英国国民世論への配慮と、進行中の事態をベルリンに知られないために、ロシア北部でのこの作戦は極秘とされていた。フィンレイソン准将麾下の部隊はロンドン塔でひそかに訓練されていた。部隊はロンドンのキングズクロス駅で列車に乗ったとき、行き先を知らされていなかった。そして将校が知らされるのは、彼らの船シティー・オブ・マルセイユ号が既に海原へ出てからである。最初、事は順調に運ばず、乗組員と兵員がスペイン風邪に感染する。イスラム教徒のインド人火夫たちがまず倒れた。ラマダン月であったため、毎日夕暮れまで断食しなければならなかったのである。同船がムルマンスクで着岸するまで、兵士たち、のちには将校までが石炭をくべなければならなくなった[30]。

レーニンとトロツキーは英国の行動に衝撃を受けたが、間もなくそれを思い直した。連合国の上陸は次第に、ドイツの貪欲に対する有効な対抗力のように見えてきた。ボリシェヴィキはクリミア支配を維持するつもりであった。ところが、これはドイツによる黒海北部沿岸の侵略と支配を制止することにはつながらなかった。ドン川流域のロストフとエカチェリンブルク、ヴォロネジ、そしてクルスクもドイツ占領下に入ってしまった[31]。三月の条約はバルト海から南方ブレスト＝リトフスクまでの線引きをしているにすぎない。トロツキーは「戦争でも平和でもない」という計略に集中して、ロシアの新たな辺境地域に関する合意が必要なことを見落としていたのである。これは初歩的な誤りであり、ロシアとウクライナの両政府は、両国国境の線引きをめぐって、秋が深まってもなお交渉を続けていた[32]。レーニンは言うまでもなく、中央委員会の誰一人としてこうした結果を予想しておらず、その間にロシア人居住都市はドイツの手に次々と陥落していく。とはいえ、ドイツ最高司令部も全面的な侵略は手控えた。ドイツは、コサックの指導者クラスノフ将軍がいつの日か赤系に対抗して展開できる可能性のある軍を増強するのを支援した。だが、すでに一九一八年四月二日には、スターリンが条約のこの点を問題にし、ドイツがハリコフを占領すると、ウクライナ中央評議会との反独軍事協力を形成する考えを議題に乗せている[33]。スターリンの立場の変化は、人民委員会議内が恐慌をきたしている兆候だった。ブレスト＝リトフスクは、息継ぎの余裕よりむしろ窒息の契機を生み出したように思われたのである。

　中央委員会は五月十日、緊急協議を開いた。六人がモスクワにいて出席の都合がついたが、それは一、二月の討議以来、もっとも騒然たる会合になった。講和条約に署名した当の本人であるソコーリニコフは、ドイツの最近の軍事行動は独露合意の条件に違反していると論じた。ソコーリニコフによれば、この背景にはロシア・ブルジョアジーとドイツ帝国主義者の利害の一致があるという。彼は「一定の条件に基づく軍事協力を目的とした、英仏連合との軍事協定」を追求すべきだと主張した[34]。レーニンはこの提案に反論し、講和政策を順守するよう中央委を説得した。ソコーリニコフはあきらめなかった。五月二十四日、彼は『プラウダ』紙に書いた。「仮にドイツがブレスト講和条約を破るなら、ソヴィエト政府は一方の帝国主義勢力に対抗して、もう一方の同勢力からの軍事支援の獲得に努めるべきか否かを自問せざるを得なくなろう。共産主義者は帝国主義者同士を衝突させるそのような手法にみじんも反対するものではない」[35]。これはトロツキーが一九一七年十一月から考えていたことと、ほぼ違っていない。講和条約署名の当時、レーニンの頭にあったことでもあった。だが、党中央機関紙上でそうした提案をした人物はこれまでいなかった。

トロツキーは赤軍を支援するフランス将校五百人の派遣を求めた[36]。サドゥールを例外として、フランス外交官と駐在武官は疑念を抱いた。ジョルジュ・プティは「この不毛で偽善的な大言壮語は何一つ真面目に受け取るべきではない」と述べる。フランス軍事代表団のアンリ=アルベール・ニーセルはさらに踏み込む。トロツキーがブレスト=リトフスク条約をめぐって連合国を責めるのを聞いて、ニーセルは堪忍袋の緒を切らし「どんな将軍も部下の将校に対し敢えて話さないようなやり方」でトロツキーに話しかけたのである[37]。ニーセルの同僚ジャン・ラヴルニュは「オーストリア・ドイツ人」に嫌がらせをするため、将校グループをウクライナに派遣した。ラヴェルニュは、レーニンには赤軍の訓練を支援すると告げながらも、赤系がはっきりと対独戦の準備をするというフランスが示した条件を、人民委員会議が履行するかどうか疑っていた[38]。トロツキーは英国との関係で、より大きな成功を収める。彼は英国情報部員ジョージ・ヒルにソヴィエト空軍のための助言を求め、彼を航空監督官に任命。さらに週に二、三回、ヒルから航空学の講義を受ける時間を三十分取った。ヨーロッパ中で軍国主義に反対してきたことで知られる人物に戦争術の教育を頼まれる奇妙さを、ヒルは愉快がった。彼の任務は、戦争の際にドイツ戦闘機と偵察機に対抗できるよう空軍を強化することである[39]。フランシス大使は協力の姿勢を見せようと、一九一八年五月三日にロビンズにこう打電している。「貴殿は、軍の編成に向けた各国軍事代表団による支援を実現せんとする私の行動にお気づきでしょう」[40]。

この支援はトロツキーを喜ばせ、彼は五月五日、ロックハートに赤軍建設での英国政府の援助と、「黒海艦隊を救う」ための英海軍の急派を要請するよう頼んでいる。見返りにトロツキーは、元チェコ人戦争捕虜の大部隊を中央同盟との戦いに北海航路で西部戦線へ船で輸送するため、彼らがムルマンスクおよびアルハンゲリスクまで進むことを認めると約束する。[41] セルビア人義勇兵はソヴィエトの了解を得て、すでにこれを実行していた。ペンザを中心に駐留しているチェコ人兵をめぐる交渉は、ブレスト＝リトフスク条約の直後から続いていた。ボリシェヴィキは、北部にいる英軍が裏切って彼らを赤軍向けに展開させる危険を嗅ぎ取っていた。チェコ人をそのように展開することに、ドイツがどう反応するかも気がかりであった。[42] そこでトロツキーはチェコ人部隊に、赤軍と合流するよう説いた。だが、西欧連合諸国から何がしかを望むなら、彼らを宥和する必要がある。そこでトロツキーは、チェコ人がヨーロッパへの転送のためにウラジオストク経由でロシアを離れることを許可した。[43] トロツキーは「帝国主義戦争」で、二つの軍事同盟のうち一方を支援することはしないというタブーを無視した。彼は、英軍は北部ロシアにある軍用備蓄をそのままにしてよい、とロックハートに請け合う。[44] 英国はそれ以上を要求した。ドイツ軍がペトログラードへむけ進軍しようとしているという噂が広がり、バルト海全域がドイツ軍支配下に入ってしまう危険があった。ホワイトホールの海軍本部は、ペトログラード駐在海軍武官フランシス・クローミーに、予防措置として船舶を沈める方法を研究するよう命じた。五月十一日、クローミーはトロツキーが妨害するかどうかを確かめにモスクワへ向かった。彼はロックハートおよび赤軍参謀本部にも声をかけた。[45]

英国はロシア北部ムルマンスクにおけるプレゼンスを強化し続け、兵力を当初の将兵四百五十人から着実に増強していった。[46] フランスは南部で連合国の責任を引き受け、黒海のオデッサに艦隊を派遣、同地に一定の兵力を駐留させた。ムルマンスク上陸は人民委員会議の抗議を招いたが、対抗行動はなかった。ソヴィエト指導部は英派遣部隊を排除する軍事力を欠いている。それに彼らは、ドイツ軍に対する対抗バランスの到着をひそかに歓迎してもいたのである。オデッサのフランス軍は批判的コメントを浴びたが、ボリシェヴィキはすでにウクライナ全域で足場を失っており、とうてい『プラウダ』のトップ議題になることはなかった。

軍事情勢はかなり厄介であったが、人民委員会議は一段と悪化する経済状況にも直面していた。ブレスト＝リトフスク条約までは、外国企業との以前の契約を履行し、新たな契約を結ぶことが可能だった。人民委員会議は売却ないし賃貸のための貴重な資産を有している。産業の再建には外国資本が欠かせない、とレーニンは一貫して言ってきた。すなわち、彼はロシア経済における「権益」を提供したいと思っており、人民委員会議は非資本主義的原則に関する計画の策定を決めた[47]（利益を生む機会がなくて、なぜ資本家が投資しなければならないかは考慮されていない）。外国投資を呼び込むという考えは、その年の初めからソヴィエト支配層の間で討議されてきていた[48]。それはボリシェヴィキ指導者の間に幅広い支持があるわけではないが、レーニンは資本主義国は本質的に貪欲だと信じ、この問題をそのままにしておくつもりはなかった。米国人をロシアでのビジネスにうまく誘い込み、日本からの軍事的脅威をそらしたい考えなのである。人民委員会議が米大企業へのエサとしてシベリア利権を使えば、ウィルソンは東京に圧力をかける可能性がある、とレーニンは提案した[49]。連合国の側では、たとえ人民委員会議にテコ入れするつもりであっても、対露通商は実業界にも政府にもますます大きなリスクになっていると見ていた。ロシアのプラチナ埋蔵量は膨大であり、英国政府はその購入を交渉してきていた。ところが一九一八年五月、ペトログラードの実業家ウィリアム・キャンバー・ヒッグスを介してロシアのプラチナ買占めを図った英企業が、ロンドンで訴追されてしまった。ソヴィエト支配下の領域に対する連合国の経済封鎖が始まった[50]。

レーニンは代わりにドイツに頼り、同国の実業家・投資家に訴える。ドイツ人は一筋縄ではいかなかった。ドイツ大使ミルバッハ伯爵は要求が多く、横柄だった。外交儀礼の墨守者でもあった。旧式の外交流儀で信任状を奉呈すると言って聞かなかった。全露ソヴィエト大会中央執行委員会議長であるスヴェルドロフに奉呈した。ミルバッハがボリシェヴィキに唯一折れたのは、シルクハットに燕尾服でなく通常の背広で済ませるということだった。[51]

ミルバッハは外務人民委員部でチチェーリンを格下として扱った。チチェーリンに用事がある時はいつも無礼講で彼の部屋に踏み込んできて、テーブルの上に帽子とコートとステッキを放り投げる。ラデックの執務室では、聞こえよがしに滔々としゃべる。[52]ミルバッハは、モスクワがドイツ領の一部になったとボリシェヴィキに感じさせるつもりだった。ミルバッハがジェネジヌイ・ペレウーロック（金銭小路）5番地に公邸を構えるのに、四月二十六日までかかった。ドイツ領事館は通りの反対側18番地にある。フランス軍事代表団が同じ通りで働き、生活していたので、これほど間の悪い立地はあり得なかった。[53]両国の公用車運転手はリムジンで先頭を競った。ある時は、双方がブレーキをきしませ三インチの間隔を置いて急停車したことがある。[54]ドイツ人の効率と活力は、ほかの数カ国大使館のポマード頭の外交官に比べ、見ている者に強い印象を与えた。[55]ミルバッハは範を示すべく、ニコライ二世の義理の姉を含む著名な君主主義者を訪問した。[56]人民委員会議は戦時中ないし十月革命後にドイツ人所有者から没収された資金と企業を返還すべきだ、と彼は主張した。[57]人民委員会議はこれに応じ、この政策を妨害する者は誰であれ処罰すると約束した。ロシアは全面的に服従しているように思われた。[58]

『プラウダ』が明言したとおり、ソヴィエト指導部はこの状況に甘んじているふりはしなかった。「ドイツ大使は友好的人民の苦悩する階級の代表としてではなく、限りなき傲慢を持って殺害し、強姦し、すべての国を略奪する軍閥の全権代表として着任したのだ」[59]。とはいえ、レトリックと実際の抵抗はまったく別であった。

人民委員会議は逆境を最大限利用しようとして、一九一八年四月四日、中欧各国への使節を任命する。レフ・カーメネフはオーストリア、アドリフ・ヨッフェはドイツ、ヤン・ベルジンとイワン・ザールキンドはベルンである[60]。カーメネフは英国からの帰国途上、オーランド諸島の一つで白系フィンランド人に捕縛されており、彼をウィーン駐在に任命したのは、彼を釈放させるべく中央同盟に影響力を行使させる策略だったようである（実際は、六人の白系フィンランド人将校との交換で一九一八年六月十七日にようやく釈放されている）[61]。いずれにせよ、配属のカギになったのはヨッフェである。ベルリンはロシアに「汚らわしい講和」を押し付けた国の首都だ。だがトロツキーと同じく、ヨッフェはブレスト＝リトフスクに関する自分の気持ちを抑える用意があった。ベルリンで革命的国際主義の理念をできる限り宣伝することで、多分、己の良心を慰めることができたのである。レオニード・クラーシンとウラジーミル・メンジンスキーが彼に同行した。クラーシンは戦前、ドイツとロシアでジーメンス・シュッケルト社の支配人だった。一九〇五－〇六年の革命失敗後、ボリシェヴィキ強盗団に加わってもいる。大仕事のベテランとはとても言い難いけれども、ボリシェヴィキの中では最も資質がある。メンジンスキーは諜報活動の任を帯びた信頼すべきチェカー機関員である。

この剣呑な国際情勢の成り行きは誰にも予測できない。ブレスト＝リトフスク条約の署名からほぼ二カ月間、何でもあり得るように思われた。あるいは、少なくとも政治家や外交官の活動の基底には、そうした想定があった。同条約はすべてを解決しながら、実は何も解決していない。連合国側かドイツ側のいずれかにわずかでも運が傾けば、計り知れない結果を生む可能性があるのである。戦争は終わっておらず、「ソヴィエト権力」がわずかでも揺らげば、ボリシェヴィズムの崩壊につながりかねない。モスクワ政府は安泰にはほど遠く、経済は急下降していた。

ドイツ指導部でさえ当惑していた。数多くの民族という浮遊物が、ロシアの動乱に巻き込まれていた。一九一四年以来、数十万の戦争捕虜がロシアの手に落ちており、レーニンとトロツキーは彼らを革命的教化のこの上ない素材と見なしていた。多くの捕虜が彼らの旧政府に反旗を翻すのに、新たな励ましは必要としない。好戦的気分は特にチェコ人とハンガリー人捕虜の間に顕著で、彼らは帰国してハプスブルク権力を打倒したがっている。[62]多くの捕虜が共産主義への共感を新たにはぐくんでいた。このことはチェコ人、ハンガリー人、ブルガリア人、それにオーストリア人とドイツ人について言えた。ボリシェヴィキは一九一八年四月九日、モスクワで全露戦争捕虜国際主義者大会を開催する。[63]帝政ロシアの戦争捕虜を釈放することによって、ボリシェヴィキはヨーロッパで反乱を助長する狙いであった。進行中の事態を恐れる理由は、中央同盟諸国側にあった。サドゥールによれば、ブレスト＝リトフスク条約署名から数日も経ずして、ドイツ人とオーストリア人の義勇兵が軍事占領に対する戦いに立ち上がるため、モスクワからウクライナに送り込まれつつあった。[64]全国で戦争捕虜団体が創設されはじめていた。そして予想どおり中央同盟諸国には、国境の向こうからの捕虜の帰還を歓迎する熱意はほとんどなかった。

人民委員会議によって抑留キャンプから釈放されたドイツ人について、ロベール・ヴォシェが報告を残している。

ペトログラードの街頭をドイツ人元戦争捕虜が自由に歩き回っている。飾緒《しょくちょ》と徽章で飾り立てたブルーや緑、あるいは白の戦前の制服は、数日前にあてがわれた新調の正装だ。彼らはライオン調教師のようなきらびやかな制服で勝者の雰囲気を漂わせて、ネフスキー大通りを延々と行

進し、今も継ぎはぎが当たり、色あせ、擦り切れた服を着た同盟国オーストリア人を見下している。(65)

西部戦線の塹壕へ動員されることを恐れ、誰もがドイツへの帰還を熱望していたわけではなかった。ドイツ最高司令部でも、ボリシェヴィキの影響の痕跡がすべて除去されるまでは、彼らを兵士として使う熱意はなかった。オーストリア軍指揮官らは共産主義の汚染による影響を一段と心配していた。(66)レーニンの平和は慎重な取り扱いを要する。大戦の結果は北部フランスで決せられつつあるものの、閉じられた東部戦線は西部の塹壕の情勢に影響する可能性を秘めているのであった。

第11章 反乱そして殺戮

連合国が情報を収集し、ボリシェヴィキ体制の破綻をも画策している一方で、ボリシェヴィキに対する組織的抵抗――まだ内密ではあったが――が育ちつつあった。一九一八年の初夏、立憲民主党員から右派社会主義者まで、モスクワとペトログラードの反ボリシェヴィキ政治家を糾合した非公式な連合が形成される。君主主義者に訴える努力はなされていない。ピョートル・ストルーヴェら著名な自由主義者がこの企てに参画し、この「国民センター」の名で知られるようになる組織は、ドン川流域ロストフのいわゆる「義勇軍」およびロシア各地の連合国当局者との連絡を保った。[1] 義勇軍は白軍の創設第一号で、コルニーロフ、アレクセーエフ両将軍に率いられていた。白系は自らを赤系と区別するためと、自分たちの大義が純粋かつ正当なものであることを示すためにこの色を選んだ。ボリシェヴィズムに対する断固たる敵として、連合国はひそかに彼らを歓迎した。連合国はまた、右派センターより国民センターの方を好感した。右派センターには、ボリシェヴィキ打倒のためドイツに支援を仰いだパーヴェル・ミリュコーフのような人物が含まれているからだ。[2] 連合諸国の大使館は、義勇軍も同じ選択をするのではないかと恐れていた。左派センターもあった。同センターはウラル地方のウファに本拠を置き、社会主義者で構成されていて、地方行政府の樹立に成功していた。[3] 連合国外交官らはこの経過を報告し、ロシア国民がボリシェヴィズムを倒し、連合国の懐に戻ってこようとしていることを示す兆しを求め続けた。

実は、ソヴィエト体制にとってのこれまで最も致命的な危険は、ロシア人ではなくチェコ人がもたらしていた。武装集団を成してペンザから太平洋岸へ移動していたチェコ人元戦争捕虜が、ボリシェヴィキに猛然と反旗を翻したとき、その危機は現実のものとなった。[4] 五月下旬、チェリャビンスクのソヴィエトがチェコ人の移動続行を許可する前に武装解除しようとした際、その紛争は火を噴いた。トロツキーはこれより先、チェコ義勇兵に赤軍への合流を求めるアピールを発していた。彼はこれに続いて、彼らは武器を引き渡した場合にのみウラジオストクまで進むことを認めるとする命令を出していた。チェコ兵はそうはせず、ノヴォニコラエフスクの支配権を握り、さらに同僚救出のため西方ペンザまで逆戻りしてしまった。[5] この一連の経過に対するトロツキーの対処をめぐり、外務人民委員部内では意見が割れた。ラデックはロバート・ブルース・ロックハートに対し、ソヴィエト指導部は連合国の利害に寛大だとドイツに思われるのを懸念して行動したまでだ、と説得しようとした。[6] カラハンはそれほど寛容ではなく、トロツキーにもっと理解があれば事態に対処できたはずだと認めている。[7] 彼らの見解がどうであれ、その結果は人民委員会議《ソヴナルコム》にとって厄災となった。二万五千のチェコ人部隊がヴォルガ地域に集結し、サマラのコムチ政府〔憲法制定会議議員委員会（コムチ）による地方政権〕に帰順したのである。彼らはもはや西部戦線で戦うつもりはなく、残留してボリシェヴィキと戦おうとしていた。コムチは以前から軍事的には弱体であったが、チェコ兵はこれを補強する手助けができた。

連合国はこの変転の傍観者を装っている。これには説得力があるとはとても言えなかった。フランスは三－五月の間、チェコ人兵に資金援助し、連絡を取り合っている。英国も関与していた。内実は、連合国指導者らはチェコ兵が騒ぎを起こし、シベリアでソヴィエト支配を弱体化させるのを望んでいたのである。そしてドイツは、ロシアの戦争からの撤退を取り決めた今となっては、このことに苛立っていた。(8) ボリシェヴィキは打撃に次ぐ打撃に動揺した。労働者は工場や鉱山の労働条件に不平を鳴らし、動員解除になった兵士は穀物の国家徴発に対する怒りが高まる村落へ戻っていく。多くの地方で農民は反乱寸前にある。人民委員会議はモスクワおよびペトログラードの周辺にウラル地方を加えた領域を統治しているに過ぎない。赤軍は未だ目も当てられない状態だ。チェカー〔非常委員会〕は増加する一方の陰謀と抗議行動にほとんど対処できていない。各級ソヴィエトでは、講和条約と穀物強制徴発への農政転換を憎悪する左翼社会革命党からの批判が途絶えない。都市の食料不足は悪化していた。農地といくらかでもつながりのある都市住民は、田舎へ逃げた。

ヴォログダにいるヌーランス大使は、ボリシェヴィキが破滅の瀬戸際にあることを期待した。自分の目で評価したいと考え、一九一八年六月初め、彼はモスクワへ一時戻り、まだ残っていたフランス人居留者グループとの会合を持つ。自分が監視下にあることは分かっていた。さまざまな破壊活動が練られていることを聞き及んでいたので、彼はその時、この旅は価値があると思っていた。だがヌーランスの通訳で親友でもあったのは、記者ルネ・マルシャン。マルシャンはボリシェヴィキに共鳴していることが間もなく明らかになる。そして実際、彼は知ったことをすべて後でチェカーに流したのである。(9)

チェコ部隊の急速な西進で、クレムリンはロマノフ一家について再考せざるを得なくなった。一九一七—一八年の冬まで、元皇帝とその親族および家臣は西シベリアのトボリスクに監禁されていた。ケレンスキーによって送られた場所だ。それなのに、ロシア情勢の緊急事態のため、彼らの身の上を気にする者はほとんどいなかった。だが、一家は視界からは消えていたものの、ボリシェヴィキ指導者は彼らのことを忘れていなかった。一九一八年二月十一日、人民委員会議は元皇帝を裁判にかけるためペトログラードへ移送するという提案を検討した。[10] しかし、何の行動も伴わないまま三月九日になり、この日、レーニンと政府は当初方針とは違って彼らをペルミ県のエカチェリンブルクへ移送することに決めた。トボリスクでは帝政派が彼らの解放を試みるかもしれないという恐れからである。[11] エカチェリンブルクはウラル州のソヴィエト行政の中心地であり、ボリシェヴィズムの橋頭堡である。またトボリスクよりも、ペトログラードとモスクワに近く、シベリア横断鉄道の沿線でもある。ペトログラードのチェカー議長モイセイ・ウリツキーが移送を取り仕切り、具体的な監禁場所はエカチェリンブルクの同志に委ねられた。[12] かつての豪商ニコライ・イパチエフの、塀で囲まれた巨大な邸宅が選ばれた。移送の事実とその理由は五月初め、人民委員会議から発表された。[13]

ニコライ二世はツルゲーネフの小説や反ユダヤの小冊子類を読んで、のんびり日を送っていた。彼と妻は息子アレクセイと娘たちの面倒をみながら、なるたけ自然に振る舞った。ボリシェヴィキは頻繁に衛兵を変え、ロマノフ一家が彼らといかなる友好関係を結ぶのも難しくすることで、圧力をかけ続けた。各見張り番の交替は、わいせつな言葉をはき、呼びかけをはねつけることで始まる。なんとか食事だけは足りていたが、先行きの不確実さは気力をくじく。予測できない環境下で再び移動させられる可能性を察し、元皇后アレクサンドラと娘たちは、緊急時に貨幣として使うため宝石を下着に縫い込んだ。

七月半ばまでにチェコ兵はエカチェリンブルクまで数日の位置に到達し、ウラルのボリシェヴィキ指導部は恐慌をきたしていた。恐れられたのは、ニコライ・ロマノフが解放され、反ソヴィエトの大義を再結集するシンボルとして使われる可能性であった。一家全員を消せとの命令がモスクワから届いた。誰がいつ、どのようにその指示を出したのかはわざと不明にされた。のちに自分を有罪とする可能性のある令状に署名したい共産主義指導者はいなかった。その行為が実行されたのは七月十七日の早朝で、ロマノフ家の人びとは起床を命じられ、地下室に集められた。酩酊状態の武装した男たちが一家を壁の前に立たせ、射殺した。そのニュースは抑えられた。モスクワには、ロシアと外国で起きそうな反発への懸念が残っていたのである。トロツキーの日記は、モスクワのクレムリン指導部が殺害計画に関する討議を行い、エカチェリンブルクのボリシェヴィキに指示を与えたことを記録している。レーニンとスヴェルドロフが積極的に関与していた。トロツキーはヴォルガ戦線での軍事的任務に縛られていて、その話をスヴェルドロフから聞き、落胆している。一家殺害に原則として反対ではなかったものの、トロツキーなら帝政政府の悪行を公表するために、元皇帝を見世物裁判にかける方を好んだだろう。トロツキーはどんな政治宣伝の仕掛けも取り逃がしたくなかったのである。[14]

一家殺害のその日、人民委員会議はスヴェルドロフの秘密報告を聞くため会合を持った。[15] 数カ月間、何も公表されなかった。ホーエンツォレルン家を含め外国の君主国家が、一家殺害に激高することは目に見えている。ドイツ皇帝とロシア皇帝はいとこ同士であり、両者の軍が一九一四－一七年の間、互いに戦ったとはいえ、ウィルヘルム二世にとって血縁関係はなお大きな意味を持っていた。共産主義者どもがニコライと一緒に妻と子どもたちまで虐殺したと知ったら、彼の怒りは一段と激しかっただろう。アレクサンドラ皇后は、元はヘッセン王女アリックスであり、ドイツ皇帝が廃位されたニコライのことを尋ねるのは無粋であったけれども、皇帝としては本来ドイツ人であり正真正銘の親戚でもあるアレクサンドラのことをヨッフェに聞くため、極めて順当に特使を送ることができた。彼女の兄弟の一人も同様の対応をしている。レーニンはドイツ代表部のアドリフ・ヨッフェには全真相を隠し、フェリクス・ジェルジンスキーにこう言っている。「ヨッフェには何も教えるな。ベルリン現地では彼も嘘をつきやすいだろう[16]」。したがって、ヨッフェはモスクワから聞いた公式説明を繰り返すばかりだった。ジェルジンスキーがその年の遅くベルリンをお忍びで訪れた際、ヨッフェは彼に直々に尋ねる機会を得、そこで初めてチェカーの長から事実を聞き出したのであった。[17]

ロシア国内でも、大方の党指導者や活動家は知らされないでいた。一九一九年三月の時点でも、ボリシェヴィキ党員は第八回党大会で、なぜニコライ二世を連れ戻し、公開裁判にかけないのかと問うている。[18]だが、そのころまでには西側連合国は皇帝一家の運命について、情報に基づいた推測ができていた。シベリアの米軍部隊はチェコ兵についてエカチェリンブルクへ向かっており、反ボリシェヴィキ派の捜査当局から初期調査の結果を知る。ロマノフ一家殺害はもはや疑う理由がなかった。英国のジョージ五世はいとこのニッキーとその家族に重大な懸念を表明したが、彼は一九一七年にケレンスキーからの亡命受け入れ要請を却下しているだけに、その言葉には罪の意識がにじんでいたに違いない。

ボリシェヴィキは権力が着実に不安定化していくのを感じていたが、チェコ兵の軍事行動だけがその理由ではなかった。ブレスト＝リトフスクで屈辱をなめたあと、六月にはドイツの圧力の下、さらなる領土放棄を強いられたのである。ドイツはロシア北部への英軍上陸に不安を覚え、ムルマンスク西部をフィンランドに割譲するようレーニンに要求した。こうすれば、すでにフィンランドに駐留するドイツ軍部隊は、ロシアにおける連合国の戦力拡大に対抗する根拠地を手にすることになる。[19]ボリシェヴィキは折れた。ドイツとの戦争を度外視するなら、ほかに選択肢はない。とはいえ、ボリシェヴィキは唯々諾々と従ったわけではない。ドイツのウクライナ占領に対し武器を取る用意のあるウクライナ人を支援する上で、ボリシェヴィキほど貢献した政党はないと評価する声は、左翼社会革命党の一部にさえあった。[20]小さな町村で蜂起が起きた（英国将校ジョージ・ヒルはこれを支援したが、破壊活動全体を指導したという彼の主張は、幾分誇張されている）。[21]しかし、ボリシェヴィキによるウクライナ攻勢は、対独宥和というクレムリンの総路線の下では取るに足りないものであった。ドイツ外交官がモスクワでいかに尊大に振る舞おうと、共産党指導部は深呼吸を続け、いかなる侮辱も見て見ないふりをし続けたのである。

これは連合国を激怒させる態度であった。ブルース・ロックハートはトロツキーとの交渉を続けていたが、人民委員会議がドイツと戦うとはもはや信じていなかった。こうなっては、英国としてはボリシェヴィズムの敵との連絡を強化し、彼らに手を貸すのが有意義である。義勇軍その他がロックハートに接触してきた[22]。ファブリカントフという人物がケレンスキーのロシア脱出を可能にする手助けを依頼してくると、ロックハートは慣習を無視し、ケレンスキーにセルビア兵の偽名を使った旅行証明書を発給している[23]。ロックハートはまた、正教会の反ソヴィエト抵抗を支援するためチーホン総主教に渡すようにと、二十万ポンド相当のルーブル貨をジョージ・ヒルとシドニー・ライリーに手渡している[24]。ウィリアム・キャンバー・ヒッグスはモスクワで小規模な英国企業を所有しており、英財務相宛てに振り出された小切手を現金化することで、そうした助成金のねん出を助けた（ジョージ・ヒルもロックハートと同様のことをしたが、陸軍省宛てにした）[25]。

ロックハートはモスクワ北東百五十五マイルのヤロスラーヴリでの蜂起のために、ボリス・サヴィンコフに資金を渡す。そして、ヌーランス大使はヴォログダから総領事グレナールと駐在武官ジャン・ラヴェルニュを通じて、サヴィンコフに資金を供給する[26]。サヴィンコフはペトログラードとモスクワの東部で一連の抵抗運動を組織するため、「祖国・自由防衛連合」を糾合した。ロンドンへのロックハートの報告によれば、直接の目的は軍事独裁の樹立である。サヴィンコフは自らを内相に、誰か著名な将軍――これはほぼ確実にミハイル・アレクセーエフ――を国民政府首班に想定していた。彼はチェコ軍団と義勇軍の双方に自分の計画を知らせ、彼らと活動を調整した[27]。セルゲイ・サゾーノフにも知らせた。サゾーノフはそのころパリで、親連合国派の中心的な反ボリシェヴィキ外交官として働いていた。ロックハートは、サヴィンコフの期待はボリシェヴィキ指導者の処刑をもって終わる農民蜂起の扇動にある、とロンドンに報告した。カーゾン卿はロイド＝ジョージ戦時内閣の閣僚としてロックハートの報告を受け取ると、サヴィンコフのやり方は度が過ぎていると断言したが、それでも彼の幸運を祈った。サヴィンコフの企ては連合国のそうした支援にかかっているとロックハートが明言していたにもかかわらず、カーゾンが避けたのは、英干渉入軍の増強をわずかでも約束することであった。[28] ヌーランスはそこまで正直ではない。彼は人民委員会議への攻撃を拡大させようとして、サヴィンコフに、連合国はまさに全面介入に踏み切る寸前にあると伝えている。そして、フランスは北部に派遣軍を一兵も展開していないのに、その方面からの決定的な兵力増強をあてにしてもいい、とサヴィンコフに告げている。[29]

ヌーランスは目的を達し、蜂起は期日どおり七月六日に起きた。サヴィンコフはヤロスラーヴリに加えウラジーミル、ルビンスク、ムーロムを占領。ヤロスラーヴリ県全域にわたってソヴィエト支配を打倒したと宣言する。[30] 私営商業を復活させ、経済復興と飢餓の解消を約束した。サヴィンコフはシベリアおよびヴォルガ近郊の反ボリシェヴィキ諸政府と協調行動をしていると発表した。彼は反共蜂起派の北部軍指導者として振る舞う一方、南部ロシアで義勇軍編成に努めていたアレクセーエフ将軍の指揮下に入ると誓った。[31] ところが、共産派が反乱軍鎮圧に動くと、サヴィンコフが敗北の瀬戸際にあっても、彼を助けるための支援はフランスからも英国からも来なかった。連合国には侵攻の意図はまったくなかった。また実際、そうした企てがあってもウィルソン大統領が反対しただろう。サヴィンコフは欺かれていたのである。[32]

そのタイミングはモスクワの反ボリシェヴィキ運動にとって最悪であった。七月四日、ボリショイ劇場で第五回ソヴィエト大会が開幕し、ボリシェヴィキは戦いを継続し勝利するという決意のしるしを全面的に示す。外交団はボックス席に陣取り、上方から見ていた。片側にはミルバッハがオーストリア、ハンガリー、ブルガリア、トルコの各国大使とともに席を占めた。ドイツ情報部門のトップ、ルドルフ・バウアーもいた。反対側にはロックハートを筆頭に連合諸国代表がいる。フランスと米国は上階に席があった（サドゥールはシルクハットにフロックコート、子ヤギ革の手袋という出で立ちで現れた）[33]。レーニンはブレスト=リトフスク講和を、トロツキーは赤軍の備えをそれぞれ擁護する演説をした。ボリシェヴィキ全員が、どの公式政策にも利点があると主張。各ボリシェヴィキ人民委員の間には、寸分の不一致もないように見えた。左翼社会革命党は現体制下でなお公然と活動していたが、同党を率いるマリア・スピリドーノワは人民委員会議を延々と非難した。彼女の同志ボリス・カムコーフは彼らに非人間的悪漢のレッテルを張り、ミルバッハ一行を見上げて「暗殺者たちを打倒せよ！」と叫ぶ[34]。人民委員会議が絶対多数を確保していると分かっていたため、大会のボリシェヴィキは左翼社会革命党を黙らせようとはしなかった。ドイツ人たちは、当惑していたとしても、それを表には出さなかった。

投票結果を予測して、左翼社会革命党中央委員会はロシア国内でのテロ攻撃を密かに承認した。レーニンやトロツキーを殺害するのではなく、ブレスト=リトフスク条約を破綻させ、ボリシェヴィキを「革命戦争」への道に引き戻すような「徴発」を組織しようというのである。左翼社会革命党は大使フォン・ミルバッハを暗殺するだけで、事は成就すると考えていた。首尾よくやれたら、ベルリン政府は直ちにモスクワと絶縁するだろう、と。

七月六日、チェカーで働いていた十八歳の左翼社会革命党員ヤーコフ・ブリュムキンは偽りの口実でドイツ大使館に入り、ミルバッハを射殺する。人民委員会議は即座に同党を非合法化し、指導者数人を逮捕した。ジェルジンスキーは国家治安機関の手落ちに困惑し、本部に急行したが、自ら囚われの身になってしまった。彼はラトヴィア人ライフル銃兵の果敢な行動のおかげ解放された。ライフル銃兵は旧帝国陸軍から大挙してボリシェヴィキに寝返り、速やかに赤軍の有能な中核を形成した勢力である。これらラトヴィア人がいなければ、ボリシェヴィキはなすすべがなかっただろう。レーニンとラデックはジェネジヌイ小路のドイツ大使館へリムジンを走らせ、公式の弔意を表した。いかに本心からではないにせよ、怒りを表明しなければ、ドイツがロシアを席巻するかもしれないと彼らは恐れ、下手に出たのである。[35] ベルリンのヨッフェは当初、ドイツのスパイがロシアと連合国間の対立を先鋭化させる狙いでミルバッハを殺害したと考えた。連合国スパイのせいにせよという、レーニンに対するドイツ外務省の要請から判断して、彼はこの結論を引き出した。ドイツは殺人者らとその「イデオロギー的扇動者ら」を逮捕し、処罰するよう要求した。[36] ドイツはまた、自国の軍をロシアに急派する権利も要求した。[37] だが、事態は沈静化し、有力ボリシェヴィキであるアナトリー・ルナチャルスキーがモスクワの外国人社会の間に、緊急事態はほぼ終息したとのニュースを広めた。そうする必要があったのは、ドイツによる占領からロシアを救うため、英仏両国が予防戦争を開始することをボリシェヴィキは恐れたからである。[38]

青年ブリュムキンの行方は杳として知れなかった。ボリシェヴィキが講和条約を破棄したら戻ろうと考えて、ウクライナへ逃れたのであった。ソヴィエト政府は懸命にドイツの意を迎えようとし、V・A・アレクサンドロヴィッチの処刑を命じた。チェカー副議長として働いてきた左翼社会革命党員である。ドイツ当局はボリシェヴィキの公式の対応に満足の意を伝えた。緊急事態について最高のジョークをひねり出すのは、ラデックのお手の物だ。彼はニコライ二世の将軍連の仕事がやっと見つかったよ、と知り合いらに話した。分遣隊に編成し、ミルバッハの葬列で見せかけの涙を流すよう訓練すればいいというのであった。[39]

ボリシェヴィキはドイツ軍事力に対する対抗勢力をなんとしても必要とした。チチェーリンは五月末、外務人民委員に正式任命されていたが、[40]彼はフランシス大使に電報を打ち、ヴォログダは安全でないので、外交団はモスクワへ戻るべきだと伝えた。彼は「この招きを執行するためラデックをヴォログダへ送る」と付け加えた。ミルバッハ殺害のあとでは、「執行」という単語はフランシスを必ずしも安心させるものではなかった。彼は「われわれはロシア国民を恐れていないので」、自分は北部で安心している、と回答した。ラデックは通訳としてランサムを伴い、招かれずして現れた。彼はぴっちりとジャケットを着こみ、ベルトには目立つ回転式ピストルが下がっていた。[41]フランシスには、「戦争に行こうとしているカウボーイ」のように見えた。彼はヌーランスに言った。「ああ、あわれなちびのユダヤ人！　もしホルスターに回転式ピストルを入れて私に会いに戻ってきたら、私は引き出しから自分のものを出すよ。テーブルにそれを置き、こう言ってやる。『さて、話そうか！』とね」。[42]これが最初でも最後でもないが、ソヴィエト指導者らは軽率に行動していた。フランスはペトログラードを行き交う彼らの無線通信を傍受しており、ラデックとチチェーリンがヒューズ社製電信機の前に座り、互いに何を書き送っているかをつかんでいた。これは最新式の電報通信方式で、即座にタイプ打ちしてメッセージを交換することができる。ラデックはフランシスの大使館秘書好きのことを話すべきではなかったし、チチェーリンが米国大使に向かって使ううわべの尊敬の調子のことに触れたのは、賢明といえない。ヌーランスはこれらの断片情報を面白がってフランシスに伝えている。[43]

ヌーランスとフランシスはラデックをにらみつけた。彼が二千人規模の労働者の群集に反連合国感情をたきつけたことがあるという事実は、二人を安心させるわけがなかった。彼らはモスクワへ移動すれば、自分たちもやすやすとレーニンの虜囚になりかねないと結論した。ラデックとランサムは尻尾を巻いてモスクワに戻った。[44]

チチェーリンが実際に西側外交団を捕虜にするよう地元ソヴィエトに命じたという電報情報をフランシスが入手すると、彼らはヴォログダがもはや安全地帯ではないことを悟った。ムルマンスクの英軍がアルハンゲリスクのソヴィエト打倒を計画していることを、たとえフランシス大使が知らなかったとしても、これは大使にとって我慢の限界を超えるものであったろう。ボリシェヴィキはこれについての独自情報を持っており、同地域で露見した敵を処刑してきていた。北部ロシアは一つの戦域になっている。フランシスは一時間前に通知すれば大使館がアルハンゲリスクへ出発できるよう、蒸気機関車と客車を待機させておくことで、すでにヴォログダ駅長と内密の取決めを結んでおいた。七月二十九日、彼は脱出の時が来たと判断したが、英国の軍事攻撃で共謀していると見られるのを避けたいと考え、ムルマンスク南方数マイルのカンダラクシャへ行先を変更した。[45]乗車直前、彼はチチェーリンに「われわれは貴殿の助言を受け入れることに決めた」と電報を打ち、ちょっとした偽装を仕掛けた。チェチェーリンは本当は何が計画されているかを聞き知り、それを防ごうとした。「アルハンゲリスクはロシアを離れることを意味します」。彼はとても文句は言えなかった。彼自身の欺瞞も、成功していればフランシスをソヴィエト側に拘束させることになっていたのである。チチェーリンの行動は遅きに失し、間もなく米国人全員が走る列車の中でぐっすり眠った。[46]

クレムリンとホワイトハウスの間にもろい信頼があったとしても、それは今や霧消した。レイモンド・ロビンズはすでに五月十四日に米国へ発っている。人民委員会議による明確な承認がない限り、西欧連合国は軍事干渉を試みるべきではないという確信は変わっていない——そのころには、友人のロックハートはようやく、クレムリンの意思にかかわりなく連合国の軍事行動を支持するようになっていた。[47]だが、非公式パイプを通じた外交の余地はほぼなくなっていた。武力紛争の荒涼たる未来が、地平線上に不気味な姿を現している。ボリシェヴィキはブレスト=リトフスク条約に署名することで、ドイツからの脅威に対処してきた。西欧連合国はまだ、その軍事的意図を明確にしていない。そこで、共産主義指導者は一段の懸念をもって、自身の選択肢を思案した。彼らは外国からの挑戦を受ける前に、ロシア国内の敵を粉砕したいと考えていた。連合国がこの自由を認めてくれるかどうか、ここへ来て、彼らはもはや確信がもてないのであった。

第12章 打倒連合国

ソヴィエト支配に対する外国の軍事行動は、ロシア全土と旧帝国辺境地域にわたってチェカーを消耗させた。ドイツはポーランド、ウクライナおよびバルト地域を支配し、さらにフィンランド政府の要請によって同国に一定の兵力を駐留させた。英国はムルマンスクとアルハンゲリスクを占領。フランスはオデッサを支配。トルコは南カフカスに侵入しつつある。日本と米国はシベリア東部に派遣軍を上陸させた。「干渉」は多角的で、極めて危険であった。ソヴィエト治安部隊としては、ロシアにとどまっていたチェコ人元戦争捕虜など武装外国人による紛争の可能性も無視できない。グルジア、アルメニア、アゼルバイジャンが人民委員会議《ソヴナルコム》の権威を拒絶すると、ロシア帝国の解体は足を速めた。南東ロシアのヴォルガ地域はコムチが統治している。ロシアの反ボリシェヴィキ軍、すなわち白軍は、ロシア南部およびシベリア中部で活動を強化しつつある。こうした勢力はそれぞれ、モスクワおよびペトログラード周辺のボリシェヴィキ支配地域にいる支持者との連絡に努めていた。チェカーはこの地域全体にわたって反革命活動と戦う任務で手いっぱいである。国外での諜報と防諜に割く時間も人員も、ほとんどなかった。

ソヴィエト支配地域を統治するのは大仕事であった。十月革命以前に各省で働いていた「専門家」

を人民委員部《コミッサリアート》に登用せざるを得ない、とボリシェヴィキは認めた。ボリシェヴィキの中には、しぶしぶそうしておいて、働きが不誠実だと思うと相手かまわず迫害にこれ努める者もいる。「ブルジョアの」専門家に対するヨシフ・スターリンの猜疑心は悪名高かったけれども、それはボリシェヴィキの中で彼だけに限られなかった。彼らは「プロレタリア国家」の行政管理当局には労働者階級を登用することの方を好む。レーニンが一九一七年を通じて、語りかつ書いていたことである。[1] だが、労働者が自信と教育を身につけるまでに数年を要することを、彼は認めていた。それまでの過程では、共産党人民委員の監視の下で旧職員をポストにとどめなければならない。レーニンとトロツキーは、資質のある職業専門家がいなければソヴィエト国家は崩壊すると固く信じている。だが、彼らの現実主義を受け入れさせるには、一つ問題があった。

とはいえ、彼らも旧オフラーナ〔帝政時代の秘密警察〕機関員を採用したくはなかった。ロマノフ体制下で政治警察が革命家に加えた行為を憎悪する点では、彼らも他の共産党員と同じであり、元機関員の誰一人として信用できなかった。ソヴィエト憲法は元警察官の市民権を剥奪した。チェカーはこうした人びとの採用を拒否したため、諜報と防諜の手法は一から自習しなければならなかった。あれやこれやの現実問題について、マルクスとエンゲルスは手軽な教本を残してくれていない。ボリシェヴィキ党が所有する唯一の資産は、治安警察との長年の戦いの経験だけである。秘密の政治活動ゆえに、ボリシェヴィキはスパイの潜入と挑発に対して警戒措置を取る必要があった。冷静な警戒が不可欠であった。実際、二月革命のあとでオフラーナのファイルが公開されると、警察のスパイが誰の想像をも超えて革命諸党に組織的に浸透していたことが判明した。ボリシェヴィキはそれまで勇敢な陰謀行動を誇っていた。だからレーニンは、中央委員会における自分の弟子の一人、ロマン・マリノフスキーがオフラーナに金で雇われていたことを知って動転した。マリノフスキーがうかつにもペトログラードに赴

いて自らを人民委員会議の慈悲に委ねると、レーニンは彼を処刑させることに何の呵責も感じなかった。(2)

チェカー機関員はいくつかの教訓をほかの人びとよりはよく学んだが、暗号解読と暗号化の技術的専門知識の獲得は目立って緩慢であった。これは少々奇妙なことだ。一九一七年以前、彼らは全員、地下あるいはシベリア流刑地または亡命の地にあって、党の内部通信に秘密の記述形式を使っていた。これはしばしば、あらかじめ申し合わせた印刷テキストか、あるいは特殊な単語リストがせいぜいであり、不可視文字のために使った化学物質は、牛乳瓶の中身以上に複雑なものではなかっただろう。この経験は彼らに暗号の重要性を教えたのだが、彼らの政治的猜疑性が現実的知恵を発展させる機会を奪ってしまったのである。帝政ロシアは聡明な暗号技術者集団を育成していた。中でも著名なのはエルンスト・フェッテルレインで、彼は一九一八年六月にフィンランド国境を越えて逃亡した。フェッテルレインは大戦中、英国の外交暗号を解読し、対ロンドン交渉でロシア外務省と陸軍省に計り知れない価値の武器をもたらしていた。(3) 共産当局は初歩的な部類の暗号を考案できたにすぎない——だから、暗号解読技術は当分の間、彼らの手には届かなかったのである。

当局は無線通信のセキュリティーが穴だらけであることを自覚していた。ロシアが抱えていた非常に熟練した暗号技術者の多数が十月革命後、当局を見捨てており、その喪失から立ち直るのに何年もかかった。(4) ボリシェヴィキは自分たちが連合国やドイツ、そして白軍に技術的に劣っていることを理解できた。この問題を迂回する一つの方法は、平文で欺瞞的なメッセージを送ることであった。モスクワのカール・ラデックとキエフのフリスト・ラコフスキーの間の、ヒューズ社製電信機を通じた特別な会話を解釈するには、これが唯一の合理的な方法である。ラデックは芝居がかった大仰さで、ソヴィエトの空には一点の曇りも見えないと断言している。レーニンの病状は快方に向かっている。赤軍は刃向ってくるすべての反革命勢力を撃破しつつあり、チェコ兵と連合国との結合を断固として阻止するだろう。英仏の戦争捕虜は人質として抑留されており、ヴォログダから紛争が始まれば、彼らは即座に銃殺だ。ドイツに関しては諸事万端順調だ、とラデックはラコフスキーに自慢している。(5) こんなたわごとは、ボリシェヴィキがブレスト＝リトフスク条約を固く順守しているとドイツのスパイに信じ込ませる狙いでしかあり得ない。ラデックが連合国を脅し、ソヴィエト問題への干渉を思いとどまらせたいと思っていたことは十分あり得る。あるいは、ひょっとすると同時に両方の目的が念頭にあったのかもしれない。

チェカー指導部は自らが抱える効率性の欠如を是正する決意であった。一つ容易に思えるのは、機関員の募集の面だった。多くのボリシェヴィキと支持者らは、ロマノフ時代の個人的経験から、中・上流階級に対する恨みを抱いており、治安機関に入って人民委員会議に対する企てを一掃する熱意に燃えていた。

フェリクス・ジェルジンスキーは一見したところ、レーニンが一九一七年十二月にチェカーの長に望んだ最適任者ではなかった。近年の地下活動にはまったく通じていなかった。ミンスク近郊で生まれた貴族家系のポーランド人で、「革命活動」を理由に放校処分になるまではグラマースクールに通っていた。彼は詩人で、歌うことが好きだった。だが、政治的反逆が彼の情熱であった。そして、いったんマルクス主義に出会うと「ポーランド・リトアニア王国社会民主主義」の創立に参画する。彼は民族主義を嫌悪し、独自の独立国家を望む同胞ポーランド人たちにうんざりしていた。党内論争は肌に合わなかった。そして、同志ローザ・ルクセンブルクのように、大戦前のマルクス主義世界でレーニンとボリシェヴィキが限りを尽くした不正行為を軽蔑していた。彼は一八九七年、次いで一九〇〇年に再びシベリア流刑になったが、二度とも脱走する。ゾフィア・ムシカートとの結婚直後、彼女は逮捕され、彼は赤ん坊の息子とともに取り残される。それでも彼は革命活動を続けた。一九一二年の最後の逮捕のあと、獄中で殴打や手枷をはめたままの長期拘留という塗炭の苦しみを味わった。手首には生涯治らない傷が残った。帝政崩壊で釈放されたとき、彼は以前よりいっそう謹厳で、自制的になっていた。そして気管支炎に苦しんでいた。

ジェルジンスキーがチェカーのポストを望まなかったという事実それ自体が、一つの取り柄なのであり、レーニンは自分が正しい人選をしたと信じて疑わなかった。ジェルジンスキーはどんな状況に対しても冷徹な判断を適用し、集団殺戮を命ずることに心の痛みを感じなかった。ユゼフ・ピウスーツキは一九一九年にポーランド人を民族独立に導いた人物だが、彼は学校時代のジェルジンスキーのことを好意的に回想している。「ジェルジンスキーは繊細と上品さで目立つ学生だった。身長は高い方で、痩せ形で控え目、聖像のような顔をした苦行者といった印象があった。……苦悩したかどうか、これは歴史が明らかにする問題である。いずれにせよ、この人物は嘘をつくことを知らなかった[6]」。英国の彫刻家クレア・シェリダンは一九二〇年にジェルジンスキーの胸像を制作しているが、彼女は彼の物腰に打たれている。

彼の目は確かに、永遠の悲しみの涙にあふれているかのようだったが、その口は優しい親切心の笑みをたたえていた。顔は細くて、頰骨は高く、沈んだ表情。すべての特徴のうち、最大の個性があるように見えるのは彼の鼻。それはとても洗練されていて、繊細で血の気のない小鼻は、育ちの良さがもつ感受性を示している。[7]

ジェルジンスキーは彼女に言う。「人は獄中で忍耐と落着きを学ぶものだ[8]」。彼は個人的性質の会話は喜ばなかったので、彼からこうした親密さを誘い出した点で、シェリダンは非凡である。ジェルジンスキーは誰の追随者でもなかったが、ロシアで何をなすべきかについてはレーニンと一致していた。禁欲と大義への献身によって、彼はレーニンが望んだようにチェカーを運営することになる――しかも、ルクセンブルクなら懊悩したような道徳的呵責によって、思いとどまることはなかった。

ある程度の嫌悪感をもって暴力を加えているとの評判があるチェカー機関員は、ジェルジンスキーだけにとどまらない。彼の下の副議長ヤーコフ・ペテルスは、ルイーズ・ブライアントに同様の印象を与えている。「私が殺してもいいと信じる連中は組織内部の裏切り者、不当利得者ですべてを盗もうとする連中、そのような時代に革命的規律の高度な道徳的原則に忠実でなかった連中だよ、とペテルスは何度も私に語った」[9]。ソヴィエト支配下でテロルが起きるとすれば、それはペテルスのような不本意の加害者によって実行されるのであり、彼らは「人民の敵」に対してよりも職務怠慢のボリシェヴィキにいっそう厳しいのである、と彼女は指摘している。ジョージ・ヒルはブライアントほど人民委員会議に友好的ではないけれども、彼でさえペテルスは「実は自分がしていることを嫌悪しながらも、それは必要だと思っている」と受け止めている[10]。だがペテルスは、彼がシンパの外国人に見せた以上に陰鬱な人格の持ち主であった。ロンドン在住時代、一九一〇年のシドニー通り包囲につながった警官殺害に関与している。ジェルジンスキーと同じで、彼も十月革命のために何もしていない。時が経つに従い、ジェルジンスキーとペテルスはチェカーから制約を取り払うことにますます熱心になる。ボリシェヴィキの敵は陰謀と暴動を用いることをためらわない。一九一七年十二月にはレーニンの命が狙われた。チェカーは目には目を、で対抗したいと考えた。彼らは外国人には穏やかに語り続ける一方、ソヴィエト体制を守るためなら何事をもためらわなかった。

チェカー委員のマルティン・ラツィスは内部会報で、ソヴィエト体制に対する階級敵の殲滅を呼びかけている。彼は階級絶滅《クラッサイド》を主張していた。資本主義を抑圧するだけでは不十分だ。ラツィスからすれば、生きている全資本家の抹殺という要請が、同じく重要なのである。とはいえ、法的仕組みは極端に緩やかではあったものの、ジェルジンスキーは初めは慎重に歩を進め、党中央指導部と定期的に協議していた。ボリシェヴィキと左翼社会革命党との連立がチェカーを抑制した要因の一つであったが、一九一八年七月以降、ボリシェヴィキは一党独裁国家を運営していた。ボリシェヴィキは外国およびロシア国内の敵と向き合い、その敵は一段と組織を整え、資金力をつけつつあった。それ以降、チェカーはまず銃を撃ってから尋問するようになった。そもそも尋問すれば、の話であるが。

彼らが標的とした社会グループは、その年七月のソヴィエト大会が採択した憲法で名指された。市民権に関する条項で、いくつかの部類の人びとが選挙権と普通市民権を剝奪された。実業家、銀行家、地主と並んで貴族、僧侶、および警官がブラックリストに載せられた。同憲法は、すべての「以前の人間」――ぞっとする句だ――が疑わしい、と宣言した。ラツィスは彼ら全員をいけにえにしたいと考えた。彼が公然と語ることを、チェカー機関員がこっそりと実践した。緊急事態が持ち上がると、これらの範疇に属する人びとを逮捕し、人質として拘束しておくことが慣習になった。そうした囚人たちは、白軍がボリシェヴィキにテロルを実行すると、決まって処刑されるのであった。モスクワとペトログラードの刑務所は陰気で不潔な監禁場所であり、反革命グループを根絶やしにする仕事は、チェカー機関員を心構えでも実践でも野獣化した。あらゆるレベルでその指導者には、君主制・オフラーナ・教会への敵意をつのらせたユダヤ人やラトヴィア人、その他の非ロシア人が含まれていた点が際立っている。彼らは一九一七年以前に特権を享受していた人びとにテロを加えよとの命令に、たじろぐことはなかった。

共産指導部が抱く最大の不安の一つは、敵がブレスト＝リトフスク条約を破綻させる方法を見つけかねないということであった。無政府主義者は混乱を起こそうと躍起になっている。一九一八年四月、彼らのうち四人がレイモンド・ロビンズの車を包囲する事件が起きていた。ロビンズがブローニング拳銃を彼らに向けると、彼らも四丁のブローニングで刃向ってきた。無政府主義者らは車を奪い、運転手に運転を強要した。ロビンズは舗道に取り残されて外務人民委員部に連絡、車の返還と謝罪を要求した。チチェーリンはロビンズの怒りに対し「自分もつい一週間前に同じ目に遭いましてね」と、なんとも頼りない発言で応えた。ロビンズはこれに激怒、どこの世界にそんな呑気な話をする外務大臣がいるものかと申し立てた。ロビンズは次にチェカーに訴えるのだが、最初からそうすべきだったのだ。ジェルジンスキーの部下たちは、米国の財産は一週間以内に彼の元に戻すと約束し、まさにその通りになったのである。[11] 一九一八年四月十一―十二日の夜、チェカーと赤軍はモスクワにある無政府主義者の複数のアジトに対し強硬行動に打って出た。二十六カ所が攻撃を受けた。人民委員会議は抵抗の徹底鎮圧を実行するためにラトヴィア人ライフル銃兵を使った。行動が終わってみると、彼らは無政府主義者四十人を殺害、五百人を生け捕りにしていた。[12]

ジェルジンスキーは左翼社会革命党に囚われるという恥辱を受けて、七月八日にチェカー議長を辞任し、ようやく復帰を了承したのは八月二十二日であった。八日後、レーニンはあわや成功しかけた暗殺未遂で負傷。ジェルジンスキーの士気は再び萎えた。九月、彼はベルンへ去る。チェカーをヤーコフ・ペテルスに委ね、フェリクス・ダマンスキーの偽名で旅をした。面倒事の現場から離れ、国際共産主義運動のために有益なことをしたいと思っていた。アドリフ・ヨッフェは彼に容赦したがらず、チェキストはどうしてレーニン銃撃を見逃すほど大失態をやらかしたのかと問うた。[13] ジェルジンスキーのもう一つの旅行目的は、私生活の些事を片付けることだった。妻ゾフィアは大戦以前から彼に会っていない。彼女はロシアでの拘留を解かれたあと、息子を伴ってスイスに移住。一九一八年からベルンのソヴィエト代表部に雇われていた。ジェルジンスキーは国境を潜り抜けて家族を訪問する。ベルンで家族を動物園とルガノ湖のボート遊覧に連れて行った。ゾフィアはその後、夫は同じ遊覧蒸気船で期せずして英外交官ロバート・ブルース・ロックハートに出会ったと、眉唾の報告を書いている[14]。事実は、ロックハートはこの当時、ロンドンでスペイン風邪が治りつつあるところだった[15]。

ソヴィエト当局はまだ、外国の政治機関にスパイを浸透させる努力をそれほどしていない。彼らが西側におけるスパイの頭目候補を探したとすれば、それは間違いなくセオドア・ロススタインだったろう。戦時には『マンチェスター・ガーディアン』に書き、英陸軍省で通訳として働いていた人物である[16]。ロスタインはロシア帝国からの亡命者で、ロンドンにおけるレーニンの旧知の一人であり、ボリシェヴィキとメンシェヴィキのもともとの分裂に際しては、レーニン側に立っている。亡命先の国では、政治的急進左派の信条の古参支持者でもあった。彼ほど英語をあやつるロシア人マルクス主義者はいない。ボリシェヴィキがペトログラードで権力を握ると、その理念を活発に擁護した。共産党独裁を支持し世界革命戦争を呼びかけるなど、『コール』紙でのジャーナリズム活動は人目を引いた[17]。このことは、人民委員会議がロシアは戦争を継続しないと発表したあとでは、陸軍省でのロススタイン評価を高めることにはならず[18]、雇用関係の打ち切りは驚きではなかった。ロンドン警視庁公安課のバジル・トムソンによれば、ロススタインの職務ではいずれにせよ、敵国に役立つような情報にアクセスすることは決してなかった[19]。ロススタインは公務を去ることを、なんら残念がってはいない。

チェカーはまだヨーロッパにおける包括的な活動ネットワークを構築していなかったが、チェカー機関員が努力を傾けたもう一つの「外国」がある。ボリシェヴィキが一九一七年に権力を握ると、間もなく旧ロシア帝国領内各地で対抗政権が樹立され、そこではボリシェヴィズムに対する抵抗が強かった。人民委員会議としては、それらの地域がモスクワの権力下に入るべきことは自明の理だと考えている。チェカー機関員は、現支配者を倒し赤軍の任務達成を容易にすることを目的とした組織潜入訓練を受けた。

ヨーロッパでの活動は、ベルリンのウラジーミル・メンジンスキーら少数のチェカー機関員に限られていた。ドイツとスイスは連合国よりも通信連絡が容易な場所だった。実際、英国との郵便が途絶えると、ヤーコフ・ペテルスは親しい連合国情報機関員に、英国外交便を使ってロンドンの妻あての手紙を運んでほしいと依頼せざるを得ないほどであった。[20] それに、対外諜報活動はチェカーの専売ではなかった。外務人民委員部や、モスクワから母国へ帰っていくもろもろの共産主義者を巻き込んで、諸機関の錯綜が生じる。人民委員会議と同様、ロシア共産党も職掌の重複に悩まされた。ソヴィエト支配者らは結果を求める。彼らは実利優先の狂信者であり、自分たちの計画から何か肯定的な結果が生まれそうに見える限り、組織機構上の妥当性は気にしない。ジェルジンスキーは広大な国際諜報網の中心に位置するクモと考えられていた。だが、これほど真実からかけ離れた話もない。チェカーと人民委員会議、それに党中央委員会がそれぞれ並行して熱心に活動していたのであって、どの機関も諜報任務での独占権は有していなかったのである。

事実、ジェルジンスキーと同志らは一九一九年六月に至るまで、国外活動のための非合法作戦部門の設立にまで手が回らなかった。ロシア国内の緊急事態が、対処すべき優先課題だったのである（細かいことを言えば、忘れてならないのは、ソヴィエト・ロシアでのチェカーの作戦行動のうち、人民委員会議がチェカー機関員を法的制約から意図的に解放したことだけが理由で、法の則を超えた例は一つとしてないことである）。[21] だが、外国政府に関する情報は政策形成に不可欠である。人民委員会議が生き残るためには、ドイツと連合国が差し迫った脅威になっている。いずれが、いつ何どき侵攻してくるか知れないのだ。ロシア人による陰謀行為も、ソヴィエト支配下の全領域で撲滅ないし防止しなければならない。連合国の支援を受けた白系勢力の陰謀が芽吹いている。共産党指導者らはワシントンとロンドン、そしてパリで進行中の事態に関する知見の向上に必死になった。リトヴィノフとロスタインはロンドンで、外務人民委員部のためにこの任務を巧みに果たした。米国ではヌオルテヴァとマルテンスがフィンランド広報事務所を通じて、ボリシェヴィキ支持を説き回り、フェリクス・フランクファーターらシンパによって支援が提供され続けた。

とはいえ、内部情報の最良のパイプは非公式外交チャンネルであった。外務人民委員部のカラハンとラデックは、モスクワの有力外国人に延々と語りかけた。両者とも、それぞれの流儀で魅力的であった。ラデックはずうずうしさと極論で多くの人を怒らせたものの、連合国の意図を突き止めようと耳目をそばだてていたアーサー・ランサムには、断然魅力的に見えた。ランサムの親ボリシェヴィキは公然の秘密であり、連合国の情報機関員は彼の前では発言に注意する習慣を身につけていた。実際、たとえ彼が同時に英情報機関のために働いていたとはいえ、彼の手紙や動静は綿密な監視下に置かれていた。(22) カラハンはソヴィエト・ロシア――この名称で呼ばれ始めていた(23)――と西側連合国の間のなんらかの取決めに対する希望を隠さなかったことから、ともかくも連合諸国の代表にとってはいっそう肌の合う交友相手であった。ロックハートは、自分のお気に入りの人民委員は「手袋をつけ、ひと箱の葉巻を持って」登場するのが好きなことで知られている、と断言している。(24)

紳士的な社交辞令が国際関係の野蛮さを隠ぺいしていた。カラハンとロックハートは葉巻をぷかぷかやりながら、率直に情勢に関する意見を交換した。カラハンは英国がボリシェヴィキを助けなかったと難詰した。連合国がソヴィエト・ロシアを孤立させ、威嚇したために赤色テロルが野蛮化したのだ、と彼は主張した。ロックハートは、人民委員会議が東部戦線をたたんで連合国を危地に陥れた以上、事業自得だと反論した。英仏両国が生存をかけて戦っているのに、レーニンは対独軍事圧力を解除することを選択したのだ、と。十月革命後の一年、ソヴィエトの情報活動が貧弱だったとしても、ボリシェヴィキ指導部は連合国のボリシェヴィキ評価に関する情報へのアクセスを欠くことはなかった。ラデックとカラハンは外交政策の形成に有益な断片情報を熱心に集めた。二人は入手した情報をクレムリンの同志の元へ持ち帰った。それはまだ、ボリシェヴィキの行動を変えるほどではない。人民委員会議がドイツと連合国の間で立ち回る余地は極めて小さい。そのうえ、ボリシェヴィキはどのみち周辺世界をイデオロギーの眼鏡で見ている。連合国外交官らが伝えてくる外国資本主義列強の意図に関するすべての事柄に、最悪の事態を想定するのだった。当時の環境下にあって、これは一つの用心策であった。

第13章　ドイツ頼み

戦争の初期、ドイツ潜水艦隊がバルト海を北半球で最も危険な航海海域に変えると、アルハンゲリスクは戦略的重要性を帯びた。ドヴィナ川東岸の材木波止場は、英国からロシアへ向かう貨物の主たる目的地になった。そして一九一八年夏、ドイツ軍がフィンランドから北部ロシアに侵入すると、ロンドンの陸軍省は英派遣軍に対し、ムルマンスク基地からの進発とアルハンゲリスク占領を許可した。その作戦を指揮したフレデリック・プール将軍は、これを人民委員会議《ソヴナルコム》打倒に向けた第一歩であると見ていた。

同市はロシア最古の国際商業港である。英女王エリザベス一世がモスクワ大公国会社の設立を命じた十六世紀以来、同市はヨーロッパの他地域に材木と毛皮を供給してきた。十八世紀初め、ピョートル大帝がフィンランド湾岸に自ら拓いた新首都サンクトペテルブルクに特権を与えると、同市の形勢は落ち目になり、大戦勃発のころにはアルハンゲリスクの人口は三万八千人に減少している。その入り江は五月から九月の終わりまで、一年のうち半分しか航行できない。冬季の気温は摂氏零下一三度まで下がることもあり、地元の裕福な家族は窓に三重の防寒ガラス工事を施している。昼間の時間が長くなる夏の「白夜」には、蚊が万人を悩ませる。しかしアルハンゲリスクは賑わいのある保税倉庫であり続け、市行政当局は活動を強化するために波止場の数を物理的限界まで増やしていた。六十フィートの喫水を持つ船舶でも、そこに停泊場を見つけることができる。ドヴィナ川と並行して、一本の道路が町いっぱい――全長五マイル――に走っている。商人たちはこの道路と川の間に屋敷と製材所を建てた。自分の財産を見守るには波止場に十分近い距離である。舗道は木材敷き、産業は木材である。タールやピッチ、魚類、亜麻など他の品物も商われてはいたのだが、アルハンゲリスクには「木の大都市」の表現が似合った。(1)

プール将軍の計画は、アルハンゲリスク県全体を侵攻のための基地として使うというものだ。計画ではドヴィナ川を南方へ遡上して、ヴャトカ鉄道路線とシベリア鉄道の終点であるコトラスまで軍を送る。将軍の目標は東部と南部からペトログラードおよびモスクワを狙う半円陣形を形成することであった。(2)ウラルでチェコ軍団と、南部ロシアで義勇軍と合流したあかつきには、軍事バランスを人民委員会議側に不利にできると期待していた。(3)計画はフランスの賛同を得た。さらに、米国は直接関与を望まないまでも、英国の行動にいかなる反対もしない、と内々に示唆している。(4)楽観がこの上なく高まっていた。ロンドンの海軍本部は、不人気で脆弱なモスクワ政権と戦うロシア人義勇兵部隊を募り、訓練するのはたやすいとするプールの見込みを共有していた。(5)

一九一八年七月二十六日、連合国分遣隊が海路、ムルマンスクからアルハンゲリスクへ移動。プールが最後通牒を発すると八月二日、何よりも脅しによって同市は彼の手に落ち、赤軍守備隊と政治委員ミハイル・ケードロフはそそくさと撤収してしまった。(6)ニコライ・チャイコフスキーは二月革命までロンドンにいた七十歳代の革命家だが、彼は「北ロシア最高政府」を率いることを了承していた（反ボリシェヴィキの企てには「最高」の言葉が必須のようだ）。プールはロシアの地理と社会をほとんど考慮に入れておらず、チャイコフスキーはもう自信をぐらつかせていた。農民が新政権を熱狂的に歓迎することはなく、行政府は貧弱であった。連合国は小手先の経済改革を試みる。臨時政府の置き土産で、目下ボリシェヴィキが所有権を主張している西側銀行口座の資金は、反ボリシェヴィキ当局が利用すべきことが申し合わされた。ジョン・メイナード・ケインズは当時、ロンドンの財務省顧問を務めていて、ソヴィエト支配外の地域における通貨安定策に関する覚書を提出している。ポンドないし金とアルハンゲリスク・ルーブル貨の固定相場を提言したのである。(7)

　英国の新聞は北部ロシアについて「かなりの兵力」が上陸したと伝えたほかは、ほとんど触れていない。(8) 労働党議員が情報公開の欠如に苦言を呈すると、政府は頑なにコメントを拒否した。(9) 数カ月後、アルハンゲリスク駐在の英国領事ダグラス・ヤングはロンドン記者団の元に赴き、自分が目撃したまやかしと暴力を糾弾することになる。彼はボリシェヴィズムを嫌いながらも、外交を通じたソヴィエト・ロシアへの対処を主張した。モスクワから数百マイルも離れた地点に数千人の部隊を配置しても、人民委員会議を倒すことはできない、と。(10) だがその当時、アルハンゲリスク作戦の上には不可解さのカーテンが垂れ下がっていた。ヴォログダを逃れた米国大使館は、プールが連合国職員にとってアルハンゲリスクが安全であると宣言すると、直ちに同地に本拠を定める。(11) 一定の外交上の機微が絡んでいた。米国はここに来ても、同市占領には参加していないことをソヴィエト政府に知ってほしかった。プールが同市を占領したあと、そこへ移動しているだけなのだ。かくして、適当な機会があれば米国が人民委員会議と交渉するためのドアは、開けておかれた。こうした微妙な陰翳が、プールの軍事行動に対するボリシェヴィキの反応の仕方に影響することはまずなかった。ボリシェヴィキの見方では、西欧連合国はソヴィエト・ロシアに対する重大な主権侵害を犯したのである――そして彼らは、プールが前進を続けるのではないかと恐れていた。

　ところが、新たな部隊増派がないために、プールはアルハンゲリスク県を越えて作戦行動を拡大することができなかった。アルハンゲリスク占領の承認に先立ち、英国政府は、ボリシェヴィキを打倒しようというなら少なくとも二個師団が必要だとする勧告をペトログラードの海軍情報機関から受け取っていた。せめてそれが出来ないと「作戦行動は真剣に行われていないという印象を生むだろう」と。これに対し、真に大規模な分遣隊を派遣するならば、ドイツはもはや東部から西部への部隊移動ができず、部隊を逆方向に動かさざるを得なくなり、これは西部戦線で連合国を利することになるため、即座の戦略的効果が上がるというのである。[12]

だが、三月に始まっていたドイツ軍の大攻勢を撃退するには、連合国の最大限の人的・物的資源が必要であった。プールはじっと待って、フランス北部での勝利を祈るほかなかった。ドイツ軍が数カ月の攻撃で消耗し七月十八日、ヴィレコトレで後退せざるを得なくなると、彼の期待は実現するかに見えた。フランス軍はドイツ軍が無敵ではないことを示して見せた。その日曜日、祝賀が整然と行われ、フランス全土で教会の鐘が鳴り響いた。ところが、ドイツ軍は部隊を再編成してしまい、連合国司令官らはこの重大な時に二個師団をそっくり割けるわけがない。プールは落胆して、ヴャトカへの突破を試みるという考えを捨てた。代わりに彼は、ロシアないしフランスの軍事情勢が万一変化する時を待ち、麾下の部隊をアルハンゲリスクに駐留させる。プールは、人民委員会議の生存を脅かすことなくただ怒らせただけで、彼の軍は長い夏の日々、虫に食われることに我慢し慣れてしまった。

だが、ドイツ外務省は数週の間、共産勢力に北部ロシアの奪回と英軍排除を呼びかけていた。[13]ドイツが共同軍事作戦の実行を提案した、とヨッフェはベルリンから報告している。ドイツ軍最高司令部は連合国が東部戦線再構築に成功する可能性を恐れ続けていた——二つの戦線での戦争は、ルーデンドルフとヒンデンブルクが最も対処し難いところである。人民委員会議はアルハンゲリスクが連合国に降伏するまで、ドイツの誘いに抵抗した。八月一日、チチェーリンはミルバッハの死後大使館を率いていたカール・ヘルフェリッヒに、アルハンゲリスクとムルマンスクの対英軍攻撃での協力について照会している。プールが与える潜在的脅威についての懸念は高まっていた。八月十三日、チチェーリンはドイツにアルハンゲリスク空爆の実行を要請した。ペトログラードのチェカー議長モイセイ・ウリツキーは、北部の英軍事拠点を潰す必要について、ドイツ外交官らと協議した。ウリツキーの要求は、ドイツ軍はペトログラード経由で進軍してはならないというものであった。彼はロシア労働者階級の意見が気になるのだと申し立てている。いやむしろ、彼はドイツの支援が欲しいのだが、ドイツを完全には信用していなかったのだ。ドイツ軍のペトログラード入りを認めると、彼らがソヴィエト支配に手出ししない保証はないのである。[14]

ドイツの意図はソヴィエト指導部には常に懸念の種であったし、指導部が懸念するのは正しかった。ベルリンの支配層が、ロシア侵攻とボリシェヴィキ打倒という考えを疑ったことは一度もない。主戦派は一貫してこの見解に引かれている。つい一九一八年六月のこと、ルーデンドルフは「われわれはソヴィエト政府から何も期待し得ない」と言っている。実地調査が開始されていた。[15]

ベルリンのヨッフェとソヴィエト使節団は、そうした検討作業を探知し損ねた。ドイツ政府はソヴィエト使節団に、ウンターデンリンデン通りのロシア大使館ビルを割り当てていた。国際的作法では、ヨッフェはドイツ皇帝に自ら信任状を奉呈しなければならない。しかしブレスト＝リトフスク条約に断固反対のヨッフェとしては、これは考えられないことであった。それに、おそらく皇帝も気を悪くはしなかっただろう。ヨッフェはいつも粋な身なりをしているのだが、そのほかの点では外交官の典型からほど遠い。執務室は乱雑。彼は会計帳簿の付け方がまるで分かっていない。通貨交換レートのことは皆目知らず、知ろうという気もない。[16] ほかの古参共産主義者と同じで、金銭を嫌悪の目で見ていたのだ。それでも、旧大使館から受け継いだドイツ人使用人は雇い続けた。[17] ヨッフェはマルクス主義の分析プリズムを通して従業員を眺めていた。彼からすれば、彼らは革命の信条に取り込める「プロレタリア」なのである。使節団での仕事は、どう見ても悠長だった。この調子は、毎朝運動服姿でやってくるヨッフェ付の若いロシア人運転手によって決まった。これは、ヨッフェがドイツ外務省に所用があり、彼にもっと上品な服装をするよう言いつけるまでは問題にならなかった。運転手は絹のパジャマを着ることで、これに応えたのであった。[18]

ヨッフェの私生活も同じく混乱を極めている。彼の妻と娘ナージャは十月革命後、バクーに住んでいたが、その後彼がベルリンへ連れてきていた。それは幸福な家族合流ではなかった。ヨッフェ夫人が狼狽したのは、夫の個人助手として働く若い女性の存在であった。これはマリア・ギルシュベルクで、一九一七年にペトログラードで共産党に入党。どうなっているのかはソヴィエト使節団の誰もが知っていた。マリア――通称ムーシャ――は、一日中ヨッフェと一緒にいて、それが必ずしも革命の仕事ではない。ヨッフェ夫妻は夜更けまで口論し始め、幼いナージャは寝室の壁越しに彼らの話を聞いた。母親は毎朝、目を赤くしていた。ベルリン使節団の同志らはヨッフェが小さな策士のとりこになったと思った。[19]ヨッフェ一家がスウェーデンで短い休暇を過ごしたあと、この両親は寝室を別にするようになる。ムーシャは正真正銘の愛人になった。[20]

しかし、ヨッフェの真の情熱は革命にあった。ベルリン現場の人間として、自分の方がチチェーリンよりよく分かっていると考えていた。外務人民委員は徹夜仕事を好み、些細なことで朝四時にヨッフェに気ままに連絡してきた。また、ドイツを利するリスクがあるにもかかわらず、保安上の予防措置をまるで取らずに電信機を使った。[21]だが、二人を分かつ主たる問題は、ドイツの扱い方である。ヨッフェは、ドイツはポーランドとウクライナの占領で手いっぱいで、ロシアとの公然たる断絶には向かいそうもないと主張し、チチェーリンは臆病すぎる、と考えていた。ヨッフェは「ドイツ帝国主義」との取引にもはや反対ではなかったが、彼はドイツの銀行・実業界の扱い方が粗雑であり、契約を尊重する意思は毛頭なかった。財務人民委員ニコライ・クレスチンスキーは、そのようなごまかしでは彼の正体が露見するとして反対した[22]。だがレフ・クラーシン、ウラジーミル・メンジンスキーら使節団の他のメンバーは、レーニンに書簡を書く際、ヨッフェの側に立っている[23]。クラーシンは外国貿易に関するボリシェヴィキの専門家[24]、そしてメンジンスキーはより高位のポストを約束されたチェカー機関員である。二人ともドイツ政府がロシアの経済復興を毫も支援するとは考えていない[25]。レーニンはヨッフェに対する憤慨のあまり、モスクワへ出張したいという彼の要請をしばらくの間、拒否した[26]。レーニンは彼が外務人民委員部をベルリンから牛耳ろうとしていると難詰し、モスクワの決定に疑問を差し挟まないよう「ヨッフェ大使」に呼びかけている[27]。

　ヨッフェはレーニンに「もしドイツがそれほど喜んで東部に兵を送るとお考えなら、あなたは……ひどく誤解している」と告げた[28]。何の効果もなかった。レーニンは既に心を決めてしまっており、ヨッフェが注意散漫でドイツ語のプロパガンダを満足に書いていないと咎めた。ヨッフェはレーニンを無視、自分の見解に従って使節団を差配した[29]。

　どのみち、ほかの多くの点では合意があった。公然活動は使節団の義務のほんの一部であって、ヨッフェの内密の任務にはモスクワからやってくる指導者や工作員《エージェント》、外交連絡員の接受が含まれている。度重なる機会の隠密来訪者の中には、ニコライ・ブハーリンとフリスト・ラコフスキー——、そしてフェリクス・ジェルジンスキーがいる。ヨッフェはこうしたボリシェヴィキ急進派を援護することを歓迎した。彼らはみんな、本来はブレスト＝リトフスク条約に反対なのだから[30]。共産主義者の想像の中で、ドイツは依然としてヨーロッパの革命的変革の原動力である。単独講和とソヴィエト体制の脆弱さが、ボリシェヴィキによるベルリンでの大衆蜂起の促進を妨げることがあってはならないとする気持ちは、とにかくレーニンも共有していた。ヨッフェは、支持者になりそうな人びとに共産主義文献と援助資金を配布する工作員たちをとりまとめる手助けをした。ヨーロッパ各地へさらに旅を続ける用意をしたモスクワの特使たちを援護した。(31) ベルリン使節団はまた、連合国向け政治宣伝のための根拠地になった。戦争と革命に関するモスクワの諸宣言を受け取ると、ヨッフェはそれを英国、スイス、スカンジナヴィアに転送する。しかも彼は、革命文書類を印刷し、西部戦線に沿って米英仏軍に発送する許可をドイツ政府から得たのである。(32)

ロシアを手荒く扱うのは軽率だ、と考えるドイツの著名人や公的組織は多い。自由主義政治家グスタフ・シュトレーゼマンはヨッフェに、ソヴィエト指導部がドイツとのなんらかの適切な同盟に同意しさえすれば、自分はポーランドと旧バルト諸州を除く地域をすべて返還するという考えを前向きに検討すると話している。ヨッフェとシュトレーゼマンは相互経済支援の方策についても話し合っている。だが、シュトレーゼマンは政権の座にない。こうした考えをルーデンドルフと最高司令部に取り次ぐ約束しかできなかった。(33)

ルーデンドルフは対露穏健路線に乗り気でなかった。八月八日、彼の軍はアミアンにおける英軍の攻勢に屈した。(34) フランス北部では着実に敗色が濃くなっていた。連合国の戦術の卓抜さと優勢な物量が効き目を表すにつれ、ドイツ軍最高司令部ではパニックが起きた。ルーデンドルフは最後の大攻勢を呼びかけた。これを念頭に、彼はソヴィエト政府に対し一段の領土・資源の放棄を迫る決意だった。ブレスト゠リトフスク講和よりさらに負担になるような条件で、追加条約が八月十日に署名された。人民委員会議はエストニア、ラトヴィア、リトアニアに対するすべての請求権を放棄することになっており、西部戦線に向けたドイツ軍増派部隊の海路輸送を可能にするものであった。ドイツは黒海の船舶利用権を得ることになる。バクーの石油産出量の四分の一を買えるようになる。ソヴィエト指導部は金備蓄から六十億マルクの賠償金を支払うことに同意。アルハンゲリスクおよびムルマンスクからの英軍駆逐に努め、その目的のためドイツのいかなる軍事作戦も支持することを請け合った。レーニンが受けた対価はほとんど何もなく、ただ、ドイツはロシア国内の人民委員会議の敵への援助供与をやめるという約束だけであった。この条約の署名は八月二十七日に行われた。(35)

これはレーニンの宥和政策の頂点であった。すでに六月、彼はドイツへの貢ぎとして、ムルマンスク地区の西部をフィンランドに割譲していた。これはフィンランド駐留ドイツ軍が、連合国軍の展開に対抗する助けになる。(36)同様の対独支援の用意は、南カフカスではっきりしている。スパーのドイツ軍最高司令部で七月二日、ヨッフェが「バクーの石油について確かな保証」を与えたと報告されている。(37)ドイツは同盟国トルコの同地域侵略を止める用意を表明した。ボリシェヴィキ単独ではバクーを防衛できない。ドイツの外交的支援の見返りに、ベルリンに石油を売却しようというのである。(38)七月二十九日、バクーのボリシェヴィキ指導者スチェパン・シャウミャンに、すでに軍派遣を申し出ている英国からはいかなる軍事援助も受けてはならない、とレーニンが言い渡している。この命令を無視すれば「反乱および国家への反逆」として扱う、と。(39)レーニンと彼の同志らはこれに平然としていた。党機関紙『プラウダ』はたいてい、西部戦線に関するニュースをほとんど報じておらず、英海軍駐在武官フランシス・クローミー大佐は、これを「無論、フン（ドイツ兵の蔑称）の命令によるもの」と考えている。(40)ところが、党機関紙は八月十七日、ヴィレコトレとアミアンにおけるドイツの敗北の結果、ドイツが仮にもロシアを侵略する可能性はなさそうなことがはっきりした、とほのめかした。(41)そうではあれ、レーニンは連合国側の苦境を予測し続けた。八月二十八日、レーニンは、フランスでは愛国的防衛の評判が危機に瀕しており、英国労働者階級は国内平和の考えと袂を分かとうとしていると言い放っている。(42)

彼自身の最大の関心は、ロシアのヴォルガ地域にあった。チェコ軍団の合流により、サマラのコムチ政権軍は物心両面で強化された。彼らは北進し、カザンを占領した。これでモスクワまでは、鉄道と河川ルートでわずか六百三十キロを残すだけである。この挑戦に対応するため、投入可能なすべての赤軍部隊が急派された。軍最高司令部を監督、部隊の士気を強化するため、八月にはトロツキーが到着した。もし赤軍が同地域から駆逐されれば、コムチがモスクワにとって深刻な戦略的脅威になることは毫も疑いない。人民委員会議は生存をかけた試練に直面しているのである。

赤軍はカザンのヴォルガ川上流に位置するスヴャジスクで隊列を整えた。当初は組織上の混乱に苦しんだ。部隊とその指揮官らが、自分たちは人民委員会議とコムチの戦争には無関係だと判断すると、集団脱走も起きた。赤軍への輜重《しちょう》補給は途切れ途切れだ。だが赤軍はヴォルガ河岸の防御線を支え、士気と規律は高まりはじめた。『プラウダ』はこれについて、まるでロシア側の要因だけが働いているかのように報じている。しかし、例によって、国際的側面があった。赤軍の布陣はドイツの同意のおかげで、初めて可能になったのである。ブレスト＝リトフスク条約によって、独露両軍は新たなロシア・ウクライナ国境沿いに整えられた「遮蔽」の中で向き合う形で駐屯していた。ドイツ軍がそのつもりになれば、赤軍の防御をたやすく撃破できることを疑う者はほとんどいない。人民委員会議はドイツが付け込んでこないと確信できない限り、国境を無人にしておくことはできなかった。ヨッフェは八月七日にドイツ外務省と問題を検討し、外務次官パウル・フォン・ヒンツェがドイツはソヴィエト・ロシアの軍事的苦境に乗じることはしないと公式の保証を与えると、ヨッフェは満足した。[43]どちらかといえば、赤軍の奮闘に喜んだのはドイツである。実際、チチェーリンは数週間後、ドイツは赤軍の手でヴォルガ地域のチェコ兵を一掃するよう求めていると強調することになる。ドイツとソヴィエトの戦略的利害は一致していたのである。[44]

レーニンとトロツキーは、対コムチ戦争の遂行にプレッシャーを感じる必要はなかった。内戦を恐れるどころか、彼らは積極的にそれを追求しているのである。反共派との決定的な力比べに勝利するまでは、革命が安泰でないことは分かっている。彼らが一番望まないのは、敵とのなんらかの妥協である。トロツキーは一九一八年八月十七日、次の秘密メッセージをレーニンに送っている。

私は赤十字旗をつけた蒸気船が（ヴォルガ川を）航行するのは許しがたいと考える。穀物を受領すれば、ほら吹きやバカどもに、合意が達成可能であり内戦は必然ではないことを示すものと解釈されるだろう。軍事上の動機が私には不明だ。空軍パイロットと砲兵はカザン、次いでシムビルスクとサマラのブルジョア地区を爆撃、放火するよう命令されている。こうした条件下では、赤十字の車列は不適当だ(45)。

トロツキーは二つの戦陣の間に何ごとが割り込んでくるのも望まなかった。ヴォルガ地域の住民が飢えているとすれば、それはご愁傷さま。レーニンとトロツキーは二人とも、ソヴィエトの理念は軍事的現実に対する断固たる献身を必要とすると信じている。コムチ政権とその支持者は壊滅させなければならない。ほかの何ごとかを優先するのは、ただの感傷にすぎない。ボリシェヴィキはロシアに火を付けたうえ、ドイツの同意の下、いかなる抵抗もそれが強固になる前に焼き尽くそうとしていたのである。

第14章 ロシア転覆陰謀

ロシアにおける諜報と転覆陰謀は、一九一八年に何人かの生気あふれる人物によって行われているが、英国情報部の任務で春にやってきたシドニー・ライリーほど華々しい男はいない。ライリーは生涯、自分のことについて矛盾する話をしている。ウクライナ出身で少なくとも一部はユダヤ人の血が混じっていたというのは、絶対確実ではないが、ありそうなことではある。やや背が低く、土気色の顔で禿頭だった。本当の姓はおそらくローゼンブルムだが、疎遠の妻マーガレット・ライリー・キャラハンから借りた偽名で事業を切り回していた。(1) 女性には魅力的で、彼の方も女性を熱心に追い求めた。(2) ほかに情熱を傾けたのは流行の服装としゃれたホテル、上等の葉巻、それとナポレオンの記念品収集である。(3) 人心収攬術にとても長け、ビジネスでは貪欲な策士。商売上のパートナーが来ては去って行く。彼らはライリーと長く一緒にいることはなかった。多くの人が詐欺商法に苦情を言ったし、実際、彼は誰をもかっこうの獲物として扱った。彼のことを道徳的にとても清廉だ、などと言った知人は一人もいない。シドニー・ライリーは強迫観念にとらわれた詐欺師であった。(4)

英国情報部のマンスフィールド・カミングは自分の直感を信じリスクを取っていたが、周囲が資格なし・不適任とみなした新メンバーの選抜では、彼の正しさがしばしば証明された。彼はライリーに関して送られてきた分厚い警告の束を無視した。[5] 情報部は大胆さと創意を備えたロシア語の使い手を必要としており、ライリーはその要請にぴったりであった。カミングは彼を情報員ST1として、アルハンゲリスク経由でロシアに送る。ライリーは勝手気ままに始め、命令に反して、説明もせずムルマンスクで下船してしまう。同地の英派遣軍は、英国からライリーを乗せてきた商船の留置房に彼を放り込んだ。ケンプ提督は情報将校スティーヴン・アレーに尋問を依頼。アレーは「彼のパスポートは極めて疑わしく、名前はReilliと綴られている」と報告した〔本来の綴りはReilly〕。この特異なスペリングは、ひょっとすると意図的なものだった。ライリーはアイルランド出身と名乗り、完璧な文法で話したものの、そのアクセントは間違えようもなく東欧のものだったため、風変わりな英語名なら疑いを招くことも少なかろうという計算に基づいていたのかもしれない。[6] 身元を問題にされると、彼は「アスピリン錠剤の瓶のコルクの下に隠した、暗号化された極小文字のメッセージ」を取り出した。アレーはメッセージを理解し、望みどおり南へ進むことを許可すべしと指示した。[7]

一九一八年四月にモスクワに着くと、ライリーは英当局者との接触を避け、外交儀礼を無視した。その代わりクレムリンに直行し、自分はソヴィエトの業績に関する著作のための調査中であると説明した。これにより、レーニンの首席補佐官ウラジーミル・ボンチ＝ブルエヴィッチとの会見にこぎ着ける。その会合は友好的なもので、ライリーは公用リムジンの使用許可と、トロツキーが赤軍について演説することになっている技術工科学校博物館でのメーデー祝賀行事への招待を受けた。ライリーと友人の一人が到着したとき、ホールはすでにすし詰めだった。演壇上の特別席に座り、彼らとトロツキーを隔てているのは一台のピアノだけ。ライリーは「トロツキーを殺し、ボリシェヴィズムを一掃するにはうってつけの時だな！」とささやいている。[8] だが、自制心が邪魔をして、ライリーは思いとどまる。ボリシェヴィズムについてはどちらかと言えば寛大な見解を持ってロシアに来たのだが、モスクワでの数日が彼の考えを変え、ソヴィエト体制について毒を含んだ話し方をしはじめた。[9] 正体不明の英国人がクレムリンを訪れ、レーニンとの会見を申し入れたことをロックハートがようやく耳に挟んだのは、そのときであった。彼は自分が外されたことに激怒し、当局の方針を厳しく言い聞かせるためにライリーを呼び出した。

こうしたやり方でわだかまりを解くと、ロックハートは自分が目下考えているボリシェヴィキ打倒計画を打ち明けてもいいと思った。英国大使館がヴォログダへ引き払った後、ロックハートはより大きな自由を手に入れていた。これは「大吉」だ、とは彼が好んだ表現である。[10] 彼はトロツキーとともにモスクワへ移ったとき、「独立」の立場でいる権限をロンドンに要求していた。とりわけ、総領事のオリヴァー・ウォードロップが、彼に対して権限をふるうことなく、あらゆる支援を与えるべきことを彼は主張した。[11] 外交・諜報の任務を、じゃまされず自由に追求したかったのである。

私生活でも自由を求めた。かつて既婚夫人との情事をめぐるスキャンダルを避けるため本国送還されたのに、モスクワでさっそく新たな恋人を見つける。彼が最初にマリア・ベンケンドルフ（旧姓ザクレフスカヤ）に会ったのは一九一八年二月二日、ペトログラードでブリッジ遊びを通じてであった。その際、二人は握手しただけであったが、彼は彼女の魅力と活発さにほれ込んでしまった。[12] モウラ——これは彼女が好んでいた呼び名だが——はまだ、十月革命前にあった旧上流社会を動き回っていた。彼女は夫イヨアンに飽きており、彼の方は数週間前、子どもたちを連れてエストニアの広大な所領に引っ込んでいた。[13] ロックハートは興奮を探し求めており、「彼女にぞっこん惚れた」と白状することになる。[14] 間もなく彼らは肉体関係を持つ。[15] 彼女は彼の子を身ごもり、自分もロックハートもじきにそれぞれの配偶者と離婚するものと期待していたのは間違いない。だが、ロックハートがジーンとの結婚を解消していたかどうか、確実とはとても言えず、モウラは九月に流産すると、幸福はたちまち陰り始めた[16]。続いて彼女はソヴィエト情報部に通じた疑いをかけられる——これは彼女が一九三〇年代までには確かにやっていたことなのだが。しかし、一九一八年半ばの時点で、既にチェカーのために働いていたという証拠はない[17]。いずれにせよ、ロックハートは彼女と関係を持ち、アパートに出入りさせるリスクを冒した。仮に彼がスパイされていなかったとしても、それは彼が細心の警戒措置を取ったからではなかった。

在モスクワ英国情報ネットワークに身を置くロックハートらの生活スタイルは放埒である。だが、シドニー・ライリーはほかの誰にも勝っていた。彼の多くの愛人の一人に、若きロシア人女優エリザヴェータ・オッテンがいて、クレムリンの北数百ヤードのところに設備の行き届いたアパートを借りていた[18]。エリザヴェータの同居人ダグマラ・カロズスは、ジョージ・ヒルによれば、これもライリーに口説き落とされた女性の一人であった[19]。ダグマラはドイツ市民で、一九一五年にスパイ容疑でドイツ内務省に捜査を受けたことがあった。彼女は機敏に反応し、ロシア市民権を申請した[20]。次いでオリガ・スタルジェフスカヤがおり、彼女はライリーにすっかり惚れ込み、愚かにも自分たちは間もなく結婚すると思い込んでいた。彼女はライリーをコンスタンチン・マルコヴィッチ・マッシモという名のロシア人と認識していた[21]。スタルジェフスカヤは全露ソヴィエト大会執行委員会中央事務局のタイピスト。重要資料への彼女の接近能力が、彼にとって主たる魅力だったことは疑いない[22]。ライリーは彼女に、マーラヤブロンナヤ通りに二人のアパートを借り、室内を装飾するための金を渡した[23]。

ライリーは複数の情事を並行してこなす達人で、自分の手足として数人の女性まで雇っていた。中でもマリア・フリーデは、おそらくもっとも役立っただろう。三十代初めの独身で、かつて教師兼看護婦として働いていた[24]。彼女の主たる取り柄は、陸軍省通信局に勤務する中佐である兄弟のアレクサンドルに近づけることであった[25]。

連合国情報機関の間に統一的な活動パターンはなく、米国の新たなネットワークは英国のそれより特に悠長に運営されていた。十月革命前、ロシアに開設された「広報部」を軸に設けられ、「教育・情報業務」に従事することになっていた(26)。一九一八年三月以降、同部の長はエキゾチックな名前のクセノフォン・ドミートリエヴィッチ・ド・ブルーメンソール・カラマティアノである。カラマティアノは一八八二年にロシア帝国で生まれ、ギリシャおよびロシアの家系だった。少年時代に母親と継父に連れられて米国へ移住。米国ではシカゴで学位を取得し、その後、オデッサの米国トラクター会社の仕事を求めて母国へ戻る。その後、モスクワへ移り、大戦中の生産契約で裕福になった。一九一七年に事業不振に陥ると、ロシア情勢の理解に努める米国外交官に手を貸す(27)。広報部は、カラマティアノを含む三十二人の工作員から成るネットワークの隠れ蓑であった。一九一七年以降、彼らの仕事は情報収集とは別に、人民委員会議《ソヴナルコム》の軍事上の敵と連絡を取ることであった(28)。カラマティアノは手始めに広大な東部戦線に隣接する大都市、すなわち北はノヴゴロドから南はロストフに至る諸都市へ部下を派遣する。次いで彼はそのエリアをウクライナ、白ロシア、さらにバルト地方へ拡大した。連合国大使館がヴォログダへ疎開したとき、彼は後に残り、ロシア市民として住民登録。これで地下に潜らずに活動を続ける偽装ができた(29)。こうして、米国の情報活動は開始が遅れたけれども、それはたちまち効果的なものになった。カラマティアノは赤軍内部の内通者から資料を入手し、社会革命党員と連絡を取った(30)。彼も気前よく金を払った。ほかの連合諸国と同様である。アレクサンドル・フリーデは報告の対価として、カラマティアノから月額七百五十ルーブルを受け取っている(31)。

　各国情報機関は互いに協力し合い、定期的に協議したり、入手した情報を共有したり、時には同じスパイを動かしてさえいた――アレクサンドル・フリーデとマリア・フリーデは同時に英米両国のために働いていた(32)。英仏両国の情報機関は警戒を怠ることなく、さかんに共同行動を実践した――相手があれこれの理由で国益のために行動する可能性があることは、互いに理解していた。失敗に終わったサヴィンコフの七月蜂起をそそのかしたとき、ヌーランスは自分が反乱側に何を約束しているか、はっきりとは教えていない。そして、もっともなことだが、ロックハートはヌーランスが反ボリシェヴィキ抵抗運動を軽率にもてあそび、無責任なやり方でロシア人の生命を危険にさらし失わせたと苦言を呈している。[33] 彼らからすれば、米国人は善良というより疑いを知らなかったかのように見える。

一九一八年の初め、レーニンとボリシェヴィキがドイツに金で雇われていることを示していると称する文書を、英国情報員が買った。ライリーとヒルは文書を子細に点検。これらの文書の出所はそれぞれ数百マイル離れている、と売却人らは言い張ったが、彼らはほとんどの文書が同じタイプライターで作成されていることを突き止めた。英国は高価な偽造文書を買わされた、と彼らは結論した。そこでどうしたか。彼らは文書を再び市場に流し、米国広報部のエドガー・シソンに買い上げさせた――こうして金銭的損失を埋め合わせたのである。緊縮予算の戦時にあっては、何でもありと考えられていた。[34]

シソンによる「暴露」が、米国の新聞で広く受け入れられることはなかった。『ニューヨーク・イヴニング・ポスト』は酷評し、フィンランド広報事務所のサンテリ・ヌオルテヴァとジョン・リードも『ニューヨーク・タイムズ』で同様の批判をする機会を提供されている。[35] ジョージ・クリールが率いる「広報委員会」が政府に代わって調査した。クリールは初めからシソンに共感しており、サミュエル・ハーパー教授と全米歴史科学委員会の支持に勇気づけられて、文書のほとんどは本物であると表明した。米露両国における文明への脅威は「ドイツ＝ボリシェヴィキの共謀」[36] から来るとされた。

英国人の間でさえ、そのようなたわ言を誰もが承認したわけではない。ロックハートは、レーニンとトロツキーがドイツあるいはその他の列国の回し者だなどとする考えは受け入れていなかった。彼はボリシェヴィキが「親ドイツ」であることを否定し、「私が見た文書は共謀論を過剰に証明しており、ほとんど信はおけない」と報告している。[37] 彼はまた、モスクワ駐在のフランス当局者もこの疑念を共有していると指摘している。[38] シソンの「発見」は、クレムリン指導部が独自の利害意識で行動していることを連合国政府に納得させたいというロックハートの願いの妨げになった。自分もまたボリシェヴィキを打倒したいと思ってはいるが、これは十分な情報に基づく分析に照らし合わせてこそ、最善に成し遂げられるのだと彼は論じた。[39] シソンが買った文書は、実は複数の元オフラーナ機関員から出たものであった。彼らが文書偽造をしたのは金銭欲のためか、あるいは連合国に、ブレスト＝リトフスク条約の後では人民委員会議とのなんらかの取引が可能だなどという考えを捨てさせたいと躍起になっていたためである。ロックハートはかつて協力を支持した一人であったが、その立場は速やかに捨てた。いずれにせよ、連合国がロシア情勢について頭脳の明晰さを求められているちょうどそのときに、シソンの申し立ては全員の時間とエネルギーを浪費してしまった。唯一シソンを弁護できる点は、米国の世論をソヴィエト当局との不必要な妥協に反対する方向に向かわせる助けになったことである。

連合国の中ではトロツキーの最大の親友であるふりをしながら、ロックハート本人はブレスト＝リトフスク条約の後、数々の転覆陰謀活動を行っている。そして、企画立案の幅広い裁量権を持っていたにもかかわらず、定期的にロンドンに報告し、必要と思える場合には上層部の許可を求めている。[40] 彼はボリシェヴィキの行政当局内部からは、エヴゲニア・シェレーピナと「ミスター・プレスマン」を通じて頻繁な情報提供を受けていた。[41] また、南部の義勇軍と密かに連絡を取り合い、モスクワで国民センターのメンバーと会った。七月には国民センターの秘密会議に出席までして、ピョートル・ストルーヴェら反ボリシェヴィキの著名政治家やアレクセーエフ将軍、および義勇軍代表の大佐と話し合っている。ロックハートは軍事的前進を遂げているとして、義勇軍に一千万ルーブルを供与する。アレクセーエフがドイツに対するパーヴェル・ミリュコーフの申し出に全面的に反対していることに、彼は気づいていた。白軍が旧来の政治的対立を脇に置き、ロシア労働者に対する自らの政治的魅力を増進できる限り、義勇軍は連合国がロシアで支援すべき最善の選択肢である――ロックハートは今やそう見ていた。彼はストルーヴェがプール将軍との協議のため北への旅を目論んでいる、と報告している。[42] 彼はまた、アレクセーエフがチェコ大隊を間もなく自軍に編入できると期待している、と述べている。

連合国のアルハンゲリスク占領で、ボリシェヴィキに対するロックハートの立場は悪化し、八月五日にはモスクワの英領事館が手入れを受け、館員数人が逮捕された。フランスの領事館と軍事使節団も同じ目に遭った。ロックハートは放任されていた。だが、暗号キーを破壊する必要を感じ、このことはモスクワでのこれ以上の外交活動を実行不可能にしてしまった（文書類はミルバッハが暗殺されたときに廃棄していた）。彼はまた大声でカラハンに抗議し、カラハンは謝罪した。連合国の官員らは速やかに釈放されはしたが、全員がモスクワを離れることを禁じられた。[43]

これ以上ロンドンとの秘密通信ができなくなり、ロックハートが独自の思い切った措置を取ったのは、このピリピリした雰囲気の中でのことである。彼は国民センターおよび義勇軍代表者らとの秘密会合を持ち続けた。チェカーの最近の手入れのあとでは、これはとても危険なことだった。だが八月十四日、彼はさらに歩を進め、第一ラトヴィア重砲師団のエドゥアルド・ベルジン大佐をモスクワの自宅アパートに招く。両者は赤軍内のラトヴィア兵に、人民委員会議への支持を取りやめさせる計略を申し合わせた。[44] ロックハートは後年のどの説明でも、どのようにベルジンに接近したかを語っていない。彼の口が重い理由はかなりはっきりしている。自分がロシアにおける英国の諜報活動にいかに深く絡んでいたかを認めるのは、不都合だと判断したに違いない。しかしながら内々では、彼はもっと詳しい説明をしており、シドニー・ライリーがラトヴィア人の代表を彼に紹介し、物事を主導したことを認めている。そして、ロックハートが次にこの計画・調整を引き取ったというのである。[45]

ロックハートは、以前は転覆陰謀を実行する資金と励ましをロシア人に与えていたが、今度はどのロシア人組織とも協議せず、英国の主導権を発揮しつつあった。ロックハートはベルジンとの間で創意に富んだ合意に達した。ラトヴィア兵部隊はソヴィエト政府の近衛部隊として知られている。ラトヴィア兵は左翼社会革命党を粉砕し、カザン奪回を助けたものの、人民委員会議への服従の義務は感じていない。彼らはボリシェヴィキの「処刑人」として使われることに辟易している、とジョージ・ヒルは記録している。[46] 彼らはドイツがリガを占領している間は帰国できないため、大戦の漂流者である。しかし、ソヴィエトの理念のために戦うことが西欧連合国を怒らせ、連合国が勝利すればこれが高くつくことを、ラトヴィア人はだんだん心配するようになっていた。いずれにしても、赤系のためになぜ命を懸けなければいけないのか？　ロックハート自身は自分が何かをそそのかしたことを一貫して否定している。自分に接近してきたのはラトヴィア人の方であり、その逆ではないと主張しているのである。彼はまた、自分が提案したのはライフル銃兵をモスクワからムルマンスクの英軍側に移すことだけであったとも断言している。[47] チェカーならにべもなくこれをはねつけるだろう。チェカーの捜査・尋問記録は、ロックハートがソヴィエト指導部の拘束とボリシェヴィズム打倒を可能にする資金をラトヴィア人に供与したことを示している。そしてロックハートは年老いてから、このエピソードのソヴィエト側解釈は基本的に正しいと息子に認めている。[48]

ラトヴィア人によるクーデター計画は、まるきり突飛というわけではなかった。しばらくの間、わずか数万のチェコ兵がコムチ政権と人民委員会議の戦争で力のバランスを変えたのである。ラトヴィア兵はクレムリンそのものを含め、モスクワで権力の重要な守備位置を占めている。望めば大混乱を引き起こすこともできるのだ。無論、彼らはモスクワを去る公式許可を絶対得られないだろう。列車を乗っ取り、おそらく武力を行使せざるを得まい。ソヴィエト当局はモスクワ－ムルマンスク線の各駅に、彼らの通過を妨げるよう指示するだろう。英国が影響範囲を拡大しているときに、赤軍がヴォルガ地域で手をこまねいていることは許されそうもない。ロックハートは控え目に言っても、ソヴィエト支配を混乱させる陰謀に既に手を付けていたのである。モスクワで戦闘が起きようとしていた——そして彼は、物事がうまく運べば自分の英国・ラトヴィア戦略がなんとか人民委員会議の瓦解を実現するかもしれないと期待していた。モスクワで騒動を起こす理由は、これ以外なかった。

ロックハートは八月十五日、再びベルジンに会っている。この度はシドニー・ライリーとフランス総領事フェルナン・グレナールが同席した。[49] 二日後、ロックハートはラトヴィア人ライフル銃兵ヤン・ブイキスに、ペトログラードの英国情報機関員と話すことができるようにする口述書を渡した。[50] ロックハートが次なる行動の下準備に努めるに従い、陰謀は深化していった。最近の英国の占領に対するソヴィエト指導部の怒りによって、モスクワでの自分自身の状況が剣呑になっていることをロックハートは自覚していた。外務省からいつ何時ロンドンに召還されるかもしれないと考え、彼はラトヴィア作戦の監督をライリーに委ねた。ベルジンは、物事を首尾よくやり遂げるには三百万－四百万ルーブル必要になると言う。ライリーはラトヴィア人に渡す分割払いの一回目として七十万ルーブルを受け取った。ロックハートは続いて追加の七十万ルーブルを渡した。ロックハートとライリーはなるべく顔を合わさないようにした。二人ともベルジンに全幅の信頼を置いていた。[51]

この時点になって初めて——ロックハートとヒルの回想録によればだが——陰謀はクーデターを含めるところまで拡大された。両者ともライリーのことを褒めて書いているものの、この目標変更は彼個人に責任があるとしている。そして両者の書籍が出版されたときには、ライリーは死亡していた。二人の主張によれば、新たな考えはクレムリン区域を警備するラトヴィア部隊が人民委員会議の途中で銃口を向けて、共産党指導者を奇襲するというものだった。ロシア国民が外国勢力によるロシア政府打倒に反発することは、ライリーも分かっていたので、誰も殺さないことになっていたとヒルは断言している。ライリーはおそらく、共産党指導者を辱め、彼らがいかにひ弱かを見せつけるため、彼らにモスクワの街頭行進をさせたいと思っていたという。レーニンとトロツキーは「下の覆い」をはぎ取られ、シャツだけのかっこうで現れることを強いられるはずだったというのだ[52]。これは面白いけれども、ありそうもない話であり、ヒルでさえのちに、この計画は実現不可能だと思ったと言っている。ソヴィエト指導部の下着をはぎ取ることで成功を確かなものにする、などとライリーが考えていたとする発想は信じがたい。ロックハートと同様に、ヒルは秘密諜報活動に関する私的な説明を発表することで、ルールを破っているという自覚があり、おそらくは、一九一八年八月の英国による転覆陰謀活動に関する説明を希釈するのが賢明だと判断したのである。あるいは、ヒルとロックハートは失敗した陰謀に関連して、自らの汚名をそそぎたかっただけなのかもしれない。

いずれにしても、ヤーコフ・ペテルスが一九二〇年に二年前の宣誓証言と尋問記録を整理したチェカー秘密報告は、まるで異なった物語を語っている。すなわちレーニンとトロツキーは拘束後に射殺されることになっていたというのだ[53]。ペテルスは一般公開の目的でなく、共産党指導部内に配布するために書いている。それに、仮にチェカー報告が作り話で、ロックハートとヒルの説明が真実であったとしても、その陰謀の結末が不可避的に暴力的なものになったことは疑い得ない。ロックハートは、それがどのように実行されたとしてもモスクワを血に浸すような計画を承認していたのである。西側連合国は北部フランスでの勝利の到来を感じていた。英外務省と秘密情報部は、ボリシェヴィキ支配から解放されたロシアの将来を準備する陰謀を主導した。ロシアという突端部を含むヨーロッパ全域が姿を変えるはずであった。

第15章

英国主導の陰謀

ロバート・ブルース・ロックハートはまだラトヴィア人謀略にかかりきりだった一九一八年八月二十五日、自分の計画を米国とフランスに説明するためシドニー・ライリーを米領事館に連れて行く。代理総領事デウィット・クリントン・プール・ジュニアとクセノフォン・カラマティアノが、フランス総領事フェルナン・グレナール、『フィガロ』紙特派員ルネ・マルシャンとともに顔をそろえた。(1)そのような会合に行くのが賢明だったかどうか疑問を感じた、とライリーはのちに述べている。(2)話題はラトヴィア人関係の進捗状況に及び、伝えられるところでは、連合国側の秘密活動を調整することがいかに望ましいかについて熟考したとされている。(3)だが、かつてケレンスキーと臨時政府の破滅を惜しんだマルシャンは、ロックハートとライリーによって陰謀が仕組まれていることに不快感を覚え、プールとグレナールの沈黙は彼らがそれを容認している証拠だと受け取る。彼はポアンカレ大統領あてに怒りの手紙を書き、西欧連合国の工作員らがしようとしていることを非難した。(4)ポアンカレはその陰謀のことを知らされていない、とマルシャンは正しく推測していた。それよりはるかに重大なことは、彼が共産党当局の元へも赴き、米領事館で耳に入れたことを伝えた事実である。マルシャンは裏切り者になったのである。(5)

このフランス人は自分が真っ先にチェカーに通報したと思っていたのだが、実はチェカーは数日早く陰謀のことを知っていた。ロックハートが提案するや、ベルジンがヤーコフ・ペテルス（これもまたまたラトヴィア人）に話したのだ。ペテルスはジェルジンスキーに相談し、ベルジンには英国人に調子を合わせておこうという決定が下された。こうすればすべての英国人、ロシア人、ラトヴィア人の陰謀参画者にたどり着けるとともに、連合国外交官に関する不名誉な情報が手に入る、と彼らは期待したのである。(6)

ロックハート陰謀は共産党指導部の上層部では公然の秘密になった。アイヴィ・リトヴィノフはのちにこう回想することになる。

ロックハートについてとても面白いこと。彼らはロックハートを捕まえた。彼を逮捕したのね。それでここの誰も理由が分からなかった。ええ、そうなの、レーニンを捕まえるための白系ロシア人との共謀に絡んでいるとか、そんなことだった。全部本当だけれど、すべて挑発だったの。ええ、マクシムが私に話してくれたの。われわれの人びとが雇っていたの、ソヴィエトの人びとのことよ——彼らは当時、ソヴィエトの人びととは呼ばれていなかった。忘れたわ……あるスパイの挑発者が——私はとても幼稚な言い方をしているんだけど——陰謀に参加しないかって言う……そして彼は「はい、喜んで」と答えた。そこで彼らは彼を刑務所へ放り込んだ。そのことは一度も書かれたことがないわね。(7)

ボリシェヴィキ党が苦労して身につけた警察の潜入・挑発法の専門知識を、ロシア駐在の連合国当局者はひどく過小評価していた。彼らはまた、自分たち自身の賢明さを過大評価していた。現実には、ボリシェヴィキよりも自らを誘い込む罠を仕掛けてしまっていたのである。

八月三十日に起きた二つの事件が、チェカーにその隠密作戦を放棄させる誘因になった。一番目は、反ボリシェヴィキ派社会主義者レオニード・カネギセルによるペトログラードのチェカー幹部モイセイ・ウリツキー暗殺である。同じ日の遅く、レーニンはミヘリソン工場で工場労働者に二つのアジ演説を行い、自分のリムジンへ戻っていくところで銃撃を受ける。彼は重傷を負い、緊急治療のためにクレムリンへ緊急搬送された。彼が一命を取り留めるかどうか、しばらくは定かでなかった。工場の外をわけもなくぶらついていた女性、ドーラ・カプランが犯人として逮捕され、即刻処刑された。彼女は極度に近視で、精神もかなり錯乱していたため、彼女が犯罪を実行していなかったことはほぼ確実である。だが、ボリシェヴィキ指導部は真剣さを示したかった。ヤーコフ・スヴェルドロフが党・政府両方の指揮権を握った。赤色テロルが宣言された。

チェカーは連合国の職員及びモスクワとペトログラードの住民数百人を拘束した。チェカー当局はすでに、著名な英米仏人を告発する証拠をたっぷり握っており、まだ暴いていない他の諜報行動が十分あり得ると確信していた。さらに多くの連合国スパイと工作員が明らかになるのを待つ方が得策だ。また、ボリシェヴィキは振り回されず、自分で自分の面倒はみられることを連合国に示す方が得策だ。チェカーは、その部隊の一つがフランス情報機関の長アンリ・ド・ヴェルタモン大佐のアパートを急襲したとき、ソヴィエト体制の前衛の如く振る舞った。ヴェルタモンは爆薬その他の不都合な資料の隠し場所を後に残して、屋上から脱出したが、チェカー機関員は彼の諜報員六人の逮捕に成功した。このニュースが広まると、英国人は手出しされないことを期待して、フランス人との接触を絶った(8)。これでチェカーが立ち止まることはなかった。ロックハートは八月三十一日午前三時半、自分のアパートでモウラ・ベンケンドルフと一緒にいて逮捕された。初めは姓名を明かすのを拒んだ。だが言い逃れは続けられず、彼はチェカーに降参した。モウラとヒックス少佐も拘束された。[9]

ロックハートは、罪状申し立てに答えるなら苛酷な尋問はしないと約束された。[10]それはソヴィエトの基準からすれば手ぬるい拘留で、ロックハートとヒックスは九月一日に釈放される。[11]翌日、ロックハートはモウラと使用人の釈放をカラハンに懇請するために戻る。カラハンはできる限りのことはすると約束。翌朝、ロックハートは「私がその首魁とされる連合国の陰謀についてのこの上なく空想的な説明に満ちた」モスクワの新聞を読んで、愕然とした。彼は、ラトヴィア人ライフル銃兵を買収し、レーニンおよびトロツキーの殺害と首都一帯の橋梁の爆破を企んだと非難されていた。さらに、連合国は言いなりになる独裁者を任命しようと狙っている、とする非難もあった。[12]細部は空想的に過ぎて的外れのきらいがあった。しかし実際、ロックハートは心底意気消沈した。狙いを見抜かれていたことと、このことから予想される公式の影響の両方にである。様々な出来事が歩調を早めていた。ソヴィエトの刑務所に拘留されている英国人の安全を確保するため、マクシム・リトヴィノフがロンドンで投獄されたというニュースが伝わってきた。[13]次いで九月四日、ロックハートが再逮捕された。[14]今回はクレムリンの敷地内に連れ込まれた。そこがモスクワで安全を保証できる唯一の場所であり、ソヴィエト指導部はこの価値ある英国人の獲物を手放さないつもりだったのである。

彼を捕まえた男たちはしかし、今回も彼を心して扱った。今は釈放されている愛人モウラの訪問が認められ、彼女は彼に食べ物とたばこを差し入れる。ペテルスが手紙を吟味するという条件付きで、二人は文通を認められた。[15]ペテルスは丁重なやり方でロックハートを尋問し、次いで身柄をカラハンに引き渡した。カラハンも穏やかな接し方をする。ロックハートに外交官免責特権を与えたのはカラハンであり、二人はしばしば会話を交わしていた。今は国益と忠誠が彼らを分け隔てている。[16]

二人の男は数日間にわたり激論を交わす。カラハンは赤色テロの責任は英国にあると言う。英国がソヴィエト問題に干渉しなければ、ボリシェヴィキがチェカーの手綱を緩める必要はなかったのだ、と彼は強調した。レーニンは「テロをやめろ！」[17]と要求していた、と彼はロックハートに語っている。まさにその当時、レーニンがちょうど正反対の見解を持っていたことを、カラハンは知っていたに違いないのだ。ほかでもないチェカーのクラブで行った演説で、レーニンは柔軟な独裁を求める軟弱な同志たちを嘲笑した[18]。ロックハートが知るところ、カラハンは比較的穏健なボリシェヴィキの一人であった。彼がレーニンについて語った事柄は、実は彼自身が望んでいるタイプの共産体制を示したものであった。片やロックハートの方は、英国の公式路線を守った。ボリシェヴィキはブレスト＝リトフスク条約に署名することで、連合国の一員としての協定上の義務に違反し、ドイツ軍事力の西部戦線への集中を容易にしたのだ、と。ボリシェヴィキの外交政策は英仏両国の喉元に短剣を突きつけた。したがって、ボリシェヴィキが連合国の敵意の標的になっているというのなら、それはボリシェヴィキ自身の責任なのだ、と。少なくとも、ロックハートがのちにこの論争を説明しているところはこうである。一方、チェカー報告は、彼がこれほど頑強に持論を主張しなかったことを示唆している。いずれにせよ、はっきりしているのは意見の一致がなかったということである[19]。

自分の扱いが生ぬるいのは、連合国の対独勝利の見通しがますます強まっているとソヴィエトが情勢評価しているためだ、とロックハートは考えた。ドイツが敗れれば、連合国軍はロシアへ進攻する軍事能力を持ってしまう。英国と日本に干渉を止めさせるには、どんな対価が必要だろうか、とカラハンはロックハートに慇懃に問うた。米国は侵攻には及び腰であり、共産党指導部は米国のことは心配していない、と彼は明言した。そしてフランスは消耗しており深刻な脅威ではないと評価した。英米と日本が軍撤退に同意するなら、クレムリンは通商上の譲歩を提供するだろうという。チェコ軍団問題に面子の立つ解決を提案し、ロシアからの自由出国を認めるだろうとも。ロックハートとの話し合いは九月十五―二十五日の間続き、ロックハートは英国との取引のパイプとして、探りを入れられているのだなと考えた。ソヴィエト指導部はブレスト＝リトフスクによって小休止を手に入れており、今度は英国による全面的侵攻を予防するため、何か似たようなことを望んでいるのだ。[20]同様の提案はジャック・サドゥール経由でフランス政府にももたらされた。その際、カラハンがオデッサでのフランス干渉軍の増強能力について、ロックハートに言ったような軽視の姿勢を見せなかったことは疑いないが。[21]これはかなり破れかぶれの考え方だった。サドゥールはだいぶ前から、ロシア駐在フランス外交官らの信頼を失っていたのだから。

フランス総領事グレナールを含む連合国当局者数十人は、米国領事館のデウィット・プールの下の聖域へ逃れていた。ノルウェーは戦争では中立国であるため、プールは追加の安全措置として同国の国旗を掲げ、ソヴィエト指導部はノルウェーを怒らせたくはなかろう、と正確に計算していた。[22]ヒルはまだ秘密活動を続行していて、ライリー――モスクワのクローミーに会いに行く途上だった――に出来事について警告することができなかった。ライリーの支援者・情報提供者ネットワークは攻撃されやすくなっていた。ヒルが彼らに警戒を促そうとしたとき、彼自身の「娘たち」の一人がライリーの協力者の一人を訪れたところを逮捕されてしまう。[23]そのうえ、これも米国のために働いていたマリア・フリーデが手入れの最中に姿を現してしまった。彼女は恐慌をきたし、彼女も連合国のスパイではないかとチェカーに不用意に警戒させてしまった。そして、彼女の逮捕と尋問が元で、米国ネットワークが一網打尽になったのである。[24]拘束者の中にはマリアの兄弟、陸軍省のアレクサンドル・フリーデ中佐がいた。ほかに元少将アレクサンドル・ザグリャジスキーも。[25]九月十八日にはカラマティアノ本人が、ヴォルガ地域のチェコ兵と連絡をつける旅から戻ったところを捕まった。[26]

ライリーはタリン―ストックホルム経由でロンドンに逃れた。[27]彼はチェカーの二重スパイだったとして――あるいは英情報機関員の立場でライバルの米国スパイ網を潰す任務を帯びていたとして――これまで何度か非難されたことがある。ライリーとカラマティアノは英人実業家ウィリアム・キャンバー・ヒッグスの事務所で頻繁に会い、話し合っている。[28] ベルジン大佐がカラマティアノの住所をこっそり見つけ出したのは、ライリーを訪問した際のことだったのだ……とこのストーリーは続く。デウィット・プールは九月末にロシアを離れる際、ある英国外交官に、ライリーがロックハートを危険にさらした、もしくは「彼を裏切りさえしていた」との結論を指し示す状況証拠について語っている。[29] カラマティアノはのちに、もっぱらライリーとつながっていた人びとは釈放されたのに、自分の仲間は一人の例外を除き全員が懲役刑を食らったと書き留めている。情報機関の活動に絡む問題では、そうした揣摩《しま》憶測はよくあることである。しかし、この事件の真相は今も証明されていない。あの年九月にロシア国内の米仏の諜報網が修復不可能なまでに壊滅したとか、英国秘密情報部は支障なく活動を続けたといったことは、断じて真実ではない。[30] ロックハートは獄中にあった。それにライリーとヒルは姿を隠しており、彼らのチームもまた破壊されていたのである。チェカーは独自の勤勉な努力でその成果を上げたというのが、順当な見方だろう。チェカーはライリーの協力を受けなかったし、必要ともしていなかった。

モスクワの他の西側受刑者は、ロックハートのような特別扱いは受けていない。そして、ペトログラードでの扱いは一段と手荒かった。フランシス・クローミー大尉はペトログラードの英国大使館を守るため後に残り、八月三十一日、侵入者の行く手を塞いだ。彼は相手方の二人を殺したあと、三人目の手にかかって死んだ。[31] 同市にいた他の英仏の官員はペトロパヴロフスク監獄に連行された。獄房はすでにすし詰めで、衛生設備はひどかった。ネズミが床を這いまわっている。食事はあのルーマニア大使がここに拘留されていた時と変わらない。四人は下痢と医薬品の欠乏に苦しんだ。ペトログラードのチェカーは連合国の抗議を鼻であしらったが、大戦の中立諸国政府はロシア市民の殺害におののき、処刑を即時停止しなければ既知のボリシェヴィキを全員追放する、とすぐさま表明した。[32] 連合諸国大使がヴォログダへ去ったあと、スイス公使M・オディールが外交団首席になった。彼はロシアの内政に干渉したくはないとしながらも、ペトログラードおよびモスクワの赤色テロついて、ジノヴィエフとチチェーリンに抗議した。そしてロックハートが九月四日に処刑されるのを防いだのは、自分が積極的に介入したためにほかならないと信じていた。[33]

ドイツ政府はこうした出来事に無頓着であった。ウクライナの傀儡政権が殺害に怒りを表明すると、ヒンツェはソヴィエトの抑圧措置をテロとはみなさないし、いずれにせよロシアの内政に首を突っ込みたくない、と素っ気なく返答している。[34] その実、ソヴィエト指導部がついに連合国官員を攻撃しはじめていることは、ドイツに好都合だったのである。

英国政府は当初、ロンドンでリトヴィノフへの監視を強化するだけの対応をしていた。彼が地下鉄チャリングクロス駅に着くと、礼儀正しい警官が「お帰りですか？　お休みなさい」と尋ねるのが常だった。次いで切符を買う列に並び、ハムステッドの自宅まで彼に着いて行くのである。[35] 数日後、リトヴィノフは逮捕され、ブリクストン刑務所へ連行された。国防法は「その振る舞いが、公共の安全もしくは領土防衛を害する行動をしたか、または行動している、もしくはせんとしていると疑うに足る合理的根拠を与えるような特質を帯びた者」は誰でも、令状なしの逮捕を認めていた。同時に捕まったのは秘書のウィンティン氏、そして軍事顧問のオシミャンスキー大佐。党員で、クロイドンにあるヴィッカース社エンジニア部門の製図工、ニコライ・クリュシコも投獄された。[36] 彼らはロックハートに対する虐待を防止するため、事実上の捕虜として拘束されたのである。ロックハートが銃殺されていた場合どうするかは、何も決まっていなかった。リトヴィノフはさほど困惑した風でなかったとはいえ、大変衝撃的な状況である。ヨーロッパ政界は数世紀にわたり、人質を取ることは野蛮人のみがする行為だとみてきた。一九一八年秋の英国は、官員の安全を図ろうとすれば他に道はない、と感じていた。外交官を人質にするだけでも十分に悪質である。だが英国は、ロックハートと彼の同僚に何かが起こったらリトヴィノフに肉体的に報復を加えるぞと暗に脅すことで、国際的了解を打ち砕いてしまったのである。

ロイド＝ジョージの戦術は即効を表し、チチェーリンはリトヴィノフらと拘留中の英国人を交換する用意を表明する。[37] カラハンとペテルスは土壇場でロックハートをソヴィエト側の目的のために留め置こうと試み、彼にロシア残留を考えるよう申し入れた。サドゥールとマルシャンは残る予定であり、もし英国外務省の官吏が亡命すれば人民委員会議にとっては大成功である。二人はロックハートとモウラの恋愛につけ込んだ。二十年後に覚書で告白しているとおり、ロックハートは彼らの意図を見抜いた。「その気にさせられた。だが、今度ばかりはレフリーのホイッスルが聞こえた[38]」。

ロックハートは十月一日にクレムリンから釈放された。カラハンとペテルスは友好的に別れの言葉を述べ、ペテルスはロックハートのアパートで壊された貴重品を取り換えようと申し入れた[39]。ロックハートは金銭的補償の約束を断った。彼の心はすでに固くなっていた。ボリシェヴィキのロシアは彼にはもはや安全ではなく、彼は出立の準備をする――モウラを伴わずに、である。とはいえ、まずはヒックス少佐の身の自由を確保し、彼が「心のロシア人女性」と結婚する許可を得てやらなければならない[40]。ロックハートの右腕の男は米国領事館に避難していて、リュボフ・マリーニナを一緒にロシアから連れ出したがっていたのだ。二人が夫婦ならこれは可能だ。ペテルスは「その要請をとても面白がって[41]」了承した。次いで、彼は自分自身の要請を持ちだした。「君に助太刀をお願いしたいことがある。ロンドンに着いたらこの手紙を英国人の妻に渡してもらえないだろうか？」彼は彼女を識別するためのスナップ写真を手渡したが、思い直した。「いや、君をわずらわせちゃいけない。君はここから出たとたん、私を最悪の敵として、けなし呪うだろう」。ロックハートは馬鹿言うなよ、と言って手紙を受け取り、その宛先にちゃんと届けたのであった。[42]

西側諸国の官員が安全に出国するための交渉が進んだ。張りつめた状況である。その時までに英仏外交官はノルウェー公館に避難していた。だが、ボリシェヴィキはその建物を攻撃しそうにないとはいえ、包囲下に置いていた。連合国外交官らは腹をくくった。給水が止められると、あるフランス人は巧みに雨水を集め、それで全員の飲料水をまかなうことができた。[43]

スイス外交官とスイス政府の支援で、最終的に合意ができた。[44] そして、アーサー・ランサムは、レーニンが寛大な心を示せば英国労働者の間でソヴィエトの理念を宣伝しやすくなると説明した。[45] ロックハート一行は十月の第一週に、ロシアの首都を離れた。その時リトヴィノフは既に刑務所から釈放されており、妻子とともに自宅に住んでいた。「ゴム製の長いレインコート」を着た警官が一人、庭の門に配置されていて、彼はリトヴィノフを見ると、先の尖った帽子に手を触れた。[46] ロシアへの帰国準備が終わると、リトヴィノフはアイヴィに素っ気なく言った。「君は僕の重荷になるだけだ。君を落ち着かせるのに何日も浪費しなくちゃならない」。アイヴィは、承知しないのは難しいと思った。もっとも、彼女のおじのシドニーは「あいつは彼女を捨てるだろうと私は常々言っていた」と感想を述べているのだが。[47] 数カ月前に二人目の子どもを出産したばかりで、肉体的に旅行できる状態ではなかったし、戦争の最中で外国の軍事干渉にさらされているロシアは、若い家族にふさわしい場所ではないという考えでマクシムとアイヴィは一致した。

ロックハートとリトヴィノフの交換は、捕縛されたソヴィエト諜報員がベルリンのグリーニケ橋を歩いて渡ると、西側の交換相手が同時に反対側から進むという冷戦時代の状況の先駆けであった。ロンドンの『タイムズ』紙は、リトヴィノフと約三十人の同国人が一九一八年九月二十五日にスカンジナヴィアに向けて出発したと報じている。一行はロックハートその他の連合国官員がロシア国境を越えるまでは、ロシア入国を許されないことになっていた。(48)

ペトログラードのフィンランド駅では、英国人一行の中にヒックス少佐とその新妻とともに、ジョージ・ヒルの姿があった。彼はこの数カ月で初めて、制服姿で現れた。彼は任務のための新たな資金源を用意する目的で、出国する必要があったのである。(49) ロックハートはモウラにお別れを言うとき、たぶん世間的な礼儀を超えない配慮から、表情を変えないままでいて、彼女の方は発車一時間前にプラットホームを去った。(50) 英国人三十一人とフランス人二十五人の一行全員がフィンランド国境を越えたころ、リトヴィノフとその仲間たちをスウェーデン＝フィンランド国境まで運ぶ準備が行われていた。英国人とフランス人はグループに分かれて到着した。全員がそろうと、連合国代表らが川にかかる橋をトルニオからハパランダまで歩いて渡り、そこでストックホルム行の列車に乗り込み、同地には十月九日に着いている。(51) リトヴィノフが中立国ノルウェーに着いたとの確認をチチェーリンが聞くまで、他の人びとはロシアで監視下に置かれたが、すべての官員交換は間もなく完了した。

そのころには、ボリシェヴィキ最高指導部が新たな要素を検討しはじめていた。ドイツは紛うかたなく西部戦線で戦争に敗北しつつある。西欧連合国が勝利に近づいているとあっては、ソヴィエト当局がフランス市民を差別待遇した事実は不都合なことになる可能性がある。十月三十日、ボリシェヴィキはサドゥールを夏に逮捕されたフランス人ジャーナリスト、ルドヴィク・ノドとの会見に急行させた。サドゥールが連合国の対露干渉についてノドの見解を尋ねたとき、彼の狙いははっきりした。このジャーナリストは、反ドイツを主たる動機として連合国軍の到着を支持していたのだと返答。だが、今は情勢をフォローできていないと強調した。サドゥールは単刀直入であった。もしノドが自由を望むなら、干渉を非難する文書に署名し、それが『イズベスチヤ』と『プラウダ』に掲載されるのを認め、ソヴィエトの諸原則に対する支持を表明しなければならない。チェカーのペテルスが条件としてこれにこだわっている、と。ノドはサドゥールを追い返したが、ソヴィエト指導部が、ちょうどロックハートにロシア残留を誘いかけようとしたように、彼と取引を試みる価値があると考えている事実は、国際情勢の不確かさを示す兆候の一つであった(52)。

ボリシェヴィキは間もなく、もっと確固とした方針に戻る。ロックハートとライリー、それにヴェルタモンは手中を逃れてしまったとはいえ、チェカーはこれまでにロシア公衆の前に示す大量の証拠を収集している。数人の捕虜も捕まえている。カラマティアノは去ってしまった英国人やフランス人の半分ほどの罪もないのだが、彼は都合よく監禁下にあり、見世物裁判では主要被告人として使えるのだ。そのころまで、ロシア国内の米国人への扱いは穏やかだった。一九一八年十月十五日にも、年若い米国領事の一人がブティルキ監獄から釈放されたのに対し、ヴォルガ流域ツァリーツィンで捕まった一人のフランス人は釈放を拒まれている(54)。その意味するところは、米国人はフランス人よりお手柔らかに扱われているということだ——少なくとも、英国に無事戻ったロックハートは事態の展開をそう解釈している(55)。

帰国後ほどなくして、彼はしょげ返ったモウラ・ベンケンドルフがモスクワから書いた手紙を受け取った。「愛しているわ、あなた。心の平衡も冷静な思考も保てないほどに。全世界よりも愛している。まんじりともせずあなたの名前を繰り返し、あなたの周りの様子、あなたのすべてを思い浮かべています、私の大切な人(56)」。十一月二日、ロックハートは、僕の船が北海で沈没するかもしれないと考えるなんて君はどうかしているよ、と気を引こうとするような返事を書いている。スペイン風邪の発作のあと、妻のジーンの看病で元気になったことにも触れ、「僕は彼女を捨てられない」と付け加えている。モウラのことはすでにジーンに話している——それについちゃ「彼女はとても立派だったよ」[57]。モウラはジーンが彼の看病を独り占めしている、と嫉妬を込めて返信している。[58] しかしそのころには、ロックハートは脳裏にモウラを思い浮かべていた。その気と機会が生じ次第、登板する心積りであった。その時には、そうした見込みは永遠に手が届かないように思われた。モウラはそれほど楽観的でも、幸福でもなかった。一九一九年四月十九日、彼女は「ロッキー」宛てに「数人のエストニア人が復讐のため」彼女の夫を殺してしまった、と書いてきた。[59]

ロックハート裁判は一九一八年十一月二十五日、最高革命法廷で始まった。検事総長ニコライ・クリレンコがソヴィエト支配に対する陰謀の概要を述べ、『プラウダ』の社説は「在ロシア連合国使節団が、彼らの工作員を直接通じた陰謀により、憎き労農政府を転覆せんとしたことは周知のことである」[60]と弁じたてた。ソヴィエト・ロシアでは見世物裁判の技術はまだ洗練されていない。当局は冒頭の罪状認否とクリレンコによる長い陳述の間に訴因を変更して、もたついた——これは公平な精神を持つボリシェヴィキ、アンゲリカ・バラバーノワが注目しているところだ。[61] 裁判の核心は、人民委員会議に対する凶暴な謀略があり、そしてロックハートとライリーがその陰謀を主導したという主張であった。この二人の不在により、責めを受けたのはカラマティアノと彼の右腕のアレクサンドル・フリーデである。[62] 計二十人の被告が出廷した。[63] その過半は米国と英国のために働いた人びとだ。十一月二十八日の第二回公判で、チェカー副議長ペテルスはロックハートが陰謀の扇動者であることを示す証拠を読み上げた。彼はライリーとカラマティアノの活動と、すべての連合国外交関係者がどの程度予見していたかについて詳述した。[64]

元軍検察官および判事で被告になったザグリャジスキー将軍は、カラマティアノとの協力を否定しなかったが、ただ「経済情報提供者」として活動しただけであると陳述した。クリレンコは好機を利用し、不在のライリーに集中砲火を浴びせる。ライリーの愛人たち、とりわけマリア・フリーデとオリガ・スタルジェフスカヤを尋問する段になると、彼は彼女たちを陰謀の正犯というより、だまされた愚かな女として描き出した。[65]

裁判は一九一八年十二月三日に結審。カラマティアノとフリーデ中佐は二十四時間以内の銃殺刑。スタルジェフスカヤは禁錮三カ月。ザグリャジスキー、マリア・フリーデらは強制労働五年を言い渡された。捕まった一人のチェコ人も、チェコ軍団がソヴィエト・ロシアとの戦いをやめるまで服役することとされた。不在被告のことも忘れられてはいない――何と言っても、公式にはこれは「ロックハート事件」なのである。ロックハートとグレナール、ヴェルタモン、それにライリーは「労働人民の敵」であると宣告され、ソヴィエト領内で発見され次第、死刑との判決を受けた。[66] ワシントン当局は、カラマティアノはスパイ活動に絡んでいなかったと抗議したが、彼のために報復措置を取らず、大きな圧力を加えることもしなかった。[67] カラマティアノは処刑されず、獄中に留め置かれた。共産党指導部は既に冷却していた対米関係を凍結させたくなかったため、おそらく彼を救うにはその抗議だけで十分だったのである。またおそらく、将来の人質交換でカラマティアノを使えると期待していたのである。彼らの意図がどうであれ、この体験はカラマティアノの神経をずたずたにした。ライリーがサヴォイ・ホテルのスイートルームを占領し、ロックハートがロンドンの紳士クラブを徘徊している一方で、この米国人は刑務所で不定期刑にさらされていたのだ。

ボリシェヴィキは自らに向けられた英国の陰謀を破産させはしたが、この裁判が始まるまでにヨーロッパの他地域の情勢は一変してしまっていた。一九一八年十一月十一日、西部戦線でドイツが降伏し、大戦は突然終わった。ソヴィエト当局は連合国による転覆陰謀の脅威を除去したあと、今度は連合国の侵略という一段と大きな潜在的脅威と向き合うことになった。英仏と米国が大陸の支配者である。彼らがその力をどのように利用するかは、不確かなのだ——かくして、新年が近づくとともにクレムリンの指導者らは不安な気持ちで西方を見やるのであった。

第16章 ドイツ降伏

一九一八年十一月十一日、ドイツと連合国の休戦協定がコンピエーニュの森中の鉄道客車で署名され、西部戦線の戦闘に終止符を打った。これはとどろく雷鳴のような諸事件の始まりであった。ベルリンは騒乱の中にあった。宰相マックス・フォン・バーデンは二日前に辞任、皇帝《カイザー》を退位に追い込んでいた。ドイツ社会民主党はこの機会をつかみ、フリードリヒ・エーベルトを大統領に、フィリップ・シャイデマンを宰相とする新共和国政府を宣言する。ボリシェヴィキはモスクワで手をこまねいていたわけではなかった。まず考えたことは、ドイツの政治的急進左派への最上の支援策を策定することだ。実はボリシェヴィキは九月末以降、大戦の突然の終結に備えた準備をしていた。九月末にスヴェルドロフはラデック、ブハーリン、カーメネフらを招集し、ロシアで国際共産党大会を計画したのである。彼らはこの催しに向けた案内の「諸論文」を発表し、外国のシンパになりそうな人びとと連絡を取る資金を用立てるよう党中央委員会に要請した。そして一方で、ブハーリンとラコフスキーが、ドイツの首都でヨッフェに合流すべく出立した(1)。

ヨーロッパ革命の到来は早まっている、と彼らは考えていた。レーニンはすでに、革命の機運が高まったときのドイツ向け船積み用に、穀物備蓄を取り置くよう命じていた。そうした事態に対してソヴィエトが軍事支援を供与できるように、赤軍は大規模な追加兵員募集を行った。[2]『プラウダ』は、「プロシア野獣の強盗の鉤爪は西部戦線に深く食い込みすぎている。強盗は強く張ったばね仕掛けの罠にかかった」[3]と強調した。同時に、ソヴィエト指導部は事を慎重に運び続け、ルーデンドルフとヒンデンブルクを熱烈に批判するドイツ独立社会民主党から嘲りを買った。三月と八月の独露条約によって要求された金《きん》を引き渡したことが理由である。レーニンがようやく金塊の輸出を止めたのは、中央同盟がブルガリア戦線で潰走、オーストリアが連合国に降伏したときであった。[4]その時点になって、ボリシェヴィキはやっと自由にドイツの政治的急進左派に直接的支援を送ることができると考えた。ロシアの内戦は中欧へわずかでも兵力を振り向けることを不可能にしていた。赤軍はその当時、ポーランドとドイツは言わずもがな、ウラルに到達できていない。だが、ボリシェヴィキは衝撃を起こしたいと考えた。[5]ソヴィエト当局はロシア国内の食料不足もかえりみず、ドイツ新政府に配給用の穀物供給を申し入れた。そして、モスクワに共産主義インターナショナルを設立する計画が出来上がる。

休戦と無条件降伏に先立つ数週間、ドイツの政治状況は流動的であった。ヴィルヘルム二世は一九一七年に発足した内閣を解散、宰相フォン・バーデンの下で働き、講和交渉をする用意のある閣僚たちと入れ替えた。そして帝国議会《ライヒスターク》はもはや侮れない。ルーデンドルフさえも、連合国側がどんな条件を提案してくるか知りたがった。ドイツ内閣の最後の一縷の希望は、英仏が求める懲罰的戦後処理を米国が緩和してくれる可能性にあった。

帝国議会の社会主義者をなだめるための一歩として、バーデンは十月二十三日、スパルタクス団の指導者カール・リープクネヒトを獄中から釈放する。リープクネヒトは日光の欠乏のために蒼白で、頭髪はごま塩に変わっていたが、レーニンとトロツキーにとってはドイツの革命的英雄である。[6]彼は軍事的敗北が、革命によって国家を社会主義へと動かす機会になると心底信じている。スパルタクス団の指導者はあと二人いた。ローザ・ルクセンブルクとレオ・ヨギヘスである。リープクネヒトだけがドイツ人。ルクセンブルクはポーランド系の、ヨギヘスはリトアニア系のいずれもユダヤ人である。三人は戦争遂行を非難したことから、そろって獄中生活を送った。今、行動する人間としてリープクネヒトが彼らに一歩抜きんでている。大戦前、彼はすでに聴衆を鼓舞する能力で知られていた。

［リープクネヒトは］活発な仕草の色黒の人物だが、われわれに向け言葉をダーツのように放った。それは、諸国民を血生臭い戦争のホロコーストへ引き込んだ諸国政府に対する怒りと抗議を燃え立たせる言葉である。

［彼は］とても有能な演説家だった。彼の発言内容には雄弁家の技能ばかりか、われわれを完全に虜にする一連の真実と誠実さがあった。(7)

リープクネヒトは政治闘争を街頭へ持ち出したいと考えた。蜂起を除いて、彼を満足させるものは何もない。だから、彼はドイツ社会民主党内で慎重さと妥協を主張する党員をさげすんだ。

ドイツの同盟国オーストリア＝ハンガリーは南方からイタリアの強い圧迫を受け、解体しつつある。ウィーンとブダペストでは十月三十一日、革命が勃発。オーストリアは休戦を求め、十一月三日に成立。ハンガリーが同様の結果を達成するには、さらに十日を要した。(8) ドイツ軍最高司令部はとうに、ハプスブルク家との軍事同盟の実益に信をなくしていた。今、ドイツは自力頼みになった。

ベルリンのソヴィエト使節団はリープクネヒトの革命計画を広める目的で、彼のための晩さん会を準備した。ブハーリンはリープクネヒトが「われわれと完全に一致している」(9) と聞いて喜んだ。ヨッフェはドイツが講和を求めようとしていると聞くと、ロシア本国との緊急連絡が必要になり、彼はヒューズ電信機でモスクワを呼んだ。ラデックは「君は自分のコミュニケの重大さとその重要性を考慮しているのか？」と、ヨッフェが電文の暗号化を怠っていることを咎めた。だが、ヨッフェがさりげなく同じことを繰り返すと、ラデックは人民委員会議の官房に飛んで行き、その知らせに全員が突然「解放された」気分になった。[10]依然モスクワに踏みとどまっていた各国大使館は、届いたニュースに不安になった。差し当たって、外交官の間の話題は、西欧連合国によってどのような領土的・政治的戦後処理が押しつけられるかにある。そこで、ラデックが南チロルに対するイタリアの領土要求について、年配のオーストリア大使デポテレに話すと、彼はどっと泣き崩れた。レーニンとスヴェルドロフは有頂天で、オーストリア労働者階級へのアピール草案作成をラデックに依頼した。ラデックが指摘しているように、それは土曜夜のことだったので、印刷工は帰宅してしまっていた。ハンガリーの共産主義指導者ベラ・クーンは元戦争捕虜としてまだモスクワにいて、パンとソーセージが手に入るという条件で、同胞の元捕虜たちをその仕事に進んで回した。興奮した雰囲気だった。翌朝、ボリシェヴィキ支持の群衆がトヴェルスカヤ通りのモスクワ市ソヴィエトの外に集まり、彼らの喚声に応えてレーニンが建物のバルコニーに姿を見せた。祝賀は終日続いた。[11]

一方、ベルリンでは十一月五日、十月革命支持者がソヴィエト代表部の外に集まり、レーニンとトロツキーに万歳を叫んだ。[12]これはドイツ政府には耐えがたいことである。ソヴィエトの外交「行嚢」として荷下ろしされた木箱が、某鉄道駅に落とされ、そこから蜂起の宣伝文書がこぼれ出ると、ボリシェヴィキがドイツ政府をどう考えているかはっきり分かった。[13]ヨッフェと使節団は、ブハーリンとラコフスキーを含め、二十四時間以内の国外退去を命じられる。外交関係が断絶された。[14]

一行の列車は朝六時にポーランド国境に向け発車した。[15]その列車がロシアに到達しないうちに、モスクワ北方ホディンカの無線局は、ドイツ海軍守備隊が反乱を起こしたことを示すキールからの電報を傍受した。ラデックは反乱水兵と連絡を取ろうとしたが、成功しなかった。次いで、連合国の無線局はエーベルトとシャイデマンがバーデンから政権を引き継いだという、ドイツ革命のニュースを傍受する。ヨッフェの列車はこのころ、ボリソフに入っていた。まだドイツ占領地域である。ラデックはヒューズ電信機を使い、ソヴィエト当局が追放処分撤回を試みている間は動かないようヨッフェに指示した。ラデック本人が、ドイツ外務省と連絡をつけるべく必死になっている。

ラデック　人民全権代表の［ゲオルク］ハーゼ氏を電話口に呼びたまえ。
公務員　彼は省内にいない。
ラデック　彼の代理は誰かね？
公務員　省内には誰もいない。みんな逃げてしまった。
ラデック　ベルリン労働者・兵士ソヴィエトに対する君の責任について、私は全ロシア中央執行委員会の名において君に命じる！(16)

沈黙が支配した。ベルリン・ソヴィエトなるものは存在せず、ラデックはドイツの誰にも行動を指示する権限はない。いつもの如く彼は当たって砕けろ、でやっていたのだ。

在モスクワ・ドイツ大使館はのちに、ベルリン政府がラデックに電話していたというメッセージを彼に残す。ラデックはチチェーリンと協議した後、ハーゼと連絡を取るためヒューズ電信機の前に座った。リープクネヒトと違って、ハーゼは独立社会民主党指導者として、十月革命には共感していない。しかし彼は丁重な挨拶を送り、ヨッフェのドイツ帰還を認める可能性を排除しなかった。次いでこう付言した。「しかし、ロシアの飢饉のことは知っており、諸君がドイツ革命のために放出したがっている穀物はロシア国内の飢餓者に振り向けられるようお願いする。米国のウィルソン大統領が、冬期に国民を養うのに必要な穀物と油脂の供給をドイツに保証してくれている」。米国資本主義の支援の方が、プロレタリア的連帯より好まれているようであり、ラデックはこれを肘鉄砲と受け取った。彼はハーゼをヨーロッパ社会主義のイスカリオテのユダだと呼び、罵り合いが続いた。[17] 最後には、ハーゼが実務問題に戻り、ドイツ大使館員のロシア出国を認めるよう要請した。ラデックは、ドイツによるウクライナその他地域の占領のために、独露の武力紛争が明白な可能性の一つになっていると返答。[18] これを回避しようとするなら、ドイツとの公式の外交パイプは維持しなければならないと警告した。

ヨッフェ一行がボリソフで危害を加えられない保証のために、人民委員会議《ソヴナルコム》はモスクワのドイツ総領事ヘルベルト・ハウシルトを拘束した。[19] ロックハート＝リトヴィノフをモデルケースとした外交官交換の合意が成立する。ボリソフ駅で二本の列車が相互に接近。ヨッフェはハウシルトと交換され、東方八十マイルにあるソヴィエト支配下ロシアの町オルシャへ二等客車で進んだ。彼の旅は十一月二十四日、モスクワで終わった。[20]

クレムリン指導部は、フリードリッヒ・エーベルトと新政府は西欧連合国とぐるになっている、と決めつけた。ドイツ政府はソヴィエト・ロシアに対するドイツ兵力の展開を提案することにより、より好条件の講和を確保しようとしているのではないか、とレーニンは疑った。人民委員会議はまたも国際条約に違反して、ドイツ・オーストリアの元戦争捕虜が自国大使館建物を占拠するのを許した。デポテレはすでに士気阻喪していて、闖入《ちんにゅう》者たちが自分に執務室と浴室を残してくれたことをありがたく思った。自分のスイートを通路として使うことを制限しただけで、元捕虜らが夜中にガールフレンドを連れて戻ってきても彼は気にせず、これにはラデックでさえ同情している。[21] ドイツ外交官は考えが異なり、指導的ボリシェヴィキとは関係を持ちたがらなかった。例外は駐在武官のシューベルトだけで、彼は『共産党宣言』を数部欲しいと言い、レーニンの『国家と革命』を読破した。同じころ、ベルリンでは政治システム総体が全面更改されつつあった。これは奇妙な時期であった——しかも、一段と奇妙になろうとしていた。ソヴィエト指導者らはドイツ情勢がこちらの思惑どおりに動き始める兆しが少しでもないか、目を凝らした。彼らはヨッフェが追放されたことで直接の情報源を失い、断片的な無線交信と、列車で運ばれてくるドイツの新聞が頼りだった。

リープクネヒトはスパルタクス団の中で蜂起支持論を強調し、ボリシェヴィキ指導者の期待を裏切らなかった。当初はルクセンブルクとヨギヘスの説得に手間取った。一九一八–一九年の冬のベルリンは、一九一七年十月のペトログラードには似ていない。ケレンスキーと違って、エーベルトとシャイデマンは政治的左派に友人がいないわけではない。おまけに、彼らは軍隊と義勇団《フライコール》の名で知られる民間武装組織の支援を頼むことができる。ベルリンには、ロシアのソヴィエトに相当する組織がまだ存在しない。

ルクセンブルクは労働者運動内部でのレーニンの権威主義的手法に、長らく反対してきており、革命政治に農民階級を引き込むレーニンの傾向がどうしても好きになれなかった。戦時下で獄中にあって、彼女は直ちに十月革命に対する厳しい見解を形成している。ブレスト＝リトフスク条約には反対で、条約はドイツにおける革命の展望を損なってしまうと考えていた。土地問題と民族問題でもレーニンが妥協しているとして反対した。独裁とテロルのことでは、権力を握ったボリシェヴィキについての報告を受け取り、慄然とした。リープクネヒトはそれほど感性的ではなかった。「白い手袋をつけて革命はできない。真剣に革命を望むなら、それを保証する手段も望まなければならない。無駄にする時間はない。目的地に行き着くためには、おそらく血と泥の河を渡ることが必要になろう。どうせドイツ革命がそれほど多くの犠牲を必要とすることはないだろう(22)」。ロシアの赤色テロは短期間で終わる、と彼は信じており、[23]熱意によってルクセンブルクの疑念に粘り勝ちした。どっちみち彼女は、ドイツは社会主義的変革の準備ができていると考えており、以前から街頭での「大衆行動」を支持してきてはいたのである。

スパルタクス団はベルリンで労働者評議会の結成をテコ入れし、大会の開催を発表した。ボリシェヴィキは参加自由の招待を受け取り、ヨッフェ、ラコフスキー、ブハーリン、そしてラデックを含め出席する指導者を何人か選抜した。[24]ブレスト＝リトフスク論争ではレーニンに反対し、ドイツで革命を扇動しようとじりじりしているメンバーばかりである。ベルリンが「ヨーロッパ社会主義革命」の運転席になることについては、ボリシェヴィキ全員が合意しているのだが、レーニンは元反対者らがドイツへの旅で無責任に行動することを恐れた。彼はすでにヨッフェに警告のメモを書いていた。「ブハーリンは忠実ではあるが、度をこして『左翼愚劣主義』におちいってしまった。……用心したまえ《ブルネ・ギャルデ》！」[25]〔この訳語は大月書店刊『レーニン全集』第44巻に拠った〕。ラデックがもう一つの心配の種である。レーニンは出発前、彼にきつく言い聞かせ、仮に連合国軍が東進を決定するなら、フランス司令官フランシェ・デスパレがハンガリー—ルーマニアを通過してウクライナへ、さらにロシアへというルートを取るのは明白だと指摘した。フランスの厭戦気分がそうしたいかなる企ても妨げるだろうとラデックが答えると、レーニンは言葉を差し挟んだ。「やつらは黒人兵を使うだろう。彼らの間でどうやって扇動活動をするつもりなんだ？」ラデックは挿絵カードを使うと返答した。[26]もっとも、アフリカ出身兵はロシアの冬が耐えがたいことを思い知るだろうと付け加えている。

とはいえ、レーニンはなおもドイツにおける革命の成就を支援する決意であった——そしてラデックは、一九一四年以前はドイツ社会民主党員であり、大戦前のベルリンの政界をもっとも詳しく知るソヴィエト指導者である。用心して行動し、無理に急いではいけないとレーニンは彼に言って聞かせた。[27] 代表団の出費をまかなうため、スヴェルドロフは二十万ドイツ・マルクを渡した。身体上の要求物のことはほとんど顧慮しなかった。東欧を通過する長旅に、一行が受け取ったのはカーシャ（ロシアのお粥）と蜂蜜だけである。ラデックは、党指導者の中ではユーモア感覚を重宝がられている。ところが、ファラオから逃れる途次のヘブライ人でももっとましな状態にあったと彼が言うと、スヴェルドロフは愚痴はやめろと言うのがやっとであった。[28]

代表団が最初に停車したのは、夜中のドヴィンスクで、彼らはそこで地元ソヴィエトのドイツ兵と親しく交わり、そしてラデックはフリスト・ラコフスキーの胸に頭をもたせかけて眠りに落ちた。ドイツ軍最高司令部は代表団が自軍部隊を買収しようとしているのを知ると、列車で西進を続けることをやめさせた。[29] そのころには旧ロシア帝国の西部辺境地帯は騒乱の中にあり、ボリシェヴィキはウクライナにソヴィエト共和国を樹立する腹づもりであった。ドイツの傀儡支配者パウロー・スコロパードシクィイはすでに、セメーン・ペトリューラが率いる民族主義者の脅威にさらされており、十二月には打倒されてしまった。モスクワのソヴィエト指導部は革命の弾みを取り戻し、キエフに赤系政権を樹立したいと考えた。ラコフスキーがこの試みを指導する役に任ぜられ、ベルリン行きの思いは捨てた。[30] しかし、ラデックはドイツ行きを続ける決意だ。ミンスクでヒューズ社製電信機に取りつくと、彼はスヴェルドロフとレーニンから変装してベルリンに向かう許可を取り付ける。ドイツ共産党員である友人フェリクス・ヴォルフがその準備を助け、ラデックは単身、馬曳き橇で西方への旅を続けた。[31] ポーランドを横切ってケーニヒスベルクに到着し、ベルリン行きの直通列車に飛び乗る。[32]

シュレジンガー駅に着くと、彼はスパルタクス団の機関誌『ローテ・ファーネ〔赤旗〕』を買い求め、ホテルまでタクシーに乗り、その後にドイツの政治的急進左派の指導者と会合を持った。リープクネヒトやルクセンブルクだけではなく、アウグスト・タールハイマーとパウル・レヴィが交っていた。

彼は旧師であるレオ・ヨギヘスとも接触、気のおけない話し合いをした。ヨギヘスはラデックに、ソヴィエト指導部のオブザーバーのままでいたいのか、それともスパルタクス団の基幹メンバーになりたいのかと誘うように尋ねた。(33) だが、ラデックはクレムリンの特使としての任務にこだわった。スパルタクス団が蜂起を指導できるまでには、明らかに山ほどの仕事を成し遂げる必要がある。皇帝退位の際、メンバーはわずか五十人にすぎず、また労働者評議会大会ではささやかな少数派であり、政策をめぐる内部不一致を数多く抱えていた。そのうえ、ルクセンブルクはボリシェヴィキが敵にテロを加えていることを攻撃し続けていた。彼女はこの意見をモスクワに伝達してほしいとラデックに頼み、かつての同志ジェルジンスキーがチェカーを率いることを承知したのは残念だと語った。(34)

それでも彼女はベルリン蜂起の計画策定では、他のスパルタクス団指導者と足並みをそろえた。その他の急進左派諸組織との会合が一九一八年十二月三十日から開かれ、共産党が創設された。人類史の新たな時代が間近にあるとする認識で、出席者全員がボリシェヴィキに同意した。彼らは大戦前からこの信念を抱懐してきており、一九一四年以降の膨大な生命の損失に対する嫌悪感ゆえに、彼らは革命のみがそうした世界戦争の再発を防止すると確信していた。帝国主義を抑制することはできない。それは廃絶しなければならない。世界の苦難の根源には資本主義があり、それも根絶しなければならないのだ。産業・教育技術の面でドイツほど進んだ国はない。マルクス主義は工場や鉱山の「プロレタリアート」が社会を、もはや抑圧も搾取も存在しない明るい未来へと不可避的に導くと教えている。ロシア労働者がペトログラードで成したことが、ドイツの首都で仕上げられようとしている——それも、さらに大きな成功をもって。事実、ボリシェヴィキはドイツ労働者階級が世界でもっとも社会主義への用意ができているとするスパルタクス団の見解に同意していた。ドイツの諸条件は利用の機が熟しており、スパルタクス団はドイツ新政府の度肝を抜くつもりであった。軍ないし警察が制止する前に労働者評議会が権力を握り、すべての「プロレタリアート」は革命の理念のもとに結集する、というのである。

スパルタクス団指導者らはソヴィエトによる後見ではなく、同志的連帯を望んでおり、ベルリン蜂起の始まりが早ければ早いほど、後見という結果を避けることが容易になると考えていた。ラデックは、レーニンとトロツキーはドイツ共産党の誰よりも大物革命家だとして彼らをからかった。彼が疑いなく意図していたとおり、このことはスパルタクス団指導者らの決意を強めるだけであった。彼らは一人の同志ヒューゴ・エバーラインを、ボリシェヴィキが計画している国際会議のためモスクワに代表派遣した。エバーラインは、レーニンとその仲間が主導権を握るのを防ぐよう厳しい指示を受けた。一方、リープクネヒトとルクセンブルク、それにヨギヘスはベルリンの郵便・電報局、兵営、政府建物、巨大印刷所の占拠方法の立案に取りかかった。

ゼネストと蜂起に選定された日は、一九一九年一月五日。宣言類はすでに書かれている。金属加工工場の活動家に向け、街頭に繰り出すようにとのメッセージが早々に発出された。リープクネヒトと同志たちは群衆に演説する準備を整えている。ルクセンブルクは、真剣な革命には壮大な希望以上のものが必要だと感じ、すでに暗澹たる気分であった。エーベルトとシャイデマンの方は活発に対応し、義勇団と合わせ軍の兵営に反乱鎮圧を要請した。西部戦線の元兵士の多くは政治的急進左派を、国家の大義に対する裏切り者だと見ていた。指導者の数人がユダヤ人であるという事実が、敵意を強めた。塹壕で戦った経験のある多くの人びとの目から見れば、ドイツはリープクネヒトやルクセンブルクといった連中が背後の士気を骨抜きにしたために戦争に負けたのだ。街頭の戦闘は散発的であったが、借りを返そうという怒りはすさまじく、軍と義勇団の共同行動があらゆる抵抗を圧倒することが直ちに明らかになった。蜂起はほとんど始まらないうちに腰砕けになってしまった。

義勇団は凄惨な報復を加えた。リープクネヒトとルクセンブルク、ヨギヘスは追い詰められ、こん棒で撲殺された。殺害者らはルクセンブルクの死体を動物園の柵の外に遺棄した。その象徴行為には意図があった。スパルタクス団の敵は彼らを人間以下と見なしたのである。犬には犬の死が与えられるのだ。スパルタクス団の指導者は勇気と尊厳をもって最期を遂げた。指導者のうちタールハイマーとレヴィだけが生き残った――だから、二月二日、ルクセンブルクのために追悼演説をしたのはレヴィである。(35) ラデックは姿をくらました。彼は党の指令で、一九一七年の年をペトログラードよりはストックホルムで過ごしている。その大言壮語とは裏腹に、権力奪取を実行する経験はベルリンの他の誰とも五十歩百歩であった。加えて、ドイツ当局は彼が国内に不法滞在していることを察知していた。探索が始まり、彼は一九一九年二月十二日に捕まって、モアビット刑務所にぶち込まれる。

エーベルトとシャイデマンが政治的安定と経済復興を実現する試みを再開する一方、新たに創建されたドイツ共産党は組織再建に努める。同党は党を創設した鼓舞力ある指導者を失ってしまったが、党の革命ビジョンは無傷で残った。リープクネヒトとルクセンブルクとヨギヘスが残した穴は、ほかのメンバーが埋めた。彼らの意気は軒高であった。ドイツ共産主義者は新たな社会主義政府を嫌い続けた。連合国が負わせたドイツの屈辱への責任を受け入れた政府なのだから。共産主義者は革命を企てる十分な機会がくると予見していた。ロシアのボリシェヴィキと同様、彼らはベルリンがヨーロッパの未来を決する都市であると信じていた。ドイツ労働者階級はシャイデマンと彼の閣僚たちが大企業と協力していることに、間もなく気づくにちがいない。共産党は内政・外交の代替ビジョンを提案していた。タールハイマーとレヴィは資本主義の最期の日が近づいていると説いた――そして、彼らはこれが起きる日を、政治活動によって前倒ししようとしているのであった。

第3部

探査

第17章 ロシア問題再考

西部戦線で勝利すると、連合国はロシア軍を対独戦に引き戻す目的でロシアに干渉しているのだとは、もはや主張できなくなった。英国では、外務次官ロバート・セシルが国王と戦時内閣に、英国の政策が受けている制約を詳述する覚書を回覧した。ボリシェヴィズムに対する十字軍は実行不可能であるとセシルは示唆した。連合国が取るべき措置は「われらがロシアの友人たち」とチェコ軍団への支援提供にとどめるべきである、と彼は論じた。(1)

しかし、ソヴィエト政府が生き残った事実は「ロシア問題」がとうてい過去のものではないことを意味していた。戦時中、自分たちの仕事を軽減するため政府がボリシェヴィキを利用するのを歓迎したドイツ司令官や外交官は、今はボリシェヴィキがヨーロッパのど真ん中に進出する可能性があると警鐘を鳴らしている。一九一八年十一月までは、連合国政治家はもっぱら、東部戦線再興の潜在力という観点でロシアを眺めていた。国内の親ソヴィエト派による反戦プロパガンダに対する発作的な不安から、彼らはボリシェヴィキ革命の先例はやがて外国でも模倣される可能性があると判断しはじめた。共産主義の「感染」についての論議が高まりつつあった。ドイツ降伏後のボリシェヴィキ自身の活動によって、その論議に拍車がかかった。モスクワがエストニア、ラトヴィア、リトアニアでの権力奪取とソヴィエト共和国宣言を扇動する人員を送り込むにつれ、旧帝国の周縁地域は革命に洗われていた。根本的な経済・社会改革はロシア・モデルを踏襲した。ボリシェヴィキはタリンとビリニュス、リガがいったん影響下に入ると、革命秩序をこれらの首都から他の町村へ広げようとした。スターリンは十二月、これらの共和国を承認し財政支援する布告を起草した。(2) これがかくも迅速に起こりえたのなら、ポーランドあるいはドイツが間もなく共産主義者の手に落ちないと誰が断言できようか？どうすれば共産主義の影響がさらに西方へ広がるのを止められるのか？

実のところ、ドイツ降伏はボリシェヴィキにとって少しばかり早すぎたのである。一九一八年十一月十八日、アレクサンドル・コルチャーク提督はウラルの都市ウファで社会革命党が率いる州政権を追い払い、自ら「最高統治者」と宣言する。そのころにはコムチ政権はもはやなく、赤軍がヴォルガ諸都市の支配権を握っていた。コルチャークはチェコ軍団の残存義勇兵に支えられ、ボリシェヴィキと同じく社会革命党を嫌っていた。コルチャークがウラル地方を前進する際、彼の軍は赤系とその支持者に蛮行をはたらいた。白軍の中で本格的に前進したのは彼の軍が初めてであり、十二月にはコルチャークはペルミを占領、ボリシェヴィキを潰乱させた。南方ではもう一つの白軍勢力「義勇軍」が、コルニーロフ、アレクセーエフ両将軍の死後、アントン・デニーキン将軍の麾下になお集結しつつあり、西部戦線での連合国の勝利が、反ボリシェヴィキ支援のための資源を解き放つとの希望があった。ロンドンとパリで支持者を獲得できるため、自由主義者と社会主義者が加わった内密の国民センターの存在は、デニーキンには好都合であった。(3) 英国は直ちに承認の意向を示し、支援を約束する。フランスも同じシグナルを送った。(4) 続いて十二月十八日、フランスがオデッサに部隊を上陸させる一方、英国の派遣軍はロシア北部にとどまった。ボリシェヴィキ支配にとって状況は暗く、憂色は一段と深まりつつあった。

ボリシェヴィキは一時的に領土を放棄したものの、支配地域に対する掌握を強めた。一九一八年は党内論争に費やし、ブレスト＝リトフスク条約をめぐり党としては崩壊寸前までいった。規律のなさと、さまざまな組織レベル間の調整の欠如という慢性的な問題もある。人民委員会議《ソヴナルコム》が白系との内戦に勝とうとするなら、この状況を変えねばならないという認識は、モスクワと同じく地方のボリシェヴィキ指導者にもあった。適正に機能する位階制度が必要であるとの合意がなされた。基幹人員を赤軍に取られてしまうため、重要決定を下す人員はますます残り少なくなっている。緊急事態への即応を促すため、党中央委員会は内部小委員会制度を確立する。政治局（いわゆるポリトビューロー）はレーニンとトロツキーを含む五人で構成。たちまち党中央による決定・指令の中心機関になった。ボリシェヴィキはコルチャーク、デニーキンとの戦いに役立つなら自らを軍事機構化する用意があった。彼らは一貫して中央集権制を信じていた。今や組織的にその実践に乗り出したのである。党が機構上の優位性を貫徹すると、各級ソヴィエトと軍、警察、労働組合の混乱状況は改善しはじめた。

白軍の戦略目標は単にモスクワへ進撃し、ボリシェヴィキを制圧することでしかなかった。連合国の方はもっと不可解である。ロイド＝ジョージとウィルソンは、ロシアの国内平和の達成を望むばかりである、となおも主張し続けていた。仏大統領ポアンカレの株を奪って権力をふるっていたクレマンソーは、これに同意した。残る厄介さは、人民委員会議の正当性を認める連合国指導者が一人もいないことである――彼らはおしなべて、ロシア国民はボリシェヴィキ支配によって抑圧されていると信じているのである。

基本的に三つの選択肢があった。西欧連合国――もしくはそのうち一ヵ国ないし二ヵ国――が、ロシアは連合国側から抜けて対独軍事圧力を除去したのだから、戦闘の終結にあたって放任される権利を失ったと判定することもできる。共産主義の妖怪がヨーロッパを徘徊している。レーニンと彼の同志は世界資本主義を火にかけるという希望を公然と表明してきた。彼らは米英仏の政府転覆を狙っているのだ。共産主義者の蜂起を防ぐ道は、ロシア侵攻によって「汚染」を焼き切ることだ、と連合国が結論しても、それは道理があるだろう。これには大規模な軍と政治意思の結集が必要になる。もう少し控え目な選択肢は、「ソヴィエト権力」の周縁部に配置された派遣軍を増強し、白軍に武器・資金を供給しながらもモスクワ、ペトログラードへの自らの直接攻撃は控えるというものである。だが、国内の政治的反対と社会的疲弊は、この可能性さえ妨げるかもしれない。大戦が終わり、英仏両国あるいは米国で、今一度の広範な衝突に食指を動かす者はほとんどいないし、実際、この考えに猛反対する人は多かった。その場合、究極の選択肢は、ロシアは展望なしと結論し、ロシア国民を運命の成り行きに委ねてしまうことである。

しかし、不干渉政策にも未解決の問題は残る。ソヴィエト・ロシアは公式に国家承認されるべきか？正常な通商関係を再開すべきか？　米英両国のいくつかの実業家団体が、外交および商業上の関係正常化を求めていた。一方、労組は軍事行動への反対運動を展開し、ヨーロッパ社会主義諸政党の指導者や活動家は、ロシアにおける社会・経済改革に多くの利点を見ていた。

英国でも、アーサー・ランサムの刺激的な冊子『ロシアの真実』を受け、「ロシアから手を引け」運動が高まった。

私はこのことだけは知っている。ロシア革命の観点からすれば、英国は盲目的な愚行の壮大な悪夢のように見える。海辺に、またさらにその先の塹壕のそばにいて、革命の洗礼命名式に招かれなかったある妖精の手で、あちらで何が起きているかを悟る想像力を奪われているのだ。日々の通信電報で叫びながら、私は蒸気ローラーの前の路上で寝ている酔漢に向かって叫んでいるような気がする……。革命は失敗する可能性もあると私は思う。そうだとしても、革命がその重要性を失うことにはならない……。米国であるか英国であるか、フランスであるかドイツであるかを問わず、何が失敗したのか、誰がそれ裏切ったのか、誰がそれを殺したのかを人びとは知っている。人は己の行為によってよりも、むしろ行為の目的によって生きるのだ。(5)

動員解除と帰郷を熱望していた軍兵士にとって、ソヴィエト・ロシアに対する十字軍は呪わしいことであった。対共産主義戦争に対する頑強な抵抗が高まった。

一九一八年十二月十四日の総選挙前の演説台で、労働党候補が取った路線は、まさにこれであった。レーニンが戦争からロシアを離脱させたのは、連合国には自業自得だったとラムゼイ・マクドナルドは考えていた。ボリシェヴィキには新聞でいつも叩かれていたものの、社会主義の仲間としての彼らに共感を寄せてもいた。(6)『ニュー・ステイツマン』誌はロシアの扱いに関する戦時の沈黙を破り、『デイリー・ヘラルド』『マンチェスター・ガーディアン』『デイリー・エクスプレス』の各紙に足並みをそろえ、ロイド＝ジョージと政府に干渉中止の圧力をかけた。普段は連立政権を支持する『デイリー・テレグラフ』まで、ボリシェヴィズムに関する意見を議会や新聞紙上で開陳・討論しない閣僚に、反対を表明した。陸軍次官ミルナー卿は例外である。彼は、連合国干渉軍を支持したロシア人を見捨てるようなことがあれば、それは「憎むべき裏切りであり、名誉と人間性という英国の本性にことごとく反する」と公然と論じた。そして、元代理大使コンスタンティン・ナボコフに、個人的には軍事干渉が好ましいと思うと打ち明けている。(7)だが、連立与党議員たちは、与党への一票がボリシェヴィズムに対する英国防衛に資すると述べるだけで、一般にはロシア問題を避けていた。(8)彼らの選挙戦術は成功した。十二月二十八日に投票結果が発表されると、連立政権は勝利していた。

ロバート・ブルース・ロックハートの立場は、ミルナーのそれより一段と好戦的である。最近モスクワから戻り、彼は愛国の義務を果たした半ば殉教者として迎えられた。下院では自由党議員ジョセフ・キングだけが彼について不興音を鳴らした。キングはソヴィエト側の事件解釈に固執していて、ロックハートは無実でなく、ラトヴィア人ライフル銃兵を買収してレーニンとトロツキーを逮捕させようとしたと指摘した[9]。この孤立した怒号にロックハートはまるで反応せず、政府の政策に影響を与える試みに傾倒し続けた。彼はドイツが敗北した今、全面的対露侵攻を支持していた。ペトログラードにおける権力掌握一周年の十一月七日、外務省に覚書を送り、その抑圧的熱意ゆえにソヴィエト政府が身につけた強靭さと、労働者・農民に対する人気ぶりを力説した。ボリシェヴィキは優にロシア最大の政党であり、反革命勢力はどうしようもなく分裂している、と。共産指導部は革命を中部ヨーロッパに拡大する意図である、とロックハートは指摘した。彼はさまざまな選択肢を綿密に描き出し、最後に軍事力をもって「適切な規模で即時干渉する」よう勧告した。彼はシベリアとアルハンゲリスクへの英軍部隊派遣を提案した。しかし、攻勢の主軸は南部から構築すべきだという考えであった。五万人の兵力を黒海に送り、義勇軍と合流させるよう呼びかけた[10]。

赤軍が弱体で、連合軍がまだ疲弊していない間に侵攻すれば成功する、と彼は予言した。無駄にする時間はない[11]、と。バルフォアは彼を無視し、ロックハートの方ではホワイトホールに全般的な冷やかさを感じ取っている。

帰国して一週間、私を救出した安堵感を別として、外務省が私の状況説明に毫も興味を持っていないことはまったく明らかだ。彼らはボリシェヴィズムを見たこともない反動派がお好みなのだ。ティレルとハーディングはあけすけに公然と敵意を示しており、私は別の仕事を得るのさえ難しいかもしれない。[12]

W・G・T・ティレルは外務省政治情報部長、チャールズ・ハーディングはバルフォアの事務次官である。彼らの背後には外務次官ロバート・セシル卿がいる。ロックハートが政府にボリシェヴィキの公式承認を進言していた一九一八年の初め以来、彼らは彼を嫌っていた。今、彼らはロックハートを気まぐれ屋として拒絶している。ティレルが自分のことを「外務省の陰で首相と陰謀をはたらいたヒステリーの学校生徒」と見ていることを、ロックハートは知った。これは当時、バルフォアが追求していた慎重政策に対する解毒剤として、ロイド＝ジョージがロックハートをロシアへ派遣したことを指している。ロックハートがティレルのことを「この方面にはたいした期待は持てない」と結論したのは、無理もないことであった。[13]

国王を含め他の人びとはもっと好意的であった。ロックハートは一九一八年十月二十三日の日記に、ジョージ五世との会見を記録している。「国王はとても洗練されていて、状況に対する驚くべき理解力を示した。しかしながら、彼がほとんど話をして、会見した四十分の間、実際に私はたいして口を挟むことがなかった。彼はあらゆるところでの改革の必要を大変よく分かっており、ボリシェヴィズムに対する健全な恐れを抱いている」[14] ロックハートは、もとはレーニン・トロツキーとの和解支持派だったが、この後の人生では強硬な反ボリシェヴィキ姿勢を変えなかった。

ウィンストン・チャーチルは連合国の本格侵攻への支持を控えていたが、ソヴィエト体制に対してはミルナー以上に強硬に反対する政治家の一人であった。一九一八年十一月二十八日、ダンディーの有権者を前にした選挙演説でこう断じている。「ロシアはボリシェヴィキによって動物並みの野蛮に転落しつつある。……広大な領域にわたって文明が滅びつつあり、その一方ではボリシェヴィキが都市の廃虚と犠牲者の死体の間を残忍なヒヒの群れのように飛びはね回っているのであります」[15]。チャーチルとしても、これは痛烈な言い方である。数日前まで英国の不倶戴天の敵であったドイツ人に触れるとき、彼は「野蛮人」と呼んでいた。だが野蛮人は人間である。チャーチルの演説は、十月革命はなんとしても打倒しなければならないことを人びとに納得させるため、ソヴィエト指導者とその追随者を非人間化する狙いがあった。またある時は、ボリシェヴィズムを「揺りかごの中で扼殺してしまわなければいけない幼児」と表現している。チャーチルはロシア問題では激高したのだが、常日ごろは痛罵の中にも一服のウィットを落とすのを好んでいた。ロシアについてはそうした衝動を感じなかったのである。

おそらくチャーチルの君主主義者としての感情が影響していたのであろう。彼は皇帝《カイザー》の絞首刑を要求する人びとに逆らう特異な存在で、ドイツに苛酷な講和条件が科されるのをなんとしても防ごうとする点で、ロイド＝ジョージと立場を同じくしていた。特定の問題に憑かれたように没頭するのは、チャーチルの習性である。彼の虫の居所が悪いと同僚らは恐れをなした。そして、ガリポリに連合軍を上陸させるという、一九一五―一六年のチャーチルお気に入りの軍事計画のことは誰もが覚えていた。その任務に投入された兵力は足りなかったと彼が考えていることを、人びとは忘れていた。彼は物事がうまくいかなかった場合にどう対処するかを、十分検討しないまま計画を推し進めることでは定評があった。批判を受けると意固地になり、議論にそっぽを向いてしまう。だが、空疎な計画と口汚いレトリックの背景には洞察の鋭さがあった。深刻に脅威を与える何か――実際、それは邪悪なのだ――が東方で生起しつつある、とチャーチルの直感は教えていた。ソヴィエト指導部とその意図についての知識は、内閣の他の閣僚と変わらない。だが彼は、それが根本的な脅威であることを理解するに足る十分な情報を持っていた。必要が生じれば、ひとり立って自分の見解のために戦う用意があった。[16]

フランスの場合、革命ロシアに払われた注意は、しばらくの間はそれほど張りつめたものではなかった。大戦がやっと終わり、中欧に対する連合国の覇権を確立することにすべての考えが集中していた。ドイツを安定化し、飢饉の瀬戸際の危機にあるいくつかの国では、平和的経済復興を促進する必要がある――さらに大方のフランス政治家は、四年間の蛮行に対し、ドイツに懲罰を加えようとしていた。

米国の場合、国務省によるロシア問題の検討は気まぐれだった。フランシス大使はもはや北部ロシアにはいない。一九一八年十月ごろには体調を崩しており、治療のためロンドンに移ったのである。[17]一方、ランシングはドイツ問題にかかりきりで、さらに東方のヨーロッパどころではない。国務省内ではソヴィエト・ロシアに対するシンパが影響力を獲得しつつあった。その中に極東デスクを率いる若きウィリアム・C・ブリットがいる。彼は一九一八年三月にはもう、ニューヨークにある親ソ派フィンランド広報事務所のサンテリ・ヌオルテヴァと協議を行っている。[18]ブリットとヌオルテヴァは接触を持ち、手紙をやりとりしており、上層部に友人を持てたことにヌオルテヴァは喜んでいた。[19]ブリットは、十月革命は国際情勢にとって巨大な重要性を持つこと、そして米国はソヴィエトの意図に精通した上で政策を定めなければならない、とする立場を取っていた。だが、それだけではなかった。労働運動界や一部の実業界を除いて、ブリットは人民委員会議との一定の和解を支持する数少ない米国人の一人であった。彼は英仏による対ロシア・ウクライナ軍事干渉を嫌悪し、そうした冒険への自国の関与を弱め、逆転させたいと思っていた。

ブリットの職歴はジャーナリズムから始まっている。オーストリア＝ハンガリーの対セルビア宣戦布告で、ドイツの共謀を指摘する連合諸国政治家との一連のインタビューで名を上げた。[20]フィラデルフィアの裕福な弁護士一族出身という恵まれた経歴で、イェール大学とハーヴァード法科大学院の学位を持っている。戦時中はヨーロッパで『フィラデルフィア・パブリック・レッジャー』紙に書き、小説の創作をかじった。その名にふさわしい有名人エイミー・アーネスタ・ドリンカーと結婚し、国務省でのポストの声がかかるまで上流階級の生活をしていた。[21]

ブリットは想像力を生かして、ロシア共産党指導部に関する情報を探し回った。ほかの人びとは、売国奴だとしてジョン・リードとの接触を拒んだが、ブリットは彼をレーニンおよびトロツキーと連絡をつける上で役立つ現場の人間とみていた。「外交上のひどい溝」は埋めなければならないのである。この努力をする点で、ブリットは著名な法律家フェリクス・フランクファーターに励まされていた。フランクファーターは、名目上は陸軍省所属であったが、実際にはウィルソン大統領の特別外交顧問で、ロシアに関する状況説明をまとめさせようと懸命であった。フランクファーターはサンテリ・ヌオルテヴァのような連絡要員を使い、トロツキーに直接電報を送ろうと計画した。国務省は彼を制止した。フランクファーターとブリットが、ロシアでの米国のほかの活動や連合国との協力を引っ掻き回すと困るので、二人を抑える必要があると感じたのである。次善の手段は間接的なものであった。フランクファーターはボリシェヴィキとの仲介に使う目的で、赤系フィンランド人に接近する許可を得た。ユラジョ・シロラは一九一八年三月半ばにフィンランド内戦に敗北するまで外相だった人物だが、レーニンをよく知っており、ある時のペトログラードへの旅に際して、米国＝ソヴィエト間の理解を改善できる可能性があった。通常の外交が機能していない間は、別の方法を試す必要があるのである。[22]

ボリシェヴィズムは、北米の政治的安定に対する脅威だと一般に見られていた。もっとも、多くの政治家はウィルソンの国際問題関与が喫緊の国内問題から政府の注意をそらしていると懸念していた。それでも一九一九年初め、上院司法委員会は上院議員リー・S・オーヴァーマンの下にボリシェヴィキの宣伝活動に関する小委員会を設置した。公式の目的は米国内でのロシアの転覆陰謀の規模を知ることだが、議事は間もなくロシアの国内情勢そのものの検討にまで拡大した。同小委員会は一九一九年二月十一日に審議を始めた。アレクサンダー・ミッチェル・パーマー司法長官は、ロシアのボリシェヴィキは世論操作の意図をもって某米国大手紙を買収するため、十二社を超える「米国のドイツ系醸造企業」を使ったと言明し、それによって雰囲気が決まった。[23] ヌオルテヴァ、リード、ブライアント、そしてリース・ウィリアムズの名前が出てきた――さらに、英国人ランサムが帝国ドイツと怪しげな関係を持っていることがほのめかされた。[24] 一九一七年末以来、米国にどっと流れ込んだ大量のボリシェヴィキ関係資料の詳細が明らかにされ、その密輸方法が説明された。[25]

親ソヴィエト扇動者の間にいるユダヤ人の多さも、小委員会の議事テーマの一つであった。最近までペトログラードのメソジスト聖公会最高責任者であったジョージ・A・シモンズ師は、トロツキーその他のユダヤ人亡命革命家が一九一七年にニューヨークからロシアへ向かったことを取り上げた。今や、とシモンズは言う。ソヴィエト・モデルの賞賛者が米国で増殖していると。

事実、私はこのことに強い印象を受けております。ここを歩き回ると、あるボリシェヴィキの宣伝家らはほとんどがユダヤ人であります。私はニューヨーク東15番通りにあるいわゆる「人民の家」に行ったことがあります。それは社会科学ランドスクールとも自称していて、私は過去十一週間ほどの間に少なくとも六回訪れ、彼らの文献や、我が国政府に対する見たこともないような扇動的資料を買ったのであります が、そこで会った二十人のうち十九人はユダヤ人でした。[26]

シモンズは自分が反ユダヤ主義であることは否定しながらも、ユダヤ人が世界政治支配の陰謀を企てていると非難する『シオン賢者の議定書』は本物であると信じている、と述べた。彼はボリシェヴィズムを一時の麻疹《はしか》と考えるのをやめ、米国社会に対する破壊力を秘めた「怪物のような存在」として扱うよう上院に懇請した。(27)

彼の証言は米国ユダヤ人を憤慨させた。米国ユダヤ人委員会のルイス・マーシャルと米国ヘブライ信徒連盟のシモン・ウルフは、大方のボリシェヴィキがユダヤ人であるとする中傷に抗議する書簡を提出した。(28)ジャーナリストのハーマン・バーンスタインは小委員会に現れ、リードとブライアント、リース・ウィリアムズ、そしてロビンズはキリスト教徒である、というより背教キリスト教徒であると指摘した。したがって米国の政治的安定への脅威は、宗教とは無関係である、と。(29)

次いで、ソヴィエト・シンパらが証言のために召喚された。一番手はルイーズ・ブライアント。彼女は一九一七―一八年に夫がボリシェヴィキのためにした仕事を弁護した。彼はドイツの革命を挑発しようとしていたというのが根拠だ――これは米国の戦時利益に合致するではないか、と彼女は主張した。だが、彼女は自分がボリシェヴィキの国際連絡員として活動したことを認めないわけにはいかなかった。(30)ブライアントに対する尋問は長時間に及び、敵意に満ちており、彼女は前の証人に比べ扱いがひどいと苦情を申し立てた。ジョン・リードも、同様に厳しい質問を受ける。追い詰められた結果、米国の革命を期待していることを認めた。彼は、これが平和的な合法的手続きに従い、従前の諸革命に特徴的に付随していた暴力を伴わずに起きることを期待している、と補足した。(31)次の番はアルバート・リース・ウィリアムズで、ボリシェヴィキ批判者を叱責する。彼はソヴィエト体制が「成功した統治形態」であるどうかについて偏見を持たないよう求めるとともに、自分は米合衆国向けにそれを推奨してはいないと否定した。彼は、共産党指導部が憲法制定会議を再招集する考えを検討中だと信じている風を装った。[32]レイモンド・ロビンズはソヴィエト支配にそこまで熱狂していないものの、ソヴィエト・ロシアとの通商は推奨し続けた。[33]

数日後、今度は上院広報委員会がリードとブライアントに釈明を求めた。リードは、ソヴィエト紙を多言語で発行する仕事で外務人民委員部に協力したことを認める。上院議員らは事前調査を済ませていて、リードが一九一七年に国務省に対し、ロシア政治にはかかわらないと約束していた事実を認めるよう迫った。だがリードは、宣誓の上での約束ではないと弁じた――そして、ソヴィエト政府から金銭を受け取ったことはないし、現在も連絡をとってはいないと嘘をついている。[34]

ボリシェヴィキ支配下での残虐行為について尋ねられると、リードとブライアントはその報道の信ぴょう性に疑問を投げかける。ブライアントは、米国はロシアに干渉する権利はないと論じた。しかし委員会に詰め寄られると、「米国内政に対するボリシェヴィキの干渉」については、否定することも肯定することも拒否した。彼女はチェカーのヤーコフ・ペテルスを弁護。彼を「魅力的な若者」と呼び、一九一四年以前のロンドンにおける彼のいかがわしい活動のことは知らない、と否認している。[35]アルバート・リース・ウィリアムズも証言台に立つと、自分が「トロツキー＝レーニン政府」に雇われていた事実について隠し立てしなかった。一九一八年六月にロシアを去る際、ニューヨークに宣伝工作事務所を設立する役割を引き受けたと証言したが、これは実現しなかったと委員会に請け合った。そのうえ、リード夫婦の出立後ロシアにさらに五カ月滞在したことで、彼は彼ら以上に野蛮行為を目撃していた。しかし、彼は共産主義者が無辜の人びとを殺害しているという報道を否定し、共産主義者は「人民への崇高な信頼」を抱いていると断言した。彼は暴力に対する嫌悪と、共産主義の実験が米国で行われるなら、その手段は完全に平和的でなければならないという気持ちをはっきり述べた。[36]

政治家や記者らは、十月革命とともに始まった論争を深めつつあった。ボリシェヴィキ支配と西側の政策へのその影響は、見解の分かれるテーマであり、ソヴィエト・ロシアとの和解支持派が労働運動界に限られていたというのは、真実からかけ離れている。実業界の利害も存在感を増しつつあった。[37]論争の反対陣営には、無論、ロシアとその共産主義支配者の厳重封じ込めを望む政治、通商、宗教の各界団体がある。論争はしばしば激し、活気がなくなることはまずなかった。英国とフランスでは、新聞が率先して公共の意見交換を呼びかけた。これは米国でも同様で、複数の上院委員会がいっそうの弾みを与えた。ロシア問題は着実に公共の議題になりはじめていた。各国政府が自国の経済復興に集中せざるを得ない時にあって、ロシアとその共産主義はまだ注目の優先度が高くはなかった。けれども、革命の上げ潮はいつ何時、国境を越えてヨーロッパに溢れ出すかもしれないことが段々と明らかになり、周辺国および米国の多くの人は、自国指導者がこの見通しへの確かな対処手段を見出しているのかどうか疑った――そして、一九一九年前半のパリ講和会議でのロシア問題に関する西欧列強の足並みの乱れは、こうした懸念を払しょくすることにはならなかったのである。

第18章 パリ講和会議

一九一八年十二月四日、ウィルソン大統領は大西洋を横断しパリ講和会議に出席するため、蒸気船ジョージ・ワシントンに乗り込んだ。ロバート・ランシングの助言を無視した。遠距離から希望を口述するのでなく、フランスに行けば、大統領は影響力を減じてしまうだろうとランシングは話したのである。(1) しかし、ウィルソンは連合国の財布のひもを握り、英気を養った軍事力を手にしているのに比べ、ランシングは一介の国務長官である。ホワイトハウスの住人はランシングでなくウィルソンであり、彼はフランス行きにこだわった。恐ろしい戦争は幕を下ろした。二度の戦争は防がねばならない。

ウィルソンはパリの遊歩道ではもてはやされたものの、会議の非公開審議で耳目を集めることはなかった。彼の「十四カ条」は現実政策の処方ではなく、一連の目標を示したにすぎない。ドイツに関する構想さえ厳密さを欠いたうえ、彼は米代表団に準備協議や草案作成作業を禁じることで、事態を悪化させた。(2) ウィルソンは、自分がヨーロッパ問題に関する詳細な知識を欠いていることに気づいた。彼は連合国専門家委員会の見解に従うことを習いにし、そこでクレマンソーとロイド＝ジョージは自らの構想を押し付けようとやっきになった。(3) ウィルソンの究極の熱意は「国際連盟」創立の承認を得ることにある。他国代表団はこの計画に対し世辞のような意見を述べ、ウィルソンの構想の一つを妨害したいときはいつも、その複雑な問題を解決できるのは「連盟」だと指摘する手口を使った。大統領は一度として声を張り上げることがなく、そのために優位性を失ってしまう。体調不良もまた目につきはじめ、彼は政治論争への気力をまったく欠いていた。ウィルソンは自分の考えを明かさなかった。腹心のハウス大佐までが感化力を失っていた。英仏の指導者は大統領が過去の人になりつつあることを見て取り、彼との会談に先立って計画に合意しておいて、その承認を取り付けるのが常であった。

レーニンに共感を抱くごく少数を除き、フランス政治家はほぼ全員が「賠償」を口にした。クレマンソーはドイツに対仏攻撃能力を金輪際持たせないことを狙っている。ジョン・メイナード・ケインズはこれを次のように描写している。

「クレマンソーは」文書も書類綴じも持っておらず、個人秘書を一人も伴っていなかった。もっとも、特定の問題に応じた数人のフランス閣僚や高官が彼の周りにはいたが。彼の歩き方、その手と声は活力を欠いてはいなかったが、それでも、特に「彼に対する」暗殺未遂の後では、重要行事のために力を蓄えている老人のような表情をしていた。めったに発言せず、フランスの立場についての冒頭声明は閣僚や高官に任せていた。彼はしばしば瞑目し、羊皮紙のような無表情で椅子に深く腰を下ろし、グレーの手袋の手を前で握り締めている。きっぱりしたものであれ、シニカルなものであれ、短いセンテンスでたいていは間に合った。(4)……

クレマンソーは慇懃に振る舞い、常にウィルソンの意見を求めた。だがこれは目くらまし。彼はドイツに懲罰が加えられることを望んでいる。

この環境下では、西欧連合国がロシアとその共産指導部に細心の考慮を払う余裕はなかった。英仏と米国、イタリアが大陸の主人であった。中部ヨーロッパの仕事を真っ先に片付ける腹である。軍事戦略および和平計画を総覧するため、ロイド＝ジョージの提案で一九一七年十一月に「連合国最高戦争会議」が設立されていたが、同会議はロシア問題を完全に閑却することはなかったものの、たちまち扱いに窮した。あれやこれやのグループを怒らせることなくしては、諸々のロシア代表団の意見を聞く機会さえない。最高会議――それが通称になった――は、セルゲイ・サゾーノフに距離を置きはじめる。一九一六年まで帝政ロシア外相で、今は白系ロシア人を代表し同じ役割を果たしている人物である[5]。

一九一九年一月十六日、ロイド＝ジョージはフランス外務省《ケードルセー》で開かれた、主要戦勝国を代表する十カ国会議で発言した。ロシアをなんとかしなければならないと述べながらも、彼は憂鬱にも問題をこう整理した。

第一に、本当の事実は分かっていない。

第二に、その事実を入手するのは不可能である。唯一の道はこの問題に判定を下すことであり、そして、

第三に、ロシアの状況は極めて悪い。失政と飢餓が蔓延している。誰が優位に立ちつつあるのか不明であるが、ボリシェヴィキ政府が崩壊するという希望は実現しなかった[6]。

十分な規模で干渉しようとすれば、それは占領を意味する。「ボリシェヴィズムを軍事力で粉砕しようなどと考えるだけで正真正銘の狂気である」。それに、連合国軍隊を今一度の戦争に展開するど

のような命令に対しても、軍隊の反抗は早晩不可避であるし、永久の経済封鎖は大量餓死を招くため好ましくない。白系がボリシェヴィキを打倒する見込みは、したがって、それほど明るくはない。そこでロイド＝ジョージは、ロシアの武力紛争の様々な勢力をパリの交渉テーブルに呼び、戦勝国の監視下で最終的解決に合意させることが望ましいという考えであった。(7)

ウィルソン大統領は同意した。一九一九年一月十九日の覚書で、彼は連合国派遣軍を可及的速やかに撤退させる必要があると強調した。自分は「これ以上ロシアの混沌に引きずり込まれる」つもりはない、と。これはタスカー・ブリス将軍とハーバート・フーヴァーが表明した米代表団の大勢の意見であった。対独講和条約調印後に多国籍軍がロシアに侵攻するというフォッシュ元帥〔仏軍人、連合軍総司令官〕の提案のことを耳にすると、ブリスは米国の財力をテコにしてそれに反対すべきであると論じた。フランスを含め、ヨーロッパの大方の国は財政破綻している。対露十字軍を開始するなら、英国でさえ国民経済を破壊してしまうだろう。米国はロシアからの部隊撤退を実行するためにその経済力を使うべきである、とブリスは主張した。(8) フーヴァーも米国が侵攻するという考えに反対し、「本国のわが国民は」米兵が反動的白系勢力の支援に派遣されるのを疑いの目で見るだろう、とウィルソンに進言した。コルチャークとデニーキンは、と彼は主張する。米国内では評判が悪く、ウィルソンは世論を考慮するのが賢明であろう、と。米兵がロシアに到着すれば、ロシア人をレーニンとトロツキーの下に結集させるという非生産的な結果を生むことになる、とフーヴァーは申し添えている。彼の助言は、世界の他の地域に平和がいきわたるようなときまで、ロシア問題は脇に置いておくというものであった。外交圧力が望ましい。大規模軍はいけない、と。

だが、軍事介入こそ解決策だと考える連合国当局者は、相変わらず騒々しかった——そして、しつこく意見を述べた。ジョセフ・ヌーランスは十二月半ばにアルハンゲリスクを離れており、一九一九年一月二十日、講和会議で演説、共産主義者は協商の敵であるとして、ソヴィエトの専制とテロを武力で打倒するよう求めた。(9) デンマーク大使ハラルド・スカヴェニウスは同じ立場を取った。ペトログラードを最後に離れた外交官として、彼は最近のニュースに通じており、利用できるいかなる手段を使っても革命を国外に広めようとする意図がモスクワにはある、と強調した。(10)

ところが、ウィルソン大統領はこれを受け入れる気はまったくなく、その代わりに、ソヴィエト指導部が内戦を終結させる用意があるかどうかを探るため、モスクワへの特使派遣を決めた。ウィリアム・C・ブリットが意中にあった。ヨーロッパに関する彼の国務省報告に感銘を受け、ウィルソンは彼をパリへの米国代表団に加え、最新情報集約班の長に据えていた。(11) 外交官経験はないものの、大統領はレーニンに直接会いに行くには彼がうってつけの人物だと考えた。相争う「ロシア人諸派」が一つ部屋に集められ、紛争解決を迫られれば、ロシアに平和を実現し得るという認識でウィルソンとブリットは一致した。ランシングは結果についてまったく楽観していなかったけれども、ブリットの派遣には同意した。(12) ウィルソン提案を討議するため一月二十一日、十カ国会議が招集された。ロイド＝ジョージは、パリに声が聞き届けられたとロシア国民が感じたら、ボリシェヴィキは影響力を失うだろうと指摘し、支持を表明した。クレマンソーは反対した。彼はボリシェヴィキとの交渉には原則として反対で、ボリシェヴィズムはすでに西方へ拡大しつつあると警告した。しかし、ウィルソンとロイド＝ジョージが組んで彼に反対すると、譲歩せざるを得なかった。(13)

ウィルソンの気持ちは高揚していた。在ロンドン米大使館員W・H・バクラーが、米国和平案について、ストックホルムでリトヴィノフと協議した。一九一九年一月にスウェーデンが人民委員会議と断交すると、リトヴィノフはヴァーツラフ・ヴォロフスキーおよびアーサー・ランサムとともにロシアへ発たなければならなくなったのだが、彼はバクラーに熱心に対応し、大統領は受け取った報告に喜び勇んだ。[14] 今度はリトヴィノフがウィルソンに書簡を送り、米国企業はロシアで有益なビジネスができるだろうと述べた。彼は米国に対し、内戦の全当事者の主張を聞くよう要請。和平合意がなった場合、ソヴィエト共産主義者は西側での政府転覆の宣伝工作はやめると約束した。白系が軍事的勝利を収めればロマノフ王朝復興に道が開かれる、と彼は警告した。リトヴィノフは「米国政府の善意」に対する信頼を表明した。[15] リトヴィノフ書簡はウィルソンとロイド＝ジョージに感銘を与え、ロシア紛争当事者会議の開催提案は優先事項になった。英首相はロシア人をパリに呼びたいと考えていたが、米大統領は彼らをコンスタンティノープル沖合のマルマラ海にある、いわゆるプリンス諸島の最大の島――ビュユック島（プリンキポ島）――に集める方を好んだ。ロイド＝ジョージが譲った。[16]

ロシア会議開催への弾みがとめようもなく思われたのは、最近陸相に任命されたウィンストン・チャーチルが二月十四日にフランスの首都に到着するまでのことであった。これは偶然にも、憲法上、外国滞在期間の制限を受けているウィルソンが米国へ発つ予定の日であった。英代表団のハロルド・ニコルソンが記録している。

ホテルの廊下でウィンストン・チャーチルに出会う。「やあ」と私が彼に言う。「われわれを急き立てるためにきたのですか？」パリ講和会議は進捗具合がとても遅かった[17]のだ。「いいや」とチャーチルが答える。「敵を見つけにやってきたんだよ」。

長い一日の会議の終わり近く、チャーチルは北駅へ向かうため立ち上がるウィルソンを見つけ、「ロシアについて何らかの決定ができないものでしょうか」と尋ねた。[18] ウィルソンはクレマンソーの椅子に手を置き、トルコ沖での和平協議開催に期待していると話した。ロシアから完全に手を引くことがウィルソンの優先事項ではあったが、もし自分のロシア構想が実を結ばなければ、「現在戦場にあるロシア軍を助けるために必要かつ現実的と他の連合国が考えるいかなる軍事的手段にも応分の負担をする」と述べた(19)。

チャーチルといえども、まだ連合国による十字軍を呼びかけることはしていない――彼が会話の中に挟む皮肉が、これを隠ぺいしがちであった。チャーチルが好んだ代替案は、ロシアと国境を接する国々の同盟を形成しつつ白軍に支援を供与することであり、大英帝国参謀総長サー・ヘンリー・ウィルソンはこのことで彼を支持した。ウィルソンはロイド＝ジョージをひどく疑っていて、時として彼を「明らかにボリシェヴィキ派」と思うのであった(20)。チャーチルの計画には周到な資源節約が必須であり、彼は南カフカスから英軍を撤収し、トルコには英国の友好的意図を保証することを提案した。英国の戦後の膨大な過剰弾薬は、英将校団とともに白軍に供与すべきだとの考えである(21)。

チャーチルは連合国に「ロシア問題評議会」を設立させ、ロシアでの軍事・政治・経済にわたるあらゆる種類の行動のために、どのような資源が使えるかを確定することを目標とした。バルフォアはこの考えが気に入り、チャーチルはロイド＝ジョージのもとに引き返して、もしプリンキポ計画が失敗したら連合国は「腹をくくる」立場になると説いた(22)。この持って回った言い方の背後には、チャーチルの行動への欲求があった。もしボリシェヴィキが内戦での休戦呼びかけを拒否すれば、彼は連合国に、白軍に対する軍事支援を宣言、強化させたいと考えていた。ロイド＝ジョージは個人秘書フィリップ・カーに、不快感を表明する手紙を書いている。チャーチルは厄介者になりはじめていた。首相は国内の政治的混乱と無理な予算は避けたい考えであった。彼はロシア人が自国の統治に関連した諸問題に外国が介入することを望んでいるという、きちんとした証拠を示すよう要求した。おそらく、ロシア駐留連合軍を増派しようとするチャーチルに対し、防御線を張る必要を感じていたのだ。それに、彼は友人チャーチルをよく知っており、チャーチルが連合国最高会議で決定されるいかなる政策にもおとなしく従うとは信じられなかったのである。[23]

　一九一九年二月二十二日、ブリットは同僚のリンカン・ステフェンズとともにロシアへ向かった。二人は親ソヴィエト派であり、自分たちが達成し得る成果について壮大な考えを持っていた。もっとも、ランシングが書いた業務命令文書はただ「政治面および経済面での状況調査の目的」を特定しているにすぎない――ウィルソンは例によって、文案起草は国務省に任せていた。[24]どっちみち、ブリットはランシングの意見に従うような考え方でも性格でもない。彼の野心は、ロシア問題をソヴィエト当局が受け入れられる条件で決着させることであり、彼は会う前からレーニンに好意を持っていた。ポケットには、人民委員会議が米国提案の条件に同意するなら米国は対露通商を再開、食料救援計画を策定し、連合国軍を撤退させるとするハウス大佐の手書き保証書を携えていた。ブリットはロシアの国家債務償還の議論は避けるよう命令を受けていた。英国には交渉戦術を通知しなければならないが、フランスは違う。クレマンソーはフランス投資家の苦情を取り上げる必要があると騒ぎ立てることが、ウィルソンとランシングには分かっていた。[25]ブリットは出発前、フィリップ・カーと相談した。かくして彼は、自分が何を成し遂げようと、それはロイド＝ジョージとバルフォアの承認を受けるものと考え、満足を覚えたのであった。[26]

　ブリットには初めてのロシア旅行である。ロシア語は話せないし、ロシア政治に関する知識はとうてい深いとは言い難い。それでもソヴィエト指導部との協議で、信用不足ということはなかった。ボリシェヴィキの歴史についての薄っぺらな知識によって、ブリットは彼らが約束は違えず、平和的妥協の用意があると信じていた。[27]レーニンとチチェーリンは、休戦に署名するのであれば、米英仏がそれを白軍側にも守らせるという「半ば公式の保証」が必要であると念押しした。[28]ブリットにとってスリルに満ちた協議の一週間が過ぎ、彼はパリのウィルソンとロイド＝ジョージの元へ持ち帰れる遺漏ない取引が出来たと思った。彼はアーサー・ランサムとビル・シャートフに付き添われ、ステフェンズとともに三月十五日にモスクワを離れた。[29]

ところが、パリに戻ってみると、物事はブリットの予想通りには行っていなかった。ジョージ・ヒルが秘密情報部の任務で来ており、ロシアに関する特殊知識を英国代表団の用に供するようにとの命令を受けていた。[30] ブリットがソヴィエト政府を承認すべしとの主張を力説しているのを知ると、ヒルは反共記者ヘンリー・ウィッカム・スティードと連絡を取る――さらに、二人はロシアへの短期旅行のあとパリにいるシドニー・ライリーと相談した。[31] スティードはロイド＝ジョージがロシアに関するウィルソン構想を承認しそうだとの情報を得ていた。スティードはそうした結果になるのを妨害する腹であった。一九一九年三月二十八日付『デイリー・メール』紙は、ロイド＝ジョージが白系ロシア人を裏切り、「国際ユダヤ人金融家」とドイツ人の陰謀にかかって、モスクワでの共産主義者の権力維持を助けていると厳しく批判する彼の論説を掲載した。[32] この批判記事はロイド＝ジョージにはこたえた。その朝、ブリットと朝食を共にした際、彼は『メール』紙の論説のおかげで、ブリットがモスクワから持ち帰った提案を支持することができなくなったと述べた。「英国の新聞がこの種のことをする限り、ロシアに対してどう気をつかえと言うのかね？」[33] ブリットは自分の庇護者であるウッドロウ・ウィルソンに対しても、それ以上の成功は収められなかった。プリンキポ計画は、連合国最高会議にかかりもしないうちに破産してしまったのである。

ブリットは大統領の名代として話す自らの権限を過大評価していた。彼はモスクワに関しては騙されやすくもあった。もしレーニンが内戦の休戦を呼びかける用意があったとすれば、それはその当時の赤軍の形勢が悪かったからにすぎない。実現していれば、人民委員会議はもう一つの息継ぎ期間の恩恵を受けたであろう。レーニンは都合次第で協定を破棄したりはしない、などと信じられるのは間抜けだけである。コルチャークがウラルの支配地域だけで満足し続けるとか、デニーキンが南ロシアにじっとしているなどということも、同様にありそうもなかった。さらに、国民センター指導者らは和平の「見え透いた」試みをためらわずに拒否した。[34] 彼らはブリット以上にレーニンとトロツキーを知っていたのである。

ウィルソンはずるい一面がなかったわけではなく、すでにコルチャークの軍事物資支援要請を検討しはじめていた。ランシングがパリに不在の間、国務次官補ウィリアム・フィリップスは、白軍の側に立ってその勝利を手助けしたいと思った。ウィルソンとランシングはウィリアム・S・グレイヴズ将軍と協議するための猶予を求めた。グレイヴズは一九一八年八月、東シベリアに上陸した米派遣軍を率いていた将軍である。グレイヴズがコルチャークについて前向きの回答をすると、ウィルソンはライフル二十六万丁の代金として白軍への借款供与を承認した。コルチャークが、①ロマノフ家の権力復帰防止、②自由選挙の実施、③ロシア国家債務の履行——を約束することが条件である。コルチャークは応諾し、武器、衣服、食料がシベリアへ海路輸送された。共和党がすでに内戦介入だとして政権を批判していたため、内密にではあったが。米政府は臨時政府の駐米大使ボリス・バフメーチフを使う策を思い付いた。バフメーチフは臨時政府の銀行口座の使用権を保持している。彼との協力によって、米議会に財源と承認を求める必要はなくなった。[35]

ウィルソンは同時に、連合国の侵攻には頑として反対し続けた。ロンドンで手術を終えたフランシスは、ニューヨークへの帰路を大統領に随行した。[36] 彼は新たな選挙を監視するため十万人の米軍部隊をペトログラードへ派遣することを提案した。フランシスはのちに、大統領がその障害について説明したことを回想している。

大統領は、私の提案をロイド＝ジョージに話したところ、ロイド＝ジョージは仮に英兵士にロシア行きを命じれば、彼らは反対するだけでなく拒否するだろうと述べたというのが大統領の返事であった。大統領がさらに語ったところでは、同じテーマをクレマンソーに話すと、クレマンソーは仮にフランス軍部隊にロシア行きを命じれば、彼らは反乱を起こすだろうと答えたということであるが、大統領は私の提案をさらに検討すると述べた。(37)

これが、米国の腰が重かった真の理由であるかどうかは疑わしい。これほどの規模の部隊は事実上、侵略軍であることをウィルソンは理解しており、それにかかわりたくなかったのである。彼は、レーニンが国境を越えた革命扇動をやめるとの条件でソヴィエト・ロシアへ食料支援を申し出るというフーヴァー構想が気に入っている。(38)英仏からは反対がなく、ウィルソンはロシアへの救援隊の長としてノルウェーの極地探検家で慈善家のフリチョフ・ナンセンを招聘した。この提案を一九一九年四月にレーニンに無線連絡したのはナンセンである。

ロシアは五月十四日に返答し、食料提供は歓迎しながらも停戦は拒否した。(39)そのころにはコルチャークは退却途上にあった。レーニンは白軍に対する勝利を投げ捨ててまで、外国の穀物が欲しくはない。コルチャークもウィルソン構想にもはや熱意を失っていた。共産政権の管理下に食糧支援が届けば、共産主義の粉砕は一段と困難になる、と彼は判断した。白系ロシアの大使セルゲイ・サゾーノフはパリから電報を送り、連合国との付き合いではもっと機転を利かすようコルチャークに進言した。オムスクに来て、自分の目でロシアの状況を見るがいい、というのがサゾーノフに対するコルチャークの返事であった。(40)

チャーチルがしきりにロイド＝ジョージをあおった結果、首相はロシアに対する軍事的選択肢の費用見積もりのペーパーを提出するよう指示した。チャーチルは、会計を提案する前に連合国がはっきりした政治方針を固める必要があると論じ、ぐずぐずした。[41]これにはロイド＝ジョージが喜んだ。彼は、自分がチャーチルの攻撃的な性向を抑制していると思ったのである。フランス指導者はチャーチルと同様に反ボリシェヴィキであった。表向き、クレマンソーとポアンカレはボリシェヴィズムの悪行を非難していた——そして、ソヴィエトがフランス投資家数十万人の資金を没収していることについても、口やかましかった。だが内輪では、対ソヴィエト・ロシア戦争はロイド＝ジョージが英国の重荷になると考えたのと同じように、フランスにとっても重荷になることを彼らは認めていた。フランスは経済荒廃という犠牲を払ってドイツを打ち負かしたばかりであり、さらにもう一つの大戦争を始めることはできないのである。そして、ベラ・クーンが一九一九年三月、ブダペストに共産政権を樹立すると、連合国の限界が露呈することになる。パリの米当局者はフォッシュ元帥に、ハンガリー人の運命をクーンの手に委ねておくべきではないと持ちかけた。フォッシュの回答は、フランスの介入用意についてのいかなる幻想をも打ち砕くものであった。侵攻・占領のためには最低三十五万人の軍が必要だが、私はもはやそれほど多数の兵員を動かすことはできない、と彼は述べたのである。[42]

米国救済委員会のT・T・C・グレゴリー大佐は「星条旗の下に一個大隊とラッパ一丁」あれば、その仕事をするには十分だと嘲笑した。[43]これが楽観的過ぎるかどうかは、どうでもよかった。ウィルソンはそうした派遣軍にもはや同意するつもりはなかった。大統領は疲労困憊し、あらゆる方面からの攻撃にさらされていた。かつて彼を賞賛したウィリアム・C・ブリットは、一九一九年五月十七日に国務省を辞職している。辞表の中で彼は大統領に、連合国の講和合意は長続きしない、あまりに多くの国にとって不公平であると指摘した。ブリットはさらに一歩進め、大統領は「あなたの戦いを公然と遂行」し、大統領が自らの原則に固執してくれることを願う数百万の人びとを信頼し続けるべきだったのです、と述べている。[44] 彼はランシングにはもっと丁重に書いたが、対ドイツの講和条件と米国の国際連盟入りのいずれにも反対を表明して結んでいる。自分としてはいずれからも良い結果は予想できない、と。[45]

講和会議では、まず対独講和条約が締結されることになった。クレマンソーはウィルソンを根負けさせ、大方のドイツ人には大変衝撃的な内容の条件を受け入れるよう説き伏せてしまった。莫大な賠償金が支払われ、戦争犯罪が認められることになった。ドイツとオーストリアは、両国民の意思とは無関係に、単一ドイツ国家への統合を禁じられた。ウィルソンは条約内容を緩和するため、クレマンソーに対抗してロイド＝ジョージと組むことを考えたが、舞台裏の交渉が実ることはなかった。疲れ果て、現実的着想も尽きて、ウィルソンは戦いを断念。そして英仏の専門家が活発に活動し続ける一方、大統領の力の衰えとともに米国の影響力は低下していった。[46] 条約は一九一九年六月二十八日、ヴェルサイユ宮殿の鏡の間で厳粛に署名された。場所の選択は意図的であった。一八七一年、フランスが勝者プロシアに屈辱を味わわされたのはこの場所であった。ドイツは下級国家に転落してしまったが、唯一の慰めは、ドイツ政府が連合国の対独要求を正確に理解していることであった。もう一つの下級国家ソヴィエト・ロシアは、連合国の究極の意図が奈辺にあるのか、依然として見当がついていない。

第19章 ヨーロッパ革命

パリで協議が続いている間、連合諸国は中部ヨーロッパから届くある種のニュースに憂色を深めていた。共産主義がヨーロッパ中に広がるかもしれないという不安が強まった。確かに、ドイツ政府は一九一九年一月にスパルタクス団を壊滅させたのだが、そもそも反政府反乱が企てられた事実そのものが、政治的急進左派が失業と食料不足の深刻化する状況に乗じかねないと懸念させる兆候なのである。そうした混乱を経験しているのは、ひとりドイツばかりではない。戦勝諸国は平和について不安を感じていた。

モスクワのボリシェヴィキ指導者はまさにその同じ状況が理由で、安堵していた。ロシアの戦時混乱に付け込んで自国の革命を起こしたあと、彼らはヨーロッパの同調者が間もなく自分たちの範にならうだろうと信じ続けている——そのうえ、彼らはローザ・ルクセンブルクの死を望んだわけではないけれども、彼女が期せずして消えたことは、レーニンと彼の政治局《ポリトビューロー》がいっそうたやすくコミンテルンを支配できることを意味しているのだ。レーニンは各地の革命で大陸が燃え上がるだろうと予測し、上機嫌であった。ボリシェヴィキがウラルで軍事的困難に遭遇しているにもかかわらず、彼は連合国のロシア派遣軍をばかにした。彼はアーサー・ランサムに、ロイド＝ジョージが共産主義の大学に兵を送るのはけっこうなことだ、と語っている。(1)捕虜になった徴集兵が本物のボリシェヴィズムを目撃すれば、あっという間に自らボリシェヴィキになるだろうとレーニンは予言した。ソヴィエト当局は元米国亡命者ボリス・レインステインを、モスクワの街頭を歩くことを認められた英国人戦争捕虜に対する宣伝工作の任に就けた。(2)兵卒A・J・ファードンは、虜囚の境遇の代わりに外務人民委員部の仕事に応じ、それどころかソヴィエト・モデルに憧れているようであり、ロンドンの陸軍情報本部は彼が家族にあてた手紙を盗み読みして、ソヴィエトの策略に対する懸念を深めた。そして、兵卒ファードンと家族の文通をランサムが手助けしていることに苛立った。(3)

ランサムはまた、共産主義はロシアでは成功しても英国で同じように行く可能性はないと話して、レーニンも怒らせている。レーニンはこう答えている。

人は両足で立っていても腸チフスに罹っているかもしれない、ということわざがわが国にはある。二十年か三十年ほど前、私は頓挫性腸チフスに罹ってね、それと付き合って、寝込むまで数日間もっていた。さて、英国とフランスとイタリアはすでに病気に罹っている。君には英国が感染していないように見えるかもしれないが、病原菌はもうそこにいるんだ。(4)

英国のどんな政治的動揺も頓挫性革命のしるしでしかない、とランサムが茶化すと、レーニンはぴしゃりと言ってのけた。

うん、それはあり得る。それはおそらく教育的期間であって、英国労働者は自らの政治的必要に気づき、自由主義から社会主義へ移行するんだ。なるほど英国では社会主義は弱体だ。君たちの社会主義運動も、君たちの社会主義政党も……英国にいたころ私はできるかぎりどこへでも熱心に足を運んだものだが、かくも巨大な工業人口を抱えた国にしちゃ、彼らは哀れだ、哀れだよ……。だが一九〇五年のロシアと現在の英国の大きな違いを覚えておかなくちゃいけない。われわれの最初のソヴィエトは革命の只中で生まれた。君たちの店員がつくる種々の委員会はできて久しい。それらは綱領も方針も持っていないが、彼らが遭遇する抵抗のために綱領を持たざるを得なくなるだろう。(5)

レーニンは歴史的必然性という己の考えに固執した。ランサムが同意しようがしまいが、英国はロシアが進んだ道に必ず従うのだ、と。

連合国政府はこれがレーニンの目標であることを知りぬいており、彼と同志たちが、帰国後に革命を扇動する可能性のあるモスクワ在住外国人シンパを取り込んできたことを、見て取っていた。予防措置を最初に取ったのはフランスで、そのときジャック・サドゥールはパリの公的世界で何かの役割に就く意欲を示していたのだが、一九一八－一九年の冬、ただチフスの発作ゆえに思いとどまったのであった。彼はソヴィエト体制について自分が知っていること――あるいは知っていると思っていること――を同胞に語る算段をしていた。彼に対する攻撃がフランス紙に掲載された。政府が自分をモスクワにとどめおき、政治的スキャンダルを予防しようとして新聞をそそのかした、とサドゥールは疑った。(6) 連合国の対露軍事干渉に反対する彼の戦いをたたえ、フランス社会党が彼を国政選挙候補にすると、パリ政府は国家反逆罪を理由とした軍事法廷を設置し、彼の出鼻をくじいた。欠席裁判の末、一九一九年十一月、サドゥールは国家反逆罪で死刑を宣告される。(7)

共産主義革命の次なる企てはパリでもロンドンでもなく、ミュンヘンで起きた。兵士たちは憤激し、疲労して西部戦線から帰還していた。失業は増加し、食料不足が深刻化している。連合国側の要求に対する恨みが高まりつつあった。ストとデモが広がり、労働者が自らの評議会を選出するというロシア式発想が模倣された。バイエルン州首相クルト・アイスナーは火を鎮めようとした。彼の存在が与える宥和効果は、一般には評価されなかった。実際、彼は政治勢力の左右両極から憎まれており、一九一九年二月二十一日、気性の激しい若い貴族に射殺されてしまう。ミュンヘン労働者評議会の指導者マックス・レヴィーンはこの暗殺に刺激を受け、権力掌握の千載一遇の時機だと考えた。レヴィーンはロシアで生まれ育ち、動物学で学位を取得するためドイツに留学、ほかの亡命者と異なりロマノフ家の倒壊後も中部ヨーロッパにとどまっていた。彼の政治上の相棒はオイゲン・レヴィネ。サンクトペテルブルクの出で、シベリアに追放されたあと、ハイデルベルクで学んだ人物である。彼らのドイツ人同僚は知的職業で大きな比率を占めていた。彼らは十月革命の熱烈な讃美者であり、レヴィーンとレヴィネは南ドイツ急進左派陣営のレーニンとトロツキーを気取っていた。

一九一九年四月七日、彼らはバイエルン評議会《レーテ》共和国の樹立を宣言。工場と大規模企業は接収。教会と貴族、ブルジョアジーは威嚇を受けた。市中心部にパトロールが導入された。モスクワに勝利の報が打電される。レーニンは蜂起グループを祝福する返電を送る。彼は今一度、共産主義がヨーロッパ各地へ速やかかつ容易に広がる証拠を手にしたと考えたのである。

レヴィーンとレヴィネがユダヤ系でロシア国籍を持っているという事実が、ミュンヘンで知られないわけがなかった。一九三九年にローマ教皇ピウス一二世となる教皇庁大使エウゲニオ・パセリの目には、レヴィーンは「三十か三十五ぐらいの若者。ロシア人でユダヤ人でもある。青白くて汚く、うつろな目としわがれ声。不作法で不快、知的でも狡猾でもある容貌の持ち主」[8]である。この教皇庁大使は女性共産主義者たちを不潔な尻軽女と形容し、レヴィーンとレヴィネのことは汚泥、ふしだら、さらには獣性とまで結びつけている。パセリの偏見は当時の多くのキリスト教徒が共有しており、評議会共和国は一般に外国由来の病気だとみなされた。ところが、評議会共和国の指導者たちは政治的急進主義を共有する人びととばかり付き合っていたため、数百万のドイツ人が彼らの信条に対して抱く反感に気づきそこねた。自分たちの権力掌握を可能にした社会的・経済的安定の崩壊が、一時の現象にすぎないことも分かっていない。報復は不可避であった。レヴィーンとその同志らは、自分たちを害する敵の能力を見くびっていた。しかもコルチャークがモスクワを脅かしている時期、赤軍による軍事支援の可能性はなかった。

バイエルン評議会共和国が命脈を保ったのは、ベルリン中央政府が攻撃を準備している間だけであった。レヴィーンとレヴィネは驚くほど考えが甘かった。一般犯罪者は旧帝国体制の犠牲者にすぎないと信じて、すべての囚人を刑務所から釈放してしまったのだ（レーニンもトロツキーもそんな愚行は犯す気にもならなかった）。続いて起きた強盗・殺人の波で、ミュンヘンは恐怖の居住地になってしまった。レヴィーンとレヴィネは雇用をどう回復していいかまったく分からず、彼らが権力を握っていた時期は商工業の崩壊に特徴づけられている。

一九一九年五月、義勇団《フライコール》は北方百五十マイルのバンベルクに集結、正規軍部隊とともにミュンヘンに向け進撃する。名を知られた共産主義者は路上で射殺された。公式集計では死者六百人とされているが、実際にはその倍であったと推定される。労働者民兵はたちまち武器を手放し、戦闘は数時間内に終わった。レヴィーンはウィーンに逃れ、最後は一九二一年六月、ソヴィエト・ロシアに亡命する。それほど世知にたけていないレヴィネは、同志とともにミュンヘンにとどまるのが自分の義務だと考えた。作家エルンスト・トラーと一緒に捕えられ、反乱扇動罪で裁かれた。運命だと悟ってあきらめた――「われわれ共産主義者はすべて、暇を与えられた死人だ[9]」。彼は捕虜の射殺を共謀したとして有罪を宣告され、銃殺された。共産主義の灯火はヨーロッパを照らしそこねた。ソヴィエト指導部は落胆したものの、ドイツ政治の脆弱ぶりは続く、中央政府は軍や民間軍事組織を投入せずして急進左派の敵に対抗できまい、と見立てた。経済は潰滅状態だ。たとえミュンヘンの実験が不首尾に終わろうと、これはドイツやその他中部ヨーロッパ諸国の労働者・兵士が、いつか革命的秩序を生むための材料を発見しないことを意味してはいないというわけである。

ハンガリー共産主義者が一九一九年三月二十一日以降、楽観の根拠を提供していた。この日、共産派多数の連立により、彼らが政権に就いたのである。革命はたちまち全土――と言うか、少なくとも連合国がハンガリーに残した国土――に波及した。レーニンとトロツキーはバイエルン評議会共和国に示したのと同じ興奮をもって、その革命を歓迎した。ハンガリー革命の指導者ベラ・クーンは、ソヴィエト体制に対する熱狂信奉者。東部戦線でオーストリア＝ハンガリー軍とともに捕虜になったあと、ロシアで過ごしていた。一九一八年三月、元捕虜としてモスクワでハンガリー共産主義者グループを結成。大戦が終結すると直ちにブダペストに戻る。クーンはジャーナリストとして働いたことがあり、西欧連合国と屈辱的講和の見通しに反対する生きのいいパンフレットを書いた。今度は、自分には弁舌の才もあることに彼は気づいた。連合国の講和条件の緩和に努める不安定な政府は、彼を刑務所にぶち込んだ。ところが、社会民主主義者が入閣すると、彼らは左派の同志としてクーンを釈放した。彼は刑務所の房から一直線に閣僚ポストにたどりつく。彼は獄中で手ひどく殴られていて、顔には彼が受け、心底復讐を意図した傷があった(10)。

友人で共産主義者仲間のティボール・サミュエリと同様、クーンは狂信家である。ソヴィエト・ロシアへの連帯が宣言され、ボリシェヴィキの業績に関する報告がブダペストの新聞に掲載された。公共の建物には赤旗が翻った。労働組合は劇場の只券の大盤振る舞いを受けた。銀行、鉱山、大規模織維工場が国有化された。クーンはたちまち「階級敵」へのテロで悪名をとどろかせる政治警察を創設する。サミュエリは「レーニン少年団」を集め、収穫を没収し集団農場制度を強制するために村落へ送り込む(同じことがウクライナの農村部で起きていた。だが、ウクライナの場合、それはモスクワの指示に反していたのに対し、ハンガリーではクーンの命令に従っていた)。教会は冒瀆され、僧侶や地主は逮捕されたり殺害されたりした。農民が暴力に反対すると、レーニン少年団は彼らにも襲いかかった。ハンガリー社会の共産化は十月革命後のロシアと比べても、速い速度で行われ、おびただしい血が流れた。

クーンが保っていた類の人気は、彼が連合国のハンガリー処理計画に断固として反対していることに拠っていた。西側連合国はこれまでハンガリーの一部であった領土をもって、ポーランドとルーマニア、チェコスロヴァキアへの論功行賞とする計画であった。ハンガリー領はかつての三分の一になってしまう。結果として、共産主義の国際主義的教条に嫌気がさしているハンガリー人までが、クーンを支持した。共産党指導部はただ不平を鳴らすばかりでなく、行動する用意があるのだ。

クーンは帝国陸軍から中道左派の司令官を募集し、「ハンガリー」領のことごとくの寸土のために戦う部隊を動員した。戦争捕虜にブダペスト市街を行進させた。ハンガリーの国益は彼の手によって安堵されるのだ、という暗示であった。クーンはハンガリー国旗を嫌っていたが、国旗なくしては対ルーマニア戦の戦場に軍を投入するのは難しいと参謀総長フェレンツ・ユリエルが説得すると、彼は譲歩した。[11]外国新聞とのインタビューでは、狡猾にも実際より穏健に見せかけ、なんらかの真の共産主義的政策が適用されるまでには何年もかかると言ってのけた。[12]しばらくの間、彼は成功を収め、共産政権は一九一九年四月、ルーマニアとチェコの侵略者を撃退した。ハンガリー赤軍はチェコスロヴァキアに侵攻、本格的な抵抗に遭遇するまでに数カ所の町を占領した。赤軍はドナウ側の船舶航行を止め、河川封鎖を破ろうとするオーストリアの試みは「船舶を砲撃するハンガリー・ボリシェヴィキ派によって」妨害された[13]。オリエント急行はルーマニアからハンガリーを横切って運行を続けたが、銃剣と手投げ弾ベルトを装着した赤衛隊のために、越境は不愉快な体験を伴うことになった[14]。

連合国はクーンとサミュエリを屈服させることを狙い、経済封鎖で対応する[15]。食料供給が激減した。クーンによると、唯一の解決策は農村からの穀物、野菜、肉の徴発を増やすことであった。内戦が勃発し、農民との衝突が増えた。

クーンとサミュエリは常に世界革命に究極の救いを見ていた。彼らはレーニンとトロツキーに、新たに征服したウクライナから赤軍部隊を派遣してほしいと要請した[16]。モスクワとブダペストの指導部は、ハンガリーの無線通信が米軍に傍受されていることにほとんど気づいていない[17]。したがって、クーンが電報に書いたもので、本当に秘密と言えるものは何もなかった[18]。機会があれば共産主義革命の西方への拡大を助けたいとソヴィエト指導部が意図していることは、無論、秘密ではなかった。ボリシェヴィキの外交政策の総体がこの基礎の上に打ち立てられていた。連合国が驚かされるのはほんの時たまであって、例えば共産主義によるウィーンの権力奪取というクーンの秘密計画を、オーストリアの治安機関が探知したと称したときがそうである。これは防諜将校らが新社会民主主義政府に対し、自分たちの利用価値を示そうとしたケースであったのかもしれない[19]。米国は後に、クーンがレーニンとトロツキーの使者としてスイスに行くのを、傍受情報を使って防いだようである[20]。旧「オーストリア＝ハンガリー」は、新たな国境を越えて溢れ出しかねない政治紛争で沸き立っている。何でも起きかねないように思われ、実際、しばしば起きたのである。

レーニンとトロツキーはクーンの要請を言下にはねつけたわけではなく、彼らの赤軍最高司令部はハンガリー支援方法の検討を始めた。ウクライナ国境を越えての軍事作戦は赤軍をコルチャークとデニーキンからの危険にさらすことが、たちまち明らかになった。ロシア軍が西方へ進撃すれば、帰るべきソヴィエト祖国がなくなることになりかねない。遺憾ながら、彼らはクーンの要請を却下したのである。(21)

晩夏ごろには、ハンガリー赤軍は全土での抵抗と北部国境での脅威に直面する。脱走の数が増えた。クーン政府の最期の一縷の希望は、八月四日に潰える。この日、ルーマニア軍はハンガリー北部での数週間の戦いのあと、ブダペストに突入した。西側連合国は、地域の一国が共産主義を打倒したことを喜びながらも、次に起きたことは容認しなかった。ルーマニア軍は勝手し放題で、ブダペストの当局はそれをまったく抑制しなかった。赤色ハンガリーのテロが、白色ルーマニアのそれに取って代わられ、数カ月間苦しめられた共産主義者への報復を求めるハンガリー人諸グループが現れた。ルーマニアが警官数を六百人に減員すると、続いて混沌状態が起きた。路上や家屋でのユダヤ人攻撃が頻繁になった。(22) 経済は完全に崩壊し、物々交換する財産を持っている人にとっても、首都では食料品が乏しくなった。(23) ルーマニアは占領地域から小麦粉や砂糖、医薬品、そして鉄道機関車までも剝奪した。飢饉が全土に広がった。(24)

共産主義が依然として、ハンガリーばかりか中部ヨーロッパの脅威の一つであることに、米当局者は気づいていた。米国救済委員会の長ハーバート・フーヴァーは一九一九年三月二十八日、ウッドロウ・ウィルソンに宛てて書いている。

ボリシェヴィキは彼らが支配しているどの国においても、政治的にはほぼ確実に少数派であります。ボリシェヴィキは……反動的専制国家の間でさえとうに放棄されたほどのテロルと流血と殺戮を用いてきている……［彼らは］かなりの感情主義を取り入れ……そのことによって［彼らの」プロパガンダに、大がかりな精神運動の勢いにのみ比肩し得るような勢いを付与してきているのであります。[25]

フーヴァーの処方は、米国の援助食糧を中部ヨーロッパへ輸送することによって、マルクス主義の吸引力に対抗することであった。大戦前、ヨーロッパはロシアからの穀物輸入に依存していた。米国農家はこの隙間を埋めることから利益を得る、とフーヴァーは論じた。[26]米国には農産品の過剰がある。ヨーロッパ諸国が備蓄を購入できるように、借款を供与すべきである、と。[27]

共産主義に対する資本主義の優位を示すには、世界で最も健全な経済から生活の糧を運び、農工業の復興を支援するに如《し》くはない、とフーヴァーは弁じる。食料不足のところでは、都市が共産主義者の手に落ちる危険が常にある、と彼は考えていた。とはいえ、米国の慈善事業はひも付きである。支援受け入れ国政府は秩序を維持し、急進左派を権力から外しておかねばならない、とフーヴァーは要求した。ウィーンの革命騒ぎは、彼が対オーストリア援助を一時中断する十分な理由になった。そして、クーン指導下のハンガリーへの援助も見合わせた。[28]一方で、彼の米国救済委員会はドイツとポーランド、チェコスロヴァキアに向けて穀類、医薬品、砂糖、肉・魚の缶詰を送った。大戦後の中部ヨーロッパにおける彼の尽力は、英仏からの妨害を考えると、並大抵のことではなかった。両国は一九一九年時点で、差し迫る大規模飢餓のリスクを冒して対独禁輸を続けていたのである。米国の穀物貨物がヨーロッパ各地の港で足止めを食っていることを知ると、フーヴァーは、自分はウィルソン大統領の全面的支持を得ているのだと強調し、怒って口を差し挟んだ。彼にはこの緊張がこたえたことは疑いない。J・M・ケインズは称賛を込めて彼を「疲れたタイタン」「疲れ切ったプロボクサー」と形容している。[29]だがフーヴァーは自らの意思を通し、英仏は妨害をやめた。そして対独封鎖は解除された。

対独食料援助は連合国が共産主義革命の前進を回避する役には立つかもしれないが、それ自体としては決して十分な量ではなかった。ベルリンのモアビト刑務所に収監中も、カール・ラデックは資本主義に先の長い未来があるとは信じなかった。一九一九年八月からは接見も認められていた。政治家や記者がこの異国のボリシェヴィキに会おうと列をなし、彼は自ら言うところの獄中サロンを開いた。[30]いく分思いがけない訪問者の一人に、ドイツを代表する工業家の一人、ワルター・ラーテナウがおり、彼はヨーロッパで旧資本主義秩序へのいかなる回帰も不可能であることを認めた。ラーテナウは、出版された自分の全作品がマルクス諸理論とドイツのプロレタリア革命に関するレーニンの予測に反論していると付け加え、ラデックに肩透かしを食わせた。ラデックはジャーナリスト、マクシミリエン・ハルデンの訪問も受けたが、彼はラデックに週刊誌『ツークンフト〔未来〕』への寄稿を依頼しにやってきたのであった。将校団の中の貴族であるフォン・ライプニッツ将軍は独ソ和解、さらにはソヴィエト・モデルによるドイツ革命という提案まで携えてやってきた。さらに、英国人記者で友人のモーガン・フィリップス・プライスがやってきて、英国内の出来事について、ラデックに最新情報を教えている。[31]

同時に、ラデックはドイツ共産主義運動と秘密連絡を続けていた。オーストリアのマルクス主義者ルート・フィッシャーは接見を繰り返し、彼の情報源になっていた。彼女のもたらすニュースはすべてが楽しいものばかりではない。ドイツの共産党指導部はハイデルベルク党大会で分裂に向かって進んでいた。オーストリア共産主義者はウィーンでの権力奪取の方策を討議しているが、まだ準備は十分ではない。[32]ラデックはドイツ共産党に対する批判的小冊子を書くとともに、ロシアにおけるボリシェヴィキ支配に対するカール・カウツキーの攻撃に応えた。両論文はベルリンの友好出版社によって公刊された。[33]中部ヨーロッパでの革命運動の諸困難を耳にしながらも、彼は大陸が革命的転換の瀬戸際にあると確信し続けていた。

イタリア急進左派の活動も、彼が精神的高揚を保つ役に立った。ハンガリー、ドイツと違ってイタリアは戦勝国である。ヴィットーリオ・オルランド首相はパリ講和会議に長期間出席し、帰国前にトレンティノのイタリアへの割譲を取り付けていた。北部の大都市ミラノやトリノは大規模工場のストライキで揺さぶられている。国益のために静かな交渉を、という呼びかけに耳を貸す者はいない。労働者は工場評議会を選出し、これが一九一九年夏には企業全体の管理権を握りはじめた。イタリア社会党は危機への対処法をめぐって割れており、急進派はロシア十月革命との連帯を表明し、断裂が起きつつあった。この結果を資金と助言によって早めようと、コミンテルンはニコライ・リュバルスキーを工作員として派遣した。[34] サルディニアの若き活動家アントニオ・グラムシは工場評議会を、全土で権力を掌握する可能性のある革命的行政府の萌芽と見ていた。トリノの『オルディネ・ヌオーヴォ（新秩序）』誌編集長として、彼はイタリア労働者に資本主義を打倒し自主管理へと進もうと煽った。グラムシとその同志たちが目標を実現する前に、オルランド政府は工場に軍隊を配置した。そして反乱の残り火は続く一年の間に消し去られた。

ヨーロッパでは共産主義の病巣が最終的に焼き取られたのかどうか、当時はまだ誰も確信が持てないでいた。ソヴィエトの政治実験と連携しようとする革命の試みは、次々に起きた。その都度――ベルリン、ミュンヘン、ブダペスト、そしてトリノとミラノで――試みは挫折させられた。だが共産主義組織に自国政府と対決する機会を与えている諸条件は、いまだ除去されていない。多くのヨーロッパ諸国で、生活・労働条件に対する不満は依然として深く、かつ広がりがあり、急進左派活動家は指導と鼓舞を求めてますますコミンテルンの方を向いていった。一九一七年にペトログラードで起きたことは、まだ他のどこかでも起きる可能性がある。この一点では、ボリシェヴィキと西側連合国指導者の認識は一致していた。

第20章 連合国と白系勢力

パリ講和会議が終幕に近づくにつれ、連合国がロシア政策を明確化することが焦眉の急となった。連合国がこれを行ったのは一九一九年五月二十七日で、ジョルジュ・クレマンソーとデイヴィッド・ロイド＝ジョージ、ヴィットーリオ・オルランド、それに日本全権代表の西園寺公望がコルチャーク――彼がウラルの東部のどこにいようと――へのメッセージを起草するため、ウッドロウ・ウィルソンの宿舎で協議したのである。人民委員会議《ソヴナルコム》との交渉がいくらかでも有益だと考えている連合国指導者は皆無である。だが、白系勢力が支援するだけの価値のある許容範囲内の選択肢であることを、確認したくもあった。彼らはコルチャークに「ロシアの内政問題への干渉を避けることが、常に連合国および提携国の枢要な公理であった」と告げた。連合国の干渉は常に「ドイツ専制政治に対する戦いとドイツ支配からの祖国の解放」、およびチェコ軍団の救出を続けたいロシア人への支援に限定されてきた、と彼らは強調した。戦争が終わった今、ロシアのために出来る限りのことをし、「自由と自治と平和」に向けてロシアを支援する用意は変わらない。連合国がこの支援を提供する条件は、はっきり決まっている。もしコルチャークが西欧連合国からの支援を望むなら、憲法制定会議選挙を公示するか、旧憲法制定会議を再招集すると約束しなければならない。コルチャークは普遍的な市民的自由を保証し、ロシアの対外債務の認知を再確認しなければならない。ポーランドとフィンランドの独立を認めなければならない。旧ロシア帝国のその他の周縁地域――エストニア、ラトヴィア、リトアニア、カフカスおよび中央アジア――には自治を約束しなければならない。いかなる領土紛争も国際連盟の裁定に委ねなければならない(1)。

コルチャークは、己の司令部付きのフランス外交官を通じて返答を寄こした。憲法制定会議選挙に同意し、軍事的勝利を収めたあと、それが助けになるなら権力の座から下りると付言した。ロシアの国家債務を認める用意があると明言した。ところが、ポーランドの独立は受け入れながらも、その他の国際問題は後日に討議したい、とあいまいな態度にとどめていた。心底からの同意ではなかったけれども、連合国はこれに満足し、六月十二日付で好意的な返書を送っている(2)。連合国はロシアに民主主義を望んではいたが、それを上回る願望はボリシェヴィズム打倒にあった。そのためには、真の民主主義的性向をほとんど持たない白系ロシア司令官らとも喜んで協力するつもりなのだ。

ところが、そのころには白軍運動はひどい困難に陥っていた。コルチャークの前進はウファで阻止され、赤軍の反攻は六月、彼の軍を撃破した。ほんの数週間前、エフゲニー・ミレルを「北軍」司令官に任命したばかりである。だがミレルは寡兵をもってアルハンゲリスクにおり、せいぜい事態を傍観することしかできなかった。コルチャークを取り巻く状況は夏の間を通じて悪化し、彼は膨大な金備蓄を抱えてシベリア横断鉄道沿いに段階的に撤退する。コルチャークは立ち直る現実的希望のないままじわじわと東方へ押され、彼の部隊は途中で沿線の農民の攻撃を受けた。この間、デニーキンはウクライナ南部から北方へ撃って出るに十分な兵力がついにそろった、と判断していた。彼は義勇軍を二グループに分けた。すなわち一方が戦いながらヴォルガ川沿いに前進する一方、他方はウクライナ中部全域を攻撃するのである。コルチャークと同じくデニーキンも、可及的速やかにモスクワに到達し、占領するという単純な基本目標しか持っていない。ウラル方面の脅威から解放された赤軍は一九一九年十月、その主力を対コルチャークに転戦させ、ウクライナ農民の非正規軍とともに戦って、ロシア＝ウクライナ国境オリョール郊外でデニーキンを決定的に撃破。着実にウクライナ南部へ下がった。

この期間を通じ、白軍は連合国に北部ロシアと南部ウクライナ、および中部シベリアでの軍事プレゼンスの強化を懇請した。ところが、ウクライナのフランス軍司令官らは自軍の形勢悪化に気を取られていた。フィリップ・アンリ・ダンセルム将軍はこれまで仏派遣軍に信をおいたことがなく、四月には撤収が唯一の選択肢であると決断していた。彼の部隊は士気阻喪している。赤軍と戦う気力のある兵はほとんどいず、軍規は崩壊しつつある。[3] 彼はクレマンソーに電報を打ち、もはやフランスの「東方軍」を語ることは無意味だと指摘した。軍が黒海沿岸に長くとどまるほどに、軍内の不満は高まっていく。ダンセルムは代替手段として、フランスがルーマニア軍に幹部将校を派遣し、訓練と装備をほどこすことを提案した。使える兵士を供出するに十分な食料をルーマニア国民に与えるために、連合国はルーマニアに食料を送ることも必要である、と。[4] クレマンソーは反独、反ソが相半ばし、面白くなかったが、現地の将軍連の勧告に逆らった行動はできない。フランス軍の撤退は時間の問題であった。

ロイド＝ジョージもまた、北部ロシアからの英派遣軍の撤退を真剣に考えていた。彼は熱心な干渉論者であったためしはなく、アルハンゲリスクおよびムルマンスクから撤収する潮時だと結論していた。英国内の労働運動界は同地への軍派遣反対で結束しており、「ロシアから手を引け」運動は左派陣営で勢いづいている。[5] 軍人自身が復員を切望している。東方展開の命令を下せば、部隊反乱につながることはほぼ間違いない。それに、多くの実業家がロシア市場への再参入を希望しているのである。

ところが、チャーチルはひとり、この国民的合意に逆らい、白軍への援助増大を支持。ソヴィエト支配下のロシア地域との通商再開に反対し続けた。彼が閣内で文句を言うと、ロイド＝ジョージは柔らかな譴責の言葉を書いている。

貴兄の平衡感覚を狂わせているこの妄想——こんな言い方が許していただけるなら——を捨てていただけるよう、私が最後の説得に努めることは多少でも意味があるでしょうか。ロシアのことは、ともかく数日間は捨ておき、陸軍・空軍両省が負ったフランスと国内および東方での全く正当化できない支出のことに専念されるよう要請します。(6)

国家財政は再度の戦争に耐えられないことが分かっているため、首相の心は英国の経済復興にある。だが、彼は派遣軍を数ヵ月間そのままにしておいた。なにはともあれロシア内戦の成り行きは不透明であり、ロイド＝ジョージは白軍の勝算を潰したくはなかったのである。大方の自由党議員と保守党議員が、ロシアでの英軍プレゼンスを支持しており、二人の大新聞所有者ノースクリフ卿とロザミア卿も同様であった。

少数の議員がこの正論に食って掛かった。労働党議員は、多くは初当選したばかりで下院の流儀に慣れておらず、ロシア問題では発言しなかった。ところが、ジョサイア・ウェッジウッド大佐、J・M・ケンワージー司令官、それにセシル・マローン（彼は退役後は軍階級を使用しないことにしていた）の小グループは政府の政策を批判した。彼らは『マンチェスター・ガーディアン』紙、労働党の新創刊紙『デイリー・ヘラルド』、そしてビーヴァーブルックの『デイリー・エクスプレス』紙に好意的に報じられた。(7)チャーチルは新聞に批判されても無視していたが、それは『デイリー・エクスプレス』

が一九一九年九月六日付で、陸相がロシアでの英軍事作戦について国民を誤導しているとするシャーウッド・ケリー中佐の書簡を掲載するまでのことであった。(8) ケリーはビクトリア十字勲章の保持者で、政府の二枚舌を見る思いにがっかりしてアルハンゲリスク勤務から帰還していた。英国の輜重《しちょう》備蓄を保護することが目的である、と派遣軍は教えられていた。ケリーは、チャーチルと仲間の閣僚が偽って、人民委員会議を転覆する秘密攻撃を計画していると告発していた。チャーチルは欺瞞という非難に対し自己と内閣を弁護しなければならないと感じ、侵攻政策を追求しているというのは事実に反すると否定した。(9)

米国はロイド＝ジョージと同じように、実際に共闘部隊を派遣せずに白軍を支援したい考えであった。ここは慎重に事を運ばなければならない。米国労働運動界はソヴィエト・ロシアの公式承認を求めて運動しており、外交が孤立主義へ向かう中にあって、米国のロシア市場浸透を望む実業界団体は増えつつある。カリフォルニア州選出のハイラム・ジョンソン上院議員は、どうして米国の若者がロシアで撃たれているのかと問うた。ウィルソン大統領とランシング国務長官は、反ボリシェヴィキ勢力への独自の極秘支援を承認する一方、ソヴィエト・ロシアに対する行動の責任はすべて英国とフランスに取らせた。シベリアではコサック「実力者」セミョーノフの軍が、気ままな暴力で悪名を馳せていたが、彼はそれでも米国の資金と支援物資を受け取った。そしてセミョーノフが赤軍に敗れると、米国はコルチャーク提督にかけたが、彼の将校も野蛮さがほんのわずかに少ないだけであった。コルチャークがセミョーノフと同じ運命をたどると、ウィルソンは白軍将軍ニコライ・ユデーニッチへの支援を認可するため、病床から身を起こした。ユデーニッチは一九一九年秋、ペトログラード攻撃で自らの「北西軍」を率いた。(10) 白軍は必要物資の代金払いに同意せざるを得なかった。あまり反対できなかった。国を奪還したいのなら、世間相場は払わなければならないことを彼らは理解していた。

しかし、コルチャークは大量の金塊を保有している点で、白軍司令官の中では例外だった。それでも彼でさえ、シベリアの真ん中からは金品取引の実行はほぼ不可能である。白軍は、臨時政府名義で国外に登録された基金を利用することで、この問題を回避する道を見つけた。彼らは非公式な「ロシア外交代表団」の承認を得ていた。代表団は反ボリシェヴィキで支持を求めるためパリで結成され、元外相セルゲイ・サゾーノフと元大使ワシーリー・マクラコーフが加わっていた。ボリス・サヴィンコフは七月反乱が鎮圧されたあとロシアを離れていたが、一九一八年末に彼らに合流。一年後、アルハンゲリスクからニコライ・チャイコフスキーがこれに続く。[11] 連合国在住の元外交官――セルゲイ・サゾーノフ、ボリス・バフメーチェフ、ワシーリー・マクラコーフ――はしばしば臨時政府の口座を白系各軍に用立てた。サゾーノフと彼の友人らは白軍将校団の反動的性向にみじんも幻想を抱いておらず、指揮官らの政治的愚昧について、しょっちゅうこぼしていた。とはいえ白軍はロシアにとってボリシェヴィズム排除の一縷の望みであり、外交官らは兵器代金を払おうとする者がいないがために彼らが内戦に敗北するという事態を座視するリスクを冒せないのであった。

連合諸国は西ヨーロッパと米国にあるロシア口座の収支が健全であることを知っており、この財務解決策を支持した。これについては案の定、フランスがいく分渋ったが、クレマンソーは旧ロシア政府の対仏債務は履行されなければならないと強く督促するにとどめた。[12] 大戦の終結時にマクラコーフ元大使がドイツから受け取り、管理していた基金にも手出しするのは控えた。米国にいるバフメーチェフ元大使にとって、状況は一段と容易であった。一九一八年十二月当時、八十億ドルが彼の意のままに使えた。[13] 彼はニコライ二世の政府が購入し、まだ米国からの発送待ちになっている軍事物資も支配していた。[14] バフメーチェフは新規の買い付けを始め、米陸軍省からライフル三千丁を貴殿のために購入した、とユデーニッチ将軍に知らせている。[15] ユデーニッチは、仮にペトログラード占領に成功し

郵便はがき

おそれいりますが切手をおはりください。

101-0052

東京都千代田区神田小川町3-24

白水社 行

購読申込書

■ご注文の書籍はご指定の書店にお届けします．なお，直送をご希望の場合は冊数に関係なく送料300円をご負担願います．

書名	本体価格	部数

★価格は税抜きです

(ふりがな)

お名前 (Tel.

ご住所 (〒)

ご指定書店名（必ずご記入ください）	取次	（この欄は小社で記入いたします）
Tel.		

『情報戦のロシア革命』について　(8239)

■その他小社出版物についてのご意見・ご感想もお書きください。

■あなたのコメントを広告やホームページ等で紹介してもよろしいですか？
1. はい（お名前は掲載しません。紹介させていただいた方には粗品を進呈します）　2. いいえ

ご住所	〒　　電話（　　）		
(ふりがな) お名前	（　歳） 1. 男　2. 女		
ご職業または学校名		お求めの書店名	

■この本を何でお知りになりましたか？
新聞広告（朝日・毎日・読売・日経・他〈　〉）
雑誌広告（雑誌名　）
書評（新聞または雑誌名　）　4.《白水社の本棚》を見て
店頭で見て　6. 白水社のホームページを見て　7. その他（　）

■お買い求めの動機は？
著者・翻訳者に関心があるので　2. タイトルに引かれて　3. 帯の文章を読んで
広告を見て　5. 装丁が良かったので　6. その他（　）

■出版案内ご入用の方はご希望のものに印をおつけください。
白水社ブックカタログ　2. 新書カタログ　3. 辞典・語学書カタログ
パブリッシャーズ・レビュー《白水社の本棚》（新刊案内／1・4・7・10月刊）

ご記入いただいた個人情報は、ご希望のあった目録などの送付、また今後の本作りの参考にさせていただく以外の目的で使用することはありません。なお書店を指定して書籍を注文された場合は、お名前・ご住所・お電話番号をご指定書店に連絡させていただきます。

ても、市民は飢餓に苦しむことになりそうだと認識していた。そこで、彼は銃とともに食料を要求し、供給食料を積載した船舶六隻のタリンへの回航をハーバート・フーヴァーが委託することに同意した。フーヴァーはユデーニッチに財務保証書への署名をさせた。さらに、ユデーニッチが資金を引き渡せない場合、フーヴァーがパリにあるロシア政府口座からの支出をサゾーノフに要請することにすると提案した(16)。

連合国は愛他精神で活動しているわけではなかった。白軍の勝利を期待しながらも、ロシアに連合国を益する私営経済が復興することを期待している――そして、ロシア経済の恵みを真っ先に得ようと狙っていた。これを念頭に置いて、英国は外務省内に対外通商局を創設、ジョン・ピクトン・バッジをオデッサ駐在通商代表にした(17)。

連合諸国は白系の支配地域で国際通商の促進に乗り出す。通商環境はそれほど容易なものではなかった。旧ロシア帝国経済は一九一七－一八年にひどく損なわれてしまっていた。ソヴィエト占領地域外では商契約が交わされたけれども、汚職と詐欺が蔓延していた。ロシアとウクライナの企業家は財務上の信用を欠いており、西側銀行団は当然ながら彼らとの通商プロジェクトに信用保証を与えることに慎重であった(18)。しかし、目下は外国にいるロシア出身の多くの実業家が、ロシアとウクライナの市場に再参入し、ビジネスチャンスをつかむ用意があった。その一人はパリのウラジーミル・バシキーロフ。フランスではこれ以上の事業発展はないとみて、ウラジオストクとの太平洋貿易再開を狙い、在ワシントンのバフメーチェフの大使館と連絡をつけた。「シベリア乳製品製造業協力連盟」(19)はこうした構想を歓迎し、太平洋経由で米国港シアトルとサンフランシスコへの製品輸送を計画した。西シベリアは一九一四年以前、ドイツに大量のヨーグルトとバターを輸出していた。そこで同連盟は、今度は新たな米国市場を求めて東を向いたのである。少なくとも、コルチャークが一九一九年夏に総退却を始めるまではそうであった。計り知れない困難があった。白軍向けの武器と装備が移送を待ってシアトルに集積されているというのに、ウラジオストクへ航海する船会社を見つけるのは難しい[20]。民間の財貨がシベリアと行き来するのはいっそう困難である。だが、レーニンとトロツキーがロシアに想定していた世界とはまったく異なる未来を示す兆候はあった。

ユデーニッチは、資金源をすっかりパリに頼り切りというわけではなかった。彼は「北西軍」の攻勢を開始する前に、各地の大使から金が届くまでのあいだ支援する財務諮問委員会を創設した。エミール・ノーベルが中心メンバーの一人で、ほかの石油企業所有者とともにユデーニッチに軍事作戦をしのがせる借款を組んでやった。それは互恵の計画だった。それらの企業がバクーの資産を回収しようとすれば、白軍に戦闘を行うための資金を相応に手当てしてやらなければならないのだ[21]。

白系勢力が直面する苦境が理解され、彼らに一定の共感が集まった。そして、白軍司令官たちがかつてロマノフ家に支配されていた全領土の征服を狙っているという証拠は、見て見ぬふりをされた。彼らにとって「ロシアは一つで不可分」というスローガンが意味したのは、これなのである。白系勢力は、旧ロシア帝国周縁の諸民族に譲歩するとの公約はほぼ順守すると表明する程度には、連合国の要求に調子を合わせていた。だが、これには行動が伴っていなかった。フィンランド軍指導者グスタフ・マンネルヘイム将軍は人民委員会議と赤軍に対抗する同盟を提案するためにパリにやって来て、さっさと追い返された。白系勢力はフィンランド独立をきっぱり拒絶したのである。サゾーノフの反応が典型である。「われわれは彼らがいなくてもやっていけるだろう、デニーキンが二週間後にはモスクワに来るのだから[22]」。

デニーキン自身は、連合国のフィンランド政府承認に激怒しており、その結果は戦争になると警告した[23]。白軍はすべての属領を保全したロシアの再建という目標を危うくするくらいなら、むしろ単独で戦う方を取った。連合諸国政府はエストニア、ラトヴィア、リトアニアに公式承認を与えることを拒否し、エストニアについては同地で軍事的準備をする自由をユデーニッチに与えるようタリンに圧力をかけた。そうすることで、白系勢力のこの陋固な姿勢を強めることになってしまった。

英国陸軍省では、チャーチルが白軍の補給調達の障害を懸命に取り除いた。航空機十八機が北西軍に海送された。[24] 戦車も提供された。それでもユデーニッチは司令官として、別種の困難に出遭う。ロシア本土ではなく新たに独立したエストニアから作戦指揮をしたため、ロシア軍部隊の募集に問題があった。徴兵は不可能なため、彼は義勇兵をドイツの戦争捕虜収容所から出すよう連合国に要請した。彼は練達の将校をのどから手が出るほど必要としていて、この場合もチャーチルが協力した。[25] E・L・スピアズは北部ロシアでしばらく情報活動を率いていた人物だが、彼はボリス・サヴィンコフがパリから協議にやってきた際、チャーチルに引き合わせている。[26] チャーチルとサヴィンコフは気が合った。サヴィンコフはロイド＝ジョージとも会ったが、白系勢力への支援強化について、首相の煮え切らなさをすぐさま感じ取った。白系勢力にとっては明らかにチャーチルが最大の希望であった。もっとも、サヴィンコフは、チャーチルにはロシア人を英国の臣下とみなす気がかりな傾向があると不満を述べているのだが。デニーキン麾下の諸連隊を旗で印したロシアの地図を指し、チャーチルは「ほら、これが私の軍だ」とのたまわったのである。[27] これはロシア愛国者の尊敬を勝ち得るには賢明なやり方ではなかったが、サヴィンコフは自制した。チャーチルが白系の立場を支持してくれる限り、彼の偉大妄想のことはどうでもよかったのである。

ヨーロッパの労働運動はこうした努力にとって、障害の一つになっていた。港湾労働者が英仏による反ボリシェヴィキ軍支援に果敢に反対していた。白系勢力への補給源としてはもう一つ、ドイツが考えられた。大戦後、同国の軍事装備は安価になっており、それが大量に売り出されている。だが、ドイツ労働者はロシアとウクライナ向けのそうした輸出を粘り強く止めていた。[28] これはたまたまデニーキンには、他の白軍の場合ほどは問題にならなかった。労組が物流を止める心配のないサロニカ〔テッサロニキの旧称〕とアレクサンドリアを密かに経由して、物資を購入することができるのである。[29]

極めて有意義な支援が一つ、無償で手に入った。西側の諜報報告である。連合国はロシアから外交団を引き揚げたあと、通常はその諜報網を南部ロシアなり、中部シベリアなりエストニアなり、白軍司令部が当時活動していたあらゆる場所に再配置していた。巨大な帝国を抱える英国は世界で最も周密な電信システムを構築していて、ほぼいかなる電文でも望み次第で傍受することができる。[30] 連合国と白系勢力の諜報網は収集する多くの情報を共有し合った。英仏軍事使節団が本国首都や、ロシアおよびウクライナに配置した秘密情報組織から入手した情報を教えてくれるのを、デニーキンは当てにできた。[31] ユデーニッチもパリとロンドンの各省から情報を得ている。[32] 彼はロシアとウクライナの政治・社会情勢に関する精度の高い情報を入手しており、[33] 赤軍の最新の配備や人事に関する必要データを、日常的に受け取っていた。[34] そして、コルチャーク、デニーキン、ユデーニッチ、ミレルら白軍司令官は論争を抱えてはいたけれども、互いの軍事作戦を妨害するほどエスカレートさせることはなかった。それぞれの白軍は無線通信士チームを持ち、互いに作戦計画を通報し合っており、パリのサゾーノフも電報のやり取りに加わっていた。[35]

白軍は赤軍の作戦計画や態勢についての綿密な調査を行っていた。デニーキンの機関は「アズブカ」（アルファベットの意味）と呼ばれた。その機関員は、諜報活動に関する広範な裁量権を彼から付与されている——国民センターはデニーキンの義勇軍と固い同盟関係にあったのに、同センター内部にさえ情報提供者を持っていた。アズブカはすでに一九一八年以来、ウクライナに深く浸透していた。[36] そして、義勇軍が戦力を増強するにしたがい、この機関は活動の地理的範囲を広げ、ボリシェヴィキに対するロシア労働者の考えやソヴィエト支配に対する農民の反応について、詳細に報告している。(37)一九一八年には、アズブカの技術専門家はヒューズ電信機によるボリシェヴィキ指導者間の会話の傍受にもしばしば成功している。(38)ドイツとソヴィエト当局の間のやりとりについても、しっかり情報を持っていた。(39)一九一九年には、モスクワから全国のボリシェヴィキ当局に向けた秘密ニュース放送を定期的に傍受し、ヨーロッパ各地の無線局との間を行き来するソヴィエトのメッセージをとらえていた。(40)

とはいえ、ユデーニッチが一九一九年十月に攻勢を開始した際、こうした情報と装置の面での優位はまるで役立っていない。コルチャークは敗残部隊を伴い、シベリアを通過して東方へ潰走中。デニーキンはウクライナ南部への撤退を急いでいた。赤軍はエストニアから迫る軍事的危機に、憂いなく集中することができた。そして、ペトログラードのボリシェヴィキ指導者ジノヴィエフが恐慌をきたしはじめたものの、モスクワの政治局《ポリトビューロー》は速やかに反応した。防衛の政治調整を指導するため、トロツキーとスターリンが急ぎ派遣された。全市で中産階級に対する厳しい措置が取られた。予防的テロルが実行された。スターリンは、元の富裕階級を北西軍の砲火の最初の標的にするため、彼らを赤軍防御線の前に一列に並べるよう命じた。(41)トロツキーは市郊外を離れ、軍事活動を巡視するとともに、軍および司令官らの決意を固めさせた。白軍はエストニアからロシアに進撃すると善戦し、ペトログラードをめぐる戦いは数日間、予断を許さなかった。だが、赤軍には必要な資源と経験がある。ユデーニッチの攻勢は崩れ、彼は間もなく部下と装備とともに撤退を強いられた。

彼らがエストニア領内へ流れるように引き揚げていく様子を、一人の若いロシア人が観察している。

われわれは移動中の巨大な隊列を見た。彼らはわれわれと同じ鉄道支線で到着し、同じ駅に降りたのだ。少なくとも二千人はいて、英国の軍用ロングコートを着て軽砲と機関銃を携えていた。明らかに前線で何か問題が起きているのであり、ルーガで赤軍が前線を突破したか包囲したのだ。プスコフも降伏しかかっているという噂であった。(42)

その噂は正真正銘の真実であった。そして、旧帝国周縁地域では、内戦がまだ終結していなかったけれども、ロシア本土は共産主義者の手にしっかり握られていた。ペトログラードとモスクワで行われたボリシェヴィキの祝賀行事は、延々として活気があった。

第21章 西側工作員

ロシアで活動する連合国の工作員《エージェント》は、赤系の勝利を防ぐため長年、懸命に働いてきていた。白系勢力の短所を正しく把握しそこねた者は一人としていない。実際、彼らの報告は、白軍司令官らは占領地域の住民の政治的・社会的関心事に注意を払うことで、軍事的能力を向上させることが緊急に必要だとしきりに強調している。西側の諜報活動と転覆陰謀は困難な状況下で実行された。そして、ソヴィエト・ロシアと連合国間の正常な外交関係の不在は、彼らが活動において想像力を働かせなければならないことを意味した。

工作員は実にさまざまな仮面をかぶって活動した。その一方の極にあのスパイ、シドニー・ライリーがいて、彼は不法に情報収集し、共産党支配の転覆計画を共謀した。彼の上司であるロバート・ブルース・ロックハートは、表向きは英国政府のために働き、クレムリンの公式認証に近いものを享受しながら、裏ではその陰謀を主導した。連合国はまた、軍事使節団を送り、使節団は情報を収集し転覆陰謀を実行するため、密かにロシア人に金を払っていた。ジャン・ラヴェルニュはかくして、フランスのために忙しく働いた。だが、軍事使節団はボリシェヴィキからは常に疑いの目で見られており、連合国は共産党指導部との連絡に、公式度合の低い諜報員に頼らざるを得なかった。米国赤十字のレイモンド・ロビンズは、米大使館の中心的な仲介者であった。彼は米国愛国主義者で、米国とレーニンのロシアの関係正常化は両国の利益になると真剣に信じていた。英国秘密情報部の情報提供者である英人記者アーサー・ランサムも、この確信を共有していた。彼はボリシェヴィキの思想と体制を英国に移植するという考えは拒絶しながらも、ボリシェヴィキに共感を寄せていた。そしてフランス大使館は、ジャック・サドゥールがボリシェヴィキの理念と無条件に一体化していることが分かって、彼の価値よりも害の方がまさると判断するまでは、彼を同じように利用していた。

ロックハート事件は西側機関にとって、一つの節目であった。非正規の部類の外交までも不可能になってしまったため、連合国大使館は荷物をまとめて一斉にロシアを離れた。そして、ボリシェヴィキ指導部は、ロックハートの策略の経験がトラウマとなり、一段と慎重になった。それでも、ロビンズが二度とロシアに戻らなかったのに対し、ランサムは訪問のたびに歓迎され、クレムリン政治に関する英秘密情報部向けの彼のレポートは生情報としての価値を保った。サドゥールはモスクワにとどまったが、有罪宣告を受けた変節者・国家反逆者として、フランス公務との直接の関係を失ってしまった。

一九一八年九月のチェカーによる手入れでダメージを受けたあと、西側諜報網は速やかに活動を回復したが、モスクワやペトログラードを主要拠点として維持する意味はもはやなくなった。連合国の工作員はすでに、いかなる奢侈好みも捨て去っていた。これは危険と背中合わせの陽気な酒席を好むジョージ・ヒルのような人間には、辛いことである。一九一七年の晩夏にロシアに着くや、彼は若い大公たちとストレルナヤ街のジプシー・キャンプで夕べを過ごしていた。[1] 彼にはジョー・ボイル大佐と呼ばれている親友がいた。カナダ人だが、米アマチュアボクシングの元ヘビー級チャンピオンで、挑発されると――あるいは誰かに挑発されたと想像するだけで――こぶしを使うのだった。[2] ヒルとボイルは十月革命を認めていなかった。だが、彼らはモスクワの地域鉄道網の列車運行の復旧に手を貸した。西側連合国が依然、ロシアを戦争にとどめることを期待していたからである。アドリフ・ヨッフェは当時、ペトログラード・ソヴィエトの軍事革命委員会にいたが、彼は感謝を込めて二人のために個人的な宣誓証書に署名した。ヨッフェは「同志ボイル」「同志ヒル」ではなく、軍の階級で呼んでくれというボイルの口やかましい要求は、聞かないふりをした。(3)

二人の最大の冒険は一九一七年十二月、ディアマンディ大使の要請でルーマニアの金備蓄と王室の宝石を、ロシア・ウクライナを通ってルーマニア東部ヤーシまで運ぶ仕事にかかわったことである。ルーマニアは戦時の安全保持のため、これらの財宝をモスクワに預けていた。ボイルとヒルはペトログラードから、元皇后の専用客車を使い451番列車で下った。(4) 財宝類はロシアの国庫に保管されていて、モスクワの軍司令官ニコライ・ムラーノフから持ち出し許可を得る必要がある。当時はまだ、ボリシェヴィキと連合国が関係断裂を避けるべく努力していた時期であり、ムラーノフは同意を与えた。重い荷を、モスクワ市中を通って列車まで運ぶ際、ボイルとヒルは余計な注意を引かないようヤナギ細工のかごに詰めた。旅の次の段階には、ブリヤンスク近郊でロシア軍とウクライナ軍が向き合う対峙線を通るルートが含まれていた。(5) この危険をやり過ごして間もなく、今度はキエフ北方百二十マイルの地点で、機関車が雪だまりで立ち往生。これでも不足かと言わんばかりに、彼らをロシア人侵入者だと思い込んだウクライナ部隊から列車乗組員が銃撃を受けた――実際、混沌とした不確実性が支配する時期だった。ボイルとヒルが仲裁に入り、キエフに向かって――そしてルーマニアへの旅の最終段階に乗り出す前の、いく分かのひと時の安全に向かって――列車運行を続けさせたのであった。(6)

ウクライナ＝ルーマニア国境に向かう際、彼らは言い訳のほか、機関士の頭部に銃を突きつけるといった一定程度の強制を用いた。九日間の旅のあと、十二月二十四日にヤーシに着くと、首相のイオネル・ブラティアヌから謝辞を受けた。国王はボイルにルーマニア国大十字勲章を、ヒルにはルーマニアの星勲章を授与した。(7)

モスクワに戻ったヒルは、ブレスト＝リトフスク条約後は二重生活を送る。ソヴィエト空軍創設でトロツキーを助けながら、ロシアとウクライナ全土に情報提供者と連絡要員の秘密ネットワークをつくり上げたのである。(8)サヴィンコフとも連絡を取っている。(9)同じころ、彼はウクライナ領内のドイツ軍駐留地に対する夜間攻撃で、ゲリラ兵部隊に資金を出し、それを率いた。ヒルはドイツ軍が駐屯する町のガスタンクを爆破――そして、ポンプ系統の中に砂をぶち込んで、炭鉱の破壊活動を指揮した。(10)彼の活動の本質に気づくと、ドイツ情報機関はモスクワ航空公園で彼を暗殺すべく工作員を派遣する。ヒルは土壇場で危険を察知。とある路地でその工作員を撃退、彼が頭から血を流すのを尻目に、勝ち誇ったように彼のモーゼル銃を盗んだ。(11)ドイツは彼の事務所に時限爆弾を仕掛け、再度暗殺を試みる。危機に対する第六感がヒルを助け、彼は爆発前に装置を取り除いた。(12)彼の連絡要員全員が同じように幸運だったわけではない。彼らのうち二人はムルマンスクへ向かう途中で正体を見破られ、処刑されてしまう。別の作戦でさらに六人が死亡した。(13)

連合国がアルハンゲリスクを占領したあと、ヒルはトロツキーが自分の逮捕を命じたと聞いた。(14)彼は隠密行動をする。それまでは制服を身につけていたのだが、今は英国の服を焼却してしまった。彼のために働く数人の若い女性がいた。暗号を使い、衣服にメッセージを縫い込む彼女らの技能を、彼は評価していた。そのメッセージは辞書と暗号カードを使用して作られていた。ヒルは証拠隠滅が必要になるチェカーの手入れに備え、石油の瓶を手の届くところに置いていた。(15)縫製会社のオーナーを装って、配下の女性三人と一緒に複数の店舗を借り、バルト・ドイツ系の子孫のロシア人のふりをして、ゲオルク・ベルクマンという偽名を使っていた。[16] あごひげを伸ばすために、彼は数日間室内にこもり、隣人にはマラリアの病み上がりだと話していた。次いで、映画スタジオでフィルム現像技士の職を見つけた。茶褐色のあごひげをたくわえ、化学薬品で脱色した手をして、身元がばれることなくモスクワ中を容易に歩き回ることができた。正規雇用のおかげで配給カードを受け取る資格を得たが、これは自分の金をみせびらかして余計な注意を引かずとも、食料が入手できるということである。[17] 夕方六時から夜十一時までという労働時間のおかげで、日中の時間はスパイとして働くことができる。この仕事のもう一つのおまけは、公式ニュースフィルムを公開前に見られることであった。[18]

一九一八年の夏の期間、ヒルは情報提供者と連絡要員から成る二系統をつくった。一つは南方へ黒海まで、もう一つは北方へ白海まで伸びていた。[19] モスクワでは工作員のために八つのアパートをもっていた。[20] その年の秋ごろには、百人の連絡要員を動かしていた。[21] 北方系統のために、彼はモスクワからシベリア横断鉄道でいったんヴャトカへ出て、そこから支線でコトラス、さらにその先へと北上するルートを構築した。[22] これで報告の送達はスピードアップしたけれども、アルハンゲリスクの英軍基地へメッセージを届けるには、なお十二-十五日の日数を要した。[23] ヒルはまた、ロンドンの陸軍省に無線電報を直送し、そこからさらにロシア北部へ転送するために、モスクワの北方ホディンカの無線局にいる知り合いにも金を払っている――この巧妙な手口に終止符を打ったのは、チェカーではなく、ドイツの防諜機関であった。[24]

一九一八年十月、ヒルはロックハート一行とともにフィンランドに向かうが、英国に真っ直ぐ帰らず、最近の組織のダメージを修復するため北部ロシアへ戻るよう命令を受ける。任務を完了し、ロンドンに着いたのは休戦の日である。[25] 十二月、疲労も回復しないまま、彼はシドニー・ライリーとともに南部ロシアへ行く任務を割り当てられる。ライリーはその年の初め、ヒルと並行して独自の作戦行動をとっていた。今度は、彼らは力を合わせた。彼らが受けた指示は、国際貿易を復活しようとする商人を装い、ドン川流域ロストフにある義勇軍本部に向かうことである。[26] 彼らは新年直前に到着し、英軍将校が見せた人を見下す態度に激怒する。[27] ヒルとライリーはデニーキン、クラスノーフの両将軍と長い話し合いを持った。だが、電報システムは当時、いく分混乱状態にあったため、ヒルは報告文書を持って英国へ旅立つ前に、ロンドンとの連絡のためオデッサへ下った。[28] 彼はデニーキンの政治的器量をあまり評価せず、一国の統治についてデニーキンはまだまだ学ばなければいけないという印象を受けた。軍事面では、ライリーが義勇軍の態勢のことを酷評している。装備と兵站は遺憾とすべき点が多く、デニーキンにとってこの先の戦いは厳しくなる、とライリーは予測している。[29] ヒルの気分は、オデッサで一段と落ち込んだ。フランス軍最高司令部はセネガルの植民地からの召集部隊を同市に駐屯させており、同市はフランスのグローバルな優先順位では、下位にあることを示していたのである。[30] ヒルはロンドンに戻ると、自分の印象を外務省と陸軍省、および接触してくる多くの国会議員に伝えている。[31]

ヒルは講和会議に身を置いたあと、いま一度、南部ロシアへ戻り、エカチェリノダールにデニーキン将軍を訪れている。[32] ライリーは自らの事業収益の管理に戻る一方で、彼方からソヴィエト情勢を見守っている。白系勢力が内戦に勝利すれば一儲けする好機だと考え、オデッサのジョン・ピクトン・バッジに手紙を書き、英国はこの準備でフランスに出遅れていると力説。フランス政府がロシアにおける将来の商業・工業・金融活動のための役所をパリに創設した経緯について解説した。[33] ライリーは「ロシア問題」に関する長文の覚書をしたため、モスクワのボリシェヴィキを打倒するためにデニーキンとフィンランド、ポーランドその他「隣接諸国」の指導者に活を入れる必要があると説いた。[34]

秘密情報部員を選抜する際のマンスフィールド・カミングの博打志向は、モームやヒル、およびライリーだけに限られていない。あざやかな人選の一つはポール・デュークスで、彼は一九一四年まで帝室マリインスキー劇場で練習コーチを務め、指揮者アルバート・コーツ〔ロシア生まれの英指揮者・作曲家一八八二―一九五三〕によるストラヴィンスキーの歌劇『ナイチンゲール』の上演準備を助けたこともある。[35]デュークスの父親は教区牧師の頑迷な反カトリック主義者で、助祭たちが彼の権威主義的な指導に反対するものだから、しばしば持ち場を変えなければならなかった。[36]病弱であったポールは早い時期から音楽の才能を見せた。デュークス牧師は教会オルガン奏者としてのポールの未来を描いていたが、彼は十代半ばで反抗し、たった四ポンドをポケットに入れて家出してしまう。彼は英語を教えて働きながら、オランダからポーランドへとたどり、稼ぎのおかげでサンクトペテルブルク音楽院の入学資格を得る。[37]若きデュークスは帝室家庭教師シドニー・ギッブスのもとに逗留。ギッブスは時々彼をツァールスコ・セローのニコライ二世の住居へ連れて行った。戦争が勃発すると、英国大使館はブキャナン大使用にロシア紙の日刊戦時要約を作成するため、彼を雇った。[38]

一九一七年二月、本人の説明によれば、デュークスは「炎の如き革命家」になり、ロマノフ家に反対して街頭に繰り出す。[39]ギッブスとの交友が彼をニコライ二世讃美者に変えなかったことは明らかだ。それから間もなく、広報局で小説家ジョン・バカン〔スコットランド人作家一八七五―一九四〇〕のために働く目的でロンドンに戻る。彼の任務の一つは、「ロビンソン博士」の偽名でパリに行き、フランス情報当局が盗み見たボリシェヴィキの文書通信を点検することであった。[40]

彼の意欲の幅は着実に広がり、その点でバカンは理解ある上司であることが分かった。デュークスにサマラではＹＭＣＡの仕事、シベリア国境ではボーイスカウトの仕事という偽装の下に、一般情勢について報告すべくロシアへ戻ることを許したのである[41]（ＹＭＣＡは米当局と緊密に協力し、シベリア派遣米軍部隊のために宿営施設を設営していた）。[42]デュークスは任務を見事にやり遂げ、バカンが一段と重要な秘密任務に彼を推薦すると、彼をロンドンへ呼び戻す訓令が発された。[43]一九一八年七月にマンスフィールド・カミングのオフィスで面談したときは、何が自分を待ちらけているのかにまだ気づいていなかった。[44]そのオフィスはデュークスがかつて見たことのないものであった。机上には六台の電話機と、おびただしい数の航空機と潜水艦の模型、種々の試験管、ひと並びの色付き瓶が積み上げてある。[45]デュークスはひどく上がってしゃべったため、カミングは彼が壁面に陳列された銃火器への興味を口に出すまで、女々しい音楽家として不合格にしようとしていた。カミングは彼を再び着席させ、面談を再開した。[46]その結果、デュークスは工作員になる誘いについてよく考えるため、二十四時間の猶予をもらった。[47]彼が受諾すると、カミングはうれしそうに「殺されに行ってはいかんよ」と言い付けるのであった。秘密情報部は配下の人員に実地で学ぶことを期待しており、デュークスは訓練コースがたった三週間しかないことを知ってまごついてしまった。[48]

最初の任務は、ロシアへ行って「社会のあらゆる部分」、共産主義者への支持の大きさ、彼らの政策の現実性、そして反革命の可能性について情報収集することだった。ペトログラードの通りを彼ほど知っている英国人はいず、彼は行きたくてうずうずしていた。ロシアの地へ帰る最善の方法については、カミングは新工作員ＳＴ25の自主判断に任せた。[49]デュークスは一九一八年一月三日、北部ロシア行きの米国兵員輸送船に乗って旅を始める。ペトログラードまで徒歩で行こうとすると、南へ向かう道路はソヴィエト当局が監視していることが分かった。そこでヘルシンキへ行き、そこからロシア国境を越える列車に乗った。モスクワを訪れたあと、ドイツ軍前線に近いスモレンスクとドヴィンスクへ移動。二月には、社会革命党指導部が反ボリシェヴィキ政府を樹立しているサマラへ行った。デュークスは日記の中で知り合いの一部として、アーサー・ランサム、エヴゲニア・シェレーピナ、ハロルド・ウィリアムズに触れている。政治的には広範な人びとの集団である。六月末ごろにはヴォログダに数日間、そのあとアルハンゲリスク、カンダラクシャ、ペチェンガと回り、ロンドンには七月十五日に戻っている[50]。

長居はしなかった。八月十二日、十月初めまで続くロシアへの旅で再びアルハンゲリスクへ出立。その際、ストックホルムにある英国の諜報拠点へ向かった。小休止ののち、別の任務で十二月初めまでロシアに戻る。次いでヘルシンキへ旅し、その後、再度のロシア任務に赴く[51]。仕事の一つは、モスクワの国民センターを支援することであった。その指導者らは、活動をロシア人の手にしっかりとどめておきたいがために当初、英国資金の受け取りに二の足を踏んだが、コルチャークからの資金援助はすでに途絶えており、彼らはデュークスが持参した現金の受け取りを了承した。デュークスはまた、ロシア全土でボリシェヴィキに挑むべく結成された秘密政治組織「戦術センター」と会合を持ち、ユデーニッチの北西軍とも接触している。両組織とも転覆活動の点では実効的ではなかったが、それぞれソヴィエト・ロシアの状況に関する貴重な情報を彼に提供した。この協力関係は、チェカーが国民センターと戦術センターに内部浸透し、指導者の多くを逮捕したときに終わった[52]。デュークスの情報提供者らは、彼のために人民委員会議のオフィスから違法な資料を入手した[53]。

デュークスは肉体的勇気と、間違いなく劇場経験から、偽装の才能を示した。彼の未亡人はのちに、彼から聞いた話をつなぎ合わせて彼を「十月革命の紅はこべ」〔「紅はこべ」はフランス革命下のパリから貴族を救出する英国秘密組織を描いた小説の題名、およびその主人公。オルツィ男爵夫人作〕と呼んでいる。彼は赤軍に入隊することまでした[54]。志願することによって、隠れ反ボリシェヴィキ派である司令官の連隊に加われることが分かっていた。これは見た目ほど無謀な行為ではなかった。

より大きな移動の自由と、宿泊・娯楽あるいは乗り物切符申し込みの際の民間人以上の優遇とは別に、赤軍兵士は一般市民のそれより質量ともはるかにまさる配給食料を受け取っていた。このときまで私は一日わずか半ポンドのパンしか受け取らず、乏しいディナーを不潔な共同食堂で取らなければならなかったのだが、赤軍兵士として私はディナーとわずかばかりの雑貨類のほか、一ポンド、時には一ポンド半のまああの黒パンを受け取り、粗末な食事に慣れた身にはそれだけで比較的快適に生きて行くのに十分であった。(55)

デュークスは砲科指揮官「V・ピオトローフスキー」の偽名でロシア中を歩き回った。(56) あの家出ピアニストは、行く先々からロンドンへ定期報告をまとめる赤軍士官になったのである。

彼にはヒルに劣らず数々の冒険談がある。回想録では控え目で慎重だが、彼はある時には自らの体を排水溝に渡す橋にして、元皇帝の姪のうち二人を個人的に救出したようだ。二人の英国人女性も彼のおかげで命を救われ、一九一七年以後に富と権勢から極貧に転落したシラーチンという元商人も同様である。デュークスと彼の連絡要員らは恐ろしい危険を冒した——少なくともそのうち一人はチェカーの罠にはまり、射殺されている。彼はかつて激しく追跡されるあまり、墓地の墓の中に隠れたことがある。翌朝、彼が墓から現れ出る光景は、一人の通行人を震え上がらせた。(57) だが、彼はただ「紅はこべ」であっただけではない。デュークスの連絡要員は、彼が反革命の企てに資金援助し、ロンドンが喉《のど》から手が出るほど欲しがっている情報を収集するのを手助けした——そして、部下の一人は彼をとても礼儀正しい人物であったと懐かしく記録している。(58) デュークスが届けた情報は簡潔にして活きがいい。彼はスト労働者たちがラ・マルセイエーズを歌い、「レーニンと馬肉はくそくらえ、ツァーリと豚肉を寄こせ！」と書いた旗を掲げている光景を心に刻みつけた。(59)

西側の政策と活動の混乱の理由が何であれ、それは有効な諜報網の欠如のゆえではない。すでに一九一八年の時点で、英国はヨーロッパ向けのソヴィエトの電信を傍受していた。そして、六月にトロツキーからリトヴィノフに宛てたメッセージに出くわすと、自らの情報としてそれを取っておき、リトヴィノフに届くのを妨げた。[60] その翌年、カーゾン卿の推奨で「政府コード・暗号学校」が設立されると、直ちにその有用性が証明された。その雇員の一人は、著名な元ロシア帝室暗号分析官エルンスト・フェッテルレインで、彼はソヴィエト・ロシアを逃れたあと、自分の技能を提供した。フェッテルレインは同校の初代校長であり、モスクワから発信される無線電信で、彼とそのロシア人同僚たちの目を逃れられるものはほとんどなかった。[61]

一九一八年九月のチェカーの手入れで最大の打撃をこうむったのは米国だが、同国は無線傍受活動の手を緩めなかった。チチェーリンはドイツとソヴィエト・ロシア間の関係修復を求めて、ベルリンのローゼン男爵〔ロマン・ロマノヴィッチ、ロシア外交官〕とさかんにやり取りをしている。米国がこうした無線のやり取りを恒常的に調べているとは、彼は夢にも思っていない。[62] ドイツ外務省は二派に分かれていた。一方は同盟を支持し、片方はいかなる決定も先送りしたがっていた。最初の派はロシアおよびハンガリーの共産政権を、ドイツにとって好ましい通商機会を提供するものと見ていた。その賛同者は、共産主義がドイツ諸都市に輸出されないこと、そしてレーニンが「社会民主主義もしくは民主主義の政府」と和解する――という合意基盤の上で、これが達成可能であるという考えであった。デニーキン軍が南部ロシアとウクライナで赤系の抵抗を蹴散らしつつあるとき、人民委員会議がそのような妥協に応じるとは、まず考えられなかった。この外交政策案に対する第二の派閥があって、こちらはドイツの将来の利益は、白系を支持して、ボリシェヴィキを苦境に立たせたことへの永遠の感謝を勝ち取ることにあると主張する。[63]

西側諜報機関は概して、ソヴィエト・ロシアの状況に関して確かな分析を提供していた。彼らは、初期には弱体であった赤軍が強力になりつつあると報告している。このことはすべての英国工作員の報告から分かる。これは一九一六年にトロツキーのフランス追放に一役買った、素晴らしい名前のシャルル・アドルフ・フォパ・ビデのようなフランス情報機関内の人びとの見解でもあった。そのために彼は、一九一八年にロシア行きの任務を引き受けた際、要注意人物となっており、即座に逮捕されてしまった。トロツキーは元のいじめっ子に対し、脅しではなく皮肉を使うことによって、彼の尋問機会を楽しんだ。一九一九年一月十七日に釈放されると、フランス側での事情聴取の際、フォパ・ビデがソヴィエト政権は一段と強化されつつあると強調したのはまっとうであった。(64)

大方の工作員がこの力の急成長ぶりに同意したけれども、アーサー・ランサムはさらに踏み込み、ボリシェヴィキは巷間言われるほど血塗られてはいないと強弁した。これは英国政官界で論争を呼び起こし、ブルース・ロックハートは『ロンドン・モーニングポスト』紙に、ランサムは半年間ロシアを離れているのだから口をつぐむべきだと書いた。(65)ロックハートは、自分は純粋で変哲もない外交官だが、ランサム——工作員S76——はジャーナリストを装っているだけだ、と触れて回った。両者とも秘密情報部のために自分がしていた仕事は明らかにしていない。たまたま、秘密情報部はランサムに対するロックハートの留保を共有していたが、彼が全体としては「われわれのために申し分のない仕事」をしていると結論している。そこでランサムは、大英博物館のためにボリシェヴィキのパンフを収集するという口実で、ロシア帰還が認められた。ランサムほどクレムリン指導部に近づける人間はいないのだから、彼の英国の元締めは、彼の報告のうちの親ソ的偏見を濾過し、英国に有用なものを入手できると考えたのである。(66)相変わらず機略に富んだランサムは、ロックハートの批判を党最高指導部とのインタビューをものにするためのパスポートとして使うことで、逆境を最大限に活かした。彼は十月革命に間に合わなかったが、一九一七年以降、ロシアと西欧をこうもやすやすと行き来した記者はいない[67]。

西側諜報活動の結果は、功罪相半ばしていたが、それは工作員たち自身の責任ではない。チャーチルなりカーゾンなりが、デュークス、ライリーおよびヒルの秘密報告、あるいはハロルド・ウィリアムズによる『タイムズ』の記事から決定的な影響を受けたがゆえに、反ソヴィエトの立場を取ったという証拠は皆無である。チャーチルとカーゾンは十月革命の報を聞いた瞬間から、反ボリシェヴィキ政治活動家になっており、彼らの好戦性は閣僚としての彼らに供された資料によって強められたにすぎない。ロイド＝ジョージがランサムの甘言の結果、ロシアに対する扱いを手ぬるくしたことを証明するのは、同様に不可能である。連合諸国の精力的な秘密工作員と暗号解読専門家が、政治上の主人に高品質の情報を提供していたことは疑いない。政治に影響を及ぼそうとする際、彼らは愛国の心情と冒険心（そしてライリーの場合は金銭欲）に動機づけられていた。ランサムを除く全員が共産主義を嫌っていた――それに、ランサムといえども英国に共産主義を望んではいなかった。しかし、ウィルソン、ロイド＝ジョージ、そしてクレマンソーといった最高位の公職者たちは、しばしば脇から口を挟もうとはするけれども、受け取った助言が自らの望むところに合致しない限り、ほとんどそれに見向きもしていないのである。

第22章 米国共産主義

ヨーロッパの急進的社会主義者は十月革命とコミンテルン創設に熱狂し、左派の旧諸党から決別した。イタリアでは社会党が戦争と国際連帯、および革命闘争の問題をめぐって分裂。フランスでも社会党が党内急進左派を共産主義にさらわれ、同様のことが起きる。これらの分裂からフランス共産党とイタリア共産党は生まれ、直ちにコミンテルンに加盟する。

共産主義組織は大西洋の彼方でも芽吹き始めていた。米国の政治情勢は特異であった。ロシア帝国からの難民をこれほど多く抱えている国はない。大方の難民は遠路はるばるロシアやその周辺の属邦へ帰る意思はないのだが、現地の出来事に対する関心は非常に強い。東海岸、とりわけニューヨークでは、多くのロシア系ユダヤ人が社会的・民族的差別のない社会の建設を約束する政府に心を引かれた。共産主義の福音に豊穣な土壌を提供している移民社会は、彼らだけにとどまらない。工業都市に職住を持つ貧民のために米国をより良き場所に変えようという呼びかけには、フィンランド人やセルビア人、ポーランド人も反応していた。米国という民族のるつぼの中にあって、彼らはまだ、急進左派の政策が生活を改善するのだと説く活動家にそっぽを向くには至っていない。共産主義に献身する諸グループに加わった人びとは、ごく少数派ではあったが、ますます自信を強めて声を大きくしつつあった。ソヴィエト型の思想が根付いてしまう可能性もある、と米当局は懸念を深めた。製造業・鉱業地区の状態は、困窮・困憊を極めている例もある。既成の政治体制に挑む潜在性が現に存在することは、ユージン・デブスの社会党が以前から示していたし、一九一八年六月にはデブス本人が米国の大戦参戦に対する反対運動を理由に逮捕されてしまった。共産主義国家がロシアに出現した今、共産主義者が一段と深刻な面倒を引き起こすことを心配する理由はあるのである。

米国共産主義運動は、社会党分裂ののち一九一九年八月に「共産主義労働党」が結成されて、その第一歩が踏み出される。数日後、競合する「米国共産党」が結成される。二組織の創建は米当局を警戒させたのに、コミンテルンには一国一共産党を相手にできることが望ましかったため、両党ともモスクワの全面的承認は得られなかった。一九一七年までは、ボリシェヴィキ自身が悪名高い分派主義者であったが、今やこれらをすべて忘れ、中央集権制と規律を呼びかけていた。米国の混乱は彼らを当惑させた。米国共産党と共産主義労働党は果てしない論争に没頭している。同時に、両党はレーニンとトロツキー、そして十月革命とソヴィエト・ロシアを共に賛美。人民委員会議《ソヴナルコム》統治下での農・工業改革を賞賛している。両党はレーニンの外交政策を、平和志向のものとして描いていた。共産主義者だけが戦争に永久の終止符を打てると信じているのである。両党はトロツキーと赤軍に喝采を浴びせ、ボリシェヴィキを反動的な内外勢力の無辜の犠牲者として提示していた。米国の共産主義者は独裁とテロルを、軍事状況がロシア共産主義者に強いた一つの必然であると見ていた。彼らはソヴィエト当局がロシアをけん引してきたやり方を、中央集権制・規律・秩序と合わせて高く評価していた。

だが、米国共産主義者はしょっぱなから相互の敵対によって消耗していた。米国共産党の指導者チャールズ・ルーセンバーグは「われわれは共産主義労働党との統一反対を確認する」と宣言した。[1] この二つの組織は憎悪に満ちた闘争を展開し、それぞれ別個にソヴィエト・ロシアを擁護する旗を掲げ、ポスターを張り付けた。両党はロシア共産主義の理念への支持を獲得する機会として、メーデーを祝った。レーニン、トロツキー、その他ボリシェヴィキ指導者の小冊子を売った。ジョン・リードとルイース・ブライアントがマディソンスクエア・ガーデンで、ペトログラードおよびモスクワでの体験を語るのを聞きに行った。両党は、一つの世界共産主義社会を生むと思われる時代に生きていることを喜んだ。しかし、それを実現するために組織統一を図ろうとは、決して考えなかったのである。

二つの米国共産主義組織が相互敵対にエネルギーを費やす中で、ソヴィエト政府にとっては、一九一八年以来ルドヴィグ・マルテンスとサンテリ・ヌオルテヴァに率いられるニューヨークのフィンランド広報事務所が一定の利用価値を保っていた。実際にその翌年、マルテンスとヌオルテヴァは同じオフィスからソヴィエト・ロシア広報事務所を運営するようチチェーリンの指示を受けている。[2] 真相は、フィンランドとソヴィエトの広報事務所の活動実態は一つなのである。一九一九年五月二十七日、マクシム・リトヴィノフはマルテンスに宛て「米国との関係正常化の目標はこの一年間、わが国外交全体を貫く一本の赤い糸だった」と書いている。ソヴィエト指導部はそのころには、経済的妥協政策を他国より優先する形で米国に向けていた。マルテンスとヌオルテヴァは政治的セールスマンに変身しつつあった。米国がロシア国家債務の責任を引き受けてくれるなら、クレムリンは広大な領土を米国に引き渡す用意がある、とまで彼らは力説した。[3] 明らかに、これは手始めの交渉詐術であった。もしウィルソン大統領がわずかでも関心を示せば、本格交渉が始められますよ、というわけだ。同時に、広報事務所はボリス・バフメーチェフに対し、ワシントンのロシア大使館を立ち退き、大使館の管理下にある資金を引き渡すよう圧力をかけ続けた。[4] ジョン・リードに対するスパイ事件裁判が取り下げられると、共産主義者にとって状況は好転しつつあるように思われた。[5] この告発はリードの一九一七年の反戦活動にかかわるもので、米当局にとって彼は依然、目の上のたんこぶであったのだが、戦後それほど時間が経って公判手続きを開始すれば、彼はどんな法廷でも嘲笑したことだろう。よりよい選択肢は、彼が米国共産主義運動のために直接破壊的なことを試みたときに、しょっ引くことであった。

一九一九年六月十二日、広報事務所は警察の手入れを受け、マルテンスとヌオルテヴァの有罪を示す資料が押収された。ソヴィエト政府と思われる未確認資金源から、現金が同事務所に流れ込んでいた。そのうえ、マルテンスは継続する支出に伴って事務所の口座を補てんし、五千－九千ドルの残高を維持することができていたのである。ヌオルテヴァは破壊的組織と恒常的に連絡を取っていた。公開演説への招請も受け入れている。広報事務所は、メキシコを含む北米大陸全体の革命支持グループとの接触を探っていた。マルテンスとヌオルテヴァは同時に、ロシアと米国の外交・通商関係の全面的復活を求めて運動していたのである。[6]

警察は捜索結果を新聞にリークし、『ニューヨーク・タイムズ』紙はマルテンスが英国では「ホーエンツォレルンの臣民」として登録されていると報じて、同事務所への攻撃を主導した。[7] この種の解説は彼をドイツ系外国人と特定する意図があった。実のところ、マルテンスはドイツ系のロシア人であり、ロシア帝国内で生まれ育っている。同紙は同事務所がロシアで逮捕されるべき米国人リストを作成していたと報じた。同事務所が、革命宣伝を、メキシコ国境を越えて広めるための資金一万ドルを約束する手紙を受け取っていたとする報道もあった。『ニューヨーク・タイムズ』も認めるように、同事務所はその手紙がスパイの挑発者から来たのではないかと疑い、その申し出を断っている。だが、このことによって同紙がキャンペーンをやめることはなく、社説は同事務所への厳しい批判を続けた。[8] エカチェリーナ・ブレシコフスカヤは、国外では「革命の祖母」として広く知られる古参社会革命党員の亡命者だが、彼女は紙面を提供されて、レーニンとトロツキーがドイツの内通者であり、ドイツ将校団が赤軍を動かしていると決めつけている。(9) これはまったくのたわ言なのだが、同紙編集者としては、ロシア共産主義者にひそかな共感を抱いていそうで開戦以来ドイツに敵対的になっているような米国人の偏見につけ込もうとしたのである。

広報事務所は、押収文書類の返還を求める訴訟を起こして反撃に出る。訴訟は、ボリシェヴィキ支配下であれば、彼らには許されなかった選択肢である。(10) マルテンスとヌオルテヴァは長年米国に住み、国外移住者《エミグレ》としてかなりの経歴を積んでいた。マルテンスはワインバーグ＝ポスナー・エンジニアリング社の副社長経験がある。ヌオルテヴァは腕利きのジャーナリストで、一九〇七年にはフィンランド国会に選出されている。彼らは米国既成支配層のやり方を心得ていて、ソヴィエトの目標追求の上で適切な法的助言を求めるだけの蓄えがあったのである。

マルテンスとヌオルテヴァはまた、米大企業に商取引を持ちかけ、ヘンリー・フォード、J・P・モーガン・ジュニア、フランク・ヴァンダーリップと取引関係があった。彼らは、取引が速やかにまとまるなら二億ドル相当を即金払いすると約束した。(11) 一九一九年春ごろには、広報事務所はおそらくモスクワの指示により、ロシアの必要とする購入品リストを提出。人民委員会議は米国市場への参入と、鉄道設備、農業・工場機械、鉱業・電気設備、車両・大型トラック、印刷機、道具類、タイプライター、繊維製品、化学製品、靴、衣服、薬剤、肉缶詰、油脂の購入を希望しているのだと伝えた。彼らのリストから外れている唯一の大型工業製品は、軍需物資だけである——米軍がまだ北部ロシアとシベリアで実働展開している時にあって、それはその他の品目を調達する機会まで阻害する反応を招きかねないと考えられたからに違いない。マルテンスとヌオルテヴァは同時に、米製造企業の目先にロシアの天然・農業製品をぶらさげた。ソヴィエト当局は、と彼らは断言した。穀物、亜麻、麻布、木材、鉱物、毛皮、皮革、そして剛毛を即時販売できる態勢にある、と。これはロシアで食料不足が深刻化している年にあっては、ありそうもないことであり、特に小麦とライ麦の輸出は、農民の反攻に出遭って実行困難であっただろう。いずれにせよ広報事務所は、ソヴィエト当局が当初契約の充当金として、欧米の銀行に金《きん》で二億ドル相当を預託する用意があると発表した。(12)

一九一九年九月、ペトログラードからの毛皮輸入を希望するアンタイオス輸出入会社との契約がまとまり、広報事務所の強い意志は報われた。(13) ソヴィエト・ロシアが豚肉と缶詰牛肉を「全国貯蔵会社」経由で輸入する別の契約が計画された。英仏両政府がソヴィエト支配地域との通商を禁じ続ける一方で、米国では連合国の経済障壁に小さな割れ目が生じたのである。

この出来事のために、米当局がロシアからの共産主義の影響拡大に神経質になるのは不可避であった。ウィルソン大統領は病の身にあり、司法長官アレクサンダー・ミッチェル・パーマーが行動に打って出る。大統領の健康状態が良ければ、司法長官にもっと慎重になるよう求めていたとしてもおかしくないところである。一九一九年十一月八日、司法省は二百人の「ロシアのボリシェヴィキ」の拘留を仕組み、「これは国家からこうした外国の厄介者を除去する巨大な第一歩である」(14) とする公式発表がなされた。全員が非妥協的破壊分子として、ロシア人労働者組合に所属しているとされた。赤旗、回転式銃、印刷機と発行準備のできた銀行券とともに、爆弾製造材料が見つかったと言われた。さらなる一連の手入れがニューヨーク、シカゴ、ピッツバーグ、フィラデルフィア、クリーヴランド、デトロイト、バッファローで行われた。ロシア人労働者組合はビル・シャートフ（彼は一九一七年に去って、ペトログラードのボリシェヴィキに加入していた）によって創設されており、標的にされた組織の一つであった。最も著名な拘留者はアナキスト指導者エマ・ゴールドマンとアレクサンダー・バークマンであり、彼らは無効な入国・帰化証明書所持のかどで告発された——さらに、彼らが選挙と市場経済に敵対していることが強調された。(15)

パーマーは一連の手入れによってかき立てられた評判にご満悦であった。彼は近い将来の大統領選立候補を視野に入れていると広く信じられていた。彼の配下の高官らは、全米五百人の指導的「赤のシンパ」に手をかけるために、さらなる捜査が進行中であると述べた[16]。一九一九年十二月一日、米国共産党書記長チャールズ・ルーセンバーグがシカゴで逮捕された[17]。

「ロシアの赤」の大量追放が迫っているようであったが、ヌオルテヴァとマルテンスは逮捕をまぬがれていた。これは批判コメントを招かざるをえない手抜かりであった[18]。『ニューヨーク・タイムズ』のある社説には「米国に対する陰謀」の見出しがついている。

ラスク委員会でのルドヴィグ・マルテンスの証言は、ソヴィエト・ロシアの大使ふうの装いに終止符を打つものである。彼には未承認の大使の地位さえない。ここでの彼の使命はいかなる意味でも外交ではない。彼は合衆国の敵として、この国で血ぬられた革命を実現し、その政府を暴力で破壊せんと計画しているロシア国内の共謀者らの工作員として、ここにいるのである[19]。

ヌオルテヴァはマルテンスが追放に異存はないとする奇妙な主張をして、同志を弁護した。同じく奇妙にも、こう付け加えている。「だが、彼が去るとすれば、この国にいるロシア出身の住民百万人を共に連れて行くだろう。ソヴィエト・ロシア共和国《ママ》は、道が開かれ次第、彼らを連れ帰るべく八十七隻の船舶を待機させている。彼らの望みはただ、ソヴィエト政府管理下にあるどこか安全な場所に上陸することとである。ペトログラードならわれわれの意にかなう」[20]。ウィリアム・C・ブリットがヌオルテヴァおよびマルテンスと接触していたと報道されると、新聞のキャンペーンは激しくなった。新聞各紙、少なくとも社会主義者の所有にない新聞は、国際的共謀が進行中であることを証明しようと狙っていた――そこで、ブリットが国務省とホワイトハウスで働いたことがあるという事実は、メディアの攻撃対象として格好の危険人物を提供したのである。[21]

ソヴィエト指導部は概して行動を「積極的宣伝工作《プロパガンダ》」にとどめている、とマルテンスは強調した。しかし、問い詰められると、ボリシェヴィキがテロを用いてきたことを認めた。『ニューヨーク・タイムズ』は、レーニンとトロツキーがあらゆる国での暴力革命を信じていると指摘。同紙社説の一つはさらに踏み込み、一九一七年十月の権力奪取は「大部分はロシアへ渡った米国の者たち」の手で達成されたとする告発を突きつけた。[22] トロツキーとブハーリンを除けば、ニューヨークの元居住者が十月革命の前衛になったとする主張は、奇想天外な誇張である。だが同紙は、証明できる事実にこだわる必要を感じていない。粗略な主張が当たり前になっていたのである。

ルーセンバーグは獄中から間もなく釈放されたが、共産主義と無政府主義の指導者二百四十九人は一九一九年十二月二十一日、老朽輸送船ビュフォード号に乗せられ、追放された。同船は一般に「赤の方舟」として知られた。彼らの最終目的地はロシアで、乗船前に一団全員が「インターナショナル」を歌った。自分たちが罰されるのは、米国資本家階級が恐慌をきたしつつあることを示すさらにもう一つの兆候なのだと彼らは信じ、士気をくじかれることがなかった。彼らはバークマンをスポークスマンに選び、彼はモスクワでは旧友に歓迎されると期待していると語った。彼の妻エマ・ゴールドマンは明言した。「ソヴィエト・ロシアへ送られることを罰だはと考えない。反対に、米国から追放される最初の政治扇動家になることは名誉であると私は考える」。天賦の宣伝の才を持つ彼女は、自分の確信を誰にも疑わせなかった。「たまたま私は帰ろうとしている。私は特に、われわれが検討した計画に取り組もうとしているのだが、それはソヴィエト・ロシアで『米国の自由のためのロシア人の友』を速やかに組織することだ。私は自分が米国人であると主張する。この追放のやり方は合衆国政府の終焉を意味している[23]」

パーマーが司法省捜査局の若きJ・エドガー・フーヴァーの督励を受け、初期の共産主義諸グループを解体すると、さらなる追放が続き、コミンテルン支持を組織することは、活動家にとって直接的な危険になった。たとえ彼らが、以前より小規模とはいえ、政治的文書の作成と大衆集会の開催に成功しているにしてもである。容易に追放できない人びとには長期刑を科すことによって、当局が米国共産党と共産主義労働党に対する締め付けを強化しないかどうか定かではなかった。共産主義者リン・A・E・ゲイルはメキシコ市に逃れ、彼の『革命的共産主義ジャーナル』を持っていった。彼は「資本主義の手先」によって「もっとも野蛮かつ残忍な刑罰」が採用されると予測、それを避ける手段として亡命を推奨した[24]。だが、残留した活動家はなんとか人的つながりを再結集し、活動を再開する。そして、米国共産党中央執行委員会はモスクワに言いくるめられ、一九二〇年三月半ば、共産主義労働党との組織統一を原則として受け入れる[25]。党員数は数万人で、地理的にばらばらであった――一九二〇年時点で、共産主義労働党の党員はわずか四千五百二十五人で、大方は同国の東側に住んでいた[26]。そのうえ、規律が怪しかった。この年、著名な若手活動家ジェイ・ラヴストーンが仲間のための証人として出廷、彼らを予想される重罰から救うためレーニン主義の諸原則へのいかなる忠誠も否認すると、大騒ぎになった[27]。

活動家らは党活動に秩序をもたらす必要を認識した。コミンテルンに加盟しようとするなら、ボリシェヴィキのように献身的かつダイナミックたりえる能力を示す必要がある。米国共産党はガイドラインを次のように定めた。

いかなる環境下でも党の仕事と党の労働者を裏切ってはならない。

十分に暗号化したものを除き、名前や住所を持ち運んだり身につけたりしてはならない。

罪になるような文書・文献を室内に公然と置いておいてはならない。

党の仕事で不必要なリスクを冒してはならない。

それに伴うリスクを理由に、党の仕事を怠ってはならない。

諸君が党のためになすべきこと、なしたことを自慢してはならない。

党員身分を不必要に漏らしてはならない。

スパイに約束場所あるいは会合への尾行をさせてはならない。

危地にあって平常心を失ってはならない。

逮捕された場合、予備審問でも裁判でも尋問に答えてはならない。(28)


陰謀の同志関係という精神が、徐々に植え付けられていった。新入党員はこのガイドラインを守るか、孤立ないし除名のリスクを受け入れるものとされた。

共産主義革命家が米国でいくらかでも前進しようとすれば、そうした警戒措置が望ましいことは明らかであった。新聞編集者が東からのイデオロギーの病原菌拡散に抵抗することで足並みをそろえると、「赤の恐怖」は大きく高まった。司法長官パーマーは戦闘的姿勢を見せてきており、多くの経営者団体は喜んでいた。民主、共和両党の政治家は等しく、喜んで彼を支持した。労働者ストはますます国家反逆同然に扱われるようになり、警察は頻繁に暴力を使った。

一九二一年十二月、統一成った「米国労働者党」の創立大会がついに開かれ、米国共産党と共産主義労働党を統合、それをコミンテルンの支配下に置いた。コミンテルンはただちに優先事項を示した。米国の共産主義者は農民と「黒人《ニグロ》」の団体を含め、合衆国内の可能な限り多くの組織に浸透し、これを操らなければならない――実際、党員勧誘の限界線はクー・クラックス・クランのところに引かれただけであった。労働者党は、支持者が移民の民族集団であるという制約を打ち破らなければならない、とモスクワは強調した。扇動活動の主要課題として、スト実施に対する現行の法的制約への反対運動を含めなければならない。労働者党は違法活動を放棄してはならない――実際、隠れ指導者・活動家は「真の共産党」とみなされ、幅広い公然政党に対し恒久的な優位を持つことになっていた。ソヴィエト・ロシアに対する支持の呼びかけが、何にもまして重要な義務とみなされなければならない。米国における革命が米国共産主義者の夢であり続ける一方、彼らの第一の義務は、モスクワの十月革命を支えるため、いかなる要請にも応じることだとされた(29)。派閥争いは米国労働者党の宿痾であり続けるが、このことは同党の実務に対するロシアの支配力を強めるだけだった。論争が持ち上がると常に、決定的な裁定を下すのはコミンテルン本部であった。

ソヴィエト指導部は、米国のことになると、自ら思い込んでいるほど賢明ではなかった。ロシアの共産主義には有効な考え方も、ニューヨークでは必ずしも適切な環境を見出しはしない。トロツキーの賛美者で親友でもあるマックス・イーストマンは、トロツキーとレーニンが出来ていないと指摘した。資本主義は米国では崩壊の淵にはないし、米国労働者は「革命の心構え」が出来ていないと指摘した。このことをもっと考慮するよう、彼はコミンテルンに要請した。イーストマンは組織上の悩みの種を数々抱えていた。コミンテルンが陰謀的な手法を強調するのは賢明ではない、と彼は主張した。また、党内でいまだ許容されている民族・少数民族別団体にも反対した。彼には「スラヴ連盟」は不愉快であった(30)。彼はレーニンと十月革命、赤軍に対する果てしない賛美に二の足を踏み、米国の特性を分析し、それに基づいて行動するよう要請した。ロシアからの吉報を祝するための「応援団」であるだけなら、米国労働者党は成果を得られない――このことを理解しているのは、彼一人だけではなかった(31)。したがって米国は、政治家が考えているほど米国共産主義を恐れることはなかったのである。それは逆説的な状況であった。それを知ってさえいれば、パーマー司法長官は、米国の共産主義者が労働者党を無力化する仕事をかくも効果的に行っていることを喜んだであろう。

モスクワのソヴィエト共産主義指導者らが、この現象をいっそう強めた。彼らは万国の共産主義にとって何が最善であるかを心得ている、と自信を持っており、世界中に助言をまき散らした。米国の共産主義者がモスクワに長く楯つくことはめったになかった。もし不満があれば、それは最終的には強制服従ないし労働者党からの追放によって決着させられた。米国共産主義は誕生のときから、その成長に箍《たが》をはめるロシア衣装にくるまれていたのである。

第23章 ソヴィエト工作員

ヨーロッパと北米で世界共産主義運動が立ち現われてくるにつれ、チェカーは背後からの作戦行動の手法を着実に身につけていく。チェカー機関員らは手探りで進んだため、これは遅々とした仕事であった。だが政治局《ポリトビュロー》にとって、国外での政治・経済目標を達成しようとするなら、西側での秘密工作員ネットワーク創設は喫緊の必要事であった。チェカー指導部は、ほとんど一から活動を始めなければならなかった。そして、世界のすべての国でソヴィエト・ロシアが公然たる敵であるという事実は、その国外活動が恒常的監視下にあることを意味する。そうした環境下にあってみれば、チェカーが達成してのけた成果の大きさは印象的である。

諜報機関は言うまでもなく、雇員の名前を明かすことをためらうものである。これがしばしば憶測を呼ぶことになり、ソヴィエト初期から今も続く論争の一つが、シドニー・ライリーはチェカーのスパイだったのかどうかというものである。[1] 一九一八年秋に連合国諜報網が一時的に破壊されたあと、疑惑が彼を包むことになる。モスクワ駐在米国臨時総領事デウィット・プールはその当時、残りの米公館職員を伴ってロシアを去っていた。彼はライリーのことをよく思っておらず、在ノルウェー英国大使館でサー・マンスフェルト・フィンドレーと情勢を話し合った際、警鐘を鳴らしている。プールは、ライリーがチェカーのスパイ挑発者だという噂のことを話した。せいぜい状況証拠しかなかったのだが、懸念したフィンドレーはそれを外務省と秘密情報部に報告した。プールの憂慮は、ロックハートが彼と話し合ったことと、ライリーがやったと思われることの間の乖離から生じていた。プールは、ライリーがロックハートを裏切った可能性を英国が調査することを望んだ。(2) ロシアにおける米国諜報機関の指導者カラマティアノは、ソヴィエトに長らく囚われており、当然ながらプールはこのことに怒りを感じている。プールはロックハートに信をおき、ライリーに不信感を抱いていた。ロックハートだって、モスクワで自分に対して隠し立てするところがあったとしても不思議ではないなどとは、プールは思ってもみないのである。

ライリーの人としての誠実さについては、ロックハートは内心留保するところがあったものの、(3) 彼の政治的忠誠心を疑うことはなかった。ライリーはロックハートと一緒に露都から戻って数週間後、自分に対する陰口に怒りを表し、「そうした嘆かわしい中傷」についてロックハートに苦言を述べている。(4) ロックハートと同様、彼は対ソヴィエト・ロシア強硬路線を求めていた。ロイド＝ジョージのことを、ボリシェヴィズムに関して軟弱で「あらゆる社会悪に対する万能薬」として慈善活動を使おうと計画している、と評していた。モスクワで根絶しなければ間もなく国外に広がる文明への脅威を、英内閣は理解していないと彼は考えていた。(5) ソヴィエト体制は機能しないとか、弱体だとかいう見解を彼ははねつけた。ロシアでその生の姿を見て、ソヴィエト体制がほかのどこでも運用可能になり得ることを疑わなかったのである。(6)

これは二重スパイの芝居だったのだろうか？　ライリーの庇護者マンスフィールド・カミングは、古参の対露諜報専門家アーネスト・ボイス中佐に内部調査を要請し、その可能性を調べた。ボイス配下の調査員らが見つけたのは、私生活の乱れた放埓な男であった。ライリーのすることは何でも度が過ぎていた。控え目なのは酒だけ。女好きで、女友達が一人だけということはめったにない――そして、ロンドンへ戻るや「プラガー」〔殺し屋〕のあだ名を持つ尻軽女を連れて歩いた。(7) ライリーは重婚者で、最初の妻マーガレットと離婚しておらず、彼女は彼を探し出し、黙っている代償として彼から金を搾り取った。ライリーは、人生の他の面でもそうだったように、カジノでしばしばすべてを賭けるギャンブラーであった。(8) 金があればこれ見よがしに使い、上流社会は彼が望むとおりの注意を払った。彼はセント・ジェームズ通りのソロモンズで毎日、ボタン穴に差す花を一本買う。サヴォイ・ホテルにスイートを取り、これが飽きるとリッツに移る。ライリーは典型的なプレイボーイのようであった。(9)

ボイス中佐のライリー身辺調査はさらに広がって、一九一八年十二月、リージェント通りのランガム・ホテルでロバート・ブルース・ロックハートとその妻ジーンと昼食を共にすることになった。中佐は機微に触れる質問を少しばかりするため、ジーンが夫より早く到着するよう段取りした。「バーティー」はライリーが常に「自分を最高値で買ってくれる人のために働く」と信じていたわ、とジーンは話した。(10) しかし、この新事実も単に、ライリーがチェカー機関員というより貪欲漢にすぎないことを示唆しているだけであり、カミングは彼をジョージ・ヒルとともに今一度のロシア任務に安心して送り出している。(11) しかし、彼に対するひそひそ話は続き、カミングがジョージ・ヒルとポール・デュークスを呼んで別個の調査を開始したのも無理はなかった。(12) ライリーの疑いは晴れたものの、カミングは外務省が抵抗しているという口実で、彼に特定の任務を与えることは拒否した。いずれにせよ、秘密情報部はライリーを国外任務に使い続け、彼はロンドンにいる間中、ロイド＝ジョージが連合国の対露政策を軟化させているとして、反対をぶち続けている。もし彼がソヴィエトのスパイであったなら、人民委員会議《ソヴナルコム》が西側世論を外交的承認と通商関係樹立の支持へと転換させたがっている時にあって、彼の元締めがなぜこのような行動を認めたのか理解し難い。それでも、ライリーがいつか別の時にボリシェヴィキから金を受け取った、ということは考えられなくはない。しかしながら、受け取っていようといまいと、彼は信頼のおける二重スパイではありえなかった。彼の忠誠は総じて、己自身と己の金銭的利害に向いていたのだから。

ソヴィエト当局は国外で促進する活動では依然、手探り状態で進んでいた。二つの優先課題の釣り合いを巧みに取っていた。一つは、各国共産党に活動と革命を使嗾《しそう》すること。もう一つは、対露通商を求めて運動することである。ボリシェヴィキは西側大企業との契約に努力しているまさにそのとき、同時に、資本主義転覆のため人と資金を送っていたのである。政治局はこの「矛盾」を気に病んではいない。共産党指導部は、己の最善の期待が成就する――すなわち革命である――なら、西側の実業家に支払うなり、約束するなりした金額の多寡は、もはや問題にならないと考えていた。そして、もしヨーロッパで共産主義にとって事がうまく運ばない場合でも、ともかくも人民委員会議は戦闘の歳月からのロシア経済の復興をテコ入れする成約済契約を手にすることになるのである。しばしば同じ工作員が政治活動を扇動する一方で、実業家を安心させてもいた。政治局はこのパラドックスを自然に受け入れていた。「歴史」は込み入っており、共産主義が勝利しようとするなら政策の紆余曲折は不可欠なのだ、とボリシェヴィキ指導者は納得していた。彼らは国際問題における「矛盾」への抵抗力があった。党下部のボリシェヴィキがまだこの状況を理解していなくても、いずれはきっと理解するだろう――そして、確実にそうなるためには、レーニンおよび側近の同志たちの威光と権威をうまく使えばいいのである。

コミンテルンで働く新要員を獲得するため、ソヴィエトの工作員は急進左派諸党内の組織分裂を促した。国外へ資金と指示を送った。列国間の協議に関する報告を集めた。彼らは翻訳による宣伝工作を行った。西側諸国と協定が結ばれると、人民委員会議の全権代表たちは合法的な仕事の陰で秘密活動を行った。コミンテルンはクレムリンのためのスパイ活動と転覆活動に向けて、新設の各国共産党から人員を募集した。一九一九年六月、ついにチェカーは国外の非合法活動部門を創設する。[13] 国際活動の速度は着実に増大しつつあった。革命の理念のために工作員が全大陸へ送られていった。

ボリシェヴィキは国境を越えた資金密輸にたけていた。そうならざるを得なかった。彼らは世界での転覆活動を公言してきており、各国政府と警察はどこでも彼らの言をそのまま信じていたのだから。一九一八－一九年の冬にドイツ、スイス、スカンジナヴィアの在外公館が閉鎖されたあと、ロシアはもはやどの国の外交承認も有していなかった。[14] これは、ロシア全権代表や連絡要員が外交行嚢に関連した便宜を失ったことを意味する。彼らは政治目的のために、金を肌身につけて目的地へ運んだ。これは危険な行為である。というのは、ロシアと国境を接する国々には、マークした男女のクレムリン工作員が税関を通過する際に捕まえるよう命令を受けた警官がうようよしているのである。ソヴィエト支配領域を包囲する連合国の経済封鎖が続いていることで、この問題は一段と深刻になり、ロシアと隣国間の通商は一九一四年以前に比べて微々たる量にまで減ってしまった（大戦期間中はドイツとの間でさえ、中立国を介してかなりの交易があった）。人民委員会議のために物資買い付けに外国旅行をする工作員は、卸値で購入して鉄道貨物便で送ることはできないため、スーツケースに目いっぱい詰め込んで持ち帰らざるをえない。彼らは医薬品、サッカリン、その他運搬の楽な品物を持ち帰るだけにしていた。[15]

代わりの手法が間もなく見つかった。人民委員会議は一九一七年以降、小さくて軽く、かつ現金化が容易な超高価な宝石類を大量に差し押さえていた――その手法は外交特権が停止される以前にも使われていた。ルイーズ・ブライアントは外交連絡員の一人であった。彼女は一九一七－一八年の冬、ペトログラードから旅行した際にフィンランドで手荷物を差し押さえられたあと、この仕事を引き受けている。彼女が外務人民委員部で、将来こうしたトラブルを避けるにはどうすればいいのか尋ねたところ、イワン・ザールキンドは答えた。「なんでもないさ。君をソヴィエト政府の外交連絡員にしよう」。その利点は、彼女が鞄を蠟で封印させることができ、税関吏は——少なくともスカンジナヴィアでは——それに触れることがないことである。彼女が次にストックホルムへ旅行した際、「ボリシェヴィキ公使」のヴァーツラフ・ヴォロフスキーに公式資料を運んだのは、この方法によってである。唯一の難点は、ホテル経営者が彼女にソヴィエト工作員として疑惑の目を向け、彼女はその夜の部屋を取るのが難しくなったことだ。[16] 宝石類をこっそり首と腕につけることができるため、女性は申し分ない外交連絡員である。エヴゲニア・シェレーピナが一九二二年、将来の夫アーサー・ランサムとともにロシアを最終的に去るとき、彼女はチチェーリンとの申し合わせにより百三万九〇〇〇ルーブル相当のダイヤと真珠を運んでいる。[17]

外交連絡員の仕事は女性だけの職業ではなかった。ロンドンの『デイリー・ヘラルド』紙の重役フランシス・メイネルは真珠の首飾り二本を英国へ運ぶことを承知し、それをバター瓶の中に隠した。さらにある時は、チョコレート・クリームの箱に宝石を押し込んで運んだ。[18] メイネルは共感をあまりに広く公言したものだから、ロンドン警視庁公安部は秘密情報部に彼の監視を要請している。[19] 人民委員レオニード・クラーシンが七百万ルーブル相当以上の宝石を手荷物に入れて英国に入国したとき、この同じ当局が彼を監視していた。[20] 多くの外交連絡員がメッセージや金、宝石の運搬以上の任務を帯びていることは、公然の秘密であった。何人かは親ソヴィエト組織と関係があった。革命文献の頒布手配を手助けした者もいる。[21] 外交連絡員と工作員、そして活動家の間の違いはしばしばあいまいである。ロンドン警視庁公安部は事情をつかんでいたが、外交連絡員のための便宜の停止を主張することは控えた。英国の防諜機関は、ソヴィエト密使の入国を阻止するより、英国内の左派を調べる手段として彼らを使う方が重宝だと判断したのである。

一九二〇年一月、ジョン・リードは米国での支払いのため、百万ルーブル相当のダイヤモンドを受け取っている。彼の米国人同志クリスタプ・ベイカ（ことコミンテルン機関員ジョン・アンダーソン）も同様の額を受領している。新興の米国共産主義運動は金銭面での支援に事欠くことはなくなった。一九一九–二〇年に外務人民委員部が留めている記録にはハンガリー、ドイツ、チェコスロヴァキア、イタリア、フランスを含む数カ国が出てくる。[22] ソヴィエト外交使節の複数のトップがクレムリンへの報告で明らかにしているとおり、それは完璧なシステムではなかった。一九一八年、スウェーデン駐在のヤン・ベルジンは自分に派遣されてくる外交連絡員の質に嫌気を起こし、彼らのうちの数人は中欧を巡る際、メンシェヴィキ支持の演説をしていると苦情を申し立てている。[23] また、すべての連絡員が基本的誠実さの点で抜きんでていたというわけではなかった。彼らはある偽装をして越境に成功するや否や、共産主義の用足しを放棄し、託された宝石類を持って遁走してしまうのである。レーニンはモラルと罰則のことでやきもきした。だが、各国共産党が風紀員として振る舞うことができるようになるまで、手におえない工作員に規律を課すことは困難であったし、そうなった時でも、このシステムは悪用されやすかった。

ソヴィエト使節団は共産主義の著作物の翻訳・出版にも力を入れている。ヤン・ベルジンは一九一八年五月に全権代表としてベルンに着任すると、ボリシェヴィキ文書を独仏語で急ぎ出版する。現地語の翻訳者グループが雇われ、政府の介入を避けるため市域外に小出版社が見つけられた。レーニンの『国家と革命』が『プロレタリア革命と背教者カウツキー』と並んで優先され、トロツキーの『十月革命からブレスト講和条約へ』もすぐに出版されている。ラデックとフィリップス・プライス、サドゥールの著作も印刷に回された。利潤が目的ではない。共産主義の教義を流布するため、モスクワは必要な資金は糸目をつけずにばらまく用意があった。[24]

これを実行するのに、必ずしも共産党の工作員を使う必要はなかった。ジョージ・ランズベリーは一九二〇年二月にモスクワへ行き、彼の『デイリー・ヘラルド』紙が資金繰りに困っていると話したところ、同紙がソヴィエト体制に反対する社会主義者の手に渡るのを救うため、資金提供の申し出を受けている。彼はモスクワ・ソヴィエトに向かって演説し、経済再建における達成について共産主義者を賞賛した。[25] 取引の一部として、彼はロシアの共産党指導部の手になる翻訳小冊子の出版を支援することを了承した。ボリシェヴィキは印刷言語の人びとである。中には卓抜した雄弁家もいるが、彼らが基本的に前提としていたのは、徹底的な教化のためには学習用教本が必要になるということであった――そうすれば、そこからなんとか革命の流れが出てくるだろうという考えなのである。チチェーリンは、ランズベリーに手渡す資金をスウェーデンの共産主義者、フレデリック・シュトレームに与えるようリトヴィノフに指示した。この計画はうまく運び、同紙は左傾化して英国での直接政治行動を支持した。[26] フェッテルレインがその電報を解読すると、『デイリー・ヘラルド』のソヴィエト資金依存は周知の事実となった。ランズベリー――初期のソヴィエトのカモ――は、恥ずべきことは何も隠そうとしていないと言明、英国の製糸業者によるひそかな不売に対抗しているだけであると言い張った。[27] 彼はキリスト教社会主義者として、ロシアは宗教的迫害がないため万事順調であると書いた。これを聞くとボリシェヴィキでさえ笑うのであった。[28]

チェカーと外務人民委員部のもう一つの緊急案件は、西側世論を理解することであった。一九一七年以前、レーニンとトロツキーは、政治は単に大企業の利害を反映しているにすぎないと考えていた。十月革命に対する外国の目立った敵――チャーチル、カーゾンあるいはクレマンソー――は、ロンドンおよびパリの工業・金融界の操り人形にすぎないと一般に考えていた。権力を握ると、彼らはたちまち国際政治における人物の個性を真剣に考える必要に気づく。一九一八－一九年にはウッドロウ・ウィルソンから高い評価を得ようとした。ウィルソンを資本主義のならず者と考えながらも、彼をクレマンソーとロイド＝ジョージの路線から離反する気にさせる可能性を、頭から否定することはなかった。レーニンは幾世代も続く賢明な支配者の伝統に従い、己の政府の敵を分断し、感化しようとしたのである。

クレムリンが必要とする情報のうち、工作員ないし彼らが買収した電信技士の手で空中から摘み取ることのできる情報が多くあった。ベルリン西方二十四マイルにある巨大なナウエン無線局には、高さ八百五十フィートの塔が二基あった。世界最大の設備であり、遠くニューヨークまで信号を送信できる。ソヴィエト指導部はそれを「ヨーロッパの窓」と見なしていた。独露の首都間にはなだらかな丘があるばかりで山はなく、ソヴィエトの電信技士はボリシェヴィキのために政治的・軍事的な重要情報を容易にキャッチできた。[29] 外務人民委員部は西側の新聞を精査して情報を探すという、もっと昔ながらの手法を用いていた。[30] 同部の外交官が重要ニュースを求めて新聞を点検し、その資料をモスクワへ送るのである。[31] 彼らがレーニンやトロツキーと同じイデオロギーのフィルターを使っているという事実のために、彼らの報告が持つ実際的な利用価値は低減していた。ヤン・ベルジンは、トロツキーのチェコ軍団に対する扱いが西側世論に破滅的影響を与えると述べ、それほど性急に行動する前に国際的大局観を考慮に入れるべきだと警告した。とはいうものの、彼は「すべての国でプロレタリア革命が間断なく成長している」証拠がある、とモスクワに請け合い、そのことによって自らの適切な勧告の価値をおとしめてしまっているのである。[32]

落ち着いたスイスの首都からベルジンがこのように書き送っていた事実は、ボリシェヴィキがかくあれかしと思う限りでしか、情報が役立たなかったことを示している。ボリシェヴィキは、西側は革命の瀬戸際にあるとする自らの確信に反することは受け入れなかった。自らの信条の箇条をもって、互いを慰め合い続けざるをえなかった。でなければ、世界は彼らの目に、まったくもって暗い様相をおびてしまうのである。

アーサー・ランサムは、彼らの先入観をいっそう強めた。一九二一年三月のチェカー報告は、「ロイド＝ジョージ派」が最新の任務でランサムをモスクワへ派遣したと述べており、クレムリンは彼が一介のジャーナリストではないことを知っていた[33]（ソヴィエト指導部は細部について一つ間違えている。ランサムが英国政府の承認を受けてやって来たのは今回が初めてだと誤信していたのである）。ランサムが自分は特定派閥の特使だとクレムリンに伝えたかどうかは分からないが、数人の閣僚がソヴィエト・ロシアとの関係正常化を目指すロイド＝ジョージの動きを面白く思っていないことは、いずれにせよ公然の秘密であった。共産党指導部が常にランサムを温かく迎えてきたのは、彼の著作が彼らのイメージアップになったためにほかならない。ランサムを、英国政界について解説できる人物と見なしてもいた。ランサムは十分これに応え、片やロイド＝ジョージに、片やカーゾンとチャーチルに率いられた派閥について説明している。彼は反ソ側の首唱者としてレスリー・アーカート、ジョージ・ヒル、サー・ジョージ・ブキャナンとともにポール・デュークス、ハロルド・ウィリアムズの名を付け加えている[34]。これはロシア問題に関する英国指導部とオピニオン・リーダーの要約として悪くない内容であり、『タイムズ』や『マンチェスター・ガーディアン』からは拾い集められない情報を提供している。

ランサムは対英通商条約の進展を妨げているソヴィエト・ロシア側の人びとに関する情報をチェカーに暴露し、英国工作員としての事情説明の則を越えている。木材業で働くメンシェヴィキの専門家で元実業家、シモン・リーベルマンの名をこの関連で挙げたのである。彼はまた、アジアのイスラム教徒は、英国の「外交的影響」よりもソヴィエトによく反応していると指摘し、国際舞台での英国との対立でボリシェヴィキを励ましている。[35] 彼は調子に乗り、フランスはソヴィエト政府打倒に資するならバルト海で軍事手段に訴えかねないとも述べる。[36] 明らかに、この長身で奇矯な英国人は西側の政治に関する独自の偏見を抱いていて、ためらうことなくそれを開陳しているのである。そして、自分が出会うソヴィエト指導者のイデオロギー的先入観への迎合を抑えることができなかった。リーベルマンに触れた際、彼はこの無辜のロシア人経済官僚に関する根拠のない噂を広め、この人物を逮捕の危地に陥れることまでしている。せいぜいよく言って、ランサムは多分、情報を得るため政治家にゴマをすろうとする多くの新聞記者のように活動していたということである。いずれにせよ、それは彼の栄光の時ではなかった。

ジェルジンスキーは一九一八年十一月にリーベルマンをソヴィエト行政に採用した当初から、彼の忠誠度を疑っており、リーベルマンはすでにジェルジンスキーの不興を買っていた。ところが一九二〇年末、両者は不一致を修復し、ジェルジンスキーはリーベルマンを支持する。[37] ランサムはリーベルマンにとって、あわやすべてをぶちこわすところであった。非ボリシェヴィキのロシア人にとっては、ランサムが危険な知己になりかねなかったのは事実である。いずれにしても、英情報機関は彼の働きを利用しながら、その政治的忠誠には常に目を光らせていた。『マンチェスター・ガーディアン』の編集長C・P・スコットは、ランサムから送られてくる情報のうち、英国の国益にとって有害なものは掲載しないとの保証を求められた。しかる後に初めて、ランサムはロシア行きを認められたのである。[38] 英国秘密情報部は彼に対する警戒を解くことは絶対にできないと考えていた。[39] 彼が特定の英国官員を「英政府の工作員」だとロシア側に名指ししたと知ってからは、なおさらであった。英国では、彼はここを先途とばかり、ソヴィエトの理念について大声で話し続けた。[40] クレムリン指導部とランサムの親密さはかくばかりであったので、リトヴィノフは彼に、今度の旅の困難を避けるにはどうすべきかを伝授する電報をわざわざ送っている(41)。しかし英秘密情報部は「彼のボリチェヴィキ(ママ)指導者との交友」と「極めて貴重な多くの材料」をもたらす能力ゆえに、ランサムを有益人物と判断し、使い続けたのである(42)。英国情報機関員の同僚の一人は工作員S76に関する問題を、簡潔にこう表現している。「彼は見たままを報告するであろうが、物を真っ直ぐに見ることはしない(43)」。

物を真っ直ぐ見ないことでは、レーニンとトロツキーも同じである。ペトログラードで千年至福説的な楽天主義をもって権力を獲得したあと、彼らは資本主義が生き残り、世界中で繁栄する可能性があるなどと考える余裕はなかった。彼らはヨーロッパの戦後処理の厄介さを指摘するニュースを好み、この楽天主義をしぼませかねない情報は篩《ふるい》にかけて落としてしまった。彼らは中欧における動乱を強く期待していた。クレムリンから眺めると、西側諸国ではソヴィエト型革命の機が熟しているように見えたのである。

第24章 連合軍の撤収

ソヴィエト共産主義指導部が「ヨーロッパ革命」の展望を誇大視してしまったにせよ、無からその展望をあみ出したわけではない。ロシアの西方では、どの国も相次いで無秩序と不満を経験しつつあった。ロシア自体もボリシェヴィキ支配の下、数年間の内戦と外国の軍事干渉から抜け出した。大戦の戦勝国は、それを展開する意志さえ奮い起こすならば、抗しがたい軍事力を手にしていた。だが、戦勝国はますますその意志を欠いていった。西欧連合国は、少なくとも米国が参戦した一九一七年以降にも、きちんと合意された戦略目標を持っていなかった。

ユデーニッチの北西軍が一九一九年十月にペトログラード郊外で敗北すると、デニーキンと義勇軍が白軍運動の最期の希望になった。ユデーニッチは麾下の部隊を英国船舶で南部ロシアへ転戦させることを試みる。デニーキン自身は、一九一九年四月にクリミアへの撤退を余儀なくされたあと、義勇軍を養生していた。彼の部隊は疲労回復と再装備のための時間を必要としたのである。フランスの派遣軍は一九一九年四月にオデッサを離れている。シベリアに上陸していた米軍は、その年の後半をオムスクから東方への散開前進に費やしている。ロイド＝ジョージはその当時すでに英軍の撤収を命じており、一九一九年八月にヘンリー・ローリンソン将軍が、撤兵を協議するため北部ロシアへ行った。

将軍の計画は十月半ばまでの完全撤収であったが、彼はエフゲニー・ミレル将軍の小規模の白軍に、撤収英軍部隊に随伴するよう説得しそこねた――そのうえ、プール将軍までもが、増援部隊が使えるなら自らコトラス、ヴォログダへ前進することが出来ると言い続けていた(1)。英国は追い詰められたデニーキン軍に装備と軍事顧問を供給し続ける一方、今や戦闘を完全にロシア人の手に委ねていた。日本は東部シベリアの武力占領を維持し続けているものの、外国の対ソヴィエト軍事干渉はほぼ終わっていた(2)。連合国最高会議はなおボリシェヴィキとの講和を拒否していた。その代わりに、最高会議は十二月下旬、ロシアと中欧の間に防疫線を創設することを決めた。隣接諸国の国防とボリシェヴィズムのロシア国境内への封じ込めを支援するというものである(3)。

ロイド＝ジョージはさらに踏み込んで、他の連合国にはおかまいなしに共産主義者との講和条約交渉をしたがっている、と噂された(4)。だが、一九二〇年一月二十六日の最高会議は、経済封鎖の解除を決議するだけにとどまった。この決定は二月二十六日の最高会議ロンドン会議で確認された(5)。

リトヴィノフはコペンハーゲンでPA通信〔英国の通信社〕に対し、連合国は間もなく「ソヴィエト・ロシアとの正式の無条件講和」を行わざるを得なくなる、とうれしそうに語っている(6)。ボリシェヴィキの解説者らは、貪欲が外国資本家をして通商再開を要求させるだろう、と常に語っていた。そうではあっても、連合国による禁輸の終了は、建前上は一つの決定にすぎず、取引の成約と資金移転の促進で政府支援を受けることとは別である。西側実業家がクレムリンの人びとと取引するのであれば、自らのリスクでそうすることになるのである。連合諸国は人民委員会議《ソヴナルコム》の革命拡大への肩入れと、西側におけるその工作員や支持者の活動を依然、懸念している。十月革命以後のロシア国内の外国資産の国有化にも、同じように動揺していた。かてて加えて、ボリシェヴィキは西側捕虜を拘束したままである――捕虜たちの本国政府は、いかなる通商であれ条約によって認可される前に、彼らを釈放するよう要求していた。連合国は、ソヴィエトによる法の支配の無視についても怒っていた。西側指導者らは――あるいは大方の指導者らは――人民委員会議が政治介入なしに企業活動を許すのかどうか、なお確信が持てないでいた。連合国の企業家はロシアに再参入すべきだ、などと少しでもほのめかそうものなら、フランスは心底から激怒した。

エストニア政府はユデーニッチの壊滅的敗北のあと、赤軍の侵攻を恐れた。閣僚らは十一月、連合国最高会議、西側の保護下に地域的障壁を設けるといった話にも信をおいていない。彼らは十一月、モスクワとの協議を開始することで独自の手を打つ。[7] ソヴィエト・ロシアにはバルト問題の決着を求めるそれなりの現実的理由があった。タリンがロシアの国際通商にとっての無関税港になるなら、エストニアは西側への窓になり得る。手に入る利益のことを世界が知れば、他の諸外国は人民委員会議を承認することの利点に気づくに違いないというわけである。[8] 強力な隣人を宥和するため、エストニアは領内のユデーニッチ軍の武装解除を命じた。[9] 北西軍から被服と装備が取り上げられた。[10] ソヴィエトとエストニア間の休戦が合意される一方、話し合いが続いた――タリンの連合国外交使節団がこのプロセスを止める手立ては何一つなかった。独立エストニアは独立して行動しているのだから。[11] そして一九二〇年二月四日、エストニア政府はソヴィエト・ロシアと外交・通商条約に署名する。[12]

クレムリンは、輸入に対しては金準備をもって支払い、ロシア天然資源は最高価格入札者に売却するという計画を公表した。西側実業家がタリンに殺到した。多くの人は誠実さで際立っていたわけではないが、全員がロシア国際貿易への投資という賭けをするつもりであった。事実、ペトログラードへの貨物輸送は、その逆方向を十対一の比で上回った。ロシア都市部の生産性は依然として振るわず、農村はもはや同国の需要を満たしていない。外国貿易人民委員部が国外売却向けに入手できるものと言えば、事実上、亜麻とベニヤ板がすべてであった。[13] エストニアによれば、ロシアの輸入の三分の一は農業機械と設備である。(14)ロシアは伝統的に食料、紙、皮革をヨーロッパ向けに輸出してきたが、今やこうした品目を国外で購入しなければならないのである。(15)エストニアは快く受け入れた。エストニアは戦争と革命からの復興が緒に就いたばかりであり、政府はロシアが必要とする商品の入手を可能にしてやることが国益にかなうと判断した。貨物通行料の価値はばかにならない。

ソヴィエト指導部は連合国による政権承認を要求し続けた。一九一九年末、リトヴィノフは年初のブリット提案に従った行動が見られない、と驚いて見せた。これはたわごとであった。レーニンの側では、赤軍勝利の場合を除いては、内戦終結を誠実に公約したことはないのだから。リトヴィノフは実のところ、ソヴィエト・ロシアとの交易に誘い込める可能性のある西側の業界団体に訴えようとしていたのである。そして一連の出来事が、氷が割れはじめていることを裏打ちしているように思われた。一九二〇年一月半ば、ラデックがドイツでの拘束を解かれ、ポーランド経由でロシアへ送還された。彼はそのころには、「ヨーロッパ社会主義革命」はそう早くは起きないと判断するに至っていたが、自分が釈放されたことはドイツ政府が対露政策でより柔軟な路線を取る気持ちを強めていることを示すものだと考えた。ソヴィエト指導部は同じ時期、それなりの措置を講じている。チェカーは三月七日、英国名を持った捕虜七十三人を刑務所と収容所からまとめて釈放することを決めた。(16)その狙いは容易に推測がついた。ボリシェヴィキは英国を、列強の中で終戦直後に最も和解しそうな国と見ていた。交渉開始に先立ち、善意を見せておくのは有益かもしれないのである。

だが、ロイド=ジョージが通商再開に熱心であるとはいえ、彼が政治的障害を片付けるには時間がかかりそうだった。そこで、ソ連指導部にとって次なる手は、スウェーデンの気を引くことであった。スウェーデン自身も対露貿易の分け前を欲しがっているし、売却する工業製品を抱えている。レフ・クラーシンは一九一八年にベルリンのソヴィエト代表団に勤務した経験があり、一九二〇年四月一日にストックホルムでリトヴィノフに合流する。リトヴィノフが外交を扱う一方、クラーシンは通商に関するすべての協議を主導しようというのであった。クラーシン自身はヨーロッパでの——少なくとも一部には——受けが良かった。『マンチェスター・ガーディアン』紙は彼を信頼できる人物として取り上げたことがあり、同紙モスクワ特派員のW・T・グードが彼を好意的に描写している。「精力旺盛で活力にきらめき、クラッシン《ママ》は黒髪と一面のあごひげを生やし、黒いけれども明るい肌色を持つ端正な人物であり、魅力的な人だ。最高度に有能であり、彼の人格と話しぶりは彼と話す人びとに、その印象をたちまちのうちに伝えるのである」[17]。クラーシンは、一九一七年以前はシーメンス・シュッケルト社の支配人として、ドイツとロシアで働いたことがあり、工業には深い経験を有していた。一九二〇年当時のポストは外国貿易人民委員。国外での任務は、製造業・鉱業における権益を売却してロシア経済復興の始動をテコ入れすることにある。クラーシンはスカンジナヴィアに力を入れ、今やレーニンが要求してきたように世界の「資本家の帝国主義」にくさびを打ち込みはじめた。ロシア共産主義の利益のために、外国資本を利用する計画であった。

　これを実現するためには、ある程度の口実が必要であった。大方の国はボリシェヴィキ・ロシアとの交渉に今なお及び腰だ。そこで人民委員会議は、ロシア協同組合運動の指導者を装った使者を送り出す[18]。見え透いた偽善だ。ロシア国内では、ボリシェヴィキは協同組合のことを、十月革命の敵をかくまう怪しい組織として扱っているのである。しかし、クラーシンと話す外国人は今や、共産国家の高官と話しているとする批判をよりたやすく笑い飛ばすことができた。交渉が軌道に乗ると、友好と信頼の雰囲気が醸成された。スウェーデンとデンマークの企業家は、通商協定を促進するよう政府に圧力をかけた。対露貿易への再参入をめぐる競争が始まった。デンマークが勝ち、五月一日に条約に署名。ロシアとの決着遅れは莫大な金額の損失を伴うことを政治指導者に理解させるため、在コペンハーゲンの連合国大使館にコピーが回された。[19] 英国の大手冶金企業アームストロング＝ホイットワース社が契約をまとめる目的で、すかさずスカンジナヴィアへ人を送ってきたことにクラーシンはご満悦だった。そして西側実業家が彼に面会するため列を成すようになると、彼はそれに忙殺された。[20]

ソヴィエト指導部の計画の次なる段階は、ロイド＝ジョージと条約交渉を行うため、ロンドンに通商代表団の一部を派遣することであった。英国が二年前の反戦活動を理由に、リトヴィノフへのビザを拒否すると、準備が一時的にとどこおった。[21] ソヴィエト代表団の反応は、英実業家とのすべての交渉をキャンセルし英国へのいかなる旅行も中止すると脅すものであった。[22] しかし、クラーシンはリトヴィノフの賞賛者であったためしはないため、これは単なる脅しだった。クラーシンは、リトヴィノフのことを衒学的で、一緒に働くのは一苦労だと常々感じてきており、彼抜きでロンドンへ行くのは望外の満足なのである。[23] いずれにせよ、ソヴィエト指導部の優先課題は交渉の開始にある。だから、セオドア・ロススタインが英国への入国許可を拒否されても、モスクワからの反応は何もなかった。[24] そのうえ、英国側としても柔軟姿勢に見られたく、クラーシンの通訳兼事務局長として、リトヴィノフの同僚ニコライ・クリュシコの英国帰還を認めている。クリュシコは戦前、ヴィッカース社で働いていて、英語は流暢で英国に個人的な人脈も多かった。[25]

人民委員会議は一九一八年半ば以降、権益譲渡政策に公式にコミットしてきたが、それを実行する機会に向き合ったのは、平時の今が初めてだった。クラーシンは鉱山と森林、鉄道、電話網を西側の最高値入札者の競売にかける権限を有している。国民経済最高会議による唯一の規定は、いかなる外国企業も独占権を有してはならないということであった。経済上の必要が即座の行動を要求しており、ロシアの産業復興は外部支援から益を得ることになる。[26] レーニンとトロツキーはこの構想を促進し、共産党によるロシアの破綻経済の再建のために、世界の資本家にロシアで再び利益を上げるよう呼びかけた。一九一七年以前、彼らはノーベル石油会社のことを、バクー油田の石油化学資源の貪欲で無慈悲な搾取者と非難していた。しかし、アゼルバイジャンでは石油はほとんど唯一の産業雇用手段。そこでレーニンは、ノーベル家が技術的専門知識と財源をもって戻って来てくれることを望んだ。彼はまたクルップ社——ドイツ軍国主義の支持者として共産主義者からののしられた企業——が農業再建のため、南部ロシアに戻ってくるのを歓迎する用意があった。十月革命で不動産を農民に引き渡したのに、レーニンは外国資本家がそれを近代化し、自らとクレムリンのために利益を生み出せるようにするために、取り上げるつもりだった。[27]

トロツキーも同じく、この目的に向けて前向きであり、外国企業への訴え方を心得ていた。米国人記者リンカン・アイアとのインタビューで、ロシアは世界経済に再び参入し、外国製機械類を購入することを目標にしていると語った。[28] トロツキーの取り巻きの一人である伊達男のヴィクトル・コップが、ベルリンとコペンハーゲンに現れたと報じられた。[29] コップはクルップ社、ヴォス社など主要な企業を滞りなく回った。商談には相手の気をそそるような論法があった。パリ講和会議は当面、ドイツ軍の規模を厳しく制限している。ドイツ金属工業は一九一四―一八年の間、国家の軍需に応えて大規模に拡大しており、クルップ社やそのライバル社は、代わりの兵器納入先をまだ見つけられないでいる。連合国はソヴィエト・ロシアを最下等国として扱い、その行動にまったく縛りをかけていない。そのうえ、ヴェルサイユ条約には、ドイツ産業界がロシア共産主義指導部と契約を交わすことを禁じる条項はどこにもないのだ。コップはこのことを基礎に交渉する権限を有していた。モスクワは究極の革命目標を放棄してはいない。だが、トロツキーはドイツ共産党がベルリンで権力を掌握するまでは、ソヴィエトの軍事的安全保障を高めるため、ドイツ資本主義を喜んで利用する腹であった。

ロイド゠ジョージは、ドイツに英国の先を越させるつもりはなかったのだが、彼の考えにはチャーチルが反対し、一九二〇年三月二十四日に彼宛てにこう書いている。「休戦以降、私なら『ドイツ人とは平和を、ボリシェヴィキ専制には戦争を』という政策を立てただろう。進んでかやむを得ずか、あなたはほぼ逆のことをやってこられた(30)」。ほかの西側政府は、チャーチルのようなけんか腰のレトリックは控えながらも、共産ロシアに対するロイド＝ジョージの柔軟姿勢に神経をとがらせた。ソヴィエトの通商要請にわずかでも応じることへの疑問を真っ先に表明したのは、フランスの閣僚たちであった。レーニンがロシア国家債務を一方的に無効化した結果、フランスの個人株主がこうむった損失を彼らは問題にし続けている。米国では世論が割れ、政治状況は不安定になっていた。ウィルソンは慢性的に体調がすぐれず、もはや大きな外交の舵取りはできない。そして国務省は明確な政策を打ち出せずにいる。

英内閣は慎重に事を進めた。ロイド＝ジョージは有利な交渉立場を維持したいと考え、入れ込みすぎは逆効果になることをわきまえていた。こちらの要求に応じなければ条約を締結できないことを、クレムリン指導部に分からせなければならない。ロイド＝ジョージはまた、フランス政府を不必要に悩ませたり、ワシントンに警戒心を抱かせたりすることは避けた。そして、連立政権内の保守党議員をなだめたいと考えた。とはいえ、対露通商は英国の国益に適うという確信は変わらない。彼は政界の穏健左派ばかりか有力産業部門からも条約支持の陳情攻めにされていた。ロシアの国際社会への再統合は、英国とヨーロッパの平和と雇用および繁栄を増進する、と首相は確信していた。いったん通商が再開されれば、ロシア国民は共産主義好みの残滓を捨て去るだろうとも考えていた。商品がソヴィエト領内に流れ込めば、資本主義の方がまともな生活水準を生み出す点で優れていることは、たちまち明らかになる。ソヴィエト支配が崩れれば、ロシアの土壌で共産主義はしぼんでいくだろう、と。ロイド＝ジョージはこの結果がどのようにして達成されるかは予言しなかったが、資本主義がレーニン政権に致命的な伝染病を持ち込むだろうと確信していた。ボリシェヴィキは、と彼は考えた。レーニンの狂信性に対する高い代償を払うことになり、そして世界は十月革命という疫病を脱するのだ。

クラーシンは一九二〇年五月二十七日にロンドンに着いている。[31] 障害の一つは、買い物を金《きん》でしたいというソヴィエト政府の要望であった。英国政府はボリシェヴィキがロシアの銀行金庫室にあった外国資産を接収したことに、異議を唱え続けている。「赤」の手にある金塊は汚れていると広く考えられており、ロイド＝ジョージが世論の沸騰なしにこの問題を避けるには、工夫が必要になりそうだ。クラーシンはロシアの未払い国家債務の問題にも答えなければならない。人民委員会議が一九一八年二月三日に一方的に無効化した債務である。『ニューヨーク・タイムズ』は英国の新政策の特徴を「危険な敵を買収すること」と表現。[32] フランス各紙も、パリを避けロンドンへ向かうというソヴィエト代表団の決定は、ロイド＝ジョージが連合国の共同責任を裏切っていることを示している、と批判した。[33] それでも、フランスの世論はもはや米国に期待してはいなかった。英国が対露協議から引く決定をすれば、ワシントンがすかさず割り込み、モスクワとの通商条約に署名するのではなかろうか、という疑念があったのである。[34]

クラーシンに疑いを抱いているのは、英国内外の政治家だけではなかった。多くの実業家も、彼を手放しで歓迎する気にはなれなかった。クラーシンは滞在するホテルで某企業家に熱弁をふるわれた際、このことを直接聞き知った。この実業家はチェカーに逮捕され、所持していた英ポンドを、国外では交換価値のないルーブルに強制両替させられたのであった。[35] ロシアの木材を英企業に売却することについて、クラーシンに対する訴訟が起こされてもいた。原告の訴えによると、彼の木材在庫が一九一八年に無補償で接収され、共産当局はそこから違法な利益を得ているのだという。裁判の進行は司法システムのためにのろのろしていたが、考えうる結末については誰しもまったく疑わなかった。

ソヴィエト政府敗訴の判決が出れば、恨みを抱いた所有者や投資家は金銭的補償を求め、同様の訴訟が相次ぎかねない[36]。英企業家レスリー・アーカートがクラーシンを困らせはじめ、彼の苦労は続いた。アーカートは一九一七年十月の後も、対露通商関係の維持を支持していた。ところが一九一八年半ばのロシア旅行の際、スパイとして投獄されそうになった。もし彼のロシア語が流暢でなければ、この危地を抜け出し北部ロシア――ここから彼は英国へ発った――の安全地帯へ行けなかったかもしれない。彼は財産に関しては、これほど幸運ではなかった。共産主義者は彼の巨大な採鉱・製錬会社を接収してしまったのだ。アーカートはクラーシンにこのことを忘れさせるつもりはないのであった[37]。

もし通商再開を支持する有力産業団体が表に出てくる用意があったなら、ロイド＝ジョージの人生はもっと楽になっていただろう。だが、どの企業のトップも公開の場で強く主張することはなかった。財産権の没収、宗教迫害、赤色テロの実行では、人民委員会議の履歴は悪名高い。産業界の人びとは首相を破城槌として利用しながら、自らは進軍ラッパに合わせて進むことをしなかったのである。英国の労働運動はと言えば、レーニンおよびトロツキーの政策のすべて、ないし一部に対する共感のために、疑念を持つ人びとを説得するうえでまったく力にならなかった。英ソ通商条約を実現しようとすれば、その弾みは政府から出てこなければならない。ロイド＝ジョージはこれをやってみる用意があった――そこで、ソヴィエト指導部は彼の成功を期待していた。

第4部

膠着

第25章 ボリシェヴィズムに賛否

一九一九年十一月以降、英国の指導的な反ボリシェヴィキ人士グループが、サヴォイ・ホテルとカフェ・ロイヤルで「ボロ殲滅《せんめつ》昼食会」を持っている。「ボロ」とは当時、英米の当局者が使っていたボリシェヴィキを指す隠語である。テーブルを囲んだのはスティーヴン・アレー、ポール・デュークス（彼はキリル文字でメニューにサインしている）、ジョージ・ヒル、レックス・リーパー、ジョン・ピクトン・バッジ、シドニー・ライリーらの面々である。全員が古参のロシア専門家で、外務省か秘密情報部に関係している。共産主義に対する熱烈な敵として彼らは、英国の政策を強硬化させ、レーニンとソヴィエト体制を打倒する方途を討議するためこの昼食会を催したのであった。(1)

ポール・デュークスはロシアで化けの皮がはがれると、ロンドンの『タイムズ』紙に記事を書きはじめている。彼はひどい食料不足を回想し、それを戦争や天候ではなくソヴィエト経済政策のせいにした。(2)労働者・農民がボリシェヴィキ党の側に立っているとする見方をあざけり、メーデーで公然誇示される歓喜は、いわば人工の砂糖菓子だと述べた。ボリシェヴィキは工場労働者を含め、自らに対する批判者を反革命として扱っていると彼は指摘した。共産主義支配に対する農民反乱の広がりに喝采を送り、「赤」と戦う「緑」を祝福した(3)（「緑」は農民パルチザンで、等しい獰猛さをもって「赤」「白」

双方と戦っていた）。連載の最終回は、彼が目撃した地方ソヴィエト選挙に見られる脅迫とごまかし、虚偽宣伝を描写している。[4] デュークスは西側の左派に、幻想を捨てるよう呼びかける。「ボリシェヴィキ指導者たちはブルジョアジーをひどく罵倒するが、彼らは最も激しい憎悪と、罵倒・嘲笑の最後の資源はほかのすべての――ロシア、英国、ドイツ、米国みな同様だ――社会主義者向けにとっておくのだ。彼らは『社会の裏切り者』以外の呼び方は決してされないのである」[5]。自分は認証を受けたジャーナリストとしてではなく、個人旅行者としてロシアを訪れ、すべての階層のロシア人と話したと自慢した。無論、秘密情報部に雇われていたことに触れるのは、わざと避けている[6]。

デュークスによれば、「国民センター党」は、君主主義者と共産主義者は別として、政界勢力分布全体を横断する支持を集めているという。しかし、国民センターは政党ではなく、さまざまな政治的見解を持った公的人物の連合だった。デュークスは読者の共感を集めるために、わざと間違えているのである。彼はまた「社会主義者の大多数が[7]（同党に）加入し」、デニーキン将軍と有益な連絡を保っている、などと根拠のない主張をしている。デュークスは、彼の言う「国民センター党」が一時的に独裁樹立を目指していることは認めているものの、民主主義がその究極目標だと断言する。土地は農民の手元に残される。ソヴィエト式の教会と国家の分離は続くし、ボリシェヴィキが導入した普通教育の規定はそのままである。「国民センター党」は国民議会選挙を実施し、ロマノフ王朝の残党を権力に復帰させたいとは考えていない、というのだ。「国民センター党」に焦点を絞り、ロシアにおける反ソヴィエトの結集軸として、その地位を誇張することによって、デュークスはデニーキン軍の士官たちの過激思想を実際よりも軽く見ている。白系を統合するものがあったとすれば、実は、それはナショナリズムと反ユダヤ主義であった。彼らはすべての自由主義者と社会主義者を憎悪していた。民主的諸機関は一九一七年二月から十月の期間に試行され、欠陥を露呈したと彼らは信じていた。彼らが望む政治の将来には、政治家を容れる余地はほとんどなく、もし彼らが支配していれば、ロシアの運命は悲惨で混乱を極めたものになっていたことだろう。

デュークスは読者に、クレムリン指導部が共産主義インターナショナルを設立したのはヨーロッパと北米の各国政府を転覆するのが目的である、と注意を促した。[8] 彼の発言がボリシェヴィキに見過ごされないわけはない。彼が「反ボリシェヴィキ・キリスト教十字軍」に参加し、各種会合で演説するようになると、ソヴィエト・ロシアの支持者が彼の講演に詰めかけ、野次を飛ばして妨害した。[9] デュークスは、自分は赤軍に勤務したことがあり、実体験の知識に基づいて話しているのだと応じた。だが一九二〇年二月、ウェストミンスター・ホールで開かれた市民集会での彼の演説は乱闘に発展、警察が静めなければならなかった。[10] ソヴィエト政府機関紙『イズヴェスチヤ』が彼を転覆策謀で非難すると、彼はとうとうロシアで英国の諜報活動を担っていたことを認めたが、それでもなお、ただ情報を集めていただけだと主張している。[11] デュークスは一九二〇年十二月、功績に対してナイトの称号を受けた――ジョージ五世は本当はヴィクトリア十字勲章を授けたかったのだが、この勲章は軍務に就く人員だけが授与されるものだと主張する陸軍参謀本部によって却下されてしまったのである。[12]

ロンドン大学スラヴ東欧学部のバーナード・ペアーズ教授のような保守派・自由派の人士が、ソヴィエトの暴虐を批判するデュークスとの連名書簡を『タイムズ』紙に送っている。[13] デュークスは『マンチェスター・ガーディアン』にも手紙を書き、ソヴィエト・ロシアに対する同紙の甘い編集方針に抗議している。彼は同紙記者W・T・グード執筆の共産主義支配に対する生ぬるい批判に腹を立てており、自らの信用証明を次のように述べている。「私はグード博士と同じ時期にモスクワにおり、モスクワを離れたのは彼より後のことです。しかしながら、私はボリシェヴィキ政府の客人ではなく、言葉を完全に知っているため、ロシア人の間でロシア人として生活したのであります。私の目的はボリシェヴィズムが人びとに与える影響を研究することでした」[14]。これもロシアでの彼の行動について誤解を招く説明ではあるのだが、革命秩序についての基本的分析を提供するのではなく、十月革命とその指導者を単に「興味深い」と受け止めるだけでは不十分だという自分の主張を、効果的に貫徹している。デュークスによれば、グードは新教育システムを賞賛しておきながら、学校が道徳教育の中止を強制されてきたことへの言及を怠っている。また、ボリシェヴィキ指導者と彼らの政策、およびイデオロギーに対するロシア国民の無関心を見落としてもいるというのである。

米国の場合はこの論争で、デュークスが収集できたようなソヴィエト・ロシアに関する直の経験を有する反ソヴィエト陣営の著述家はほとんどいない。デュークスは一九二一年二月に米国に講演旅行をすることで、これをなんとかしようとした[15]。米国滞在中はカンタクジーン公爵夫人によるボリシェヴィキ支配への攻撃を支持した。一九一七年以前にあっては、最上級社会集団に属した人物である。彼女は十月革命の想い出を『サタデー・イヴニング・ポスト』紙に掲載し、一冊の書籍でも再発表している。彼女はペトログラードにおける日々の不法行為を非難し、特にトロツキーを厳しい批判のやり玉に上げている[16]。彼女の仲間でベストセラー作家のキャサリン・ラジウィルは、ボリシェヴィキとドイツ政府間の秘密取引に焦点を絞っているが、彼女はレーニンとトロツキーを含む会話や出来事を創作するのはまったく自由だと思っているため、その調査手法はお世辞にも模範的とは言い難い[17]。

立憲民主党指導者パーヴェル・ミリュコーフは、ボリシェヴィズムの異質な主張についてのもっと確かな著作を物しており、それは大西洋の両側で出版された。彼は国外に革命を広げようとするソヴィエトの努力を観察し、ブダペストとミュンヘンで共産主義者が起こした事件へのロシアの関与に留意、コミンテルンについて警鐘を鳴らした。「レーニン氏」と「トロツキー氏」は全世界的な野望を隠していない、とミリュコーフは強調する。そして、ボリシェヴィキはワシントンとロンドンおよびパリにおける外交プレゼンスを確かにする手段として、ウィルソン大統領によるプリンキポ講和会議の提案を利用しようと図った、と論じる。彼は人民委員会議《ソヴナルコム》が中部ヨーロッパの革命運動に将来使うために集積した膨大な穀物備蓄と軍事物資に言及する。[18] ミリュコーフは自らを変わらぬロシア愛国者として描きたいと考えており、したがってボリシェヴィキ打倒でドイツの支援を求めた一九一八年の、とても華麗とはいえない記録のことはおくびにも出さない。「ロシアから手を引け」運動はロシアと世界の利益を害している、と彼は言い切る。[19] 欧米の社会主義政党はボリシェヴィズムとは深い不一致があるのに、自国政府に人民委員会議の承認をせかしている。それを彼は遺憾であるとした。[20] 英米の著名なボリシェヴィキ同調者に耳を貸さないように、とも警告している。[21]

　ミリュコーフの著作は大西洋の両岸で、ほぼ無視された。彼は苛立ってロンドンの『タイムズ』紙に寄稿し、白軍とその指揮官らに対する批判をはねつけた。彼はアレクサンドル・ケレンスキーがコルチャークとデニーキンを支持しないよう助言しているのは間違いだと主張、ケレンスキーが一九一七年にもっと強い方針を取ってさえいれば、ロシアはその後の苦悩をまぬかれたかもしれないとほのめかした。[22] これはあまりフェアな解説であるとは言い難い。一九一七年夏にケレンスキーに真のチャンスがあったというのが真実なら、ミリュコーフにも同年春に自らのチャンスがあったのである。ロシアの政治亡命者は、まったく頻繁に内輪の論争に陥りすぎる。保守派と自由派の著述家が、ロマノフ家の倒壊からボリシェヴィキの台頭までの諸事件について、大戦前に亡命社会主義者居留民グループを悪名高らしめたのと同じ論争的姿勢でもって再検討するにつけ、その論争はとげとげしくなった。

　そうした評判はすでに、白系を公然と支持する西側の人びとにも付きまといはじめていた。一九一九年七月十七日、ウィンストン・チャーチルはロンドンの英露クラブで講演、東部戦線におけるロシア帝国陸軍の業績をたたえ、その勇猛さが一九一四―一五年にドイツ人からパリを救ったのだと述べた。陸相は絶好調だった。「まるで私に責任があるとか、まるでロシアのこの混乱すべての元凶が私であるかのように言いたがる諸君がいる」。笑いが収まるとチャーチルは、私は「ボリシェヴィズムの固有の柔弱さ」を確信していると説明した。赤軍は、と彼は断言する。多くの人が思っているよりは弱体なのである、と。レーニンとトロツキーに厳しい非難を浴びせながらも、話はロシア問題だけにとどまらない。チャーチルはハンガリーに話頭を向けると、共産党指導者ベラ・クーンを「夜中に生え出たもう一つのキノコ」と形容した。ヨーロッパ文明は脅威にさらされている。チャーチルは自分の立場をこう要約する。「ロシアは、貴顕紳士のみなさん、現在、世界史の決定的要因になっております」[23]。例によって大仰な単語を使いながら、チャーチルは西側で全面的あるいは部分的に手に入る自由に対し、共産主義が与える脅威を明確に理解していた。だからロイド＝ジョージの叱責を無視し、ロンドン在住の活発な反ボリシェヴィキ派を励ましたのである[24]。

その一方で、ボリシェヴィキの友人たちはロシアで起きつつあることを、こぞって絶賛している。アーサー・ランサムの『一九一九年のロシア』は急ぎ執筆された回想録で、共産党指導者らを最も穏やかな人格表現で描いており、ランサムは赤色テロを扱うつもりはないと無邪気にも認めている[25]。そしてモーガン・フィリップス・プライスは、自分なりの説明でテロに触れているものの、テロはわずか六週間続いただけだと主張。その代わりに、続く白色テロの恐怖を強調する方を選び、一方でソヴィエト統治システムを賞賛している[26]。アイヴィ・リトヴィノフはマクシムと離れてロンドンに残ると、同じ姿勢の小冊子を出版。マクシムのノートに依拠しながら、いやしくも憲法制定会議にどんな意味が有りえたのかと問うた。彼女は、白系の暴力は赤系が行った何にもましてひどかったと告発し、こう述べる。「事実として、ソヴィエト体制は歴史上知られるどの体制よりもはるかに血で汚れていない[27]」。

だが好意的であれ、その逆であれ、新体制に関するあらゆる書籍のうち最大の影響力を伴った書籍は、ジョン・リードの『世界をゆるがした十日間』であり、これは一九一九年三月に出版されている[28]。同書の各章は一九一七年のボリシェヴィキの権力掌握前後の短い期間に焦点を絞っており、フランス広報事務所が毎日発行していた『新聞速報』のほか、自分自身のノートと記憶に依拠している[29]。リードは彼の言う「激烈な歴史」を提示しているが、同時に偽装宣伝工作も行っている。十月革命までロシアは「ほとんど信じがたいほど保守的」な国であった、とリードは主張する。彼はボリシェヴィキの権力掌握よりはるか以前に工場や軍駐屯地、村落で起きていた革命的行動の高まりを見落としていたのである。彼のページに「大衆」が登場するのは、レーニンら共産党指導者の演説を聞くときだけだ。リードがメンシェヴィキと社会革命党員について書くのは、彼らがロシア内外の緊急情勢をいかに理解していなかったかを示す目的でしかない。レーニンとトロツキーが彼のヒーローであり、ケレンスキーは無能な馬鹿として描かれる。臨時政府による諸政策の原理を説明しようとはまったくしないのである。リードはこう書いている。「ボリシェヴィキの蜂起を一つの『冒険』として語ることが、いまだに流行している。それは冒険であった。人類がかつて乗り出した冒険のうちで、最も驚嘆すべきものの一つで、苦悩しつつある大衆の先頭に立って歴史の中へ突進し、大衆の広大で単純な欲求に、すべてのものを賭けたのであった[30]〔訳文は原光雄訳『世界をゆるがした十日間』（岩波文庫）による〕」。ボリシェヴィズムと国民世論は、リードによれば、ぴったり一致しているのであった。

彼は公開演説と社会主義系紙向けの執筆の仕事にまい進した。また、国務省向けに偏向した覚書をまとめ、ボリシェヴィキを除けばどの政党も支持をみじんも受けていないと断じた。ブルジョアジーは財産を没収され、プロレタリアになったため、ロシアの社会構造の総体が変革されたと彼は書いている。元の中産階級は自由に「ソヴィエトに結集」できるが、それは「彼らの「新しい」プロレタリア的利益を守る目的だけに限られる」と彼は主張した。真実は異なっている。ソヴィエト憲法はそうした階級から明確に市民権を剝奪していたのである。英仏は絶えず敵対的であるため、人民委員会議にとっては米国が外国のパートナーとしての選択肢である、とリードは言う。大戦でドイツが敗北することが、ロシアの利益だと付け加えている。だが現実は、レーニンとトロツキーはヨーロッパと北米各地での反資本主義蜂起を期待していた。リードはロシア人について語るとき、一度だけ気配りのある口調をなくしている。「ウィルソン大統領について言えば、彼らは彼の話をひと言も信じてはいない[31]」と。リードは米国がソヴィエト・ロシアを承認し、米国内のボリシェヴィキ迫害を停止することを望んでいた。そして、日本軍を東シベリアから撤退させるよう米国政治家を促した[32]。

彼はマックス・イーストマンと共同で、レーニンおよびチチェーリンの翻訳小編を含む小冊子の出版もしている。レーニンの寄稿は『米国労働者への手紙』である。この小冊子は「防諜法の極端に字義通りの解釈に敬意を表して」、いくぶん簡約化された版で頒布された。イーストマンは、レーニンとウィルソン大統領の想像上の会話を書いている。まったくウィルソンの不利になる内容で、レーニンがウィルソンに面倒な質問を投げかけ、ウィルソンを裕福で、無知で、不真面目で、危険な人物として浮かび上がらせている[33]。イーストマンは組織化された共産主義団体には属していなかったが、共産主義のシンパであった。この立場を取っていたのは彼だけではない。フランスで目立つ例は小説家アンリ・バルビュスで、彼はボリシェヴィキが「その無慈悲な厳格さを緩和し」、「無数の若い人びとの生活」に適応しはじめていると主張した[34]。フランスはロシアより優れた文明を有する、とバルビュスはほのめかす。そして、ロシアにあまり多くを期待しないよう人びとに要請する。しかし、ロシア共産主義は、出だしは失敗であっても改善の方向に向かっていると彼は主張している。

ロシア共産主義指導者との和解を支持するのは、リードその他の親ボリシェヴィキ派解説者だけにとどまらなかった。ソヴィエト支配に対する米国の著名な批判者の一人が、ジョン・スパーゴ。彼はゲオルギー・プレハーノフとは社会主義の友人であるだけに、その発言にはいっそう説得力があった。[35]一九一九年十一月半ばに出版された『米国の問題としてのロシア』は、ボリシェヴィズムは「転倒したツァーリ体制」であって、民主主義の敵であると主張している。[36]だがスパーゴは、ドイツは依然ロシアの経済的支配を決意しているし、日本の目標もそれと違わないと論じる。[37]彼は手遅れにならないうちに関与するよう米国を促した。米国の実業家は天然資源の交易によって、ロシアの復興を支援できる。金《きん》と木材を輸出すれば、ロシアは経済復興に極めて重要な資本設備への支払いが可能になる。米国は専門家を何人か送り、借款を供与しなければいけない、というのである。[38]ソヴィエト指導部には非妥協的な過激主義者がいることを彼は認めるが、レーニンとそのほか数人は内部改革の用意を見せている、と指摘する。スパーゴは内戦に敗北するまでは白軍を、声を大にして支持していた。ところが、共産派が軍事的勝利を達成すると、国際通商の再開がボリシェヴィズムによる国家支配を侵食するもっとも確かな方法だと判断したのであった。[39]

実を言えば、モスクワに最も効果的な支援を与えたのは、経済学者のジョン・メイナード・ケインズである。一九一九年の遅くに出版された『平和の経済的帰結』で、ケインズは、クレマンソーはドイツへの復讐の欲求にとりつかれてしまったと述べた。ウィルソンは国外では世間知らずで、その知性が過大評価されており、ロイド＝ジョージは猛り狂ったクレマンソーと向き合うと、自らの政治の羅針盤を失ってしまうようだ、と彼は考えた。ケインズはドイツの扱いをめぐって西側指導者全員を非難、[40]ヴェルサイユ条約は復興の機会を壊し、慢性的な政治的不安定を招いた一種の「カルタゴの平和」であると論じた。ドイツから領土が取り上げられ、賠償が課されていた。[41]

荒廃したロシアと疲弊したドイツは接近するであろう、とケインズは厳粛に予言した。ベルリンでは「スパルタクス主義」が勝ちを収める可能性を排除できない、と彼は論じた[42]。しかし、かりに急進左派が勝利を逃しても、と彼は書いた。それでもドイツ資本主義とロシア共産主義の同盟はあり得る――そして英米仏はその政策を転換しない限り、負け組になるだろうと。ケインズはハーバート・フーヴァーと米国救済委員会の仕事に喝采を送った。フーヴァーは同条約の交渉中から、それが過酷すぎると批判しており、ケインズは彼を「高まった名声とともにパリの試練から立ち現われた唯一の人物」と呼んでいる[43]。目下、米中西部からの安価な穀物輸出が、東部・中部ヨーロッパを飢饉から救っている。この死活の救援はしかしながら、永久には続かず、連合国にはロシアの穀物輸出の復興を可能にする義務がある。この穀物輸出なくして、ヨーロッパの経済復興も政治的安定もあり得ない、とケインズは主張した。連合国はまだロシア農業の再生に必要な農業機械を供給できないので、ドイツがモスクワとの通商によって全体に奉仕することになるだろうとケインズは力説した。世界経済は相互につながっており、ケインズはこのことに鑑みた政策調整を望んでいたのである[44]。

彼は一九一九年秋、熱の発作の中でこの本を書いており、それは同年末の論争の只中で世に出た。そのころ彼が書いた作品で、これと並ぶパンチ力を持ったものはほとんどない。同書は多くの言語に訳され、たちまちベストセラーになったが、間もなく難癖つけが多数現れる。ロンドンの『タイムズ』紙はこのケンブリッジの学者の賢さと博学ぶりをほめたが、ドイツの扱いが過酷すぎるとする見方は否定した。恐らくケインズは「その主目標の一つがロシアの経済的隷属化にある戦争の火ぶたを切ったことへの償いとして、ロシアを事実上ドイツに支配させる」政策を促しているのである、と[45]。『ニューヨーク・タイムズ』の評者はもっとぶしつけで、同書を「忌まわしいメロドラマ」と呼んだ[46]。ケインズは「この戦争の勝利に貢献した人びとを中傷するこの上なく完璧な技巧」を用いた、と。フランス当局と新聞も、同様に否定的であった。[47] ケインズを温かく迎えたのは、左派陣営だけである。『マンチェスター・ガーディアン』紙は、彼の「際立った勇気」をたたえた。[48] ケインズは学者としての無名の境遇から、国際的名声を勝ち得るに至り、ヴェルサイユ条約に関する彼の分析を好むと好むまいと、誰しも無関心ではいられなかった。

ソヴィエト共産主義指導者らはこの書物を絶賛した。ヨッフェは自分の見解とぴたりと一致すると述べた。[49] マルクス主義に敵対する著者については、自分の著書で不承不承にしか引用しないレーニンでさえ、『平和の経済的帰結』を歓迎した。だが、ケインズが彼の「繊細な精神」に触れたことに悪い気はしなかったとしても、レーニンはそれを口には出していない。[50] ドイツには懲罰的講和が、ロシアには破壊的な禁輸が押し付けられたとする見方に、世界で最も優れた経済学者の一人が同意したことに、ボリシェヴィキは感激したのである。ヨーロッパ中で革命が展開するのを待ちながら、ともかくも彼らは、他者が自分たちに代わって宣伝を流布してくれるのを愉快に眺めることができたのである。

第26章 左派の優待

一九一九年の遅い時期から、人民委員会議《ソヴナルコム》は非友好的外国紙のジャーナリストには記者認証を拒否した。[1] 記事電文は事前に外務人民委員部に提出しなければならなかった。AP通信のマーガリート・E・ハリソンは、西側新聞報道に対するソヴィエトの公式検閲官は気に入らない記事を謎めかして紛失したり、許可を遅らせたりすると書き留めている。検閲官はこう認めるのだ。「ハリソンさん、あなたの記事はすべての細部に至るまで完全に正確です。でも、私はブランク氏の記事の方が気に入っている。両方の記事が同時に米国の新聞に出たら、悪い印象を生みかねません。彼の記事を先に送り、あなたの記事は二十四時間保留しますよ」。[2] そうこうするうち、お気に入りの記者向けに文化的向上の夕べをお膳立てしようとの考えから、ロシアの首都に「中央外国人サービス局」が創設され、国立ストラディヴァリウス四重奏団がチャイコフスキーとボロディン、ドビュッシーを演奏するコンサートでは、党中央委員アナトリー・ルナチャルスキーが司会を務め、その手伝いをした。[3]

そうした努力は、無政府主義者のエマ・ゴールドマンとアレクサンダー・バークマンには、半端な効果しかなかった。二人は米国を追放され、一九二〇年初めにロシアに着いていた。国際世論に影響を与えることのできる友人を獲得するという考えに沿って、ソヴィエト当局は彼らをちやほやし、モスクワの上等ホテルの部屋を割り当てた。ゴールドマンは非暴力をもはや絶対原則として支持しないところまで、無政府主義の教条を修正していた。だが、彼女は決してボリシェヴィキにはなりそうもなく、実際、ソヴィエト支配下で蔓延する貧困と官僚主義、狂信的不寛容について論評を加えている。共産主義の役人は、ボリシェヴィキの公式方針の宣伝を任せられる労組活動家や工場労働者との会合に連日大わらわだ。だが、彼女がいるという噂がモスクワ中に広まると、ロシア無政府主義者が連絡してきて、十月革命以降こうむってきた迫害について彼女に話すのであった。一九二一年十二月ごろには彼女とバークマンはうんざりし、永久にロシアを去ってしまう。二人はラトヴィアの首都リガへこっそり発ち、そこでは目撃した抑圧のことを自由に書くことができた。ジョセフ・ピュリツァーは自分の雑誌『ニューヨーク・ワールド』に彼らの記事を掲載し、ゴールドマンは後に彼らの記事を一つにまとめ、自作『ロシアわが幻滅』に収めている。[4]

ソヴィエト指導部は英国左派を感化する努力では、上首尾を期待した。一九一九年十二月十日、労働組合会議(TUC)は「ロシアの労働、経済、政治状況に対する独立かつ公平な調査の権利」を要求。狙いは、事情を独自に確かめるためTUCと労働党、および独立労働党より成る合同代表団を派遣することであった。[5]連合国最高会議は無害と判断し、一九二〇年四月二十七日、代表団はペトログラードを目指しスカンジナヴィアに発った。[6]レーニンは依然、これが名案だという確信が持てず、計画されているソヴィエト・ロシアの「客人」を「社会的裏切り者」として非難する新聞キャンペーンを呼びかける。チチェーリンはいかなる嫌がらせもなしに旅行が実現するよう要請し、今度だけはレーニンが折れた。[7]

英国労働代表団は五月十一日、六週間の旅のためペトログラードに到着した。[8]列車から降り立ったのはTUCのマーガレット・ボンドフィールド、H・スキンナー、A・A・パーセル、労働党のベン・ターナー、エセル・スノーデン夫人、ロバート・ウィリアムズ、そして独立労働党のクリフォード・アレン、R・C・ウォール・ヘッドである。レスリー・ヘイデン・ゲスト博士とC・ローデン・バクストンが秘書兼通訳として同行していた。[9] バートランド・ラッセルはロンドンで英当局の特別面談を受け、当初ストックホルムでの彼へのビザ発給をしぶったリトヴィノフに打ち勝って、一行に合流した。[10] 一行は異界へ分け入っていくような気がしていた。エセル・スノーデンの表現によれば、「わたしたちはとうとう『鉄のカーテン』の裏側にいたのだ！」[11]。この句は米ソの冷戦が始まった一九四六年、ウィンストン・チャーチルが米ミズーリ州フルトンでの演説で作った、と一般には考えられている。[12] 実は、ナチス宣伝相ヨーゼフ・ゲッベルスがその一年前、赤軍がルーマニアに進攻した際に使っている。だが、それを作ったのはスノーデン夫人ではあるが、彼女の意味するところはチャーチルとはまったく違っていた。彼女は無知のカーテンがソヴィエト・ロシアと西欧諸国を隔てていると信じていたのである。彼女はロシア共産主義者が英国の安全にとって脅威であるとする見方を否定した。そして、英国の軍事干渉やボリシェヴィズムの敵への物的支援を再開するいかなる計画にも反対していた。[13]

彼女と同伴者たちは、「王室一家」のような待遇を受けて、ボリシェヴィキの目的のために操縦される危険を警戒していた。[14] チチェーリンが歓迎宴で一つの予言をした。「私たちは新ロシアをつくる過程で自学自習したのです。英国へお帰りになったら、あなたがたも建設しながら学ばなければならず、そうすれば近い将来、私たちがあなたがたを今宵歓迎しているように、あなたがたは私たちを歓迎できるでしょう」[15]。スノーデン夫人は辛辣に書き留めている。「宣伝家としては、ロシア共産主義者を超える人種も階級もないことは確かである」[16]。宴でのインターナショナル斉唱の繰り返しは、彼女の神経にこたえた。[17] 彼女は公式集会のけばけばしさにも辟易している。栄養不良の若者の唇に乗ると、政治宣伝も説得力がなく、彼女には「威勢のいい演説で引けをとるまいとして謹厳実直な英国人の慣れない口が言いよどむのは、なんともこっけい」だった。[18]

ジョン・クラークは一九二〇年七月に仲間のスコットランド人、ウィリー・ギャラハーとともにコミンテルン大会へ向かい、ムルマンスクから南方ペトログラードへ向かうのろい列車の旅の途次の会話を記録している。当時は赤軍とポーランド軍が、ウクライナとポーランドにおける覇権をめぐって戦っている時期であった。

ギャラハー ポーランド人だよ、ポーランド人、やつらは負けたのかい?
赤軍兵士 ネ・ウポーニー・ミオ!(分かんね)
ギャラハー ポーランド人——負けた?
赤軍兵士 ネ・ウポーニー・ミオ!
ギャラハー ポーランド人——やられた——負けた——やられた?(ちょっとげんこつを見せて)
赤軍兵士 (平然として)ネ・ウポーニー・ミオ!
ギャラハー ポーランド人、やられた!分かるかい、やられたの——すってんてん——どん底。
赤軍兵士 (大笑いして)ネ・ウポーニー・ミオ!

などなど、果てしなく続く。[19]

クラークのユーモアは有名だったが、自分の努力がカンダラクシャ近郊の四百人の農民聴衆には無駄であることを知る。付き添いの世話係が聴衆のために通訳しなければならなかった。クラークはロシア語がほとんど話せないのだが、カンダラクシャの農民は標準ロシア語とはかなり遠い方言を話すので、おそらくこの世話係のいう事もほとんど理解できていないことに、彼は目ざとく気づいている。[20] ギャラハーとクラークは自ら通訳を引き継ぎ、単純に「歴史以前の身振り言語」を使ったのであった。[21]

総じてソヴィエト指導部は、やってくる外国人を、ソヴィエト・ロシアに関する甘い幻想を壊しかねない西側の現地居住者から引き離しておこうと懸命になっていた。たとえばAP通信のマーガリート・ハリソンは、H・G・ウェルズに近づかないよう申し渡されている。[22] ところが、ボリシェヴィキの黙許には一貫性がなく、ハリソンはバートランド・ラッセルとは接触を許されている。[23] 彼女は労働代表団に付いてヴォルガ地域に行った。

私たちの旅は始終とても贅沢なもので、現在のロシアでは当たり前になっている旅の苦労はなかった。私たちは特別寝台車を与えられていて、それは染みのないリネン、電燈、日に三度のおいしい食事をする食堂車といった昔のすべての快適さを備えており、サービスと設備はほぼ平時の水準であった。[24]

身も心も甘やかしてやると、ロバート・ウィリアムズには効き目があり、彼は、代表団員の経験は対露経済封鎖の解除を支持する励みになると公言する。[25] サマラでは、英国労働者階級は赤軍の勝利を喜んでいる、と表明している。[26] 代表団の暫定報告書は、ソヴィエト・ロシアの不幸——栄養不足と疾病——はすべて外的要因の産物だと強調している。経済封鎖、あるいは軍事干渉という政策は中止し、公式承認を与えるべきである、と。

ほかの大方の英国人はご機嫌取りと人心収攬術に抗した。トム・ショー議員とベン・ターナーは、ポーランドによる侵攻を英国政府が積極的に支持しているとする指摘にムッとしている。[27] そしてスノーデン夫人がソヴィエト体制を過小評価すると、ロシアの受け入れ側は彼女を「同志」から「マダム」に格下げしてしまった(28)。英国代表団の落胆は、一行の一人がソヴィエトの傲慢さに対する解毒剤として『赤旗』のために書いた不遜な一節に要約されている。

人民の旗はさても淡いピンク色、
思いのほどには赤からず。
われら見に来たりて、今や知る
よくもその色かく変じたり(29)。

レーニンは英国労働界指導者に長年、軽蔑を感じてきたものの、訪問者の幾人かに一時間半の時間を割いた。ロンドン在住中、彼はジョージ・バーナード・ショーについて「フェビアン協会員の仲間に転落した善人」と言っていた(30)。シドニー・ウェッブ〔英社会主義者・経済学者一八五九―一九四七〕については、「頭脳より勤勉さの人物と評していた(31)。レーニンは、英国労働者がソヴィエトを樹立したら、ラムゼイ・マクドナルドはその場で革命抑止に全力を挙げるだろうと予言した(32)。バートランド・ラッセルに対する態度もこれと違っていたとは思えない。ラッセルの側はレーニンの暴力嗜好に反発を感じ、一方、エセル・スノーデンはレーニンの英国に関する無知に衝撃を受けている。英国の共産主義は古い社会主義組織を捨てた「一握りの過激派のみ」で成っている、と彼女はレーニンに説明している(33)。トロツキーは軍事任務に忙殺されていて、代表団は彼との面談ができなかったが、代表団員がボロディンの歌劇の上演に招待されたとき、彼も顔を見せた。ラッセルは幕間に彼と短い話ができ、悪い印象を持ってしまった。ラッセルはその理由を説明していない。だがスノーデン夫人が明らかにしているところでは、代表団員の一人が、大戦期を獄中で過ごした良心的徴兵忌避者としてトロツキーに紹介された。トロツキーのコメント。「わが国では、平和を祈って戦争を止めたいと願う人間はありえない」[34]。彼はラッセルのことを話していただけかもしれない。スノーデン夫人はその時までトロツキーを大戦における「最も偉大な平和主義者」と見なしていた。今やよく分かったのであった[35]。

それでも、トロツキーが歌劇の次の幕のために再び旧帝室ボックスの席に着くと、彼女も拍手した。インターナショナルに対する嫌悪感を抑えて、みんなと共に歌った[36]。だが、憂鬱は去り、長い旅が終わって代表団一行とロシアを離れるのがうれしかった。一行の出発は万事順調とはいかなかった。H・V・キーリングによれば、一行のうち何人かはソヴィエト共産主義者を攻撃しないとの誓約書への署名を迫られた。さもなければ出国は認めないという[37]。クリフォード・アレンの場合は、彼が肺炎にかかり、そのうえすでに結核を患っているという事実が重なって、事態はより深刻であった。だが、彼の出国ビザ申請は拒否された。ラッセルとハーデン・ゲストはチチェーリンに嘆願した。チチェーリンはアレンをソヴィエトの医者二人に診察させると言って聞かなかったが、その医者はあと二日は手が空かないというので、激しい言い争いになった。ラッセルが回想している。「口論が最高潮に達すると、階段の上で、私はほしいままにわめき合った。チチェーリンは私のおじロロの友人で、私は彼に希望を託していたのだ。彼を人殺しとして非難するぞと私は叫んだ」。代表団員の中の反ボリシェヴィキ派が、英国への帰途でアレンが死ぬのを望んでいるのだ、そうすれば彼はボリシェヴィキ支配に関する好意的な報告を提出できなくなるから、とソヴィエト当局は信じていた――ラッセルはこう想像を逞しくしている。

論争は決着して、代表団員全員が英国へ帰還。アルバート・ホールで歓迎集会が開かれ、マーガレット・ボンドフィールドが「共産主義革命という『途方もない性質のドラマ』」に感銘を受けたと報告した。[38] 数日間、活発な討議が続いた。社会民主主義連盟はソヴィエト専制に対する不承認を表明した。「社会主義の実現は民主主義の基盤の上でのみ可能である。その他のすべての道は破滅に通じる」。スノーデン夫人が補足した。「底辺まで下ってみると、プロレタリアート独裁とは非常委員会に支えられた約六人による独裁を意味している」。[39] 彼女は小冊子を急いで印刷している。

寛大な訪問者よ、かの偉大な男に会うときは、このきらめく目にだまされ、それが柔和な精神を表していると思い誤ってはいけない。レーニンは個人的関係の中ではとびきり親切で優しい男だ、と私は信じている。しかし彼が農民問題の解決に触れたとき、その楽しげなきらめきはぞっとさせる残忍な光を宿していたのである。[40]

反対側にはパーセル、スキンナー、ターナー、ウォールヘッド、それにウィリアムズの諸氏がいて、反ソヴィエト・ロシアに利用されるようないかなる資料の作成も拒否するよう、労組員に訴えた。[41] パーセルは熟練労働者に現地でのボランティア作業を呼びかけた。[42] ジョン・クラークは、スノーデン夫人はあまりに中間階級すぎて十月革命とその偉大さが理解できないのだ、と言い放った。彼は彼女を「自分の肉体商品を、自分を病にかからせる当の人間たちに売る街頭の見捨てられた売春婦、娼婦、淫売」になぞらえた。[43]

H・G・ウェルズは一九二〇年九月に独自の調査旅行をしており、この論争に巻き込まれた。彼はマクシム・ゴーリキーの友人として、温かい歓迎を期待することができ、ゴーリキーは助手のモウラ・ベンケンドルフ——一九一八年時点でのロックハートの愛人——を通訳として貸し与えている。ウェルズはたっぷり酒食のもてなしを受けた。[44] そして、ペトログラード・ソヴィエトへの彼の演説は『プラウダ』紙に掲載されるのだが、これはおそらく彼がロシアを外国の介入なしに放置しておくよう呼びかけたためであった。(45) ウェルズがレーニンと面談したとき、二人はロシアの都市の将来とロシアの電力、そして少しばかりロシア農民について話している。(46) そうした話題は「クレムリンの夢想家」の知的防御を極度に脅かすことがない。ウェルズはラッセルが報告を脚色しすぎていると攻撃するのだが、彼自身はレーニンをしっかり評定する機会を逃してしまったのである。

もう一人の英国人、彫刻家のクレア・シェリダンはソヴィエト指導者らと会ったとき、もっと察しがよかった。彼女は長年、ロシアに愛着を感じていた。「私はとても関心があって、スラヴ人、スラヴ音楽、スラヴ文学、そしてスラヴ芸術と装飾が好きで、子どものころからいつもロシアに引かれていた」。彼女はロシア人を全世界で「もっとも神秘的、もっとも野性的、もっともロマンチックな」人びとだと見ていた。一九二〇年八月、彼女はロンドンでカーメネフと知り合う。彼は英国行きへの妻の同伴でじゃまされることもなく、感じよく流暢なフランス語で、彼女のためにモデルになることを申し出た。二人はすばらしく気が合った。(47) 彼女は冒険好きな寡婦で、彼を首都見物に案内し、テートギャラリーとハムステッド・ヒースに連れて行った。時間はたっぷりあり、シェリダンは彼をハンプトンコートにも案内し、川べりで一夕を過ごす。カーメネフは彼女をカフェ・ロイヤルとリッツに招待し、こう提案する。

「ロシアへおいでになったらどうですか?」

「どうしたらできまして?」と私は尋ねた。すると彼は驚くような答えを返した。

「帰るときにあなたをお連れし、レーニンとトロツキーにあなたのモデルにならせましょう(48)」

それが有償の仕事になるという事実は、当時借金を抱えていたシェリダンにとってはもう一つの魅力であった。二つ返事で了解した。出発前に子どもの預け先を解決すればいいだけである。(49)

この秘密を隠しておかなければならない人物は、従兄のウィンストン・チャーチルである。最近、彼女と昼食を共にした際、彼は、ボリシェヴィズムはワニだから「撃ち殺すか、目覚めさせないようにそいつを迂回するかだ」と大声を上げたのであった(50)。シェリダンは外務省の個人的人脈をこっそり使い、ノルウェーとスウェーデンへのビザを取得した。カーメネフとソヴィエトの一行は——シェリダンも付き従って——列車でニューカッスルの波止場へ向かった(51)。ノルウェーではマクシム・リトヴィノフが彼女をスパイと疑って、手続きを停滞させてしまう(52)。彼女は西側の大物赤狩り人の親類であるだけでなく、急進派政治にかかわった記録もないのだ。だが、カーメネフは思いとどまろうとせず、アイヴィ・リトヴィノフが彼女と親しくなって共通の友人のことでおしゃべりすると、マクシムは折れた(53)。

モスクワでは、彼女はモスクワ川を挟むクレムリンの対岸のソフィア河岸通りにある、ハリトネンコ家が建てた豪華邸宅に部屋をあてがわれる(54)(一九三一年に英国大使館になっている)。この邸宅は外務人民委員部に仮差し押さえされており、当時の滞在客にはH・G・ウェルズ、ワシントン・B・ヴァンダーリップ、それにセオドア・ロススタインがいた(55)。シェリダンは数個のすばらしい胸像を仕上げる——レーニン、ジノヴィエフ、ジェルジンスキーのそれは傑出していた。とはいえ、彼女にもっともアピールしたのはトロツキーであった。彼のカリスマに圧倒された英国女性は、彼女が最初ではない。エセル・スノーデンでさえ魅了されている。「肉体的には、彼は並外れて見栄えのする人物であった。ユダヤ人で、浅黒くて鋭敏、射すくめるような目と巨大な力の蓄えを示す静かな物腰。彼はとてもよく似合う士官服に身を包んでいた(56)」。もっとも、最初トロツキーはリトヴィノフが協力を取り付けるまで、シェリダンによそよそしかった(57)。モスクワでは物事がキャンセルされたり、遅らされたりすることにシェリダンは慣れていたので、トロツキーの公用車が約束の時間に彼女を迎えに来たときは驚いた。彼女はのちに、トロツキーが時間にルーズな運転手を自分の回転式短銃で射殺したことがあるという作り話を聞いている。彼女は建物の入り口で小うるさい衛兵に止められ、彼女自身の過失によらずに遅れることになった。それでも、外務人民委員部から――処刑されないまでも――叱責されるのを免れなかった。

トロツキーは間もなく魅力の権化となり、明らかに彫像を作られるのを気に入っていた。その芸術家があでやかで自由闊達な女性である事実が、おまけの刺激になっていた。

彼は突然、顔を上げて見詰め返した。落ち着いて遠慮のない視線である。数秒後、嫌じゃなければいいのですが、と私は言った。彼の慇懃さ《ガランテリ》はほとんどフランス人だった。

「大丈夫です。私はあなたを見つめることで *revanche*《ルヴァンシェ》〔仕返し〕しているのであって、*et c'est moi qui gagne!*《エ・セ・モア・キ・ガーニュ》〔得ているのは私の方です!〕」

次いで彼は自分がまったく左右不均整であることを指摘し、下あごの歪みを見せるために歯をかみ鳴らした。彼は顎と鼻と額に割れ目があり、まるで顔が型に入れて作られ、その二つのパーツが正確に継ぎ合わされなかったかのようだ。顔全体としてはメフィストフェレスであり、眉は上方へ傾斜していて、顔の下部は尖って挑戦的なあご髭に向かって先細になっている。彼の目のことはさんざん話題になった。電気火花のように、妙に活気づいてぱっと光るのである。彼は用心深く、活発、機敏、*moqueur*《モケール》（皮肉屋）で、彼の特別な地位からよってきたる一種の磁力を備えていた。[58]

こうしたことが続いた。*"Vous me caresses avec des instruments d'acier!"*《ヴ・ム・カレッセ・アヴェ・デ・サンストルモン・ダシエ》〔あなたは鋼鉄の道具で私に触っている!〕私が測径器でトロツキーを測ると、彼はこう言った(59)。次の作業の初め、ある寒い夕べのこと、彼は「私の凍えた手に接吻し、私のために暖炉の前に二脚の椅子を置いてくれた。一つは私、もう一つは私の足用である(60)」。彼女が襟を緩めるよう頼むと、彼は「制服の上着とその下のシャツのボタンを外し、首と胸をむき出しにした(61)」。

めったに笑みを見せないものの、彼はますます彼女と戯れるようになる(62)。「あなたが歯を食いしばり仕事と格闘しているときでも *“vous etes encore femme”*《ヴ・ゼット・サンコール・ファム》〔あなたはまだ女ですね〕」。彼女は答える。「私はあなたがとても愛想の悪い人だと思っていたので、そうじゃないと知って驚いています。あなたのことを怪物だと思っている英国の人びとにあなたをどう説明したらいいのかしら」。トロツキーが言う。「彼らに言ってください……*“lorsque Trotzki embrasse, i l ne mord pas !”*《ロスク・トロツキ・アンブラッセ・イル・ヌ・モルド・パ》〔トロツキーは接吻するとき、噛みはしなかった!〕と言ってください」。だが、こう付け加えるのであった「私はあなたが好きだし、女性として敬服しているけれど、もしあなたが革命の目標にとって敵ないし一個の危険だと分かれば、この手であなたを射殺することをためらわないと申し上げておきます」。シェリダンは「この誇示された無慈悲さをとても魅力的だと思った(63)」。彼女が作品の写真を見せると、彼はアスキス〔英自由党政治家、首相一九〇八―一六〕の胸像をほめた。「あなたは私にあることを思いつかせてくれた——もしアスキスが間もなく返り咲くなら（彼が労働党と連立政権を樹立し、ロシアを承認する可能性ありとするうわさがある）、英国がわれわれと和解するまで、あなたを人質に取ろう」。彼女は従兄のウィンストンが何らかの政府を組閣する可能性の方が大きいと答えた。また、こうも言った。「でも、たとえあなたが私を撃つと言っても、ウィンストンは『撃ちなさい』と言うだけでしょう。……ウィンストンはボリシェヴィキと同じ材料でできた英国でただ一人の男です。彼には根性と力と狂信性があります(64)」。

クレア・シェリダンは英国へ戻るとすぐに、ロシア滞在についての数編の回想録の第一弾を発表し、続いて米国への著作ＰＲツアーの間、大いに注目を集めた。だが「ロシアから手を引け」の人びとを除き、真剣には受け止められなかった。[65]部分的には彼女の責任でもある。彼女は常々、ノンポリを公言していたのである。しかし、腹立たしかったのは従兄ウィンストンの冷たい態度であった。彼女と話すのを拒んでいた。彼女は彼を薄情で不実だと呼び、自分は、あなたも以前ならしたような冒険をしただけだと話した。チャーチルは彼女に友人付き合いをすると請け合ったが、それでも「人間の形をしたこうした悪魔」と彼女が戯れたことを、たしなめるのであった。[66]これは十分に融和的な態度だったので、彼女はモスクワ駐在英大使に自分を推薦してほしいとチャーチルに頼んだ。君がもし議会に立候補することがあれば、君に投票するよと彼が以前言っていたことを、彼女は彼に思い出させた。[67]無論、この申し入れは何の結果も生んでいない。

シェリダンの奔放な回想はほとんど影響力がなかったのに反し、労働代表団の報告は英米両国で注意深い吟味の対象になった。だが、共同執筆の産物であるため、それはいく分退屈ではある。また経済・社会政策に焦点を当てているため、共産主義の政治には間接的にしか触れていない。

そうした条件下でロシアに別の統治方法があり得たかどうかは――とりわけ民主主義の通常のプロセスが機能すると期待し得たかどうかは――われわれに発表資格があると思えない問題である。われわれが知るすべては、事実上の専制への回帰を除き、現実のいかなる代替選択肢も示されてこなかったということ、「強力な」統治はロシアがこれまでに経験してきた唯一の統治形態であるということ、ソヴィエト政府の敵は一九一七年に権力の座にあったとき、共産主義者に対する弾圧を実行したということである。[68]

たしかに、民主主義と市民的自由は英国にはふさわしいが、ロシア人には必ずしも適当ではないという。報告書は次のコメントで結ばれている。「外国の干渉の結果であるこうした状態に対する責任は、ロシアの革命家にではなく、わが国政府を含む他の資本主義政府にある」[69]。訪問者による個人的報告はこれほど微温的ではない。H・G・ウェルズは自分の考えを『影のなかのロシア』にまとめた。「荒廃――それが現下のロシアの主たる事実である」[70]。彼はボリシェヴィズム分析を試みることはしていないが、皮肉を込めた余談を我慢することができなかった。

髭をそったカール・マルクスを見たいというじりじりする欲求が私に起きた。いつか、もし生きながらえていたら、『資本論』に対して鋏と剃刀を取ろう。『カール・マルクスを剃る』を書くのだ。しかしマルクスは、マルクス主義者にとっては単なるイメージと象徴なのであって、われわれが目下扱っているのはマルクス主義者の方なのである[71]。

しかしウェルズは、ロシアでは、共産政権はロシア国内と国外とを問わず、ロシアのどの敵が仮にもしくも集めそうな支持をも超える支持を得ている、とも主張している[72]。『タイムズ』紙は彼の説明にあいまいな賛辞を送っている。

H・G・ウェルズの本の価値――それが本当の価値なのだが――は、それがロシアないし彼自身について、われわれに何ら新しいことを語っていないということだ。同書は、ボリシェヴィキ体制の完全かつ悲惨な崩壊について同様の知識を有する他の多くの証人の証言に、共産主義理念のもう一人の同調者の証言を付け足しているのである[73]。

ウェルズは共産主義について好意的な見解をもってロシアへ行っており、彼の幻滅には重みがあった。

バートランド・ラッセル著『ボリシェヴィズムの理論と実践』〔邦題『ロシア共産主義』河合秀和訳、みすず書房〕も同じ反応を描写している。「私は共産主義者としてロシアへ赴いたが、まったく疑うことをしらない人びととの接触は、私自身の疑いを千倍強めた。それは共産主義そのものについてではなく、そのために人びとが困窮のまん延を進んで押しつけてまで、一つの信条を保持するという良識についての疑いである(74)」。ラッセルは自分の宿題を済ませており、レーニンとの会話を厄介な質問で引き締めている。

もし誰であるかを知らずに彼に会っていたら、彼が大人物だとは推測できなかったに違いない。彼は私に、あまりにも意固地で狭量な正教徒の印象を与えた。想像するに、彼の強さはその正直さと勇気、それと揺るがない信念から来ている――それはマルクス主義の福音に対する信念であり、さほどうぬぼれが強くないことを除けば、キリスト教殉教者が抱く天国への希望の代替物なのだ。彼が自由を愛さないのは、ディオクレティアヌス帝治下で苦しみながら、力を手にするや報復に走ったキリスト教徒たちと同じである。おそらく自由に対する愛は、人間のあらゆる苦難の万能薬を心から信じることとは両立しない。だとすれば、私は西欧世界の懐疑の気質を喜ばざるをえないのである(75)。

ラッセルは、不寛容に対しては毫も我慢することを拒否した。彼はまた、モスクワへの旅で自らの目で見てきたことに触れるのを抑えた西欧社会主義者を攻撃した。共産主義の苛酷さは、と彼は論じた。英仏による軍事干渉だけでは説明しきれない。戦争と封鎖が状況を悪化させたことは疑いないものの、根本的原因はボリシェヴィキ指導者らの教条の中にあるのだ、と。

とはいえ、ラッセルの敵対的証言は、彼の私的な発言の一部と相入れない。彼はストックホルムから友人のオットーライン・モレルに宛てて書いている。

私は鉛のマントを着たように、機構の重みに息が詰まり圧迫された。だが、それは現時点ではロシアにとって正しい統治であると私は考える。ドストエフスキーの登場人物たちをいかに統治すべきか君が自問してみれば、理解できるだろう。それでも恐ろしいことだ。彼らは芸術家の国民なのだ、もっとも素朴な農民に至るまで。ボリシェヴィキの目標は、彼らを最大限、工業的、アメリカ人的にすることなのだ。シドニー・ウッェブと「ワシントン駐在英大使」ルーファス・アイザックスを混合した人間に統治されるのを想像してみたまえ、そうすれば現代ロシアの様子が分かるだろう。(76)

『ボリシェヴィズムの理論と実践』は永続的価値のある作品であるが、ラッセルはロンドンの賢明な友人たちと文通する際には、魔がさしてしまっている。「芸術家国民」への彼の処方箋は、よく言って卑屈、悪く言えば無神経である。間もなく二番目の妻になる彼の愛人ドーラ・ブラックは一段と愚かだ。彼女は日ごろソヴィエト体制に知的承認を与えてきており、のちに自分でロシア旅行をしたときも――ラッセルは彼女を連れて行くのを拒んだのである――考えを修正していない。ブラックは「［ラッセルが］ロシアを憎んだのと同じほどロシアが好き」と言って、彼にショックを与えて面白がった。彼女は彼の見解を「ブルジョア的で、耄碌して、感傷的」であると嘲った。(77)

この将来の夫婦間の不一致は、左派陣営におけるソヴィエト・ロシア論争の縮図である。根っからの共産主義者はまったく別として、ボリシェヴィキには多くの賛美者がいた。そして、承認の程度は人によって違っていた。しかし批判者もまた多くいて、彼らは、共産主義の革命プロジェクトは労働運動総体の信用失墜を招きかねない、と極めて明晰に見抜いていたのである。いかに多くの代表団がモスクワへ行っても、この不一致は依然残りそうであった。

第27章 拡散するコミンテルン

英国労働代表団はソヴィエト指導者との会談で、世界革命については意外なほど好奇心を示していない。考えが甘いためか礼儀のためか、コミンテルンとその国外での活動について、ほとんど触れていないのである。エセル・スノーデンはレーニンが全世界での反乱に「大きな関心」を持っていることを知っていたのに、その機会があったときレーニンとこのことを話し合っていない。彼女はモスクワではコミンテルンがかなりひ弱な組織であるという印象を得、これはロシア共産主義者を知る人びとの思いでもあると主張している。ヨーロッパ急進左派の弱体な、あるいは煮え切らないグループを締め出す政策を採用すれば、「[コミンテルンの]メンバーがあまりに限られてしまうため、コミンテルンは現在のように実効的ではあり得なくなる」と彼らは彼女に話していた。[1] それを聞いただけで、スノーデン夫人は自分が気にしていた話題に移っていった。労働代表団の大方の同行メンバーは、報告の中でコミンテルンに触れもしていない。このため明らかに、ソヴィエト指導部がその話題を避けることが容易になった。彼らはロシアにおけるボリシェヴィズムについては際限なく質問したのに、ヨーロッパにおけるボリシェヴィキの野心のことは聞くのを怠ったのである。

だが、その野心は極めて現実味があり、一九一九年の第一回コミンテルン大会以来、コミンテルンはその野心実現のために使われる主要機関なのであった。赤軍とチェカーは内戦に手足を縛られていて、実際、ほかの選択肢はなかった。社会主義者あるいは社会民主主義者と袂《たもと》を分かち、共産党組織を創設する狂信派を見出すために、資金がばらまかれた。世界革命は公然と表明された目標であった。初めからクレムリンが仕切っていて、スパルタクス団の代表委員ヒューゴ・エバーラインの反対をはねつけた。彼はなぜロシア人がみなを顎で使わなければいけないのか分からない。エバーラインは一九一九年三月のその集会を、公式の設立大会と呼ぶことに反対であった。彼は本末転倒が起きつつあると考え、いやしくも大会が開催される前に、世界地図に諸国共産党の点が周密に打たれなければならないと論じた。(2) エバーラインの努力は無駄だった。レーニンと彼の仲間たちは、大戦前に使っていたトリックに戻った。彼らはロシア永住の数人を含め、「代表団」を信用の置ける外国人で埋めた。ボリス・レインステインは米国社会党を、フリスト・ラコフスキーはバルカン革命的社会民主主義連盟を代表しての出席が認められていた。投票権を有する代議員は三十四人おり、ボリシェヴィキはあらゆる問題で多数派を確保していた。コミンテルンの公式設立宣言をめぐる投票で、せいぜい保留したのもエバーラインただ一人であった。

仮にローザ・ルクセンブルクが出席していたとしても、ボリシェヴィキの心理学的狡知にうまく対抗できたかどうかは、まったく定かでない。大会代議員は一九一七年の共産主義の栄光の場所を訪れるため、ペトログラードへ連れていかれた。一行はレーニンとトロツキーが帰還したフィンランド駅へ行った。スモールヌイ学院の廊下をぶらついた。冬宮を眺めた。ソヴィエト体制の業績でもって一行を幻惑する効果があった。外国の代議員たちは、ボリシェヴィキが地球を徘徊する巨人であるという印象を持って帰った。レーニンとトロツキーが現れると、いつも威勢のいい拍手が沸いた。レーニンは開幕報告を行い、ブルジョア民主主義とプロレタリア独裁に関する「テーゼ」を提起。ブハーリンは「綱領」を、トロツキーは「宣言」を提案した。トロツキーはまた、赤軍に関する力強い演説を行い、「社会主義的軍事」の業績をたたえた（この種の好戦性はアーサー・ランサムを狼狽させたが、彼のトロツキー賛美に終止符を打つことはなかった）。公式の文書草案と演説は温かい歓迎を受けた。外国での革命の可能性についての外国代議員の報告は、ボリシェヴィキ指導部が策定した方針を一様に支持し、ボリシェヴィキ指導部は計画したとおりの大会を手中にしたのである。[3]

　レーニンとトロツキーは、議事最終日のある出来事が例証するように、慎みとユーモアを見事に示す振る舞いをしている。インターナショナル斉唱のあと、公式写真撮影の時間であったが、トロツキーは檀上から降りてしまっていた。写真家は軍事人民委員が戻るまで大声で文句を言った。ソヴィエト・ロシアは写真家の独裁を導入した、と誰かがジョークを飛ばすと、大いに沸いた。[4]

　コミンテルンは、究極的には執行委員会の手で運営することが意図されていたが、すべての体制が整うまでは「執行委員会が所在する国の同志たち」に職権を委ねるという合意が成立した。[5]トロツキーかレーニンが執行委員会の議長を務めるというのが、当然の前提である。ところがトロツキーは内戦の前線に出向かなければならず、レーニンは人民委員会議《ソヴナルコム》と政治局で面倒な仕事を抱えている。コミンテルンのポストはジノヴィエフに任せることが決まったが、彼はもともと一九一七年にペトログラードで権力奪取に反対した経緯があり、この人事はちょっとした驚きであった。しかしジノヴィエフは爾来、レーニンとの連帯を示すことで、この埋め合わせをしてきていた。彼はペトログラードの行政をあずかっていたが、国際舞台で能力を示そうという野心があり、ロシア人の間では彼以上に適当な候補が見当たらなかった。ジノヴィエフは新しい仕事を始めるにあたって、モスクワのボリシェヴィキ指導部からの潤沢な資金供給を求めた。その要請はかなえられ、一九一九年三月二十六日の執行委員会の初会合の際、ジノヴィエフは百万ルーブル相当の信用供与枠がコミンテルンに認められた、と発表している。[6] 五月には予算は三百万ルーブルに引き上げられた。[7] この金額の大きさとは裏腹に、多くのコミンテルン活動は革命以前の地下政治組織の伝統にのっとって実行された。レーニンがペトログラードのジノヴィエフへの百万英ポンドの送金を決めると、党中央委書記エレーナ・スターソワがモスクワから列車で現金を運んでいる。[8]

コミンテルンの目標について、設立文書──テーゼ、綱領、宣言──は漠然としている。一つの目的だけが明確に打ち出されていた。すなわち世界革命である。コミンテルンがそれをいかにして達成するかは、各国共産党の設立と革命闘争の促進を通じるということ以外、特定されないままであった。あらゆる国外活動で、ソヴィエト・ロシアの利益が考慮されなければならない。この点の合意はすでにあったので、これは特記するまでもなかった。コミンテルンは、その財布のひもがボリシェヴィキ指導部に握られていることを認めるのは避けた。すべての重大決定は事前にボリシェヴィキの審査に委ねなければならないという要件についても、何も言及がなかった。ジノヴィエフが執行委員会の議長を務めるという事実が、コミンテルン自身による十分な検討を加えられることはなかった。ロシア共産党は自ら政策を主導し、ジノヴィエフが政治局《ポリトビューロー》の要求は何であれ実行することを期待していたのである。コミンテルンは資金を分配し追随者を引きつけるため、工作員を送り出す準備をしていた。各国に共産党を創設しなければならない。新聞の発刊と印刷機の入手が必要だ。共産主義の神託を労働者階級に広めなければならない。トロツキーと外務人民委員部は、すでに一九一七‐一八年にこの仕事を始めている。コミンテルンにはそれを強化、拡大する権限が与えられた。

コミンテルン設立は、外務人民委員部から外国政府の注意をそらす利点があった。チチェーリンはその時まで「全権代表」を送り出してきていたが、彼らは──大抵は当然至極に──すでに転覆活動の疑いを持たれている。コミンテルンは歴史的偶然によって、ロシアの地に本拠を置いているという建前である。ボリシェヴィキ指導部は、世界中で資本主義打倒を目論む革命活動に対し、何ら権限を有していないふりをすることができるのである。

ところが、チチェーリンは、ソヴィエトの国外での要求を仮面で覆うことができるようになったとはいえ、それを消し去ることはできない。人民委員会議が世界資本主義の敵意を生き延びようとすれば、国家は外国の労働者階級に革命の神託を広める必要があり、外務人民委員部がその国家のための仕事をしているのだ。同時に、チチェーリンは——列国で兄弟革命が起きるまでは——外交承認を与えて対露通商に自国経済を開放する用意のある諸国政府を、宥和しなければならない。コミンテルンがプロレタリアート蜂起と独裁を公然採用することで、彼の働きかけが面倒になるのは避けられなかった。ジノヴィエフが外務人民委員部から人員を引き抜いたことで、その仕事は容易になるどころではなかった。リトヴィノフとヴォロフスキーまでが一時、コミンテルンの任務遂行に配属された(9)。これは、外国諸国の目には彼らをいっそう疑わしくし、ソヴィエト外交に障害を生まざるを得なかった。チチェーリンは、コミンテルンを表向きは人民委員部と分離しておくという合意を徐々に取り付けていった。ジノヴィエフはこの意味を理解し、チチェーリンとの共有ではなく専属の外交連絡員を持ちたいと要請した(10)。一九一九年五月、政治局はコミンテルンだけで国外の非合法活動を行うべきことも定め、ソヴィエト大使館員に現地法に違反する行為を禁じる措置が導入された(11)。

この機能分離は、現実には決してきっちりしたものではなく、そのうえ政治局はリトヴィノフをコミンテルン予算管理の任に就けることで、再びあらゆる問題に喙《くちばし》を容《い》れた(12)。

リトヴィノフを筆頭に、国外のソヴィエト外交官は武装蜂起に献身する革命家らと積極的に連絡を取り続けた。チチェーリンは実際、基本的にはまったく反対していない。彼が求める唯一の条件は、大使館員は捕まらずに秘密活動を実行すべし、ということであった。彼は世界革命をジノヴィエフに劣らず熱烈に欲していたのである。

コミンテルン第二回大会が開催された一九二〇年七月までに、組織上の大きな進歩があった。ドイツにはすでに共産党があり、フランスとイタリアでも党創設が順調に進んでいた。執行委員会は国ごとに単一政党をつくるよう活動家らに圧力をかけたため、米英両国での前進はのろかった。この目標に向けた道程は、コミンテルンの資金で滑らかになりつつあった。資金は常に、ロシアの路線を歩む共産主義者に回った。コミンテルン指導部は英国におけるソヴィエトの目的にもっとも適いそうな道具として、英国社会党を選ぶ。同党は労働党の左に位置し、「ロシアから手を引け」運動の強固な支持者だ。そして、急進左派のすべてのグループと同じく、組織内闘争——この場合はE・C・フェアチャイルドとジョン・マクリーンに率いられた派閥——に苦しんでいるところだ。彼らの争いは、モスクワの指令で動くセオドア・ロススタインの介入によって徐々に克服されていった。ロススタインの影響力はクレムリンとの結びつきによって高まっており、彼は英国活動家らの聴聞会に応じ、その結果、英国社会党の分裂と一九二〇年の大ブリテン共産党創設で完了するプロセスが始まる。[13]

コミンテルン第二回大会は、各国共産党はボリシェヴィキのモデルに従って組織されるとする世界共通政策を押しつけた。各国共産党は中央集権化、階層化、規律化されねばならない。党はあらゆる重要事項でコミンテルンを最高権威として認めなければならない。各国の関心事より「国際主義」が優先されなければならない、ということになった。

しかしながら、各地に共産党を創設するという目的において、コミンテルンの歩むべき道のりは長く、その目的に献身しながらいまだ大組織を指導していない代議員がモスクワへやってきた。彼らのやり方はぞんざいであった。メキシコの共産組織は米国人政治亡命者リン・A・E・ゲイルを含め、三人を第二回大会の代議員に選んだ。ところが誰一人出席できなかった。偶然、日本の共産党員ケイキチ・イシモト〔石本恵吉〕が米国―ノルウェー経由でモスクワに向かう途次、メキシコ市にいた。ゲイルはメキシコ人ではなく、亡命米国人だが、イシモトに「とても若いけれど、すばらしい真摯なやつ」として共感を抱く。ゲイルと仲間たちは大会議事で使うように代議員証を彼に託した。[14] メキシコの全国代表権がかくもさりげなく無名の日本人の手に渡った事実は、準備のいいかげんさをよく物語っている。ブラジルでは、主導したのはコミンテルンである。その工作員のラミソンとかいう人物がリオデジャネイロで、共産党をつくれそうな活動家を探した。初めエドガルド・ロイエンロートに近づいたが、彼ははっきり断った。しつこくその理由を聞かれ、ロイエンロートは「私はボリシェヴィキではないからだ」と叫んだ。[15] とはいえラミソンは、党がつくられるかぎり、コミンテルンは誰がつくるかは気にしないことを知っており、ついには自分に手を貸してくれる人びとを見つけた。モスクワでは、ジノヴィエフが生起し得るいかなる困難にもコミンテルンは対処できる、と自信を持っていた。世界革命への途上では多くの紆余曲折があるだろうが、ボリシェヴィキ指導者らは政治的操作の名人なのだから。

一九二一年七月、政治局はコミンテルンと並行して国際労組機関――プロフィンテルン〔赤色労働組合インターナショナル〕――を設立する。資本主義体制内で働くことを拒否する労働組合の国際センターにする狙いであった。共産主義者がプロフィンテルンを指導、鼓舞し、そのより広範な労働運動をして政府と雇用側への抵抗を強化せしめようというのである。プロフィンテルンは最初の声明で、世界の資本主義秩序総体に対する敵意を公然と宣言した。

ソヴィエト当局はヨーロッパと米国だけを見ていたわけではない。一九二〇年九月、ジノヴィエフはバクーで東方諸民族大会を組織した。共産党指導部が、モスクワは民族解放運動に味方したいと考えているというシグナルをイスラム諸国民に送るには、新ソヴィエト共和国アゼルバイジャンの首都として、バクーは最適の場所に思われた。帝国主義諸国に対する共同行動が提案された。一九二〇年八月のセーヴル条約は中東を英仏両国の管理下に従属させており、モスクワの共産党指導部は目下の怨嗟とともに、同条約の結果として生じそうなそれにつけ込もうとした。また、インドでは英国に対する騒乱を起こすことも目論んだ。インド人が英国の支配を覆せば、帝国全体が瓦解する可能性がある――そしてフランスの帝国組織も、その後間もなく崩壊するかもしれないというわけである。

アジアでは宗教信仰と教団加入がほぼ全員に共通しているため、共産主義の攻撃的無神論が、追随者の獲得には一つの障壁になった。したがってバクーでは、イスラム教徒、ヒンドゥー教徒、仏教徒、その他信者たちを怒らせないよう配慮する必要があった。そこで共産党の弁士は、大衆伝統に対する軽視の態度を見せないよう命令されていた。そうではなくて、コミンテルンは帝国主義のくびきの切断と彼らの経済・文化の近代化を支援できると約束することによって、「東方の諸民族」を味方に引き込まなければならない。欧米の資本家がアジア、アフリカ、南米への支配力を失えば、それは共産主義の利益になるのである。

公式歓迎集会ではジノヴィエフとラデック、それにクーンが熱弁をふるった。本人もアゼリー人であるアゼルバイジャンの共産主義指導者ナリマン・ナリマノフが、第一回全体会合の開幕を宣した[16]。ナリマノフは根っからの共産主義者であったにもかかわらず、大会は共同闘争の下での団結を強調した。「われわれは今、英仏資本家に対する真の聖戦を燃え立たせる任務に直面している、と私は申し上げる[17]」。ラデックも激した口調で「ほんの一握りの英国人が何億人ものインド人を支配下に置いていいのか」と問いかける[18]。演説は即座にトルコ語とペルシャ語に訳された。エンヴェル・パシャはオスマン・トルコの大戦敗北後、ムスタファ・ケマルの下でのトルコ独立を救う戦役で傑出した人物だが、彼は大会に熱烈な挨拶を送り、赤軍の前途を祝福している[19]。ジョン・リードは最近、米国から戻っていて、彼は米帝国主義を非難した。[20] バクーを本拠とする「宣伝工作・行動評議会」が選出され、聴衆は起立してインターナショナルを斉唱した。[21] ジノヴィエフがカール・マルクスの大変有名なスローガンを修正した文句をもって、議事を締めくくった。バクー以後は、と彼は宣言した。『共産党宣言』はこう変える必要がある。「世界の労働者と抑圧された諸民族よ、団結せよ！」と。[22]

しかしながら、コミンテルンが数百万人を革命運動に動員する手段として効果を発揮するには、平和的闘争手法で十分成功するなどという前提と対決しなければならなかった。レーニンは一九二〇年、英労働訪露代表団の中に暴力手段に対する反対があると聞き知ると、英国労働者への公開書簡を発表し、ソヴィエト支配下での報道の自由への抑圧とテロルを擁護した。そうしたメカニズムは、「[その]搾取者に対し労働者階級を防衛するもの」なのであると彼は主張する。報道の自由とは単に「働く者に対する富裕者の共謀の自由」なのである、と。[23] 彼はまた、「イングランド」とその同盟国がフィンランド、ハンガリー、インド、そしてアイルランドで「白色テロ」を実行してきたと指摘することが重要だと考えた。このことはこの数年間、何度も説明してきたので、また繰り返さなければならないのは「あまり嬉しくはない」と、レーニンはいく分慇懃無礼に述べるのであった。[24] これは、とても潔癖とはいえない言い方である。英国はフィンランドでもハンガリーでも共産主義者殺害を使嗾《しそう》したことはなく、それは荒っぽい誇張であった。だが、レーニンは現実的な革命家だ。一片のレトリックがコミンテルン支持層を膨らませても、害はまったくないのである。

ある特定の国の情勢に蜂起の機がまだ熟していなくとも、共産主義者がソヴィエトの目的を支援することはできる。コミンテルンは一九二〇年、メーデー・アピールを発表し、資本主義の下では平和は不可能だと指摘、ロシア国内の反ボリシェヴィキ勢力向けの軍部隊と輜重《しちょう》の粉砕を呼びかけた。コミンテルンのアムステルダム支部書記、ヘンリエッテ・ローランド＝ホルストは対露通商の再開を提案。

これは私企業の参加を意味することになると認めながらも、ロシアは西側製品を、西側はロシア産穀物を必要としているると論じた。戦後経済復興への刺激はヨーロッパ労働者の利益になる、と彼女は指摘した。[25]

レーニンとトロツキーそしてジノヴィエフは、ボリシェヴィキが社会主義の現実的目標を英雄的に遂行しつつあるというメッセージを力強く奏でた。資本主義的搾取と帝国主義の抑圧についてコミンテルンが言っていることは、世界中の社会主義者・社会民主主義者・労働諸政党の伝統的教義と、ともかくも一致してはいた。一九一八年以降、厭戦気分が限りなく広がっており、平和への最大の危険は戦勝国が対ボリシェヴィキ十字軍を実行する誘惑にかられることにある、と大方の活動家は考えていた。一九一八－一九年に己を絞め殺そうとしたロシア内外の反革命軍の敵意の環ゆえに、モスクワ当局は苛烈な行動を余儀なくされたのだ——テロと独裁に関するレーニンの政策に反対の声が上がるたびに、急進社会主義者は、常にこう都合よく主張した。外国軍隊がロシアから手を引き、ロシアが外界との通商を認められれば、ボリシェヴィキの教義と実践活動は着実に穏健化するという期待があったのである。

レーニンとトロツキー、およびジノヴィエフが物事を駆り立てるやり方に、コミンテルン活動家のすべてが満足していたわけではない。批判者の一人はジョン・リードである。友人に語るとき、彼は国際労働運動に対するボリシェヴィキの引き回しについて、高まる嫌悪感を隠さなかった。彼はロシアの共産主義指導者と気安く交わり、彼らが外国の共産主義者に示す慇懃無礼な態度を目撃している。この態度はレーニンその他の政治局員に限られない。スイス駐在のソヴィエト全権代表、ヤン・ベルジンはジノヴィエフに「［ゼト・］ヘグルンドとその他すべてのスカンジナヴィアの臆病者たちは、エネルギーも独創力もない連中だが、それでも当面はまさに彼らを通じて活動することが必要だ」と語っている。[26]

リードは短い生涯で遅く急進左派の世界にやって来ており、容認できる手法についての理想主義を抱いていた。彼は人民委員会議のあら探し屋によるそうした信用棄損を、不信の目で見ている。ジノヴィエフに忠実だという理由だけで、非常に多くの官僚がコミンテルンの高位ポストに昇進していくことに彼は反対した。ロシアの政治からボリシェヴィキの権威主義が薄れていく兆候は見られない。ボリシェヴィキ指導者らは自分たちに関するリードの本心を知っており、彼がバクーからの帰途、チフスに罹ったときにはすでに、彼をどうすべきか思案しているところであった。リードとジノヴィエフは、個人的にも政治的にも波長が合わなかった。それでも、一九二〇年十月にリードが死んだときは壮麗な葬儀が行われ、遺体はクレムリンの壁に埋葬された。彼の妻ルイーズ・ブライアントは、彼がロシアの医師と看護婦から受けた看護のひどさに衝撃を受けたが、恨みは抱かなかった。とはいえ、埋葬は辛かった。彼女は仲間のマーガリート・ハリソンに「ジョンは真の米国人だった。彼は米国の地に埋葬して欲しかったことだろうと思う」と語っている。[27]彼は死して、共産主義の絶対的英雄になり、彼が嫌悪するようになっていたコミンテルンのプロパガンダで役立ち続けた。

コミンテルンはまだ、その大きさと強さの点で成熟していなかったが、その支配的な特徴はすでに明確に輪郭を見せていた。ロシア共産党がコミンテルンを生み出し、親権的支配を及ぼしていた。モスクワはその支配を維持するための資金と決意、そして抜け目なさをもっていた。ボリシェヴィキは十月革命を成し遂げたが、一方、他国に共産体制を樹立する試みは今までのところ、ことごとく失敗している。クレムリンは共産主義の戦略と作戦の指揮で、己の支配権の維持を図ったのである。

第28章 ポーランドとその先へ

西側連合諸国はロシアとウクライナから派遣軍を引き揚げても不思議ではなかったのだが、ロシア共産党指導部は国外からの潜在的脅威に対する警戒を続けなければならなかった。外国列強は一九一八年以来ソヴィエト・ロシアに干渉しており、彼らは反共「十字軍」として戻ってくる可能性がある、とボリシェヴィキの誰もが考えていた。連合国が自らそうしなくても、ロシアの隣接諸国の軍を使うかもしれない――フィンランドやポーランド、あるいはルーマニアは確かに、こうしたやり方で使われやすいのである。一九一八－一九年の冬にバルトを周遊し、アドリフ・ヨッフェはポーランドが間もなく侵攻してくる可能性があると、トロツキーに警告している。(1)

一九一九年春以降、旧ロシア帝国の西部辺境で赤軍とポーランド軍による重大な衝突が起きていた。ボリシェヴィキは二月、ビリニュスとミンスクの二つの首都を持つ合同の「リトアニア白《ベロ》ロシア・ソヴィエト共和国」を樹立していた。同共和国の創設によって、共産党指導部はロシア「民族排外主義」とのいかなるつながりもないことを主張し、すべての民族に対する寛容を証明しようと懸命であった。ポーランド人は物事を別の目で見ている。この新共和国は、見かけは独立しているものの、モスクワの中央集権化された共産党の規律に従い続けるボリシェヴィキに率いられている。「リトベル」共和国はそのうえ、ポーランドの安全にとって、明白かつ眼前の脅威になっている。ポーランド軍最高司令官ユゼフ・ピウスーツキは四月、軍事行動を命じた。ビリニュスはたちまち落ち、八月にはミンスクが続いた。トロツキーの赤軍はその時、コルチャークとデニーキンの白軍掃討にかかりきりだったため、リトアニア白ロシア・ソヴィエト共和国は自衛能力がなかったのである。同じ時期、ポーランド軍はソヴィエト・ウクライナとの激しい戦闘にも巻き込まれていた。こうして旧西部辺境の属邦地域全体が係争になっていた[2]。

西欧連合国はその危険を正しく認識していた。ポーランド首相イグナツィ・パデレフスキは一九一九年九月、連合国に対し、自軍への支援の見返りにソヴィエト・ロシアを攻撃するという提案を行った。クレマンソーは連合国最高会議を動かして、そうした構想を拒否。英国は代わりに、グロドノの手前でポーランド東部国境線を引くことを提案した。間もなく「カーゾン線」として知られるようになる国境線である（もっとも、最近外相になったばかりのカーゾン卿はその立案にかかわっていないのだが[3]）。

ところがピウスーツキは、ボリシェヴィキがそんな合意を守ると信じる連合国の考えは甘いと思い、モスクワの弱体な時に付け込んでワルシャワ支配下の領土を拡大するという戦略を練り続ける。ウクライナとの連邦樹立を狙い、ピウスーツキは反ボリシェヴィキ派のウクライナ指導者シモン・ペトリューラとの協定に合意した。ポーランドとウクライナの合体は、再興するロシアないしドイツに対する勝算を高めるというわけである。ピウスーツキはロシア白軍とのいかなる同盟も拒否した。白軍司令官らは「一つで不可分のロシア」を信じ、ポーランド独立を約束することを拒んでいたからである。ユデーニッチ将軍はポーランドの民族感情をまったく理解し損ね、ポーランド軍が援軍としてベレジナ川を渡ることを拒むと、当惑を表明した[4]。だが、ピウスーツキがキエフに期待をかける一方で、レーニンの頭はベルリンにあった。ドイツの現政府はヴェルサイユ条約に譲歩したことで、日々批判に苦しんでいる。ベルリンは政治的緊張であらゆる方向に振り回されている。最初に行動を起こしたのは極右であった。ヴォルフガング・カップ率いる義勇団《フライコール》とその他の民兵グループの連合体が、一九二〇年三月十七日、一揆《プッチ》を試みた。レーニンはクリミアでの白軍撃滅を急ぐようスターリンに打電した。ドイツ革命は一貫して共産主義者の目標であり、彼はドイツ内戦への介入に赤軍を用意しておきたかったのである。(5)

だが、ドイツ政府が軍と労組を対抗動員すると、カップ一揆はたちまち失敗に終わる。そこで、ロシア共産党指導部は再び焦点を内政、特に経済復興へ向けた。四月二十三日、ソヴィエト・ロシアはポーランドに領土での妥協を申し入れ、実現していればロシア全土をポーランドに渡すことになった国境線を提案した。ピウスーツキはこれを弱さの兆候と解釈し、辺境属邦地帯においてボリシェヴィキを打倒し、自分が望む連邦を創設するには今が最大のチャンスだ、と判断する。(6) ソヴィエトの無線通信の傍受から得られる情報は、赤軍が西部で独自軍事作戦の準備をしつつあることを示していた。このためピウスーツキは、攻撃される前に攻撃する必要があると考え、(7) 四月二十六日、ポーランド軍はウクライナへ進攻するが、現地では共産当局に対する農民の反攻が激化していた。徴兵は難航している。穀物は補償なしに差し押さえられていた。いくつかの州のボリシェヴィキ狂信派は、村人を強制的に集団農場に追いやっていた。ピウスーツキはウクライナを赤系の支配から救い出し、地域全体にわたってボリシェヴィキの影響力に対抗することを目標にしていた。ウクライナの国民世論にはおかまいなしであった。ピウスーツキとペトリューラは、ソヴィエト政府が行動を起こすチャンスをつかむ前に、自らの目標を達成したいと考えた。

ポーランド軍は電撃的に前進した。同軍自身が驚いたことに、五月七日までにキエフに達し、同市を占領してしまった。赤軍はクリミアで義勇軍掃討にかかりきりになっており、トロツキーはポーランド人排撃への党・軍双方の決意を宣言する声明を発した。[8] 彼はそれをボリシェヴィキに強要された戦争と呼び、敵に対しロシアとウクライナを防衛する断固たる努力を要求した。彼は内戦で赤系、白系いずれの主張に味方することも避けた旧帝国将校らに支援を訴えた。この点、彼は成功している。ポーランド人は歴史的仇敵であり、アレクセイ・ブルシーロフ将軍がピウスーツキ追討で従軍志願の先頭に立った。

ポーランドが真に安泰であるためには、モスクワの共産党独裁政権を取り除かねばならないことを、ピウスーツキは理解していた。彼はポーランドの独立権を尊重するボリス・サヴィンコフに対し、ワルシャワに「ロシア政治委員会」の本拠を置くことを許可した。[9] 白軍のスタニスラフ・ブラク＝バラホヴィッチ将軍は、ユデーニッチ麾下で北西軍のために戦ってきていたが、ピウスーツキは同将軍にポーランド領内での作戦行動を許すこともした。[10] こうした機略は、国外のもっとも徹底した反共主義者以外には秘密にされた。英国ではウィンストン・チャーチルが知っていた。しかし、ピウスーツキは総じて、ロイド＝ジョージのように対露通商条約を探る人びとに何か制止の手を打たれる前に、領土と政治の変更を達成することを期待していた。[11] 例によって、ソヴィエト指導部は連合国がポーランドによる攻勢を仕組んだと考えた。ピウスーツキが手にしている自主性の幅と、もし行動を起こさなければ、連合国は自分をポーランドの国益を害する政策の枠内に閉じ込めてしまいかねない、というピウスーツキの懸念を理解していなかったのである。ポーランドの軍指揮官や政治家は、ヨーロッパの地図を遅滞なく線引きし直し、ボリシェヴィズムの脅威を除去しようとしていた。西欧連合国と相談しすぎると、この目標は損なわれかねない。

だからと言って、ポーランドが連合国の支援を欠いていたわけではない——外務人民委員部はそうしたつながりの証拠を求め、西側新聞の紙面に目を光らせていた。[12]『タイムズ』から労働党の『デイリー・ニューズ』まで新聞各紙が、注意深く点検された。とりわけ警戒心を呼び起こしたのは、フランス軍幹部のポーランド駐留に関するフランス共産党紙『ユマニテ』の記事である。一九二〇年二月にはすでに、将軍九人を含むフランス将校七百三十二人が同国で戦地待機していた。『ユマニテ』は、英国の輸出兵器が冬にポーランドに着いていると付け加え、これを「西」がソヴィエト・ロシアに対する犯罪的な戦争を行っている証拠であるとみなしていた。[13]ソヴィエト側戦線の背後で「米国人将校」が破壊活動を行ってきた証拠も挙げられている。[14]ロイド=ジョージはポーランドの戦争突入を止めることもできたのに、そうせずにワルシャワに武器を送る方を選んだと『ステーツマン』誌がはっきり伝えていることに、外務人民委員部の外国情報収集部門は目を留めた――たとえ小規模であろうと、英露戦争に反対する「イングランドの」世論という障害を回避する彼一流のやり方だというわけである。人民委員部はロイド=ジョージを、国際的非道行為におけるピウスーツキの相方と見ていた。[15]スターリンは、ウクライナ侵略は「協商による三番目の軍事行動」だと述べ、そのことを印象的に表現している。[16]

ポーランド軍の教練支援に派遣されたフランス軍将校の中に、若き日のシャルル・ドゴールがいる。大戦の終結で捕虜の身から釈放され、ポーランドで軍事理論と運用を講義。一九一九年七月にポーランドの戦闘部隊に参加している。そうしたつながりは、モスクワから見れば、フランスがソヴィエト・ロシア解体を狙っていることを疑問の余地なく示していた。[17]

次いで、一九二〇年一月にパデレフスキ首相の要請により、セドリック・フォーントルロイ大佐が編成した米義勇兵パイロットのコシチューシコ飛行中隊がある。ウィルソン大統領は、ヨーロッパの紛争から米国は手を引いたとの建前を維持したかったため、何も文書には残さずに了承している。[18]

十二人の米人飛行機乗りは命知らずの者たちで、「正面火器による低空爆撃」という新しいテクニックを編み出し、危険な任務を帯びて敵前線を急襲した。[19] 彼らの中でもっとも威勢のよかったのはメリアン・クーパーである。大戦では火ダルマになって撃墜され、重傷を負ったが、自分の命を救っても何の功績にもならないとの理由で、殊勲十字章の受章を断った。次いで、彼はフーヴァーの米国救済委員会のルヴフ〔ポーランド名、現ウクライナ名リヴィウ〕事務所での仕事に応募した。赤軍攻勢の恐れが高まった一九一九年、ポーランド陸軍への参加許可を得、同軍のウクライナ侵攻に加わっている。[20] 一九二〇年七月十三日、「クープ」は撃墜され、赤軍に捕まる。ポーランドの新聞は彼の死亡を報じたが、実は、ソヴィエトの刑務所に抑留されていて、十カ月後に脱獄している。コシチューシコ飛行中隊の命知らずは、彼だけではなかった。一九二一年三月、『ワシントン・ポスト』は在ワシントン・ポーランド公使館で行われた同隊員への勲章授与を報じることになる。[21]

英国人もかかわっている。ポール・デュークスは、今度は『タイムズ』の仕事という偽装の下、クラクフと西欧の間を行き来し、グスタフ・ズィガドウォーヴィッチ、ルチアン・ジェリゴーフスキの両将軍らポーランド軍司令官との連絡を保った。[22] 彼は戦争末期にポーランド軍がグロドノを奪還した際、自分の存在を偽装する労はやめ、「ポーランド死の婦人大隊」およびポーランド軍と一緒に写真に収まっている。[23] シドニー・ライリーは一九二〇年十月、デュークスの任務に同行し、二人はサヴィンコフと偶然出会っている。[24] サヴィンコフはライリーを、もっとも偉大な反ボリシェヴィキの一人で「恐れと恥辱を知らない騎士」であるとみなし、これが温かい友情の始まりになった。[25]

だが、ポーランド軍がウクライナの維持に失敗すれば、連合国の支援はそれ自体としては不十分になってしまう。政治局は、今度はほぼ全軍をピウスーツキとの戦いに振り向け、一九二〇年六月十三日、キエフは再び赤軍に奪還された。続く数週間、ポーランド軍陣地はウクライナ中部および西部で陥落。七月十二日、赤軍はレーニンが言う「ポーランドの民族学的境界」に到達した。ボリシェヴィキは意気揚々である。党中央委員会は「ポーランドのソヴィエト化」を狙い、七月十七日、トロツキーは赤軍最高司令部にカーゾン線の背後深くポーランド軍を追撃せよと命じた。[26] ワルシャワが最初の大目標である。ラトヴィアとグルジアの指導的ボリシェヴィキはこの決定を批判したが、それはポーランドの独立尊重のためではなく、トロツキーにはポーランド進攻の前に彼らの自国を侵略してもらいたいがためであった。[27] この論議は、第二回コミンテルン大会には秘密にされた。というのは、レーニンは、多くの外国代議員は「ナショナリストと平和主義者」であり、信頼して情報を明かすことはできないと考えていたのである。英国政府の転覆を追求するよう助言したとき、「イングランド」の同志たちが仰天したことに彼は気づいていた。「彼らは最高の写真家でもとらえがたいような表情をしたよ」。[28]「ポーランドでプロレタリアートの社会革命の機が熟しているかどうか調べるため、銃剣を使う攻撃はどうだろうか、などと尋ねる気はさらさらなかった。[29]

七月二十三日、政治局はポーランドのための暫定革命委員会を設置した。二枚舌外交を展開しなければならない。英仏両国に対しては、ソヴィエト政府は和平協議に入る用意があると保証するものの、これは赤軍のワルシャワ進撃から注意をそらすための外交策略にすぎない。リトアニアに対しては、ロシアを恐れる理由は何もないと告げる。[30] ボリシェヴィキはそのうちバルト地域全体をソヴィエト化したいと考えているので、これも本音を隠蔽したものである。ボリシェヴィキは赤軍がポーランドを片付けるまでは、敵の数を少なくしておきたかったのである。

目的はポーランドを従属させることではなく、「ポーランド労働人民」に彼らの国の権力を渡すことである、とトロツキーは隷下の部隊に告げた。彼はロシアが戦争を始めたことも、それを望んでいることも否定した。[31] 政治局は一連の見せしめ措置によって、ポーランド労働者と農民を引きつけたい考えだった。将来の占領地域では銀行と工場を国有化する。土地所有者と聖職者、軍指揮官にはテロを発動する。レーニンはジェルジンスキーとチェカーに対し、階級敵を捕縛し吊るすためにポーランド農村部へ部隊を送る――一九一八年夏、彼がロシアで求めたのと同じ方策――よう促したが、このときレーニンはもっとも血に飢えていた。ポーランド育ちの共産主義者らは、政治局は自らがしていることを分かっているのかどうか疑心暗鬼だった。全社会階層にわたるポーランド民族感情の強さについて、彼らは声を大に訴えた。スターリンは、クリミアにおけるピョートル・ヴランゲリ麾下の義勇軍がソヴィエト体制にとっては依然、深刻な危険であると補足した。だが、レーニンはそうした悲観論をくつがえしてしまう。革命を西方へ広げる機会が到来したのであり、彼はそれをつかもうとしていた――そしてトロツキーはこれを快諾した。「革命戦争」の時機がやってきたのである。

　ソヴィエト指導者らの頭の中では、ポーランドだけが唯一の褒賞ではなかった。レーニンはスターリンにこう書いている。「ジノヴィエフとブハーリン、それに私自身も、イタリアで直ちに革命を扇動するのが妥当であると考えている。私の個人的見解では、これにはハンガリーと多分、チェコ（チェコスロヴァキア）とルーマニアのソヴィエト化が必要だ」[32]。八月十日、政治局はコミンテルン大会代議員に帰国と革命準備を促すトロツキー提案を承認した。トロツキーは成功を確信し、百人のドイツ共産党員に、宣伝工作のために前線に赴くよう呼びかけた――トロツキーは、彼らが間もなくドイツでドイツ国民に語りかけるだろうと想定したのである[33]。

　英仏両国はベルリンがヴェルサイユ条約を破棄するのを座視しまい、とレーニンは正しく見立てた。彼はドイツにおける急進左派と極右の連合構想を考案する。義勇団《フライコール》とその同調者は共産主義を憎み、スパルタクス団員に血の弾圧を加えたものの、西欧連合国がドイツを奴隷状態におとしめたとする点では、コミンテルンと考えが一致している。レーニンはドイツ共産党指導者に、国の自由を取り戻すため彼らと協調するよう促した[34]。この連合は厳密に一時的なものである。ドイツがいったん完全独立を回復すれば、共産主義者と極右民兵が覇権を求めて雌雄を決するまでの間、内戦が起きるとレーニンは期待していた[35]。ここから、ソヴィエト型のプロレタリア独裁が立ち現われると予測していたのである。彼は公には何も語っていないが、ラデックが『プラウダ』で基本的な考えに触れている。レーニンとラデックは、最終的帰結として共産主義者が権力を掌握する可能性がある限り、反共主義者の加勢を利用することに罪の意識はまったく感じていない。戦略的柔軟性が肝要なのだ。レーニンは極右とのいかなる連合も「不自然」であることを認めざるを得ず、一九一七年のロシアであれば彼が果たしてそんな戦略を採用したかどうか、ドイツの共産主義左派が疑うのも道理であった。彼らは他の社会主義者が支持した妥協を嫌って、ドイツ共産主義運動に参加したのであり、リープクネヒトおよびルクセンブルクの虐殺者と交渉するというレーニンの提案をはねつけた。

ヴェルサイユ条約の承認を拒否する政府は何であれ抑圧するために、西欧連合国が全軍を挙げてドイツ国境を越えれば第二次世界大戦もあり得る。ソヴィエト指導部はもともと、こう考えていた。だが、レーニンと彼の同志たちはロシアの国際的隔離になんとか割れ目を開ける必要があると感じていた。赤軍がポーランドに進攻しているとき、すでにドイツ国内では大きな政治的騒乱が起きており、ドイツ政府の懸念対象は単にドイツ共産主義者だけではない。政府は独立社会民主党がベルリンでの「クーデター」で結託する可能性を恐れていた。同党指導者の一人アルトゥール・クリスピーンが帝国議会でそのとおり脅したあとでは、なおさらであった[36]。

ラインラントから太平洋に至るソヴィエト諸国から成る体制を、いかに構築するのが最善かについて、レーニンはすでにスターリンと話し合っていた。トロツキーは大戦中、ヨーロッパ合衆国の実現可能性について語っており、この議論には加わっていない。ところがレーニンは、今度はヨーロッパとアジアを結ぶ共産主義の諸共和国による単一連邦を望んだ。こうしてソヴィエト・ロシアとソヴィエト・ウクライナが、ソヴィエト・ドイツおよびソヴィエト・ポーランドと合体するというのである。スターリンは懐疑的で、ドイツ国民はロシアが創設・指導する共産連邦には加盟したがるまい、とレーニンに話した。レーニンは民族ファクターを考慮に入れることを怠っていた。スターリンの対案は、一つではなく二つの連邦を樹立し、一つはモスクワに、もう一つはベルリンに本拠を据えるというものであった。そうした連邦は無論、共産主義インターナショナルの下に団結する諸党によって率いられるとしており、スターリンはこれが不統一と争いに対する十分な保障になる、と暗に提案していた。彼は誠実にこの構想を提案したのだが、民族主義への屈服だとするレーニンの激しい叱責に遭った。スターリンは公衆の面前で辱められた。彼は返書を出し、中部ヨーロッパを共産化しようというなら、ソヴィエト指導者は克服すべき課題について賢明でなければならない、と力説している。(37)

レーニンがワルシャワ軍事作戦に傾倒するにおよんで、この論争は下火になる。(38)彼と政治局は八月半ば、「ペルシャに軍事力を送る」というセルゴー・オルジョニキーゼの計画を却下。また、ロンドンへ派遣したソヴィエト代表団を召還するいかなる必要性も認めなかった。代表団は八月初め以降、政治局員カーメネフの到着によって陣容が強化されている。クラーシンが引き続き通商協議を率いる一方、カーメネフはあらゆる状況変化に応じ、戦争と平和に関する外交を扱う。(39)そういう考え方であった。レーニンとトロツキーは複数の選択肢を残しておいた。そこでトロツキーは、赤軍のドイツへの突破を指揮する一方で、ドイツ企業からの兵器輸送に向けてポーランド経由の鉄道ルートを確保するため、外交手段を講じるよう政治局に要請した――当時、中央委員アレクセイ・ルイコフが兵器買い付けの任務を与えられていた。政治局は了解した。(40)中部ヨーロッパでは覇権をめぐる戦いが進行している。赤軍がワルシャワへ突進しているとき、ソヴィエト指導部はドイツ資本家エリートの粉砕と、彼らとの大型商談を同時に計画することに何の不都合も感じていない。

英国はロシアとポーランドの和平に向けた外交イニシアチブを表明することで、そうした結果をなんとしても防ごうとした。カーメネフとクラーシンは八月四日、ロイド＝ジョージおよび保守党党首アンドルー・ボナー＝ローとの会談のため、ダウニング街10番を訪れた(41)。だが結果は要領を得ないもので、カーメネフは翌日、ロイド＝ジョージへの書簡でソヴィエトの反対を発表(42)。八月六日、四時間におよぶ再会談が持たれた。この度は、ロイド＝ジョージとボナー＝ローがカーメネフおよびクラーシンと協議する際、チャーチルが短時間同席し、合意が達成され、モスクワに伝達されることになった。ロイド＝ジョージは翌日、ケントでフランス首相アレクサンドル・ミルランと会う前にレーニンからの返事が届くことを期待した(43)。英政府は即時の停戦を望んでいた。ところが、フランス政府にとって、これは強盗政権に尊厳を与えることになるため耐えがたく思われ、ロイド＝ジョージは引かざるを得ないと思った。彼はまた、ポーランド自身がウクライナへの軍事行動によって、ソヴィエトの侵略を自ら招いたところもあると考えていた(44)。彼は労働党代表団と会い、対露不干渉要求に耳を傾けることで、外交における自らの柔軟さを示そうとした。彼はボリシェヴィキの非民主性を忘れることはできないと答え、バートランド・ラッセルの最新の発言を挙げた。ラッセルは大戦に反対してきたが、その後、ソヴィエト指導部への反対に転じていた。労組指導者で労働党強硬派アーニー・ベヴィンは首相にフランスの圧力を気にしないよう促し、もし軍隊ないし輜重がピウスーツキに送られたら騒ぎが起きますよと脅した(45)。レーニンが連合国陣営を離れたため、自分はソヴィエト・ロシアとは手を切ったと返答した。ロイド＝ジョージは、もっとも、レーニンが今、和平を求めるなら、彼はそれを手に入れることができると強調した(46)。

独立労働党内の有力グループが、陸相としてのチャーチルの弾劾を求めると、英国内の政治温度は一段と上昇した[47]。チャーチルはすぐさま反論を発表する。

戦争をしているのは英国ではなく、ロシアのボリシェヴィキである。彼らは今この瞬間にもポーランドを侵略し、その自由を踏みにじっている。彼らはペルシャとアフガニスタン、そして可能ならばインドで戦争の炎を燃やさんと懸命になっている。彼らの公然たる意図は、あらゆる国で暴力によって革命を手にすることである。……私のただ一つの目標は、われわれの祖国からそうした憎むべき外国の圧迫を遠ざけておくことであったし、今後もそうである[48]。

ソヴィエト・ロシアに対する西欧十字軍を毫も望むものではないとしながら、彼は通商条約に関する協議の即時中止を訴えた[49]。

ロイド゠ジョージといえどもポーランドの敗北を見たくはなく、もし赤軍がワルシャワを占領したら英国は再び参戦する、とすでに表明していた[50]。結果的には、ピウスーツキの潰走がポーランドの首都で止まったことを示す報告に接し、彼は安堵した。ピウスーツキは最後の一兵までワルシャワを防衛すると宣言したが、自信の理由はあった。赤軍はポーランド軍への猛追撃で疲弊していた。赤軍の補給線は脆弱で延びきり、装備は不十分。北部方面司令官ミハイル・トゥハチェフスキーは、ワルシャワが射程に入るにつれ、部隊の前進を統御することが困難になっていた。

戦争に対するレーニンの理由づけの甘さと頑迷さを暴露して、全階級のポーランド人が赤軍を国際主義の解放者ではなく、ロシアの侵略者と見なした。彼らはヴィスワ川東岸で敵を待ち受け、ピウスーツキにはそこで彼らを編成する時間があった。赤軍挺進部隊の南部方面主任政治委員《コミッサール》であるスターリンが、ルヴフ郊外の部隊を転じてポーランド首都を狙う戦略的突撃を強化せよとの命令を無視したことも、ピウスーツキを利した。トゥハチェフスキーの軍は立ち直ったポーランド軍によって急速に潰乱させられていたため、スターリンが命令を順守していたとしても、おそらくたいした違いはなかった。八月十九日までに赤軍はヴィスワ川から総退却しつつあった。中部ヨーロッパはソヴィエト化を免れたのである。[51]

一九一八年末のコルチャークの緒戦での戦勝以降、赤軍が内戦でこれほどの規模の敗北をこうむったことはない。退却し、停戦を探るしかなかった。政治局は九月一日に会議を開いた。軍事人民委員トロツキーは軍事行動について悲観的な説明を行い、「妥協の平和」——敗北受け入れを表す風変わりな表現——に応じるよう勧告した。リガでのポーランドとの和平交渉を申し入れるという。[52] 五日後の次の政治局会議で、チチェーリンはラトヴィアおよびリトアニアとの和平署名を急ぐよう求めた。[53] モスクワは内戦で勝ち取った領土で満足するか、さもなければすべてを失う危険を冒さざるを得ないことが、指導部にとっては自明であった。カーメネフは九月十一日にロシアへ向けて発った。[54] 彼は一日前にロイド＝ジョージと最後の会談を持っており、クラーシンともども通商条約に関する英国側の最新の条件を知っていた。和平に関しては、彼ができることはもはや何もない。この度はピウスーツキとパデレフスキが議題を設定する立場にあるのである。[55]

党協議会が同月遅くに開かれたとき、レーニンは「巨大で例のない敗北」について率直であった。それは西欧連合国の行動や支援より、むしろポーランド人の「愛国感情の高まり」の結果であることを、彼は認めた。カーゾン卿が以前提案した国境線にポーランドが応じそうもないことを、ソヴィエト・ロシアは受け入れなければならない。ガリツィアはポーランドに渡し、国境線はカーゾン線の東方に移動させなければならない。[56] レーニンは付言した。「これは疑いもなく、誤りがおかされたことを意味している。われわれは勝利を手にしながら、それを指の間からこぼしてしまったのだ」。[57] 政治局は赤軍挺進部隊を東ガリツィアで止め、将来の攻勢——カルパチア山脈を越えての、ハンガリーへの「一押し」[58]——のための根拠地の獲得で満足しておくべきだった。こうレーニンは認め、許しを求めた。和平交渉が進行している今、ソヴィエト経済の復興が優先されなければならない。レーニンは、外国からの産業投資なくしてボリシェヴィキが成功できるということに、疑念を表明した。共産主義は、と彼は断言した。「ロシアの力」のみでは建設できない、と。[59]

第29章 国外での通商協議

ポーランド戦争は、ソヴィエト・ロシアと英国の一年にわたる通商条約協議を中断させた。英政府はある程度用心しながら手を打った。閣僚らは外国人による革命扇動を阻止する決意で、一九二〇年七月十六日、ロシア・ソヴィエト事務所（偽装組織はそのころはこの名で知られていた）のサンテリ・ヌオルテヴァを追放した――彼はニューヨークからリヴァプールに上陸していた。ヌオルテヴァは同志ルドヴィグ・マルテンスが印を押した「外交官パスポート」を所持していた。ニューヨークのロシア・ソヴィエト事務所は、六百万ドル相当のカナダの契約が破棄されるだろうと息巻いた。[1] マルテンスは八千人の支持者を集めたマディソンスクエアガーデンの集会に出席し、そこで米政府に対し対露医薬品輸送の許可を呼びかけたいと考えた。彼は十五分間にわたる拍手を浴び、ようやく話しはじめることができた。インターナショナルの斉唱。マルテンスは英語の演説テキストをたどたどしく読み上げ、次いでロシア語で生き生きと演説した。「米国に対するボリシェヴィキの宣伝工作についてとやかく言われている。そんなものはない。だが、ソヴィエト・ロシアに対する宣伝工作はある」[2]。これは英国にいるヌオルテヴァの助け舟にならなかった。かの国では、ロイド＝ジョージが連立与党の保守党議員をなだめるため、共産主義に対決しているように見られる必要があったのである。彼はヌ

オルテヴァの代理人の抗弁を拒否、ヌオルテヴァの身分証は整っていず、通常の手続きに従ったまでだと述べた。(3)

それでも、ロイド=ジョージはヌオルテヴァを米国に送還せずに、ロシアへの足があるエストニアの首都へ旅を続けることを許可した。(4) ロイド=ジョージは、カーメネフとクラーシンがロンドンへ来ることにも反対していない。(5) 一九一八年のカーメネフの実りなき訪問以来、情勢は変わっていた。ロイド=ジョージは共産主義者が公式国際関係の内側に位置を占める資格があることを示すチャンスを、彼らに与えようとしていたのである。レーニンはこのことを理解していた。彼はカーメネフとクラーシンが激しすぎるかもしれないと心配し、急進左派社会主義者に向かって英国労働者階級のために武器を取るよう呼びかけたりしないよう、二人にくぎを刺している。(6)

八月四日と八日の、ダウニング街10番でのカーメネフおよびクラーシンとの協議で、中心テーマはワルシャワに向けてのソヴィエトの軍事的進撃であった。(7) だが、ポーランドの平和と安全を要求したあと、ロイド=ジョージとボナー=ローはこの機会をとらえて、将来の対露通商の条件を打ち出す。ソヴィエト指導部は英国およびその帝国内で政治的転覆活動やイデオロギーの宣伝工作をやめるべきだ、と彼らは主張した。カーメネフは理解し、了解するふりをした。ところがモスクワ－ロンドン間の電報に基づく証拠は、違った物語を語っていた。『タイムズ』紙が興奮気味に掲載した証拠である。(8) 政府コード・暗号学校のエルンスト・フェッテルレインがレーニンとカーメネフ間の傍受電報を解読し、それが新聞にリークされたのである。ロイド=ジョージはフェッテルレインから聞き知ったクレムリンの根本的な意図を嫌悪し、レーニンが姿勢を変えない限り、英露通商再開の展望はないとカーメネフに告げた。(9)『タイムズ』はまた、カーメネフが『デイリー・ヘラルド』に対するモスクワの秘密資金援助の引き渡しにかかわり、「行動評議会」と恒常的に連絡を取っていると書き立てた。これは、ソヴィエト＝ポーランド戦争への英国の介入を阻止する運動の一環として、労働党と労組が八月五日に設立した組織である。他紙も間もなく、カーメネフが外交官としてやって来て、破壊分子として行動しているという同じ論調を採用した。こうしたことすべてがロイド＝ジョージを怒らせ、彼は英国政治に介入しないという約束を破ったとして、カーメネフとクラーシンをなじった。彼はカーメネフに、速やかに英国を離れなければ、追放することになると告げた(10)。

赤軍がワルシャワ東方で敗北したとのニュースがロンドンに到達すると、ロイド＝ジョージは一段とけんか腰になった。カーメネフは、英国では自分がもはや好ましい人物《ペルソナ・グラータ》ではないことを認めた。出立の前、首相に公開書簡を送り、政府は秘密警察のスパイによってもたらされた「卑劣で証明のない」容疑を悪用している、と言い立てた。また、レーニンよりもヴランゲリをロシアの指導者として認めるフランス政府の決定を非難した。カーメネフは連合国が再び軍事干渉に熱意を燃やす可能性を恐れていたが、実は、ロイド＝ジョージは狡猾になりだしていた。ホワイトホール〔ロンドンの官庁街〕では、カーメネフの行動がクラーシンより悪いなどと、誰も本気で考えてはいないのだが、それでもクラーシンの方はニューボンド通りに事務所を維持し、通商協議を続けることを許されている(11)。首相はまだソヴィエト・ロシアとの何らかの通商条約を望んでいたというのが真相である。状況をあいまいにすることで、彼は新聞の批判を和らげた。軍事的にも政治的にもボリシェヴィズム排除の手だてを欠いているため、通商関係再開を通じてソヴィエト体制を弱体化させるという、本人が考える次善の策を実行していたのである。ロイド＝ジョージは自らを、共産主義を掘り出すモグラ捕りと見ていた。

ロイド＝ジョージは与党連立内のほかの自由党員と同様、政府がソヴィエト・ロシアとの武力衝突を挑発しようと躍起になっているという印象を、少しでも与えることを避けたかった。彼はまた、自分を英国労働者の友に見せなければならないのだが、ヨーロッパのどこであれ、いわゆるプロレタリア政府を威嚇すれば、それは難しくなってしまう。戦後不況からの英国の経済回復の促進にも奮闘しているところである。一九一四年以前、ロシアで大規模ビジネスを行っていた企業家らは、彼に対露通商の再開を働きかけている。理由づけとして、国家の経済的利益が全面に押し出されており、ロイド＝ジョージは、現在『タイムズ』紙上で自分を非難している人びとよりも多くの国民が、最終的には自分を支持してくれると自信を持って行動した。

ヨーロッパのほかの国では、わが交渉チームは成果を挙げつつある、クラーシンはこう述べて英国をさらにあおり立てた。彼がストックホルムに残してきた銀行業・鉄道の専門家の中に、ユーリー・ロモノーソフ教授がいた。かつては君主主義者であったが、今は十月革命の支持者に転じている。ロモノーソフは機関車と貨車、および鉄道線路の代価として金備蓄を売却するという人民委員会議《ソヴナルコム》の提案にかかわっていて、スウェーデン企業は目前にぶらさげられた契約をめぐって競争していた。(12)ソヴィエトの腹づもりはもともと、ドイツでそうした買い付けをすることであったが、連合国が所有権争いのあるロシアの金《きん》絡みの取引禁止を再確認すると、この計画はご破算になってしまった。敗戦国ドイツは連合国の要求に応じなければならない。スウェーデンは、大戦中は中立であり、したがってパリ講和諸条約に拘束されてはおらず、ボリシェヴィキにとっては次善の選択肢であった。協定が作成され、クラーシンの承認の上で、機関車一千両の仮契約が一九二〇年十月二十二日に署名された。協定を履行するため、金はすでにタリンに届いていた。人民委員会議は、ロシアの経済孤立の壁に開いたこの最新の割れ目を喜んだ。それゆえに、反対の声を上げたのがクラーシンであるのは奇妙だった。連合国はスウェーデンに、契約条件にあるいかなる鉄道輸出にも保留を強いるのではないか。遅ればせながら、彼はそうした不安を表明した。人民委員会議のためではなく、スウェーデンの取引相手の利益のために、ロシアの金備蓄を使い果たす危険がある、と考えたのだ。(13)

もう一つ思わぬ障害があった。大きな障害である。スウェーデン企業はどんなに急いでも、それほど大量の鉄道装備を生産する能力を欠いているのだ。ストックホルムの契約は、スウェーデンの金属会社がドイツから機関車八百両をひそかに買い付けることにかかっていた。[14] この種の秘密の性格を帯びたビジネスは、大戦期間を通じて独露間で続いており、当時、ドイツ企業家はロシアの戦争遂行に欠かせない製品をロシア企業との間で商うため、「スウェーデンの」電気工業会社を設立している。戦時のもう一つの迂回商法は、ドイツ企業がドイツ産品にスカンジナヴィアのマークを張り付けることであった。かくして、数十年にわたってロシア帝国で鉛筆を売ってきたヨハン・ファーバー社は、自社製品をデンマーク印で造作なく張り替えた。そしてドイツのカミソリ刃は、「殊勲の、勇敢なロシア兵へ[15]」の文句で飾られ、ロシアに流れていったのである。

スウェーデンとの契約の裁可は十二月十八日に予定されていたが、クラーシンはまだ納得できないでいた。彼の交渉チームのストックホルム駐在メンバーはロンドンへ赴き、彼に嘆願した。クラーシンはそれほど分かりが早いという方ではない。彼の英国との協議はこれまで容易ではなく、スウェーデン構想は面倒な問題を起こすかもしれない。差し引きすれば、と彼は考えた。スウェーデンでの一連のいかがわしい取決めより、英国との確かで公明正大な条約の方が好ましい、と。彼は不必要に頑なであったわけではない。巨大な責任を帯びているのだ。ソヴィエト・ロシアは経済的に叩き壊されており、もし彼が利益のない取引の取りまとめを許せば、政治局は彼の尽力に悪い評価しか与えないだろう。彼は現実主義者として知られていたが、今回に限っては自分のチームとは無慈悲なボリシェヴィキのように話し、諸君が推奨している取引は銃殺ものだと語った。チームの一人が答えた。「幸運ですよ、レオニード・ボリソヴィッチ（クラーシン）、あなたがモスクワじゃなくロンドンで、私にそう言ってくれているのは。今は私のいうことをちょっと聞いてください。後でわれわれを射殺する時間はいつでもあるんだから」[16]。誠実さと忠誠を示そうとする非共産党員の自由意思から出た、共産党独裁に関するぞっとするユーモアはそういうものであった。三時間の討論の末、クラーシンは自分のチームがストックホルムで立派な仕事をしたと認め、ついに裁可を与えた[17]。

連合国の反応についての心配が、レーニンとトロツキーに二の足を踏ませることは決してなかった。ソヴィエト共産党指導部の実力者として、彼らは外国との交渉において己の直感のままに動けると感じていた。レーニンが最初の外国人実業家に会ったのは一九二〇年夏のことで、ワシントン・B・ヴァンダーリップと称する人物が、米国からやってきた。ヴァンダーリップは大富豪フランク・D・ヴァンダーリップとその企業帝国の子孫を装い、オハイオ州選出上院議員ウォーレン・G・ハーディングの名代として話ができるともほのめかした。ハーディングは共和党大統領候補として、対露通商再開を支持していた。ヴァンダーリップは本人が言うような富も人脈もなかったが、世紀の変わり目にシベリアで金探鉱の経験があったため、ロシアについては少々の知識があった[18]。彼は話術の才もあって、レーニンはお世辞にだまされてしまい、ソヴィエト当局は彼と出資者にソヴィエト極東カムチャツカの広大な鉱業権益を譲る仮契約を結んだ。一九二〇年十一月、彼はストックホルムに現れ、自分の会社はシベリアに四十万平方マイルを六十年間にわたって租借したと豪語した。ソヴィエト政府による三十億ドル相当の米国産品買い付けに協力していて、その対価はロシアの金およびその他の天然資源で支払われるのだと公言した[19]。

『ニューヨーク・タイムズ』は直ちに、ヴァンダーリップの個人的信頼性と、共産政府と取引する危険および倫理性を問題視した[20]。そしてハーディング上院議員は自分をビジネス仲間だとする元金探鉱師の大言を新聞で読み、面白くなかった[21]。レーニンは、日米を互いに争わせるために意図的にカムチャツカの権益を認めたのだと公言し、米国の懸念を意味なく強めてしまった[22]。彼は西欧では誰もロシアの共産党紙を読まないだろう、と甘く考えていた。九月にH・G・ウェルズに向かい、ヴァンダーリップとの取引は日本のシベリア侵略に対抗する米露防衛同盟への第一歩だなどと語ったのも、同じく愚かなことであった。レーニンは、米国にソヴィエト太平洋岸の海軍基地建設を認め、米企業と経済権益譲渡の長期契約を結ぶのを楽しみにしていると語ったのである。[23]通訳に当たっていたセオドア・ロススタインは、彼がこうした考えを漏らすのを制止し損ね、聞いたことは口外しないでほしいとウェルズに頼んだ。「彼はすばらしい。しかし、それは軽率な発言だった。……」。ウェルズは名誉にかけて約束したが、著作『影のなかのロシア』でこう明かしてしまう。その会話は、捨て去るには面白すぎたのである。[24]ソヴィエトの支配者は自らの利益擁護では狡猾になり得る、という教訓を世界は学んだ。また、ずるいレーニンが口を滑らせると、へぼになり得ることも明らかであった。

一方、ヴァンダーリップは、いんちき万能薬のセールスマンのように演技した。「私はロシアと米国の国境を合体させ、大西洋から太平洋に至る世界中に共和主義の広域帯をつくってきた」。彼は米議会に通商関係を遅滞なく公式化するよう呼びかけた。[25]シベリアの鉱業、製材、毛皮生産は大戦前、企業家に富をもたらしていた。同地域の総合的潜在性が未開発であることはよく知られている。ヴァンダーリップは西海岸の投資家に引き続き働きかけ、自分の計画に参加するよう要請、それを金のなる木のように見せた。[26]そして間もなく、スタンダード石油をまるめ込み、自分の持ち株の四分の一を購入させている。[27]対ソヴィエト・ロシア通商条約への弾みは、勢いを増しつつあった。一月四日付『マンチェスター・ガーディアン』紙は、米当局が間もなく制限を撤廃すると伝えた。情報源は「モスクワの無線メッセージ」とされていた。ソヴィエト指導部はおそらく、各国に通商関係の回復をせかそうとしていたのだ。[28]クレムリンの意図どおり、米共和党は耳をそばだてた。メリーランド州選出上院議員ジョセフ・I・フランスが、ソヴィエト・ロシア公式承認の支持で同僚議員の先頭に立った。

一九二一年初め、ルドヴィグ・マルテンスの追放が命じられると、フランス上院議員は公然と抗議し、経済封鎖の終結を要求した。[29]彼の目から見ると、ロシア共産政権を村八分にしても、米国の利益になることは何もないのである。

一月二十六日、ヘンリー・キャボット・ロッジが、ロシア問題公聴会のために外交委員会を招集すると、フランス議員の運動は実った。[30]フランス上院議員は成功した実業家として、思うところを語った。だが、証人は主に米国労働界から選ばれていた。これは意図的であった。ロッジとフランスは自分たちが勤労男女の利害を第一に考えているように見られたかった——そこで、彼らは証人たちに、対露貿易は工業生産と雇用を高めると論じる時間をたっぷり与えた。労組活動家たちはヴァンダーリップのカムチャツカ構想を絶賛。条約によって、ロシア原料の対米輸入と米国工業産品の輸出に道が開かれると指摘した。上院議員らは、ボリシェヴィキが樹立した独裁のことは簡単に質問しただけで、その問題はおしまいにしてしまった。彼らは労働運動界代表に対し、米国の民主主義への姿勢についてはいく分しつこく尋ねている。労組活動家はこの質問への備えができており、自分たちが何よりも米愛国者であることを示した。それでも、これでは上院委員会の議員数人を納得させることができなかった。さらなる質問に遭って、数人の証人はボリシェヴィズムを米国政界に持ち込むことに潜在的利益があることを否定せず、社会党のアレクサンダー・L・トラクテンバーグは「財産国有化」を支持していることを認めてしまった。[31]

これはロッジ、フランスの両議員が聞きたくないことであった。労働運動指導者は隠れ共産主義者だという考えが広まると、米外交政策を転換しようという彼らの目標がくじかれてしまうことは分かっている（彼らは実際、トラクテンバーグをもっと調査すべきであった。彼は社会党がコミンテルン支部になることを望んでいたのだ）。[32]証人がH・G・ウェルズと彼の通商条約支持論を引用したときは、ロッジも同僚議員もはるかに満足であった。米国は経済利益の追求で、英国の後塵を拝しつつあるとするジョン・スパーゴの警告が引き合いに出されたときも、彼らはそれが気に入った[33]。そして、共和党主導で、外交委員会は英国労働界訪露代表団の報告全文をその議事録に含めるという、異例の措置を取った。背景にある考えは明らかである。労働代表団は通商関係の再開を支持しており、これはまさにロッジとフランスが米国に求めたことであった[34]。ロシアでは財産がつくれる。米国はこの金になる機会を失ってはならないというわけである。

連合国間の——というよりむしろ連合国政府間の——開きは広がる一方であった。一九一七年十月以前に歴代ロシア政府が負った対外債務の償還義務の承認をレーニンが拒否している間は、対露交渉に反対するフランスの立場は固い。米国は上院公聴会を通じ、政策転換の是非を検討しはじめたばかり。英国においてさえ、状況は流動的であった。英国はまだクラーシンと協議中であり、果たして協定合意にこぎつけられるかどうか、交渉の埒外の人間にはまだ分からない。だが、西欧連合は事実上、終わりを迎えていた。事実、連合国指導者はロシアについて、ただ一つの大きな共同決定しか下していない。これは一九二一年一月二十四日、連合国がエストニアとラトヴィアを独立国として法的に承認したときに達成された[35]。ロシア白軍は将来展望のない運動である、というシグナルが送られはじめていた。そのときまで連合国は、「単一不可分のロシア」を再建するというコルチャークとデニーキン、ユデーニッチ、そしてヴランゲリの野心を否認することを避けてきていた。それが今、少なくともバルトの新生二カ国は公式承認に値することを認めたのである。一九二〇年十一月、コンスタンティノープル行きの船舶によじ登りながら、ヴランゲリ軍の敗残兵は敗北の戦場を後にし、慰めのない未来に目を向けていた。彼らの資金源と相談相手は、彼らを見捨てたのである。

ボリシェヴィキ指導部と白系勢力は、一致する点が一つあった。ロシア帝国領の再統合が望ましいということ。ポーランドにおける最近の軍事敗北は、ロシア西方への迅速な行動を問題外にし、クレムリンはエストニアとラトヴィア、およびリトアニアに対し、ロシアには平和的意図しかないと保証しはじめた。南カフカスは別問題であった。アゼルバイジャンは一九二〇年四月に、アルメニアは同年十二月に赤軍の手に落ちた。ウクライナと同様、たちまちソヴィエト共和国に変えられた。グルジアはしばらくの間、メンシェヴィキの支配下にとどまったが、一九二一年一月二十六日、党中央委員会は侵攻を視野にグルジアとの外交断絶の挑発を画策することで、この変則状態を修正しようと決めた。[36]

同じ日、中央委はロンドンからの最新報告を検討している。ロシアの保有金の法的帰属は十二月現在、なお難しい問題になっているけれども、ロイド＝ジョージは従順であることが分かってきた。[37]だが、クラーシンは首相とはうまくいっているとはいえ、法システムは別問題だった。同月、人民委員会議による二年前の国有化で木材を失い、英国で荷下ろししようとしているソヴィエトのベニヤ板貨物の差し押さえを求めていた英国人に対し、高等法院のロック判事は訴えを認める判決を下した。ロック判決はクラーシンによって結ばれた契約をことごとく危険にさらし、『ニューヨーク・タイムズ』は、共産ロシアとの取引に気をそそられているどの米実業家にも、悪影響が出かねないと警告した。[38]南カフカスの石油は、また別の係争問題であった。英二社——バクー統合油田と派手な名称のスパイズ石油——は、赤軍のアゼルバイジャン進攻とともに資産国有化の被害を受けていた。スタッフの一部は投獄された。クラーシンがこれらの資産を別の英国企業に使わせる提案をすると、両社は抗議の声を上げた。[39]恨みを抱いたレスリー・アーカートもまた、『タイムズ』でロンドン交渉を非難し、ソヴィエト側交渉担当にとっては面倒を起こし続けた。[40]

とはいえ、首相は交渉続行の構えである。ソヴィエト側があと少し譲れば、間もなく通商条約の締結は可能になりそうであった。クラーシンがロシアの対外債務を認めるなんらかの約束をせざるを得なくなる場合に備え、同問題を検討するため、小作業グループがモスクワにつくられた。[41] いかなる条約の芽も失ってしまうより、中途半端な条約でも結ぶ方が得策だ。だが、ロイド＝ジョージが、ボリシェヴィキは英帝国内で宣伝工作と転覆活動を控えるようクラーシンに圧力をかけ続けると、クラーシンは怒ったふりをした。もしロシア政府がそんな条項を受け入れなければならないとすれば、と彼は問うた。西側新聞へのウィンストン・チャーチル陸相の寄稿はどうするのか、と。[42] チャーチルは疑いなく、クレムリンを悩ませていたのだ。だが、彼の発言がモスクワで紙面に掲載されることは決してなく、ロイド＝ジョージが単に英露当局による相互の内政不干渉を求めているにすぎないことは、クラーシンにもよく分かった。クラーシンは、本音は違ったにせよ、たやすくこの保証を与えることができた。紛糾した交渉は、ほとんど誰も予期しないうちに、一個の条約となって結実する可能性があるかに見えはじめていた。

第30章 生き残りの経済学

対英通商協議は決着に近づき、差し当たっての軍事的脅威もない、そうボリシェヴィキは信じていたけれども、国内情勢はなまなかなことではなかった。一九二〇‐二一年の冬まで、クレムリンは農民からの無償の強制穀物徴発を含む戦時経済体制を無期限に続けるかのように見えた。この政策を緩和しようとする以前の試みは、まずトロツキーが、次いでレーニンが行ったが、他の指導部メンバーからの激しい反対に会った。実際、一九二〇年二月にはレーニン自身が、トロツキーを資本主義の促進者として怒鳴り倒す面々の先頭に立った。その年の終わりには、レーニンが自らの統制緩和計画を提案した際、当然のしっぺ返しを受けている。(1)

党はそれまで、平時に労働組合の自由をどこまで制限するかをめぐるレーニンとトロツキーの内部論争に気を取られてきたが、指導部は深刻な暴動が起きる危険の高まりを、いつまでも座視してはいられなくなった。大方の都市で労働者ストが起きていた。あらゆる軍駐屯地に不満があり、兵士反乱もなくはない。農民は自分たちの収穫を差し押さえる政府に、敵意をつのらせる一方である。一九二一年二月八日、地方の反抗が最高潮に達したとの報告がモスクワに届くと、党政治局《ポリトビュロー》は迷いから覚めた。西シベリアとウクライナ――ロシアの穀倉地帯――が炎上している。両地方の農産品供出が脅かされれば、都市部は飢える。ソヴィエト指導部にとって最後の一突きは、社会革命党員A・S・アントノフに率いられたヴォルガ中流域タンボフ県全土に広がる反乱であった。内戦に勝利したボリシェヴィキは平和を失う瀬戸際にあった。政治局は農民への一定の譲歩を緊急に示す必要があった。解答は明らかだ。当局は農村から「余剰」農産物すべてを徴発するのをやめて、物納税を導入し、納税義務に応じたあとの収穫の残りから農民が利益を上げることを認めなければならない。この「新経済政策」を通して、農民に私的取引の一角が復活することになる。

労働組合をめぐる論争に依然かかずらいながら、レーニンは新経済政策が一段と分裂をもたらすものであることを鋭く自覚していた。レーニンはじめ政治局メンバーは、詳細すべてが策定されるまで、この提案を厳秘にしようと固く決めていた。ロンドン通商協議についても同程度に注意が払われ、『プラウダ』は報道をわざとあいまいにしていた。レーニンは権益譲渡に関するキャンペーンの再開を、一九二〇年十二月のソヴィエト大会まで延期し、そこでヴァンダーリップとのカムチャツカの取引を模範として挙げた。ところが、レーニンの構想はボリシェヴィキから嵐のような反発に会い、彼は問題を密室討議に戻してしまう。だが彼は、ソヴィエト石油生産の崩壊により、外国企業をバクーに引き戻すことが極めて重要になっていることはまったく疑わなかった。(2)これはアゼルバイジャンの共産党指導者には大変不評であった。彼らはノーベル兄弟石油その他の企業が、労働者の健康にも環境にも無頓着であったことを覚えていた。西側石油化学企業へのレーニンのすり寄りは、共和国に資本主義をあふれさせることになる。炎上中の党に分裂を触発しかねない政策転換について、ソヴィエト指導部は当然ながら神経質になっていた。

討議は新年に入っても延々と続き、一九二一年二月五日、政治局はアゼルバイジャンにおける石油生産の減少を逆転させるには、権益譲渡だけが最善の方策かどうか調査するよう、カーメネフとルイコフに要請した[3]。バクーの産業を復興しようとすれば、迅速な行動が必要である——それに、復興プロセスを開始するための独自資本をいかに起こすのか、アゼルバイジャンの共産党指導部に何らかの案があるという証拠はないのだ。それでも、さらに討議を重ねたものの、政治局の票は割れ、党全体を巻き込む論争に発展するリスクを冒すのを避けて、問題は中央委員会に付託された[4]。何が提案されようとしているかが地方党官僚の耳に入るに及んで、討議はより広い指導者層に広がった。中央委自体も割れていたが、結論としては、生産減少の「致命的危険」が防げるなら、権益譲渡は受け入れ可能であると布告することを決めた（もっとも、外国企業がバクーで操業を再開したがらない可能性もあるという認識はあった）。レーニンは論争に勝ったが、僅差での勝利にすぎない。それに、決定が公表されたとき、残りの党内から反対の声が上がらないとは誰しも確信できなかった[5]。

ロンドンでは、通商条約に依然反対する記事が『タイムズ』に定期的に載るものの[6]、期待感があった。クラーシンは政府間交渉が決着する前に、英国企業との契約に署名しており、ヨークシャーの繊維工場はロシアに布を売るため列を成した[7]。事業家たちはスウェーデンを事業の傘として使い、期待される通商の大規模拡大にそなえてロシアとの取引をまとめるために、英国からタリンへ旅した[8]。

英国政府は要求のうち、ある部分については譲歩を拒否した。ソヴィエト・ロシアは大英帝国領内で、プロパガンダを含むあらゆる敵対活動をやめること。ロシアに囚われている英国人を即時釈放すること。見返りに英国は収監しているロシア人を本国へ送還する、と。しかしながら、チチェーリンは、東方での英国の帝国支配はもはやかつてほど強くはないとして、クラーシンにいかなる圧力にも抵抗するよう指示した。レーニンはさらに単刀直入だ。「あの豚のロイド＝ジョージは恥の意識もなくだます。彼の言うことはひと言も信じず、その三倍だましてやれ[9]」。だが、レーニンとチチェーリンは、英国の条件を拒否すれば取引がまとまらないと分かっており、間もなく気を落ち着けた。そしてレーニンは、外国支援を受けないロシア独自の経済復興能力については、悲観し続けた。彼の突然の感情爆発はいつものことである。ソヴィエト当局者が外国へ出張すると、外国人を宥和しているとしてレーニンはしばしば彼らを非難し、ブレスト＝リトフスクで自分がドイツに屈服したことはこっそり忘れてしまうのであった。いずれにせよクラーシンは、英国政府にはロシアの歴代政府がつくった負債問題全体に目をつむる用意がある、と本国に伝えることができた。そして、ロイド＝ジョージは最も厳しい取引条件をつけていたわけではなかったので、人民委員会議《ソヴナルコム》はクラーシンに手打ちする権限を与えた。

ワルシャワ近郊での大敗からこの方、赤軍はエストニア、ラトヴィア、リトアニアが国境線を宣言し、独立を正式発表するのを拱手傍観していた。アドリフ・ヨッフェがリガでの対ポーランド和平交渉のソヴィエト代表団を率いた。ポーランドはすでに、いずれかのロシア勢力がボリシェヴィキを打倒する可能性があるという希望を捨てている。ヴランゲリ軍は、もはやポーランド領土での戦役を戦う任務がなくなった赤軍の圧力を感じていた。クリミアに押し込まれた義勇軍は、一九二〇年十一月初めには絶望的な窮地にあり、ヴランゲリは民間人難民数十万人を含め、黒海ルートの集団撤退を命じる。ロシア白軍運動は全面敗北に終わってしまったのである。ポーランド指導部は赤軍をウクライナから駆逐する能力の欠如を認識し、一九二〇年四月時点での戦争目的よりはるかに小さな成果に甘んじた。ポーランドにとって、ロシア人諸部隊を受け入れておくことはもはや得策ではなく、ピウスーツキはブラク＝バラホヴィッチと彼の部隊に国外退去を通告した。[10] ポーランド国境は、一九二〇年十月までの戦争で確定された当時のまま、すなわちカーゾン線の数百マイル東方に落ち着くことになる。党中央委員会は外務人民委員部に対し、全速力で平和条約締結を目指すよう指示した。[11]

ソヴィエト・ロシアとポーランド間の和平展望が開けると、その和平によって赤軍はアルメニアからグルジア領に自由越境できることになるため、メンシェヴィキ支配下のグルジアには破局的な結果となった。その軍事行動は一九二一年二月十五日に始まった。ティフリスは十日後に陥落し、グルジア・ソヴィエト共和国建国が宣言される。カフカスの南の旧ロシア帝国領のほとんどは、モスクワの支配下に取り戻された――わずかに数片の土地がトルコに割譲されたが、クレムリンは国外でのいかなる軍事的先制行動も考えられない時にあって、同国を宥和しようとしていたのである。

クレムリンはあらゆる外的脅威の高まりの緩和を期待して、二月二十六日、ペルシャとの友好条約に署名した。新任のテヘラン駐在ソヴィエト大使は、ほかでもないセオドア・ロスタインである。その間、クラーシンは対英通商協定の条文仕上げのため、モスクワに戻っていた。彼はルイーズ・ブライアントのインタビューに応じ、ソヴィエト・ロシアが他国の脅威になることはまったくないと否定した。「しょせん、第三インターナショナルなどという話は誇張されていて、ばかげている。われわれには必要を満たすだけの人間が国内にいない。ロシアの発展のために必要な最良の人材を国外に派遣するほど、われわれはばかではない。ボリシェヴィキの宣伝工作というこの化け物を取り除く最善の手段は、活発な貿易を始めることだ」(12)。ブライアントは自分の記事の中で、新たに署名されたアフガニスタンとの条約は旧ロシアの「帝国主義の」遺産を拭い去ったと強調。同地域に対する「イングランドの」支配の終焉を予測し(13)、カブール駐在のソヴィエトの使者たちは異例に大幅な外交的自由を享受している、と報じている。それから遠からずして、チチェーリンはトルコもソヴィエト・ロシアとの関係改善を望んでいると発表した(14)。共産指導部は一歩一歩、安全環境を改善しつつあった。世界列強のどの国も、まだソヴィエト・ロシアとの条約を締結してはいなかったが、その機会は着実に開けつつあった。

だが、もっと大きな騒動がペトログラード沖合で醸成されつつあった。二月二十八日、近くのクロンシュタット島のソヴィエト海軍守備隊が集会をもち、共産党による弾圧の中止を要求した。翌日、ミハイル・カリーニン以下のボリシェヴィキが、彼らと会合をもった。苦情の一覧は長大なものであった。水兵たちはボリシェヴィキによる政治独占に反対していた。彼らは各種ソヴィエトの自由選挙と政治テロの中止を要求。ヤミ販売のために農村部から食料を持ち込む「かつぎ屋」を阻止している市郊外の封鎖部隊を非難した。カリーニンは情勢の鎮静化に失敗し、間もなくクロンシュタットで公然反乱が起きた。トロツキーは冬期間を労働組合問題の議論に費やしていたが、クロンシュタット奪還のための適切な計画の欠如を嘆き、三月五日、最高司令官S・S・カーメネフとともに、ある軍事命令に共同署名した。反乱水兵が当局の警告を聞き入れなければ、彼らに向けて航空支援を伴った赤軍の大軍を展開するというのである。[15] クロンシュタットが反乱の姿勢を変えないと、二日後、弾圧手段が取られた。その象徴性は誰の目にも明らかであった。クロンシュタット水兵は一九一七年には、ボリシェヴィキに対する政治的・軍事的支持の屋台骨であった。どちらの側にも妥協の余地はなかった。彼らは、今度は自分たちの期待を裏切ったとしてレーニンと党を攻撃しているのである。

こうした出来事の影が差す中で、第十回党大会が三月八日に開幕した。政治局はそのときにはすでに、望ましい政策の方向について明確な考えを持っており、レーニンに政治局提案を説明するよう要請した。農民は私的利潤のために、穀物収穫の一部の売却を認められるようになる。労組はより強力な国家管理に服することになるが、トロツキーが要求するほどの度合いではない。ポーランドとの平和条約が批准される。外国への権益譲渡が奨励され、対英通商協定案が承認される。レーニンは、党は党権力への脅威に無慈悲に対応する必要があると強調した。農民反乱とクロンシュタット水兵反乱は、どれも粉砕しなければならない。共産党が戦時経済政策からの後退を行っている間、党内規律は引き締めなければならない、と。レーニンは党内分派の禁止を求め、労働者・農民に経済政策決定への決定的影響力を持たせるよう要求する「労働者反対派」を、ボリシェヴィキ原則からの「逸脱」であるとして非難した。こうした提案は、どれ一つをとっても議論のあるものであった。だが、クロンシュタットに関するニュースが不吉になるにつれ、レーニンと彼の一派が大会に彼らの意思を押し付けることが容易になった。共同の目的のために戦う緊急の必要性がある、というコンセンサスが生まれた。労働者反対派でさえ、レーニンによる悪罵に目をつむり、クロンシュタットに対する軍事作戦への従軍を志願した。全代議員七百十七人の四分の一が、ただちにモスクワの大会を後にし、北へ向かった。(16)

トロツキーは大会で労組問題についてはかなり詳細に、提案された農業改革に関しても少々話したけれども、(17)クロンシュタット問題ではレーニンと肩を組み、軍指揮権をトゥハチェフスキーに委譲。反乱は春季の雪解けまでに片付けなければならない、と政治局に警鐘を鳴らした。いったん氷が解ければ、反乱水兵は再び外国と連絡をつけることができ、反乱は極めて深刻になる。タンボフ県は連合国の詮索の目から遠く離れているが、クロンシュタットはフィンランド湾にあり、外国からは船舶で容易に近づけるのである。状況の重大さが分かっていないとして、トロツキーは中央委員会を批判した。(18)

時には激論が交わされたものの、党大会はすべての重要政策問題で主流グループが勝利し、三月十六日に閉幕した。アゼルバイジャン共産党員は、バクー油田の外国企業への貸与に反対を繰り返した。だが、大会スケジュールのきつさが、不同意を表明したい代議員を縛ってしまい、新経済政策は誰も布告草案を読む暇がないまま、大急ぎで承認された。英ソ通商問題は最後まで残され、カーメネフがそれを説明する時間もほとんどないまま、議事は終了し、全員が起立してインターナショナルを斉唱した。レーニンが議事進行を差配してきており、中央委員会選挙では指導部内の彼の同僚がやすやすと多数を獲得した。そして、党内派閥の禁止とは裏腹に、レーニンはトロツキー支持者の数を減らすと同時に、彼らを書記局から一掃することによって、まるで一派閥を率いているかのように振舞った。レーニンの見解によれば、トロツキーは労組に関する余計な論争を党に押しつけた代償を払わなければならない。しかる後に初めて、二人は再び相互信頼の下に働きはじめることができるというのである。レーニンはこれを一つの優先課題と見ていた。共産党指導部は二人が仲違いしている余裕がないほど、多くの緊急事態に直面しているのである。

レオニード・クラーシンと商務相ロバート・ホーンによる協定署名をもって、ロンドンで通商協議が完了したのは、まさにその日のことであった。人民委員会議が祝杯を上げる一方で、ロシアの敵たちは、むべなるかな、意気阻喪した。ロイド＝ジョージは、ボリシェヴィキがすべてを失ってもおかしくなかったちょうどそのとき、彼らを救ってしまったのである。[19] 赤軍は三月十七日にクロンシュタットに突入。タンボフの反乱は最高潮にあった。ウクライナとヴォルガ地域、および西シベリアの他の諸県は、ボリシェヴィキ人民委員に対し武器を手に立ち上がっていた。連合国がソヴィエト独裁を打倒したいと思うのであれば、人民委員会議と和解しその経済をテコ入れするには最悪の時であった。反ボリシェヴィキ勢力はぼう然と眺めていたが、ポーランドが三月十八日にリガ条約に署名すると、彼らの不運はいや増した。政治局は嵐を乗り切った。三月十九日、政治局員は穀物徴発廃止布告の最新草案を検討し、翌日、農民の支持を求めて同布告の発布を承認した。[20] ボリシェヴィキは尖鋭化した緊急事態の冬を紙一重で生き延びた――そして、この結末において英内閣が果たした役割は決して小さくなかったのである。

ソヴィエトの革命主張に関するロイド＝ジョージの無頓着ぶりは、数日後の三月二十四日、ドイツ共産党がベルリン蜂起の扇動を視野に、ゼネストを呼びかけたことであらわになる。この行動への励ましは、モスクワの一部共産党指導者から来ていた。彼らのうちの主役はジノヴィエフ、ブハーリン、ラデックである。明らかにレーニンとトロツキーを蚊帳の外において、彼らはベラ・クーンをコミンテルン全権代表としてドイツの首都へ急派した。クーンはいまだハンガリー革命政府崩壊の痛手に苦しんでいて、ドイツ社会民主党政権の打倒でベルリンの同志を支援したいと躍起になっていた。思慮深いドイツ共産党指導者パウル・レヴィは、これへの反論に努める。彼は一九一九年一月の事件をあまりにも鮮明に記憶していた。あのとき、スパルタクス団は人民の支持を欠いたまま権力奪取を試み、政府と軍と義勇団《フライコール》によって粉砕されたのだ。レヴィはあの大失敗はなんとしても避けたかった。

ところが、クーンはコミンテルン幹部の威厳と権威をまとってベルリンに来ていた。彼はレヴィが党規律を破る厄介者として扱われるように手を回した。ドイツ共産主義者はドイツに共産化の機が熟していると考えるがゆえに入党したという事実を、彼は当てにしていた。ボリシェヴィキが一九一七年十月にロシアで開始したような革命の再現を、ドイツ共産主義者は熱望しているのだ、と。彼はエルンスト・テールマンと、街頭行動への衝動的欲求をもつ若者指導者グループに近づいた。ストとデモが組織された。さまざまな宣言が発表された。その時が来たら使うために、ライフル銃が入手された。ドイツ共産党指導部は急速に自信を深め、支持者に対し「三月行動」として知られるようになる行動の開始を指示した。クーンの計画は空想に基づいていることがたちまち明らかになる。労働者階級の多数は、選挙で選ばれた社会民主党政府の転覆をまったく望んでいなかった。一九一九年三月のミュンヘンには、ともかくもソヴィエトの類似物があった。ベルリンにはそれに類するものがまったくなかった。破綻したクーンのハンガリー共産主義共和国といえども、多数の労働者の支持を集めていた。一九二一年初めのベルリンでは、社会民主党の方が共産党より人気があった。共産党は小規模で経験に乏しく、それが街頭へ繰り出すと、三月三十一日には国防軍と警察が潰乱に追い込んでしまった。

モスクワのボリシェヴィキは恐れた。三月行動を事前に知らされていれば、レーニンとトロツキーはそれを認めなかったに違いない。実際、彼らはロシアとドイツの粗忽者たちに腹を立てていた。ラデックとブハーリンには先見の明の評判はまるでなかったし、ジノヴィエフはいつも、ペトログラードの権力奪取に絡む一九一七年の逡巡の埋め合わせをしようと躍起だった。政治局は彼らへの譴責は控えたものの、代わりに彼らはコミンテルンのドイツ共産党批判を受け入れ、承認することを余儀なくされた。スケープゴートを見つけなければならなかった。言語道断なことであるが――将来に向けドイツ共産主義者を屈服させる手段として――レーニンは、パウル・レヴィを標的にした。レヴィは三月行動が始まる前にこれを止めようと努力した当の本人である。ところが、彼は党規律に違反し、粗忽者たちの方は完全な忠誠心をもって行動した、ということにされた。

ソヴィエトはすでに、国内では弾圧で、国外では転覆活動で広く知られている。クロンシュタットの反乱から日をおかずに起きた三月行動の結果、ソヴィエトは宣伝工作活動を強化せざるを得なくなった。ルイーズ・ブライアントは、トロツキーの発言を忠実に国際通信社（ＩＮＳ）に伝えた。トロツキーは、一九一七年の革命的水兵はずっと以前にクロンシュタットを去っていたと嘘の主張をし、反乱は主として、タリンに亡命し残りの駐屯地に影響力を広げた白軍海軍将校の仕業であると付け加えている。(21) メンシェヴィキと社会革命党員は「労働者階級がそれを踏んで、反ソヴィエト反革命に滑り込むバナナの皮(22)」のように活動しているのだ、とも彼は主張している。ブライアントはばか正直に、クロンシュタットを些細なハプニングとして扱っている。一連の電文の中で彼女は、米国企業は対露交易を始めれば巨大な利益を上げることができる、と力説している。米国工業産品をロシアの原材料と交換する。それは完全な対等関係になり得るのだ、と。(23) 彼女は北極圏の北にあるウフタの「矯正居留地」の状態について、おそらく何も知らなかった。そこへは、反乱指導者らが処刑されたあと、政治局の命令により「クロンシュタットの無法者水兵」が送られていたのである。[24] 彼女は最近ベルリンに行ったことがなく、同地の街頭で労働者の生命が無意味に失われたことを直接知ってはいなかった。ソヴィエト・ロシアについての夫ジョン・リードの懸念のことは知っていたのであり、彼女には外国人ジャーナリストとしてそれを調べる機会はあった。だが、それを完全に怠ったのである。

冬から春へと季節が移るにつけ、共産党支配の先行きは依然として不透明であった。経済面での妥協と政治面での無慈悲さが、あの大規模な大衆の抵抗に打ち勝っていた。ボリシェヴィキは、権力維持に必要なぎりぎりの線まで譲ってきた。内戦には勝ったが、和平のための恒久的な計画はまだない。彼らの政策は首尾一貫した行動計画ではなく、内外政策面の諸問題を解決できていない。一般戦略について、ボリシェヴィキがこれほど混乱していたことはなかった。彼らの新たな措置は、当面する緊急事態から彼らを解放しつつあった。だが、そうした措置が、世界の他地域ではなくロシアに共産主義を実現する道を提供するものであることを、党が示さなければならないのはこれからであった。

第31章 第二の息継ぎ期

「新経済政策」は一般に、一九二一年のロシア経済再生をもたらしたとされているが、実は農業改革の権限付与法は同年四月まで可決されていない。地域での私的穀物売買を許可することについて本気であることを、当局が農民に納得させるのに数ヵ月を要した。強制徴発と義務労働、そして内戦下での際限なき徴兵の三年間は、農村部に不信と恨みを醸成していた。タンボフの反乱が鎮圧されたのは、一九二二年も数ヵ月経ってからである。ヴォルガ地域一帯には飢饉が広がっていた。ソヴィエト当局は、ただ農家に春の播種を完了させるだけのために、赤軍を動員しなければならなかった。

しかし、長らく待たれていた英露通商協定はたしかに、真の経済回復を促進した。ペトログラードは再びロシアの主要港になった。タリンには輸送の突然の急増に対応する倉庫が足りなかった――そして、ドイツの敗戦後は、言うまでもなく、もはやアルハンゲリスクに依存する必要はなかった。(1)

一九二一年四月、『プラウダ』紙はソヴィエト当局がすでに英国から米、ジャム、塩漬け牛肉、野菜、ニシンを買い付けはじめていると報じている。対英貿易が再び動き出すと、クレムリンは米国・カナダとの通商関係が間もなく整うだろうと期待した。とはいえ、経済の緊急事態は依然として深刻であった。ロシアはかつて国内需要をまかなって余りある石炭を産出していた。それが今や輸入に頼らなければならないのだ。[2] もっとも、最優先課題として、工場と村落の間の物資交換の車輪に潤滑油をささなければならない。トロツキーは農民が必要とする物資を優先する輸入戦略を呼びかけた。こうすることで農業活動を刺激して、新経済政策を成功させようと狙ったのであり、彼は大型資本財の購入はしばらくはあえて控え、金準備の残りはそうした目的のために使うよう要請した。少しでも不足があれば、それを埋め合わせるために木材と石油、穀物を輸出すべきなのだ——そしてトロツキーは、ヴォルガ地域の農民が栄養失調で苦しんでいる事実によっても、この戦略からぶれることはなかった。[3]

対米通商条約という共産主義者の希望は、その前年に選挙勝利した大統領ウォーレン・G・ハーディング率いる新政権によって雲散させられる。一九二一年三月二十五日、国務長官チャールズ・エヴァンス・ヒューズは、ソヴィエト・ロシアには経済協力のために必要な条件が欠けているとするウィルソン政権下で確立された政策を再確認した。リトヴィノフの提案はぞんざいに袖にされた。[4] その公式の立場をもっともよく説明しているのは、商務長官に任じられたばかりのハーバート・フーヴァーである。彼は人民委員会議《ソヴナルコム》が合法的権力であることを否定し、共産主義者が資本主義を悪とみなしている間は、ロシアの経済復興は実現しないだろうと予言した。新経済政策によっても、フーヴァーの考えはまったく変わらなかった。法の下の権利としての私有財産の保証を拒否しておきながら、米国からの借款を求めている間は、ボリシェヴィキは信用され得ないと彼は論じた。[5] フーヴァーはまた、ソヴィエト政権が金とプラチナ、および宝石以外に何かを大量に売れるとは思わなかった。[6] このことは、米国企業がソヴィエト政府との個々の契約に署名しているというニュースを、彼が歓迎する妨げにはなっていない。靴と農業用具がロシアで大量にさばけつつあった。[7] だが、企業が共産主義者と取引をするのなら、自らのリスクでそうしなければならないというのだ。フーヴァーは米企業とロシアとの取引を止めるつもりはなかったが、米企業を支援する気もなかったのである。

英露通商協定で成功したばかりのクラーシンは、ソヴィエト・ロシアと米国は互いの政治体制が異なることを認め合うよう呼びかけた。米国はロシアが経済復興に必要とする工業機械、鉄道車両、および無数の部品を供給することで利益が得られる、と彼は繰り返した。ロシアには支払い能力があり、ソヴィエトの金《きん》は汚れてはいない。毛皮、羊毛、剛毛、革、そして石油はすでに直接取引に用立てる用意ができているし、人民委員会議は木材伐採と漁業、金属鉱業の権益のために外国企業に入札を呼びかけているのだ、と。クラーシンはロシアを、再発見されるのを待つエルドラド〔スペイン人がアマゾン流域にあると想像した黄金の国〕として描いてみせるのであった(8)。

しかしながら、外国人向けにはクラーシンが誘惑的な絵を描いて見せる一方、国内の反抗する市民に対しては、ソヴィエト指導部が対抗措置を一段と峻烈にした。ストは交渉によって解決されたが、事態が沈静化すると、共産党当局は特定した騒ぎの火付け役に報復するのが通例であった(9)。赤軍は休む暇を与えられなかった。ミハイル・トゥハチェフスキーはタンボフ反乱の鎮圧の任に就けられた。彼はこの目的を達成するため、いかなる容赦ない手法もいとわず、抵抗が頑強な地区では故意にテロを採用している――そしてクレムリンは、彼の仕事の進行具合について完全に情報を得ていた(10)。南部ロシアとウクライナ、および西シベリアの広い地域には、他の軍部隊が配置された。武装抵抗に遭うところでは、共産党当局は武力でもって応えた。そして歩兵と砲兵の後ろには、農民に新経済政策の利点を説く教宣家チームが従っていた。村人たちは政治的従順の見返りに、いくらかの供出要件を満たしたあとは、自分の利益のために収穫を商う自由を手にすることになるのだと説明を受けた。そして、政府は農家向けの工業製品の配給を加速すると約束した。最初にムチを、次にニンジンをというわけである。

にもかかわらず、ボリシェヴィキの間には新経済政策についての大きな不安が残っていて、一九二一年五月の党協議会で論争が爆発する。政治局の措置の擁護は、レーニン一人の肩にかかっていた。彼は普段は自己憐憫にふける人物ではない――彼のモットーの一つは「ひるむな!」である。そうではあっても、指導部内に健康障害が蔓延したために、自分が過度の重荷を背負うことになったと指摘している。トロツキーは原因不明の慢性病にかかり、ジノヴィエフは二度の心臓発作からの回復途上にある。二人とも協議会に出るほど体調万全ではない(実際は、ジノヴィエフは三月行動をめぐり自分の評判を守るため、束の間出席している)。カーメネフも心臓病のために活動を休止。ブハーリンは議事開幕の数日前まで病み上がり状態にあり、スターリンは急性虫垂炎でダウンしていた。たしかに、党中央委員で全ロシア労組中央評議会議長のトムスキーは、活発に政治活動をしていた。だが、トムスキーは労働組合に党管理からの自由に関する未公認の保証を与えてしまったため、レーニンは彼に立腹――そして一時は彼を中央委員会から除く運動をしている[11]。レーニンはしばしば独裁者と評され、実際、一九二一年春にはソヴィエト・ロシアの最高指導者の地位に近づいた。しかしこれは、手が空いていて協力する用意のある同僚指導者がほとんどいなかったからにすぎない。

この重荷を降ろしてしまうと、レーニンは新経済政策の防衛で陣頭指揮をとった。彼がそうしていなければ、公式の施策が無傷のまま生き延びたかどうか疑問の余地が残る[12]。内戦期間中、ボリシェヴィキは農産品の強制徴発が共産主義の生活様式にふさわしいという考えに慣れてしまっていた。復活した市場や外国資本家との取引は、彼らにとって忌まわしいことであった。レーニンは三月の党大会では批判らしい批判も議論もなく切り抜けたものの、今回の党協議会では激しい、執拗な攻撃に耐えなければならなかった。しかしレーニンの批判者らには、国家による規制と経済計画の強化を要求する以外、ほとんど代案がなかった。ロシアの現状でこれは極めて難しい。危険でもある。協議会としては、十月革命と内戦を通じてこの状況をまねいた一人の指導者を、あえて倒す気にはなれない。レーニンはすばやくその雰囲気を感じ取り、私的企業所有は一時的なものにすぎないと強調し、全員を励ました。

国際問題は、レーニンにはもっと扱いやすかった。ベルリンから着いたばかりのエルンスト・テールマンは、三月行動の敗北にもかかわらずドイツ労働者は大挙して共産党に目を向けつつあると強調した(13)。実際、ベラ・クーンはロシア共産党が同行動に拍手を送ってくれると期待した。彼とジノヴィエフは、レーニンと軍事人民委員がこの問題では見解が割れていると吹聴して回り、トロツキーを激怒させた。レーニンはトロツキー支持に同意し、ドイツでの大失敗の責任者たちを非難する。ラデックはコミンテルンに関するレーニン報告で、規律に従うよう命じられた。従順にも彼は、敗北の主因はお粗末な指導部にあると説明した。ラデックによれば、パウル・レヴィが蜂起計画に反対したことはいうものの、ドイツ共産主義者の牙を抜いてしまったのだが、他のドイツ指導者も驚くほど無能であった。とが、ラデックはまた、ヨーロッパ資本主義の現今の安定は、将来の衝撃に対して脆いだろうと指摘し、コミンテルンは生起する混乱状況に乗じる準備をしなければならないと論じた。彼はトロツキーの分析、およびハンガリー共産主義者イェネー・ヴァルガのそれに従っていた。パリ講和取決めが本質的に安定を欠くと論じる際、J・M・ケインズも引用している。米国が自信の根拠をそなえた唯一の国だとラデックは主張する。英仏、イタリアのような戦勝国といえども、困難を抱えている。資本主義諸国間の対立は根深いのである、と(14)。

これは、ドイツにおける早期の再蜂起の試みへの支持表明に近く、レーニンははっきりさせるために割って入り、「無論、ヨーロッパに革命が到来したら、われわれは政策を変える」と述べた。だが、これがいつ起きるかについては誰しも合理的な推測はできない、と彼は強調した(15)。ソヴィエト各紙は、モスクワの国際的優先課題は資本主義列強との通商である、とするメッセージをただちに伝えはじめた——そして、革命戦争に関する記事は姿を消した。

上院議員ジョセフ・I・フランスは、政治局に希望をもたせ続けた。一九二一年五月、米国の国益は対露通商にあると確信し、彼は自分の目で事情を視察するためモスクワへ向け出立した。出発前に『ニューヨーク・タイムズ』のインタビューに応じ、自分の意図を説明している。「それは政治的にも経済的にも、個人の見解の問題ではない。承認は現実政治の問題だろう。わが国は故ツァーリの体制を認めていなかった。ソヴィエトを認める必要はないのだ。上院にも私が認める必要のない多くの同僚議員がいるからね[16]」。トロツキーはフランスとの会見をお膳立てするようリトヴィノフに依頼した[17]。実は、リトヴィノフは彼を入国させたくなかったのだが、ワシントン・B・ヴァンダーリップを認めておきながら上院議員に国境を閉ざすのはばかげている、とクラーシンがレーニンとチチェーリンを説得したのである[18]。それでも、ソヴィエト官僚は著名な「ブルジョア」政治家との接触にはぬぐい難い嫌悪感を共有していた。フランス議員はリガからの道中、すし詰めの二等客車をあてがわれ、自分の寝袋を手に入れる必要に迫られた[19]。個人助手や通訳の同行は禁止、ロシア刑務所の米国人の拘留について質問することも禁じられた[20]。

それでも彼はモスクワでレーニンとの会見を取り付け、米国内で公に表明していた以上に米ソ関係を熱心に支持した。後でレーニンはチチェーリンに語っている。

私はフランス上院議員との会談を終えたばかりなのだが……彼は大きな公開集会で同志マルテンスとともに、いかにソヴィエト・ロシアを支持したかを私に語ったよ。彼はいわゆる「リベラル」で、日本、英国等々から世界を救うために米・露・独の連合を支持しているんだ[21]。

フランス議員は正式外交承認の熱心な支持者となって米国へ戻る。「ロシア政府が政治に適ったやり方で状況に対処していることが分かった」[22]。レーニンとトロツキーに対する彼の支持は、無条件であった。クロンシュタット反乱についてのソヴィエトの公式説明までうのみにし、水兵の間で騒動をたきつけたとして、米国赤十字のエドワード・W・ライアン大佐に責任を押しつけた[23]。

ヴァンダーリップの模範にならい、ロシアでの事業に関心をもった米国企業家の一人に、合同薬品化学会社のアーマンド・ハマーがいる。一九二一年十一月、彼はウラルでのアスベスト採掘権契約に署名している。生産高の一〇パーセントをソヴィエト政府に渡すことが条件の一つ[24]。米国の新聞はたちまち疑念を書きたてた。この事業にはハマーの父親ジュリアスもかかわっていたのだが、彼はその頃、妊娠中絶を行った罪でニューヨークのシンシン刑務所で服役中であった。ジュリアス・ハマーが、マルテンスとヌオルテヴァが運営するロシア・ソヴィエト広報事務所に所属していたことも周知の事実である。次いで、ハマーの会社の他の重役はソヴィエト政府との契約のことはまったく知らないこと、同社はアスベスト生産にはまるで関心がないことが明らかになる[25]。アーマンド・ハマーは術策にたけた人士であり、ソヴィエト指導部とのつながりはその先、彼に富をもたらすことになる。彼は活動を商売だけに限らず、クレムリンのために政治的密使を務め、事実上、クレムリンの情報工作員になっている。ボリシェヴィキ支配下のロシアにおける彼の私的事業の成功によって、他の事業家もハーバート・フーヴァーの警告をよそに、契約を結んでも安全だと確信するようになった[26]。

レスリー・アーカートまでが人民委員会議への反対運動をやめた。ソヴィエト支配下の在ロシア資産はまず回収できないと分かると、彼はどのような取引を交渉できるか調べるため、一九二一年六月、旧敵クラーシンに接近している[27]。七月、自社のロシア・アジア統合会社の年次総会で発言し、考え方の転換を提案した。

私とクラッシン《ママ》との話し合いは現実的、有益かつ友好的なものでありました（拍手）。こう申し上げるのは、通常の環境下ならば、経済に適用された資本主義と共産主義のような敵対する二つの体制の代表が、了解の基礎を見出すのは困難であったからであります。資本主義が財産権と経済活動の自由を擁護する一方、共産主義はこれら両方の原則を否定するのであります(28)。

こうした積極的な支持は、西側企業家の思考にゴールドラッシュ効果を与える、レーニンとクラーシンはそう期待した。アーカート問題は政治局で一年以上にわたって繰り返し議論されている。スコットランド鉱業界の大物との妥当な取決めに合意できれば、それがその他の権益譲渡のモデルとして使えることを、ソヴィエト指導部は理解していた(29)。

ハーバート・フーヴァーもロシアのことを諦めてはいなかった。一九二一年夏、ロシアとウクライナにおける飢饉救済を求める小説家マクシム・ゴーリキーの訴えに、彼は温かく応えている。米国救済委員会はヨーロッパ各地の事務所を閉めつつあった。ゴーリキーはその活動を大西洋の向こう側へ引き揚げず、東方へ振り向けるようフーヴァーに要請した。フーヴァーは、やはり人民委員会議による基本的保証が必要だと回答した。ロシア国内の米国人囚人は釈放されなければならない。米国から赴く救済委員は自由に移動し、地元委員会を組織し、ソヴィエト領土に持ち込まれる食料を管理できることが必要である、と(30)。

喉に刺さったトゲは、米国救済委員会がヨーロッパでの初期の活動の中で、不実な行動をしたとする申し立てであった。一九一九年にフーヴァーの下僚であったT・C・グレゴリーは、ニューヨークの雑誌『ワールズ・ウェルス』で、同委員会がハンガリーでベラ・クーン政府の転覆を試みたと主張していた。米国内の人民委員会議のシンパは、この議論をモスクワに通報し、グレゴリーの記事はソヴィエトのパンフレットに再掲された[31]。フーヴァーの慈善活動は西側による軍事介入行動の最初の策動になるのではないか、とトロツキーは懸念した[32]。オデッサ訪問の際、彼はこう言明している。

しかし、われわれがハンガリーではないことを覚えておくべきだ。われわれは日の浅いソヴィエト共和国ではない。われわれは反革命との戦いで鍛えられてきた。われわれには特別な諸機関がある、チェカーがある。チェカーは愛されてはいないが、われわれは反革命を愛しはしない。そこでわれわれはフーヴァーにこう言う。「君の企てにはリスクがあるぞ」と[33]。

トロツキーは米国人の裏切り行為に警戒を呼びかけた。レーニンは同意し、党中央委書記モロトフに、米国救済委員会を信用してはならないと書き送った。彼は同委員会の活動を日常的に監視するよう、トロツキーとカーメネフ、およびモロトフに提言した。実は、彼はさらに踏み込んで、フーヴァーが「罰される」ことを望んでいた。彼の見解では、フーヴァーとその部下は「悪党でうそつき」であり、仮にもソヴィエトの内政に干渉することがあれば即刻、追放もしくは逮捕する必要があるというのだ[34]。

グレゴリーの名が話に登場するたびに、フーヴァーは彼を呪った[35]。ロシアの内政への介入は厳に避けよと命じもした[36]。だが時すでに遅く、米国内での彼の困惑は避けられなかった。「ロシア飢饉救済」――これは親ソの一組織である――のウォルター・W・リゲットは、グレゴリーが書いたことを巧みに利用した。米国救済委員会の当局者は、新聞紙上で自己弁護しなければならなかった。そこで、ロシアでの活動を指揮するジョージ・バー・ベイカーは、リゲットの政治的非難は米国からの穀物輸送がなければ死んでしまう飢餓の人びとへの支援になりはしない、と指摘した(37)。

これには所期の効果があり、ソヴィエト指導部は間もなく、自分たちに破格の申し出がなされていることを、どうにか理解するようになる。フーヴァーは食料と医薬品を無償提供すると提案し、人民委員会議には種籾《もみ》の代金だけを求めているのだ(38)。トロツキーはルイーズ・ブライアントにこう語っている。

ロシアの飢餓大衆に多大な支援をしてきたARA〔米国救済委員会〕が同時に、米国の支配分子がロシアの深奥に伸ばした高度に有能な触覚であったのは当然至極だ。ほかのどのヨーロッパの国《(ママ)》より、米国はわれわれの現実をあるがままに見てきた。米国有産階級の世論が、収集したデータを消化し、そこから適切な結論を引き出すまでは、われわれが待つ番だ(39)。

これではとても無条件の支持とは言い難い。したがってそれは、米国支援の受け入れについて、政治局には人道的理由以外のわけがあったことを示している。事実、政治局は自前の飢饉緩和努力に力を入れていない。輸出収入は、穀物購入よりも工業投資に振り向けられていた。ソヴィエト指導部は農民を案じるかの如く話してはいるが、現実には、政治局はロシアの工業力・軍事力の復興の方に関心があった。数千人の農民が餓死するなら、させておけというわけである。

ソヴィエト体制がその支配を固めるにつれ、ロシア人によるボリシェヴィキ打倒の企ては下火になりつつあった。チェカーはペトログラードとモスクワで発見した反共グループ数団体を首尾よく一掃した。不撓不屈のボリス・サヴィンコフは、これらのグループと結ぼうと試みていた。彼は、工業家アレクセイ・プチーロフから資金を得ようともしていた。これがチェカーを煩わせることは、ほとんどなかった。チェカーはロシアのそうした活動家を投獄、ないし処刑してしまったのである。[40]一九二一年六月十三日、サヴィンコフは自称「ロシア疎開委員会議長」として、ワルシャワでの反ボリシェヴィキ大会の開催で、シドニー・ライリーと連絡を取り合った。この会合はマルシャウコフスカ通りの個人アパートで開かれるほど小規模であった。討論の議題になったのは、全般的国際情勢のほか白軍運動の破綻、亡命者の立場、それに連合国の姿勢であった。[41]しかし十月、サヴィンコフはリガ条約後のモスクワからの圧力で、ポーランド当局によってワルシャワから追放される。かくして、ロシア人が積極参加する反ソヴィエト・ロシア十字軍の、最後の熱心な活動家は、西ヨーロッパへ去ることを余儀なくされるのである。[42]チェカーはソヴィエト領内のすべての反革命組織を排除したことを誇った。クレムリンの勢力範囲は、その領土をはるかに越えて広がるように思われた。

ヨーロッパ中の首都で、ロシア人亡命者は結集した。パリでは保守派ピョートル・ストルーヴェと自由主義者コンスタンティン・ナボコフ、それに元ボリシェヴィキのグリゴリー・アレクシンスキーが率いる「国民統一」大会があった。[43]ポール・デュークスは反ボリシェヴィキの公然運動を続けており、一九二一年二月、米国講演の旅に出立。帰国後間もない十一月、シドニー・ライリーおよびボリス・サヴィンコフと連絡をつけた。ハロルド・ウィリアムズとも出会っている。[44]だが、彼らの企てはすべて、現実よりも希望が先に立っていた。ヨーロッパと北米のどの政府も、反ボリシェヴィキ軍事行動にもはや興味はなかった。

連合諸国政府が後ろに下がると、ソヴィエト・ロシアでの収益を目指す国際競争が真剣に始まった。フランスの公式政策はこれをほぼ不可能にしていたため、対露金融商工業連盟は救いを求めてニューヨークに目を向けた。「米国の著名な公人フーヴァー氏」に近い人物にコネをつけようという考えからである。ロシアの旧経済エリートが新ロシアとの通商に復活の道を見出す際、米国救済委員会が何らかの形で援護を提供するかもしれない、と思われていた。[45] 同委員会の大志にいち早く気づいた人物の一人は、シドニー・ライリーであった。メインコースをにらみながら、彼は目の前にぶら下がっている利益の分け前をせしめようと腹を固めており、英国政府に代わって積極的にヨーロッパで物品を買い占めていた。彼がある種の「ロンドン駐在ボリシェヴィキ使節団とのつながり」を持っていることは、ヴァンゲリの情報将校が感づいていた。戦前のロシアでの彼の財務不正は、そのころには周知の事柄になっていた。英国秘密情報部の身辺調査に関する情報を入手するまでもなく、白軍将校はライリーが偽名であることはほぼ間違いないと言明している。だから、彼の英国支配層とのコネが好機を提供しているにもかかわらず、在ロンドンのロシア人政界は彼と距離をおいているのである、と。[46]

少なくともしばらくの間、ソヴィエト指導部は資本主義諸国との「平和的共生」に甘んじた。レーニンは『クリスチャン・サイエンス・モニター』紙とのインタビューで、この用語を使っている。ソヴィエト・ロシア国内でそれを世間に広め、「ブルジョア共和国」との「協力」を呼びかけたのは、アドリフ・ヨッフェであった。[47] しかし、ヨッフェは一つ条件を提示し、この政策はモスクワにいかなる軍事的威嚇も向けられないとの保証があって初めて意味を持つと強調した。赤軍は国境の陣地から撤収することで善意を示す。資本家がロシアと通商するのは利他主義からでも、単なる貪欲からでもなく、スモレンスクからウラジオストクの間に横たわる膨大な天然資源へのアクセスなくして世界経済は復興し得ないからである。共産主義者はしたがって、情勢を静観することができるのだ。労働と資本の戦いは、世界中でやむことはなく、「世界プロレタリア革命」は党の目標であり続ける。しかしながら、ボリシェヴィキ支配を持続させようとすれば妥協が必要なことを、すべてのボリシェヴィキ指導者が学んだ――というのである。[48]

ロシア人なら誰もが知っていて、外国人訪問者もすぐに気づいたとおり、ソヴィエト支配はその底辺では混沌状態にあった。公式政策と現実は往々にして大変異なっていた。汚職がまん延していた。交通機関も不正確極まりなかった。だから、米国救済委員会のウィリアム・J・ケリーは一九二一年末にリガからモスクワへ行こうとしたとき、予定にはない道中の長い停車の間、暖を取るまきを手に入れるため、機関士に賄賂を渡さなければならなかった。[49]おまけに、ボリシェヴィキは、外国人による権益買収をうながす党の公式政策をしょっちゅう妨害した。国際機械製作工連盟の会長、ウィリアム・H・ジョンストンはラトヴィアで足止めを食わされ、モスクワ行きのビザを入手することもできなかった。[50]こうした苦難はどれも、米国救済委員会の驚くところではなかった。委員会はロシアでビジネスを行う危険について、国内の企業家に警告しているのだから。ソヴィエトの条件がとても不快な経験を強いることに企業家が気づいても、それは自己責任にすぎないのである。通商条約に反対する米国の公式姿勢は続いている。ハーバート・フーヴァーは執念深かった——だから、ワシントン当局が祝福を与えるまでは、ヴァンダーリップの有名なカムチャツカ投機を含め、いかなる米国の権益事業もシベリアで大規模に営まれることがないように仕向けた。[51]

経済復興が続くためには、ソヴィエト指導部がなすべきことはまだ多くある。だから、レーニンとトロツキーの間で高まる対立は、いま一度の有害な論争の口を開く可能性を秘めていた。二人は工業発展の速度と方向性をめぐって、意見を異にしていた。トロツキーは重工業への投資を優先し、国家中央経済計画の仕組みを導入したい考え。レーニンは、これが農民との和解の妨げになることを恐れた。彼は私営小工場に農村部の必需品生産の自由を認めることを優先した。[52]少なくとも当面は、レーニンが政治局と中央委でより大きな支持を得た——そして、政治状況は沈静化した。十月革命は平和の最初の丸一年を生き延びたのである。

第32章 消えざる炎

ボリシェヴィキは峻厳さを保ち、信念を保持してきた。彼らが選んだ仮名までもが、不屈の意志を表している。スターリンは鋼鉄を意味するロシア語から来ており、モロトフはハンマーに由来する。彼らの世代は、帝国を拡張し経済を転換するために世界的に武力が使用された時代の薫陶を受けていた。ボリシェヴィキはこの精神の強靭さを、自らの教義と実践に採り入れた。工業家や金融家、地主がいかにして世界の覇者になったかを、彼らは見ていた。自らの目で見た無慈悲さと楽観主義に学んだのである。自らが嫌悪する資本家と同じように、彼らは伸るか反るかの賭けをした。十月革命はつねに一つの賭けであった。しかし、その代償が数百万のロシア人の死と涙と飢餓によって支払われたにもかかわらず、革命は彼らにとっては成功なのであった。共産主義者は柔軟性を証明してみせた。彼らは妥協を嫌ったけれども、イデオロギーから最小限の皮一枚を削り取ることに慣れた。ボリシェヴィズムは、人間は限りなく柔軟で、限りなく適応性があるという理念に依拠していた。ソヴィエト・ロシアの支配者らは労働者階級の利益のために、全生活体系を再構築することを目標にしていた。だから、労働者が自らの最大利益のありかを未だ理解していないのであれば、共産主義者が彼らに代わって革命を実行するまでだ、というのである。

ボリシェヴィキ指導者と活動家は、たとえレーニンの『国家と革命』やトロツキーの『テロリズムと共産主義』を読んでいなくとも、厳格な独裁を実行するためには党とチェカーと赤軍が必要だと信じていた。ボリシェヴィキは一九一七年を経験するはるか以前から、その独裁的傾向で知られていた。だから、彼らは資本主義からの「人民」の自己解放を可能にしたいと望んでいたのに、これを実現するためには権威主義的管理の枠組みが必要であると信じていた。内戦が終結するころには、大規模テロ、恣意的裁判制度、社会に有害な諸グループに対する政治的差別が規範となってしまっていた。上・中流階級（ブルジュイ）は「以前の人間」として扱われ、僧侶・元警察官とともに市民権を剝奪された。あえて革命前の美麗な衣服に身を包んで町を歩き回る元実業家はまれであった[1]。農民、職人は産物やサービスを売るいくらかの自由を得はしたが、共産主義者の最終目標は変わらなかった。経済総体がいつの日か、強力な国家機関によって所有、計画、規制されなければならないのである。ボリシェヴィキは魂の技師だ。彼らは社会全体に新しい集産主義的精神構造を創造するつもりであり、目的達成のためなら欣然として血の海を渡るのであった。

ボリシェヴィキはなお、万人に潤沢な物質的・文化的豊穣をもたらすという目標を持っていた。教育と医療はすでに無料であった。貧困者には可能な限りどこでも、住宅があてがわれた。労働組合は個々の労働者の苦情を取り上げることができた。党活動家は、労働者階級の若者を当局の地位に登用しはじめた。その夢は「プロレタリア国家」を一段とプロレタリア的にすることであった。

米国人ジャーナリスト、アンナ・ルイーズ・ストロングは新経済政策の初期にロシア入りし、温存されている理念について証言している。彼女は企業家にまでボリシェヴィズムの熱意が染み込んでいるのが見られると報告している。飢饉に苦しむヴォルガ地域への旅を描写し、彼女はメモ形式でこう書く。

飢饉の中心地サマラで私が出会い、そして村の炊き出しを組織するために通訳として同行したイーストサイド出身の小柄なユダヤ人。ひどいアクセントで英語を話し、肉体的に魅力なし。ついで私は、彼が再開したばかりの二つの小工場の支配人で、工場はサマラの町を修繕するためのドアと窓を製造していることを知った。彼は機械工だった。ただの釘さえどこにもないという国で、自分が組み立てた二、三台の機械がとても誇りだった。(2)

共産党員であるにもかかわらず、彼は労働者を出来高払いの仕事に雇う公的認可を獲得したと自慢していた。こうして、彼らは月額十五ドル相当を稼ぐ。彼自身は配給品と宿泊場所を受け取るだけ。それ以上は無料奉仕である。妻も働かなければならないし、子どもは国営子どもの家で養わなければならない。だが彼に文句はない。「ロシアの建設に、熱意とエネルギーと幸福感(3)」でいっぱいだったのである。

ストロングは手前味噌な物語にひっかかった多くの外国人の一人であった可能性があり、実際、ほぼ確実にそうであった。だがロシアの状況は、いずれにせよ複雑だった。ロシア国民は軍事的・政治的混乱から立ち上がる途上にあって、目前に提示されつつある共産主義の、しばしば複雑な理解と実践の方法に馴染もうとしていた。

アイヴィ・リトヴィノフは大方の古参ボリシェヴィキの矛盾した生活様式に、疑いの目を向けている。彼女の疑念は一九二〇年、ロンドンから来たリトヴィノフとコペンハーゲンで合流したときに芽生えた。「私たちは豪華ホテルに滞在し、彼は毛皮コートを着て大きな葉巻をふかすといったことをしていたわけです。私はあれほど金権的な彼を見たことはないし、私たちには常時、車がありました(4)」。

しかし彼女は、彼の得点になるかつての出来事も回想している。ペトログラードからモスクワ行きの列車に乗った際、鉄道当局は空の車両一両を彼の独占使用に供した。自分を乗せるために他の乗客が追い出されたことを知ると、リトヴィノフは乗客を元通り乗せるよう強く迫った。[5] ブルジョア化のぶざまなプロセスを経験したソヴィエト指導者は、ひとえにリトヴィノフだけではなかった。クラーシンが好個の例である。ベルリンのホテル「アドロン」で銀行家たちが彼のために催した内輪のディナーで、彼は辺りかまわずこう述べた。「われわれが試みた共産主義は失敗だったことが分かったので、修正しなければならない」。ウェイターの何人かは急進社会主義者であり、この驚天動地の発言を盗み聞くと、しばしキッチンで仕事の手を止めた。[6] だが、国際通信社（ＩＮＳ）は「クラーシンは［ソヴィエト］ビジネスの利益のために、銀行家をからかっていただけ」と判断した。ところが、共産党指導者が旧上流階級の娯楽に走る傾向は強まり、見まがいようもなかった。リトヴィノフとクラーシンは真面目な共産主義者だ。だが、享楽的でないとはいえ、彼らは特権を自らの権利として受け入れはじめていた。

米国人記者フランク・メイソンは、カール・ラデックがソビエト・エリートの服装の放埓に逆らっているのを見て、ラデックは「映画のボリシェヴィキのような」服装をしていると書いた。メイソンは解説する。「彼がアナーキストの役者を詰めこんだ部屋にいても、ためらいなく見つけ出せるだろう」。ラデックはもじゃもじゃした褐色の口髭をたくわえ、頭髪は櫛を入れておらず、巻き毛が「繊細でほとんど女性的な」顔を縁取っていた。汚れた毛皮の上着に長い黒の革ズボンをはいていた。[7]

アイヴィ・リトヴィノフには、モスクワで身を置いた共産主義者の生活環境が不快であった。誰にでもマクシムの妻兼助手として紹介されたり、子どもと衣服のことしか話したがらないソヴィエト指導者の妻たちの仲間に入れておかれたりするのが嫌だった。[8] 一九二〇年代初め、リトヴィノフ夫妻はハリトネンコ・ハウスに住んでいた。[9]アイヴィの新しい親友はアレクサンドラ・コロンタイ、その親切さと陽気さゆえに気に入った著名なボリシェヴィキであった。[10]コロンタイは政治局に対する厳しい批判者であり、労働者反対派の支持者として名を馳せていたので、交遊は夫のキャリアにはそれほど有益ではなかった。だが、この二人の女性はほかの理由でも意気投合した。アイヴィはD・H・ローレンスのファンで、自由恋愛を信じており、奔放な性的関係で大方のロシア共産主義者を怒らせたアレクサンドラに同好の精神を見出したのである。アイヴィとアレクサンドラはすばらしく馬が合った。二人は共産党指導者らへの幻滅について、互いに打ち明け合った。そして、アイヴィは多くの点でレーニンを賞賛してはいたけれども、彼が「頑迷固陋の聖人」だと信じるようになった。[11]

ハリトネンコ・ハウスに対する彼女の嫌悪は、ロンドンの彼女に「一度こちらへ来れば、君の目玉は飛び出るだろう」[12]と誘いの手紙を書いていたマクシムをびっくりさせた。彼女自身は高級店で買い物をし、子どもたちのために女性家庭教師を雇ったが、アンティーク家具は悪趣味だと思った。[13]彼女はモスクワの貧困層の状態とエリートの快適な生活の間にある格差にショックを受けている。「私は赤の広場で、今にも倒れそうな女性を見ました。人びとは同じようにして彼女の周りを歩いていて、誰も止まらない。おお、もちろん…すべての女性がショールを着けていたので全員が農民だと私は思いました、全員が農民であることはまったく確かだったし、それはまったくの見当違いじゃなかった[14]」。アイヴィは共産主義者ではなかったが、共産主義者にはより多くを期待してきた。

「私は社会主義の国へ行くのだと思った。はっきり覚えているけれど、私はしょっちゅうそう思っていた。そして私が思ったことの一つ——なんてすばらしいのだろう、それまで物が私を捕えて離さなかったわ。それには抗えない。それを時々投げ捨ててしまうというのは、とてもすばらしい。お払い箱にするの。理由は分からないけれど私はどうしてかこう思った、さあ自分は物——これは財産のことだったと思う——がたいした意味を持たない国へ行くんだって…物がこれほど問題になる場所はかつてなかったことに、私はすぐさま気づきました」

工業生産の崩壊により、人々はなんでも所有物にしがみつくようになり、ショーウィンドーで見る物を買う余裕のある家族は、ほとんどなかった。(15)

ボリシェヴィキは一九一七年の年、ロシア社会主義がただちに達成可能であることを否定しているとして、社会革命党とメンシェビキに対する批判に明け暮れた。今やボリシェヴィキは市場の復活を監督しており、都市に毛皮コートを着た闇屋を、農村にしばしば「富農《クラーク》」として知られる裕福な農民を登場させたのは彼らの「新経済政策《ネップ》」であった。公然たる政治的反対はもはや不可能であったが、反ボリシェヴィキ急進派は自分たちのメッセージをほかの方法で流布した。風刺歌はその一つ。社会革命党員の歌謡は次のようだ。

俺は安酒場で食べている
どんぶりから粥を、
トロツキーとレーニンは自慢している
「俺たちゃロシアを丸ごと飲んだ!」と
安酒場でお茶飲みながら
もう恐れるものは何もない
俺のボスはボリシェヴィキ

そして俺は不当利得者[16]！

選挙でボリシェヴィキに対抗出馬する権利を否定され、人民委員会議《ソヴナルコム》の敵たちは、政治闘争を続行しようとすると不断の逆境に立たされた。ついに一九二二年、ソヴィエト当局の忍耐は尽きることになり、社会革命党員の残党が見世物裁判にかけられる。レーニンはメンシェビキに対しても同様の措置を取りたがった[17]。

だが共産党エリートは新経済政策に対する根本的な不安を、決して拭い去ることはなかった。厳しい制限付きとはいえ、資本主義の再導入は密かな反革命の始まりになるのではないかと恐れた。夫マクシムがレーニンの政策にいかにひどい反応を示したかを、アイヴィ・リトヴィノフが回想している。「［彼は］ひどく沈んでいた。彼はそれが必要であることが分かっていた、と私はあとで思ったのだが、彼はなんと沈んでいたことか。彼はすべてが売られてしまったと感じていた……彼はそれほどひどく、ひどく沈んでいた[18]」。ボリシェヴィキの妻たちはボリシェヴィキと同じように考え、書いたのであり、説明の中で個人的気分を描くことは通常、思いもよらなかった。しかしアイヴィ・リトヴィノフは標準とは違っていた。英国人であり、政治にはほとんど関心がなく、小説家の目と耳を持っている。彼女の夫が経験する意気消沈は、ほぼ間違いなく広く共有していたのである。

とはいえ、収益の自由は結果的にロシアを益すると期待する人びともいた。彼らにとっては、新経済政策は教条的共産主義の壁に開いた最初の望ましい亀裂であった。私有市場経済の活動に対する残余の制限は、いずれ撤去されるだろうと彼らは論じた。彼らは憶測に夢中になった。多分、ボリシェヴィキ党は永遠の内的変化を経験していて、狂信的イデオロギーを捨て、何が達成可能であるかについて現実的な評価をするようになりかけている、というわけだ。シベリア戦線の向こう側、満州のハルビンでは、亡命ロシア知識人たちはボリシェヴィキがナショナリストに変わりつつあると確信するようになった。実際、内戦を生き延びたボリシェヴィズムが、ロシア帝国領土を中央管理下に回収することに熱心であるのは事実なのだ。ボリシェヴィキは疑いなく、ロシアを再び軍事大国にしたがっていた。発展した工業社会を創出し、普通教育を広めたいとも考えていた。彼らはピョートル大帝以来、ロシアが知る最も野心的な近代化主義者であった。ツァーリと保守派、自由主義者と社会主義者が失敗した地点で、赤旗の下に成功を収める能力がある民族的英雄である、と彼らをみなす人びともいた。

ボリシェヴィキ指導部にはこの方向で学ぶところがあったのは疑いなく、ソヴィエト国家はその暴力的、抑圧的狂信行為から決別しようとする圧力に、とても超然としてはいられまいとするハルビン在住亡命者らの判断は正しい。パリの元大使ワシーリー・マクラコーフは同意している。彼は内戦勝利を可能にした赤軍内の民族主義的精神を持った分子を大目に見ずして、ボリシェヴィキが生き延びられるとは思えなかった。[19] ロシア国内でも十月革命が徐々に「正され」、「穏健化され」、「文明化され」つつあるとささやかれていた。さまざまな職業を横断して、共産主義者にならないまでも共産主義のロシア近代化熱を歓迎する人びとがあった。教師たちは新鮮な教育学の理念を自由に実験した。経済学者は生産と供給を計画・規制する機会に引きつけられた。科学者はそれが使える限り、潤沢な資金の約束を歓迎した。ソヴィエト・ロシアが自らの無慈悲さを自賛する無慈悲な警察国家であるのは、分かりきったことなのだ。ロシア人亡命社会と西側の楽観主義者はロイド=ジョージの路線を取り、軍事戦線越しにレーニンおよびトロツキーと対峙するより、彼らと握手し、商売をする方が得策であると信じていた。

欧州列強が一九二二年四月、ヨーロッパの未解決の国際問題を解決するためジェノヴァに会したとき、ドイツ政府にはロイド=ジョージのさらに先を行く独自の理由があった。暗殺の可能性があると考えられたレーニンに代わり、チチェーリンが出席した。トロツキーは同じ理由で欠席した。人民委員会議により財産と投資を没収された人びとに対する債務をロシアが認めるまでは、フランスはロシアとの交渉を拒否したため、ソヴィエト代表団と西欧連合国との交渉は成果がなかった。ロシアとドイツは明白な結論を引き出したため、両国とも除け者国家なのだ。両国代表団は相互利益になる幾多の点を見出し、イタリア海岸をさらにサンタマルゲリータ、ラッパロまで下ったのだが、そこでの討議は迅速かつ実り多いものであった。そしてロシアを完全に外交承認し、輸出入の道を開く条約が署名された。人民委員会議は大型の通商契約に署名するようドイツ企業を誘うチャンスと見た。ドイツがソヴィエト領内で自軍を編成・訓練することによって、ヴェルサイユ条約で科された軍事的制約をすり抜けるため、秘密取決めも結ばれた。ソヴィエト領内であれば赤軍は最新技術を目にし、コピーすることによって利益を得るのである。

ボリシェヴィキは国内の敵を殲滅、国外からの脅威を中立化しつつあり、レーニンの確固たる指導がソヴィエト体制の生き残りにとって肝要であった。経済は回復基調にあり、社会は戦争と混乱の歳月から立ち直りつつある。だが、一九二四年一月にレーニンが死去し、それに続く権力闘争を勝ち抜いたのはスターリンであった。彼は独自の粗暴なやり方で、経済の脱私有化を手始めに急進的変革を導入した。強制工業化が奨励された。国有と国家規制と国家計画が、生産と分配の隅々まで広がった。旧「専門家」は、新たに訓練・登用された「赤い」熟練工にとって代わられた。文化批評のためのわずかの水路が廃止された。ソ連内の多くの非ロシア諸民族の民族的熱望との妥協に、終止符が打たれた。自由闊達な教育上のイニシアチヴは、機械的学習にとって代わられた。分派的異議申し立ては、指令によってだけでなく実践上も党から排除された。スターリンの計画を妨害ないし弱体化させるとみなされた著名人士に対する裁判が組織され、労働キャンプの刑罰ネットワークが百万人を下らない犠牲者をのみ込んだ。チェカーは内務人民委員部（ＮＫＶＤ）に組み込まれ、少なくともボリシェヴィキ党と同じ重みを獲得した。

これは世界を驚かせただけではない――それは、他の諸国からは安全に隔離された国内的現象だと広く考えられてもいた。しかし、ソ連の外交政策はヨーロッパ政治を不安定化させる潜在性を失ってはいなかった。元大使ボリス・バフメーチェフが述べたように、ボリシェヴィズムは、究極的には西方へ拡大するか、さもなければ衰退消滅する危険を冒さなければならないのであった。ボリシェヴィズムがそれを好むと好むまいと、軍事主義はボリシェヴィズムがおかれた状況に内在していたのである[20]。資本主義諸国政府との条約はただ一時の休息をもたらすことしかできないため、クレムリンの支配者らは自国の安全保障のために、外国の革命を必要としていた――それに、反ソヴィエト十字軍の可能性は常にあった。いずれにせよボリシェヴィキは、世界資本主義は深刻な内的不安定に陥りやすく、それは共産主義の政治的拡張の好機を提供する世界戦争と経済恐慌に不可避的につながる、と確信していた。コミンテルンは工作員と助言と資金を世界中に送り続けた。その指導の下に、数十の新たな共産党が社会主義革命の大義を宣伝した。一九二三年にドイツで、もう一つの同じく破滅的な蜂起未遂が起きた。スターリンが当初反対したことは別として、それは政治局全体の支持を受けていた。エストニアとブルガリアでも都市蜂起の未遂があった。そんな期待外れにもかかわらず、モスクワの共産党指導者らは外国の革命に対する希望を断念しなかった。そして、ドイツは最大の目標であった。

彼らは表向き、ドイツ共産党は外部からの支援なしに革命を起こさなければならないとするふうを装っていた。これは、コミンテルンがモスクワから自立しているとする見方に劣らず語弊があった。閉じたドアの背後では、ソ連指導部はどんなドイツ革命が起きるにせよ、それを支持するために赤軍を派遣する覚悟であった。西側連合国は、ヨーロッパ中央部に共産主義国家が存在することを決して容認しないだろうし、ヴェルサイユ条約に違反するいかなる試みにも反対するだろう。いま一度のヨーロッパ大戦なくして「ヨーロッパ社会主義革命」はありそうもない[21]。ベルリンにおける革命は大陸規模の流血への第一歩となる。ボリシェヴィキ指導者らはこれを、マルクス主義革命の大義のために支払う価値のある代償と考えていたのだ。ヨーロッパ東部・中東部の諸国民が、共産主義が間もなく再び前進を始める可能性について無頓着でいられなかったのは、驚くに当たらない。企業所有者は自分の財産を心配し、僧侶と信者らは心の自由が踏みにじられることを恐れた。数百万の人びとは、ただただ平和を切望した。ボリシェヴィキは彼らに休息を与えるつもりはなかった。

かくして、最初の「冷戦」はソ連と連合諸国の間で、一九四五年以前にも始まっていたのだ。一九二〇年にエセル・スノーデンの念頭にあった「鉄のカーテン」は、一九四五年の後にヨーロッパ中部を縦断したそれとは、明らかに違っていた。主として彼女の念頭にあったのは、グローバルな二つの政治・軍事同盟間の政治的・イデオロギー的・軍事的対峙というより、世界からのロシアの孤立であった。だが、その第一の「冷戦」が一段と大きく、危険なものに転化する可能性はすでにあった――そして、それはソ連が一九三〇年代の工業化と一九四四‐四五年の第三帝国に対する東部戦線での勝利によって大国になったとき、一つの現実となるのである。

十月革命は、一九一七年時点で大方の観察者が思った以上に長く続いた。スターリングラードとクルスクの戦いでドイツ国防軍《ヴェールマハト》の背骨をへし折り、赤軍は一九四五年にベルリンに一番乗りした軍隊であった。レーニンとトロツキーの夢だった共産主義の拡大は、スターリンがヨーロッパの東半分をそっくり共産化したとき実現した。彼は直ちに、ソ連の新たな工業力を米国との軍事的均衡の達成に振り向けた。北大西洋条約機構（NATO）とワルシャワ条約機構という二つの巨大な軍事同盟は、互いに全面戦争は手控えた。代わりに、政治・経済・イデオロギー上の競争激化を含む第二の「冷戦」

が起きた。そして一九七〇年代までには、地表の四分の一が共産主義国に支配されていた。米ソ間の緊張はしばしば軍事衝突寸前まで行ったが、幸いにも両陣営は瀬戸際で踏みとどまった。一九八〇年代にソ連で根本的な構造改革が行われると、冷戦はその凶暴さを減じはじめ、一九九一年のまさに最後の日、レーニンとトロツキーがペトログラードで権力を奪取して七十年後、ソ連は自らの内的変革の圧力の下で崩壊したのである。

一九一七年から九一年にかけ、西側はソヴィエト・ロシアに、錯綜した対応をしてきた。果てしない論争があった。外国人の中には共産主義者になり、自国内の革命的変革のために働く人びとがいた。ロシアとの平和共存を目指し、通商と文化交流がボリシェヴィキの過激性を着実に浸食していくだろうと期待する人びともいた。もう一つの思潮は、そうしたいかなる妥協がなされることも遺憾であると考えた。一九二〇年代には反ソ十字軍の支持者はほとんどいなかったけれども、多くの人びとが再び経済的隔離を科すことを支持した。

ソ連史は、ソヴィエト共産主義独裁の初期の年月には誰も予期できなかった激しい紆余曲折をたどったのであり、後知恵という特権をもってあの時代の人びとの無邪気さを評定する誘惑は避けなければならない。彼らは困難な状況に直面していた。連合国と中央同盟国の戦争では、交戦国の細心の注意が要求された。ソヴィエト革命政府を喜んで承認する連合国政府は皆無であり、正常な外交関係は中断された。しかしながら、ボリシェヴィキ支配の明らかな脆弱さのため、外国列強がボリシェヴィキの生存能力を疑問視することは理にかなっていた。ソヴィエト政府を打倒したり、それが与える外的脅威に対抗したりする真に有効な方法を採用するのも容易でなかった。対ボリシェヴィキ強硬路線を望む西側指導者はおしなべて、自国内の労働運動と政治・商業ロビーからの圧力という両面からの妨害と闘わねばならなかった。いずれにせよ、彼らの軍事遠征は常に、共産主義打倒には小規模すぎた。白軍は、連合国の支援を受けても畢竟、赤軍の敵ではなかった。かくして、西側による直接的転覆の試みは失敗した。だが、このことはソヴィエトの勝利が決定づけられたことを意味するものではまったくなかった。それどころではない。ボリシェヴィキは一九二一年、自国の農民と水兵と労働者の手であやうく打倒されかけた。ロイド＝ジョージがまさにその瞬間を通商協定の調印に選び、ソヴィエト経済の救済に手を貸してしまったとする点で、ロシアと西側で彼を批判する人びとには一理あったのである。

しかし、どんな言い訳をしても、西側の政治指導者らがソヴィエト共産主義の目標と潜在能力について、豊富な情報を有していたことは疑いない――だから、ウィンストン・チャーチルが常にソヴィエト・ロシアをありのままに見ることができたのであれば、ほかの政治家もそうできたはずである。西側外交官や情報機関員は彼らによく仕えた。そして、外交官がロシアの地を離れた後は、工作員と電信技士、ジャーナリストが国際情報報知のギャップのほとんどを埋めた。重要決定を下す指導者にとって、共産主義が視野から隠されてしまうことは決してなかったのである。その情報がしばしば断片的で、矛盾していることさえあったのは事実だが、評価を下すには十分な情報であった。ところが政治家は、その内容が気に召した時にだけ報告に基づいて行動した。彼らはおおむね直観と予想に基づいて行動した。政策は迅速に決定され、知的な自己疑念は抑圧されてしまった。

ソ連指導者もまた自らの直感を信じ、自らの偏見に合った助言だけを聞き入れた。迅速かつ断固として行動することにかけては、彼らは西側指導者より一段と強い圧力を受けた。革命は間断なく脅威にさらされていた。外交・安全保障問題での無為が安全な選択肢でないことは、すべてのボリシェヴィキがわきまえていた。一国ないし複数の西欧連合国と条約を結んでも、それは一時的な安心をもたらすにすぎない。ソヴィエト・ロシアは、ソヴィエト・ドイツが登場するまでは脆弱なままである、と彼らは考えていた。共産主義者は一九一七年以降に起きたすべての出来事を、長年抱懐してきた仮定のプリズムを通して解釈した。十月革命のあらゆる後退の中に、西側の悪意の手を見た。レーニンとトロツキー、スターリンはともかくもこの点では一致していた。第一次世界大戦における勝利により、連合国は世界に覇を唱える立場に立ち、その利益を収穫したのは連合国の実業家たちであった。ソヴィエト・ロシアは共産主義体制を打倒せんとする十字軍に対し、防御を固めなければならなかった。クレムリンは、戦勝国が行動を起こすわずかの機会にも警戒していた。だが、世界が革命の軸を中心に回転しているように思われたときにあって、共産主義思想のイデオロギー的核心は不動のものであった。

一九二〇年代初めの世界を眺めて、共産党指導者らは数カ月前よりも楽に息ができた。西欧指導者らは「ロシア問題」からしばしの間、顔をそむけた。彼らは一九一七–二一年の時期、共産主義に取って代わりそこね、そして今度は解決すべき自らのジレンマを数多く抱えていた。彼らはロシアの騒動がロシア国境内にとどまることを願った。長年、そのとおりになった。しかし、一九四五年にポーランドを横断してドイツに入ったとき、赤軍は近隣諸国とその他の世界に対する一段と大きな脅威を伴ってやってきたのであった。

後記

初期ソヴィエト・ロシアのこの歴史を生きた多くの男女は、一九一七－二一年の異常な諸事件ののちも公事を左右し続けた。静かな隠棲に入った人びともいる。一九一七年の十月革命は――連帯か、さもなければ対立の形で――いっとき彼らを集合させた。それは激烈な経験であった。まことに、彼らの大方がそれまでに遭遇した最も激烈な経験であった。だが、革命の旋風は彼らをその渦に巻き込むと間もなく、彼らをさまざまな運命が待つあらゆる方向へと否応なく散開させた。何人かは老齢まで生き長らえたものの、何人かは突然の早世を迎えた。

自分の死後に何が待っているか、レーニンはまったく想像できなかっただろう。この戦闘的無神論者の遺体は防腐処理をほどこされ、礼拝的展示のため赤の広場に特別に造られた廟のガラスの棺に納められて、今日に至っている。ソヴィエト連邦その他諸国の共産主義者がレーニンの想い出に敬意を表するにつれ、彼は擬似宗教的信仰の対象に変容したのである。第二次世界大戦後、「マルクス＝レーニン主義」はヨーロッパ、アジアその他の国々で公式イデオロギーになった。ソ連解体後二十年になる今日もロシアでは、レーニンは敬意をもって遇されている。トロツキーの場合は違っている。一九二九年、政治的覇権をめぐるスターリンとの闘争に敗れたあと、トロツキーはソ連から追放され、次いで一九三〇年代の悪名高い見世物裁判の一つで、被告不在のまま死刑判決を受けた。コミンテルンに対抗する国際共産主義組織〔一九三八年発足の第四インターナショナル〕を設立したものの、統治の座にあったころのような影響力を回復することは二度となかった。トルコ、フランス、ノルウェーと亡命地を転々としたあと、トロツキーは最後にメキシコに避難場所を見出し、一九四〇年、同地でクレムリンが放った刺客に暗殺される。トロツキー支持者は今も彼をあがめてはいるが、現代政治への彼らの影響は小さく、泡沫化する一方である。

レーニン死後、フェリクス・ジェルジンスキーは公式指導部に幻滅、慢性的健康障害に陥り一九二六年に死亡している。アドリフ・ヨッフェは政治的反対運動でトロツキーに合流するが、一九二七年、スターリンとの闘争継続を呼びかけるメモをトロツキーに残し、絶望のうちに自殺する。ゲオルギー・チチェーリンは病気に加え、スターリンが政策に関する彼の助言をますます閑却するようになったことに疲れ果て、一九三〇年に引退。一九三四年の彼の葬儀はひっそりしたものであった。レフ・カラハンとカール・ラデックは一九三〇年代の「大粛清」で消えた。カラハンが反対派の行動から距離をおいていた事実は、彼の救いにはならなかった。対照的に、ラデックはトロツキーを公然と支持した。彼は政治的転向を図り、トロツキーを攻撃することで自らの地位を救おうとしたが、見世物裁判に引き出され、労働収容所システムの中に放り込まれて、そこで一九三九年に死亡している。マクシム・リトヴィノフは自由の身で一九五一年に死亡。(1) 彼はスターリンにまめまめしく仕える一方、内輪では妻アイヴィに不服を伝え、長年逮捕を恐れながら生きた。アイヴィ・リトヴィノフには、なんとか耐え忍ぶ強靭さがあった。一九七二年、英国へ出国する許可を得て、同地で五年後に死亡するまで著述に専念した。(2)

ソヴィエト支配下の領土を去ったあと、反ボリシェヴィキ派司令官どもの運命は悲喜こもごもであった。ピョートル・ヴランゲリはシベリアで死亡している。一九二八年の突然の死は、彼の執事の兄弟が何らかの理由で彼を毒殺したのではないかとする疑惑を生んだ。ニコライ・ユデーニッチはフランスのリヴィエラに隠棲し、一九三三年に平穏のうちに死ぬまで、亡命社会のしがらみを避けとおしたアントン・デニーキンはフランスと米国で、一九四七年までごくひっそりと生き続けた。ひっそりと生き続けた。シモン・ペトリューラもフランスへ行き、一九二六年にパリの街頭で暗殺されている。これは赤系と戦った最も有能な司令官、ユゼフ・ピウスーツキがワルシャワでクーデターを実行した年でもある。彼は大統領になるのは拒否しながらも、一九三五年に死去するまでポーランドの実権を握り、外交・軍事政策を差配した。

西欧連合国指導者は大戦後も一定の影響力を保った。ウッドロウ・ウィルソンは、米国の加盟は実現し損ねたものの「国際連盟」樹立の目標を達成した。肉体的衰弱から大統領三期目には立てず、一九二四年に死去。対ソヴィエト・ロシア政策を展開する上で彼の朋友の一人であったハーバート・フーヴァーは、一九二九年に米国大統領になるものの、大恐慌の影響が出るにつれ、次の選挙では敗北する。しかしヨーロッパでは各国が、大戦末に諸国を飢饉から救ってくれた彼の先験的人道事業に敬意を表した。レイモン・ポアンカレはヴェルサイユ条約後、さらに四度首相になり、一九二三年にはドイツに賠償支払いを強要するためラインラントに軍を送る。死去は一九三四年。ジョルジュ・クレマンソーはヴェルサイユ後間もなく引退、強大なドイツを打ち破った「トラ」と広くたたえられた。死去は一九二九年。デイヴィッド・ロイド＝ジョージはこれら指導者の誰よりも長生きするが、一九一八年の連立政府が最後となり、一九二二年に政権を失って二度と奪回できなかった。一九三〇年代における彼の愚行の中には、ヒトラーおよび第三帝国との和解支持がある。ロイド＝ジョージの死去は一九四五年。そのころには、彼の友人でライバルのウィンストン・チャーチルが、彼に代わって国民の尊敬を勝ち得ていた。この一九一八年の反ソ主戦論者は、一九四一年にはスターリンとソ連の同盟者になる。第二次大戦後、チャーチルは再びソヴィエト共産主義への敵意を強める。そして一九四五年の選挙で敗北するものの、一九五一年に首相の座に返り咲く。一九六五年の葬儀では、戦時の救国者としてその死が悼まれた。

一九一七－一八年の西欧外交官は、職業特有の慎重さで行動した。ジョセフ・ヌーランスはフランス政界に戻って、一九二〇年に上院議員になり、一九四四年に死んだ。サー・ジョージ・ブキャナンはロシアに関する国民的議論で、時々思い出したように活動的になった。しかし、健康状態が良かったためしはなく、一九二四年に死亡。一九二七年には、デイヴィッド・フランシスがあとを追っている。結果としては、ウィリアム・C・ブリットが後年、最も注目を集めるようになった外交官である。パリ講和会議を批判したことで、彼は一九三三年の在モスクワ米国大使館開設の最適任者として、大統領フランクリン・ルーズベルトの目にとまる。この新任大使は、共産ロシアについての初期の幻想を拭い去ってはいたが、ソヴィエト指導者らは彼を、ワシントンが自分たちに好意的に耳を傾けるよう取り計らってくれる可能性のある人物として歓迎した。

一九二四年、ブリットはほかでもないジョン・リードの妻ルイーズ・ブライアントと結婚している。しかし、彼女の不貞を知って一九三〇年に離婚した。もし夫と一緒に腸チフスで死んでいれば、彼女はクレムリンの壁の下で彼と一緒に永眠していても不思議ではなかった。そうはならずに、彼女はロシア共産主義の初期のほかの応援団とともに、歴史の脚注に追いやられてしまった。アルバート・リース・ウィリアムズは、ソ連の抑圧状況を十分認識していたにもかかわらず、一貫してソ連批判を避けた。第二次大戦中は、スターリン支持の太鼓を打ち鳴らして米国内を講演して回った。英国では、モーガン・フィリップス・プライスが一九二九年に労働党議員に選出され、一九三一年、ラムゼイ・マクドナルドの挙国一致政府に入閣している。この政治の右傾化にもかかわらず、モーガン・フィリップス・プライスはレーニンの近くで過ごした時代を懐かしがって書いている。[3] ベッシー・ベイティは、ニュース報道からMGMスタジオの映画台本作家に転身した。作家の自衛組織である国際ペンクラブの米国事務局長も務め、一九四七年に死去するまでニューヨークでラジオショーの司会として働いた。

ジョン・リードは一九二〇年に死んだが、彼の著作は生き続け、世界の主要言語で出版された。一九二二年には米国でロシア飢饉救済版が、レーニンの序文付きで出ている。[4] リードはコミンテルンの寵児であり、クレムリン外側にある記念碑の口絵写真が付いたロシア語版が、モスクワで出版された。[5] 米国共産党員は彼をたたえてジョン・リード・クラブを創設した。リードの時代記録はしかしながら、スターリンのことには触れておらず、実際彼はトロツキー、ブハーリン、カーメネフ、ジノヴィエフといった共産党指導者について、生き生きとした評価を表明している。一九四〇年末までに彼らはことごとく死亡している――人民の敵として殺されたのである。同書はソ連の図書館から回収され、その後の外国語版出版は、翻訳著作権の一部を所有するコミンテルンによって阻まれた。一九五三年のスターリン死後、後継者ニキータ・フルシチョフは再び出版権を与えたが、トロツキー、ブハーリン、カーメネフ、ジノヴィエフはソ連では依然として死後の名誉回復を拒まれた。フルシチョフの公式文書執筆者らは、本文テキストに「説明のための」脚注を付けることによって、この難問を処理した。[6] 世界の共産主義運動はこの妥協に歩調を合わせ、リードの本は世界中で新版が出た――フィデル・カストロは、同書が若きころの自分にいかに有意義であったかを語っている。[7]

十月革命を目撃した西欧人士の多くは一九二〇年代初めまでに、すでにロシアを離れていた。しかし少数の例外があった。ジャック・サドゥールは被告不在のままフランスで死刑判決を受け、安心してフランスの土を踏むことができなかった。だが、ある米国人記者が気づいたように、彼の身なりはモスクワでは人目を引いた。「私は彼が異国の環境にあって、まったく幸福で、くつろいでいる印象を受けた。私が会ったとき、彼は英国ツイードのニッカーボッカーのスーツにウールのゴルフ用靴下、粋な茶色の靴をはいていて、それはうるさいまでに見かけを気遣っている表れであった」[8]。さまざまなコミンテルンの任務をこなしたあと、サドゥールは一九二四年にフランスに帰国、逮捕と裁判に服した。十五回の軍法会議が開かれた挙げ句、当時多くの人が驚いたことに、彼は無罪を言い渡され、軍の階級を回復された。その後、ソヴィエト紙『イズヴェスチヤ』のパリ特派員となり、ヒトラー＝スターリン協定〔独ソ不可侵条約〕の前および期間中、スターリンの外交政策をはっきりと支持した[9]。ソ連が第三帝国との戦争に入ると、ほっとしてドイツのフランス占領に抵抗する仕事を始めた。彼の死は一九五六年、モスクワではフルシチョフがスターリンを批判した年のことであった。

もう一人のフランス人、ルネ・マルシャンは一九一八年にチェカーの情報提供者として働いたあと、しばらくソヴィエト・ロシアにとどまった。彼は決してサドゥールほど満足していなかった。妻子とホテル「メトロポール」で快適な生活を送りながらも、彼は常時、神経の緊張にさらされているようであり、このことは彼がボリシェヴィキに運を賭けたことを悔やんでいるという憶測を生んだ[10]。最終的にマルシャンはトルコへ去り、そこでソヴィエト・ロシアとの縁を切って、数年間トルコ政府支持のパンフレットを書いたあと、人知れず死んだ[11]。

アーサー・ランサムとエヴゲニア・シェレーピナは一九二四年に結婚、のちに湖水地方〔イングランド北西部の景勝地〕へ移り住んだ。英国の公的生活からなるたけ離れた場所であった。彼女が再びソヴィエト当局のために働いたということは、仮にもなさそうである。もっとも、ランサムは自らに向けられた疑惑を長らく払拭できなかった。彼の行動に対する監視は一九三七年まで続き、その年になってやっと旅券事務所が「この人物の名前はもはやブラックリストに載せておく必要なし」[12]との通知を受けている。

彼は外国旅行を続けたが、ロシア問題への関心は失っており、子ども向け小説の執筆に精力をそそいだ。第二次大戦中もソ連に関する発言は控えた。「ツバメとアマゾン」シリーズは、数百万人の読者に楽しみを与えたが、この尊敬すべき物語作者がレーニンとロイド＝ジョージの間を行き来し、工作員S76として働いていたとは、読者は思いもよらなかった。結婚は長続きしたが、まったく円満とはいかなかった。トロツキーの元秘書は夫の奇癖にだんだん我慢がならなくなり、彼にはまるでその素質のないもっときちんとした人間に変えようとした。彼は名声の絶頂期の一九六七年に死んだ。彼女は彼より長く一九七五年まで生きた。長らく音信不通になっていた姉妹をモスクワに訪れて、三年後のことであった。(13)

初期ソヴィエト期のその他の英国工作員は、諜報機関との関係を続けた。サー・ポール・デュークスはさまざまな任務を務め、シドニー・ライリーは彼に、国会議員に立候補して共産党支配にはっきり反対を唱えるようせかした。(14)秘密工作員には珍しく、デュークスはセレブの雰囲気を身につけていた。上流の生活を享受しつつ、裕福な米国の有名女性と短いながらも破局的な結婚生活に入った。現代ロシアについて書き続けたものの、(15)彼の心は精神の探求にあり、着実に別の生き方の方へ引かれていくのを感じた。第一次大戦前、彼は東方の宗教関連の書物を読みあさっており、このことが究極的にはヨガを始める契機になった。後年、二度目の結婚をしたあと、ヒマラヤの村落を探検し、その宗教伝統を研究している。執筆量はおびただしく、音楽への関心に立ち戻ってからは、お気に入りのヨガ練習の伴奏メロディーを作曲。ダライ・ラマと文通している。一九六七年、女性客の一人が雪の中、デュークスの家の前で誤って彼に車をぶつけ、彼は足を折った。彼は気丈にこの負傷に耐えたものの、脳にも取り返しのつかない損傷があり、数日後に死亡している。(16)

デュークスと同様、ジョージ・ヒルも自らの情報活動の経歴について書き著している。彼は自分のために働いてくれた「女の子たち」のうち、何人かのソヴィエト・ロシア脱出を助け、そのうちの一人エヴェリンを一時期、二番目の妻にしていた。[17] 彼の著作は公務規則違反を含んでおり、彼はマンスフィールド・カミングの後任サー・スチュアート・メンジーズによく思われていないことを知らされる。[18] それでも、第二次大戦中は内務人民委員部（NKVD）との英国連絡将校としてソ連に送り返された。[19] 彼はのち、パルチザン向けの破壊活動に関するソヴィエト訓練教本の共著者だったと主張した。だからといって、ソヴィエト政治警察が悪意をもって、彼の元連絡要員の一人を同じホテルに潜入させる妨げにはならなかった。しかし、彼らにとってヒルは頭が切れすぎ、彼はソヴィエト側の交渉相手に公式の苦情を書き、そのコピーをロンドンへ送っている。[20] ラヴレンティ・ベリヤ配下のNKVDはその策略をやめ、ヒルは間もなくベリヤ本人と会って英ソ協力改善策を協議するようになった。どうやらベリヤは、ヒルが語ったと思われる検知不可能な毒物や自動式銃の消音器に鋭い関心を示したようである。[21]

ソ連と英米の大連合は戦後間もなく崩壊し、ヒルは西ドイツでの事業で身を立てる。[22] 彼の金儲けプランの一つは、シドニー・ライリーの伝記執筆であった。結局、ヒルの詳細なメモを使用してこの仕事をしたのは、ロバート・ブルース・ロックハートの息子ロビンで、この本はベストセラーになった。同書の終章は一つの不幸な話を語っている。ライリーは最初の妻マーガレットと離婚しておらず、彼女はまだ生きていたが、彼は一九一五年にナディーン・ザレスキーとの重婚関係に入った。[23] 一九二〇年にナディーンを捨てたあと、一九二三年に金髪のチリ人女優ペピータ・ハッドン＝チェインバーズ夫人との婚礼（これも重婚）を整えた。ライリーが一九二五年にロシア旅行の途中で消えると、ペピータは彼が残した興味深い草稿をもとに、彼の伝記を書き上げる。[24] 同書が出版されたときには、ライリーは死んでいた。チェカーは彼を再びロシアへおびき寄せて逮捕、尋問し、秘密裏に処刑したのである。

彼の未亡人とロビン・ブルース・ロックハートの著作によって、彼の名前は公衆の注目するところとなった(25)。テムズ・テレビジョンのシリーズは彼を「スパイのエース」として美化した(26)。彼はしばしばイアン・フレミングの工作員００７のモデルとして語られるけれども、実はライリー、デュークス、ヒルというあの三人組のうちの誰であれ、ジェームズ・ボンドを創作するひらめきを与えることができただろう。

　ロバート・ブルース・ロックハートは、一九三四年のハリウッド映画『ブリティッシュ・エージェント〔英国工作員〕』の主人公のモデルであったに違いない。この映画はレスリー・ハワードが「スティーヴン・ロック」役を、ケイ・フランシスが「エレーナ・モウラ」役で主演している(27)。ロックハートは一九二〇年代に在プラハ大使館に勤務、そこで大統領トマシュ・マサリクと親しくなっている。だが、チェコスロヴァキアのナイトクラブとシャンペンと美女を愛しながらも、ロンドンの上流生活に戻って最新の愛人との浮気を再開したいと熱望していた。職業を変えてジャーナリズムの世界に入ったあと、彼は『デイリー・エクスプレス』紙社主ビーヴァーブルック卿との友誼を通じて成功を収める。ロックハートはライリーと同様に放蕩であった。収入を補うために、ロシア時代の終わりまでを扱った自伝を執筆している。『ある英国工作員の回想録』はこの映画の大まかな下敷きになっているのだが、これは彼に莫大な著作権使用料をもたらしたものの、案の定、ソヴィエトの報道官を苛立たせた。モスクワの章は純粋に外交上の職務に焦点を当てているとはいえ、同書のタイトルは、彼が外交官にふさわしくない活動にかかわっていたとするソヴィエト側の公式の主張に説得力を与えていた。ロックハートはソ連での悪評を嘆いているけれども(28)、それはほかでもない彼自身の落ち度なのである。つまり、書き言葉の達人として、彼は「工作員《エージェント》」という単語の響きが販売部数を増やすと計算していたに違いないのである。

回想録の映画化権をワーナー・ブラザーズに売ることで、ロックハートは英政府《ホワイトホール》の誰もの神経を逆なでした。映画が公開される前、ハリウッドの彼の友人たちは、彼がレーニンに対する武装共謀の指導者として描かれる一方、モウラは彼を裏切った狂信的レーニン主義者に見えることに驚いた。彼らはロックハートに、その台本は「中傷的で、茶化している」と忠告する電報を送っている(29)。一九一八年には無論、ロックハートは本当にソヴィエト支配の転覆活動に従事していたし、一方のモウラは当時、ただ愛のために狂っていたにすぎない。ロックハートは用心深く問題を放置し、訴訟は起こさなかった。対独戦争が勃発すると、彼は政治戦総局長に任命され、一九四三年にナイトの称号を受けた(30)。一九四五年以降は定収の道を失い、豪奢な生活を維持するためにヨーロッパ国際問題から、釣り、モルトウイスキーにいたるまで何でも書きまくった。一九七〇年に死亡、享年八十二歳。

ロックハートがモウラをモスクワに置き去ったあと、彼女はマクシム・ゴーリキーの個人助手として働いた(31)。一九二一年にゴーリキーがイタリアへ去ると〔結核療養が理由〕、彼女はエストニアの家族のもとへ帰り、極めて短い交際期間を経てニコライ・ブドベルグ男爵と結婚。この結婚は一九二六年の離婚で終わる(32)。彼女はモウラ・ブドベルグとして短期間、再びゴーリキーと、ついでロンドンでH・G・ウェルズと一緒に住んだ(33)。しかし、彼女とロックハートは互いに惹かれる気持ちを失ったことはなかった。彼の回想録によって二人の情事が脚光を浴びることに、彼女は気分を悪くしたが、西側で自分の名前が知られるようになるという恩恵があることに気づいた。そして、彼女が英国居住許可を申請すると、ロックハートはうまく運ぶように当局との仲介を務めてやった。彼女は常にまばゆい生活に心惹かれていて、英国映画産業の制作部門に仕事を見つけた。彼女は通常の意味では、決して容姿端麗なわけではなかった。彼女にかくも魅力を添えているのは生への熱意であり、この資質は彼女が引退生活に入っても残り、男を振り向かせ続けるのであった。しかし、彼女の政治的忠誠が奈辺にあったのかは誰も断言できず、彼女はソヴィエトの工作員であった可能性があるとする議論は、しばしば行われている。そうした非難に対し、ロックハートは果敢に彼女を守った。[34] だが、彼は間違っていた。ソヴィエト公文書の調査によって、彼女が本当にNKVDの情報提供者になり、ほぼ間違いなくゴーリキーとウェルズについて報告していたことが明らかになっているのである。[35]

パイロットのメリアン・クーパー――「クープ」――は、映画の世界でモウラをしのぐ尋常ならざる経歴を持っている。ポーランドのあと、米映画界に入り、一九三三年に史上最も有名な映画の一つ『キング・コング』の脚本を共同執筆し、共同監督したのである。クーパーはラストシーンで自ら演じ、物語の終末で怪物コングをやっつける飛行機を操縦している。第二次大戦では、徴兵年齢は過ぎていたが空軍に志願。中国戦線航空機動部隊の参謀長に昇任し、米戦艦ミズーリ号上での日本の最終降伏を見届けた。[36] 一九五一年にはジョン・フォード監督の『静かなる男』で、プロデューサーとしてアカデミー賞候補になっている。死去は一九七三年。

そのほかの人びとは、ロシア時代のあと、それほど幸運な経験をしていない。クセノフォン・カラマティアノは、ハーバート・フーヴァーが食料支援を急送する交換条件として、米国人抑留者全員の釈放を勝ち取る一九二一年まで、ソヴィエトに拘留され続けた。その時まで米当局は、自国の有力情報機関員のためにほとんど何もしていなかった。チェカーが本国送還よりもはるか前にカラマティアノを釈放したのは、彼が二重スパイになることを承諾したからだという声もあった。国務省自体が彼の忠誠に疑いを抱いていたようである。同省はワシントンで彼を温かく迎えたとは言えず、経験に見合った仕事を与えることを拒否した。一九二三年、彼はある不可解な病気で没している。[37] ボリス・サヴィンコフはその二年後に死ぬのだが、彼の最後はいっそう悲惨である。激しやすい気性のために、彼はしばしば判断ミスを犯していたが、中でも最大のミスは一九二五年、自らの政治経歴の破滅に消沈するあまり、モスクワに戻り、ソヴィエト当局に投降したことである。彼はその決心についてデュークス以外の誰にもしゃべっていない――そしてデュークスはなぜ彼を止めようとしなかったのか、何の説明もしていない。[38] チェカーはただちにサヴィンコフを拘束した。チェカーは彼をプロパガンダ目的に利用し、ソヴィエト体制の安定についてライリー宛てに手紙を書かせた。[39] その利用価値がなくなるや、サヴィンコフは見世物裁判にかけられ、処刑された。[40]

本書に登場するすべての人が今は死んでおり、研究小論文のページのほかで記憶されている人物はほとんどいない。目立った例外としてはレーニンとトロツキー、チャーチルおよびウィルソンがいる。レーニンとトロツキーは世界中で、共産主義の教義と実践の参照基準であり続けている。チャーチルは対ナチス・ドイツ戦における指導力ゆえに記憶されている。ウィルソンが創設した国際連盟は、今日のグローバル・ガバナンスの諸機関の先駆とみなされている。だが、十月革命を分析し、報道し、それをめぐって戦ったその他の男女もまた、同時代の歴史に自分なりの寄与をしているのである。何か巨大で前例のないことが一九一七年にロシアで起きたことを、それぞれに理解していた。ガラス越しのようにぼんやりと、彼らは良きにつけ悪しきにつけ、それぞれの世界における十月革命の潜在力を垣間見た。彼らは興奮し、驚愕し、歓喜した。共産主義に対する姿勢とは関係なく、彼らはソヴィエトの革命的実験から生起した巨大で、重要な諸問題――今日なお重要性を失ってはいない諸問題――をしっかりとらえた。ソヴィエト連邦は歴史の屑籠に捨てられてしまったけれども、一九一七年という年をめぐる多くの論争は、今なお私たちとともにある。

その論争は政治と哲学の高嶺から、個人の運命という低地まで広範囲にわたる。十月革命が現代事情に影響する力を保ち続けていることを示す思いがけない例が、二〇〇五年九月に見られた。ロシア連邦最高検察庁がロバート・ブルース・ロックハートに対する死後調査を再開したのである。

一九一八年の欠席裁判以来、ロックハートはソヴィエト史の教科書では悪魔のような人物であった――さらに一九五三年封切りの人気ソヴィエト映画『敵の旋風』がこのイメージを強化した。世紀の変わり目にあってなお、モスクワの最高検察庁はソヴィエト共産主義独裁七十年にわたり、司法過誤の可能性のある歴史的事件の再調査にいとまがなかった。ロックハートに対する裁定は、厳しくはあったが、公正であった。この英国工作員は活発な転覆活動に従事していたと認められる、したがって、彼は当時の告発どおり有罪であり、死後の名誉回復を受ける資格はない、というものであった。(41)

謝辞

本書は多くの人から惜しみない支援を与えていただいている。革命期におけるロシアと西欧の全局面に関する基本的資料は、フーヴァー研究所文書館に拠っており、私が丸二夏にわたってこのプロジェクトに取り組むことを可能にしてくれたサラ・スケイフ財団の支援に感謝している。フーヴァー研究所のジョン・レイジアン所長とリチャード・スーザ上席副所長に対しても、彼らが同研究所で行われた調査に示してくれた熱意に感謝している。同文書館のスタッフ全員の積極的な協力によって、研究所での破格の調査研究・執筆条件を一段と高めていただき、とりわけリンダ・バーナード、キャロル・レドナム、ローラ・ソロカ、ズビグ・スタンチク、ブラド・バウアー、およびリーザ・ミラーに恩義を感じている。彼らが効率的な働きと専門知識をもって、私が知らなかった整理ボックスとフォルダーについて助言し、貴重なファイルの解禁を手助けしてくれたことをありがたく思っている。その点では、二〇一〇年までサンフランシスコ駐在英国総領事を務めたジュリアン・エヴァンスへの恩を認めなければならない。彼はフーヴァー研究所所蔵のロバート・ブルース・ロックハート文書の一部の利用を認めるよう、英国外務省を説得してくれた。

サンフランシスコ湾岸地帯の研究者らが私に着想を提供し、調査研究の視座について議論してくれた。ロバート・コンクェスト、デイヴィッド・ホロウェイ、ノーマン・ナイマーク、ユーリー・スレズキン、アミア・ワイナーの面々である。心愉快な環境下で、彼らと本書の着想のいくつかを検討するのは、一つの喜びであった。

英国ではロイ・ジャイルズが諜報問題に関する専門知識を授けてくれたし、サイモン・セバーグ・モンテフィオーリは、本書の議論と方向性に関する私の逸る気持ちを抑える助けになってくれた。著作権代理人のデイヴィッド・ゴドウィンはこのプロジェクトで確かな支えになってくれた。ノーマン・デイヴィスとイーアン・サッチャーに対しても、特殊な諸問題に答えてくれたことに謝意を表する。アンドルー・クックは、一九一八年における英国の情報活動に関する英国側史料の渉猟で得た成果のいくつかを分け与えてくれた。ハリー・シャクマンも同様、自分が所有するゲオルギー・チチェーリンに関する英公文書のコピーを提供してくれた。アンドルー、ハリーの両人とともに、マイケル・スミスには種々の調査項目に関する問い合わせに答えてくれたことに、またアンジェリーナ・ギブソンにはブルガリア語の手助けをしてくれたことに、感謝している。BBC放送のジョン・マーフィーにも謝意を表さなければならない。われわれが一九一八年の英国の陰謀に関するラジオ番組に一緒に取り組んでいた折、彼はオックスフォード大学所蔵の連合国の政治と情報活動に関する資料の存在に気づかせてくれた。ロシア・ユーラシア研究センターの図書館責任者リチャード・ラメージは、わがセント・アントニーズ・カレッジの蔵書に関する私からの頻繁な照会に対し、根気よく力を貸してくれた。

ハリー・シャクマンは初稿全体の点検作業を機嫌よく応諾してくれ、私はモスクワおよびロンドンの歴史に関する彼の専門知識をとてもありがたく思っている。同様に、カーチャ・アンドレーエフは急な頼みに応じて、各章を読んでくれた。私はそれまでいくつかのテーマについて彼女と話し合っており、その助言を受けて書いた個所の点検に彼女が応じてくれたことを感謝している。ローランド・

キノーは米国旅行の折に、快く原稿を読み、英国政治史に関してアドバイスを与えてくれた。私を担当したマクミラン社編集者、ジョージナ・モーリーは想像力に富んだ注意深さで原稿を読み、形式と内容について多くの修正を促してくれた。さらに、原稿整理のピーター・ジェイムズとともに働けたことも幸いであった。わが妻アデル・ビアギはとりわけ、原稿を一度ならず二度まで見てくれた。私と同様に、彼女はソヴィエト初期における英国の政治と情報活動に対する興味に取りつかれてしまった。各章についての彼女の手際よく洞察に富んだ校正は、私を数々の錯誤と不適切表現から救ってくれた。

最後に技術的な点をいくつか挙げる。音訳については、米国議会図書館の転換一覧表による簡略綴りを使用し、柔軟に対応した。しかしトロツキー（Trotsky）、ジノヴィエフ（Zinoviev）、ベンケンドルフ（Benckendorf）など定着した表記はそのままにしてある。フェリクス・ジェルジンスキー（Felix Dzerzhinsky）、ヤーコフ・ペテルス（Yakov Peters）といった特定のポーランド人およびラトヴィア人名の「英語・露語」上の綴りについても、その個々人が文化的に明確にロシア化している場合は、同様である。一定の組織名も簡略化している。例えば「陸海軍人民委員部」は「軍事人民委員部」と表記している。ロシア国内のロシア人は一九一八年一月まで公式には旧ユリウス暦を使用していたが、本書はグレゴリウス暦で統一した。一九一七年十一月のボリシェヴィキによる権力掌握が世界的に「十月革命」と呼ばれている限り、大きな不整合が生じることは分かっているが、今さらそれを「十一月革命」と呼びはじめるのも確かにあまのじゃくであろう。米国は公式には「提携国」（Associated Power）を自称していたのだが、簡潔さを考えて、「連合国」（Allies）の一つとして記述してある。

二〇一一年三月

ロバート・サーヴィス

訳者あとがき

本書はRobert Service, "*SPIES & COMMISSARS: BOLSHEVIK RUSSIA AND THE WEST*" (Macmillan, 2011)の全訳である。著者は英オックスフォード大学セント・アントニーズ・カレッジのソ連史家。レーニン、トロツキー、スターリンの伝記三部作などソ連崩壊後の新公開資料を駆使した多数の著書があり、日本では訳書として『レーニン』『ロシア革命1900―1927』が、いずれも岩波書店から出ている。本書の原タイトルは『スパイと人民委員《コミッサール》』という。人民委員とはロシア十月革命後に発足した共産政権の指導者たち、後の大臣《ミニストル》に相当する。革命初期の人民委員は単なる官僚ポストではなく、帝政時代に国外亡命したり、流刑に処されたりしていた筋金入りの革命家である。彼らに加え、時にソヴィエト政権の内部ないし近辺に身を置いて、政権のため、あるいは本国のために活動していた工作員や外交官、記者など、有名無名の人びとがいた。彼らが本書の主人公である。

著者が序章で書いているとおり、従来のロシア革命史はロシア内政の記述に力点が置かれていた。革命自体はロシア社会が内包する矛盾の結果として起きたわけだが、内政にはさまざまな対外的要因が影を落としている。第一次世界大戦の末期、反帝国主義・資本主義打倒を標ぼうする政権が連合国の一角に――それも東部戦線正面に――出現した。そこから世界大戦の構造が変容することになった。革命の衝撃が関係国に波及し、ドイツをにらみながらロシアと各国の相互関係がきしみはじめる。こうしたロシアの対外関係の変化の中に初期ソヴィエト政権の帰趨を位置づけた本書は、ロシア革命をめぐる国際関係論として読むことができる。

ヨーロッパを主舞台とする第一次世界大戦末期、一九一七年の露暦二月、戦時下の困窮生活を強いられてきた市民による首都ペトログラードの反政府デモに軍隊が合流し、ロマノフ帝政が突然倒れた。立憲民主党多数の臨時政府が組織されるが、社会の下部では労兵ソヴィエトが実権を握る二重権力状況が生まれた。連合国は臨時政府の対独戦争強化・継続を期待し、これを支持した。しかし前線兵士の士気は極度に低下、戦争継続を図る臨時政府への不満が高じる。国民が求めていたのは「平和とパンと土地」であり、これが露歴十月の臨時政府の倒壊とボリシェヴィキによる権力掌握（人民委員会議の発足）へとつながった。ボリシェヴィキ政権は帝政ロシアが連合国と結んでいた秘密条約を公表、戦争の帝国主義的性格を暴露する。そしてドイツと停戦し、一九一八年三月、ブレスト＝リトフスクで単独講和を締結する。東部戦線の崩壊は連合国にとっては悪夢だ。ここにきて、連合諸国はボリシェヴィキ政権への明確な対応を迫られる。しかし、ボリシェヴィキ打倒の正面戦争など大義上も軍事能力の上からも起こしようがない。そこで、反共白軍運動への支援とロシア周縁部への干渉軍派遣に傾斜していく。

一方、ボリシェヴィキ政権はドイツを手始めとした「ヨーロッパ革命」を使嗾《しそう》しながらも、革命と内戦で崩壊した国内経済を再建するため、西欧に対し国家承認と通商再開を誘いかける。西欧諸国としては、資本主義打倒を叫ぶ共産政権の承認はためらわれるものの、対露貿易再開による利益も捨てがたい。ここから、英国などは現実政策をとり、国家承認は拒みながら水面下でボリシェヴィキ政権と密かに接触を図る。連合国の干渉軍派遣も、ロシア北方と極東の諸港に集積された連合軍軍事物資をドイツの手から保護するといった名目であり、軍事行動としては質量ともに制約があった。加えて、連合国間には対ボリシェヴィキで大きな温度差があった。そうこうするうちにドイツでも同年十一月、帝政が倒壊し大戦が終結。ロシアの内戦も、やがて白軍運動の破産をもって終わる。戦後の国際社会から締め出されたロシアと、ヴェルサイユ講和会議で厳しい賠償条件を科されたドイツは急接近、一九二二年にはドイツがボリシェヴィキ政権承認国の第一号になる。英国ではロイド＝ジョージ内閣が一九二一年三月、対露通商条約に調印し、一九二四年には国家承認へと歩を進めていく。新政権は窮地を脱する。

本書には、この間、革命と情報活動に従事したロシアの党活動家たちと連合国工作員や外交官、記者らが多数登場する。英情報機関が送り込んだシドニー・ライリーら職業工作員のほかにも、ジョン・リードのようにボリシェヴィキに共感を寄せ、自らも共産主義運動に参加したジャーナリストもいれば、作家モームのように既に名を成した表世界の有名人もいる。欧米諸国にはロンドンのリトヴィノフに代表される元亡命革命家がいた。彼らも当該国でボリシェヴィキの宣伝窓口になるとともに、ボリシェヴィキと当該国との非公式な連絡パイプの役割を果たした。本書はこうした人びとに絡む興味あるエピソードをちりばめながら国際関係のダイナミズムをあざやかに描き出している。

英仏とドイツ、ロシアの関係を軸にした本書は、日本の動向には詳しくは触れていない。ロシアの政権中枢に近い北方ムルマンスク、アルハンゲリスクからの、あるいは南方ウクライナ方面からの干渉に比べれば極東の軍事的脅威度は低いとはいえ、われわれ日本の読者としてはシベリア出兵も忘れるわけにはいかない。日露戦争から約十年後の第一次世界大戦では、両国は同じ連合国の側にあった。ヨーロッパの東部戦線でドイツと直接向き合ったロシアに対し、日本は地理的に比較的局外にあったことから、戦費の供与、武器の供給などで莫大な利益を引き出していた。そして、東部戦線の崩壊後、英仏からの要請に乗じる形で、軍部が主導するシベリア出兵に乗り出している。ウラジオストクに集積された連合国軍事物資の防護、チェコスロヴァキア軍の救援、邦人保護など表向きの理由はあった。しかし、真の狙いは北満・シベリアの権益圏を確保することにあった。日本の影響力を扶植するため、セミョーノフら反動軍事勢力が傀儡として使われた。一九一八年八月から二二年十月まで四年間にわたって膨大な軍隊を送り込んだ日本軍の行動は、軽挙としか言いようがない。各国が撤兵した後も居座りを続け、数千の死傷者を出しながら、後に残ったのは連合国の不信感とソヴィエト・ロシアの深い恨みだけであった。この外交・軍事政策の大失態は、その後の日本の孤立と破滅を暗示していたかのようだ。本書が跡づける西欧連合国の立ち回りに比べ、洞察とバランス感覚を欠いていた。

情報と言論の角度から問題を眺めることもできる。結果として政治に活かされることはなかったが、ロシア情勢を正確に読んでいた人びとは日本にもいた。ペトログラードの政治状況を観察してきた駐露大使の内田康哉は、レーニン政権が持続することを見て取り、いずれは政権を承認しなければならなくなるとして、シベリア出兵に強く反対した。言論界では、大方の大新聞が出兵支持に雪崩を打っていくなかで、『東洋経済新報』（当時は旬刊）の石橋湛山による一貫した出兵反対論が稀有な例だった。チェコスロヴァキア軍救援を口実とした一九一八年八月二日の派兵発表に対し、石橋は、チェコスロヴァキア軍が「兎にも角にも露国国民の多数に拠って支持せられおるものと認むるほかなき同国中央地方政府の命に抗し、恣《ほしいまま》に露国国内に軍事行動を執れる者」だから、政府から見れば謀反人にすぎない、それを助けるのは国内の階級戦に干渉することになる、として出兵を批判。「唯此の際は過激派政府を承認し、其の手によって露国の混乱を収拾せしむるより外なし」と明快に述べている（『東洋経済新報』大正七年八月十五日号社説）。新聞論調が派兵を「頗《すこぶ》る友好的《いうかうてき》にして、且極《かつきは》めて公明正大《こうめいせいだい》なるもの」（同年八月四日付『東京朝日新聞』）などと絶賛しているのとは対照的である。

いずれに慧眼があったかは言うまでもない。ボリシェヴィキ政権を見る言論人、石橋湛山の目には曇りがなかった。情報論的に言えば、人は自らの先入観を補強する情報はたやすく吸収するが、それと矛盾する情報には目を閉ざす選択的受容のメカニズムがはたらく。大方の新聞は単独講和に対する恨みから、ボリシェヴィキを「独探」（ドイツのスパイ）として敵視、連合国にとっての厄介者とみなしていた。この認識の出発点にはシベリア出兵肯定につながる論理がもともと含まれていたと言える。時は言論が比較的自由な大正デモクラシーの時代であったことを考えると、後年の戦時翼賛報道を待つまでもなく、権力に伴走する新聞の体質はすでに存在したと思わざるをえない。

白水社がこの訳書のために用意された表紙カバーを眺め、あらためて思った。レーニンとトロツキー、本書ではまだ端役だがスターリンの三人は良い意味でも悪い意味でも世界によく知られた「顔」である。これに対し、本書が扱うこの時期の各国首脳たち、ウィルソン、ロイド＝ジョージ、クレマンソー、ポアンカレの顔はそれほど広く記憶されていないのではないか。このことだけでも、ロシア革命という事件の時間を超えた影響力を物語っているように思われる。間もなく十月革命から百年になる。ヨーロッパにおける第二次世界大戦は、第一次世界大戦とほぼ同じ連合構造で対独戦争として戦われ、これに勝利したソ連は東欧圏にまで支配を広げた。そして、二十世紀末のソ連の消滅によって、ロシアは広大な周縁地域を失い、今にいたっている。革命ロシアと世界列強が表裏両面の外交・軍事駆け引きを展開した時期の国際政治は、冷戦の起源を考えるうえでも冷戦後の現代世界を展望するうえでも、依然として新鮮な興味を呼び起こす。

以上、本書を読みながら念頭に浮かんだ印象を記した。

巻末資料について。原書の「索引」には人名のほか、地名、事件名なども盛り込まれているが、訳書では主な人名に限った。「主要参考文献」のうち邦訳があるものは邦題を記したが、「原注」では同名の邦題は割愛した。また、著者が底本にしているロシア語原典と違って、邦訳書は英語、仏語などを介した重訳である場合がある。編集の手が二重に加えられているため、原典と邦訳を照合する作業は大変厄介になる。したがって、原文のまま残した文献でも、中には邦訳があるケースもあり得ることをお断りしておきたい。「主要登場人物」は、原書にはないが便宜のために付けた。

二〇一二年八月

三浦元博

■サイモン・セバーグ・モンテフィオーリ　染谷 徹訳

スターリン　赤い皇帝と廷臣たち【上・下】

「人間スターリン」を最新史料から描いた画期的な伝記。独裁の確立から最期まで、親族、女性、同志、敵の群像を通して、その実像に迫る労作。亀山郁夫氏推薦！　英国文学賞受賞作品。

■サイモン・セバーグ・モンテフィオーリ　松本幸重訳

スターリン　青春と革命の時代

命知らずの革命家、大胆不敵な犯罪者、神学校の悪童詩人、派手な女性関係……誕生から十月革命まで、「若きスターリン」の実像に迫る画期的な伝記。亀山郁夫氏推薦！　コスタ伝記賞受賞作品。

■キャサリン・メリデール　松島芳彦訳

イワンの戦争

――赤軍兵士の記録1939-45

ナチ・ドイツに勝利したソ連兵士の「神話」の裏に隠された実態とは？　手紙や日記、二百人の元兵士への取材によって、「戦争の真実」を暴いた画期的な労作。アントニー・ビーヴァー推薦！

■アントニー・ビーヴァー、リューバ・ヴィノグラードヴァ編　川上 洸訳

赤軍記者グロースマン

――独ソ戦取材ノート1941-45

「二十世紀ロシア文学の最高峰」ヴァシーリイ・グロースマン。スタリングラート攻防からクールスク会戦、トレブリーンカ収容所、ベルリン攻略まで、《戦争の非情な真実》を記す。佐藤優氏推薦！

■アン・アプルボーム　川上 洸訳

グラーグ　ソ連集中収容所の歴史

『収容所群島』以来の衝撃！　グラーグの始まりから終焉までの全歴史を、公開された秘密文書を駆使して明快に叙述。まさに「二十世紀史」の見直しを迫る、ピュリツァー賞受賞の大作。

訳者略歴
三浦元博（みうら・もとひろ）
一九五〇年、滋賀県生まれ。
東京外国語大学卒業後、共同通信社を経て、現在、大妻女子大学社会情報学部教授。
主要著書：『ワルシャワ・インサイドスケッチ』（筑摩書房）、『東欧革命』（岩波新書、共著）、『バルカン危機の構図』（恒文社、共著）
主要訳書：ナゴースキー『新しい東欧』（共同通信社、共訳）、セベスチェン『東欧革命1989』（白水社、共訳）、レムニック『レーニンの墓　上下』（白水社）
その他、雑誌評論など多数。

情報戦のロシア革命

二〇一二年九月一〇日　印刷
二〇一二年九月二五日　発行

著　者　ロバート・サーヴィス
訳　者 © 三　浦　元　博
装丁者　日　下　充　典
発行者　及　川　直　志
印刷所　株式会社　理　想　社
発行所　株式会社　白　水　社

東京都千代田区神田小川町三の二四
電話　営業部〇三（三二九一）七八一一
　　　編集部〇三（三二九一）七八二一
振替　〇〇一九〇・五・三三二二八
郵便番号　一〇一・〇〇五二
http://www.hakusuisha.co.jp
乱丁・落丁本は、送料小社負担にてお取り替えいたします。

松岳社 株式会社 青木製本所

ISBN978-4-560-08239-3

Printed in Japan

人名索引

ア行

アーウィン，ウィリアム◆117
アーカート，レスリー◆321, 333, 399, 418–419
アイスナー，クルト◆265
アドラー，アルフレート◆128
アリトファーテル提督◆129
アルマンド，イネッサ◆31
アレー，スティーヴン◆137, 195, 337
アレクサンドラ皇后◆43, 161–162
アレクサンドロヴィッチ，V・A◆167
アレクシンスキー，グリゴリー◆27, 422
アレクセーエフ，ミハイル◆158, 164–165, 200–201, 236
アレン，クリフォード◆350, 354
アントノフ，A・S◆402
イーストマン，マックス◆118, 310, 344
石本恵吉◆370–371
イパチエフ，ニコライ◆161
ヴァンダーリップ，フランク・A◆304, 395
ヴァンダーリップ，ワシントン・B◆357, 395–397, 402, 417–418, 424
ウィリアムズ，ハロルド◆144, 294, 299, 321, 422
ウィリアムズ，ロバート◆350, 352, 355
ウィルソン，サー・ヘンリー◆123, 255
ウィルソン米大統領，ウッドロウ◆16, 26–27, 49–50, 53, 55–56, 64–66, 73, 81, 97–98, 101, 123, 148, 153, 165, 226, 237, 244, 249–250, 252–261, 270–271, 275, 279, 299, 302, 305, 320, 331, 341, 344–345, 380, 413, 441, 450
ウィルヘルム二世◆162, 222
ウィンシップ，ノース◆53–54
ウェッジウッド，ジョサイア◆278
ウェッブ，シドニー◆116, 353, 363
ウェッブ，ベアトリス◆116
ウェルズ，H. G◆352, 355–357, 361–362, 396–397, 448–449
ヴェルタモン大佐，アンリ・ド◆208, 217, 219
ウォードロップ，オリヴァー◆144, 196
ウォールヘッド，R・C◆350, 355
ヴォシェ，ポール◆136
ヴォシェ，ロベール◆156
ヴォロフスキー，ヴァーツラフ◆111, 253, 317, 369
ヴォロダルスキー，V◆68
ヴランゲリ，ピョートル◆383, 392, 398, 404, 423, 441
ウリツキー，モイセイ◆34, 161, 187, 208
エーベルト，フリードリヒ◆221, 225–227, 231–232
エバーライン，ヒューゴ◆231, 366
オーヴァーマン上院議員，リー・S◆245
オシミャンスキー大佐◆213
オッテン，エリザヴェータ◆197

オルジョニキーゼ，セルゴー◆385
オルランド，ヴィットーリオ◆98, 273, 275

カ行

カー，フィリップ◆255-256
カーソン，サー・エドワード◆121
カーゾン伯◆121, 165, 297, 299, 319, 321, 377, 382, 388, 404
カーメネフ，レフ◆32, 39, 45-46, 71, 74, 94, 128-129, 134-137, 155, 221, 356-357, 385-386, 388, 391-392, 402, 407, 415, 420, 443
カイザーリング伯爵◆105
カウツキー，カール◆51, 86, 272
カシャン，マルセル◆52
カストロ，フィデル◆443
カップ，ヴォルフガング◆378
カネギセル，レオニード◆208
カプラン，ドーラ◆208
カミング，マンスフィールド◆56, 194-195, 292, 294, 313-314, 446
カムコーフ，ボリス◆166
カラハン，レフ◆129, 145-146, 159, 181-182, 201, 209, 210-211, 214, 440
カラマティアノ，クセノフォン・ドミートリエヴィッチ◆198, 206, 211-212, 217-219, 313, 449
カリーニン，ミハイル◆406
カンタクジーン公爵夫人◆340
キーリング，H・V◆354
キスネロス，ガッリド◆100
ギッブス，シドニー◆293
ギャラハー，ウィリー◆351-352
キャラハン，マーガレット・ライリー，◆194
キュールマン，リヒャルト・フォン◆132-133
ギルシュベルク，マリア◆188
グード，W・T◆328, 339-340
クーパー，メリアン◆381, 449
クーン，ベラ◆224, 260, 267-271, 342, 372, 409, 416, 420
グチコーフ，アレクサンドル◆22, 39
クツーゾフ，I・I◆90
クラーク，サー・ジョージ◆121
クラーク，ジョン◆351-352, 355
クラーシン，レオニード◆155, 317, 332-333, 385-386, 388, 391-395, 398-400, 403-405, 408, 414, 417-419, 428
クラーシン，レフ◆189, 327-329
クラスノフ将軍◆150
グラムシ，アントニオ◆273
クリーヴランド，グローヴァー◆55
クリール，ジョージ◆199
クリスピーン，アルトゥール◆384
クリュシコ，ニコライ◆213, 329
クリレンコ，ニコライ◆82, 218
クループスカヤ，ナジェージダ◆93
グレイヴズ，ウィリアム・S◆258
グレゴリー，T・C・C◆260, 419-420
クレスチンスキー，ニコライ◆189
グレナール，フェルナン◆147, 164, 203, 206, 211, 219
クレマンソー，ジョルジュ◆16, 48, 98, 237, 249-250, 253-254, 256, 259-261, 275, 277, 280, 299, 319-320, 345, 377, 441

クローミー，フランシス◆152, 191, 211–212
クローリー・アレスター◆63
クロポトキナ，サーシャ◆57
クロポトキン，ピョートル◆27
グンベルグ，アレクサンドル◆68, 143
ゲイル，リン・A・E◆308, 370–371
ケインズ，ジョン・メイナード◆185, 250, 271, 345–347, 416
ケードロフ，ミハイル◆184
ゲッベルス，ヨーゼフ◆350
ケマル，ムスタファ◆372
ケリー，ウィリアム・J◆424
ケリー，シャーウッド◆279
ケレンスキー，アレクサンドル◆22, 35, 40, 42–48, 52–53, 57–58, 60, 62–66, 71–75, 82, 160, 163–164, 206, 227, 341, 343
ケロック，ハロルド◆117
ケンプ提督◆195
ケンワージー，J・M◆278
コーツ，アルバート◆293
ゴーリキー，マクシム◆355, 419, 448–449
ゴールドマン，エマ◆65, 107, 305, 307, 348–349
コップ，ヴィクトル◆330
コルチャーク，アレクサンドル◆236–237, 252, 258–259, 266, 269, 275–277, 279–281, 284–285, 295, 341, 377, 388, 398
コルニーロフ，ラーヴル◆42–44, 57, 59, 65, 158, 236
コロンタイ，アレクサンドラ◆429

サ行

ザールキンド，イワン◆87, 100, 106–109, 131, 135–136, 155, 317
西園寺公望◆275
サヴィンコフ，ボリス◆43, 57, 100, 164–165, 199, 280, 283, 290, 379, 381, 421–422, 449–450
ザグリャジスキー，アレクサンドル◆211, 218–219
サゾーノフ，セルゲイ◆24–25, 164, 251, 259, 280–282, 284
サドゥール，ジャック◆67, 78, 100, 120, 123, 130, 138, 146, 151, 156, 166, 211, 214, 216–217, 264, 288, 318, 443–444
サファロワ，ヴァルヴァラ◆31
サミュエリ，ティボール◆267–269
シェリダン，クレア◆175–176, 356–357, 359–360
ジェルジンスキー，ゾフィア（旧姓ムシカート）◆175, 178–179
ジェルジンスキー，フェリクス◆81, 162, 166, 174–180, 189, 207, 230, 322, 357, 383, 440
シェレーピナ，エヴゲニア◆98–99, 119, 131, 200, 294, 317, 444
ジノヴィエフ，グリゴリー◆31, 45–46, 68, 71, 136–137, 213, 285, 357, 367–369, 371–375, 383, 409–410, 415–416, 443
シャイデマン，フィリップ◆221, 225, 227, 231–232
ジャドソン，ウィリアム・V◆58
シャートフ，ビル◆257, 305

シャリャーピン，フョードル◆36
シュトレーゼマン，グスタフ◆190
ジョージ五世（英国王）◆43, 163, 241, 339
ジョンストン，ウィリアム◆424
スヴェルドロフ，ヤーコフ◆100, 136–138, 154, 162, 208, 221, 224, 229
スキンナー，H◆349, 355
スコット，C・P◆64, 120, 322
スコロパードシクィイ，パウロー◆147, 229
スターリン，ヨシフ◆39, 116–117, 131, 136–137, 150, 172, 236, 285, 378, 380, 383–385, 387–388, 415, 425, 433–435, 438–440, 442–444
スタルジェフスカヤ，オリガ◆197, 219
スティーヴンソン，フランシス◆49, 121
ステフェンズ，リンカン◆64–65, 256–257
ストルーヴェ，ピョートル◆158, 200–201, 422
ストロング，アンナ・ルイーズ◆426–427
スノーデン，エセル◆11, 350, 352–355, 357, 365, 435
スパーゴ，ジョン◆345, 398
スピリドーノワ，マリア◆166
セシル，ロバート卿◆114, 136, 235, 241
セミョーノフ，G・M◆279
ソコーリニコフ，グリゴリー◆140, 150

タ行

ターナー，ベン◆349, 352, 355
タールハイマー，アウグスト◆229, 232
ダグラス卿，アルフレッド◆60
ダンセルム，フィリップ・アンリ◆277
チーホン総主教◆164
チェシャムハウス◆112
チェルニン爵，オットカル・フォン◆129
チチェーリン，ゲオルギー◆27–29, 102–104, 107, 112–113, 130, 142–143, 145, 154, 168–169, 178, 186–188, 192, 213–214, 216, 225, 256, 297, 302, 317, 319, 344, 349–350, 354, 368–369, 388, 403, 405, 417, 433, 440
チハイゼ，ニコライ◆33
チャーチル，ウィンストン◆14, 49, 241–242, 254–256, 260, 278–279, 283, 299, 319, 321, 330–331, 341–342, 350, 357, 359–360, 379, 386–387, 400, 437, 441–442, 450
チャイコフスキー，ニコライ◆184, 280
ディアマンディ，コンスタンティン◆108–109, 289
テールマン，エルンスト◆409, 416
デスパレ，フランシェ（フランス司令官）◆228
デニーキン，アントン◆236–237, 252, 258, 269, 276–277, 282–285, 292, 297, 324–325, 338, 341, 377, 398, 441
デブス，ユージン◆301
デュークス，ポール◆10–11, 293–296, 299, 314, 321, 337–340, 381, 422, 445, 447, 450
デュランティ，ウォルター◆117
デラ・トレッタ侯爵◆55, 58, 102, 148
テレシチェンコ外相◆58

ドゥホーニン将軍◆82
トマ，アルベール◆52, 67, 78
ドゴール，シャルル◆380
トゥハチェフスキー，ミハイル◆387–388, 407, 414
トラー，エルンスト◆266
トルストイ，アレクセイ◆36
トロツキー，レフ・ダヴィドヴィッチ◆9–10, 12, 14–15, 27, 33–35, 40–41, 44–46, 53, 59, 65, 67–69, 71–81, 84, 87–91, 93–94, 96, 98–100, 102–105, 107, 111–112, 118–119, 122–123, 127–134, 136–140, 142–143, 145–146, 148–152, 155–156, 159, 162, 164, 166, 172, 192–193, 195–196, 199–200, 204, 209, 222, 224, 231, 237, 240–241, 244–245, 247, 252, 258, 265–267, 269, 282, 285, 290, 297–298, 301–303, 307, 310, 318–320, 323, 329–330, 333, 340, 342–344, 353–354, 356–359, 366–368, 374, 376–377, 379, 382–385, 388, 395, 401, 406–410, 413, 415–418, 420–421, 424, 426, 430, 432–433, 435–436, 438–440, 443, 445, 450
トンプソン，ウィリアム・B◆57–58

ナ行

ナボコフ，コンスタンティン◆24–25, 27–28, 112, 239, 422
ナリマノフ，ナリマン◆372
ナンセン，フリチョフ◆259
ニーセル，アンリ=アルベール◆58–59, 151
ニコライ二世◆21–23, 29, 36, 43–44, 58, 108, 112, 148, 154, 161, 163, 167, 280, 293
ニコルソン，ハロルド◆254
ヌーランス，ジョセフ◆54–55, 58, 63, 67, 78, 103, 108–109, 123, 138–139, 148, 160, 164–165, 168, 199, 252, 442
ヌオルテヴァ，サンテリ◆117–118, 181, 199, 243–245, 302–304, 306, 390, 391, 418
ネスルホフスキー将軍◆58
ノースクリフ卿◆278
ノーベル，エミール◆282
ノックス，アルフレッド◆58–59, 123, 147
ノド，ルドヴィク◆216–217

ハ行

バークマン，アレクサンダー◆65, 107, 305, 307, 348–349
ハーゼ，フーゴ◆50–51, 225–226
パーセル，A・A◆349, 355
ハーディング，ウォーレン・G◆395, 413
ハーディング卿，チャールズ◆121, 240–241
バーデン，マックス・フォン◆221–222, 225
ハーパー，サミュエル◆199
パーマー，アレクサンダー・ミッチェル◆245, 305–306, 308–309, 311
バーンスタイン，ハーマン◆246
バウアー，ルドルフ◆147, 166
ハウシルト，ヘルベルト◆226
ハウス，エドワード◆50, 56, 97, 249–250, 256

バカン・ジョン◆293
バクラー，W・H◆253
バシキーロフ，ウラジーミル◆281
パシャ，エンヴェル◆372
パセリ，エウゲニオ（法王ピウス七世）◆265–266
バッジ，ジョン・ピクトン◆281, 292, 337
パデレフスキ，イグナツィ◆377, 380, 388
バフメーチェフ，ボリス◆110, 258, 280–281, 302, 434
ハマー，アーマンド◆418
ハマー，ジュリアス◆418
バラバーノワ，アンゲリカ◆218
ハリソン，マーガリート・E◆348, 352, 375
パルヴス=ヘルファンド，アレクサンドル◆31–32
ハルデン，マクシミリエン◆272
バルビュス，アンリ◆344
バルフォア，A・J◆81, 102, 104, 111–112, 117, 121, 135, 147, 240–241, 255–256
パンクハースト，エメリン◆52
ハント，メージャー◆114
パンルヴェ，ポール◆48
ビアス・エドワード◆121
ビーヴァーブルック卿◆278, 447
ピウスーツキ，ユゼフ◆175, 377–381, 386–388, 404, 441
ヒッグス，ウィリアム・キャンバー◆153, 164, 212
ヒックス，ウィリアム◆121, 209, 214, 216
ヒューズ，チャールズ・エヴァンス◆413
ピュリツァー，ジョセフ◆349
ヒル，ジョージ◆100, 118–119, 151, 163–164, 176, 197, 199, 202, 204, 211–212, 216, 257, 288–292, 296, 299, 314, 321, 337, 445–447
ヒルファーディング，ルドルフ◆85–86
ヒンツェ，パウル・フォン◆192, 213
ヒンデンブルク，パウル・フォン◆51, 142, 186, 222
ブイキス，ヤン◆203
フィッシャー，ルート◆272
フィリップス・プライス，モーガン◆63–64, 120, 272, 318, 342, 442–443
フィリップス，ウィリアム◆258
フィンドレー，サー・マンスフェルト◆312–313
フーヴァー，J・エドガー◆308
フーヴァー，ハーバート◆252, 259, 270–271, 281, 346, 381, 413, 418–422, 424, 441, 449
プール，デウィット・クリントン◆206, 211–212, 312–313
プール，フレデリック◆183–187, 201, 325
フェアチャイルド，E・C◆370
フェッテルレイン，エルンスト◆173, 297, 319,.391
フェラン，エドワード◆121
フォード，ヘンリー◆304
フォッシュ元帥◆252, 260
フォパ・ビデ，シャルル・アドルフ◆298
ブキャナン，サー・ジョージ◆34, 54–

55, 57–58, 62–63, 100–104, 107, 121, 293, 321, 442
プチーロフ，アレクセイ◆422
プティ，ジョルジュ◆151
ブハーリン，ニコライ◆27, 85, 87–88, 90, 92, 94, 133–134, 136, 139, 189, 221, 223–224, 228, 307, 366, 383, 409–410, 415, 443
フョードロフ，G・F◆34
ブライアント，ルイーズ◆64–66, 68, 76–77, 117–118, 120, 176, 245–247, 302, 316, 375, 405, 410, 421, 442
フリーデ，アレクサンドル◆198, 218–219
フリーデ，マリア◆198, 219
ブラク＝バラホヴィッチ，スタニスラフ◆379, 404
ブラック，ドーラ◆363
ブラティアヌ，イオネル◆107–108, 290
フランクファーター，フェリクス◆117, 181, 244
フランシス，デイヴィッド・R◆49, 54–55, 66, 101, 104–105, 107–109, 123, 140, 143–144, 148, 151, 168–169, 243, 258, 442
ブリス，タスカー◆252
ブリット，ウィリアム◆117, 243–244, 253, 256–258, 260, 306–307, 327, 442
ブリュムキン，ヤーコフ◆166–167
ブレシコフスカヤ，エカチェリーナ◆303
プレハーノフ，ゲオルギー◆27, 86, 345
ペアーズ教授，バーナード◆339
ベイティ，ベッシー◆64, 66, 68, 76–77, 443
ベイカ，クリスタプ◆318
ベイカー，ジョージ・バー◆421
ヘイデン＝ゲスト，レスリー◆350
ベヴィン，アーネスト◆386
ベートマン＝ホルヴェーク，テオバルト・フォン◆51
ヘグルンド，ゼト◆374
ペタン元帥◆51
ペテルス，ヤーコフ◆68, 101, 176, 178, 180, 204, 207, 209, 214, 217–218, 247, 455
ペトローフ，ピョートル◆29, 102, 104
ベルジン，エドゥアルド◆201–203, 207, 212
ベルジン，ヤン◆155, 318, 320, 374
ヘルフェリッヒ，カール◆187
ベンケンドルフ，モウラ◆118, 196, 208, 217, 355, 448–449, 455
ポアンカレ，レイモン◆48, 206, 237, 260, 441
ボイス，アーネスト◆313–314
ボイル，ジョー◆288–290
ホーン，ロバート◆408
ボナー＝ロー，アンドルー◆386, 391
ホフマン将軍◆82
ボンチ＝ブルエヴィッチ，ウラジーミル◆195
ボンドフィールド，マーガレット◆349, 354

マ行

マイスキー，イワン◆23, 27, 93
マクドナルド，ラムゼイ◆24–25, 52,

115, 135–136, 239, 353, 442
マクラコーフ，ワシーリー◆110, 280, 432
マクリーン，ジョン◆113, 370
マクレディ，サー・ネヴィル◆121
マダリアガ，サルヴァドール・デ◆111
マリーニナ，リュボフ◆214
マリノフスキー，ロマン◆172
マルシャン，ルネ◆160, 206, 214, 444
マルテンス，ルドヴィグ◆181, 302–304, 306–307, 390, 397, 417–418
マルトフ，ユーリー◆30, 33, 72
マローン，セシル◆278
マンネルヘイム，グスタフ◆147, 282
ミカエリス，ゲオルク◆51
ミリュコーフ，パーヴェル◆22, 33–34, 38–39, 158, 201, 340–341
ミルバッハ伯爵◆105–107, 154, 166–168, 186, 201
ミルラン，アレクサンドル◆386
ミレル，エフゲニー◆276, 284, 325
ムーテ，マリウス◆52
メイソン，フランク◆428
メイネル，フランシス◆317
メルニチャンスキー，ゲオルギー◆68
メンジーズ，サー・スチュアート◆446
メンジンスキー，ウラジーミル◆155, 180, 189
モーガン，J・P◆304
モーム，W・サマーセット◆56–57, 292
モロトフ，ヴャチェスラフ◆39, 420, 425

ヤ行

ヤング，ダグラス◆185
ユデーニッチ，ニコライ◆279–285, 295, 324, 326, 377, 379, 398, 441
ユリエル，フェレンツ◆268
ヨギヘス，レオ◆223, 227, 230–232
ヨッフェ，アドリフ◆94, 128–130, 134, 142, 155, 162, 167, 178, 186–192, 221, 223–228, 289, 347, 376, 404, 423, 440

ラ行

ラーテナウ，ワルター◆272
ラーリン，ユーリー◆91–92
ライアン，エドワード・W◆418
ライプニッツ将軍◆272
ライリー，シドニー◆14, 164, 194–197, 199, 202–204, 206, 211–212, 217–219, 257, 287, 291–292, 299, 312–314, 337, 381, 422–423, 445–447, 450
ライリー・キャラハン，マーガレット◆194, 446
ラヴィッチ，オリガ◆31
ラヴェルニュ，ジャン◆151, 164, 287
ラコフスキー，フリスト◆173–174, 189, 221, 224, 228–229, 366
ラツィス，マルティン◆176–177
ラッセル，バートランド◆11, 115–116, 350, 352–354, 356, 362–363, 386
ラデック，カール◆30–32, 101, 106–107, 120, 129, 131, 145–146, 154, 159, 167–168, 173–174, 181–182, 221, 224–226, 228–232, 272, 318, 327, 372, 384, 409–410, 416, 428, 440
ラフォン，エルネスト◆52
ランサム，アーサー◆11, 60–64, 118–119, 120, 140, 168, 181, 215, 238,

245, 253, 257, 262–264, 288, 294, 298–299, 317, 321–323, 342, 367, 444
ランサム，アイヴィ（旧姓ウォーカー）◆60
ランシング，ロバート◆56, 117, 243, 249, 253, 256, 258, 261, 279
リース・ウィリアムズ，アルバート◆64, 66, 69, 76, 101, 146, 245–247, 442
リード，ジョン◆11, 64–68, 76, 101, 107, 117–118, 199, 244–247, 302, 318, 343–345, 372, 374–375, 411, 442–443
リーパー，レックス◆112, 337
リープクネヒト，カール◆50, 145, 222–223, 225, 227, 229, 231–232, 384
リーベルマン，シモン◆321–322
リゲット，ウォルター・W◆420–421
リトヴィノフ，アイヴィ◆23, 93, 111, 114–116, 207, 215, 342, 357, 427–429, 431, 440
リトヴィノフ，マクシム◆23–24, 28, 93, 110–117, 121, 135–136, 181, 207, 209, 213–216, 226, 253–254, 297, 302, 319, 323, 325, 327–329, 342, 350, 357, 369, 413, 417, 427–429, 431, 440
リボ，アレクサンドル◆48
リュバルスキー，ニコライ◆273
ルイコフ，アレクセイ◆385, 402
リヴォフ，ゲオルギー◆22, 35, 38–42
ルーズヴェルト，セオドア◆67, 146
ルーズヴェルト，フランクリン・D◆442
ルーセンバーグ，チャールズ◆301, 306–307
ルーデンドルフ，エーリッヒ◆51, 82, 142, 186–187, 190, 222
ルート，エリヒュー◆53, 56
ルクセンブルク，ローザ◆50, 174, 176, 223, 227–232, 262, 366, 384
ルナチャルスキー，アナトリー◆41, 167, 348
レインステイン，ボリス◆100–101, 263, 366
レヴィ，パウル◆229, 232,409–410, 416
レヴィーン，マックス◆265–266
レヴィネ，オイゲン◆265–266
レーニン，ウラジーミル・イリイッチ◆9–10, 12–16, 23, 27, 30–35, 39–41, 44–46, 53, 59, 69, 71–81, 83–84, 86–90, 93–94, 96–98, 102, 104, 107–109, 111, 116, 118, 127, 129–134, 136–140, 142–151, 153–154, 156–157, 161–163, 166–168, 172–176, 178–179, 181, 189–191, 193, 195–196, 199, 204, 207–210, 215, 221–222, 224, 226–229, 231, 237, 239–241, 244, 247, 250, 252–253, 256–259, 262–269, 272, 282, 288, 296–297, 301–303, 307–308, 310, 315, 318–320, 323, 327–333, 337, 340, 342–345, 347, 349, 353, 355–357, 362, 365–368, 373–374, 377–378, 382–389, 391–392, 395–396, 398, 401–404, 406–410, 415–420, 423–424, 426, 429–433, 435–436, 438–440, 443, 445, 448, 450
レオポルト，バイエルン皇太子◆129
ロイエンロート，エドガルド◆371
ロイド=ジョージ，デイヴィッド◆16, 27–29, 43, 49, 52, 97, 104, 111, 120

–121, 138–139, 144, 165, 214, 237, 239, 241–242, 249, 251–257, 259–262, 275, 277–279, 283, 299, 313–314, 320–321, 324–325, 327, 329–333, 342, 345, 379–380, 386–388, 390–393, 399–400, 403–404, 408, 432, 437, 441, 445
ローゼン男爵◆297
ローデン・バクストン，チャールズ◆116, 350
ローモフ，ゲオルギー◆134
ロザミア卿◆278
ロススタイン，セオドア◆110, 116, 179, 181, 329, 357, 370, 396, 405
ロックハート，ジーン（旧姓ターナー）◆62
ロックハート，ロバート・ブルース◆13, 62–63, 118, 120–123, 134, 143, 146–148, 152, 159, 164–166, 169, 179, 181, 196–197, 199–204, 206–219, 226, 240–241, 287–288, 291, 298, 313–314, 355, 446–451
ロッジ，ヘンリー・キャボット◆397–398
ロビンズ，レイモンド◆57–59, 104–105, 107, 120–123, 140, 143, 145–146, 151, 169, 178, 246–247, 287–288
ロムベルク，ギズベルト・フォン◆30
ロモノーソフ教授，ユーリー◆393
ロランド=ホルスト，ヘンリエッテ◆373

ワ行

ワイズマン，サー・ウィリアム◆56

原注

第1章◆困難な旅路

(1) *The Times*, 19 March 1917; *Manchester Guardian*, 19 March 1917.
(2) I. Maisky, *Journey into the Past*, p. 241.
(3) I. リトヴィノフ，‘ヴィオラへの手紙’，自伝的断章，p. 32: St Antony's RESC Archive; I. リトヴィノフ，1917–1918年に関する自伝的断章: Ivy Litvinov Papers (HIA), box 11, folder 7.
(4) M. リトヴィノフ，‘あるロシア人政治亡命者の日記より，3月17日，ロンドン’(タイプ原稿，アイヴィ・リトヴィノフに口述筆記させたものか): *ibid.*, box 10, folder 5, p. 1.
(5) I. リトヴィノフ，‘ヴィオラへの手紙’，自伝的断章，p. 33: St Antony's RESC Archive.
(6) D. Marquand, *Ramsay MacDonald*, p. 208.
(7) I. リトヴィノフ‘ヴィオラへの手紙’自伝的断章，p. 33: St Antony's RESC Archive.
(8) *Ibid.*
(9) C. Nabokoff, *The Ordeal of a Diplomat*, pp. 83–4.
(10) I. Maisky, *Journey into the Past*, p. 245.
(11) アルハンゲリスク経路についてはH. Shukman, *War or Revolution: Russian Jews and Conscription in Britain, 1917,* pp. 88–9. を見よ.
(12) C. Nabokoff, *The Ordeal of a Diplomat*, pp. 94–5.
(13) *New York Times*, 16 March 1917.
(14) *Ibid.*, 17 March 1917.
(15) I. Maisky, *Journey into the Past*, p. 255.
(16) C. Nabokoff, *The Ordeal of a Diplomat*, pp. 95–7.
(17) I. Maisky, *Journey into the Past*, pp. 257–8.
(18) *Ibid.*, p. 261.
(19) I. リトヴィノフ，‘ヴィオラへの手紙’，自伝的断章，p. 36.: St Antony's RESC Archive.
(20) HO 144/2158/322428. これと次の脚注の文書については，ハリー・シャクマンの提供に感謝する.
(21) HO 144/2158/322428/6 and 9; see also H. Shukman, *War or Revolution: Russian*

Jews and Conscription in Britain, 1917, p. 59.

(22) J. McHugh and B. J. Ripley, 'Russian Political Internees in First World War Britain: The Cases of George Chicherin and Peter Petroff', *Historical Journal,* no. 3 (1985), pp. 733–4.

(23) A. E. Senn, *The Russian Revolution in Switzerland, 1914–1917*, pp. 224 and 228.

(24) *Ibid.*, p. 228.

(25) See below, p. 331.

(26) G. A. Hill, *Go Spy the Land*, pp. 81–2.

(27) N. Sukhanov, *Zapiski o revolyutsii*, vol. 2, book 3, p. 6.

(28) I. Getzler, *Martov: A Political Biography of a Russian Social Democrat*, p. 150.

(29) Sir G. Buchanan, *My Mission to Russia and Other Diplomatic Memories*, pp. 120–1.

第2章◆崩壊するロシア

(1) L. Bryant, *Six Red Months in Russia*, p. 44; J. Reed, *Ten Days that Shook the World* (1960), pp. 13, 219 and 331; G. A. Hill, *Go Spy the Land*, p. 84.

(2) J. Reed, *Ten Days that Shook the World* (1960), p. 14.

(3) See R. Service, *The Russian Revolution, 1900–1927*, p. 63.

(4) See R. Service, *The Bolshevik Party in Revolution: A Study in Organisational Change*, pp. 53–4 and 57.

(5) See K. Rose, *King George V*, pp. 211–15.

(6) A. F. ケレンスキーとのインタビュー, N. A. ソコロフの調査（パリ, 1920年8月14日–20日）, pp. I05–9: GARF item (unspecified as to catalogue reference), Volkogonov Papers, reel 15.

(7) *Protokoly Tsentral'nogo Komiteta*（中央委員会議事録）, p. 87.

(8) L. de Robien, *The Diary of a Diplomat in Russia*, pp. 127–8.

(9) *Ibid.*, p. 121.

(10) *Ibid.*, p. 122.

(11) *Ibid.*

第3章◆連合国の政策目標

(1) G. A. Hill, *Go Spy the Land*, p. 77.

(2) *Ibid.*, pp. 78–9.

(3) L. de Robien, *The Diary of a Diplomat in Russia*, p. 33.

(4) *Ibid.*, p. 41.

(5) *New York Times*, 21 June 1917.

(6) D. Marquand, *Ramsay MacDonald*, pp. 213 and 215.

(7) B. Beatty, *The Red Heart of Russia*, p. 37.

(8) *New York Times*, 17 May 1917.

(9) *Ibid.*, 15 June 1917.

(10) B. Beatty, *The Red Heart of Russia*, pp: 37, 41 and 44.

(11) *New York Times*, 16 August 1917.

(12) *Ibid.*, 18 August 1917.

(13) 米国領事館 – レニングラード［ママ］: 国務長官宛て急送公文（HIA），急送公文 274, 293, 330 and 339.

(14) R. H. Bruce Lockhart, *Memoirs of a British Agent, Being an Account of the Author's Early Life in Many Lands and of his Official Mission to Moscow in 1918*, pp. 153–4.

(15) J. Noulens, *Mon ambassade en Russie Soviétique, 1917–1919*, vol. 1, p. 89.

(16) *Ibid.*, vol. 2, p. 243.

(17) *Ibid.*

(18) *Ibid.*, p. 242.

(19) *Ibid.*, pp. 243–4.

(20) *Ibid.*, vol. 1, pp. 9 and 21.

(21) D. S. Foglesong, *America's Secret War against Bolshevism: U.S. Intervention in the Russian Civil War, 1917–1920*, pp. 108–9.

(22) C. Andrew, *For the President's Eyes Only*, pp. 38–9.

(23) *Ibid.*, pp. 46–7.

(24) *Ibid.*, p. 47.

(25) G. R. Swain, 'Maugham, Masaryk and the "Mensheviks"', *Revolutionary Russia*, no. 1 (1994), pp. 83–5.

(26) J. Noulens, *Mon ambassade en Russie Soviétique, 1917–1919*, vol. 1, p. 177.

(27) L. Bryant, *Six Red Months in Russia*, p. 65.

(28) D. S. Foglesong, *America's Secret War against Bolshevism*, pp. 108–9.

(29) ボリシェヴィキのプロパガンダ：米上院司法小委員会聴聞記録. *Sixty-Fifth Congress, Third Session and Thereafter Pursuant to Senate Resolutions 439 and 469 - February 11, 1919 to March 10, 1919*, p. 779 (Robins).

(30) *Ibid.*

(31) C. Nabokoff, *The Ordeal of a Diplomat*, p. 64.

(32) Sir George Buchanan. *My Mission to Russia and Other Diplomatic Memories*, pp. 192–3; J. Noulens, *Mon ambassade en Russie Soviétique, 1917–1919*, vol. 1, pp. 89–91.

(33) W. Hard, *Raymond Robins' Own Story*, pp. 49–50.

（34）ボリシェヴィキのプロパガンダ：米上院司法小委員会聴聞記録，p. 790.

（35）W. Hard, *Raymond Robins' Own Story*, p. 52.

第4章◆ソヴィエト応援団

（1）R. Chambers, *The Last Englishman: The Double Life of Arthur Ransome*, pp. 72–82.

（2）MI5g1: S.F. 39/9/150［?］: 妻アイヴィへのA. ランサムの手紙の抜粋，1917年7月1日.

（3）*Ibid.*

（4）R. Chambers, *The Last Englishman*, p. 166.

（5）'証明書'，1917年8月7日：Robert Hamilton Bruce Lockhart Papers（HIA）, folder: Robin Bruce Lockhart, '2 Reilly: Documentary Material', folder 2.

（6）R. H. Bruce Lockhart, *Memoirs of a British Agent, Being an Account of the Author's Early Life in Many Lands and of his Official Mission to Moscow in 1918*, p. 122.

（7）W. F. Ryan, 'The Great Beast in Russia: Aleister Crowley's Theatrical Tour in 1913 and his Beastly Writings on Russia', in A. McMillin（ed.）, *Symbolism and After: Essays on Russian Poetry in Honour of Georgette Donchin*, p. 155.

（8）'Svidetel'stvo（診断書）', 7 August 1917: Robert Hamilton Bruce Lockhart Papers（HIA）, folder: Robin Bruce Lockhart, '2 Reilly: Documentary Material., folder 2.

（9）J. Noulens, *Mon ambassade en Russie Soviétique, 1917–1919*, vol. 2, p. 115.

（10）M. Philips Price（ed.）, *The Diplomatic History of the War*, p. 46.

（11）J. Reed, 'Almost Thirty', *New Republic*, April 1936, pp. 267–70.

（12）*Washington Post*, 4 July 1917.

（13）*Ibid.*, 13 April 1917.

（14）ボリシェヴィキのプロパガンダ：米上院司法小委員会聴聞記録. *Sixty-Fifth Congress, Third Session and Thereafter Pursuant to Senate Resolutions 439 and 469 - February 11, 1919 to March 10, 1919*, p. 467.

（15）L. Bryant, *Six Red Months in Russia*, pp. 19–20.

（16）*Ibid.*, pp. 24–5.

（17）ボリシェヴィキのプロパガンダ：米上院司法小委員会聴聞記録，p. 563.

（18）*Ibid.*, p. 476.

（19）*Ibid.*, p. 604.

（20）B. Beatty, *The Red Heart of Russia*, p. 132.

（21）*Ibid.*, pp. 693–4.

（22）J. S. Clarke, *Pen Portraits of Russia under the 'Red Terror'*, pp. 165–6.

（23）J. Sadoul, *Notes sur la révolution bolchévique, octobre 1917–janvier 1919*, pp. 37–41:

A. トマ宛て書簡, 2/15 October 1917; J. Noulens, *Mon ambassade en Russie Soviétique, 1917–1919*, vol. 1, p. 83; A. ドゥノア, J. サドゥール書簡編集に向けた序文の未刊行タイプ原稿, 1941年5月付, p. 2: Jacques Sadoul Papers（HIA).

(24) J. Sadoul, 'La Condition des agents consulaires at diplomatiques au point de vue fiscal: thèse pour le doctorat'（Librairie Générale de Droit et de Jurisprudence: Paris, 1908).

(25) A. ドゥノア, J. サドゥール書簡編集に向けた序文の未刊行タイプ原稿, 1941年5月付, p. 1: Jacques Sadoul Papers（HIA).

(26) J. Reed, *Red Russia*, book 1, p. 10. See also J. Reed, *Ten Days that Shook the World*（1960), pp. 78–9.

(27) B. Beatty, *The Red Heart of Russia*, pp. 201 and 203.

(28) *Ibid.*, pp. 13, 196 and 244.

(29) J. Reed, *Red Russia*, book 2, p. 12.

(30) ボリシェヴィキのプロパガンダ：米上院司法小委員会聴聞記録, p. 542.

(31) *Ibid.*, p. 721.

(32) J. Reed, *Ten Days that Shook the World*（1960), p. 332.

(33) B. Beatty, *The Red Heart of Russia*, p. 134.

(34) A. Rhys Williams, *Lenin: The Man and his Work*, p. 79.

(35) *Ibid.*, pp. 79–80.

(36) *Ibid.*, p. 73.

(37) *Ibid.*, p. 80.

第5章◆革命と世界

(1) E. H. Carr, *The Bolshevik Revolution*, vol. 3, pp. 9–14.

(2) See R. Service, *Lenin: A Political Life*, vol. 2, p. 273.

(3) ボリシェヴィキのプロパガンダ：米上院司法小委員会聴聞記録, *Sixty-Fifth Congress, Third Session and Thereafter Pursuant to Senate Resolutions 439 and 469 - February 11, 1919 to March 10, 1919*, p. 494.

(4) See for example J. Reed, *Ten Days that Shook the World*（1960), pp. 220 and 336.

(5) *Ibid.*, pp. 240 and 298.

(6) B. Beatty, *The Red Heart of Russia*, pp. 193 and 195.

(7) L. Bryant, *Six Red Months in Russia*, p. 145.

(8) *Ibid.*, pp. 145–6.

(9) L. Bryant, Mirrors of Moscow, p. 140.

(10) J. Sadoul, *Notes sur la révolution bolchévique, octobre 1917–janvier 1919*, p. 68: letter

to A. Thomas, 28 October/10 November 1917.

(11) *Ibid.*, pp. 55–6: A. トマ宛て書簡, 25 October/7 November 1917.

(12) A. トマ宛て書簡, 26 October/8 November 1917, *ibid.*, pp. 58–60, and 27 October/9 November 1917, p. 65.

(13) *Ibid.*, p. 83: A. トマ宛て書簡, 2/15 November 1917-

(14) See R. Service, *Lenin: A Political Life*, vol. 2, pp. 183–90.

(15) L. Trotskii, *Moya zhizn'*, vol. 2, p. 64.

(16) J. Reed, *Ten Days that Shook the World* (1960), p. 347.

(17) L. Trotskii, *Sochineniya*, vol. 3, book 2, pp. 164–6.

(18) H. Hoover, *The Ordeal of Woodrow Wilson*, pp. 78–81.

(19) General Max: Hoffman, *War Diaries and Other Papers*, vol. 2, p. 190.

第6章◆炎に照らして

(1) N. Bukharin, *Vseobshchaya delëzhka ili kommunisticheskoe proizvodstvo* (Izd. VTsIK R., S., K. i K. Deputatov: Moscow, 1918), p. 8.

(2) R. Vaucher, *L'Enfer bolchévik à Petrograd sous la commune et la terreur rouge*, pp. 2–3.

(3) N. Bukharin, *Vseobshchaya delëzhka ili kommunisticheskoe proizvodstvo*, p. 8.

(4) A. Kovrov, *Domashnyaya prisluga* (Kniga: Petrograd, 1917).

(5) L. Trotskii, *Chto zhe dal'she? (Itogi i perspektivy)* (Priboi: Petersburg [*sic*], 1917), p. 6.

(6) *Ibid.*, p. 26.

(7) *Ibid.*, p. 28.

(8) I. I. Kutuzov, *V strane 'ego velichestva'. Pis'ma i zametki ob Anglii russkogo rabochego diplomata*, pp. 8–10.

(9) L. Trotskii, *Chto zhe dal'she?*, p. 6.

(10) M. Lur'e (Yu. Larin), *Prodovol'stvie v Germanii i Rossii* (Kniga: Petrograd, 1918), pp. 7–11.

(11) *Ibid.*, pp. 14–15.

(12) *Ibid.*, pp. 15 and 21.

(13) Yu. Larin, *Voina i zemel'naya programma* (Kniga: Petrograd, 1917), pp. 8 and 10.

(14) *Ibid.*, pp. 8 and 11.

(15) N. Bukharin, *Vseobshchaya delëzhka ili kommunisticheskoe proizvodstvo*, pp. 4–6.

(16) Kii, *Vozmozhna-li otmena chastnoi sobstvennosti* (Kniga: Petrograd, 1917).

(17) I. リトヴィノフ, 自伝的断章, pp. 15–16: St Antony's RESC Archive.

(18) R. Bruce Lockhart, 'Last Words on Lenin: An Inaugural Address [as] Honorary President of the Associated Societies, Edinburgh University, 26 October 1960', pp. 15–

16.
(19) L. Trotskii, *Chto zhe dal'she?*, p. 23.
(20) A. Ioffe, *O samoupravlenii* (Kniga: Petrograd, 1917), pp. 8–10.
(21) V. A. Mau, *Sochineniya*, vol. 1: *Reformy i dogmy: gosudarstvo i ekonomika v epokhu reform i revolyutsii, 1860–1920–e gody*, pp. 207–26.

第7章◆行き詰る外交

(1) G. A. Hill, *Go Spy the Land*, p. 155; *Washington Post*, 2 March 1918.
(2) C. Anet, *La Révolution russe: la terreur maximaliste; l'armistice - les pour-parlers de paix* (Novembre 1917–Janvier 1918), pp. 127–8.
(3) Ye. P. シェレーピナの覚書, 1918年3月18日 : http://arthur-ransome.spb.ru/index/0–8.
(4) *Ibid.*
(5) L. Bryant, *Six Red Months in Russia*, pp. 145–6.
(6) Ye. P. シェレーピナの覚書, 1918年3月18日 : http://arthur-ransome.spb.ru/index/0–8.
(7) J. Noulens, *Mon ambassade en Russie Soviétique, 1917–1919*, vol. 1, p. 180.
(8) J. Sadoul, *Notes sur la révolution bolchévique, octobre 1917–janvier 1919*, p. 124: A. トマ宛て書簡, 15/28 November 1917.
(9) ボリシェヴィキのプロパガンダ : 米上院司法小委員会聴聞記録, *Sixty-Fifth Congress, Third Session and Thereafter Pursuant to Senate Resolutions 439 and 469 - February 11, 1919 to March 10, 1919*, p. 50.
(10) C. Anet, *La Révolution russe: la terreur maximaliste; l'armistice L les pour-parlers de paix* (Novembre 1917–Janvier 1918), pp. 54–5.
(11) J. Noulens, *Mon ambassade en Russie Soviétique, 1917–1919*, vol. 1, p. 186.
(12) Général Niessel, *Le Triomphe des bolchéviks et la paix de Brest-Litovsk: souvenirs, 1917–1918*, p. 203.
(13) R. Vaucher, *L'Enfer bolchévik à Petrograd sous la commune et la terreur rouge*, p. 1; G. A. Hill, *Go Spy the Land*, pp. 145–6.
(14) C. Anet, *La Révolution russe: la terreur maximaliste*, p. 128.
(15) L. Bryant, *Six Months in Red Russia*, pp. 201–2; *Bolshevik Propaganda: Hearings before a Subcommittee on the Judiciary, United States Senate*, p. 564.
(16) ボリシェヴィキのプロパガンダ : 米上院司法小委員会聴聞記録, pp. 473 (Bryant) and 682 (Rhys Williams).
(17) *Ibid.*, p. 566.

(18) *Ibid.*, p. 565.

(19) B. Beatty, *The Red Heart of Russia*, pp. 222–3; ボリシェヴィキのプロパガンダ：米上院司法小委員会聴聞記録, p. 564.

(20) D. R. Francis, *Russia from the American Embassy. April 1916–November 1918*, pp. 173–4.

(21) *Ibid.*, pp. 176–7.

(22) Sir G. Buchanan, *My Mission to Russia and Other Diplomatic Memories*, pp. 225–6.

(23) *Ibid.*, p. 220 (diary).

(24) L. de Robien, *The Diary of a Diplomat in Russia*, p. 222.

(25) HO 144/2158/322428/16, 22 and 29. My thanks to Harry Shukman for sharing this document with me as well as the documents in the next three endnotes.

(26) HO 144/2158/322428/33.

(27) HO 144/2158/322428/85.

(28) HO 144/2158/322428: 副警視総監, 1917年10月25日.

(29) Sir G. Buchanan; *My Mission to Russia and Other Diplomatic Memories*, pp. 226–7 (diary); see also J. McHugh and B. J. Ripley, 'Russian Political Internees in First World War Britain: The Cases of George Chicherin and Peter Petroff', *Historical Journal*, no. 3 (1985), p. 736.

(30) J. Noulens, *Mon ambassade en Russie Soviétique, 1917–1919*, vol. 1, pp. 170–1.

(31) C. Anet, *La Révolution russe: la terreur maximaliste*, pp. 162–3.

(32) J. Noulens, *Mon ambassade en Russie Soviétique, 1917–1919*, vol. 1, p. 179.

(33) Sir G. Buchanan, *My Mission to Russia and Other Diplomatic Memories*, p. 243.

(34) *Ibid.*, pp. 239 and 247.

(35) D. Lloyd George, *War Memoirs*, vol. 2, pp. 1550–1.

(36) *Ibid.*, p. 1551.

(37) ボリシェヴィキのプロパガンダ：米上院司法小委員会聴聞記録, pp. 963–4.

(38) W. Hard, *Raymond Robins' Own Story*, pp. 97–9.

(39) *Ibid.*, pp. 57–8, 64–5 and 70.

(40) L. Bryant, *Six Red Months in Russia*, ch. 24.

(41) G. ブキャナン（ロンドン宛て平文電報）, pp. i-ii, 2 January 1918: Milner Papers.

(42) C. Anet, *La Révolution russe: la terreur maximaliste*, p. 201; Général Niessel, *Le Triomphe des bolchéviks et la paix de Brest-Litovsk: souvenirs, 1917–1918*, p. 187.

(43) J. Sadoul, *Notes sur la révolution bolchévique, octobre 1917–janvier 1919*, p. 140: A.

トマへの書簡, 25 November/8 December 1917-

(44) L. Bryant. *Six Red Months in Russia*, ch. 24.

(45) Général Niessel, *Le Triomphe des bolchéviks et la paix de Brest-Litovsk: souvenirs, 1917–1918*, p. 186.

(46) L. de Robien, *The Diary of a Diplomat in Russia*, p. 186; ボリシェヴィキのプロパガンダ：米上院司法小委員会聴聞記録, p. 942.

(47) *Bolshevik Propaganda: Hearings before a Subcommittee on the Judiciary, United States Senate*, p. 961.

(48) D. R. Francis, *Russia from the American Embassy, April 1916–November 1918*, pp. 168–9.

(49) *Bolshevik Propaganda: Hearings before a Subcommittee on the Judiciary, United States Senate*, pp. 962–3; D. R. Francis, *Russia from the American Embassy. April 1916–November 1918*, pp. 210–11.

(50) G. A. Hill, *Go Spy the Land*, pp. 152–3; G. A. Hill, *Dreaded Hour*, pp. 133–4.

(51) J. Noulens, *Mon ambassade en Russie Soviétique, 1917–1919*, vol. 1, pp. 183–4.

(52) L. de Robien, *The Diary of a Diplomat in Russia*, p. 190.

(53) Sovnarkom meeting, 1 (14) January 1918: GARF, f. R-130, op. 2, d. 1, item 1.

(54) J. Noulens, *Mon ambassade en Russie Soviétique, 1917–1919*, vol. 1, pp. 186–7.

(55) *Ibid.*, pp. 185–9; D. R. Francis, *Russia from the American Embassy, April 1916–November 1918*, pp. 216–17.

(56) J. Noulens, *Mon ambassade en Russie Soviétique, 1917–1919*, vol. 1, pp. 190–1; ボリシェヴィキのプロパガンダ：米上院司法小委員会聴聞記録, pp. 963–4.

(57) D. R. Francis, *Russia from the American Embassy, April 1916–November 1918*, pp. 219–20.

第8章◆非公式パイプ

(1) ロシア．大使館 (HIA), box 1: 駐仏ロシア大使からワシントン大使館宛て, 24, 26 and 29 December 1917 (Old Style).

(2) D. S. Foglesong, *America's Secret War against Bolshevism: U.S. Intervention in the Russian Civil War, 1917–1920*, p. 57.

(3) National Archives, FO 371/3295/6933.

(4) A. E. Senn, *Diplomacy and Revolution: The Soviet Mission to Switzerland, 1918*, pp. 43–53.

(5) I. リトヴィノフ, 無題の自伝的断章: Ivy Litvinov Papers (HIA), box 10, folder 5, p. 27.

(6) *Ibid.*

(7) D. Lloyd George, *War Memoirs*, vol. 2, pp. 1552–3.

(8) *Ibid.*, p. 1553.

(9) ロシア．大使館 (HIA), box 1: 米大使館宛てナボコフの電報, 3 (16) January 1918.

(10) *Ibid.*: パリ駐在大使から全ロシア大使館宛て, 6 (19) January 1918.

(11) *Ibid.*: 米大使館宛てナボコフの電報, 4 (17) January 1918.

(12) I. Maisky, *Journey into the Past*, p. 78; *Protokoly Tsentral'nogo Komiteta* (中央委員会議事録) *RSDRP* (*b*): *avgust 1917–fevral' 1918* (Gosizdat: Moscow, 1958), p. 165.

(13) Maisky's notes on Litvinov's conversational memoir, *Journey into the Past*, pp. 62–5; ロシア．大使館 (HIA), box 1: 米大使館宛てナボコフの電報, 4 (17) January 1918.

(14) Maisky's notes on Litvinov's conversational memoir, *Journey into the Past*, pp. 62–5.

(15) ロシア．大使館 (HIA), box 1: 米大使館宛てナボコフの電報, 21 January (8 February) 1918.

(16) *Daily News and Leader*, 19 February 1918.

(17) *Labour Leader*, 24 January 1918.

(18) http://gdl.cdlr.strath.ac.uk/redclyde/redcly074.htm; V. V. Aldoshin, Yu. V. lvanov, V. M. Semënov and V. A. Tarasov (eds), *Sovetsko-amerikanskie otnosheniya: gody nepriznaniya, 1918–1926*, p. 12.

(19) リトヴィノフに関するバジル・トムソンの報告書からの抜粋, 1918年2月20日 : Milner Papers, dep. 364, fols 49–51.

(20) 英下院討議録, 19 February 1918, vol. 103, col. 607.

(21) I. リトヴィノフ, 自伝的断章, ‘ヴィオラへの手紙’, p. 28: St Antony's RESC Archive.

(22) *Ibid.*

(23) *Ibid.*, pp. 28a-30.

(24) I. リトヴィノフ, 無題の自伝的断章: Ivy Litvinov Papers (HIA), box 9, folder 10, p. 28a.

(25) *Ibid.*, p. 37: St Antony's RESC Archive.

(26) *Ibid.*

(27) M. Litvinoff, *The Bolshevik Revolution: Its Rise and Meaning*, especially pp. 43–6.

(28) *Manchester Guardian*, 23 January 1918.

(29) ハロルド・ケロック (フィンランド広報事務所, ニューヨーク) のリンカン・ステフェンズ宛て書簡, 1918年4月22日, p. l: Russian Subject Collection

(HIA).
(30) *New York Times*, 31 January 1918.
(31) *Ibid.*, 2 February 1918.
(32) *Ibid.*, 19 February 1918.
(33) *Washington Post*, 29 February 1918.
(34) *Ibid.*, 1 June 1918.
(35) *New York Times*, 11 May 1918.,
(36) R. Chambers, *The Last Englishman: The Double Life of Arthur Ransome*, p. 177.
(37) M. ブドベルグから R.ブルース・ロックハート宛て，日付なし：Robert Hamilton Bruce Lockhart Papers (HIA), box 2, folder 2.
(38) A. Rhys Williams, *Lenin: The Man and his Work*, p. 74.
(39) G. A. Hill, *Go Spy the Land*, p. 192.
(40) *Ibid.* pp. 192–3.
(41) ストックホルムからの報告，1918年9月12日：CX 050167. この文書提供に対しアンドルー・クックに大いに感謝する.
(42) G. A. Hill, *Go Spy the Land*, p. 191.
(43) ボリシェヴィキのプロパガンダ：米上院司法小委員会聴聞記録，*Sixty-Fifth Congress. Third Session and Thereafter Pursuant to Senate Resolutions 439 and 469 - February 11, 1919 to March 10, 1919*, p. 553.
(44) M. Philips Price, *The Soviet, the Terror and Intervention*, pp. 1–14.
(45) Radek and Ransome on Russia (The Socialist Publication Society: Brooklyn, NY, 1918), pp. 5–7, 10–11, 19–20 and 24.
(46) R. H. Bruce Lockhart, *Memoirs of a British Agent. Being an Account of the Author's Early Life in Many Lands and of his Official Mission to Moscow in 1918*, pp. 200–1.
(47) *The Diaries of Robert Bruce Lockhart*, 1915–1938, p. 31.
(48) R. Bruce Lockhart, 'Last Words on Lenin: An Inaugural Address [as] Honorary President of the Associated Societies, Edinburgh University, 26 October 1960', p. 6.
(49) *Ibid.*, p. 7.
(50) ボリシェヴィキのプロパガンダ：米上院司法小委員会聴聞記録，p. 801.
(51) T. Alexander, *An Estonian Childhood*, p. 41.
(52) *The Diaries of Robert Bruce Lockhart*, 1915–1938, pp. 32–3.
(53) *Ibid.*, p. 33.
(54) ボリシェヴィキのプロパガンダ：米上院司法小委員会聴聞記録，pp. 802–3.
(55) *Ibid.*, p. 803.

(56) 'Udostoverenie（証明書）', 1918年8月5日 : Robert Hamilton Bruce Lockhart Papers (HIA), folder: Robin Bruce Lockhart, '2 Reilly: Documentary Material', folder 2.

(57) J. Sadoul, *Notes sur la révolution bolchévique, octobre 1917–janvier 1919*, p. 264: A.トマ宛て書簡, 1918年3月15; J. Noulens, *Mon ambassade en Russie Soviétique, 1917–1919*, vol. 2, pp. 74–5 and 115.

(58) National Archives, FO 371/3290/51340, cited in B. Pearce, *How Haig Saved Lenin*, p. 22.

(59) 戦時内閣宛てH.ウィルソンの進言, 18 March 1918: Milner Papers, dep. 364, fol. 127.

(60) J. Noulens, *Mon ambassade en Russie Soviétique, 1917–1919*, vol. 2, pp. 74–5 and 115.

第9章◆ブレスト=リトフスク交渉

(1) G. A. Hill, *Go Spy the Land*, p. 115.

(2) B. Pearce, *How Haig Saved Lenin*, p. 7.

(3) Arthur M. Free Papers, folder Mb (HIA).

(4) N. A. Ioffe, 'O moëm ottse（わが父のこと）': N. A. Ioffe Papers (HIA).

(5) J. Sadoul, *Notes sur la révolution bolchévique, octobre 1917–janvier 1919*, p. 140: A.toma Thomas, 25 November/8 December 1917.

(6) O. vonチェルニーンの日記, 1923年のロシア語版 N. Ioffe, *Moi otets Adol'f Abramovich Ioffe*, p. 135. からの再録.

(7) J. Sadoul, *Notes sur la révolution bolchévique, octobre 1917–janvier 1919*, p. 140: A. トマ宛て書簡, 1917年11月25日／12月8日.

(8) *Mirnye peregovory v Brest-Litovske*（ブレスト=リトフスク講和交渉）, vol. 1: *Plenarnye zasedaniya. Zasedaniya Politicheskoi Komissii*（全体会議. 政治委員会会議）, pp. 67–8 and 72.

(9) *Ibid.*, pp. 52–3.

(10) J. Sadoul, *Notes sur la révolution bolchévique, octobre 1917–janvier 1919*, p. 176: letter to A. Thomas, 22 December 1917/4 January 1918.

(11) Ye. P. シェレーピナ, 'ブレストへの旅'（1918年3月執筆の覚書）: Ye. P. シェレーピナの覚書, 18 March 1918: http://arthur-ransome.spb.ru/index/0-8.

(12) *Ibid.*

(13) V. I. Lenin, *Polnoe sobranie sochinenii*, vol. 35, pp. 179–80.

(14) *Mirnye peregovory v Brest-Litovske*, vol. 1, p. 208.

(15) *Ibid.*, pp. 209–10.
(16) *Protokoly Tsentral'nogo Komiteta RSDRP (b): avgust 1917–fevral' 1918*, pp. 194–5.
(17) R. H. ブルース・ロックハート（ペトログラード発）, 2 February 1918: Milner Papers, dep. 364, fols 66–7.
(18) R. H. ブルース・ロックハート（ペトログラード発，リンドレー経由），16 February 1918: *ibid.*, fols 34–8; R. H. ブルース・ロックハート（モスクワ発），21 February 1918: *ibid.*, fol. 143.
(19) R. Vaucher, *L'Enfer bolchévik à Petrograd sous la commune et la terreur rouge*, pp. 4–5.
(20) 英下院討議録，18 February 1918, vol. 103, col. 462.
(21) *Manchester Guardian*, 26 February 1918.
(22) 英下院討議録，vol. 103: 27 February 1918, col. 1478; 28 February 1918, col. 1605.
(23) R. Vaucher, *L'Enfer bolchévik à Petrograd sous la commune et la terreur rouge*, pp. 7–10.
(24) *Protokoly Tsentral'nogo Komiteta RSDRP (b)*（ロシア社会民主労働党（ボ）中央委員会議事録）: 1917年8月-1918年2月, p. 199.
(25) *Ibid.*, p. 200.
(26) *Ibid.*, pp. 204–5.
(27) 1917–18 年に関するスティーヴン・アレーの日付のない覚書．この文書コピーを提供してくれたアンドルー・クックに感謝する．
(28) J. Sadoul, *Notes sur la révolution bolchévique, octobre 1917–janvier 1919*, p. 243: A. トマ宛て書簡，1918年2月21日．
(29) *Ibid.*, p. 244: A. トマ宛て書簡，1918年2月21日．
(30) A. A. ヨッフェ，'N. レーニンとわれわれの外交政策'（1927年10月20日付），APRF, f. 31, op. l, d.-4, pp. 212–13.
(31) ロシア社会民主労働党（ボ）中央委員会議事録: 1917年8月-1918年2月, pp. 206–8.
(32) *Ibid.*, p. 215.
(33) O. M. Sayler, Russia White or Red, pp. 160–1; J. Noulens, *Mon ambassade en Russie Soviétique, 1917–1919*, vol. 1, p. 231, and vol. 2, pp. 29, 36 and 38; L. de Robien, *The Diary of a Diplomat in Russia*, p. 237.
(34) B. Pearce, *How Haig Saved Lenin*, p. 15.

第10章◆危険な息継ぎ

(1) B. Pearce, *How Haig Saved Lenin*, p. 9.

(2) A. A. ヨッフェからV. I. レーニン宛て, 1918年3月11日, V. Krashov and V. Daines (eds), *Neizvestnyi Trotskii. Krasnyi Bonapart: Dokumenty, mneniya, razmyshleniya*, p. 40. に再録.

(3) 人民委員会議がチチェーリン「臨時代理」に正式任命したのは1918年3月13日 : RGASPI, f. 2, op. 1, d. 5483. See also RGASPI, f. 17, op. 2, d. 104, p. 43b (中央委員会・中央統制委員会会議, 1923年10月26日).

(4) V. I. Lenin, *Polnoe sobranie sochinenii*, vol. 36, p. 324.

(5) W. Hard, *Raymond Robins' Own Story*, pp. 138–9.

(6) *Ibid.*, p. 141.

(7) O. ウォードロップから A. J. バルフォア宛て, 1918年4月16日, FO 371/3331/9741.

(8) W. Hard, *Raymond Robins' Own Story*, pp. 140–5. シベリアにおける米鉄道技師たちとフランスのつながりについては B. O. Johnson, 'American Railway Engineers in Siberia', *American Engineer*, no. 81, May-June 1923, pp. 187–91. を見よ.

(9) 差出人・宛先不明の手紙 (フランス語, クレディ・リヨネの便箋), 1918年夏 か(?), p. 2: Robert Hamilton Bruce Lockhart Papers (HIA), folder: Robin Bruce Lockhart, 'Reilly: Russian Revolution, Etc.: Sources: Sir Edward Spears'.

(10) W. Hard, *Raymond Robins' Own Story*, pp. 148–9 and 151–2.

(11) V. I. Lenin, *Polnoe sobranie sochinenii*, vol. 36, p. 105.

(12) *Ibid.*, p. 250.

(13) *Ibid.*, p. 323.

(14) R. H. ブルース・ロックハートの A. J. バルフォア宛て報告, 1918年11月7日, pp. 1–2: Robert Hamilton Bruce Lockhart Papers (HIA), box 12; R. H. Bruce Lockhart, *Friends, Foes and Foreigners*, p. 273.

(15) R. H. Bruce Lockhart, *Friends, Foes and Foreigners*, p. 275.

(16) J. Sadoul, *Notes sur la révolution bolchévique, octobre 1917–janvier 1919*, pp. 262–3: letter to A. Thomas, 13 March 1918.

(17) *Ibid.* See also N. V. Salzman, *Reform and Revolution: The Life and Times of Raymond Robins,* p. 141.

(18) A. Rhys Williams, *Lenin: The Man and his Work*, p. 97–

(19) R. H. ブルース・ロックハート (ロンドン宛てモスクワ報告), 1918年3月18日 : Milner Papers, dep. 364, fol. 126.

(20) A. J. バルフォアから R. H. ブルース・ロックハート宛て, 1918年3月13日 : *ibid.*, fols 88–9.

(21) Col. A. Knox, 'The Delay in the East', 18 March 1918: *ibid.*, fols 131–2 and 134.

(22) M. J. Carley, *Revolution and Intervention: The French Government and the Russian Civil War, 1917–1919*, p. 57.

(23) P. N. Vrangel Collection (HIA), box 33, folder 5.

(24) D. S. Foglesong, *America's Secret War against Bolshevism: U.S. Intervention in the Russian Civil War, 1917–1920*, pp. 194–5.

(25) 国王と戦時内閣に回覧された「連合国による対露干渉に関するウィルソン大統領の見解」, 1918年5月10日 : Milner Papers, dep. 141, fols 2–4.

(26) R. H. Bruce Lockhart, *Memoirs of a British Agent, Being an Account of the Author's Early Life in Many Lands and of his Official Mission to Moscow in 1918*, pp. 248–9.

(27) *Ibid.*, pp. 249–50. ロックハートによるフランシスの年齢推定は10年間違っていた.

(28) C. Kinvig, *Churchill's Crusade: The British Invasion of Russia, 1918–1920*, p. 24.

(29) J. Sadoul, *Notes sur la révolution bolchévique, octobre 1917–janvier 1919*, pp. 294–5: A. トマ宛て書簡, 1918年4月7日.

(30) C. Kinvig, *Churchill's Crusade*, pp. 23–4.

(31) I. N. シュテインベルク, '1918年7月の諸事件' : タイプ原稿 (HIA), p. 3.

(32) 和平会議代表団へのウクライナ外務省訓令, 1918年3月18日 : P. N. Vrangel Collection (HIA), box 35, folder 10.

(33) 人民委員会議, 1918年4月2日 : GARF, f. R-130, op. 2, d. 1.

(34) 中央委員会, 1918年5月10日 : *Izvestiya Tsentral'nogo Komiteta KPSS*, no. 4 (1989), pp. 143–4.

(35) *Pravda*, 24 May 1918.

(36) J. Noulens, *Mon ambassade en Russie Soviétique, 1917–1919*, vol. 2, pp. 27–8 and 55.

(37) J. Sadoul, *Notes sur la révolution bolchévique, octobre 1917–janvier 1919*, p. 271: A. トマ宛て書簡, 1918年3月18日 ; J. Noulens, *Mon ambassade en Russie Soviétique, 1917–1919*, vol. 2, pp. 26–7.

(38) Général Niessel, *Le Triomphe des bolchéviks et la paix de Brest-Litovsk: souvenirs, 1917–1918*, P. 326.

(39) G. A. Hill, *Go Spy the Land*, p. 190.

(40) W. Hard, *Raymond Robins' Own Story*, pp. 197–9.

(41) *Ibid.*, pp. 202–3.

(42) R. H. ブルース・ロックハート報告 (モスクワ発), 1918年6月5日 : Milner Papers, dep. 365, fol. 78.

(43) J. Noulens, *Mon ambassade en Russie Soviétique, 1917–1919*, vol. 1, p. 178; I.

Sadoul, *Notes sur la révolution bolchévique, octobre 1917–janvier 1919*, p. 367: A. トマ宛て書簡, 1918年5月28日 ; V. Fić, *The Bolsheviks and the Czechoslovak Legion*, pp. 5–8, 10–13 and 41–3.

(44) W. Hard, *Raymond Robins' Own Story*, pp. 202–3.

(45) G. Swain, '"An Interesting and Plausible Proposal": Bruce Lockhart, Sidney Remy and the Latvian Riflemen, Russia 1918', *Intelligence and National Security*, no. 3 (1999), p. 83.

(46) C. Kinvig, *Churchill's Crusade*, p. 13.

(47) 人民委員会議, 1918年7月20日 : GARF, f. R-130, op. 2, d. 2.

(48) 人民委員会議, 1918年1月22日 (NS): *ibid.*, d. 1.

(49) V. I. Lenin, *Polnoe sobranie sochinenii*, vol. 36, p. 324.

(50) *The Times*, 8 March 1918.

(51) L. de Robien, *The Diary of a Diplomat in Russia*, p. 252.

(52) R. Vaucher, *L'Enfer bolchévik à Petrograd sous la commune et la terreur rouge*, pp. 208–9.

(53) J. Sadoul, *Notes sur la révolution bolchévique, octobre 1917–janvier 1919*, p. 319: トマ宛て書簡, 1918年4月26日.

(54) k. Vaucher, *L'Enfer bolchévik à Petrograd sous la commune et la terreur rouge*, p. 209.

(55) J. Sadoul, *Notes sur la révolution bolchévique, octobre 1917–janvier 1919*, p. 319: トマ宛て書簡, 1918年4月26日.

(56) *Ibid.*, p. 322: A. トマ宛て書簡, 1918年4月27日.

(57) *Ibid.*, p. 365: A. トマ宛て書簡, 1918年5月27日 ;

(58) 人民委員会議, 1918年6月25日 : GARF, f. R-130, op. 2, d. 2.

(59) *Pravda*, 27 April 1918.

(60) 人民委員会議, 1918年4月4日 : GARF, f. R-130, op. 2, d. 1.

(61) R. Vaucher, *L'Enfer bolchévik à Petrograd sous la commune et la terreur rouge*, p. 273; G. V. Chicherin, *Vneshnyaya politika Sovetskoi Rossii za dva goda*, pp. 18–19; *New York Times*, 6 July 1918.

(62) J. Sadoul, *Notes sur la révolution bolchévique, octobre 1917–janvier 1919*, p. 313: letter to A. Thomas, 16 April 1918.

(63) *Ibid.*

(64) *Ibid.*, p. 325: トマ宛て書簡, 1918年4月28日.

(65) R. Vaucher, *L'Enfer bolchévik à Petrograd sous la commune et la terreur rouge*, p. 35.

(66) *Ibid.*, p. 157.

第11章◆反乱そして殺戮

(1) *Krasnaya kniga VChK*, vol. 2, pp. 38–9.
(2) W. G. Rosenberg, *Liberals in the Russian Revolution: The Constitutional Democratic Party, 1917–1921*, pp. 316–20.
(3) R. H. ブルース・ロックハートの A. J. バルフォア宛て報告, 1918年11月1日 : National Archives, FO 371/3337/9828, pp. 8–9.
(4) J. Noulens, *Mon ambassade en Russie Soviétique, 1917–1919*, vol. 1, p. 178; J. Sadoul, *Notes sur la révolution bolchévique, octobre 1917–janvier 1919*, p. 367: letter to A. Thomas, 28 May 1918.
(5) V. Fić, *The Bolsheviks and the Czechoslovak Legion*, pp. 206, 242, 262, 307–8 and 313.
(6) National Archvies, FO 371/3324h07587, cited in B. Pearce, *How Haig Saved Lenin*, p. 44.
(7) R. H. ブルース・ロックハートの A. J. バルフォア宛て報告, 1918年11月7日 : Robert Hamilton Bruce Lockhart Papers (HIA), box 12.
(8) Z. A. Zeman, *Germany and the Revolution in Russia, 1915–1918: Documents from the Archives of the German Foreign Ministry*, pp. 130 and 137; M. Occleshaw, *Dances in Deep Shadows: The Clandestine War in Russia, 1917–20*, pp. 130–3.
(9) I, Noulens, *Mon ambassade en Russie Soviétique, 1917–1919*, vol. 1, pp. 132–3, and vol. 2, pp. 120–1.
(10) 人民委員会議, 1918年2月11日 (NS): GARF, f. R-130, op. 2, d. 1.
(11) 人民委員会議, 1918年3月9日 : *ibid.*
(12) *Ibid.*
(13) 人民委員会議, 1918年5月2日 : *ibid.*
(14) Trotsky;s 1935 diary in L. Trotskii, *Dnevniki i pis'ma*, p. 102.
(15) 人民委員会議, 1918年7月17日 : GARF, f. R-130, op. 2, d. 2.
(16) A. A. ヨッフェ , 'N. レーニンとわれわれの外交政策' (1927年10月20日付) , APRF, f. 31, op. l, d. 4, p. 216.
(17) *Ibid.*
(18) 第8回党大会でのレーニンへの質問, March 1919: RGASPI, f. 5, op. 2, d. 2, p. 5. l
(19) G. V. Chicherin, *Vneshnyaya politika Sovetskoi Rossii za dva goda*, pp. 18–19.
(20) M. Ustinov, 'Svoevremennye mysli', in S. Rudakov (ed.), *Vokrug moskovskikh sobytii*, p. 10.
(21) G. A. Hill, *Go Spy the Land*, pp. 202–3.

(22) R. H. ブルース・ロックハート（モスクワ発），5月10日および26日：Milner Papers, dep. 364, fol. 288, and dep. 365, fol. 47.

(23) R. H. ブルース・ロックハート（モスクワ発），1918年5月16日：*ibid.*, dep. 364; R. Bruce Lockhart and A. Kerensky, 'Ordeal by Oratory'（draft; n.d.）, p. 5: Robert Hamilton Bruce Lockhart Papers（HA）, box 5, folder 7.

(24) ジョージ・ヒルの説明をR・ブルース・ロックハートが書きとめたメモ，p. 5: *ibid.*, box 11, folder 1.

(25) R・ブルース・ロックハートの照会に対するジョージ・ヒルの回答，p. 6: *ibid.*, box 11, folder 1; Ya. ペテルス，'カラマティアノの供述書'，*Arkhiv VChK. Sbornik dokumentov*, p. 512.

(26) '法廷審問' におけるサヴィンコフ供述，*Pravda*, 30 August 1924, pp. 4–5.

(27) R. H. ブルース・ロックハート（モスクワ発）1918年5月17日：Milner Papers, dep. 142, fol. 4; see also dep. 365, fols 171–2.

(28) ロックハート電，1918年5月26日：National Archives, FO 371/3332/9748.

(29) '法廷審問' おけるサヴィンコフ供述，*Pravda*, 30 August 1924, pp. 4–5.

(30) F. Grenard, *La Révolution russe*, p. 322.

(31) *Krasnaya kniga VChK*, vol. l, pp. 166–7.

(32) '法廷審問' におけるサヴィンコフ供述，*Pravda*, 30 August 1924, pp. 4–5.

(33) G. A. Hill, *Go Spy the Land*, p. 207.

(34) F. Grenard, *La Révolution russe*, p. 321.

(35) J. Sadoul, *Notes sur la révolution bolchévique, octobre 1917–janvier 1919*, p. 405: letter to A. Thomas, 10 July 1918.

(36) レーニン，トロツキー，スヴェルドロフ，およびジノヴィエフに複写されたA. A. ヨッフェの外務人民委員部宛て報告，June 1918: N. Ioffe, *Moi otets Adol'f Abramovich Ioffe*, pp. 65–6.

(37) 人民委員会議，1918年7月15日：GARF, f. R-130, op. 2, d. 2.

(38) J. Sadoul, *Notes sur la révolution bolchévique, octobre 1917–janvier 1919*, p. 405: letter to A. Thomas, 10 July 1918.

(39) G. A. Hill, *Go Spy the Land*, pp. 210–11.

(40) V. I. Lenin, *Neizvestnye dokumenty, 1891–1922*, p. 229.

(41) ボリシェヴィキのプロパガンダ：米上院司法小委員会聴聞記録，*Sixty-Fifth Congress, Third Session and Thereafter Pursuant to Senate Resolutions 439 and 469 - February 11, 1919 to March 10, 1919*, p. 947; J. Noulens, *Mon ambassade en Russie Soviétique, 1917–1919*, vol. 2, p. 146.

(42) J. Noulens, *Mon ambassade en Russie Soviétique, 1917–1919*, vol. 2, p. 148.

(43) *Ibid.*, p. 149.
(44) D. R. Francis, *Russia from the American Embassy, April 1916–November 1918*, pp. 248 and 250.
(45) ボリシェヴィキのプロパガンダ：米上院司法小委員会聴聞記録, pp. 949–50.
(46) *Ibid.*, p. 948.
(47) W. Hard, *Raymond Robins' Own Story*, p. 191; R. H. Bruce Lockhart report (Moscow), 13 May 1918: Milner Papers, dep. 365, fol. 2.

第12章◆打倒連合国

(1) 特に『国家と革命』, レーニン全集第33巻を見よ.
(2) I. S. Rozental', *Provokator. Roman Malinovskii: sud'ba i vremya*, pp. 198–207.
(3) M. Occleshaw, *Dances in Deep Shadows: The Clandestine War in Russia, 1917–20*, pp. 93–4; C. Andrew, *Secret Service: The Making of the British Intelligence Community*, pp. 261–2.
(4) G. Nowik, *Zanim złamano, „Enigmę". Polski radiowzwiad podczas wojny z bolszewicką Rosją, 1918–1920*, pp. 866–9.
(5) Kh. ラコフスキーおよびK. ラデック, 1918年10月29日 : P. N. Vrangel Collection (HIA), box 35, folder 10.
(6) R. Blobaum, *Feliks Dzierzynski and the SDKPiL: A Study of the Origins of Polish Communism*, p. 30.
(7) C. Sheridan, *From Mayfair to Moscow: Clare Sheridan's Diary*, p. 95.
(8) *Ibid.*
(9) ボリシェヴィキのプロパガンダ：米上院司法小委員会聴聞記録, *Sixty-Fifth Congress, Third Session and Thereafter Pursuant to Senate Resolutions 439 and 469 - February 11, 1919 to March 10, 1919*, p. 557-
(10) G. A. Hill, *Go Spy the Land*, p. 154.
(11) 記事 'Anarchists as Bandits' で報じられたカール・ラデックのインタビュー, *New York Times*, 23 April 1923.
(12) *The Diaries of Robert Bruce Lockhart, 1915–1938*, p. 35.
(13) N. A. Ioffe, *Moi otets Adol'f Abramovich Ioffe*, p. 38.
(14) S. Dzerzhinskaya, *V gody velikikh boëv*, pp. 269–70; N. Zubov, *F. E. Dzerzhinskii*, pp. 219–21; A. E. Senn, *Diplomacy and Revolution: The Soviet Mission to Switzerland, 1918*, p. 100.
(15) See below, p. 164.

(16) B. Thomson, *Queer People* (Hodder & Stoughton: London,. 1922), p. 290.

(17) *Call*, September 1918 ('Dictatorship and Democracy') and July 1919 ('Towards a Revolutionary World War,).

(18) R. H. Bruce Lockhart, *Memoirs of a British Agent, Being an Account of the Author's Early Life in Many Lands and of his Official Mission to Moscow in 1918*, pp. 201–2.

(19) B. Thomson, *Queer People*, p. 290.

(20) See below, p. 161.

(21) C. Andrew and V. Mitrokhin, *The Mitrokhin Archive: The KGB in Europe and the West, p*. 37.

(22) 在ペトログラード・オランダ公使館による報告, 1918年9月15日 : SF 401/3/2; ストックホルムからの報告, 1918年9月12日 : CX 050167; ランサムに関する報告, 11.1.5 (これ以上の表示なし); ヘルシンキの'われらの代表'からの政治報告, 1920年5月1日 : CX 3646. ランサムに関する秘密情報部報告を提供してくれたアンドルー・クックに感謝する.

(23) *The Times*, 12 July 1918.

(24) R. H. ブルース・ロックハートの A. J.バルフォア宛て報告, 1918年11月7日, p. 2: Robert Hamilton Bruce Lockhart Papers (HIA), box 12.

第13章◆ドイツ頼み

(1) K. Baedeker, *Russia with Teheran, Port Arthur, and Peking: Handbook for Travellers*, pp. 334–5; F. J. Funk, 'Fighting after the War', *Purdue Alumnus* (n.d.), p. 7.

(2) R. H. ブルース・ロックハート報告 (モスクワ発), 1918年7月18日 : Milner Papers, dep. 365, fol. 147; 'Proposals for Allied Enterprise for Russia (assuming French concurrence): *ibid*., dep. 364.

(3) R. H.ブルース・ロックハート報告 (モスクワ発), 1918年7月21日 : *ibid*., dep. 365, fols 156–7.

(4) リーディング卿報告 (ワシントン発), p. 4, 1918年7月3日 : *ibid*., dep, 141; リーディング卿に与えられた国務長官代理F・ポークの備忘録, 18 July 1918: *ibid*., dep. 365, fol. 154.

(5) C. Kinvig, *Churchill's Crusade: The British Invasion of Russia, 1918–1920*, pp. 23 and 28–9.

(6) R. H. Ullman, *Anglo-Soviet Relations, 1917–1921*, vol. 1: *Intervention and the War*, p. 236.

(7) See V. Barnett, *A History of Russian Economic Thought*, pp. 98–9.

(8) Editorial, *The Times*, 13 July 1918.

(9) *Ibid.*, 18 July 1918.

(10) *Daily Herald*, 14 December 1918.

(11) ボリシェヴィキのプロパガンダ：米上院司法小委員会聴聞記録, *Sixty-Fifth Congress. Third Session and Thereafter Pursuant to Senate Resolutions 439 and 469 - February 11, 1919 to March 10, 1919*, p. 950.

(12) 英海軍情報部長, 1918年6月14日, p. 2: FO 371/3331/9741. この覚書は Robert Bruce Lockhart Papers (HIA), box 11, folder 4. にある.

(13) レーニン, トロツキー, スヴェルドロフ, およびジノヴィエフに複写された A. A. ヨッフェの外務人民委員部宛て報告, 1918年6月 : N. Ioffe, *Moi otets Adol'f Abramovich Ioffe*, p. 66.

(14) B. Pearce, *How Haig Saved Lenin*, pp. 66–8.

(15) *Ibid.*, pp. 33 and 45.

(16) M. J. Larsons, 'Au service des Soviets' (ソヴィエトに仕えて), pp. 30–2: タイプ原稿, M. J. Larsons Papers (HIA), box 1.

(17) N. A. Ioffe Papers (HIA), 'Ob ottse (わが父のこと)', p. 5.

(18) *Ibid.*, pp. 5–6.

(19) *Ibid.*, p. 6.

(20) *Ibid.*

(21) N. Ioffe, *Moi otets Adol'f Abramovich Ioffe*, p. 35; V. R. メンジンスキーから V. I. レーニン宛て, 1918年5月20日 in *ibid.*, pp. 57–8.

(22) A. A. ヨッフェから V. I. レーニンへの報告, 1918年5月, *ibid.*, p. 60; M. J. Larsons, 'Au service des Soviets', p. 28: typescript, M. J. Larsons Papers (HIA), box 1.

(23) N. Ioffe, *Moi otets Adol'f Abramovich Ioffe*, p. 35.

(24) See below, pp. 300–3.

(25) V. R. メンジンスキーから V. I. レーニンへの報告, 1918 年5月20日, N. Ioffe, *Moi otets Adol'f Abramovich Ioffe*, pp. 57–8.

(26) V. I. レーニンから L. B. クラーシン宛て書簡, 1918年8月11日 : V. I. Lenin, *Neizvestnye dokumenty, 1891–1922*, p. 284.

(27) N. Ioffe, *Moi otets Adol'f Abramovich Ioffe*, pp. 35–6.

(28) A. A. ヨッフェから V. I. レーニン宛て書簡, 1918 年5月, *ibid.*, p. 60.

(29) A. A. ヨッフェ, 'N. レーニンとわれわれの外交政策' (1927年10月20日付), APRF, f. 31, op. 1, d. 4, p. 212.

(30) N. Ioffe, *Moi otets Adol'f Abramovich Ioffe*, p. 38. ヨッフェはチェカーがなぜレーニン暗殺未遂を防げなかったのかをジェルジンスキーに尋ねずにはいられなかった.

(31) S. McMeekin, *History's Greatest Heist: The Looting of Russia by the Bolsheviks*, pp. 97–101.

(32) A. A. ヨッフェのV. I. レーニン宛て書簡, 1918年5月, N. Ioffe, *Moi otets Adol'f Abramovich Ioffe*, p. 61.

(33) A. A. レーニン, トロツキー, スヴェルドロフ, およびジノヴィエフに複写されたヨッフェの外務人民委員部宛て報告, 1918年6月, *ibid.*, p. 67.

(34) B. Pearce, *How Haig Saved Lenin*, p. 57.

(35) G. V. Chicherin, *Vneshnyaya politika Sovetskoi Rossii za dva goda*, p. 5; B. Pearce, *How Haig Saved Lenin*, p. 71.

(36) G. V. Chicherin, *Vneshnyaya politika Sovetskoi Rossii za dva goda*, pp. 18–19.

(37) B. Pearce, *How Haig Saved Lenin*, p. 49.

(38) *Ibid.*, p. 61.

(39) V. I. Lenin, *Polnoe sobranie sochinenii*, vol. 50, p. 108.

(40) B. Pearce, *How Haig Saved Lenin*, p. 67.

(41) *Pravda*, 17 August 1918.

(42) V. I. Lenin, *Polnoe sobranie sochinenii*, vol. 37, p. 75.

(43) B. Pearce, *How Haig Saved Lenin*, p. 68.

(44) G. V. チチェーリンとKh. G. ラコフスキー間のヒューズ電信機による会話, 1918年10月5日 : P. N. Vrangel Collection (HIA), box 35, folder 10.

(45) L. D. トロツキーからV. I. レーニンに宛てた報告, 1918年8月17日 : RGVA, f. 33987, op. 1, d. 23.

第14章◈ロシア転覆陰謀

(1) R・ブルース・ロックハート'シドニー・ライリーに関する覚書 : ジョージ・ヒルから提供された情報', p. 7: Robert Hamilton Bruce Lockhart Papers (HIA), box 11, folder 1. See also A. Cook, *On His Majesty's Secret Service: Sidney Reilly - Codename ST1*, chs 2–7.

(2) R・ブルース・ロックハート'シドニー・ライリーに関する覚書 : ジョージ・ヒルから提供された情報' p. 5: Robert Hamilton Bruce Lockhart Papers (HIA), box 11, folder 1.

(3) G. A. Hill, *Dreaded Hour*, p. 102.

(4) A. Cook, *On His Majesty's Secret Service: Sidney Reilly - Codename ST1*, pp. 107–18.

(5) *Ibid.*, pp. 107–8, 127–9, 131 and 133.

(6) E. L. スピアズからR. N. ブルース・ロックハートに提供された情報, 1967年1月2日 : Robert Bruce Lockhart (HIA), box 2, folder 10; J. アレーからR・ブ

ルース・ロックハートに提供された情報，1966年5月13日：Robert Hamilton Bruce Lockhart Papers（HIA）, box 2.

（7）*Ibid.*; G. A. Hm. *Go Spy the Land*, p. 201.

（8）不明の人物から不明の宛先に送られた書簡（フランス語，クレディ・リヨネの便箋使用），1918年（?）夏，p. 2: Robert Hamilton Bruce Lockhart Papers（HIA）, folder: Robin Bruce Lockhart, 'Reilly: Russian Revolution, Etc.: Sources: Sir Edward Spears'.

（9）*Ibid.* See also G. A. Hill's answers to R・ブルース・ロックハートの照会に対するG. A. ヒルズの回答も参照：*ibid.*, 'Reilly: Russian Revolution, Etc.: Sources: Others: 1921–1997'.

（10）R. H. ブルース・ロックハート，筆記帳（1938–1945）: Robert Hamilton Bruce Lock-hart Papers'（HIA）, box 4, folder 3.

（11）R. H. ブルース・ロックハート（ペトログラード発），1918年3月10日：Milner Papers, dep. 364, fol. 87.

（12）R. H. ブルース・ロックハート，筆記帳（1938–1945）: Robert Hamilton Bruce Lock-hart Papers（HIA）, box 4, folder 3.

（13）T. Alexander, *An Estonian Childhood*, pp. 44–6.

（14）R. H. ブルース・ロックハート，筆記帳（1938–45年か）: Robert Hamilton Bruce Lockhart Papers（HIA）, box 4, folder 3.

（15）*Ibid.*

（16）モウラの娘ターニャはモウラの当時の手紙から，妊娠を推測している：T. Alexander, *An Estonian Childhood*, pp. 44–6.

（17）See below, p. 348.

（18）Ya. ペテルス，'Delo Lokkarta'（ロッカルト事件）, *Arkhiv VChK. Sbornik dokumentov*（チェカー文書．記録集），p. 495. シェレメチェフ小路のアパートについてはR. Polonsky, *Molotov's Magic Lantern: A Journey in Russian History*, pp. 43–9. を見よ．

（19）R. N. ブルース・ロックハート'シドニー・ライリーに関する覚書：ジョージ・ヒルから提供された情報': Robert Hamilton Bruce Lockhart Papers, box 11, folder 1, p. 1.

（20）GARF, f. 102, op. 174, d. 69（vol. 30: 1914）, pp. 37–40. アンドルー・クックのこの資料提供に大いに感謝する．

（21）政治犯救援赤十字に対するスタルジェフスカヤの請願の翻訳，1918年11月11日，GARF R8419, op. 1, d. 356, pp. 355–6: Andrew Cook's papers.

（22）Ya. ペテルス，'ロッカルト事件', *Arkhiv VChK. Sbornik dokumentov*, p. 512.

(23) *Ibid.*

(24) 'M. V. フリーデの供述', *Arkhiv VChK. Sbornik dokumentov*, p. 506; マリア・フリーデに対する赤十字の事情聴取の翻訳, 1918年12月30日, GARF R8419, op. 1, d. 264, p. 35 (両面) : 再びアンドルー・クックに感謝.

(25) 'A. V. フリーデの最初の証言', in *Arkhiv VChK. Sbornik dokumentov*, p. 502.

(26) *Washington Post*, 2 March 1918.

(27) V. キンギセップ 'K. D. カラマティアノの追加供述', *Arkhiv VChK. Sbornik dokumentov*, pp. 517–18.

(28) Ya. ペテルス 'ロッカルト事件' in *Arkhiv VChK. Sbornik dokumentov*, p. 517.

(29) K. D. カラマティアノ '過去6–8カ月の労働', *Arkhiv VChK. Sbornik dokumentov*, p. 519.

(30) *Ibid.*, p. 115.

(31) 'A. V. フリーデの第3回供述' *Arkhiv VChK. Sbornik dokumentov*, p. 504.

(32) *Ibid.* (A. V. フリーデ); 'M. V. フリーデの供述', *Arkhiv VChK. Sbornik dokumentov*, p. 506; K. D. Kalamatiano, 'Litsa, privlechennye po delu (事件に巻き込まれた人びと)', in *Arkhiv VChK. Sbornik dokumentov*, p. 520. See also D. S. Foglesong, *America's Secret War against Bolshevism: U.S. Intervention in the Russian Civil War, 1917–1920*, p. 114.

(33) R. H. ブルース・ロックハートの解読された報告, 1918年5月26日 : National Archvies, FO 371/3332/9748, p. 424; '法廷審問' での B. V. サヴィンコフ供述, *Pravda*, 1924年8月30日, pp. 4–5.

(34) G. A. Hill, *Go Spy the Land*, pp. 200–1.

(35) *New York Evening Post*, 16–18 September 1918; *New York Times*, 22 September 1918 and 22 February 1919.

(36) G. Creel (Chairman), *The German-Bolshevik Conspiracy* (The Committee on Public Information: New York, 1918), pp. 29–30.

(37) R. H. ブルース・ロックハート報告 (モスクワ発), 1918年4月11日 : Milner Papers, dep. 364, fols 200–1.

(38) R. H. ブルース・ロックハート報告 (モスクワ発), 1918年5月7日 : *ibid.*, fol. 271.

(39) R. H. ブルース・ロックハートの A. J. バルフォア宛て報告, 1918年11月1日 : National Archives, FO 371/3337/9829, p. 405.

(40) 一例として, 国民センターへの資金援助の許可を求める1918年7月6日付の要請を見よ : Milner Papers, dep. 141, fols 75–7.

(41) R. H. ブルース・ロックハート報告 (モスクワ発), 1918年6月13日 : *ibid.*,

dep. 365, fol. 106.

(42) R. H. ブルース・ロックハート報告（モスクワ発），7月21日および23日：*ibid.*, fols 156–7 and 158.

(43) R. H. ブルース・ロックハート‘ロシアにおけるいわゆる“連合国の陰謀”に関する極秘覚書’1918年11月5日の至急便同封文書No 1：Milner Papers, fol. 244.

(44) Ya. ペテルス，‘ロッカルト事件’, *Arkhiv VChK. Sbornik dokumentov*, p. 491.

(45) *The British Agent* の中でのロバート・ブルース・ロックハートの説明は，陰謀の首謀者をライリーであるとしている．ロビン・ブルース・ロックハートも *Ace of Spies* で同様の説明をしている．1967年に英外務連邦省宛ての書簡で認めているとおり，計画を主導したのは父親であることを知っているのに，である：ロビン・ブルース・ロックハートのP. R. H. ライト宛て書簡，英外務省［ママ］，1967年2月19日：Robert Hamilton Bruce Lockhart Papers（HIA），folder: Robin Bruce Lock-hart, ‘Reilly: Russian Revolution, Etc.: ソース：英外務連邦省，1957–2002’.

(46) National Archives, FO 371/3350, p. 37: quoted by G. Swain, ‘“An Interesting and Plausible Proposal”: Bruce Lockhart, Sidney Remy and the Latvian Riflemen, Russia 1918’, *Intelligence and National Security*, no. 3（1999）, p. 90.

(47) R. H. Bruce Lockhart, *The Memoirs of a British Agent. Being an Account of the Author's Early Life in Many Lands and of his Official Mission to Moscow in 1918*, pp. 315–16.

(48) ロビン・ブルース・ロックハートのP. R. H. ライト宛て書簡，英外務省［ママ］，1967年2月19日：Robert Hamilton Bruce Lockhart Papers（HIA）, folder: Robin Bruce Lock-hart, ‘Reilly: Russian Revolution, Etc.: ソース：英外務連邦省，1957–2002’. M. Smith, *Six: A History of Britain's Secret Intelligence Service*, p. 233. も見よ

(49) Ya. ペテルス，‘ロッカルト事件’, *Arkhiv VChK. Sbornik dokumentov*, p. 491.

(50) *Ibid.*, p. 492.

(51) R. H. ブルース・ロックハート‘ロシアにおけるいわゆる“連合国の陰謀”に関する極秘覚書’1918年11月5日の至急便同封文書No 1：Milner Papers, fols 249–50.

(52) G. A. Hill, *Go Spy the Land*, p. 238.

(53) Ya. ペテルス‘ロッカルト事件’in *Arkhiv VChK. Sbornik dokumentov*, p. 492.

第15章◆英国主導の陰謀

(1) ‘陸軍情報部長のためのロシアにおける活動に関するヒル大尉の報告’1918

年12月11日: National Archives, FO 371/3350, cited in R. B. Spence, 'The Tragic Fate of Kalamatiano: America's Man in Moscow', *International Journal of Intelligence and Counterintelligence*, no. 3 (1999), p. 353.

(2) S. G. Reilly and Pepita Bobadilla, *The Adventures of Sidney Reilly. Britain's Master Spy*, pp. 30–2.

(3) Ya. ペテルス, 'ロッカルト事件', *Arkhiv VChK. Sbornik dokumentov*, p. 494.

(4) R. Marchand, *Allied Agents in Russia: Complete Text of the Letter of M. René Marchand, Petrograd Correspondent of 'Le Figaro' to M. Poincaré, president of the French Republic, September 1918.*

(5) R. Marchand, *Why I Support Bolshevism* (British Socialist Party: London, 1919), pp. 29, 32, 44–7 and 50.

(6) *Arkhiv VChK. Sbornik dokumentov*, pp. 489–91.

(7) アイヴィ・リトヴィノフ, 無題の自伝的断章: Ivy Litvinov Papers (HIA), box 10, folder 3.

(8) G. A. Hill, *Go Spy the Land*, p. 239.

(9) *The Diaries of Robert Bruce Lockhart*, 1915–1938, p. 40; Ya. ペテルス 'カラマティアノの供述書'

(*Arkhiv VChK. Sbornik dokumentov*, p. 513.

(10) *Ibid.*

(11) *Ibid.*, p. 514.

(12) *The Diaries of Robert Bruce Lockhart*, 1915–1938, pp. 40–1.

(13) Ya. ペテルス 'カラマティアノ供述書' *Arkhiv VChK. Sbornik dokumentov*, p. 514.

(14) *Ibid.*

(15) R. H. ブルース・ロックハート, 筆記帳 (1938–1945): Robert Hamilton Bruce Locknart Papers (HIA), box 4, folder 3; フレディ・ヒルのロビン・ブルース・ロックハート宛て書簡, 1970年7月4日: Robert Hamilton Bruce Lockhart Papers (HIA), folder: Robin Bruce Lockhart, 'Reffly: Russian Revolution, Etc.: Sources: Others: 1921–1997'.

(16) R. H. Bruce Lockhart, *Friends, Foes and Foreigners*, p. 273; M. E. Harrison, *Marooned in Moscow: The Story of an American Woman Imprisoned in Russia*, p. 59; G. A. Hill, *Go Spy the Land*, p. 100.

(17) R. H. Bruce Lockhart, 'Last Words on Lenin: An Inaugural Address [as] Honorary President of the Associated Societies, Edinburgh University, 26 October 1960', p. 16.

(18) 1918年11月7日の演説, *Arkhiv VChK. Sbornik dokumentov*, pp. 92–3.

(19) R. H. ブルース・ロックハートのA. J. バルフォア宛て報告，1918年11月7日，pp. 2–4: Robert Hamilton Bruce Lockhart Papers (HIA), box 12; Ya. ペテルス‘ロッカルト事件’ *Arkhiv VChK. Sbornik dokumentov*.

(20) R. H. ブルース・ロックハートのA. I.バルフォア宛て報告，1918年11月7日, pp. 2–4: Robert Hamilton Bruce Lockhart Papers (HIA), box 12.

(21) *Ibid.*, p. 3.

(22) Ya. ペテルス‘カラマティアノ供述書’, *Arkhiv VChK. Sbornik dokumentov*, pp. 513 and 515.

(23) G. A. Hill, *Go Spy the Land*, p. 243.

(24) *Ibid.*, p. 245.

(25) Ya. ペテルス，‘ロッカルト事件’, *Arkhiv VChK. Sbornik dokumentov*, p. 510.

(26) R. B. Spence, 'The Tragic Fate of Kalamatiano', p. 353.

(27) A. Cook, *On His Majesty's Secret Service: Sidney Reilly - Codename ST1*, p. 151.

(28) R. B. Spence, 'The Tragic Fate of Kalamatiano', p. 353.

(29) ノルウェー駐在英国大使サー・マンスフェルト・フィンドレーによるデウィット・プールとの会話に関する英外務省宛て報告: A. Cook, *On His Majesty's Secret Service: Sidney Reilly - Codename ST1*, p. 152.

(30) R. B. Spence, 'The Tragic Fate of Kalamatiano', p. 355.

(31) J. Noulens, *Mon ambassade en Russie Soviétique, 1917–1919*, vol. 2, p. 216.

(32) *Manchester Guardian*, 12 September 1918; オランダ外交公電に基づくM.フィンドレー報告（クリスチャニア発），1918年9月17日: Milner Papers, dep. 365, fol. 237.

(33) オランダ外交公電に基づくM.フィンドレー報告（クリスチャニア発）1918年9月17日: Milner Papers, dep. 365, fols 226–7 and 230; R. Vaucher, *L'Enfer bolchévik à Petrograd sous la commune et la terreur rouge*, pp. 414–15.

(34) P. N. Vrangel Collection (HIA), box 35, folder 10.

(35) マクシム・リトヴィノフ，1920年に関する無題の回想文: Ivy Litvinov Papers (HIA), box 9, folder lo, pp. 30–1.

(36) *Manchester Guardian*, 6 September 1918.

(37) MI1a: S.F. 401/2/2: オランダ政府から入手した情報に関する英外務省への報告，1918年9月18日．この文書提供に対しアンドルー・クックに大いに感謝する．

(38) R. H. ブルース・ロックハート，‘筆記帳，1938–1945’: Robert Hamilton Bruce Lockhart Papers, box 4.

(39) *The Diaries of Robert Bruce Lockhart*, 1915–1938, p. 46.

(40) R. H. Bruce Lockhart; *Friends, Foes and Foreigners*, p. 279.

(41) *Ibid.*

(42) R. H. Bruce Lockhart, *Memoirs of a British Agent, Being an Account of the Author's Early Life in Many Lands and of his Official Mission to Moscow in 1918*, pp. 339–40.

(43) *The Times*, 18 October 1918.

(44) R. H. Bruce Lockhart, notes for *Cities and Men*, p. 2: Robert Hamilton Bruce Lockhart Papers (HIA), p. 2; オランダ外交公電に基づくM. フィンドレー報告（クリスチャニア発）, 17 September 1918年9月17日 : Milner Papers, dep. 365, fol. 233.

(45) MI1a: S.F. 4or/2/2: オランダから入手した情報に関する英外務省への報告, 1918年9月18日.

(46) I. リトヴィノフ, 1917–18年に関する自伝的遺稿: Ivy Litvinov Papers (HIA), box 11, folder 7.

(47) I. リトヴィノ, 1920年についての無題の回想文 : *ibid.*, box 9, folder lo, p. 31.

(48) *The Times*, 26 September 1918.

(49) G. A. Hill, *Go Spy the Land*, pp. u and 258.

(50) *Ibid.*, p. 25.

(51) *The Times*, 18 October 1918; *Le Figaro*, 11 October 1918.

(52) L. Naudeau, *En prison sous la terreur russe*, pp. 127–30.

(53) Ya. ペテルス, 'ロッカルト事件', *Arkhiv VChK. Sbornik dokumentov*, p. 5ro.

(54) L. Naudeau, *En prison sous la terreur russe*, p. 117.

(55) R. H. Bruce Lockhart, *Friends, Foes and Foreigners*, p. 274.

(56) モウラ・ベンケンドルフのR. H. ブルース・ロックハート宛て書簡, 日付なし, p. 2: Robert Hamilton Bruce Lockhart Papers (HIA), box 1, folder 22.

(57) R. H.ブルース・ロックハートのモウラ・ベンケンドルフ宛て書簡, 1918年11月2日, pp. 1–2: *ibid.*, box 1, folder 22.

(58) モウラ・ベンケンドルフのR. H.ブルース・ロックハート宛て書簡, 日付なし (1918年後期?), pp. 1–2: *ibid.*

(59) モウラ・ベンケンドルフのR. H.ブルース・ロックハート宛て書簡, 日付なし (1919年夏?): *ibid.*, folder 20.

(60) *Pravda*, 15 November 1918.

(61) 審理2日目についての手書き報告, p. 1; 筆記者不明 : Robert Hamilton Bruce Lockhart Papers (HIA), box 1, folder 11.

(62) *Ibid.*

(63) 'Protokol zasedaniya Revolyutsionnogo tribunala pri VTsIK' (全露中央執行委

員会付属革命裁判所審理記録）: 1918年11月25日, in *Arkhiv VChK. Sbornik dokumentov*, p. 549.

(64) ‘全露中央執行委員会付属革命裁判所審理記録’: 1918年11月28日, *ibid.*, pp. 553–4.

(65) 審理2日目についての手書き報告, pp. 1–2; 筆記者不明: Robert Hamilton Bruce Lockhart Papers (HIA), box 1, folder 11. See also *Le Figaro*, 11 February 1919.

(66) *Pravda*, 4 December 1918.

(67) R. B. Spence, ‘The Tragic Fate of Kalamatiano’, p. 356.

第16章◆ドイツ降伏

(1) Kh. ラコフスキー, ‘Avtobiografiya’ (自伝) (HIA), p. 9; RGASPI, f. 17, op. 84, d. 1, p. 1, I. Linder and S. Churkin (eds), *Krasnaya pautina: tainy razvedki Kominterna, 1919–1943,* p. 24. に再録.

(2) V. I. Lenin, *Polnoe sobranie sochinenii*, vol. 50, p. 186.

(3) *Pravda*, 7 September 1918.

(4) K. Radek, ‘Noyabr’. (Stranicnka iz vospominanii)’, *Krasnaya nov’*, no. 10 (1926), p. 140.

(5) G. V. Chicherin, *Vneshnyaya politika Sovetskoi Rossii za dva goda*, p. 22.

(6) M. J. Larsons, ‘Dans le labyrinthe des Soviets’ (ラーソンズ ‘ソヴィエトの迷宮の中で’), p. 39: タイプ原稿, M. J. Larsons Papers (HIA).

(7) I. Maisky, *Journey into the Past*, p. 37. マイスキーは1913年, ロンドンのシャーロッテ通り107番の共産主義クラブで彼に会っている.

(8) H. Strachan, *The First World War*, p. 316.

(9) J. P. Nettl, *Rosa Luxemburg*, vol. 2, p. 710.

(10) K. Radek, ‘Noyabr’. (Stranicnka iz vospominanii)’, p. 139.

(11) *Ibid.*, p. 140.

(12) M. J.Larsons, ‘Au service des Soviets’ (ラーソンズ, ‘ソヴィエトに仕えて’), p. 29: タイプ原稿, M. J. Larsons Papers (HIA), box 1.

(13) A. E. Senn, *Diplomacy and Revolution: The Soviet Mission to Switzerland, 1918*, p. 161.

(14) Kh. Rakovskii, ‘Avtobiografiya’ (HIA), p. 9; M. J. Larsons, ‘Au service des Soviets’, p. 29: typescript, M. J. Larsons Papers (HIA), box 1.

(15) *Ibid.*, p. 30.

(16) K. Radek, ‘Noyabr’. (Stranicnka iz vospominanii)’, p. 141.

(17) *Ibid.*, p. 142.

(18) *Ibid.*, pp. 142–3.

(19) M. J. Larsons, 'Au service des Soviets', p. 33: タイプ原稿, M. J. Larsons Papers (HIA), box 1.

(20) *Ibid.*, pp. 33–5.

(21) K. Radek, 'Noyabr'. (Stranichka iz vospominanii)', p. 143.

(22) M. J. Larsons, 'Dans le labyrinthe des Soviets' (ソヴィエトの迷宮の中で), p. 40: タイプ原稿, M. J. Larsons Papers (HIA).

(23) *Ibid.*

(24) K. Radek, 'Noyabr'. (Stranicnka iz vospominanii)', p. 143.

(25) V. I. レーニンの A. A. ヨッフェ宛て書簡, 1918年6月2日, *Polnoe sobranie sochinenii*, vol. 50, p. 88.

(26) K. Radek, 'Noyabr'. (Stranicnka iz vospominanii)', pp. 143–4.

(27) *Ibid.*, p. 144.

(28) *Ibid.*

(29) *Ibid.*, p. 145.

(30) Kh. ラコフスキー, '自伝' (HIA), p. 9.

(31) K. Radek, 'Noyabr'. (Stranicnka iz vospominanii)', p. 146.

(32) *Ibid.*, pp. 148–9.

(33) *Ibid.*, p. 149.

(34) *Ibid.*, p. 150.,

(35) P. Levi, 'Gedächtnisrede des Genossen Paul Levi' (同志パウル・レヴィの追悼演説) (タイプ原稿: HIA).

第17章◆ロシア問題再考

(1) R. セシル, 国王および戦時内閣に回覧された10月20日の覚書, fols 149–53: Milner Papers, dep. 136.

(2) 人民委員会議, 7, 21 and 30 December 1918年12月7, 21, 30日: GARF, f. R-130, op. 2, d. 1.

(3) アズブカ報告, 1918年11月4日: P. N. Vrangel Collection (HIA), box 28, folder 30.

(4) ヤーシにおけるロシア代表団と連合諸国使者との会合, 1918年11月17日: P. N. Vrangel Collection (HIA), box 36, folders 16 and 18.

(5) A. Ransome, *The Truth about Russia* (Workers' Socialist Federation: London, 1918), pp. 3–4.

(6) D. Marquand, *Ramsay MacDonald*, pp. 225–6.

(7) A. ミルナーのC.ナボコフ宛書簡, 1918年12月22日 : Milner Papers, c. 696, fol. 168.

(8) R. H. Ullman, *Anglo-Soviet Relations, 1917–1921*, vol. 2: *Britain and the Russian Civil War, November 1918–February 1920*, pp. 59–64.

(9) 英下院討議録, 1918年11月14日, cols 3015–17.

(10) R. H. ブルース・ロックハート, ロシア国内情勢に関する覚書, *British Documents on Foreign Policy, Part 2: The Soviet Union, 1917–1939*, vol. 1: *Soviet Russia and her Neighbours, Jan. 1917–Dec. 1919*, pp. 34–44.

(11) R. H. ブルース・ロックハートのA. J.バルフォア宛て報告, 1918年11月7日 : Robert Hamilton Bruce Lockhart Papers (HIA), box 12.

(12) *The Diaries of Robert Bruce Lockhart*, 1915–1938, p. 47.

(13) *Ibid.*

(14) *Ibid.*

(15) M. Gilbert, *Winston S. Churchill*, vol. 4: *The World in Torment, 1917–1922*, p. 227.

(16) R. Quinault, 'Churchill and Russia', *War and Society*, no. 1 (1991), pp. 102–7.

(17) D. R, Francis, *Russia from the American Embassy. April 1916–November 1918*, p. viii.

(18) *New York Times*, 15 December 1919: ラスク委員会に対するS.ヌオルテヴァの証言を報道.

(19) *Ibid.*

(20) *Washington Post*, 6 August 1917.

(21) ブリット訪露ミッション : ウィリアム・C・ブリットによる米上院外交委員会証言, pp. 1–2.

(22) ハロルド・ケロック (フィンランド広報事務所, ニューヨーク) のリンカン・ステフェンズへの書簡, 1918年4月22日, p. 2: Russian Subject Collection (HIA).

(23) ボリシェヴィキのプロパガンダ : 米上院司法小委員会聴聞記録 *Sixty-Fifth Congress. Third Session and Thereafter Pursuant to Senate Resolutions 439 and 469 - February 11, 1919 to March 10, 1919*, pp. 5–6.

(24) *Ibid.*, p. 82.

(25) *Ibid.*, pp. 19–20, 80–1 and 84.

(26) *Ibid.*, pp. 109 and 115.

(27) *Ibid.*, pp. 112, 114 and 156.

(28) *Ibid.*, pp. 379–82.

(29) *Ibid.*, pp. 383–4.

(30) *Ibid.*, pp. 468 and 472.

(31) *Ibid.*, p. 590.

(32) *Ibid.*, pp. 641–2 and 669.

(33) *Ibid.*, p. 837.

(34) *New York Times*, 22 February 1919.

(35) *Ibid.*

(36) *Ibid.*, 23 February 1919; V. V. Aldoshin, Yu. V. Ivanov, V. M. Semënov and V. A. Tarasov (eds), *Sovetsko-amerikanskie otnosheniya: gody nepriznaniya, 1918–1926*, p. 19 (Rhys Williams testimonial letter of appointment).

(37) 全般的流れは S. White, *Britain and the Bolshevik Revolution*, pp. 175–7, を見よ.

第18章◆パリ講和会議

(1) R. Lansing, *The Big Four and Others of the Peace Conference*, pp. 38–9.

(2) *Ibid.*, p. 41.

(3) *Ibid.*, pp. 57–8.

(4) J. M. Keynes, *The Economic Consequences of the Peace*, p. 16.

(5) *New York Times*, 22 January 1919.

(6) ‘ブリット訪露ミッション’ 中のブリットによる覚書：ウィリアム・C・ブリットの米上院外交委員会証言, p. 7.

(7) *Ibid.*, pp. 7–9 and 10–11.

(8) H. Hoover, *The Ordeal of Woodrow Wilson*, pp. 116–17.

(9) *New York Times*, 21 January 1919.

(10) *Ibid.*, 22 January 1919; *Manchester Guardian*, 23 December 1918.

(11) ブリット訪露ミッション：ウィリアム・C・ブリットの外交委員会証言, pp. 1–2.

(12) R. ランシング, 1919年1月22日付日記: Robert Lansing Papers (HIA).

(13) ブリット訪露ミッション：ウィリアム・C・ブリットの外交委員会証言, pp. 21–3.

(14) A. Ransome, *Russia in 1919*, pp. 1 and 3; ブリット訪露ミッション：ウィリアム・C・ブリットの外交委員会証言, pp. 5–6.

(15) *The Papers of Woodrow Wilson*, 1856–1924, vol. 53, pp. 492–4. See D. S. Foglesong, *America's Secret War against Bolshevism: U.S. Intervention in the Russian Civil War, 1917–1920*, p. 279.

(16) ブリット訪露ミッション：ウィリアム・C・ブリットの外交委員会証言, pp. 5–6.

(17) (H. Nicolson), *The Harold Nicolson Diaries: 1907–1963*, 24 January 1919.

(18) W. S. Churchill, *The World Crisis*, vol. 4: *The Aftermath*, p. 173.
(19) *Ibid.*, p. 174.
(20) H. ウィルソンのA. ミルナー宛て書簡，1919年1月12日 : Milner Papers, dep. 46/1, fol. 107.
(21) Churchill, *The World Crisis*, vol. 4: *The Aftermath*, p. 173.
(22) *Ibid.*, p. 174.
(23) *Ibid.*, p. 176.
(24) ブリット訪露ミッション：ウィリアム・C・ブリットの外交委員会証言; pp. 3–5.
(25) *Ibid.*, pp. 34–6.
(26) *Ibid.*, p. 37; P. H. カー（パリ発）のサー・R・グレアム宛て書簡：控え，11 July 1919, *Documents on British Policy Overseas,* no. 105169/43654/38.
(27) ブリット訪露ミッション：ウィリアム・C・ブリットの外交委員会証言, p. 39.
(28) *Ibid.*, p. 44.
(29) A. Ransome, *Russia in 1919*, p. 231.
(30) ロビン・ブルース・ロックハートの照会に対するジョージ・ヒルの回答, p. 5: Robert Hamilton Bruce Lockhart Papers (HIA), box u, folder 1.
(31) G. A. Hill, *Dreaded Hour*, pp. 98 and 102–3.
(32) 'Peace with Honour': *Daily Mail*, 28 March 1919.
(33) ブリット訪露ミッション：ウィリアム・C・ブリットの外交委員会証言, p. 66.
(34) 幹部会会議，日付不明（1919年初め?），p. 8: P. N. Vrangel Collection (HIA), box 28, folder 33.
(35) D. S. Foglesong. *America's Secret War against Bolshevism*, pp. 69–71.
(36) D. R. Francis, *Russia from the American Embassy, April 1916–November 1918*, pp. 310–11.
(37) *Ibid.*, pp. 309–10.
(38) H. Hoover, *The Ordeal of Woodrow Wilson*, pp. 118–19.
(39) *Ibid.*, pp. 121–3.
(40) 'コルチャーク提督内閣首相時代のヴォロゴツキーの日記', 1919年5月17日 : Pëtr Vasil'evich Vologodskii Papers (HIA).
(41) W. S. Churchill, *The World Crisis*, vol. 4: *The Aftermath*, pp. 179–80.
(42) T. T. C. グレゴリー, '赤い潮流を食い止める'（タイプ原稿，1919），p. 70: T. T. C. Gregory Papers (HIA), box 1.

(43) *Ibid.*

(44) W. C. ブリットのウィルソン大統領宛て書簡, 1919年5月17日 : Robert Lansing Papers (HIA).

(45) R. ランシング, 1919年5月19日付日記 : Robert Lansing Papers (HIA); W. C. ブリットのR. ランシング宛て書簡, 17 May 1919: *ibid.*

(46) H. Hoover, *The Ordeal of Woodrow Wilson*, pp. 245–52.

第19章◈ヨーロッパ革命

(1) A. Ransome, *Russia in 1919*, p. 225. この発言は1919年3月.

(2) *Ibid.*, pp. 35–6.

(3) A. J. ファードンのE.ギャラット夫人宛て手紙, 1919年3月5日 : National Archives, KV/2/1903.

(4) A. Ransome, *Russia in 1919*, p. 226.

(5) *Ibid.*, p. 227.

(6) J. Sadoul. *Notes sur la révolution bolchévique, octobre 1917–janvier 1919*, p. 450: J. ロンゲ宛て書簡, 1918年1月17日.

(7) A. ドゥノア, サドゥール書簡編集に向けた序文の未刊行タイプ原稿 (1941年5月), pp. 3–4: Jacques Sadoul Papers (HIA); L. Naudeau, *En prison sous la terreur russe*, pp. 231.

(8) J. Cornwell, *Hitler's Pope: The Secret History of Pius XII*, p. 75.

(9) R. Leviné-Meyer, *Leviné the Spartacist: The Life and Times of the Socialist Revolutionary Leader of the German Spartacists and Head of the Ill-Starred Munich Republic of 1919*, p. 153.

(10) T. T. C. Gregory Papers (HIA), box 2: Hungarian Political D'ossier, vol. 1: アロンゾ・テイラーからハーバート・フーヴァー宛て, 1919年3月26日.

(11) 元赤軍参謀本部司令官フェレンツ・ユリエルの覚書; 1933年にフーヴァー図書館のために作成, 英訳されたもの : Hungarian Subject Collection (HIA), pp. 3–4 and 14.

(12) フェレンツ・ユリエルの覚書, p. 3.

(13) H. ジェイムズ (連合国間ドナウ川委員会), 'ドイツ・オーストリアおよびチェコ・スロヴァキアへの旅行に関する報告' (日付不明), pp. 1 and 4: Henry James Papers (HIA), folder 1.

(14) G. A. Hill, *Dreaded Hour*, p. 89.

(15) H. ジェイムズ, 'ハンガリー問題の一つの解決' (日付不明ながら1919年8月以前のある時期): Henry James Papers (HIA), folder 2.

(16) 1919年2月2日および4月19日の電報: RGASPI, f. 17, op. 109, d. 46, pp. 1–2.
(17) T. T. C. グレゴリー, ‘ボリシェヴィズムの撃退’ (タイプ原稿, 1920年か), p. 6: T. T. C. Gregory Papers (HIA), box 1; A. テーラーから H. C. フーヴァー宛て, 1919年3月26日.
(18) *Ibid.*: フィリップ・マーシャル・ブラウンのアーチボルド・ケアリー・クーリッジ宛て書簡, 17 April 1919.
(19) T. T. C. グレゴリーの H. C. フーヴァー宛て書簡, 1918年6月22日: T. T. C. Gregory -Papers (HIA), box 1.
(20) T. T. C. グレゴリー, ‘ボリシェヴィズムの撃退’ [場所・日付不明]: *ibid.*
(21) Kh・G・ラコフスキー, N・I・ポドヴォイスキーおよびV・A・アントノフ・オフセーエンコに宛てたトロツキーのメッセージ, 1919年4月18日: RGASPI, f. 325, op. 1, d. 404, p. 86; S・I・アラーロフとJ・ヴァシエティスに宛てたレーニンの電報, 1919年4月21日, *ibid.*, p. 92; V・A・アントノフ・オフセーエンコに宛てたJ・ヴァシエティスとS・I・アラーロフの電報, 1919年4月23日, *ibid.*, op. 109, 46, pp. 3–5.
(22) W. B. コーズィー中佐の H. フーヴァー宛て書簡, 1919年8月8日: Gibbes Lykes Papers (HIA), box 1.
(23) [James A.?] ローガンの在パリ米国救済委員会宛て報告, 1919年8月13日: *ibid.*
(24) 講和会議最高理事会宛ての連合国合同軍事使節団報告 (ブダペスト発), 1919年8月19日: Gibbes Lykes Papers (HIA), box 1.
(25) H. Hoover, *The Ordeal of Woodrow Wilson*, p. 118.
(26) H・フーヴァー発言を見よ: 米国商工会議所第11回年次総会でのフーヴァー長官演説. ニューヨーク, 1923年5月8日, p. 7.
(27) H. フーヴァー, 世界の経済情勢: サンフランシスコ商業クラブでのハーバート・フーヴァー演説. 1919年10月9日, p. 19.
(28) T. T. C. グレゴリー, ‘赤い潮流を食い止める’ (日付不明, 1919年), pp. 66–7.
(29) H. Hoover, *The Ordeal of Woodrow Wilson*, pp. 164–5; J. M. Keynes, *The Economic Consequences of the Peace*, p. 274.
(30) K. Radek, ‘Noyabr’. (Stranicnka iz vospominanii)’, *Krasnaya nov’*, no. 10 (1926), pp. 163–4.
(31) *Ibid.*, pp. 164–5 and 168.
(32) *Ibid.*, pp. 166–8.
(33) *Ibid.*, p. 168.

(34) A. Venturi, *Rivoluzionari russi in Italia*, 1917–1921, pp. 205–7.

第20章◆連合国と白系勢力

(1) A. V. コルチャーク宛て電報，1919年5月26日：Aleksandr Vasilevich Kolchak Papers (HIA).

(2) Aleksandr Vasilevich Kolchak Papers (HIA).

(3) A. Marty, *La Révolte de la Mer Noire*, vol. 2, pp. 114 and 118.

(4) *Ibid.*, pp. 140–1.

(5) W. Kendall, *The Revolutionary Movement in Britain, 1900–1921: The Origins of British Communism*, pp. 241–2.

(6) C. Kinvig, *Churchill's Crusade*: The British Invasion of Russia, 1918–1920, p. xii.

(7) *Ibid.*, pp. xviii-xix.

(8) *Daily Express*, 6 September 1919.

(9) C. Kinvig; *Churchill's Crusade*, p. 192.

(10) 外務省（オムスク）から代理大使宛て訓令，1919年3月18日：P. N. Vrangel Collection (HIA), box 57, folder 1; S. アゲットから B. A. バフメーチェフ宛て，1919年3月24日：*ibid.* ベルリン駐在ロシア軍事使節団からユデーニッチ宛て電報も見よ，1919年9月9日：Nikolai Yudenich Papers (HIA), box 3, folder 25.

(11) '法廷審問' でのサヴィンコフ供述，*Pravda*, 1924年8月30日付，p. 5.

(12) グルケヴィッチから大使[?]宛て，7 June 1919; 融資に関する米国の覚書（フーヴァーの控え），1919年6月15日：P. N. Vrangel Collection (HIA), box 60, folder 1; V. A. マクラコーフから B. A. バフメーチェフ宛て，1920年9月6日：'ごく私的かつ内密に!': B. A. バフメーチェフ－V. A. マクラコーフ：往復書簡集, vol. 1, p. 227.

(13) '1918年12月1日の勘定状態': P. N. Vrangel Collection (HIA), box 57, folder 1.

(14) 'ロシア国庫所有の物品・物資目録': *ibid.*

(15) B. バフメーチェフからの電報，1919年11月14日：Nikolai Yudenich Papers, box 3.

(16) グルケヴィッチより不明の大使宛て，1919年6月7日；融資に関する米国の覚書（フーヴァーの控え），1919年6月15日：P. N. Vrangel Collection (HIA), box 60, folder 1.

(17) G. A. Hill, *Go Spy the Land*, p. 77.

(18) P. V. ヴォロゴツキー，'Otchët po poezdke v Tomsk na Pervyi Obshchesibirskii s"ezd'（第1回全シベリア大会に向けたトムスクへの旅についての報告），p. 30: Pëtr Vasil'evich Vologodskii Papers (HIA).

(19) Vladimir N. Bashkirov Papers (HIA), box 3.
(20) 金融代理業者 S. アゲットから B. A. バフメーチェフ宛て，2/15 February 1919: P. N. Vrangel Collection (HIA), box 57, folder 1.
(21) 財政諮問委員会会議，1919年9月23日 : Nikolai Yudenich Papers (HIA), box 21, folder 20.
(22) '法廷審問' でのサヴィンコフ供述，*Pravda*, 1924年8月30日，p. 5.
(23) サロニカ駐留英軍総司令部（コンスタンチノープル）から陸軍情報本部宛て，1918年12月29日 : Milner Papers, dep. 143, fol. 212.
(24) コンディリョフ将軍宛て電報，日付なし : Nikolai Yudenich Papers (HIA), box 3, folder 25.
(25) E. O. スケイフから N. エルモーロフ将軍宛て，1919年5月14日；英国における氏名不詳の軍事代理人，1919年5月19日 : General A. A. von Lampe Papers (HIA); 参謀本部大佐ブラントから K. I. グロバチョフ将軍宛て，1919年8月16日 : *ibid.* ブラントはユデーニッチの 'ドイツにおける軍事代理人' だった.
(26) J. アレーからロビン・ブルース・ロックハート宛て，1966年5月13日 : Robert Hamilton Bruce Lockhart Papers (HIA), box 2; E. L. スピアズからロビン・ブルース・ロックハート宛て，1967年1月2日 : *ibid.*
(27) '法廷審問' でのサヴィンコフ供述，*Pravda*, 1924年8月30日，p. 5.
(28) ベルリンのロシア軍事代表団からユデーニッチ宛て，1919年9月9日 : Nikolai Yudenich Papers (HIA), box 3, folder 25.
(29) *Ibid.*
(30) V Maderra '"Because I Don't Trust Him, We are Friends": Signals Intelligence and the Reluctant Anglo-Soviet Embrace, 1917–24', *Intelligence and National Security*, no. I (2004), p. 29.
(31) P. N. Vrangel Collection (HIA), box 39, folder 8.
(32) エストニアのフランス使節団からクルゼンシュテルン大佐宛て，1919年11月25日 : Nikolai Yudenich Papers (HIA), box 3, folder 27; 'Communiqué du Ministère de la Guerre de Paris (フランス陸軍省コミュニケ)', 1919年8月29日 : box 4, folder 28.
(33) 'Modifications survenues dans l'ordre de battaille bolchévique' (ボリシェヴィズムの兵力配置に生じた変化)，September 1918: Nikolai Yudenich Papers (HIA), box 3, folder 26.
(34) Nikolai Yudenich Papers (HIA), box 4, folder 11.
(35) 一例としてユデーニッチが接受した戦略と人事に関するコルチャークのコミュニケ (1919年11月7日) を見よ : *ibid.*, box 3, folder 2; ユデーニッチから

サゾーノフ，コルチャーク，デニーキンおよびミレル宛ての電報，1920年1月3日：*ibid.*, box 4, folder 6.

(36) P. N. Vrangel Collection (HIA), box 30, folders 3–19.

(37) *Ibid.*, box 28, folders 1, 30 and 33; box 39, folder 1.

(38) *Ibid.*, box 35, folder 10 (Chicherin and Radek; Radek and Rakovski).

(39) *Ibid.*, box 33, folder 5.

(40) Nikolai Yudenich Papers, box 4, folder 29.

(41) R. Service, Trotsky: A Biography, pp. 287–8.

(42) N. Andreyev, *A Moth on a Fence: Memoirs of Russia. Estonia. Czechoslovakia and Western Europe*, p. 43.

第21章◆西側工作員

(1) G. A. Hill, *Go Spy the Land*, pp. 19 and 84.

(2) *Ibid.*, pp. 88–9.

(3) *Ibid.*, p. 10l.

(4) *Ibid.*, pp. 115–17-

(5) *Ibid.*, pp. 119–27.

(6) *Ibid.*, pp. 127–34.

(7) *Ibid.*, pp. 145–8; G. A. Hill, *Dreaded Hour*, p. 88.

(8) G. A. Hill, *Go Spy the Land*, p. 193-

(9) *Ibid.*, p, 196.

(10) *Ibid.*, pp. 203, 230 and 251–2.

(11) *Ibid.*, pp. 197–8.

(12) *Ibid.*, pp. 204–5.

(13) *Ibid.*, pp. 228 and 231.

(14) *Ibid.*, p. 213.

(15) *Ibid.*, p. 223.

(16) *Ibid.*, p. 217.

(17) *Ibid.*, pp. 220–6.

(18) G. A. ヒル，'N.K.V.D. での4年間の回想', p. 120: 下書きタイプ原稿, George A. Hill Papers (HIA).

(19) G. A. Hill, *Go Spy the Land*, p. 231.

(20) *Ibid.*, p. 217.

(21) *Ibid.*, p. 231.

(22) *Ibid.*, p. 232.

(23) *Ibid.*, p. 213.
(24) *Ibid.*, pp. 234–5.
(25) *Ibid.*, p. 58.
(26) G. A. Hill, *Dreaded Hour*, pp. 62–4.
(27) G. A. Hill, *Go Spy the Land*, p. 63.
(28) G. A. Hm. *Dreaded Hour*, p. 71.
(29) A. Cook, *On His Majesty's Secret Service: Sidney Reilly - Codename ST1*, pp. 160–1.
(30) G. A. Hill, *Go Spy the Land*, p. 78.
(31) G. A. Hill, *Dreaded Hour*, p. 93.
(32) *Ibid.*, p. 105.
(33) S. G. ライリーからJ. ピクトン・バッジ宛て，1919年10月10日，A. Cook, *On His Majesty's Secret Service: Sidney Reilly - Codename ST1*, p. 169.
(34) 引用参照，A. Cook, *On His Majesty's Secret Service: Sidney Reilly -Codename ST1,* pp. 170–1.
(35) P. デュークス，無題の手書き回想（1966年?），pp. 7–8: Paul Dukes Papers（HIA), box 1.
(36) C. E. Dukes, 'Family Dukes: Yesterday', pp. 21–5: Paul Dukes Papers（HIA), box 1. カスバート・デュークスはポール・デュークスの兄弟.
(37) P. デュークス，無題のタイプ打ち回想（日付なし），p. 4: Paul Dukes Papers（HIA), box 1.
(38) P. デュークス，無題の手書き回想（1966年?），pp. 4–6: Paul Dukes Papers（HIA), box l.
(39) P. Dukes, *Come Hammer, Come Sickle!*, pp. 25–6.
(40) ロビン・ブルース・ロックハート，サー・ポール・デュークスとの会談メモ，1966年6月25日，p. 1: Robert Hamilton Bruce Lockhart Papers（HIA), box 11, folder: Robin Bruce Lockhart, 'Reilly: Russian Revolution, Etc.: Sources: Paul Dukes, 1922–1990'.
(41) *Ibid.*
(42) William S. Barrett, 'America in Russia. Or the Diary of a Russian Wolf-hound'（typescript: HIA), p. 17.
(43) ロビン・ブルース・ロックハート，サー・ポール・デュークスとの会談メモ，1966年6月25日，p. 1: Robert Hamilton Bruce Lockhart Papers（HIA), box 11, folder: Robin Bruce Lockhart, 'Reilly: Russian Revolution, Etc.: Sources: Paul Dukes, 1922–1990'.
(44) P. Dukes, *Red Dusk and the Morrow*（Doubleday, Page: New York, 1922), pp. 3–6.

See also K. Jeffery, *MI6: The History of the Secret Intelligence Service, 1909–1949*, p. 137.

(45) P. Dukes, *Red Dusk and the Morrow*, pp. 9–11.

(46) ロビン・ブルース・ロックハートの照会に対するジーン・マクリーンの回答（問い 25): Robert Hamilton Bruce Lockhart Papers (HIA), box 11, folder: Robin Bruce Lockhart, 'Reilly: Russian Revolution, Etc.: Sources: Jean MacLean'. ジーン・マクリーンはロバート・ブルース・ロックハートの最初の妻で，ロビンの母親.

(47) デュークス夫人からロビン・ブルース・ロックハート宛て，1967年9月14日 : Paul Dukes Papers, box 1.

(48) P. Dukes, *Red Dusk and the Morrow*, pp. 9–11.

(49) *Ibid.*, p. 7.

(50) P. Dukes, '1918 Kalendar'-Otmetchik (1918年カレンダー記録掛)': Paul Dukes Papers (HIA), box 1.

(51) *Ibid.*

(52) *Krasnaya kniga VChK*, vol. 2, pp. 43–5.

(53) P. Dukes, 'The Onoto Diary for 1919 (1919年のオノト日記)': Paul Dukes Papers (HIA), box 1; P. Dukes, *Red Dusk and the Morrow*, p. 223.

(54) *Ibid.*, p. 220.

(55) *Ibid.*, pp. 222–3.

(56) 宣誓供述書，1919年8月30日 : Paul Dukes Papers (HIA), box 1.

(57) デュークス夫人，手書き回想（日付なし): Paul Dukes Papers (HIA), box 1.

(58) ピーター・コンスタンティノフからデュークス夫人宛て，1968年6月27日，自分がその2人のうちの１人だったとしている : Paul Dukes Papers (HIA), box 1.

(59) P. Dukes, *Red Dusk and the Morrow*, p. 267.

(60) L. D. トロツキーからM. M. リトヴィノフ宛て，1918年6月5日 : Milner Papers, dep. 365, fol. 79.

(61) M. Occleshaw, *Dances in Deep Shadows: The Clandestine War in Russia, 1917–20*, pp. 93–4; C. Andrew, *Secret Service: The Making of the British Intelligence Community*, pp. 261–2.

(62) コペンハーゲン米使節団，電信 no. 3250, 1919年5月15日 : 米国務省 : ロシア（およびソ連）とその他諸国の政治関係に関する米国務省記録，1910–29 (HIA).

(63) コペンハーゲン米使節団，電信 no. 3338, 16 June 1919: *ibid.*

(64) 英国の防諜情報に基づく入国管理局長（コペンハーゲン）の言 : 1919年3

月10日 : P. N. Vrangel Collection (HIA), box 57, folder 1.
(65) A. Ransome, *Russia in 1919*, p. 1.
(66) K. Jeffery, *MI6*, p. 174.
(67) A. Ransome, *Russia in 1919*, pp. 17–18.

第22章◆米国共産主義

(1) 米共産党中央執行委員会, 1919年11月15日 : Theodore Draper Papers (HIA), box 32.
(2) *New York Times*, 22 March and 2 April 1919.
(3) M. M. リトヴィノフから L. K. マルテンス宛て, 1918年5月27日 : G. N. Sevast'yanov, J. Haslam and others (eds), *Sovetsko-amerikanskie otnosheniya: gody nepriznaniya, 1918–1926*, pp. 101–2.
(4) L. マルテンスと S. ヌオルテヴァから B. バフメーチェフ宛て, 1919年4月10日 : L. K. Martens Papers (HIA).
(5) *Washington Post*, 5 April 1919.
(6) *New York Times*, 20 June 1919.
(7) *Ibid.*, 14 June 1919.
(8) *Ibid.*, 20 June 1919.
(9) *Ibid.*, 21 June 1919.
(10) *Ibid.*, 18 June 1919.
(11) *Ibid.*, 27 June 1919.
(12) L. K. マルテンスと S. ヌオルテヴァの覚書 (日付なし ; 1919年3月か4月?): George Halonen Papers (HIA).
(13) 両契約は1919年9月16日付で作成 : George Halonen Papers (HIA)
(14) *New York Times*, 9 November 1919.
(15) *Ibid.*, 17 November 1919.
(16) *Ibid.*, 27 November 1919.
(17) *Ibid.*, 2 December 1919.
(18) *Ibid.*, 9 November 1919.
(19) *Ibid.*, 19 November 1919.
(20) *Ibid.*
(21) *Ibid.*, 13 December 1919.
(22) *Ibid.*, 19 November 1919.
(23) *Ibid.*, 22 December 1919.
(24) L. A. E. ゲイルから C. ルーセンバーグ宛て, 1920年2月23日, p. 2: Jay

Lovestone Papers (HIA), box 195, folder CP-USA General Correspondence, February 1920.

(25) 米共産党中央執行委員会から共産主義労働党全国執行委員会宛て，1920年3月19日：Jay Lovestone Papers (HIA), box 195.

(26) Conferences and Conventions, 1920: Jay Lovestone Papers (HIA), box 215.

(27) 米共産党中央執行委の集団抗議，1920年3月24日：Jay Lovestone Papers (HIA), box 195.

(28) 1920年3月に関する小冊子：RGASPI, f. 515, op. 1, d. 34, p. 22.

(29) ブハーリン，ラデック，およびクーシネン，'米共産党の次なる任務について'（日付はないが1922年8月22日押収）：共産主義インターナショナル指示 (HIA).

(30) M. イーストマン，'米国の問題とその解決への第一歩についての声明'，1923: Theodore Draper Papers (HIA), box 31.

(31) ［エド・フィッシャーから］C. E. ルーセンバーグ宛て，1920年4月11日：Jay Lovestone Papers (HIA), box 195, folder 10.

第23章◆ソヴィエト工作員

(1) See above, p. 159.

(2) サー・マンスフェルト・フィンドレーの電報から，1918年9月30日：National Archives. FO Registry No. 165188. この文書を提供してくれたアンドルー・クックに大いに感謝する.

(3) See below, note 10.

(4) S. ライリーからR. H. ブルース・ロックハート宛て，1918年11月25日：Robert Hamilton Bruce Lockhart Papers (HIA), folder: Robin Bruce Lockhart, 'Reilly: Russian Revolution. Etc.: Sources: Robert Bruce Lockhart – Reilly'.

(5) *Ibid.*

(6) S. ライリーからR. H. ブルース・ロックハート宛て，1918年11月24日：*ibid.*

(7) R. N. ブルース・ロックハート，'シドニー・ライリーに関する覚書. ジョージ・ヒルより提供された情報'：Robert Hamilton Bruce Lockhart Papers, box 11, folder l, p. 3.

(8) ロビン・ブルース・ロックハートがジョージ・ヒルの説明からしたためた覚書，p. 4: Robert Hamilton Bruce Lockhart Papers (HIA), box 11, folder 1.

(9) ロビン・ブルース・ロックハートの照会に対するジーン・マクリーンの回答（問い42）：Robert Hamilton Bruce Lockhart Papers, (HIA), box 11, folder: Robin

Bruce Lockhart, 'Reilly: Russian Revolution, Etc.: Sources: Jean MacLean'; ロビン・ブルース・ロックハートがジョージ・ヒルの説明からしたためた覚書, p. 10: Robert Hamilton Bruce Lockhart Papers (HIA), box 11, folder 1.

(10) ロビン・ブルース・ロックハートの照会に対するジーン・マクリーンの回答 (問い 25): Robert Hamilton Bruce Lockhart Papers (HIA), box 11, folder: Robin Bruce Lockhart, 'Reilly: Russian Revolution, Etc.: Sources: Jean MacLean'.

(11) See above, p. 222.

(12) G. A. ヒル, ロンドン *Evening Standard*紙への手紙下書き (日付なし): Robert Hamilton Bruce Lockhart Papers (HIA), box 11, folder 1.

(13) C. Andrew and V. Mitrokhin, *The Mitrokhin Archive: The KGB in Europe and the West, p*. 37.

(14) 人民委員会議, 1918年11月11日 (NS): GARF, f. R-130, op. 2, d. 2 (4).

(15) L. B. Krasin, *Vneshtorg i vneshnyaya ekonomicheskaya politika Sovetskogo pravitel'stva*, pp. 3–4.

(16) L. Bryant, Six Months in *Red Russia*, pp. 292–3.

(17) RGASPI, f. 89, op. 52, d. 4.

(18) C. Andrew, *The Defence of the Realm: The Authorized History of MI5*, p. 144.

(19) K. Jeffery, *MI6: The History of the Secret Intelligence Service, 1909–1949*, p. 184.

(20) RGASPI, f. 89, op. 52, d. 6, pp. 1–2.

(21) W. Kendall, *The Revolutionary Movement in Britain, 1900–1921: The Origins of British Communism*, p. 242.

(22) RGASPI, f. 89, op. 52, d. 6, pp. 1–2.

(23) K. Linder and S. Churkin (eds), *Krasnaya pautina: taina razvedki Kominterna, 1919–1943*, p. 31.

(24) A. E. Senn, *Diplomacy and Revolution: The Soviet Mission to Switzerland, 1918*, pp. 116–19.

(25) *The Times*, 17 February 1920.

(26) *Manchester Guardian*, 19 August 1920.

(27) *Ibid*.

(28) M. E. Harrison. *Marooned in Moscow: The Story of an American Woman Imprisoned in Russia*, p. 60.

(29) 'Nauenskaya radio-stantsiya... pod Berlinom' (ベルリン近郊…ナウエン無線局), Ogonëk, no. 16 (1922).

(30) 外務人民委員部ブレティン, no. 28, 1920年8月15日.

(31) ヤン・ベルジンからモスクワ宛て, 1918年5月24日: K. Linder and S.

Churkin (eds), *Krasnaya pautina: taina razvedki Kominterna, 1919–1943*, p. 30.

(32) ヤン・ベルジンからモスクワ宛て，1918年8月16日 : *ibid.*, p. 34.

(33) チェカー特務部報告，日付なし（1921年3月末か4月?): S. Tsvigun, *Lenin i VChK*, p. 441.

(34) チェカー特務部報告，日付なし（1921年3月末か4月?): S. Tsvigun, *Lenin i VChK*, p. 441. この報告は，デュークスがハリー・ジェリー・ブランドなる人物にも言及したとしている．私は可能性のある人物を特定できなかった．

(35) *Ibid.*

(36) *Ibid.*

(37) S. Liberman, *Building Lenin's Russia*, pp. 5, 29, 39–42 and 194–7.

(38) E. ブラックウェルから W.スウェイツ宛て，1918年8月26日 : National Archives, KV/2/1903.

(39) ストックホルムからロンドン宛ての無署名報告，1918年9月12日 : CX 050167. この脚注および以下3つの脚注の文書を提供してくれたアンドルー・クックに大いに感謝する．

(40) 検閲されたエリザベス・フリーマンのメアリ・フリーマン宛て書簡を見よ，1919年4月22日 : 軍事情報本部, I.P. 1210.

(41) アーサー・ランサムに関する報告日誌，1919年10月11日に終了 : 'MI5 Ransome'.

(42) 'Arthur Ransome, ref. B/02277', 25 September 1918.

(43) Memorandum from S.8（スパイ8の覚書), 1919年3月17日 : National Archives, KV/2/1903.

第24章◆連合軍の撤収

(1) *Army: The Evacuation of North Russia*, pp. 17–18; プール将軍から陸軍省宛て，1918年9月18日 : Milner Papers, dep. 366, box D, enclosure 3, fol. 434.

(2) G. A. Lensen, *Japanese Recognition of the USSR: Soviet-Japanese Relations*, 1921–1930, pp. 19–21.

(3) ロンドンからの N. N. ユデーニッチ宛て電報，1919年12月30日 : Nikolai Yudenich Papers (HIA), box 4, folder 6.

(4) N. ユデーニッチから S. D.サゾーノフ（パリ），A. V. コルチャーク（オムスク）およびデニーキン（エカチェリノダール）宛て，1919年11月13日 : Nikolai Yudenich Papers, box 3, folder 26.

(5) *Manchester Guardian*, 4 June 1920.

(6) A. A. ヨッフェ，'N. レーニンとわれわれの外交政策'（1927年10月20日付),

APRF, f. 31, op. 1, d. 4, p. 212.

(7) A. A. Ioffe (V. Krymskii), *Mirnoe nastuplenie*, p. 16.

(8) L. B. Krasin, *Vneshtorg i vneshnyaya ekonomicheskaya politika Sovetskogo pravitel'stva*, p. 4.

(9) レヴァル（タリン）の市守備隊司令官，1919年11月28日 : Nikolai Yudenich Papers (HIA), box 4, folder 2.

(10) 1920年1月6日作成の衣料・装備目録 : *ibid.*, folder 6.

(11) ユデーニッチから S. D. サゾーノフ，A. V. コルチャーク，A. I. デニーキンおよび Ye. K. ミレル宛て，1920年1月3日 : *ibid.*

(12) N. N. ユデーニッチから連合諸国政府宛て，1920年1月4日 : *ibid.*, box 21, folder 1.

(13) '1920年におけるロシアのナルヴァ川経由エストニア通過貿易'（タイプ原稿 : エストニア通商産業省統計局）: レヴァル港とボリシェヴィキ，1921年4月21日，Nicolai Koestner Papers (HIA).

(14) *Ibid.*

(15) *Ibid.*

(16) TSA FSB RF, f. 1 os., op. 4, d. 2 in *Arkhiv VChK. Sbornik dokumentov*, pp. 372–4.

(17) *Manchester Guardian*, 10 March 1920.

(18) L. B. Krasin, *Vneshtorg i vneshnyaya ekonomicheskaya politika Sovetskogo pravitel'stva*, p. 6.

(19) *Washington Post*, 3 May 1920; *New York Times*, 5 May 1920.

(20) L. B. Krasin, *Vneshtorg i vneshnyaya ekonqmicheskaya politika Sovetskogo pravitel'stva*, p. 11; *Manchester Guardian*, 12 April 1920.

(21) *Manchester Guardian*, 12 April 1920.

(22) *Ibid.*, 15 April 1920.

(23) V. Madeira, '"Because I Don't Trust Him, We are Friends": Signals Intelligence and the Reluctant Arrglo-Soviet Embrace, 1917–24', *Intelligence and National Security*, no. 1 (2004), p. 37.

(24) *Manchester Guardian*, 4 December 1920; B. Thomson, *Queer People*, p. 290.

(25) ロンドンにおける英ソ関係に関する日付のない無署名軍情報報告（1921年5月ないし6月?）: P. N. Vrangel Collection (HIA), box 110, folder 22, pp. 20–1.

(26) 'K voprosu o plane kontsessii' (Komitet po vneshnei torgovli pri prezidiume VSNKh) '権益譲渡計画の問題によせて'（国民経済最高会議幹部会付属外国貿易委員会）: タイプ原稿, Russian Subject Collection (HIA), box 13, folder 17.

(27) V. I. Lenin, *Polnoe sobranie sochinenii*, vol. 42, pp. 107 and 112.

(28) L. Eyre, *Russia Analysed* (New York World: New York, 1920), p. 14: interview with L. D. Trotsky, 25 February 1920.
(29) *Manchester Guardian*, 15 April 1920.
(30) *Winston S. Churchill*: Companion, vol. 4, p. 1053.
(31) *Manchester Guardian*, 28 May 1920.
(32) *New York Times*, 18 Jahuary 1920.
(33) *Le Figaro*, 3 and 8 June 1920.
(34) *Manchester Guardian*, 16 April 1920.
(35) *The Times*, 11 June 1920.
(36) *Ibid.*, 22 December 1920.
(37) J. Noulens, *Mon ambassade en Russie Soviétique, 1917–1919*, vol. 2, pp. 163–4.

第25章◆ボリシェヴィズムに賛否

(1) 料理メニュー写し, 1919年11月19日および12月3日 : Robert Hamilton Bruce Lockhart Papers (HIA), box 11.
(2) *The Times*, 15 and 16 October 1919.
(3) *Ibid.*, 17, 21, 30 and 31 October 1919.
(4) *Ibid.*, 3, 4 and 11 November 1919.
(5) *Ibid.*, 12 November 1919.
(6) 'Bolshevism at Close Quarters. An Englishman's Experiences. Why I Went to Russia', *The Times*, 14 October 1919.
(7) *The Times*, 12 November 1919.
(8) *Ibid.*, 14, 15 and 19 January 1920 and 4 January 1921.
(9) *Ibid.*, 14 February 1920.
(10) *Ibid.*
(11) *Izvestiya*, 6 April 1920; *The Times*, 30 April 1920.
(12) P. デュークス, 1920年の日記, およびデュークの兄弟カスバートとの会話に関するロビン・ブルース・ロックハートの覚書: Paul Dukes Pipers (HIA), box 1; *The Times*, 20 December 1920.
(13) *The Times*, 22 December 1919.
(14) *Manchester Guardian*, 12 November 1919.
(15) *The Times*, 23 February 1921.
(16) Princess Cantacuzène, *Revolutionary Days: Recollections of Romanoffs and Bolsheviki*, pp. 339–59.
(17) Princess Catherine Radziwill, *The Firebrand of Bolshevism: The True Story of the*

Bolsheviki and the Forces that Directed Them: for examples see pp. 30, 179–90, 236 and 262–3.

(18) P. Miliukov, *Bolshevism: An International Danger, its Doctrine and its Practice through War and Revolution*, pp. 115–17 and 147.

(19) *Ibid.*, p. 299.

(20) *Ibid.*, pp. 189 and 197–200.

(21) *Ibid.*, pp. 273–81.

(22) *The Times*, 19 November 1919.

(23) ロシア．大使館 (HIA), box 9, folder 2.

(24) See below, p. 216.

(25) A. Ransome, *Russia in 1919* (B. W. Huebsch: New York, 1919).

(26) M. Philips Price, *The Soviet, the Terror and Intervention* (The Socialist Publication Society: Brooklyn, NY, 1918), pp. 1–13.

(27) M. Litvinoff (with a supplementary chapter by I. Litvinoff), *The Bolshevik Revolution: Its Rise and Meaning* (British Socialist Party: London, 1919), especially p. 50.

(28) J. Reed, *Ten Days that Shook the World* (Boni & Liveright: New York, 1919), p. xii.

(29) J. Reed, *Ten Days that Shook the World* (1960), p. lxviii.

(30) *Ibid.*, p. lii.

(31) J. リード, '覚書. ロシア. ソヴィエト政府' (日付なし), pp. 1–14: George Halonen. Papers (HIA).

(32) *Ibid.*, pp. 15–16.

(33) Nicolai Lenin, Tchicherin, John Reed and Max Eastman, *Russia*, pp..28 and 53–63.

(34) J. Sadoul, *Notes sur la révolution bolchévique, octobre 1917–janvier 1919*, Preface by H. Barbusse (Sirène: Paris, 1920), p. 11.

(35) J. Spargo, *Russia as an American Problem*, p. viii.

(36) J. Spargo, *Bolshevism: The Enemy of Political and Industrial Democracy*, p. 215.

(37) J. Spargo, *Russia as an American Problem*, pp. 40–1.

(38) *Ibid.*, pp. 259–99.

(39) J. Spargo, *Bolshevism: The Enemy of Political and Industrial Democracy*, p. 215.

(40) I. M. Keynes, *The Economic Consequences of the Peace*, pp. 35–6, 44–5, 51.

(41) *Ibid.*, chs 4 and 5.

(42) *Ibid.*, pp. 288–9.

(43) *Ibid.*, p. 274-

(44) *Ibid.*, pp. 291–5.

(45) *The Times*, 5 January 1920.

(46) *New York Times*, 29 February 1920 (reviewer Charles D. Hazen).

(47) A. Tardieu, *La Paix* (Payot: London, 1921).

(48) *Manchester Guardian*, 24 December 1919.

(49) M. E. Harrison, *Marooned in Moscow: The Story of an American Woman Imprisoned in Russia*, p. 189.

(50) V. I. Lenin, *Polnoe sobranie sochinenii*, vol. 42, pp. 67 and 69; vol. 44, pp. 294–5; J. M. Keynes, *The Economic Consequences of the Peace*, pp. 236–7.

第26章◆左派の優待

(1) M. E. Harrison, *Marooned in Moscow: The Story of an American Woman Imprisoned in Russia*, p. 61.

(2) *Ibid.*, pp. 57–8.

(3) Tsentral'noe byuro po obsluzhivaniyu inostrantsev v Moskve pri NKlnoDel（外務人民委員会付属在モスクワ外国人サーヴィス中央ビューロー）: Russian Subject Collection (HIA), box 13, folder 12.

(4) E. Goldman, *My Disillusionment in Russia* (Doubleday, Page: New York, 1923); E. Goldman to B. Russell, 8 July 1922: B. Russell, *The Autobiography of Bertrand Russell, 1914–1944*, p. 174.

(5) *British Labour Delegation to Russia, 1920: Report*（英国訪露労働代表団報告：1920）(Trades Union Congress and Labour Party: London, 1920), p. 3.

(6) Mrs P. Snowden, *Through Bolshevik Russia* (Cassell: London, 1920), p. 8; *Manchester Guardian*, 28 April 1920.

(7) V. I. Lenin, *Neizvestnye dokumenty, 1891–1922*, pp. 332–3.

(8) *Manchester Guardian*, 15 May 1920; Mrs P. Snowden, *Through Bolshevik Russia*, pp. 7–8.

(9) *The Times*, 28 April 1920.

(10) B. Russell, The Autobiography of Bertrand Russell, 1914–1944, p. 141.

(11) Mrs P. Snowden, *Through Bolshevik Russia*, p. 32.

(12) D Debrestian 'On the Origin of the Term "Iron Curtain"', *Washington Post*, 26 September 1991.

(13) *Ibid.*, p. 8.

(14) *Ibid.*, p. 30.

(15) *Manchester Guardian*, 21 May 1920.

(16) Mrs P. Snowden, *Through Bolshevik Russia*, p. 50.

(17) *Ibid.*, p. 55.

(18) *Ibid.*, p. 66.

(19) J. S. Clarke, *Pen Portraits of Russia under the 'Red Terror'*, p. 49. クラークは友人のペーズリーなまりを笑ったが，彼自身は「分かった」を意味するロシア語（パニマーユ）を理解していなかった.

(20) *Ibid.*, pp. 56–7.

(21) *Ibid.*, p. 92.

(22) M. E. Harrison, *Marooned in Moscow*, p. 223.

(23) *Ibid.*, p. 181.

(24) *Ibid.*, p. 171.

(25) *Manchester Guardian*, 2 June 1920.

(26) *Ibid.*, 7 June 1920.

(27) V. I. Lenin, Pis'mo k angliiskim rabochim in polnoe sobranie sochinenii, vol. 41, p. 125.（レーニン「英国労働者への書簡」レーニン全集所収）

(28) *New York Times*, 23 July 1920.

(29) Mrs P. Snowden, *Through Bolshevik Russia*, p. 180.

(30) A. Ransome, 'Lenin in 1919', in A. Rhys Williams, *Lenin: The Man and his Work*, pp. 167–8.

(31) *Ibid.*, p. 168.

(32) *Ibid.*, p. 173.

(33) Mrs P. Snowden, *Through Bolshevik Russia*, p. 117.

(34) *Ibid.*, p. 76.

(35) *Ibid.*, pp. 75 and 117.

(36) *Ibid.*, pp. 76–7.

(37) *Manchester Guardian*, 29 July 1920.

(38) *Ibid.*, 12 July 1920.

(39) *Ibid.*, I July 1920.

(40) Mrs P. Snowden, *Through Bolshevik Russia*, p. 116.

(41) *Manchester Guardian*, 29 July 1920.

(42) *Ibid.*

(43) Mrs P. Snowden, *Through Bolshevik Russia*, pp. 137–8.

(44) T. Alexander, *An Estonian Childhood*, p. 120.

(45) H. G. Wells, *Russia in the Shadows*, p. 139.

(46) *Ibid.*, p. 158.

(47) C. Sheridan, *Naked Truth*, pp. 151–2.

(48) *Ibid.*, p. 156.

(49) C. シェリダンから W. S. チャーチル宛て，1921年1月23日 : Churchill Papers, CHAR 1/138.

(50) C. Sheridan, *Mayfair to Moscow: Clare Sheridan's Diary*, pp. 12–13.

(51) C. Sheridan, *Naked Truth*, pp. 157–9.

(52) Ibid., pp. 160–1.

(53) 'Woman Sculptor Tells Impression of Soviet Chiefs', *New York Times*, 23 November 1920. クレア・シェリダンの'日記'からのこの抜粋は，書籍として出版された版には含まれていない.

(54) I. リトヴィノフ，自伝的断章，'モスクワ 1921年', pp. 5 and 7: St Antony's RESC Archive.

(55) C. Sheridan, *From Mayfair to Moscow: Clare Sheridan's Diary*, p. 82.

(56) Mrs P. Snowden, *Through Bolshevik Russia*, p. 76.

(57) C. Sheridan, *Naked Truth*, p. 192.

(58) *Ibid.*, pp. 193–4.

(59) *Ibid.*, p. 194.

(60) *Ibid.*, p. 195.

(61) C. Sheridan, *From Mayfair to Moscow: Clare Sheridan's Diary*, p. 156.

(62) C. Sheridan, *Naked Truth*, p. 196.

(63) *Ibid.*, p. 197.

(64) C. Sheridan, *From Mayfair to Moscow: Clare Sheridan's Diary*, pp. 142–3.

(65) C. シェリダンから W. S. チャーチル宛て，1921年1月23日 : Churchill Papers, CHAR 1/138.

(66) W. S. チャーチルからシェリダン宛て，1921年4月21日 : *ibid.*

(67) C. シェリダンから W. S. チャーチル宛て，1921年4月 : Churchill papers, CHAR 1/138.

(68) 英国訪露労働代表団報告 : 1920, p. 27.

(69) *Ibid.*

(70) H. G. Wells, *Russia in the Shadows*, p. 64.

(71) *Ibid.*, pp. 83–4.

(72) *Ibid.*, pp. 107–8.

(73) *The Times*, 8 December 1920.

(74) B. Russell, *The Practice and Theory of Bolshevism*, p. 42.

(75) *Ibid.*

(76) B. ラッセルから O. モレル宛て，1920年6月25日 : B. Russell, *The*

Autobiography of Bertrand Russell, 1914–1944, p. 172.
(77) *Ibid.*, pp. 152–3.

第27章◆拡散するコミンテルン

(1) Mrs P. Snowden, *Through Bolshevik Russia*, p. 121.
(2) *Pervyi Kongress Kominterna. Mart 1919 goda* (Partiinoe izdatel'stvo: Moscow, 1919), p. 131.（「コミンテルン第1回大会. 1919年3月」党出版局，モスクワ）
(3) *Ibid.*, pp. 172–219.
(4) A. Ransome, *Russia in 1919*, p. 220.
(5) *Pervyi Kongress Kominterna*（コミンテルン第1回大会）, p. 219.
(6) *Politbyuro TSK RKP (b) - VKP (b) i Komintern, 1918–1943. Dokumenty*, p. 26 (footnote 7).
(7) *Ibid.*, p. 28.
(8) ヤン・ベルジンからG. E. ジノヴィエフ宛て，1919年8月28日 : *ibid.*, p. 31.
(9) 政治局，1919年3月25日 : *ibid.*, p. 25.
(10) *Ibid.*
(11) RGASPI, f. 17, op. 3, d. 164, p. 2 in *ibid.*, p. 76.
(12) *Ibid.*, d. 194, in *ibid.*, p. 93.
(13) W. Kendall, *The Revolutionary Movement in Britain, 1900–1921: The Origins of British Communism*, pp. 182–3.
(14) L. A. E. ゲイルからC. ルーセンバーグ宛て，1920年2月23日，p. 2: Jay Lovestone Papers (HIA), box 195, folder of CP-USA General Correspondence, February 1920.
(15) P. S. Pinheiro, *Estratégias da llusão: a Revolução Mundial e o Brasil, 1922–1935*, p. 30.
(16) 東方諸民族大会，バクー，1920年9月 : 速記による報告, pp. 21–3.
(17) *Ibid.*, p. 35.
(18) *Ibid.*, p. 47.
(19) *Ibid.*, pp. 76–8.
(20) *Ibid.*, pp. 85–8.
(21) *Ibid.*, pp. 145–6.
(22) *Ibid.*, p. 161.
(23) V. I. レーニン, *Pis'mo k angliiskim rabochim, Polnoe sobranie sochinenii*, vol. 41, p. 127.
(24) *Ibid.*
(25) '共産主義インターナショナル暫定ビューロー声明': Jay Lovestone Papers

(HIA), box 209.
(26) ヤン・ベルジンからG. E.ジノヴィエフ宛て，1919年8月28日 : *Politbyuro TSK RKP (b) -VKP (b) i Komintern*, p. 31.
(27) M. E. Harrison, *Marooned in Moscow: The Story of an American Woman Imprisoned in Russia*, p. 222.

第28章◆ポーランドとその先へ

(1) A. A. ヨッフェからL. D. トロツキー宛て，1919年1月30日 : RGVA, f. 33987, op. 3, d. 2.
(2) I. N. R. Davies, *White Eagle, Red Star*, pp. 47–61.
(3) *Ibid.*, pp. 91 and 148.
(4) ユデーニッチの財政諮問委員会に出席したエミール・ノーベル，1919年11月21日 : Nikolai Yudenich Papers (HIA), box 21, folder 20.
(5) V. I. レーニンからI. V.スターリン宛て，1920年3月17日 : V. I. Lenin, *Neizvestnye dokumenty, 1891–1922*, pp. 330–1.
(6) V. I. レーニン，第9回党協議会への政治報告 : RGASPI, f. 44, op. 1, d. 5, p. 11.
(7) G. Nowik, *Zanim złamano „Enigmę". Polski radiowywiad podczas wojny z bolszewicką Rosją 1918–1920*, p. 587.
(8) L. D. Trotskii, 'Sovetskaya i shlyakhetskaya', 6 May 1920: RGVA, f. 33987, op. 2, d. 113, pp. 74–5.
(9) '法廷審問' でのサヴィンコフ供述, *Pravda*, 30 August 1924, p. 6.
(10) 'Svodka agenturnykh svedenii (通信社報道の要約)', 1919年12月20日 : Nikolai Yudenich Papers (HIA), box 4, folder 8; サヴィンコフの証言書簡, *Pravda*, 1924年8月30日, p. 2.
(11) B. サヴィンコフから氏名不詳の将軍宛て，1920年6月11日 : Robert Hamilton Bruce Lockhart Papers (HIA), folder: Robin Bruce Lockhart, 'Reilly: Russian Revolution, Etc.: Sources: Sir Edward Spears'.
(12) 外務人民委員会ブレティン, no. 28, 1920年8月15日.
(13) *L'Humanité*, 17 June 1920.
(14) 外務人民委員会ブレティン, no. 28, 1920年8月15日, pp. 10–11.
(15) *New Statesman*, 10 July 1920.
(16) I. V. スターリン, 'Novyi pokhod Antanty na Rossiyu (新たな対露協商の攻撃)', *Pravda*, 25–26 May 1920.
(17) I. N. R. Davies, *White Eagle, Red Star*, p. 95.
(18) M. クーパーから米軍務局長宛て，1941年8月8日 : Merian C. Cooper Papers

(HIA).

(19) M. クーパーから米空軍参謀長宛て, 1953年10月12日, pp. 6–7: *ibid.*

(20) ポーランド大使館（ワシントン）, 1941年9月5日 : *ibid.*

(21) *Washington Post*, 15 March 1921.

(22) P. デュークス, 1920年の日記 : Paul Dukes Papers (HIA), box 1. ノースクリフ卿との関係についてはロビン・ブルース・ロックハート, 'サー・ポール・デュークスとの会合に関する覚書' を見よ, 1966年6月25日, p. 2: Robert Hamilton Bruce Lockhart Papers (HIA), box 11, folder: Robin Bruce Lockhart, 'Reilly: Russian Revolution, Etc.: Sources: Paul Dukes, 1922–1990'.

(23) P. Dukes, *Red Dusk and the Morrow*, opposite pp. 227 and 240.

(24) ロビン・ブルース・ロックハートからジョージ・ヒル宛て（日付なし): Robert Hamilton Bruce Lockhart Papers (HIA), box 11, folder G. A. Hill Correspondence with Robin Bruce Lockhart. ライリーの旅行の日付に関しては A. クックを見よ, *On His Majesty's Secret Service: Sidney Reilly - Codename ST1*, p. 177.

(25) S. サヴィンコワから S. ライリー宛て, 1922年12月19日 : Robert Hamilton Bruce Lockhart Papers (HIA), box 6, folder 39. S. サヴィンコワはボリス・サヴィンコフの母親.

(26) L. D. トロツキーから S. S. カーメネフ宛て, E. M. スクリャンスキー, レーニンおよび中央委員会向けに複写, 1920年7月17日 : V. Krasnov and V. Daines (eds), *Neizvestnyi Trotskii. Krasnyi Bonapart: Dokumenty, mneniya, razmyshleniya*, p. 307.

(27) V. I. レーニン, 第9回党協議会への政治報告 : RGASPI, f. 44, op. 1, d. 5, pp. 13–14.

(28) *Ibid.*, p. 16.

(29) *Ibid.*, p. 15.

(30) 政治局会議, 1920年7月23日 : *ibid.*, f. 17, op. 3, d. 96, items 2, 7 and 8.

(31) L. D. トロツキーから M. M. リトヴィノフ宛て, 1921年7月7日 : RGVA, f. 33987, op. 1, d. 409, p. 724.

(32) V. I. レーニンから I. V. スターリン宛て, 1920年7月23日 : V. I. Lenin, *Neizvestnye dokumenty, 1891–1922*, p. 357.

(33) 政治局会議, 1920年8月10日 : *ibid.*, f. 17, op. 3, d. 101, items 3 and 4.

(34) V. I. レーニン, 第9回党協議会への政治報告 : *ibid.*, f. 44, op. 1, d. 5, p. 20.

(35) V. I. Lenin, *Polnoe sobranie sochinenii*, vol. 41, p. 458.

(36) ベルリンのドゥレセルから国務省宛て, 1920年7月10日 : 米国務省, ロシア（およびソ連）とその他諸国との政治関係に関する国務省記録 1910–29

(HIA).
(37) *Izvestiya Tsentral'nogo Komiteta KPSS*（ソ連共産党中央委員会報), no. 4 (1991), p. 171.
(38) 政治局会議, 1920年8月19日 : RGASPI, f. 17, op. 3, d. 103.
(39) *Manchester Guardian*, 2 August 1920. See below, pp. 300–1.
(40) 政治局会議, 1920年8月13日 : RGASPI, f. 17, op. 3, d. 102, item 3; および 1920年8月19日 : *ibid.*, f. 17, op. 3, d. 103, item 1.
(41) *The Times*, 5 August 1920.
(42) *Ibid.*, 6 August 1920.
(43) *Ibid.*, 7 August 1920.
(44) *Manchester Guardian*, 11 August 1920.
(45) *The Times*, 11 August 1920.
(46) *Manchester Guardian*, 11 August 1920.
(47) *The Times*, 4 August 1920.
(48) *Ibid.*, 7 August 1920.
(49) *Ibid.*, Io August 1920.
(50) *Manchester Guardian*, 5 August 1920.
(51) I. N. R. Davies, *White Eagle, Red Star*, p. 274.
(52) 政治局会議, 1920年9月1日 : RGASPI, f. 17, op. 3, d. 106, items 7, 9 and 10.
(53) 政治局会議, 1920年9月6日 : *ibid.*, d. 107, item 2.
(54) *Manchester Guardian*, 12 September 1920.
(55) 政治局会議, 1920年9月1日 : RGASPI, f. 17, op. 3, d. 106.
(56) *Ibid.*, p. 34.
(57) *Ibid.*, p. 26.
(58) *Ibid.*, p. 28.
(59) *Ibid.*, pp. 36–7.

第29章◆国外での通商協議

(1) *New York Times*, 17 July 1920.
(2) *Ibid.*, 3 September 1920.
(3) *The Times*, 23 July 1920.
(4) *Ibid.*, 27 July 1920.
(5) *Ibid.*, 20 and 21 July 1920.
(6) 政治局会議, 1920年8月19日 : RGASPI, f. 17, op. 3, d. 103.
(7) See above, pp. 251–2.

(8) *The Times*, 6 August 1920.

(9) *Ibid.*, 7 August 1920.

(10) *New York Times*, 13 September 1920.

(11) *Ibid.*, 14 September 1920; *The Times*, 17 September 1920.

(12) M. J. Larsons, 'Au service des Soviets' (ラーソンズ, 'ソヴィエトに仕えて'), pp. 42–4: タイプ原稿, M. J. Larsons Papers (HIA), box 1.

(13) *Ibid.*, pp. 43–6.

(14) *Ibid.*, p. 50; フロイント博士へのクラーシンの説明も見よ, 1947年12月1日, M. J. Larsons Papers (HIA), box 1.

(15) A. J. Sack, *America's Possible Share in the Economic Future of Russia*, p. 24.

(16) M. J. Larsons, 'Au service des Soviets', p. 47.

(17) *Ibid.*, p. 48.

(18) W. B. Vanderlip (with H. B. Hulbert), *In Search of a Siberian Klondike*, pp. 4 and 315; *New York Times*, 27 October 1920.

(19) *New York Times*, 19 November 1920.

(20) *Ibid.*, 28 October 1920.

(21) *Ibid.*, 27 October and 19 November 1920.

(22) V. I. Lenin, *Polnoe sobranie sochinenii*, vol. 42, pp. 23 and 62–4.

(23) H. G. Wells, *Russia in the Shadows*, pp. 164–5.

(24) *Ibid.*, pp. 164 and 167; *The Times*, 8 December 1920.

(25) *New York Times*, 1 December 1920.

(26) *Ibid.*, 11 January 1922.

(27) *Manchester Guardian*, 4 January 1921.

(28) *Ibid.*, 15 and 19 December 1920.

(29) *New York Times*, 3 January 1921.

(30) *Relations with Russia: Hearing before the Committee on Foreign Relations, United States Senate. Sixty-Sixth Congress. Third Session* (対露関係：米上院外交委員会での聴聞, 第66議会, 第3会期), p. 5.

(31) *Ibid.*, p. 62.

(32) D. Lincove, 'Radical Publishing to "Reach the Million Masses": Alexander L. Trachtenberg and International Publishers, 1906–1966', *Left History*, vol. 10.1 (Fall/Winter 2004), p. 91.

(33) *Relations with Russia: Hearing before the Committee on Foreign Relations, United States Senate*, pp. 72–3.

(34) *Ibid.*, pp. 12–28.

(35) ‘エストニアの法的承認に関するエストニア各紙のコメント’: Nicolai Koestner Papers (HIA).
(36) 中央委員会会議, 1921年1月26日 : RGASPI, f. 17, op. 2, d. 56.
(37) *Manchester Guardian*, 19 December 1920.
(38) *The Times*, 22 December 1920; *New York Times*, 29 December 1920. See above, pp. 251–2.
(39) *The Times*, 22 and 23 December 1920.
(40) *Ibid.*, 8 January 1921.
(41) 中央委員会会議, 1921年1月26日 : RGASPI, f. 17, op. 2, d. 56, item 12.
(42) *Manchester Guardian*, 19 December 1920.

第30章◆生き残りの経済学

(1) *Desyatyi s"ezd RKP (b)*, pp. 349–50.
(2) 政治局会議第2回会合, 1921年2月5日 : RGASPI, f. 17, op. 3, d. 130.
(3) 政治局会議第1回会合, 1921年2月5日 : *ibid.*, d. 129.
(4) 政治局会議, 1921年2月16日 : *ibid.*, d. 134.
(5) 中央委員会総会, 1921年2月24日 : *ibid.*, op. 2, d. 59, item 2.
(6) See above, pp. 254–5.
(7) *The Times*, 17 September 1920.
(8) *Ibid.*, 3 December 1920.
(9) C. Andrew. *Secret Service: The Making of the British Intelligence Community*, p. 262.
(10) B. サヴィンコフからP. N. ヴランゲリ宛て, 1920年10月15日 : Boris Savinkov Papers (HIA).
(11) 中央委員会総会, 1921年2月25日 : RGASPI, f. 17, op. 2, d. 60.
(12) F. メーソン（ベルリン）経由でL. ブライアント（モスクワ）の発言, 1921年3月10日 : Frank E. Mason Papers (HIA), box 3, fol. 1, pp. 68–9.
(13) F. メーソン（ベルリン）経由でL. ブライアント（モスクワ）の発言, 1921年3月8日 : *ibid.*, p. 79.
(14) *Ibid.*, p. 80.
(15) V. Krasnov and V. Daines (eds), *Neizvestnyi Trotskii. Krasnyi Bonapart: Dokumenty, mneniya, razmyshleniya*, pp. 339 and 340–1.
(16) *Desyatyl s"ezd RKP (b)*, pp. 716–59 and 765–8.
(17) *Ibid.*, pp. 349–50, 354, 391 and 393.
(18) L. D. トロツキーから政治局宛て, 1921年3月10日 : V. Krasnov and V. Daines (eds), *Neizvestnyi Trotskii*, p. 346.

(19) B. A. バフメーチェフから V. A. マクラコーフ宛て，1921年3月19日：‘ごく個人的かつ内密に！’: B. A. バフメーチェフ－V. A. マクラコーフ往復書簡集, vol. 1, p. 329.

(20) 政治局会議，1921年3月18日および19日：RGASPI, f. 17, op. 3, dd. 138 and 139.

(21) *Washington Times*, 17 March 1921.

(22) *Boston American*, 16 March 1921.

(23) L. ブライアントから F. メイソン宛て，1921年3月12日：Frank E. Mason Papers (HIA), box 2, p. 61.

(24) 政治局会議，1921年4月17日：RGASPI, f. 17, op. 3, d. 155, item 155.

第31章◆第二の息継ぎ期

(1) *Petrogradskie izvestiya*, 12 April 1921; ‘Revel'skaya gavan' i bol'shevik’, 21 April 1921, pp. 1 and 5, Nicolai Koestner Papers (HIA).

(2) *Pravda*, 14 April 1921.

(3) L. D. トロツキーから A. D. ツュルーパ宛て，1921年3月21日：GARF, f. 3316s, op. 2, d. 83, pp. 2–4.

(4) B. A. バフメーチェフから V. A. マクラコーフ宛て，1921年3月19日：‘ごく個人的かつ内密に！’: B. A. バフメーチェフ－V. A. マクラコーフ往復書簡集, vol. 1, p. 330.

(5) *New York Times*, 22 March 1921.

(6) *Ibid.*

(7) *Ibid.*, 13 July 1921.

(8) Chicago Tribune, 27 March 1921.

(9) J. Aves. *Workers against Lenin: Labour Protest and the Bolshevik Dictatorship*, pp. 158–85.

(10) V. A. アントノフ・オフセーエンコから V. レーニン宛て，1921年7月20日：*The Trotsky Papers*, vol. 2, p. 536.

(11) ‘Desyataya partiinaya konferentsiya, 26–28 maya 1921 goda’: uncorrected minutes, (第10回党協議会，1921年5月26–28日：無修正議事録) RGASPI, f. 46, op. 1, d. 2, pp. l, 16, 18 and 60.

(12) See R. Service, *Lenin: A Political Life*, vol. 3, pp. 182–4 and 205–12.

(13) ‘Desyataya partiinaya konferentsiya, 26–28 maya 1921 goda’: uncorrected minutes, RGASPI, f. 46, op. 1, d. 2, pp. 58–9.

(14) *Ibid.*, pp. 50–62.

（15）*Ibid.*, pp. 125 and 133–4.
（16）*New York Times*, 25 May 1921.
（17）L. D. トロツキーから M. M. リトヴィノフ宛て，1921年7月7日：RGVA, f. 33987, op. 1, d. 409, p. 555.
（18）*New York Times*, 30 June 1921.
（19）*Ibid.*, 2 July 1921.
（20）*Ibid.*, 30 June 1921.
（21）V. I. レーニンから G. V. チチェーリン宛て，V. I. Lenin. *Polnoe sobranie sochinenii*, vol. 53, pp. 34–5.
（22）*New York Times*, 31 July 1921.
（23）*Ibid.*, 4 August 1921.
（24）*Ibid.*, 5 November 1921.
（25）*Ibid.*, 6 November 1921.
（26）E. J. Epstein, *Dossier: The Secret History of Armand Hammer*, pp. 62–73.
（27）L. B. Krasin, *Vneshtorg i vneshnyaya ekonomicheskaya politika Sovetskogo pravitel'stva,* pp. 33–4.
（28）*The Times*, 7 July 1921.
（29）V. I. Lenin, *Polnoe sobranie sochinenii*, vol. 45, p. 220.
（30）H. Hoover, *The Memoirs of Herbert Hoover: The Cabinet and the Presidency, 1920–1923*, p. 23.
（31）L. Trotskii, *Petlya vmesto khleba*（Penza Gubkom RKP: Penza, 1921）, pp. 15–32.
（32）*Ibid.*, pp. 11–12.
（33）*Ibid.*, p. 11.
（34）V. I. レーニンから V. M. モロトフ宛て，1921年8月11日，V. I. Lenin, *Polnoe sobranie sochinenii*, vol. 53, pp. 110–11.
（35）A. グンベルグから K.デュラント宛て，1922年6月21日：Ronald Hilton Papers（HIA）.
（36）8 September 1921: Herbert Hoover Collection（HIA）, box 17, folder 6.
（37）*New York Times*, 18 February 1922.
（38）B. Patenaude, *The Big Show in Bololand: The American Relief Expedition to Soviet Russia in the Famine of 1921*, pp. 28–48.
（39）L. ブライアント・リードによるトロツキーとのインタビューから抜粋（1922年）: American Relief Administration Russian Unit（HIA）, box 353, folder 19.
（40）チェカー報告，1921年5–6月：1921年6月30日：*Arkhiv VChK. Sbornik dokumentov*, pp. 593–612.

(41) B. サヴィンコフから S. ライリー宛て，1921年6月12日 : Robert Hamilton Bruce Lockhart Papers (HIA), box 6, folder 24.
(42) '法廷審問' でのサヴィンコフ供述, *Pravda*, 30 August 1924, p. 6.
(43) チェカー報告，1921年5–6月 : 1921年6月30日 : *Arkhiv VChK. Sbornik dokumentov*, pp. 593–612.
(44) P. デュークス，1921年の日記 : Paul Dukes Papers (HIA), box 1.
(45) ロシア金融・商工業協会（パリ）から V. N. バシキーロフ（ニューヨーク）宛て，1921年6月23日 : Vladimir N. Bashkirov Papers (HIA), box 1.
(46) ロンドンにおける英ソ関係に関する日付のない無署名の軍情報報告（1921年5月ないし6月?）: P. N. Vrangel Collection (HIA), box 110, folder 22, p. 7.
(47) A. A. Ioffe (V. Krymskii), *Mirnoe nastuplenie*, p. 17.
(48) *Ibid.*, pp. 9, 17 and 36–8.
(49) ウィリアム．J. ケリーから不明の受信者宛て，1921年12月8日 : William J. Kelley Papers (HIA).
(50) *New York Times*, 8 June 1921.
(51) *Ibid.*, 11 January 1922.
(52) 新経済政策（NEP）に関するテーゼ : RGASPI, f. 325, op. 1, d. 88, pp. 1–5. See also R. Service, *Trotsky: A Biography*, p. 290.

第32章◆消えざる炎

(1) A. Poliakoff, *The Silver Samovar: Reminiscences of the Russian Revolution*, p. 40.
(2) A. L. Strong, *The First Time in History: Two Years of Russia's New Life* (August 1921 to December 1923), p. 15.
(3) *Ibid.*
(4) I. リトヴィノフ，ロシア定住についての1960年の会話録音テープのタイプによる起こし，p. 10: Ivy Litvinov Papers (HIA), box 10, folder 3.
(5) *Ibid.*, p. 11.
(6) フランク．E. メイソン，1921年5月31日の電信 : Frank E. Mason Papers (HIA), box 2, pp. 68–9.
(7) *Dayton Journal*, 4 July 1920. メイソンの記事は米国内に広く配信された.
(8) I. リトヴィノフ，無題の自伝的断章, p. 5: St Antony's RESC Archive.
(9) I. リトヴィノフ，自伝的断章，'モスクワ 1921', pp. 5 and 7: St Antony's RESC Archive.
(10) I. リトヴィノフ，'オーラル・ヒストリー', p. 1: Ivy Litvinov Papers (HIA), box 1.

(11) *Ibid.*

(12) I. リトヴィノフ，ロシア定住についての1960年の会話録音テープのタイプによる起こし，p. 5: Ivy Litvinov Papers (HIA), box 10, folder 3.

(13) *Ibid.*, pp. 8–9.

(14) *Ibid.*, p. 10.

(15) *Ibid.*, p. 3.

(16) M. E. Harrison, *Marooned in Moscow: The Story of an American Woman Imprisoned in Russia*, p. 247.

(17) R. Service, *Lenin: A Political Life*, vol. 3, pp. 247–8.

(18) I. リトヴィノフ，'Mysli o nevozrashchenii iz Ameriki（アメリカからの未帰還に思う），1942': Ivy Litvinov Papers (HIA), box 10, folder 3, p. 1.

(19) V. A. マクラコーフから B. A. バフメーチェフ宛て，1920年12月7日：'ごく個人的かつ内密に！': B. A. バフメーチェフ－V. A. マクラコーフ往復書簡集，vol. 1, p. 300.

(20) B. A. バフメーチェフから V. A. マクラコーフ宛て，1920年1月20日：*ibid.*, p. 152.

(21) 1927年7月29日–8月9日の中央委員会・中央統制委員会合同総会に対するジノヴィエフ演説に，指導部の 想定の暴露を見よ：RGASPI, f. 17, op. 2, d. 317 (V-iii), p. 22.

後記

(1) I. リトヴィノフ，'オーラル・ヒストリー：アイヴィ・リトヴィノフ'，pp. 6–10: Ivy Litvinov Papers (HIA), box 1; 'Being English in Moscow', pp. 7–8: box 9, folder 9.

(2) J. Carswell, *The Exile: A Life of Ivy Litvinov*, pp. 190 and 203.

(3) M. Philips Price, *My Three Revolutions.*

(4) J. Reed, *Ten Days that Shook the World* (Boni & Liveright: New York, 1922).

(5) Dzh. Rid, 10 *dnei, kotorye potryasli mir* (2nd corrected edn; Krasnaya nov': Moscow, 1924).

(6) B. D. Wolfe, 'Mr K's Favorite Reporter', *New York Times*, 5 June 1960.

(7) RGASPI, f. 89, op. 28, d. 5, p. 8: コムソモール代表団との会見，1961年1月13日.

(8) M. E. Harrison, *Marooned in Moscow: The Story of an American Woman Imprisoned in Russia*, pp. 193–4.

(9) A. デュノア，サドゥール書簡編集に向けた序文の未刊行タイプ原稿（1941

年5月), p. 4: Jacques Sadoul Papers (HIA).

(10) M. E. Harrison, *Marooned in Moscow*, pp. 194–5.

(11) V. Serge, *Memoirs of a Revolutionary, 1901–1941*, p. 145.

(12) PFR.301/D.S.10: National Archives, KV/2/1904.

(13) R. Chambers, *The Last Englishman: The Double Life of Arthur Ransome*, p. 363.

(14) S. G. ライリーからP. デュークス宛て，1922年10月23日：Robert Hamilton Bruce Lockhart Papers (HIA), box 6, folder 22.

(15) P. Dukes. *Come Hammer. Come Sickle!* (Cassell: London, 1947).

(16) Paul Dukes Papers (HIA), boxes 1 and 2. この事故についてはティーナ夫人のレイシー氏宛て書簡を見よ，1969年10月16日，in box 1.

(17) G. A. ヒル，'N.K.V.D. での4年間の回想'，p. 121: タイプ原稿，George A. Hill Papers (HIA).

(18) *Ibid.*, p. 2.

(19) *Ibid.*, p. 158.

(20) *Ibid.*, pp. 137–43.

(21) *Ibid.*, pp. 156–7.

(22) Robert Hamilton Bruce Lockhart Papers (HIA), box 11, folder 'George Hill Legal Documents'.

(23) A. Cook, *On His Majesty's Secret Service: Sidney Reilly - Codename ST1*, pp. 96–7.

(24) 彼に対するジョージ・ヒルの説明を記したロビン・ブルース・ロックハートの覚書，pp. 2–3: Robert Hamilton Bruce Lockhart Papers, box 11, folder 1.

(25) S. G. Reilly and Pepita Bobadilla, *The Adventures of Sidney Reilly, Britain's Master* Spy (E. Mathews & Marrot: London, 1931); R. N. Bruce Lockhart, Ace of Spies.

(26) *Reilly - Ace of Spies* (Thames TV, 1983).

(27) *British Agent* (dir. M. Curtiz: Warner Brothers, 1934).

(28) R. H. ブルース・ロックハート，筆記帳 (1938–45年か): Robert Hamilton Bruce Lockhart Papers (HIA), box 4, folder 3.

(29) Cablegram (n.d.) to R. H. Bruce Lockhart at the *Daily Express*: *ibid.*, box 10.

(30) R. H. Bruce Lockhart, *Friends, Foes and Foreigners*, p. 274.

(31) R. H. ブルース・ロックハート，'ブドベルグ男爵夫人' (日付はないが1956年以降)，pp. 5–6: Robert Hamilton Bruce Lockhart Papers (HIA), box 6, folder 14.

(32) T. Alexander, *An Estonian Childhood*, pp. 69–71 and 74.

(33) *Ibid.*, p. 122.

(34) R. H. ブルース・ロックハート，'ブドベルグ男爵夫人'，pp. 1–13: Robert Hamilton Bruce Locknart Papers (HIA), box 6, folder 14.

(35) D. Collingridge, 'Aunt Moura', *The Times*, 2 May 2010. Dmitri Collingridge is a great-great-nephew of Moura Budberg.

(36) Merian C. Cooper Papers (HIA).

(37) R. B. Spence, 'The Tragic Fate of Kalamatiano: America's Man in Moscow', *International Journal of Intelligence and Counterintelligence*, no. 3 (1999), pp. 356–63.

(38) ロバート・ブルース・ロックハートからG. A.ヒル宛て（日付なし），ポール・デュークスから聞いた話の説明: Robert Hamilton Bruce Lockhart Papers (HIA), box 11, folder G. A. Hill Correspondence with Robin Bruce Lockhart.

(39) B. V. サヴィンコフからS. G. ライリー宛て，1924年10月7日: Robert Hamilton Bruce Lockhart Papers (HIA), box 6, folder 24.

(40) '法廷審問' でのサヴィンコフ供述, *Pravda*, 30 August 1924, pp. 4–6.

(41) *Arkhiv VChK. Sbornik dokumentov*, p. 592.

主要参考文献

文書資料

Arkhiv Prezidenta Rossiiskoi Federatsil, Moscow [APRF]（ロシア連邦大統領文書館）

Bodleian Library, Oxford（ボドリーアン図書館，オックスフォード大学）

Papers of Alfred Milner, Viscount Milner, 1824–1955（アルフレッド・ミルナー，ミルナー子爵関係文書）

Gosudarstvenny Arkhiv Rossiiskoi Federatsii, Moscow [GARF]（ロシア連邦国立文書館）

Hoover Institution Archives, Stanford University, Stanford, CA [HIA]（フーヴァー研究所文書館，スタンフォード大学）

American Relief Administration Russian Unit（米国救済委員会ロシア部）

Vladimir N. Bashkirov Papers（ウラジーミル・N・バシキーロフ関係文書）

Communist International Instructions（共産主義インターナショナル指令）

Merian C. Cooper Papers（メリアン・C・クーパー関係文書）

Theodore Draper Papers（セオドア・ドレイパー関係文書）

Paul Dukes Papers（ポール・デュークス関係文書）

Arthur M. Free Papers（アーサー・M・フリー関係文書）

T. T. C. Gregory Papers（T・T・C・グレゴリー関係文書）

George Halonen Papers（ジョージ・ハロネン関係文書）

George A. Hill papers（ジョージ・A・ヒル関係文書）

Ronald Hilton Papers（ロナルド・ヒルトン関係文書）

Herbert Hoover Collection（ハーバート・フーヴァー・コレクション）

Hungarian Subject Collection（ハンガリー問題コレクション）

N. A. Ioffe Papers（N・A・ヨッフェ関係文書）

Henry James Papers（ヘンリー・ジェイムズ関係文書）

William J. Kelley Papers（ウィリアム・J・ケリー関係文書）

Nicolai Koestner Papers（ニコライ・ケストネル関係文書）

Aleksandr Vasil'evich Kolchak Papers（アレクサンドル・ワシーリエヴィッチ・コルチャーク関係文書）

General A. A. von Lampe Papers（A・A・フォン・ラムペ将軍関係文書）

M. J. Larsons Papers（M・J・ラーソンズ関係文書）
Ivy Litvinov Papers（アイヴィ・リトヴィノフ関係文書）
Robert Hamilton Bruce Lockhart Papers（ロバート・ハミルトン・ブルース・ロックハート関係文書）
Jay Lovestone Papers（ジェイ・ラヴストーン関係文書）
Gibbes Lykes Papers（ギッブス・ライクス関係文書）
L. K. Martens Papers（L・K・マルテンス関係文書）
Frank E. Mason Papers（フランク・E・メーソン関係文書）
Russia. Posol'stvo（ロシア大使館関係）
Russian Subject Collection（ロシア問題コレクション）
lacques Sadoul Papers（ジャック・サドゥール関係文書）
Boris Savinkov Papers（ボリス・サヴィンコフ関係文書）
US Consulate, - Leningrad [sic]（米領事館，レニングラード［ママ］）
US Department of State: Records of the Department of State Relating to Political Relations between Russia (and the Soviet Union) and' Other States, 1910–29（米国務省：ロシア（およびソ連邦）とその他諸国の政治的関係に関する国務省記録，1910－1929）
Pëtr Vasil'evich Vologodskii Papers（ピョートル・ワシーリエヴィッチ・ヴォロゴツキー関係文書）
P. N. Vrangel Papers（P・N・ヴランゲリ関係文書）
Nikolai Yudenich Papers（ニコライ・ユデーニッチ関係文書）

National Archives, Kew（国立文書館，キュー）
HO = Home Office
FO = Foreign Office
KV = Security Service

Rossiiskii Gosudarstvennyi Arkhiv Sotsial'no-Politicheskoi Istorii, Moscow [RSGASPI]（ロシア国立社会・政治史文書館，モスクワ）
fond 2　fond 17　fond 46　fond 325
fond 5　fond 44　fond 89　fond 515
Rossiiskii Gosudarstvennyi Voennyi Arkhiv, Moscow [RGVA]（ロシア国立戦史資料館，モスクワ）
Russian and Eurasian Studies Centre, St Antony's College, Oxford [RESC]（ロシア・ユーラシア研究センター，オックスフォード大学セント・アントニーズ・カ

レッジ）Ivy Litvinov Papers（アイヴィ・リトヴィノフ関係文書）
Churchill Archives Centre; Churchill College, Cambridge（チャーチル関係文書センター，ケンブリッジ大学チャーチル・カレッジ）Churchill Papers（チャーチル関係文書）

定期刊行物

Byulleten' Narodnogo Komissariata Inostrannykh Del（外務人民委員部ブレティン）
Daily Express（デイリー・エクスプレス）
Daily Herald（デイリー・ヘラルド）
Daily Mail（デイリー・メール）
Daily News and Leader（デイリー・ニューズ・アンド・リーダー）
Le Figaro（フィガロ）
L'Humanité（ユマニテ）
Izvestiya（イズヴェスチヤ）
Izvestiya Tsentral'nogo Komiteta KPSS（ソ連共産党中央委報知）
Labour Leader（レーバー・リーダー）
Manchester Guardian（マンチェスター・ガーディアン）
New York Times（ニューヨーク・タイムズ）
Pravda（プラウダ）
The Times（タイムズ）
Washington Post（ワシントン・ポスト）

書籍および論文

A. Agar, *Baltic Episode: A Classic of Secret Service in Russian Waters* (Hodder & Stoughton: London, 1963)
R. Albertson, *Fighting without a War: An Account of Military Intervention in North Russia - Exposing British Atrocities in Murmansk and Archangel* (Harcourt, Brace & Howe: New York, 1920)
V. V. Aldoshin, Yu. V. Ivanov, V. M. Semënov and V. A. Tarasov (eds), *Sovetsko-amerikanskie otnosheniya: gody nepriznaniya, 1918–1926* (Mezhdunarodnyi fond 'Demokratiya': Moscow, 2002)
T. Alexander, *An Estonian Childhood* (Heinemann: London, 1987)
C. Alston, *Russia's Greatest Enemy?: Harold Williams and the Russian Revolutions* (I. B. Tauris: London, 2007)
C. Andrew, *The Defence of the Realm: The Authorized History of MI5* (Allen Lane: London,

2009)
C. Andrew, *For the President's Eyes Only: Secret Intelligence and the American Presidency from Washington to Bush* (HarperCollins: New York, 1995)
C. Andrew, *Secret Service: The Making of the British Intelligence Community* (Heinemann: London, 1985)
C. Andrew and V. Mitrokhin, *The Mitrokhin Archive: The KGB in Europe and the West* (Allen Lane: London, 1999)
N. Andreyev, *A Moth on a Fence: Memoirs of Russia. Estonia. Czechoslovakia and Western Europe* (Hodgson: London, 2009)
C. Anet, *La Révolution russe: la terreur maximaliste; l'armistice - les pour-parlers de paix (Novembre 1917–Janvier 1918)* (Payot: Paris, 1919)
Arkhiv VChK. Sbornik dokumentov, ed. V. Vinogradov, A. Litvin and V. Khristoforov (Kuchkovo Pole: Moscow, 2007)
Army: The Evacuation of North Russia, 1919 (War Office: London, 1920)
J. Aves, *Workers against Lenin: Labour Protest and the Bolshevik Dictatorship* (I. B. Tauris: London, 1996)
K. Baedeker, *Russia with Teheran. Port Arthur, and Peking: Handbook for Travellers* (T. Fisher Unwin: London, 1914)
V. Barnett, *A History of Russian Economic Thought* (Routledge: London, 2005)
B. F. Bears, *Vain Endeavor: Robert Lansing's Attempts to Ertd the American-Japanese Rivalry* (Duke University Press: Durham, NC, 1962)
B. Beatty, *A Political Primer for the New Voter* (Whitaker and Ray-Wiggin Company: San Francisco, 1912)
B. Beatty, *The Red Heart of Russia* (The Century Co.: New York, 1918)
C. Bechhofer, *Through Starving Russia. Being the Record of a Journey to Moscow and the Volga Provinces in August and September 1921* (Methuen: London, 1921)
D. Beer, *Renovating Russia: The Human Sciences and the Fate of Liberal Modernity, 1880–1930* (Cornell University Press: Ithaca, NY, 2008)
A. di Biagio, *Coesistenza e isolazionismo. Mosca, il Comintern e l'Europa di Versailles* (1918–1928) (Carocci: Rome, 2004)
A. di Biagio, *Le origini dell'isolazionismo sovietico* (Franco Angeli: Milan, 1990)
R. Blobaum, *Feliks Dzierżyński and the.SDKPiL: A Study of the Origins of Polish Communism* (East European Monographs: Boulder, CO, 1984)
Bolshevik Propaganda: Hearings before a Subcommittee on the Judiciary, United States Senate. Sixty-Fifth Congress. Third Session and Thereafter Pursuant to Senate Resolutions 439 and

469 - February 11, 1919 to March lo, 1919 (Government Printing Office: Washington, DC, 1919)

R. Braithwaite, *Across the Moscow River: The World Turned Upside Down* (Yale University Press: London, 2002)

British Documents on Foreign Policy, part 2: *The Soviet Union, 1917–1939, vol. 1: Soviet Russia and her Neighbours,* Jan. 1917–Dec. 1919 (University Publications of America)

British *Labour Delegation to Russia 1920: Report*, ed. L. Haden Guest (Trades Union Cohgress and Labour Party: London, 1920)

H. Brogan, *The Life of Arthur Ransome* (Jonathan Cape: London, 1972)　H・ブローガン『アーサー・ランサムの生涯』(神宮輝夫訳, 筑摩書房, 1994)

G. Brook-Shepherd, *The Iron Maze: The Western Secret Services and the Bolsheviks* (Macmillan: London, 1998)

P. Broué, *Révolution en Allemagne* (Minuit: Paris, 1971)

K. Brüggemann, 'Defending National Sovereignty against Two Russias: Estonia in the Russian Civil War, 1918–1920', *Journal of Baltic Studies*, no. 1 (2003)

K. Brüggemann, '"Foreign Rule" during the Estonian War of Independence, 1918–1920: The Bolshevik Experiment of the "Estonian Workers' Commune"' *Journal of Baltrc Studres*, no. 2 (2006)

L. Bryant, *Mirrors of Moscow* (T. Selzer: New York, 1923)

L. Bryant, *Six Red Months in Russia: An Observer's Account of Russia before and during the Proletarian Dictatorship* (George H. Doran: New York, 1918)

Sir George Buchanan, *My Mission to Russia and Other Diplomatic Memories* (Cassell: London, 1923)

M. Buchanan, *The City of Trouble*, Foreword by Hugh Walpole (Charles Scribner's Sons: New York, 1919)

R. D. Buhite, *Lives at Risk: Hostages and Victims in American Foreign Policy* (Rowman & Littlefield: Wilmington, DE, 1995)

N. Bukharin, *Vseobshchaya delëzhka ili kommunisticheskoe proizvodstvo* (Izd. VTsIKR., S., K. i K. Deputatov: Moscow, 1918)

The-Bullitt Mission to Russia: Testimony before the Committee on Foreign Relations, United States Senate, of William C. Bullitt (B. W. Huebsch: New York, 1919)

D. R. Buxton, *In a Russian Village* (The Labour Publishing Company: London, 1922)

Princess Cantacuzène, *Revolutionary Days: Recollections of Romanoffs and Bolsheviki* (Small, Maynard: Boston, 1919)

M. J. Carley, *Revolution and Intervention: The French Government and the Russian Civil*

War, 1917–1919 (McGill-Queen's University Press: Kingston and Montreal, 1983)
D. Carlton, *Churchill and the Soviet Union* (Manchester University Press: Manchester, 2000)
E. H. Carr, *The Bolshevik Revolution*, vol. 3 (Macmillain: London, 1953)　E・H・カー『ボリシェヴィキ革命：ソヴィエト・ロシア史1917－1923』（3巻, 宇高基輔ら訳, みすず書房, 1967－1971）
J. Carswell, *The Exile: A Life of Ivy Litvinov* (Faber & Faber: London, 1983)
R. Chambers, *The Last Englishman: The Double Life of Arthur Ransome* (Faber & Faber: London, 2009)
Chekisty: sbornik, ed. L. Korneshov (Molodaya gyardiya: Moscow, 1970)
G. V. Chicherin, *Vneshnyaya politika Sovetskoi Rossii za dva goda* (Gosizdat: Moscow, 1920)
W. Churchill, *The World Crisis*, vol. 4: *The Aftermath* (Charles Scribner's Sons: New York, 1929) W・チャーチル『大戦後日譚：外交秘録』（西村二郎訳, 万里閣書房, 1930）
J. S. Clarke, *Pen Portraits of Russia under the 'Red Terror'* (National Workers' Committees: Glasgow, 1921)
G. Clemenceau, *France devant l'Allemagne* (Payot: Paris, 1918)
Congress of the Peoples of the East. Baku, September 1920: Stenographic Report, trans. and annotated by B. Pearce (New Park: London, 1978)
A. Cook, *On His Majesty's Secret Service: Sidney Reilly - Codename ST1* (Tempus: Stroud, 2002)
J. Cornwell, *Hitler's Pope: The Secret History of Pius XII* (Viking: London, 1999)
G. Creel (Chairman), *The German-Bolshevik Conspiracy* (The Committee on Public Information: New York, 1918)
N. Davires, *White Eagle, Red Star* (Cambridge University Press: Cambridge, 1972)
R. K. Debo, *Revolution and Survival: The Foreign Policy of Soviet Russia, 1917–18* (Liverpool University Press: Liverpool, 1979)
R. K. Debo, *Survival and Consolidation: The Foreign Policy of Soviet Russia, 1918–1921* (McGill-Queen's University Press: Montreal, 1992)
Desyatyi s"ezd RKP(b). Mart 1921. Stenograficheskii otchët (Gosudarstvennoe izdatel'stvo: Moscow, 1963)
The Diaries of Robert Bruce Lockhart, 1915–1938, ed. K. Young (Macmillan: London, 1973)
F. R. Dickinson, *War and National Reinvention: Japan in the Great War, 1914–1919* (Harvard University Asia Center: Cambridge, MA, 1999)

P. Dukes, *Come Hammer, Come Sickle!* (Cassell: London, 1947)
P. Dukes, *Red Dusk and the Morrow* (Doubleday, Page: New York, 1922)
S. Dzerzhinskaya, *V gody velikikh boёv* (Mysl': Moscow, 1964)
E. J. Epstein, *Dossier: The Secret History of Armand Hammer* (Random House: New York, 1996)
L. Eyre, *Russia Analysed* (New York World: New York, 1920)
V. Fic, *The Bolsheviks and the Czechoslovak Legion* (Abhinav: New Delhi, 1978)
D. S. Foglesong, *America's Secret War against Bolshevism: U.S. Intervention in the Russian Civil War, 1917–1920* (University of North Carolina Press: Chapel Hill, NC, and London, 1995)
D. R. Francis, *Russia from the American Embassy. April 1916–November 1918* (Charles Scribner's Sons: New York, 1921)
F. J. Funk, 'Fighting after the War', *Purdue Alumnus* (n.d.)
I. Getzler, Martov: *A Political Biography of a Russian Social-Democrat* (Cambridge University Press: Cambridge, 1967)　I・ゲツラー『マールトフとロシア革命』（高橋馨訳, 河出書房新社, 1975）
M. Gilbert, *Winston S. Churchill*, vol. 4: *The World in Torment, 1917–1922* (Heinemann: London, 1975)
E. Goldman, *My Disillusionment in Russia* (Doubleday, Page: New York, 1923)
J. M. Goldstein, *America's Opportunities for Trade and Investment in Russia* (Russian Information Bureau: New York, 1919)
S. R. Graubard, *British Labour and the Russian Revolution, 1917–1924* (Harvard University Press: Cambridge, MA, 1956)
T. T. C. Gregory, *Beating Back Bolshevism* (n.p., n.d.)
T. T. C. Gregory, *Stemming the Red Tide* (n.p., 1919)
F. Grenard, *La Révolution russe* (Armand Colin: Paris, 1933)
W. Hard, *Raymond Robins' Own Story* (Harper & Brothers: New York, 1920)
M. E. Harrison, *Marooned in Moscow: The Story of an American Woman Imprisoned in Russia* (George H. Doran: New York, 1921)
S. Hastings, *The Secret Lives of Somerset Maugham* (John Murray: London, 2009)
G. A. Hill, *Dreaded Hour* (Cassell: London, 1936)
G. A. Hill, *Go Spy the Land* (Cassell: London, 1932)
General Max Hoffman, *War Diaries and Other Papers* (M. Secker: London, 1929)
W. V. Holzer, *The Ghost in the Little House: A Life of Rose Wilder Lane* (University of Missouri Press: Columbia, MO, 1993)

H. Hoover, *Address of Secretary Hoover before the Chamber of Commerce of the United States. Eleventh Annual Meeting. New York, N. Y., May 8 1923* (?Washington, DC, 1923)

H. Hoover, *The Memoirs of Herbert Hoover: The Cabinet and the Presidency, 1920–1923* (Hollis & Carter: London, 1952)

H. Hoover, *The Ordeal of Woodrow Wilson* (McGraw-Hill: New York, 1958)

H. Hoover, *The World Economic Situation: Address of Herbert Hoover before the San Francisco Commercial Club, October 9, 1919* (San Francisco, 1919)

E. House and C. Seymour (eds), *What Really Happened at Paris: The Story of the Peace Conference, 1918–1919* (Charles Scribner's Sons: New York, 1921)

M. Hughes, *Inside the Enigma: British Officials in Russia, 1900–1939* (Hambledon: London, 1997)

A. A. Ioffe, 'Aviobiograflya', *Entsiklopedicheskii slovar' 'Granat'*, part 1 (Granat: Moscow, 1927)

A. A. Ioffe (V. Krymskii), *Mirnoe nastuplenie* (Gosudarstvennoe izdatel'stvo: Petersburg [*sic*] , 1921)

A. Ioffe, *O samoupravlenii* (Kniga. Petrograd, 1917)

N. A. Ioffe, *Moi otets Adol'f Abramovich Ioffe: vospominaniia, dokumenty i materialy* (Vozvrashchenie: Moscow, 1997)

K. Jeffery, *MI6: The History of the Secret Intelligence Service, 1909–1949* (Bloomsbury: London, 2010)

D. Kahn, *The Codebreakers: The Story of Secret Writing* (Scribner's: New York, 1996)

A. Kalpaschnikoff, *A Prisoner of Trotsky's* (Doubleday, Page: New York, 1920)

K. Kautsky, *Terrorism and Communism: A Contribution to the Natural History of Revolution*, trans. W. H. Kerridge (George Allen & Unwin: London, 1920)

W. Kendall, *The Revolutionaly Movement in Britain, 1900–1921: The Origins of British Communism* (Weidenfeld &Nicolson: London, 1969)

G. F. Kennan, *Russia and the West under Lenin and Stalin* (Little, Brown: New York, 1961) G・ケナン『レーニン，スターリンと西方世界』（川端末人ら訳，未来社，1970）

G. F. Kennan, *Soviet-American Relations, 1917–1920*, vols 1–2 (Princeton University Press: Princeton, 1956–8)　G・ケナン『ソヴェト革命とアメリカ：第一次大戦と革命』（村上光彦訳，みすず書房，1958）

M. Kettle, *The Allies and the Russian Collapse. March 1917–March 1918* (André Deutsch: London, 1981)

M. Kettle, *Churchill and the Archangel Fiasco, November 1918–July 1919* (Routledge: London, 1992)
M. Kettle, *The Road to Intervention. March-November 1918* (Routledge: London, 1988)
J. M. Keynes, *The Economic Consequences of the Peace* (Macmillan: London, 1919)　J・M・ケインズ『平和の経済的帰結』（早坂忠訳，ケインズ全集第2巻所収，東洋経済新報社，1977）
J. M. Keynes, *Essays in Biography* (W. W. Norton: New York, 1933)　J・M・ケインズ『人物評伝』（熊谷尚夫ら訳，岩波書店，1959）
Kii, Vozmozhna-li otmena chastnoi sobstvennosti? (Kniga: Petrograd, 1917)
C. Kinvig, *Churchill's Crusade: The British Invasion of Russia, 1918–1920* (Hambledon: London, 2006)
A. Knox, *With the Russian Army. Being Chiefly the Extracts from a Dialy of a Military Attaché* (Hutchinson: London, 1921)
S. Koch. Stalin, *Willi Münzenberg and the Seduction of the Intellectuals* (HarperCollins: London 1995)
Komintern i ideya mirovoi revolyutsii: dokumenty, ed. Ya. S. Drabkin (Nauka: Moscow, 1998)
A. Kovrov, *Domashnyaya prisluga* (Kniga: Petrograd, 1917)
L. B. Krasin, *Vneshtorg i vneshnyaya ekonomicheskaya politika Sovetskogo pravitel'stva* (Gosudarstvennoe izdatel'stvo: Petersburg, 1921)
Krasnaya kniga VChK, vols 1–2 (2nd corrected edn; Izdatel'stvo polititicheskoi literatury: Moscow, 1989)
V. Krasnov and V. Daines (eds), *Neizvestnyi Trotskii. Krasnyi Bonapart: Dokumenty, mneniya, razmyshleniya* (Olma-Press: Moscow, 2000).
I. I. Kutuzov, *V strane 'ego velichestva'. Pis'ma i zametki ob Anglii russkogo*
rabochego diplomata (TsK Soyuza Tekstil'shchikov: Moscow, 1924)
G. Lansbury, *What I Saw in Russia* (Leonard Parsons: London, 1920)
R. Lansing, *The Big Four and Others of the Peace Conference* (Houghton Mifflin: Boston, 1921)　R・ランシング『平和会議秘録』（大阪毎日新聞社訳，1921）
Yu. Larin, *Voina i zemel'naya programma* (Kniga: Petrograd, 1917)
S. de Lastours. *La France gagne la guerre des codes secrets* (Tallandier: Paris, 1998)
M. P. Leffler, *The Specter of Communism: The United States and the Origins of the Cold War, 1917–1953* (Hill & Wang: New York, 1994)
V. I. Lenin, *Neizvestnye dokumenty, 1891–1922* (Rosspen: Moscow, 1999)
V. I. Lenin, *Polnoe sobranie sochinenii*, vols 1–55 (Gosizdat: Moscow, 1958–65)　（55巻

から成る『レーニン全集』は第5版．邦訳は大月書店刊の第4版47巻）
Nicolai Lenin, Tchicherin, John Reed and Max Eastman, *Russia* (Liberator: New York, 1920)
G. A. Lensen, *Japanese Recognition of the USSR: Soviet-Japanese Relations, 1921–1930* (Sophia University: Tokyo, 1970)
R. Leviné-Meyer, *Leviné the Spartacist* (Gordon & Cremonesi: London, 1978)
I. K. Libbey, *Alexander Gumberg and Soviet-American Relations, 1917–1933* (University Press of Kentucky: Lexington. KY, 1977)
S. Liberman, *Building Lenin's Russia* (University of Chicago Press: Chicago, 1945)
D. Lincove, 'Radical Publishing to "Reach the Million Masses": Alexander L. Trachtenberg and International Publishers, 1906–1966', *Left History*, vol. 10.1 (Fall/Winter 2004)
I. Linder and S. Churkin (eds), *Krasnaya pautina: tainy razvedki Kominterna, 1919–1943* (Ripol klassik: Moscow, 2005)
M. Litvinoff, *The Bolshevik Revolution: Its Rise and Meaning* (British Socialist Party: London, 1918)
D. Lloyd George, *War Memoirs*, vol. 2 (2nd edn; Odhams Press: London, 1942)　ロイド＝ジョージ『世界大戦回顧録』（9巻，内山賢次訳，改造社，1942）
R. H. Bruce Lockhart, *Friends, Foes and Foreigners* (Putnam: London, 1957)
R. Bruce Lockhart, 'Last Words on Lenin: An Inaugural Address [as] Honorary President of the Associated Societies, Edinburgh University, 26 October 1960' (Edinburgh, 1961)
R. H. Bruce Lockhart, *Memoirs of a British Agent, Being an Account of the Author's Early Life in Many Lands and of his Official Mission to Moscow in 1918* (Putnam: London, 1932)
R. N. Bruce Lockhart, *Ace of Spies* (Hodder: London, 1969)
G. V. Lomonosoff, *Memoirs of the Russian Revolution* (Rand School of Social Science: New York, 1919)
J. W. Long, 'Plot and Counter-Plot in Revolutionary Russia: Chronicling the Bruce Lockhart Conspiracy, 1918', *Intelligence and National Security*, no. 10/1 (Jan. 1995)
J. W. Long, 'Searching for Sidney Reilly: The Lockhart Plot in Revolutionary Russia, 1918', *Europe-Asia Studies*, no. 47/7 (1995)
M. Lur'e (Yu. Larin), *Prodovol'stvennyi opyt nemetskikh gorodov* (Sotsialist: Petrograd, 1917)
M. Lur'e (Yu. Larin), *Prodovol'stvie v Germanii i Rossii* (Kniga: Petrograd, 1918)
I. McBride, *Barbarous Soviet Russia* (Thomas Selzer: New York, 1920)
I. McHugh and B. J. Ripley, 'Russian Political Internees in First World War Britain: The Cases of George Chicherin and Peter Petroff', *Historical Journal*, no. 3 (1985)

S. McMeekin, *History's Greatest Heist The Looting of Russia by the Bolsheviks* (Yale University Press: New Haven, 2009)

S. McMeekin, *The Red Millionaire: A Political Biography of Willi Münzenburg, Moscow's Secret Propaganda Tsar in the West* (Yale University Press: New Haven, 2003)

M. MacMillan, *Peacemakers: The Paris Conference of 1919 and its Attempt to End War* (John Murray: London, 2001)

V. Madeira, '"Because I Don't Trust Him, We are Friends": Signals Intelligence and the Reluctant Anglo-Soviet Embrace, 1917–24', *Intelligence and National Security*, no. 1 (2004)

I. Maisky, *Journey into the Past* (Hutchinson: London, 1962)

R. Marchand, *Les Agissements des Alliés contre la révolution russe: le témoignage d'un bourgeois français* (n.p., 1918)

R. Marchand, *Allied Agents in Russia: Complete Text of the Letter of M. René Marchand, Petrograd Correspondent of 'Le Figaro' to M. Poincaré, President of the French Republic, September 1918* (The People's Russian Information Bureau: London, c. 1918)

R. Marchand, *Pourquoi je me suis rallié à la formule de la révolution sociale* (Édition de l'Internationale Communiste: Petrograd, 1919)

R. Marchand, *Why I Side with the Social Révolution* (Pub. Office of the Communist International: Petrograd, 1920)

R. Marchand, *Why I Support Bolshevism* (British Socialist Party: London, 1919)

D. Marquand, *Ramsay MacDonald* (Jonathan Cape: London, 1977)

A. Marty, *La Révolte de la Mer Noire*, vol. 2 (F. Maspero: Paris, 1970)

V. A. Mau, *Sochineniya, vol. r Reformy i dogmy: gosudarstvo i ekonomika v epokhu reform i revolyutsii, 1860–1920–e gody* (Delo: Moscow, 2010)

W. S. Maugham, *Ashenden* (Heinemann: London, 1928)　W・S・モーム『アシェンデン』（中島賢二ら訳，岩波文庫，2008）

P. Miliukov, *Bolshevism: An International Danger, its Doctrine and its Practice through War and Revolution* (George Allen & Unwin: London, 1919)

V. P. Milyutin, *Sovremennoe ekonomicheskoe razvitie Rossii i diktatura proletariata* (*1914–1918 g.g.*) (Izd. VTsIK R., S., K. i K. Deputatov: Moscow, 1918)

Mirnye peregovoly v Brest-Litovske, vol. 1: Plenarnye zasedaniya. Zasedaniya Politicheskoi Komissii, ed. A. A. Ioffe [V. Krymskii] (Izd. NKID: Moscow, 1920)

C. Nabokoff, *The Ordeal of a Diplomat* (Duckworth: London, 1921)

L. Naudeau, *En prison sous la terreur russe* (Librairie Hachette: Paris, 1920)

J. P. Nettl, *Rosa Luxemburg*, vols 1–2 (Oxford University Press: Oxford, 1966)　Z・P・

ネットル『ローザ・ルクセンブルク』(上下，諫山正ら訳，河出書房新社，1975)
(H. Nicolson), *The Harold Nicolson Diaries: 1907–1963* (Weidenfeld & Nicolson: London, 2004)
Général Niessel, *Le Triomphe des bolchéviks et la paix de Brest-Litovsk: souvenirs, 1917–1918* (Librairie Plon: Paris, 1940)
J. Noulens, *Mon ambassade en Russie Soviétique, 1917–1919*, vols 1–2 (Librairie Plon: Paris, 1933)
G. Nowik, *Zanim złamano „Enigmę". Polski radiowywiad podczas wojny z bolszewicką Rosją 1918–1920* (Rytm: Warsaw, 2004)
M. Occleshaw, *Dances in Deep Shadows: The Clandestine War in Russia, 1917–20* (Carroll & Graf New York, 2006)
The Papers of Woodrow Wilson, 1856–1924, ed, A. S. Link, vols 1–69 (Princeton University Press: Princeton, 1966–94)
B. Pares, *My Russian Memoirs* (Jonathan Cape: London, 1931)
B. Patenaude, *The Big Show in Bololand: The American ReliefExpedition to Soviet Russia in the Famine of 1921* (Stanford University Press: Stanford, CA, 2002)
B. Pearce, *How Haig Saved Lenin* (Macmillan: London, 1987)
Pervyi Kongress Kominterna. Mart 1919 goda (Partiinoe izdatel'stvo: Moscow, 1919)
Pervyi Kongress Kominterna. Mart 1919 goda, ed. E. Korotkii, B. Kun and O.
Pyatnitskii (Partiinoe izdatel'stvo: Moscow, 1933)
M. Philips Price (ed.), *The Diplomatic History of the War* (George Allen & Unwin: London, 1914)
M. Philips Price, *My Three Revolutions* (George Allen & Unwin: London, 1969)
M. Philips Price, 'Note', *Soviet Studies*, no. 4 (1952)
M. Philips Price, *The Soviet, the Terror and Intervention* (The Socialist Publication Society: Brooklyn, NY, 1918)
P. S. Pinheiro, Estratégias da Ilusão: a Revolução Mundial e o Brasil, 1922–1935 (Companhia das Letras: São Paulo, 1991)
A. Poliakoff (with D. Sacks), *The Silver Samovar: Reminiscences of the Russian Revolution* (Atlantida Press: Nottingham, 1996)
Politbyuro TSK RKP(b) - VKP(b) i Komintern, 1918–1943. Dokumenty (Rosspen: Moscow, 2004)
R. Polonsky, *Molotov's Magic Lantern: A Journey in Russian History* (Faber & Faber: London, 2010)

H. T. Price, *Boche and Bolshevik: Experiences of an Englishman in the German Army and Russian Prisons* (John Murray: London, 1919)
Protokoly Tsentral'nogo Komiteta RSDRP(b): avgust 1917–fevral' 1918 (Gosizdat: Moscow, 1958)
R. Quinault, 'Churchill and Russia', *War and Society*, no. 1 (1991)
K. Radek, 'Noyabr'. (Stranichka iz vospominanii)', *Krasnaya nov'*, no. 10 (1926)
Radek and Ransome on Russia (The Socialist Publication Society: Brooklyn, NY, 1918)
Princess Catherine Radziwill, *The Firebrand of Bolshevism: The True Story of the Bolsheviki and the Forces that Directed Them* (Small, Maynard: Boston, 1919)
A. Ransome, *The Autobiography of Arthur Ransome*, ed. R. Hart-Davis (Jonathan Cape: London, 1976)　A・ランサム『アーサー・ランサム自伝』（神宮輝夫訳，白水社，1999）
A. Ransome, *The Crisis in Russia* (B. W. Huebsch: New York, 1921)
A. Ransome, *Racundra's First Cruise* (B. W. Huebsch: New York, 1923)
A. Ransome, *Russia in 1919* (B. W. Huebsch: New York, 1919)
A. Ransome, *The Truth about Russia* (Workers' Socialist Federation: London, 1918)
H. Rappaport, *Ekaterinburg: The Last Days of the Romanovs* (Hutchinson: London, 2008)
D. Rayfield, *Stalin and his Hangmen: An Authoritative Portrait of a Tyrant and Those Who Served Him* (Viking: London, 2004)
J. Reed, *Red Russia*, books 1–2 (Workers' Socialist Federation: London, 1919)
J. Reed, *Ten Days that Shook the World* (Boni & Liveright: New York, 1919)
J. Reed, *Ten Days that Shook the World* (Boni & Liveright: New York, 1922)
S. G. Reilly and Pepita Bobadilla, *The Adventures of Sidney Reilly, Britain's Master Spy* (E. Mathews & Marrot: London, 1931)
Relations with Russia: Hearing before the Committee on Foreign Relations, United States Senate. Sixty-Sixth Congress. Third Session (Government Printing Office: Washington, DC, 1921)
Dzh. Rid, 10 *dnei, kotorye potryasli mir* (2nd corrected edn; Krasnaya nov': Moscow, 1924)
L. de Robien, *The Diary of a Diplomat in Russia* (Michael Joseph: London, 1969)
K. Rose, *King George V* (Weidenfeld & Nicolson: London, 1983)
W. G. Rosenberg, *Liberals in the Russian Revolution: The Constitutional Democratic Party, 1917–1921* (Princeton University Press: Princeton, 1974)
I. S. Rozental, *Provokator. Roman Malinovskii: sud'ba i vremya* (Rosspen: Moscow, 1996)
B. Russell, *The Autobiography of Bertrand Russell, 1914–1944* (Little, Brown: Boston, 1968)

B. Russell, *The Practice and Theory of Bolshevism* (George Allen & Unwin: London, 1920)
B・ラッセル『ロシア共産主義』(河合秀和訳, みすず書房, 1990)
W. F. Ryan, 'The Great Beast in Russia: Aleister Crowley's Theatrical Tour in 1913 and his Beastly Writings on Russia', in A. McMillin (ed.), *Symbolism and After: Essays on Russian Poetry in Honour of Georgette Donchin* (Bristol Classical Press: London, 1992)
A. J. Sack, *America's Possible Share in the Economic Future of Russia* (Russian Information Bureau in the US: New York, 1919)
A. J. Sack, *The Birth of Russian Democracy* (Russian Information Bureau: New York, 1918)
J. Sadoul, 'La Condition des agents consulaires et diplomatiques au point de rue fiscal: thèse pour le doctorat' (Librairie Générale de Droit et de Jurisprudence: Paris, 1908)
J. Sadoul, *Notes sur la révolution bolchévique, octobre 1917–janvier 1919*, Preface by H. Barbusse (Sirène: Paris, 1920)
N. V. Salzman, *Reform and Revolution: The Life and Times of Raymond Robins* (Kent State University Press: Kent, OH, 1991)
N. V. Salzman, *Russia in War and Revolution: General William V. Judson's Accounts from Petrograd, 1917–1918* (Kent State University Press: Kent, OH, 1998)
O. M. Sayler, *Russia White or Red* (Little, Brown: Boston, 1919)
A. E. Senn, *Diplomacy and Revolution: The Soviet Mission to Switzerland, 1918* (University of Notre Dame Press: Notre Dame. IN, 1974)
A. E. Senn, *The Russian Revolution in Switzerland, 1914–1917* (University of Wisconsin Press: London, 1971)
V. Serge, *Memoirs of a Revolutionary; 1901–1941* (Oxford University Press: London, 1967)
R. Service, *The Bolshevik Party in Revolution: A Study in Organisational Change* (Macmillan: London, 1979)
R. Service, *Lenin: A Biography* (Macmillan: London, 2000)　R・サーヴィス『レーニン』(上下, 河合秀和訳, 岩波書店, 2002)
R. Service, *Lenin: A Political Life*, vols 1–3 (Macmillan: London, 1985–95)
R. Service, *The Russian Revolution*, 1900–1927 (4th revised edn; Palgrave Macmillan: London, 2009)　R・サーヴィス『ロシア革命1900–1927』(中嶋毅訳, 岩波書店, 2005)
R. Service, *Trotsky: A Biography* (Macmillan: London, 2009)
G. N. Sevast'yanov, J. Haslam and others (eds), *Sovetsko-amerikanskie otnosheniya: gody nepriznaniya, 1918–1926* (Mezhdunarodnyi fond Demokratiya: Moscow, 2002)
C. Seymour (ed.), *The Intimate Papers of Colonel House: Into the World War* (Houghton Mifflin: Boston, 1928)

C. Sheridan, From *Mayfair to Moscow: Clare Sheridan's Diary* (Boni & Liveright: New York, 1921)

C. Sheridan, *Naked Truth* (Harper & Brothers: New York, 1928)

H. Shukman, *War or Revolution: Russian Jews and Conscription in Britain, 1917* (Vallentine Mitchell: London, 2006)

E. Sisson, *One Hundred Red Days: A Personal Chronicle of the Bolshevik Revolution* (Yale University Press: New Haven, 1931)　E・シッソン『赤い百日』（並河亮訳，先進社，1931）

M. Smith, *Six: A History of Britain's Secret Intelligence Service, part 1: Murder and Mayhem, 1909–1939* (Dialogue: London, 2010)

Mrs P. Snowden, *A Pilgrim in Europe* (George H. Doran: New York, 1921)

Mrs P. Snowden, *Through Bolshevik Russia* (Cassell: London, 1920)　スノーデン夫人『赤露を旅して』（浜野修訳，平和出版社，1930）

'Sovershenno lichno i doveritel'no!': B. A. Bakhmetev-V. A. Maklakov: perepiska, vol. 1, ed. O. V. Budnitskii (Rosspen: Moscow, and Hoover Institution: Stanford, 2001)

J. Spargo, *Bolshevism: The Enemy of Political and Industrial Democracy* (Harper & Brothers: New York, 1919)

J. Spargo, *The Greatest Failure in History: A Critical Examination of the Actual Workings of Bolshevism in Russia* (Harper & Brothers: New York, 1920)

J. Spargo, *Russia as an American Problem* (Harper & Brothers: New York, 1920)

R. B. Spence, *Secret Agent 666, Aleister Crowley. British Intelligence and the Occult* (Feral House: Port Townsend, WA, 2008)

R. (B. Spence, 'The Tragic Fate of Kalamatiano: America's Man in Moscow', *International Journal of Intelligence and Counterintelligence*, no. 3 (1999)

R. B. Spence, *Trust No One: The Secrqt Life of Sidney Reilly* (Feral House: Port Townsend, WA, 2002)

P. Spriano, *L'occupazione delle fabbriche. Settembre 1920* (Einaudi: Turin, 1964)

Z. Steiner, *The Lights that Failed: European International History, 1919–1933* (Oxford University Press: Oxford, 2005)

H. Strachan, *The First World War: A New Illustrated History* (Simon &Schuster: London, 2003)

A. L. Strong, *The First Time in History: Two Years of Russia's New Life* (Boni & Liveright: New York, 1924)

N. Sukhanov. *Zapiski o revolyutsii. V 3–kh tomakh*, books 1–7 (Politizdat: Moscow, 1991)

G. Swain, 'Before the Fighting Started: A Discussion on the Theme of the "Third Way"',

Revolutionary Russia, no. 2 (1991)
G. Swain, 'The Disillusioning of the Revolution's Praetorian Guard: The Latvian Riflemen, Summer-Autumn 1918', *Europe-Asia Studies*, no. 4 (1999)
G Swam '"An Interesting and Plausible Proposal": Bruce Lockhart, Sidney Reilly and the Latvian Riflemen, Russia 1918', *Intelligence and National Security*, no. 3 (1999)
G. Swain, 'Maugham, Masaryk and the "Mensheviks"', *Revolutionary Russia*, no. 1 (1994)
G. Swain, *The Origins of the Russian Civil War* (Longman: London, 1996)
G. Swain, 'Russia's Garibaldi: The Revolutionary Life of Mikhail Artemevich Muraviev', *Revolutionary Russia*, no. 2 (1998)
G. Swain, 'Vacietis: The Enigma of the Red Army's First Commander', *Revolutionary Russia*, no. 1 (2003)
A. Tardieu, *La Paix* (Payot: London, 1921)
B. Thomson, *Queer People* (Hodder & Stoughton: London, 1922)
L. Trotskii, *Chto zhe dal'she? (Itogi i perspektivy)* (Priboi: Petersburg [*sic*], 1917)　トロツキー『次は何か：総括と展望』（山西英一訳，季刊『トロツキー研究』5号所収，拓殖書房新社）
L. Trotskii, *Dnevniki i pis'ma*, ed. Yu. Fel'shtinskii (Ermitazh: Tenafly, NJ, 1986)
L. Trotskii, *Moya zhizn': opyt avtobiografii*, vols 1–2 (Granit: Berlin, 1930)　トロツキー『トロツキー自伝：ロシア語原典訳』（2巻，高田爾郎訳，筑摩書房，1989）
L. Trotskii, *Petlya vmesto khleba* (Penza Gubkom RKP: Penza, 1921)
L. Trotskii, *Rech' t. Trotskogo na massovom mitinge v gor. Gomele, 10 maya 1920 g.* (Gomel'skii gubernskii komitet: Gomel, 1920)
L. Trotskii, *Sochineniya*, vols 2–21 (Gosizdat: Moscow, 1924–7)
The Trotsky Papers, vols 1–2, ed. J. M. Meijer (Mouton: The Hague, 1964–71)
S. Tsvigun (ed.), *Lenin i VChK* (Gosizdat: Moscow, 1972)
T.Tzouliadis, *The Forsaken: From the Great Depression to the Gulags - Hope and Betrayal in Stalin's Russia* (Penguin Press: New York, 2008)
R. H. Ullman, *Anglo-Soviet Relations, 1917–1921* (Princeton University Press: Princeton, NJ), vol. 1: *Intervention and the War* (1961); vol. 2: *Britain and the Russian Civil War, November 1918–February 1920* (1968); vol. 3: *The Anglo-Soviet Accord* (1972)
M. Ustinov, 'Svoevremennye mysli', in S. Rudakov (ed.), *Vokrug moskovskikh sobytii* (Revolyutsionnyi sotsializm: Moscow, 1918)
W. B. Vanderlip (with H. B. Hulbert), *In Search of a Siberian Klondike* (The Century Co.: New York, 1903)
A. Vatlin, *Komintern: idei, resheniya, sud'by* (Rosspen: Moscow, 2009)

R. Vaucher, *L'Enfer bolchéllik à Petrograd sous la commune et la terreur rouge* (Perrin: Paris, 1919)

A. Venturi, *Rivoluzionari russi in Italia*, 1917–1921 (Feltrinelli: Milan, 1979)

C. J. Vopicka, *Secrets of the Balkans: Seven Years of a Diplomatist's Life in the Storm Centre of Europe* (Rand McNally: Chicago, 1921)

H. Weber, *La trasformazione del comunismo tedesco: la stalinizzazione della KPD nella Repubblica di Weimar* (Feltrinelli: Milan, 1979)

F. Welch, *The Romanovs and Mr Gibbes* (Short: London, 2002)

H. G. Wells, *Russia in the Shadows* (H. G. Doran: London, 1921)　H・G・ウェルズ『影のなかのロシア』（生松敬三ら訳, みすず書房, 1978）

S. White, *Britain and the Bolshevik Revolution: A Study in the Politics of Diplomacy* (Macmillan: London, 1979)

S. White, 'British Labour in Soviet Russia, 1920', *English Historical Review*, vol. 109 (1994)

G. Williams, *The First Congress of the Red Trade Union International*, 1921 (Industrial Workers of the World: Chicago, 1921)

A. Rhys Williams, *Lenin: The Man and his Work* (Scott & Selzer: New York, 1919)　A・リース・ウィリアムズ『レーニンと十月革命について』（プログレス出版所, モスクワ, 1968）

Winston S. Churchill: Companion, ed. M. Gilbert, vol. 4 (Heinemann: London, 1977)

P. Winterton, *A Student in Russia* (The Co-operative Union: Manchester, 1931)

B. D. Wolfe, *Strange Communists I Have Known* (Stein &Day: New York, 1965)

P. Wright, *From Stage to Cold War* (Oxford University Press: Oxford, 2007)

Z. A. Zeman, *Germany and the Revolution in Russia, 1915–1918: Documents from the Archives of the German Foreign Ministry* (Oxford University Press: Oxford, 1958)

N. Zubov, *F. E. Dzerzhinskii: biografiya* (3rd edn; Politizdat: Moscow, 1971)

図版クレジット

レーニン（© Getty Images）
トロツキー（© Getty Images）
中立地帯で出会う中露両軍（Hoover Institution Archives）
ブレスト＝リトフスク講和交渉代表団の居住区（Hoover Institution Archives）
トロツキーが参加する前のブレスト＝リトフスク講和交渉（Topfoto）
サー・ジョージ・ブキャナン（National Portrait Gallery）
デイヴィッド・フランシス（St Louis Public Gallery）
ジョセフ・ヌーランス（Roger-Viollet）
フェリクス・ジェルジンスキーとヤーコフ・ペテルス（© Getty Images）
ベルリンでの外務人民委員部指導者ら（Roger-Viollet/Rex）
ブハーリン（By kind permission of Harry Shukman）
ジョン・リード（© Getty Images）
ルイーズ・ブライアント（© Getty Images）
シルヴィア・パンクハースト（By kind Permission of Harry Shukman）
カール・ラデックの逮捕に賞金を提示するポスター（© Getty Images）
スパルタクス団員を描いたドイツのポスター（By kind Permission of Harry Shukman）
蜂起するスパルタクス団（Hoover Institution Archives）
アンドレ・マルティ（By kind Permission of Harry Shukman）
カーメネフ（By kind Permission of Harry Shukman）
ベラ・クーン（© Getty Images）
ロバート・ブルース・ロックハート（Corbis）
モウラ・ベンケンドルフ（© The Estate of Tania Alexander）
シドニー・ライリー（Alamy）
クレア・シェリダンと息子（© Getty Images）
シベリアで活動する白軍連隊（© Getty Images）
ウクライナの赤軍騎兵募集ポスター（© Getty Images）
反ボリシェヴィキ・コサック部隊（© Getty Images）
アントン・デニーキン将軍（© Getty Images）
サー・ポール・デュークス（Hoover Institution Archives）
工作員ST25（Hoover Institution Archives）
配給のために運ばれる食料樽（© Getty Images）

反資本主義蜂起のトリノ労働者（By kind Permission of Harry Shukman）
大ブリテン共産党指導者と活動家（By kind Permission of Harry Shukman）
コミンテルン第2回大会のイタリア代表団（By kind Permission of Harry Shukman）
アーサー・ランサム（Brotherton Collection）
エヴゲニア・シェレーピナ（Brotherton Collection）
ウィリー・ギャラハー（By kind Permission of Harry Shukman）
グラスゴー街頭に展開した戦車（By kind Permission of Harry Shukman）
フィンランドに囚われた赤軍捕虜（By kind Permission of Harry Shukman）
東方諸民族大会の会合（By kind Permission of Harry Shukman）
コミンテルン第3回大会の指導的代議員ら（By kind Permission of Harry Shukman）
ソヴィエト代表団（© Getty Images）
スターリン（© Getty Images）

主要登場人物

ソヴィエト側

アイヴィ・リトヴィノフ◆マクシム・リトヴィノフの妻．英国人．

アドリフ・ヨッフェ◆ブレスト＝リトフスク講和交渉首席代表．トロツキーの盟友．1926年に党除名．その後自殺．

ウラジーミル・レーニン◆10月革命を指導．人民委員会議議長（政府首班）．

エヴゲニア・シェレーピナ◆トロツキーの個人秘書．のちアーサー・ランサムと結婚．

カール・ラデック◆革命前はポーランドとドイツで活動．革命後コミンテルン書記．30年代の政治裁判で収容所送り．

グリゴリー・ジノヴィエフ◆革命後ペトログラード・ソヴィエト議長．のちコミンテルン議長．30年代に粛清．

ゲオルギー・チチェーリン◆トロツキーの後任の外務人民委員．革命時に英国で逮捕．人質交換で釈放．

ニコライ・ブハーリン◆党の経済理論家．『プラウダ』編集長，コミンテルン執行委員などを歴任．30年代に粛清．

フェリクス・ジェルジンスキー◆ポーランド人．非常委員会（チェカー）初代議長．

マクシム・リトヴィノフ◆英国駐在ソヴィエト代表．逮捕され，ロックハートらとの人質交換で釈放．30年代に外務人民委員．

ヤーコフ・ペテルス◆ラトヴィア人．チェカー副議長．30年代に粛清．

レフ・カラハン◆外務人民委員代理．ブレスト講和交渉代表団書記．30年代に粛清．

レフ・トロツキー◆外務人民委員，軍事人民委員を歴任．スターリンと対立し亡命．1940年，最終亡命地メキシコで暗殺．

ヨシフ・スターリン◆革命後，民族問題人民委員．1922年に党書記長．その後，独裁権力を握る．

反ソヴィエト派

アレクサンドル・ケレンスキー◆臨時政府で法相，陸海相を経て首相．10月革命で追われ，フランスに亡命．その後，米国に亡命．

アレクサンドル・コルチャーク◆帝政ロシア海軍提督．10月革命後，シベリアで反革命政府を主導．19年に赤軍に敗れ銃殺．

アントン・デニーキン◆帝政ロシア将官．10月革命後，ロシア南部で白軍を指揮．

20年に赤軍に敗れパリ亡命.

ピョートル・ヴランゲリ◆帝政ロシア将官. 国内戦で白軍を率い, 南ロシア・クリミアで敗北し国外脱出.

ボリス・サヴィンコフ◆元社会革命党戦闘団指導者. 臨時政府で陸軍次官. 10月革命後は反ボリシェヴィキ運動に投じる. 筆名ロープシン.

ミハイル・アレクセーエフ◆帝政ロシア参謀総長. 臨時政府最高司令官. 10月革命後は南ロシアで白軍を率いる.

ラーヴル・コルニーロフ◆臨時政府下で軍最高司令官. クーデターを企て逮捕. 10月革命後に逃亡し白軍を率いる.

連合国などの政治家

ウィンストン・チャーチル◆第1次大戦時は海相, 軍需相. 対露干渉を強く支持. 第2次大戦時は首相.

ウッドロウ・ウィルソン◆米国第28代大統領(1913-21年).

ジョルジュ・クレマンソー◆第1次大戦末期, フランス首相兼陸相.

デイヴィッド・ロイド=ジョージ◆英国首相(1916-22年). 自由党急進派.

ハーバート・フーヴァー◆第1次世界大戦中は米国救済委員会を率い, 戦後に商務長官. のち大統領.

ユゼフ・ピウスーツキ◆独立ポーランドの国家元首. 対ソ干渉戦争を遂行.

レイモン・ポアンカレ◆フランス首相兼外相(1912-13年). 13年から大統領.

ロバート・ランシング◆米国務長官(1915-20年).

外交官など

ウィリアム・C・ブリット◆米外交官. 対露政策でウィルソンの信頼を得る. のちに初代駐ソ大使.

クセノフォン・カラマティアノ◆ロシア生まれの元米実業家. 米国の在露情報網指揮者. 「ロックハート陰謀事件」で逮捕, 死刑判決. その後釈放.

ジョージ・ブキャナン◆ペトログラード駐在英国大使.

シドニー・ライリー◆英国秘密情報部の工作員. 「ロックハート陰謀事件」の首謀者とも. 事件後, ロシアを脱出. 25年にロシアに入り消息を絶つ.

ジャック・サドゥール◆ペトログラード駐在フランス武官. 親ボリシェヴィキ.

ジョージ・ヒル◆大戦初期に連絡将校としてロシア軍に派遣. のち英国秘密情報部に転属. 革命後, 一時はトロツキーの空軍問題顧問.

ジョセフ・ヌーランス◆ペトログラード駐在フランス大使.

デイヴィッド・R・フランシス◆ペトログラード駐在米国大使.

ポール・デュークス◆帝政ロシアで音楽を学び，革命後，英情報機関に採用．ロシア人になりすましチェカー内部に潜入．1919年に国外脱出．

マンスフィールド・カミング◆元海軍士官．英国秘密情報部（SIS，通称MI6）初代長官（1909-23年）．‘C’と呼ばれる．

レイモンド・ロビンズ◆米社会活動家．大戦中，ロシア派遣の米国赤十字を率いるかたわら軍内部の情報を収集．対ソ国交を進言．

ロバート・ブルース・ロックハート◆モスクワ駐在英国総領事．「ロックハート陰謀事件」で逮捕．リトヴィノフらとの交換で釈放．

ジャーナリスト

アルバート・リース・ウィリアムズ◆社会主義者の米人ジャーナリスト．

アーサー・ランサム◆英紙記者としてレーニン，トロツキーらと接触．英秘密情報部に雇われる．児童文学作家として名を成す．

ジョン・リード◆『世界をゆるがした十日間』で知られる米人ジャーナリスト．米国で共産主義労働党の創立に参加．モスクワで病死．遺体はクレムリンに埋葬．

ベッシー・ベイティ◆米人女性ジャーナリスト．

モーガン・フィリップス・プライス◆親ボリシェヴィキの英紙記者．

ルイーズ・ブライアント◆米人ジャーナリスト．リードと結婚しロシアに赴く．

ルネ・マルシャン◆仏『フィガロ』紙記者．ソヴィエト側への情報提供者．